2019
江苏统计年鉴
JIANGSU STATISTICAL YEARBOOK

（总第36期 №.36）

江　苏　省　统　计　局
国家统计局江苏调查总队　编

Jiangsu Provincial Bureau of Statistics
Survey Office of the National Bureau of Statistics in Jiangsu

图书在版编目(CIP)数据

江苏统计年鉴. 2019 : 汉英对照 / 江苏省统计局,国家统计局江苏调查总队编. — 北京 : 中国统计出版社,2019.8

ISBN 978-7-5037-8863-5

Ⅰ. ①江… Ⅱ. ①江… ②国… Ⅲ. ①统计资料-江苏-2019-年鉴-汉、英 Ⅳ. ①C832.53-54

中国版本图书馆 CIP 数据核字(2019)第 153331 号

江苏统计年鉴-2019

作　　者 / 江苏省统计局　国家统计局江苏调查总队
责任编辑 / 钟　钰
执行编辑 / 宣　严
装帧设计 / 奚　磊
出版发行 / 中国统计出版社有限公司
地　　址 / 北京市丰台区西三环南路甲 6 号
邮政编码 / 100073
电　　话 / 邮购(010)63376909　书店(010)68783171
网　　址 / http://www.zgtjcbs.com
印　　刷 / 南京人民印刷厂有限责任公司
经　　销 / 新华书店
开　　本 / 890 mm × 1240 mm　1/16
字　　数 / 1915 千字
印　　张 / 46.25　　1.25 彩页
版　　别 / 2019 年 8 月第 1 版
版　　次 / 2019 年 8 月第 1 次印刷
定　　价 / 480.00 元　Price: 480.00(RMB)

本书附同版本 CD-ROM 一张,光盘内容以书面文字为准。
如有印装差错,由本社发行部调换。

《江苏统计年鉴－2019》

编委会和编辑人员

Jiangsu Statistical Yearbook – 2019

EDITORIAL BOARD AND EDITORIAL STAFF

编者说明

一、《江苏统计年鉴－2019》(以下简称《年鉴》)是一部全面、系统反映江苏省2018年及历史重要年份国民经济和社会发展情况的资料性年刊,收录了江苏省及各地区大量的经济社会发展统计信息。

二、《年鉴》分为二十二个部分:1. 综合,2. 国民经济核算,3. 人口、就业和工资,4. 价格指数,5. 人民生活,6. 固定资产投资,7. 财政、金融,8. 对外经济贸易,9. 能源、资源、环境,10. 农业,11. 工业,12. 建筑业,13. 运输、邮电和服务业,14. 批发零售、住宿餐饮和旅游,15. 科技、教育,16. 文化、体育、卫生,17. 公共管理、社会保障和社会组织,18. 城市经济与建设,19. 区域经济,20. 市县社会经济,21. 县(市)社会经济发展序列,22. 乡镇基本情况。另附录全国分省主要指标。为方便读者使用,各篇章前设有《简要说明》,对本篇章的主要内容、资料来源、统计范围、统计方法以及历史变动情况予以简要概述,篇末附有《主要统计指标解释》。

三、《年鉴》资料大部分来自年度统计报表,一部分来自抽样调查等。全国分省资料来自国家统计局出版的有关统计资料。

四、《年鉴》中所使用的度量衡单位均采用国际统一标准计量单位。

五、《年鉴》中国民经济行业分类按2017年国家标准《国民经济行业分类》(GB/T4754－2017)执行。

六、《年鉴》总量指标计算所采用的价格均为现行价格。

七、《年鉴》部分数据合计数或相对数由于单位取舍不同产生的计算误差未作机械调整。

八、《年鉴》表中"..."表示数据不足本表最小单位数;"空格"表示该项统计指标数据不详或无该项数据;"#"表示其中的主要项。

感谢国内外广大读者多年来对《年鉴》编辑出版工作的支持和帮助,欢迎继续提出宝贵意见,使《年鉴》的形式和内容更趋完善。

EDITOR'S NOTES

Ⅰ. *Jiangsu Statistical Yearbook 2019* (abbreviated as Yearbook hereafter) is an annual publication which provides comprehenisive and systematic data series about the national economy and social development in Jiangsu Province in 2018 and some selected data series in historically important years. It includes much statistical information on social and economic development in the province and in various regions.

Ⅱ. The Yearbook contatins the following twenty-two parts: 1. General Survey, 2. National Accounts, 3. Population, Employment and Wages, 4. Price Indices, 5. People's Living Conditions, 6. Investment in Fixed Assets, 7. Government Finance, Financial Intermediation, 8. Foreign Trade and Economic Cooperation, 9. Energy, Resourceand Environment, 10. Agriculture, 11. Industry, 12. Construction, 13. Transport, Postal and Telecommunication Services, Service Industry, 14. Wholesale and Retail Trade, Hotels, Catering Services and Tourism, 15. Science and Technology, Education, 16. Culture, Sports and Public Health, 17. Public Management, Social Security and Social Organizations, 18. Urban Economy and Construction, 19. Regional Economy, 20. Social Economy of Cities and Counties, 21. Social Economy Development Alignment of Counties (Cities), 22. Basic Condotions of Villages and Towns. Appendix, Major Indicators by Region. To facilitate readers, the Brief Introduction at the beginning of each chapter provides a summary of the main contents of the chapter, data sources, statistical scope, statistical methods and historical changes. At the end of each chapter, Explanatory Notes on Main Statistical Indicators are included.

Ⅲ. The major data sources of this publication are obtained from annual statistical reports, and some from sample surveys. National major indicators grouped by provinces are obtained from relative statistical data published by the National Bureau of Statistics of China.

Ⅳ. The units of measurement used in the Yearbook are all internationally standard measurement units.

Ⅴ. The classification of national economic industry used in the Yearbook is the national standard of 2017's "The Classification on National Economic Industry", i. e. (GB/T4754 - 2017).

Ⅵ. The price used for gross indicator's calculating are current prise.

Ⅶ. Statistical dicrepancies due to rouding are not adjusted.

Ⅷ. In the Yearbook, "…" indicates that the figure is not large enough to be measured with the samllest unit in the table; (blank) indicates that the figure is not available, "#" indicates the major component items.

We express thanks to the general readers of domestic and abroad for supporting and helping the work of compilcation and publication of the Yearbook. We sincerely welcome conitinued valuable suggestions from the general readers so that the form and content of the Yearbook can be further improved.

目　录

CONTENTS

1　综　　合

General Survey

2　国民经济核算

National Accounts

3 人口、就业和工资

Population, Employment and Wages

4 价格指数

Price Indices

5 人民生活

People's Living Conditions

6 固定资产投资

Investment in Fixed Assets

7 财政、金融

Government Finance, Financial Intermediation

8　对外经济贸易

Foreign Trade and Economic Cooperation

9　能源、资源、环境

Energy, Resource and Environment

10　农　业

Agriculture

11　工　业

Industry

12 建筑业

Construction

13　运输、邮电和服务业

Transport, Postal and Telecommunication Services, Service Industry

14　批发零售、住宿餐饮和旅游

Wholesale and Retail Trade, Hotels, Catering Services and Tourism

15　科技、教育

Science and Technology, Education

16　文化、体育、卫生

Culture, Sports and Public Health

17　公共管理、社会保障和社会组织

Public Management, Social Security and Social Organizations

18 城市经济与建设

Urban Economy and Construction

19　区域经济

Regional Economy

20 市县社会经济

Social Economy of Cities and Counties

21 县(市)社会经济发展序列

Social Economy Development Alignment of Counties

22 乡镇基本情况

Basic Conditions of Villages and Towns

附录 全国分省主要指标

Appendix. Major Indicators by Region

1

综 合

General Survey

简　要　说　明

本篇章主要内容和资料来源

一、综合资料主要包括行政区划、国民经济和社会发展综合资料、私营个体统计资料等。

二、行政区划资料，由民政部门根据截止到上一年末全省行政区划变更情况整理提供。

三、国民经济综合资料是抽取全书的精华，通过对各篇章主要统计指标及其速度、结构、比例和效益等的加工计算，反映国民经济和社会发展的总体情况。

四、私营个体统计资料，由工商行政管理部门整理提供。

Brief Introduction

Main Contents and Sources of Data

Ⅰ. This chapter consists of four parts: divisions of administrative areas, summary data on the national economy and social development, basic unit of statistics, private and individual statistics.

Ⅱ. Date about divisions of administrative areas is provided by Civil Affairs bureau which given the change of the administrative divisions end of year.

Ⅲ. The summary data on the national economy reflect the overall situation of the economic and social development by presenting further processed statistics including growth, structure, ratio, and efficiency data derived from other chapters.

Ⅳ. Date of private and individual economy provided by Department of Business Administration.

自 然 概 况

位　　置

江苏简称苏，位于我国大陆东部沿海中心，介于东经116°18′－121°57′，北纬30°45′－35°20′之间。东濒黄海，西连安徽，北接山东，东南与浙江和上海毗邻。

江苏地处美丽富饶的长江三角州，平原辽阔，主要有苏南平原，江淮平原、黄淮平原和东部滨海平原，自然条件优越，经济基础较好。

面　　积

全省面积10.72万平方公里，占全国总面积的1.1%，海岸线长954公里。

河　　流

全省境内河川交错，水网密布，长江横穿东西425多公里，大运河纵贯南北718公里，西南部有秦淮河，北部有苏北灌溉总渠、新沭河、通扬运河等。有大小湖泊290多个，全国五大淡水湖，江苏得其二，太湖和洪泽湖象两面大明镜，分别镶嵌在水乡江南和苏北平原。

资　　源

江苏以地形地势低平，河湖众多为特点，平原、水面所占比例之大，在全国居首位，成为江苏一大地理优势。水产资源丰富，有广阔的海涂、浅海，东部沿海渔场面积达15.4万平方公里，其中包括著名的吕泗、海州湾等四大渔场，盛产黄鱼、带鱼、昌鱼、虾类、蟹类及贝藻类等。江苏也是全国河蟹、鳗鱼苗的主要产地。内陆水面4000多万亩，养殖面积1148万亩，有淡水鱼类140余种，已利用的有40多种。矿产资源分布广泛，品种较多，已发现的有133种。能源矿产主要有煤炭、石油和天然气；非金属矿产有硫、磷、钠盐、水晶、兰晶石、蓝宝石、金刚石、高岭土、石灰石、石英砂、大理石、陶瓷粘土；金属矿产有铁、铜、铅、锌、银、金、锶、锰等。粘土类矿产、建材类矿产、化工原料矿产、冶金辅助原料矿产、特种用途矿产和有色金属矿产，是江苏矿产资源的优势。

气　　候

全省地处亚热带向暖温带过渡区，气候温和，雨量适中，四季分明，以淮河、灌溉总渠一线为界，以南属亚热带湿润季风气候，以北属暖温带湿润、半湿润季风气候。

Natural Resources

Location

Jiangsu (Short for Su) lies in the east of the country. It is situated in the center of the costal area, between 116°18′ - 121°57′E and 30°45′ - 35°20′N, with Yellowsea on the east, Anhui province on the west, Shandong on the north, and Zhejiang and Shanghai as its neighbours on the southeast.

Jiangsu seats on the beautiful and abundant Yangtze River Delta. Composed of vast plains, mainly South-Su, Jianghuai, Huanghuai and eastern plain by the sea, the province provides favorable natural conditions and good economic bases.

Area

The area of Jiangsu is 107.2 thousand square kilometres, occupied 1.1 % of the total national area,The coastline of the province is as long as 954 kilmetres.

Rivers and Lakes

In Jiangsu, there are rivers crisscrossing throughout the province, and distributes the network of waterways. The Yangtze River travels the whole area of Jiangsu, from west to east, for more than 425 kilometres. The Grand Canal flows south to north for 718 kilometres. There are Qinhuai River in the southeast of Jiangsu, Subei general irrigation canal, Xinshu River and Tongyang canal etc. in the north part. Among the 290 lakes of varying size in Jiangsu, the Taihu Lake and Hongzehu Lake are both listed among the national "Five Large Fresh Water Lakes", like two bright mirrors inlaid respectively into the southern region of the Changjiang River and Subei Plain.

Resources

The province is characteristic of topographical features in low and flat terrains, with numerous rivers and lakes. The proportion of plain and watersurface area is so large that it ranks the first in China and become a geographical superiority proportion. There are plentiful aquatic resources, vast shallow sea beaches and epeiric seas. There are 154 thousand square kilometres of fishing grounds on the eastern coastal area, composed of the four famous fishing grounds such as Lusi and Haizhouwan etc., abound in yellow croaker, hairtail, butterfish, shrimp and crab, and shellfish and algae. Jiangsu is also a main production area of crabs and young eels in the country. There are more than 40 million mu of interior water surface, with 11.48 million mu of aquatic farm. Among 140 kinds and more of flesh water fishes, over 40 are utilized. Numerous varieties of mineral resources are widely dispersed, 133 kinds of them have been discovered. The main sources of energy and minerals dispersed in Jiangsu are coal, petroleum and natural gas. Nonmetallic minerals contain sulphur, phosphorus, sodium, crystal, dyanite, sapphire, diamond, kaolin, limestone, quartzite, marble and pottery clay. Metallic minerals contain iron, copper, lead, zinc, silver, gold, strontium and manganese. The minerals as clay, construction materials, sand, chemical raw materials, metallurgical assistance raw materials, special purpose minerals and non-ferrous metal minerals become a mineral superiority of Jiangsu.

Climate

Jiangsu shows a distinct characteristic of monsoon, has a warm climate, with moderate rainfall and distinct seasons. Taking the Huaihe river to general irrigation canal as an approximate line of demarcation, the climate to the south of the line belongs to monsoon of tropical moist zone, while the climate to the north of the line belongs to monsoon of warm moist zone.

综 合
GENERAL SURVEY

从数字看2018年的江苏
Jiangsu in Statistics '2018

江苏的地位
Position of Jiangsu in the Country

地区生产总值	Gross Domestic Product	占全国	10.3%	10.3 percent of China
#第三产业	Tertiary Industry	占全国	10.1%	10.1 percent of China
人均地区生产总值	Per Capital GDP	高于全国	50524 元	Over 50524 yuan
固定资产投资	Investment in Fixed Assets	占全国	9.1%	9.1 percent of China
社会消费品零售总额	Total Retail Sales of Consumer Goods	占全国	8.7%	8.7 percent of China
进出口总额	Total Imports and Exports	占全国	14.4%	14.4 percent of China
#出口总额	Total Exports	占全国	16.2%	16.2 percent of China
粮食产量	Output of Grain	占全国	5.6%	5.6 percent of China
钢材产量	Output of Steel	占全国	11.0%	11.0 percent of China
发电量	Output of Electricity	占全国	6.9%	6.9 percent of China
居民人均可支配收入	Per Capita Disposable Income of Residents	高于全国	9868 元	Over 9868 yuan
城镇常住居民人均可支配收入	Per Capita Disposable Income of Urban Permanent Residents	高于全国	7949 元	Over 7949 yuan
农村常住居民人均可支配收入	Per Capita Disposable Income of Rural Permanent Residents	高于全国	6228 元	Over 6228 yuan

江苏的人口
Population of Jiangsu

年末常住人口	Permanent Population at Year-end	8050.70	万人	(10000 persons)
年末户籍人口	Registered Population at Year-end	7831.86	万人	(10000 persons)
就业人员	Employment	4750.90	万人	(10000 persons)
出生人口	Births	74.93	万人	(10000 persons)
死亡人口	Deaths	56.52	万人	(10000 persons)
结婚人数	Marriages	63.77	万对	(10000 couples)
离婚人数	Divorces	24.57	万对	(10000 couples)
人口密度	Density of Population	751	人/平方公里	(person/sq. km)
人口平均期望寿命(2015年)	Life Expectancy(2015)	77.51	岁	(year)
男	Male	75.50	岁	(year)
女	Female	79.52	岁	(year)

江苏的经济发展
Economic Development of Jiangsu

		1979—2018年平均增长(%) 1979—2018 Average Annual Growth Rate(%)	2011—2018年平均增长(%) 2011—2018 Average Annual Growth Rate(%)
地区生产总值	Gross Domestic Product	11.8	8.7
第一产业	Primary Industry	4.3	2.7
第二产业	Secondary Industry	13.0	8.6
第三产业	Tertiary Industry	13.5	9.5
#工业	Industry	13.2	8.9
一般公共预算收入	General Public Budget Revenue	13.2	9.8
社会消费品零售总额	Total Retail Sales of Consumer Goods	16.1	11.8
出口总额	Total Exports	18.7	5.1

江苏的一天
One Day in Jiangsu

地区生产总值	Gross Domestic Product	253.69	亿元	(100 million yuan)
第一产业	Primary Industry	11.35	亿元	(100 million yuan)
第二产业	Secondary Industry	113.01	亿元	(100 million yuan)
第三产业	Tertiary Industry	129.33	亿元	(100 million yuan)
#工业	Industry	98.94	亿元	(100 million yuan)
财政收入	Government Revenue	64.09	亿元	(100 million yuan)
货物运输量	Freight Traffic	677.78	万吨	(10000 tons)
竣工房屋面积	Floor Space of Residential Housing Completed	204.95	万平方米	(10000 sq. m)
社会消费品零售总额	Total Retail Sales of Consumer Goods	91.04	亿元	(100 million yuan)
出口总额	Total Exports	11.07	亿美元	(USD 100 million)
出版报纸	Newspapers Published	586.77	万份	(10000 copies)
邮寄函件	Letters Delivered	61.92	万件	(10000 pieces)

1－1 行　政　区　划（2018年）
Administrative Divisions(2018)

单位:个　　(unit)

市	名 City	各级市单位数 Number of Cities at All Levels	县级单位数 Number of Counties	市辖区 Districts Under the Jurisdiction of Cities	县级市 Cities at County Level	县 County
全　省	**Total**	**13**	**96**	**55**	**22**	**19**
南京市	Nanjing	1	11	11		
无锡市	Wuxi	1	7	5	2	
徐州市	Xuzhou	1	10	5	2	3
常州市	Changzhou	1	6	5	1	
苏州市	Suzhou	1	9	5	4	
南通市	Nantong	1	8	3	4	1
连云港市	Lianyungang	1	6	3		3
淮安市	Huaian	1	7	4		3
盐城市	Yancheng	1	9	3	1	5
扬州市	Yangzhou	1	6	3	2	1
镇江市	Zhenjiang	1	6	3	3	
泰州市	Taizhou	1	6	3	3	
宿迁市	Suqian	1	5	2		3

1－1 续表 Continued

单位:个　　(unit)

市	名 City	镇 Town	乡 Township	街道办事处 Subdistrict Office	居民委员会 Neighbourhood Committee	村民委员会 Village Committee
全　省	**Total**	**723**	**44**	**491**	**7330**	**14410**
南京市	Nanjing	10		90	959	283
无锡市	Wuxi	30		53	610	639
徐州市	Xuzhou	97		68	686	2036
常州市	Changzhou	36		25	406	641
苏州市	Suzhou	52		40	1180	1025
南通市	Nantong	65		37	625	1297
连云港市	Lianyungang	51	9	30	265	1429
淮安市	Huaian	57		37	286	1420
盐城市	Yancheng	95		30	615	1821
扬州市	Yangzhou	62	5	14	365	1015
镇江市	Zhenjiang	31		25	280	489
泰州市	Taizhou	68	2	21	473	1422
宿迁市	Suqian	69	28	21	580	893

1－2 国民经济和社会发展总量与速度指标

指标	Item	总量指标 1978	1990	2000	2010
人口与就业	**Population and Employment**				
人口（万人）	**Population** (10000 persons)				
年末人口	Population at Year-end	5834.32	6766.90	7327.24	7869.34
城镇人口	Urban	800.77	1458.94	3040.81	4767.63
乡村人口	Rural	5033.55	5307.96	4286.43	3101.71
就业（万人）	**Employment** (10000 persons)				
就业人数	Employment	2777.72	4225.02	4418.14	4754.68
#职工人数	Staff and Workers	581.50	879.85	673.25	710.58
#国有单位	State-owned Units	366.37	536.88	411.40	263.95
年末城镇登记失业人数	Unemployment Registered in Urban Area		22.52	30.36	40.65
宏观经济	**Macroeconomy**				
国民经济核算（亿元）	**National Economic Accounting** (100 million yuan)				
地区生产总值	Gross Domestic Product	249.24	1416.50	8553.69	41962.18
第一产业	Primary Industry	68.71	355.17	1048.34	2530.94
第二产业	Secondary Industry	131.09	692.59	4435.89	22201.79
第三产业	Tertiary Industry	49.44	368.74	3069.46	17229.45
支出法地区生产总值	Gross Domestic Expenditures				
#最终消费	Final Consumption Expenditure	130.55	717.36	3710.72	17216.82
居民消费	Resident Consumption	115.15	608.29	2815.51	10942.82
政府消费	Government Consumption Expenditure	15.40	109.07	895.21	6274.00
资本形成总额	Gross Capital Formation	77.98	588.44	4044.78	21740.39
固定资本形成	Fixed Capital Formation	40.40	374.12	3225.42	21276.24
存货增加	Changes in Stock	37.58	214.32	819.36	464.15
投资（亿元）	**Investment in Fixed Assets** (100 million yuan)				
房地产开发投资	Total Investment in Fixed Assets		11.71	358.72	4299.38
#住宅	State-owned Units			260.79	3158.46
财政（亿元）	**Finance** (100 million yuan)				
一般公共预算收入	General Public Budget Revenue	61.09	136.20	448.31	4079.86
一般公共预算支出	General Public Budget Expenditure	28.38	100.97	591.28	4914.06
物价（上年＝100）	**Price** (preceding year＝100)				
居民消费价格指数	General Consumer Price Index	100.1	103.2	100.1	103.8

Principal Aggregate Indicators on National Economic and Social Development and Growth Rate

Aggregate Data		速度指标 Indicies and Growth Rate							
		2018年比下列各年增长(%) Index (2018 as percentage of the following years)					年平均增长(%) Average Annual Growth Rate		
2015	2018	1978	1990	2000	2010	2015	1979 ~ 2018	2001 ~ 2018	2011 ~ 2018
7976.30	8050.70	38.0	19.0	9.9	2.3	0.9	0.8	0.5	0.3
5305.83	5604.09	599.8	284.1	84.3	17.5	5.6	5.0	3.5	2.0
2670.47	2446.61	-51.4	-53.9	-42.9	-21.1	-8.4	-1.8	-3.1	-2.9
4758.50	4750.90	71.0	12.4	7.5	-0.1	-0.2	1.4	0.4	0.0
1552.08	1472.59	153.2	67.4	118.7	107.2	-5.1	2.4	4.4	9.5
294.31	259.49	-29.2	-51.7	-36.9	-1.7	-11.8	-0.9	-2.5	-0.2
36.01	34.37		52.6	13.2	-15.4	-4.6		0.7	-2.1
71255.93	92595.40	8718.1	2411.3	575.4	95.1	23.3	11.8	11.2	8.7
3952.47	4141.72	440.5	188.7	76.5	24.1	3.8	4.3	3.2	2.7
33031.06	41248.52	13341.4	3230.5	647.9	92.8	20.1	13.0	11.8	8.6
34272.40	47205.16	15842.9	3100.8	639.1	107.1	28.6	13.5	11.8	9.5
35002.17									
25245.17									
9757.00									
31813.01									
31153.21									
659.80									
8153.68	10982.34		93686.0	2961.5	155.4	34.7		20.9	12.4
6080.21	8366.18			2231.5	436.6	92.5		19.1	23.4
8028.59	8630.16	14027.0	6236.4	1825.0	111.5	7.5	13.2	17.9	9.8
9687.58	11657.35	40975.9	11445.4	1871.5	137.2	20.3	16.2	18.0	11.4
101.7	102.3	564.9	212.0	51.6	22.3	6.4	4.9	2.3	2.5

指　　标 Item		总量指标			
		1978	1990	2000	2010
商品零售价格指数	General Retail Price Index	100.2	102.3	98.6	103.2
工业生产者出厂价格指数	Ex-factory Price Index of Industrial Producers			101.1	107.3
利用外资 （亿美元）	**Utilization of Foreign Capital (USD 100 million)**				
协议注册外资	Agreement Registered Foreign		2.44	106.11	568.33
实际使用外资	Actual Use of Foreign Capital		1.41	64.24	284.98
产　业	**Industry**				
农业	**Agriculture**				
农林牧渔业劳动力 （万人）	Number of Persons Engaged in Agriculture, Forestry, Animal Husbandry and Fishery (10000 persons)	2030.67	1714.49	1480.22	859.83
农林牧渔业总产值 （亿元）	Gross Output Value of Agriculture, Forestry, Animal Husbandry and Fishery (100 million yuan)	105.87	580.53	1869.73	4283.21
主要农产品产量 （万吨）	Output of Major Farm Products (10000 tons)				
粮食	Grain	2400.65	3264.15	3106.63	3235.10
棉花	Cotton	47.54	46.42	31.45	26.08
油料	Oil-bearing Crops	37.44	112.39	225.65	151.97
糖类	Sugar Crops	6.88	22.26	28.26	10.27
蚕茧	Silkworm Cocoons	2.63	12.00	9.01	7.91
猪牛羊肉	Pork, Beef and Mutton		158.38	227.41	223.91
水产品	Aquatic Products	39.76	118.25	308.79	460.44
工业	**Industry**				
全部工业增加值 （亿元）	Output of Major Industrial Products (10000 tons)	117.10	634.13	3848.52	19722.49
主要工业产品产量 （万吨）	Output of Major Industrial Products (10000 tons)				
粗钢	Steel	54.51	190.18	617.16	6242.75
钢材	Rolled-steel	60.31	203.01	1401.83	9122.95
发电量 （亿千瓦时）	Electricity (100 million kW·h)	126.42	404.47	909.69	3358.98
原煤	Coal	1707.02	2407.79	2479.02	2122.48
农用化肥(折100%)	Chemical Furtilizers	72.18	145.90	192.38	241.96
水泥	Cement	444.10	1532.89	4599.52	15647.46
化学纤维	Chemical Fiber	2.11	40.76	190.99	1027.19
彩色电视机 （万台）	Color Television Sets (10000 units)	0.03	36.64	127.66	1766.89
家用电冰箱 （万台）	Household Refrigerators (10000 units)		83.18	285.17	812.49
汽车 （万辆）	Household Refrigerators (10000 units)	1.51	4.63	9.06	72.87
建筑业	**Construction**				
建筑业从事主营业务活动的从业人员平均人数 （万人）	The average number of employees engaged in principal Business (10000 persons)		124.31	221.48	598.98
建筑业总产值 （亿元）	Gross Output Value (100 million yuan)		147.23	1546.17	12405.90
施工房屋面积 （万平方米）	Floor Space of Building Under Construction (10000 sq.m)		5241	21287	119036
竣工房屋面积 （万平方米）	Floor Space of Building Completed (10000 sq.m)		3308	12330	48560

1-2 Continued 1

Aggregate Data		速度指标 Indicies and Growth Rate							
2015	2018	2018年比下列各年增长(%) Index (2018 as percentage of the following years)					年平均增长(%) Average Annual Growth Rate		
		1978	1990	2000	2010	2015	1979～2018	2001～2018	2011～2018
100.6	102.6	387.4	131.3	28.9	16.6	5.4	4.0	1.4	1.9
95.3	102.8		91.4	20.3	0.1	5.7		1.0	0.0
393.61	605.22		24687.9	470.4	6.5	53.8		10.2	0.8
242.75	255.92		18037.8	298.4	-10.2	5.4		8.0	-1.3
747.41	708.03	-65.1	-58.7	-52.2	-17.7	-5.3	-2.6	-4.0	-2.4
6980.37	7192.46	678.3	291.9	86.3	23.2	4.1	5.3	3.5	2.6
3561.34	3660.28	52.5	12.1	17.8	13.1	2.8	1.1	0.9	1.6
11.69	2.06	-95.7	-95.6	-93.4	-92.1	-82.4	-7.5	-14.1	-27.2
143.11	86.04	129.8	-23.4	-61.9	-43.4	-39.9	2.1	-5.2	-6.9
9.50	5.28	-23.3	-76.3	-81.3	-48.6	-44.4	-0.7	-8.9	-8.0
4.97	3.86	46.6	-67.9	-57.2	-51.2	-22.4	1.0	-4.6	-8.6
237.20	216.11		36.5	-5.0	-3.5	-8.9		-0.3	-0.4
522.11	494.84	1144.6	318.5	60.3	7.5	-5.2	6.5	2.7	0.9
28980.20	36112.64	14132.2	3298.7	697.0	97.2	21.8	13.2	12.2	8.9
10995.17	10426.16	19027.1	5382.3	1589.4	67.0	-5.2	14.0	17.0	6.6
13560.81	12146.72	20040.5	5883.3	766.5	33.1	-10.4	14.2	12.7	3.6
4351.78	4933.54	3802.5	1119.8	442.3	46.9	13.4	9.6	9.8	4.9
1918.90	1245.78	-27.0	-48.3	-49.7	-41.3	-35.1	-0.8	-3.8	-6.4
203.76	165.93	129.9	13.7	-13.7	-31.4	-18.6	2.1	-0.8	-4.6
18013.66	14692.03	3208.3	858.5	219.4	-6.1	-18.4	9.1	6.7	-0.8
1430.62	1370.47	64851.2	3262.3	617.6	33.4	-4.2	17.6	11.6	3.7
1626.20	1667.96	5559755.0	4452.3	1206.6	-5.6	2.6	31.4	15.3	-0.7
907.65	839.76		909.6	194.5	3.4	-7.5		6.2	0.4
121.75	125.38	8214.9	2608.5	1283.3	72.1	3.0	11.7	15.7	7.0
833.31	918.60		639.0	314.8	53.4	10.2		8.2	5.5
24785.81	30846.66		20851.3	1895.0	148.6	24.5		18.1	12.1
215592	249177		4654.4	1070.6	109.3	15.6		14.6	9.7
76824	74806		2161.4	506.7	54.0	-2.6		10.5	5.5

指标	Item	总量指标 1978	1990	2000	2010
交通运输	**Transportation**				
货运量（万吨）	Freight Traffic (10000 tons)	14626	49399	90436	188565
#铁路	Railways	3224	4235	4077	6374
公路	Highways	4488	27904	59056	123500
水运	Waterways	6557	15908	25902	48702
客运量（万人）	Passenger Traffic (10000 persons)	25621	48339	107244	226627
#铁路	Railways	2752	4788	4891	9711
公路	Highways	18694	41850	101713	215850
水运	Waterways	4175	1701	514	590
港口货物吞吐量（万吨）	Volume of Freight Handled at Seaports (10000 tons)	10183	17002	39200	158977
邮电通信业	**Postal and Telecommunications Services**				
邮电业务总量（亿元）	Total Business Revenue (100 million yuan)	1.83	9.98	323.45	2194.60
函件（亿件）	Number of Letters Delivered (100 million pieces)	1.63	3.30	5.74	9.36
年末固定电话用户（万户）	Number of Eited Telephone Subseribers at Year-end (10000 househalds)			1138.06	2498.80
城市	Urban			535.43	1527.80
农村	Rural			602.63	971.00
年末移动电话用户（万户）	Number of Mobile Telephone Subseribers at Year-end (10000 househalds)			619.50	5923.10
国内商业	**Domestic Trade**				
社会消费品零售总额（亿元）	Total Retail Sales of Consumer Goods (100 million yuan)	84.79	515.43	2908.46	13606.34
对外经济贸易和旅游	**Foreign Trade and Tourism**				
进出口总额（亿美元）	Total Imports and Exports (USD 100 million)	4.27	41.39	456.38	4657.93
进口	Imports	0.09	11.95	198.69	1952.43
出口	Exports	4.18	29.44	257.70	2705.50
接待海外旅游人数（万人）	Number of International Tourists Received (10000 persons)	11.33	72.48	160.94	653.55
金融保险（亿元）	**Banking and Insurance (100 million yuan)**				
金融机构存款	Deposits of Banking System	60.72	860.33	8400.75	58984.14
金融机构贷款	Loans of Banking System	115.29	1013.45	5967.66	42121.04
国内保险保费收入	Domestic Premium		9.31	132.03	1162.67
教育、科技、文化	**Education, Science and Technology and Culture**				
教育	**Education**				
高等学校本专科在校学生（万人）	Students Enrollment in Institutions of Higher Education (10000 persons)	6.05	14.69	45.19	164.94
中等专业学校在校学生（万人）	Students Enrollment in Specialized Secondary Schools (10000 persons)	3.84	13.99	43.62	68.30
普通中学在校学生（万人）	Students Enrollment in Regular Secondary Schools (10000 persons)	385.85	281.97	373.64	368.61
小学在校学生（万人）	Students Enrollment in Primary Schools (10000 persons)	868.90	612.29	718.55	398.78
科技	**Science and Technology**				
县以上科研机构数（个）	Number of Scientific & Technological Research Institutions of County Level and Above (unit)		326	313	135
各类专业技术人员（万人）	Scientific and Technical Personnel (10000 persons)	22.18	158.86	194.24	140.53

1－2 Continued 2

Aggregate Data		速度指标 Indicies and Growth Rate							
2015	2018	2018年比下列各年增长(%) Index (2018 as percentage of the following years)					年平均增长(%) Average Annual Growth Rate		
		1978	1990	2000	2010	2015	1979～2018	2001～2018	2011～2018
211648	247388					16.9			
5066	5971					17.9			
113351	139251					22.8			
80343	87735					9.2			
153943	121884					－20.8			
16116	21204					31.6			
134553	97025					－27.9			
2392	2383					－0.4			
233289	258469					10.8			
2280.60	5861.83	320218.6	58635.8	1712.3	167.1	157.0	22.4	17.5	13.1
4.88	2.26	38.7	－31.5	－60.6	－75.9	－53.7	0.8	－5.0	－16.3
1972.99	1364.00			19.9	－45.4	－30.9		1.0	－7.3
1217.98	945.90			76.7	－38.1	－22.3		3.2	－5.8
755.01	418.10			－30.6	－56.9	－44.6		－2.0	－10.0
8227.33	9794.00			1481.0	65.4	19.0		16.6	6.5
25876.77	33230.35	39091.4	6347.1	1042.5	144.2	28.4	16.1	14.5	11.8
5456.14	6640.43	155235.3	15943.2	1355.0	42.6	21.7	20.2	16.0	4.5
2069.45	2599.99	2879176.5	21652.1	1208.6	33.2	25.6	29.3	15.4	3.6
3386.68	4040.44	96455.0	13625.2	1467.9	49.3	19.3	13.7	16.5	5.1
305.01	400.85	3438.0	453.1	149.1	－38.7	31.4	9.3	5.2	－5.9
107873.03	139717.98	230002.1	16140.0	1563.2	136.9	29.5	21.4	16.9	11.4
78866.34	115719.00	100272.1	11318.3	1839.1	174.7	46.7	18.9	17.9	13.5
1989.91	3317.28		35531.3	2412.5	185.3	66.7		19.6	14.0
171.57	180.63	2885.6	1129.6	299.7	9.5	5.3	8.9	8.0	1.1
51.89	49.76	1196.0	255.7	14.1	－27.1	－4.1	6.6	0.7	－3.9
284.52	323.84	－16.1	14.8	－13.3	－12.1	13.8	－0.4	－0.8	－1.6
499.64	560.44	－35.5	－8.5	－22.0	40.5	12.2	－1.1	－1.4	4.3
130	118		－63.8	－62.3	－12.6	－9.2		－5.3	－1.7
118.43	119.89	440.5	－24.5	－38.3	－14.7	1.2	4.3	－2.6	－2.0

指标	Item	总量指标 1978	1990	2000	2010
#工程技术人员	Engineering Personnel	7.83	31.84	44.84	19.00
文化	**Culture**				
图书出版量 (亿册)	Books Published (100 million copies)	1.94	3.44	3.47	5.17
杂志出版量 (万册)	Magazines Issued (10000 copies)	535	4107	11008	10475
报纸出版量 (亿份)	Newspapers Issued (100 million copies)	2.45	8.27	23.34	27.12
家庭、生活、环境	**Family, People's Livelihood and Environment**				
家庭	**Family**				
总户数 (万户)	Total Households (10000 households)	1423.11	1806.78	2220.38	2564.59
城镇居民平均每户家庭人口 (人)	Average Household Size in Urban Areas (person)		3.34	3.07	2.79
农村居民平均每户家庭人口 (人)	Average Household Size in Rural Areas (person)		4.10	3.74	3.68
居住	**Housing**				
城镇居民人均住房建筑面积 (平方米)	Per Capita Net Floor Space of Urban Residents (sq. m)	5.7	17.29	25.54	33.39
农村居民人均住房建筑面积 (平方米)	Per Capita Net Floor Space of Rural Residents (sq. m)	9.7	25.20	33.70	46.33
生活	**People's Livelihood**				
城镇常住居民人均可支配收入 (元)	Per Capita Annual Disposable Income of Urban Residents (yuan)	288	1464	6800	22944
农村常住居民人均可支配收入 (元)	Per Capita Annual Disposable Income of Rural Residents (yuan)	155	884	3595	9118
工资	**Wages and Welfare**				
工资总额 (亿元)	Total Wages of Staff and Workers (100 million yuan)	29.05	184.60	705.36	2841.33
职工平均工资 (元)	Average Wage of Staff and Workers (yuan)	513	2129	10299	40505
卫生	**Health Care**				
卫生机构数 (个)	Number of Health Care Organizations (unit)	9277	12366	12813	30961
#医院、卫生院	Hospital and Commune Hospitals	2428	2491	2511	2433
床位数 (万张)	Number of Hospital Beds (10000 units)	12.29	16.45	17.31	26.97
#医院、卫生院	Hospital and Commune Hospitals	11.07	14.54	16.18	24.74
卫生技术人员数 (万人)	Number of Medical Technical Personnels (10000 persons)	14.00	21.35	25.36	32.84
#执业(助理)医师	Doctors	5.70	9.94	11.44	12.90
市政建设	**Urban Civil Construction**				
自来水供水量 (亿吨)	Volume of Tap Water Supply (100 million tons)	3.51	25.67	35.34	48.28
排水管道长度 (公里)	Length of Sewer Pipelines (km)	1503	4099	11097	46867
年末实有道路长度 (公里)	Year-end Length of Paved Roads (km)	1893	5812	11011	31899
环境	**Environment**				
工业废水排放量 (亿吨)	Volume of Industrial Waste Water Discharged (100 million tons)		24.24	20.19	26.38
二氧化硫排放量 (万吨)	Volume of Industrial sulfur dioxide (10000 tons)			84.33	100.25
烟(粉)尘排放量 (万吨)	Volume of Industrial Dust Removed (10000 tons)			37.47	45.00

1-2 Continued 3

Aggregate Data		速度指标 Indicies and Growth Rate							
		2018年比下列各年增长(%) Index (2018 as percentage of the following years)					年平均增长(%) Average Annual Growth Rate		
2015	2018	1978	1990	2000	2010	2015	1979~2018	2001~2018	2011~2018
11.46	11.14	42.2	-65.0	-75.2	-41.4	-2.8	0.9	-7.4	-6.5
6.23	6.83	252.2	98.6	96.9	32.1	9.7	3.2	3.8	3.5
11431	11272	2007.0	174.5	2.4	7.6	-1.4	7.9	0.1	0.9
26.39	21.42	774.2	159.0	-8.2	-21.0	-18.9	5.6	-0.5	-2.9
2617.80	2638.76	85.4	46.0	18.8	2.9	0.8	1.6	1.0	0.4
2.98	2.96		-11.4	-3.6	6.1	-0.5		-0.2	0.7
2.96	2.94		-28.3	-21.4	-20.1	-0.7		-1.3	-2.8
39.62	46.90	722.8	171.3	83.6	40.5	18.4	5.4	3.4	4.3
54.95	56.40	481.4	123.8	67.4	21.7	2.6	4.5	2.9	2.5
37173	47200	16269.1	3120.2	593.3	105.5	26.9	13.6	11.4	9.4
16257	20845	13344.6	2257.4	479.7	128.5	28.2	13.0	10.3	10.9
9802.41	11784.92	40467.7	6284.0	1570.8	314.8	20.2	16.2	16.9	19.5
67200	86590	16779.1	3967.2	740.8	113.8	28.9	13.7	12.6	10.0
31925	33253	258.4	168.9	159.5	7.4	4.2	3.2	5.4	0.9
2616	2910	19.9	16.8	15.9	19.6	11.2	0.5	0.8	2.3
41.36	49.15	299.9	198.8	184.0	82.3	18.8	3.5	6.0	7.8
38.49	45.86	314.3	215.4	183.4	85.4	19.1	3.6	6.0	8.0
48.70	59.00	321.5	176.4	132.7	79.7	21.2	3.7	4.8	7.6
18.92	23.33	309.2	134.7	103.9	80.8	23.3	3.6	4.0	7.7
50.68	56.02	1496.0	118.2	58.5	16.0	10.5	7.2	2.6	1.9
70048	80649	5265.9	1867.5	626.8	72.1	15.1	10.5	11.6	7.0
40749	47973	2434.2	725.4	335.7	50.4	17.7	8.4	8.5	5.2
20.64	14.36		-40.8	-28.9	-45.6	-30.4		-1.9	-7.3
83.51	30.66			-63.6	-69.4	-63.3		-5.5	-13.8
65.45	33.28			-11.2	-26.0	-49.2		-0.7	-3.7

1－3 国民经济和社会发展结构指标
Composition Indicators on National Economic and Social Development

单位:% (%)

指 标	Item	1978	2000	2005	2010	2015	2018
人口与就业	**Population and Employment**						
人 口	**Population**						
城乡结构	Urban and Rural Structure						
城镇	Urban	13.7	41.5	50.5	60.6	66.5	69.6
乡村	Rural	86.3	58.5	49.5	39.4	33.5	30.4
性别结构	Sexual Structure						
男	Male	50.6	50.6	50.0	50.4	50.3	50.3
女	Female	49.4	49.4	50.0	49.6	49.7	49.7
就 业	**Employment**						
产业结构	Industrial Structure						
第一产业	Primary Industry	69.7	42.8	30.9	22.3	18.4	16.1
第二产业	Secondary Industry	19.6	30.2	37.2	42.0	43.0	42.8
第三产业	Tertiary Industry	10.7	27.0	31.9	35.7	38.6	41.1
经济类型结构	Structures by Ownership						
城镇非私营单位从业人员	Staff and Workers Employed in Urban Units	20.9	15.7	13.7	16.1	32.6	31.0
国有单位	State-owned	13.2	9.5	6.2	5.9	6.2	5.5
城镇集体单位	Collective-owned	7.7	2.7	0.8	0.6	0.7	0.5
其他单位	Others		3.5	6.7	9.5	25.7	25.0
城镇私营企业和个体就业人员	Urban Private Enterprises and Self-employed Workers	0.1	4.0	12.8	27.3	41.6	57.8
其他	Others	79.0	80.3	73.5	56.6	25.8	11.3
宏观经济	**Macro Economy**						
国民经济核算	**National Economic Accounting**						
地区生产总值产业结构	Industrial Structures						
第一产业	Primary Industry	27.6	12.2	7.8	6.0	5.5	4.5
第二产业	Secondary Industry	52.6	51.9	56.8	52.9	46.4	44.5
第三产业	Tertiary Industry	19.8	35.9	35.4	41.1	48.1	51.0
地区生产总值支出结构	Domestic Expenditures						
最终消费	Total Consumption	52.4	43.4	40.8	41.0	49.1	
居民消费	Resident Consumption	46.2	32.9	28.4	26.1	35.4	
政府消费	Government Consumption Expenditure	6.2	10.5	12.3	14.9	13.7	
资本形成总额	Gross Capital Formation	31.3	47.3	51.4	51.8	44.6	
固定资本	Fixed Capital Formation	16.2	37.7	48.3	50.7	43.7	
存货增加	Changes in Stock	15.1	9.6	3.1	1.1	0.9	
净出口	Net Exports	16.3	9.3	7.9	7.2	6.3	
投 资	**Investment**						
经济类型结构	Structure by Ownership						
国有经济	State-owned	95.2	40.1	23.8	20.1	19.4	14.4

1－3　续表1　Continued 1

单位:%　(%)

指　标	Item	1978	2000	2005	2010	2015	2018
集体经济	Collective-owned	4.8	15.2	5.1	4.2	4.1	0.8
港澳台及外商投资经济	Hong Kong, Macao, Taiwan and Foreign Investment Economy		12.1	17.9	13.7	8.5	9.8
私营个体经济	Private and Individuals		10.9	30.0	35.9	46.3	52.1
其他经济	Others		21.7	23.2	26.1	21.7	22.9
资金来源结构	Structure of Funded Sources						
国家预算资金	State Budgetary Appropriation		2.5	0.7	1.1	1.6	
国内贷款	Domestic Loans		16.3	13.8	12.6	9.6	
利用外资	Foreign Investment		9.4	9.1	4.4	1.9	
自筹资金	Fundraising		61.0	63.3	63.1	72.5	
其他投资	Others		10.8	13.1	18.8	14.4	
财　政	**Government Finance**						
一般公共预算支出结构	Structure of General Public Budgetary Expenditure						
#农林水事务	Operating Expenses of Agriculture, Forestry and Water	25.1	7.9	5.8	10.0	10.4	8.5
教育支出	Education	10.8	19.9	15.4	17.6	18.0	17.6
利用外资	**Utilization of Foreign Capital**						
实际外商直接投资结构	Structure of Foreign Direct Investment						
合资经营企业	Joint Venture Enterprises		35.4	18.9	16.6	19.0	29.7
合作经营企业	Cooperative Operation Enterprises		5.6	1.5	0.9	0.6	1.1
独资经营企业	Foreign Solely Funded Enterprises		59.0	79.0	80.1	76.5	68.5
外商投资股份制企业	Share Holding with Foreign Investment		0.04	0.7	2.3	4.0	0.6
产业经济	**Industrial Economy**						
农　业	**Agriculture**						
农林牧渔业产值结构	Structure of Gross Output Value						
农业	Farming	80.4	58.6	50.1	52.8	52.9	51.9
林业	Forestry	1.4	1.6	1.8	1.8	1.8	2.0
牧业	Animal Husbandry	15.8	23.0	23.2	21.5	18.0	15.2
渔业	Fishery	2.3	16.7	19.9	18.7	21.6	23.7
农林牧渔服务业	Service in Support of Agriculture			5.0	5.1	5.7	7.1
工　业	**Industry**						
工业产值按轻重分	Grouped by Light and Heavy Industry						
轻工业	Light Industry	52.4	43.2	31.2	26.6	27.4	24.8
重工业	Heavy Industry	47.6	56.8	68.8	73.4	72.6	75.2

1－3 续表2 Continued 2

单位：% (%)

指标	Item	1978	2000	2005	2010	2015	2018
建筑业	**Construction**						
建筑业总产值结构	Structure of Gross Output Value of Construction						
国有经济	State-owned		24.4	19.8	9.7	8.6	10.4
地方	Local-owned		19.9	16.7	5.7	4.8	6.4
部属	Central-owned		4.4	3.1	4.1	3.9	4.1
集体及其他经济	Rural and Township Industry and Others		75.6	80.2	90.3	91.4	89.6
运输业	**Transportation**						
货运量结构	Structure of Freight Traffic						
#铁路	Railways	22.0	4.5	4.5	3.4	2.4	2.4
公路	Highways	30.7	65.3	67.6	65.5	53.6	56.3
水运	Waterways	44.8	28.6	25.9	25.8	38.0	35.5
对外经济贸易和旅游	**Foreign Trade and Tourism**						
出口商品结构	Structure of Exports						
#亚洲地区	Asia		51.3	45.4	39.2	46.7	44.5
欧洲地区	Europe		20.6	24.8	27.7	19.5	20.5
北美洲	North America		20.9	23.8	23.1	23.1	24.5
海外旅游人数结构	Structure of Tourists						
外国人	Foreigners	76.2	61.0	69.3	72.5	65.8	60.8
港澳同胞	Compatriots from Hongkong, Macao	23.8	16.8	11.9	9.8	4.8	3.6
台湾同胞	Compatriots from Taiwan		22.2	18.8	17.7	29.3	35.6
教育、科技、文化	**Education, Science and Culture**						
教育	**Education**						
在校学生结构	Structure of Student Enrollment						
大学生	College and University Students	0.5	3.8	9.7	16.1	17.0	17.6
中学生	Secondary School Students	30.8	36.2	49.6	45.1	33.4	32.9
小学生	Primary School Students	68.7	60.0	40.6	38.8	49.6	49.4
专任教师结构	Full-time Teachers by Type						
大学	Colleges and Universities	3.0	5.8	10.5	15.1	15.7	15.5
中学	Secondary Schools	37.1	43.7	48.6	47.9	43.7	42.4
小学	Primary Schools	59.9	50.5	40.9	37.0	40.6	42.1
科技	**Science and Technology**						
各类专业技术人员结构	Structure of Scientific and Technical Personnel						

1－3 续表3 Continued 3

单位:% (%)

指标	Item	1978	2000	2005	2010	2015	2018
#工程技术人员	Engineering Personnel	35.3	23.1	14.1	13.5	9.7	9.3
农业技术人员	Agriculture	6.1	2.4	2.1	1.9	2.2	2.1
科学研究人员	Scientific Research	5.5	0.9	1.2	1.1	1.0	1.1
卫生技术人员	Health Care	30.5	11.9	15.8	15.1	19.4	19.6
教学人员	Teaching	22.5	34.1	46.6	47.5	56.9	56.0
生活、卫生	**People's Livelihood and Healthcare**						
生活	**People's Livelihood**						
城镇居民消费结构	Consumption Structure of Urban Residents						
食品	Food	55.1	41.1	37.2	36.5	28.1	26.1
衣着	Clothing	13.8	9.2	9.3	10.2	7.1	6.5
居住	Residence		8.2	9.2	8.6	22.6	27.5
其他	Others		41.5	44.3	44.7	42.2	39.9
农村居民消费结构	Consumption Structure of Rural Residents						
食品	Food	62.1	43.5	44.0	38.1	31.7	26.2
衣着	Clothing	12.1	5.4	5.4	5.4	6.0	4.9
居住	Residence	13.6	18.9	14.4	17.9	20.6	24.9
其他	Others	12.1	32.2	36.2	38.6	41.7	44.0
卫生	**Healthcare**						
卫生机构构成	Structure of Health Care Institutions						
#医院、卫生院	Hospitals and Commune Hospitals	26.2	19.6	16.2	7.9	8.2	8.8
门诊部	Clinics		0.8	2.4	1.7	3.4	5.8
妇幼保健院	Maternity and Child Care Institutions	0.9	0.9	0.7	0.3	0.3	0.3
疾病预防控制中心	Disease Protection and Controlling Centers	1.2	1.1	1.0	0.4	0.4	0.4
卫生技术人员构成	Structure of Medical Technical Personnels						
#执业医师	Doctors	40.7	45.1	42.3	39.3	38.9	39.5
注册护士	Registered Nurses	12.8	29.1	31.3	37.3	41.9	44.1
卫生机构床位数构成	Hospital Beds by Structures						
医院、卫生院	Hospitals and Commune Hospitals	90.1	93.5	94.1	91.7	93.1	93.3
其他卫生机构	Other Sanatation Organization	8.9	3.2	3.4	7.5	6.9	6.7

1－4 国民经济和社会发展比例和效益指标

Indicators on National Economic and Social Development

指标	Item	2014	2015	2016	2017	2018
人口与就业	**Population and Employment**					
出生率 (‰)	Birth Rate (‰)	9.45	9.05	9.76	9.71	9.32
死亡率 (‰)	Death Rate (‰)	7.02	7.03	7.03	7.03	7.03
自然增长率 (‰)	Natural Growth Rate (‰)	2.43	2.02	2.73	2.68	2.29
城镇登记失业率 (%)	Registered Unemployment Rate in Urban Areas (%)	3.01	3.00	3.00	2.98	2.97
国民经济核算	**National Accounting**					
服务业增加值占地区生产总值比重 (%)	Proportion of Value-added of Service Industry to GDP (%)	46.5	48.1	50.5	50.3	51.0
人均地区生产总值 (元)	Per Capita GDP (yuan)	83177	89426	96840	107150	115168
人均地区生产总值 (美元)	Per Capita GDP (USD)	13546	14364	14341	15876	17404
全社会劳动生产率 (元/人)	The Labor Productivity of the Whole Employment (yuan / person)	138961	149778	159934	180578	194759
固定资产投资	**Investment in Fixed Assets**					
全社会房屋建筑竣工率 (%)	Rate of Total Floor Space of Buildings Completed (%)	31.6	35.6	33.9	32.5	30.0
消费	**Consumption**					
人均社会消费品零售额 (元)	Per Capita Retail Sales of Consumer Goods (yuan)	29508	32475	35940	39603	41331
对外贸易	**Foreign Trade**					
进出口总额相当于地区生产总值比例 (%)	Proportion of Total Value of Imports & Exports to GDP (%)	52.4	47.7	44.2	46.6	47.3
出口总额相当于地区生产总值比例 (%)	Proportion of Total Value of Imports to GDP (%)	31.7	29.6	27.7	28.6	28.8
高新技术产品出口额占出口总额的比重 (%)	Proportion of New and High Technology Product Imports to Imports (%)	37.8	38.7	36.6	38.0	38.0
机电产品出口额占出口总额的比重 (%)	Proportion of Electronic Mechanical Product Imports to Imports (%)	64.8	66.4	65.1	65.9	66.1
一般贸易出口额占出口总额的比重 (%)	Proportion of Ordinary Trade Imports to Imports (%)	46.3	45.8	48.7	48.3	50.3
加工贸易出口额占出口总额的比重 (%)	Proportion of Processing Trade Imports to Imports (%)	43.7	43.7	43.5	41.7	38.4
财政	**Government Finance**					
一般公共预算收入相当于地区生产总值比例 (%)	Proportion of General Public Budget Revenue to GDP (%)	10.9	11.3	10.7	9.5	9.3
一般公共预算支出相当于地区生产总值比例 (%)	Proportion of General Public Budget Expenditure to GDP (%)	12.8	13.6	13.1	12.4	12.6
农业	**Agriculture**					
每公顷播种面积农产品产量 (公斤)	Output of Farm Crops per Hectare of Sown Area (kg)					
粮食	Grain	6493	6565	6380	6547	6684
棉花	Cotton	1210	1240	1164	1226	1241
油料	Oil-bearing	2937	3010	3008	3068	3274
工业	**Industry**					
总资产贡献率 (%)	Ratio of Total Assets to Industrial Output Value (%)	15.9	15.57	15.42	14.22	12.11
资产负债率 (%)	Assets-Liability Ratio (%)	54.9	53.14	51.92	52.34	52.62
流动资产周转次数 (次/年)	Turnover of Working Capital (times/year)	2.71	2.72	2.70	2.42	2.00
成本费用利润率 (%)	Ratio of Profits to Industrial Cost (%)	6.71	6.95	7.12	7.11	6.91
产品销售率 (%)	Proportion of Products Sold (%)	98.73	98.37	98.85	98.83	98.81

1－4 续 表 Continued

指标	Item	2014	2015	2016	2017	2018
建筑业	**Construction**					
建筑业劳动生产率（元/人）	Overall Labor Productivity (yuan/person)	296918	297437	304925	312383	335803
产值利税率（%）	Ratio of Pre-tax Profits to Gross Output Value (%)	7.02	7.06	7.08	7.10	7.43
交通运输业	**Transportation**					
铁路网密度（公里/万平方公里）	Railway Density (km/10000 sq. km)	246	250	254	258	283
公路网密度（公里/万平方公里）	Highway Density (km/10000 sq. km)	14694	14814	14646	14783	14804
邮电通信业	**Postal and Telecommunication Services**					
电话普及率(含移动电话)（部/百人）	Access to Telephones (include mobile phone) (set/100 persons)	129	129	124	129	139
移动电话普及率（部/百人）	Access to Mobile Phones (set/100 persons)	102	103	103	110	122
旅游业	**Tourism**					
每一来华游客花费（美元）	Expenditure per International Tourist in China (USD)	1021	1156	1153	1133	1160
国内旅游人均花费（元）	Expenditure per Domestic Tourist (yuan)	1377	1416	1468	1522	1578
金融业	**Financial Intermediation**					
金融机构存款相当于地区生产总值比例（%）	Deposits of Financial Institutions as Percentage of GDP (%)	141.7	151.3	159.2	151.3	150.9
金融机构贷款相当于地区生产总值比例（%）	Loans of Financial Institutions as Percentage of GDP (%)	105.2	110.6	119.7	118.9	125.0
金融机构年末人民币贷、存款余额比例（%）	Ratio of Loan to Deposit of Financial Institutions at year end (%)	74.2	73.1	75.2	78.6	82.8
教育	**Education**					
每万人口在校大学生数（人）	Number of University and College Students per 10000 Population (person)	232.3	234.6	238.4	242.2	248.5
初中升学率（%）	Promotion Rate from Junior Secondary Schools to Senior Secondary Schools (%)	100.0	100.0	100.0	100.0	100.0
小学升学率（%）	Promotion Rate from Primary Schools to Junior Secondary Schools (%)	100.0	100.0	100.0	100.0	100.0
学龄儿童入学率（%）	Enrollment Ratio of Primary Schools (%)	100.0	100.0	100.0	100.0	100.0
科技	**Science and Technology**					
研发经费支出相当于地区生产总值比例（%）	R&D Expenditure as Percentage of GDP (%)	2.50	2.53	2.62	2.63	2.70
高新技术产业产值占工业总产值比例（%）	Proportion of New and High Technology Output to Industry (%)	39.5	40.1	41.5	42.7	43.8
每万人口发明专利拥有量（件/万人）	Possession of Invention Patent per 10000 Population (uint/10000 persons)	10.22	14.22	18.50	22.50	26.45
卫生	**Health Care**					
每万人口执业(助理)医师数（人）	Number of Licensed (Assistant) Doctors per 10000 Population (person)	22.4	23.7	25.6	27.1	29.0
每万人口医院、卫生院床位数（张）	Number of Beds of Hospitals and Health Centers per 10000 Population (bed)	45.8	48.3	51.9	54.6	59.7
医疗机构病床使用率（%）	Beds Utilization Rate of Medical Organizations (%)	84.0	83.1	82.5	83.0	82.0
人民生活	**People's Livelihood**					
城镇恩格尔系数（%）	Engle Coefficient of Urban Household (%)	28.5	28.1	28.0	27.5	26.1
农村恩格尔系数（%）	Engle Coefficient of Rural Household (%)	31.4	31.7	29.5	28.9	26.2
城乡收入比(以农民收入为1)	Income Ratio of Urban and Rural Residents(1 for a Rural Resident)	2.30	2.29	2.28	2.28	2.26
城市市政建设	**Municipal Works**					
用水普及率（%）	Percentage of Population with Access to Tap Water (%)	99.8	99.8	99.9	100.0	100.0
燃气普及率（%）	Percentage of City Population with Access to Gas (%)	99.5	99.6	99.5	99.7	99.8
人均公园绿地面积（平方米）	Per Capita Public Green Area (sq. m)	14.4	14.6	14.8	15.0	14.7

1－5 江苏国民经济占全国的比重（2018年）

Percentage of Jiangsu's National Economy in the Country（2018）

指标	Item	全国 Country	江苏 Jiangsu	江苏占全国的比重(%) Percentage to the Country of Jiangsu(%)
土地面积（万平方公里）	Land Area（10000 sq. km）	960	10.72	1.1
年末总人口（万人）	Year-end Total Population（10000 persons）	139538	8050.70	5.8
地区生产总值（亿元）	Domestic Gross Product（100 million yuan）	900309	92595.40	10.3
第一产业	Primary Industry	64734	4141.72	6.4
第二产业	Secondary Industry	366001	41248.52	11.3
第三产业	Tertiary Industry	469575	47205.16	10.1
人均生产总值（元）	Per Capita GDP（yuan）	64644	115168	高50525元
一般公共预算收入（亿元）	General Public Budget Revenue（100 million yuan）	97905	8630.16	8.8
房地产开发投资(亿元)	Real Estate Development	120264	10982.34	9.1
社会消费品零售总额（亿元）	Total Retail Sales of Consumer Goods（100 million yuan）	380987	33230.35	8.7
进出口总额（亿美元）	Total Exports and Imports（USD 100 million）	305050	43802.37	14.4
#出口	Exports	164177	26657.68	16.2
普通高等学校本专科在校生（万人）	Students Enrollment in Institutions of Higher Education（10000 persons）	2831	180.63	6.4
卫生机构床位数（万张）	Number of Beds of Health Care Institutions（10000 units）	840	49.15	5.8
卫生技术人员（万人）	Medical Technical Personnel（10000 persons）	952	59.00	6.2
#执业(助理)医师	Practitioner（Assistant）Doctors	361	23.33	6.5
居民人均可支配收入（元）	Per Capita Disposable Income of Residents（yuan）	28228	38096	高9868元
城镇常住居民人均可支配收入（元）	Per Capita Annual Disposable Income of Urban Permanent Residents（yuan）	39251	47200	高7949元
农村常住居民人均可支配收入（元）	Per Capita Annual Disposable Income of Rural Permanent Residents（yuan）	14617	20845	高6228元
工农业主要产品产量（万吨）	Output of Major Industrial and Agricultural Products（10000 tons）			
粮食	Grain	65789	3660.28	5.6
棉花	Cotton	610	2.06	0.3
油料	Oil-bearing	3433	86.04	2.5
粗钢	Rough Steel	92801	10426.16	11.2
钢材	Rolled Steel	110552	12146.72	11.0
发电量（亿千瓦时）	Electricity（100 million kW·h）	71118	4933.54	6.9
水泥	Cement	220771	14692.03	6.7
农用化肥(折100%)	Chemical Fertilizers（convert into 100 %）	5424	165.93	3.1
化学纤维	Chemical Fibers	5011	1370.47	27.3
布（亿米）	Cloth（100 million）	657	69.40	10.6
彩色电视机（万台）	Colour Television Sets（10000 set）	18835	1667.96	8.9
汽车（万辆）	Moter Vehicles（10000 units）	2782	125.38	4.5

1-6 江 苏 的 一 天
One Day in Jiangsu

指标	Item	1978	2000	2005	2010	2015	2018
每天创造的财富	**Daily Production**						
地区生产总值（亿元）	Gross Domestic Product (100 million yuan)	0.68	23.43	51.42	114.99	195.22	253.69
第一产业	Primary Industry	0.19	2.87	4.00	6.96	10.83	11.35
第二产业	Secondary Industry	0.36	12.15	29.20	60.83	90.50	113.01
第三产业	Tertiary Industry	0.14	8.41	18.22	47.20	93.90	129.33
#工业	Industry	0.32	10.54	26.23	54.03	79.40	98.94
建筑业	Construction	0.04	1.61	2.97	6.79	11.12	14.11
房地产业	Real Estate	0.02	0.82	2.19	7.13	10.29	14.44
财政收入（亿元）	Government Revenue (100 million yuan)	0.17	2.37	8.56	32.17	48.88	64.09
粮食（万吨）	Grain (10000 tons)	6.58	8.51	7.77	9.00	9.85	10.03
猪牛羊肉（吨）	Meat (ton)		6230	6633	6135	6356	5921
水产品（吨）	Aquatic Products (ton)	1089	8460	10648	12615	14304	13557
粗钢（万吨）	Rough Steel (10000 tons)	0.15	1.69	9.00	17.10	30.12	28.56
钢材（万吨）	Rolled-steel (10000 tons)	0.17	3.84	11.86	24.99	37.15	33.28
发电量（亿千瓦时）	Electricity (100 million kW·h)	0.35	2.49	4.90	9.20	11.92	13.52
原煤（万吨）	Coal (10000 tons)	4.68	6.79	7.72	5.82	5.26	3.41
水泥（万吨）	Cement (10000 tons)	1.22	12.60	26.24	42.87	49.35	40.25
布（万米）	Cloth (10000 m)	385	924	1479	2424	2621	1901
每天消费量	**Daily Consumption**						
最终消费（亿元）	Final Consumption (100 million yuan)	0.36	10.17	20.96	47.17	95.90	
居民消费（亿元）	Resident Consumption (100 million yuan)	0.32	7.71	14.63	29.98	69.16	
城镇居民人均生活消费支出（元）	Per Living Consumption Expenditure of Urban Residents (yuan)	0.76	14.58	23.62	39.33	68.40	80.72
#食品烟酒	Food, Tobacco and Wine	0.42	6.00	8.78	14.36	19.19	21.06
农村居民人均生活消费支出（元）	Per Living Consumption Expenditure of Rural Residents (yuan)	0.38	6.40	9.77	17.93	35.29	45.39
#食品烟酒	Food, Tobacco and Wine	0.24	2.79	4.30	6.83	11.17	11.88
政府消费（亿元）	Government Consumption Expenditure (100 million yuan)	0.04	2.45	6.33	17.19	26.73	
社会消费品零售总额（亿元）	Total Retail Sales of Consumer Goods (100 million yuan)	0.23	7.97	15.71	37.28	70.90	91.04
每天其他经济活动	**Other Daily Economic Activities**						
货物运输量（万吨）	Freight Traffic (10000 tons)	40.07	247.77	309.34	516.60	579.86	677.78
旅客运输量（万人）	Passenger Traffic (10000 persons)	70.19	293.82	397.82	620.90	421.76	333.93
竣工房屋面积（万平方米）	Floor Space of Housing Completed (10000 sq. m)		58.32	69.57	133.04	210.48	204.95
出版报纸（万份）	Newspaper Published (10000 copies)	67.12	639.45	734.25	743.05	735.07	586.77
邮寄函件（万件）	Letters Delivered (10000 pieces)	44.66	157.26	115.34	256.44	133.70	61.92
进出口总额（万美元）	Total of Imports and Exports (USD 10000)	117	12504	62450	127614	149483	181930
#出口	Export	115	7060	33694	74123	92786	110697
实际使用外资（万美元）	Actual Use of Foreign Capital (USD 10000)		1760	3611	7808	6651	7012
每天人口变动和婚姻	**Daily Population Changes and Marriages**						
出生人数（人）	Births (person)	2483	1808	1886	2079	1976	2053
死亡人数（人）	Deaths (person)	968	1299	1436	1470	1535	1549
结婚对数（对）	Marriages (couple)		1365	1293	2074	2153	1747
离婚对数（对）	Divorces (couple)		153	339	439	517	673

1－7　全省人均国民经济主要指标
Major Per Capita Indicators of Jiangsu National Economy

指　　标	Item	1978	2000	2005	2010	2015	2018
地区生产总值　（元）	Gross Domestic Product　(yuan)	430	11765	24842	53536	89468	115168
第一产业	Primary Industry	118	1442	1934	3240	5002	5151
第二产业	Secondary Industry	226	6101	14107	28319	41454	51304
第三产业	Tertiary Industry	85	4222	8801	21977	43012	58713
#工　业	Industry	202	5294	12670	25157	36370	44915
建筑业	Construction	24	808	1437	3162	5093	6404
房地产业	Real Estate	9	410	1058	3318	4713	6554
一般公共预算收入　（元）	General Public Budget Revenue　(yuan)	105	617	1751	5204	10076	10831
一般公共预算支出　（元）	General Public Budget Expenditure　(yuan)	49	813	2215	6268	12158	14631
房地产开发投资(元)　（元）	Total Investment in Fixed Assets　(yuan)		531	2045	5484	10233	13783
社会消费品零售额(元)　（元）	Total Investment in Fixed Assets　(yuan)	146	4001	7591	17115	32475	41704
进出口总额　（美元）	Total Imports and Exports　(USD)	7	628	3017	5941	6847	8334
#出　口	Exports	7	354	1628	3451	4250	5071
城镇常住居民可支配收入　（元）	Annual Disposable Income of Urban Residents　(yuan)	288	6800	12319	22944	37173	47200
农村常住居民可支配收入　（元）	Annual Disposable Income of Rural Residents　(yuan)	155	3595	5276	9118	16257	20845
在校大学生数　（人/万人）	Number of Students Enrollment in Institution of Higher Education　(person/10000 persons)	10	62	155	210	235	251
医院病床数　（张/万人）	Hospital Beds　(bed/10000 persons)	19	22	26	31	48	62
卫生技术人员数　（人/万人）	Medical Technical Personnel　(person/10000 persons)	24	35	34	42	61	74
#执业医师	Doctors	10	16	15	16	24	29
主要工农业产品产量　（千克）	Output of Major Industrial and Agricultural Products　(kg)						
粮　食	Grain	414	427	380	421	451	455
棉　花	Cotton	8.2	4.3	4.3	3.3	1.5	0.3
油　料	Oil-Bearing Crops	6	31	29	16	12	11
粗　钢	Steel	9	85	435	796	1380	1308
原　煤	Coal	294	341	373	271	241	156
发电量　（千瓦时）	Electricity　(kW·h)	218	1251	2368	4285	5461	6192

1-8 个体工商业基本情况（2018 年）
Basic Conditions of Self-employment Business (2018)

行业	Sector	户数（万户）Households (10000 units)	#城镇 Urban	从业人数（万人）Employees (10000 persons)	#城镇 Urban	资金数额（亿元）Capital (100 million yuan)	#城镇 Urban
总计	**Total**	**590.10**	**448.88**	**1069.81**	**834.82**	**6339.33**	**4647.38**
按行业分	**Grouped by Sector**						
农、林、牧、渔业	Agriculture, Forestry, Animal Husbandry and Fishery	15.19	6.38	35.12	15.08	578.97	224.19
采矿业	Mining	0.03	0.01	0.09	0.04	0.57	0.22
制造业	Manufacturing	48.06	28.58	139.90	83.31	697.94	406.68
电力、热力、燃气及水的生产和供应业	Production and Supply of Electricity, Gas and Water	0.08	0.04	0.17	0.10	1.65	0.81
建筑业	Construction	4.30	3.51	11.97	9.86	76.86	59.85
批发和零售业	Wholesale and Retail Trades	339.15	259.48	520.85	414.69	3025.14	2345.68
交通运输、仓储和邮政业	Transport, Storage and Post	31.41	23.21	39.97	29.73	371.34	252.64
住宿和餐饮业	Hotels and Catering Services	62.73	54.90	149.83	135.29	727.15	640.26
信息传输、软件和信息技术服务业	Information Transfer Software and IT Services	2.45	1.99	4.16	3.47	22.54	17.68
金融业	Financial Intermediation	0.03	0.03	0.06	0.05	0.46	0.35
房地产业	Real Estate	1.82	1.75	3.83	3.69	15.69	14.90
租赁和商务服务业	Leasing and Business Services	16.91	12.72	27.86	22.47	168.57	134.70
科学研究、技术服务业	Scientific Research and Technical Service	2.61	2.22	5.40	4.77	25.64	22.04
水利、环境和公共设施管理业	Management of Water Conservancy, Environment and Public Facilities	0.18	0.14	0.52	0.41	2.79	2.04
居民服务、修理和其他服务业	Services to Households and Other Services	57.80	47.49	113.78	97.22	530.90	442.44
教育	Education	1.39	1.24	3.47	3.15	16.64	14.94
卫生和社会工作	Healthcare and Social Welfare	0.60	0.52	1.51	1.35	8.57	7.48
文化、体育和娱乐业	Culture, Sports and Entertainment	5.34	4.65	11.29	10.14	67.84	60.41
其他	Others	0.02	0.01	0.02	0.02	0.07	0.05
按地区分	**by Region**						
南京市	Nanjing	62.19	57.61	123.93	115.16	592.06	532.65
无锡市	Wuxi	40.07	37.86	79.31	75.55	290.51	276.38
徐州市	Xuzhou	62.66	44.02	105.97	76.91	640.98	409.33
常州市	Changzhou	35.25	33.67	72.94	69.21	334.84	311.62
苏州市	Suzhou	88.67	88.67	88.67	88.67	88.67	88.67
南通市	Nantong	61.52	26.94	101.74	46.33	521.61	235.96
连云港市	Lianyungang	28.53	20.05	43.96	30.64	333.92	227.43
淮安市	Huaian	32.33	23.82	58.15	44.81	370.89	253.64
盐城市	Yancheng	45.37	28.66	63.57	40.70	441.75	281.69
扬州市	Yangzhou	33.37	26.83	61.87	49.70	324.05	252.74
镇江市	Zhenjiang	27.57	21.06	55.48	41.29	472.69	310.30
泰州市	Taizhou	33.47	25.61	63.89	49.37	792.25	598.28
宿迁市	Suqian	39.12	26.67	67.41	47.82	423.75	258.44

1－9 私营企业基本情况（2018 年）

行 业	Sector	户数（万户） Households (10000 units)	#城镇 Urban
总计	**Total**	**286.79**	**242.44**
按行业分	**Grouped by Sector**		
农、林、牧、渔业	Agriculture, Forestry, Animal Husbandry and Fishery	4.86	2.19
采矿业	Mining	0.04	0.02
制造业	Manufacturing	55.46	36.73
电力、热力、燃气及水的生产和供应业	Production and Supply of Electricity, Gas and Water	0.40	0.31
建筑业	Construction	22.49	19.77
批发和零售业	Wholesale and Retail Trades	86.48	74.98
交通运输、仓储和邮政业	Transport, Storage and Post	7.54	6.31
住宿和餐饮业	Hotels and Catering Services	2.34	2.16
信息传输、软件和信息技术服务业	Information Transfer Software and IT Services	9.04	8.52
金融业	Financial Intermediation	0.74	0.68
房地产业	Real Estate	6.58	5.97
租赁和商务服务业	Leasing and Business Services	49.21	47.13
科学研究、技术服务业	Scientific Research and Technical Service	29.28	26.75
水利、环境和公共设施管理业	Management of Water Conservancy, Environment and Public Facilities	0.87	0.59
居民服务、修理和其他服务业	Services to Households and Other Services	5.27	4.55
教育	Education	1.10	1.01
卫生和社会工作	Healthcare and Social Welfare	0.44	0.41
文化、体育和娱乐业	Culture, Sports and Entertainment	4.66	4.37
其他	Others	0.00	0.00
按地区分	**by Region**		
南京市	Nanjing	59.76	58.62
无锡市	Wuxi	27.94	24.96
徐州市	Xuzhou	19.54	14.52
常州市	Changzhou	17.34	17.07
苏州市	Suzhou	60.32	53.30
南通市	Nantong	20.94	12.44
连云港市	Lianyungang	9.08	7.45
淮安市	Huaian	9.63	6.92
盐城市	Yancheng	16.44	11.80
扬州市	Yangzhou	14.15	11.83
镇江市	Zhenjiang	9.47	7.31
泰州市	Taizhou	11.40	8.55
宿迁市	Suqian	10.77	7.67

Basic Conditions of Self-employment Business (2018)

雇工人数(万人) Employees (10000 persons)	#城镇 Urban	投资者人数(万人) Investors (10000 persons)	#城镇 Urban	注册资金(亿元) Registered Capital (100 million yuan)	#城镇 Urban
2058.86	**1502.07**	**475.54**	**406.79**	**155195.55**	**133092.23**
29.45	12.68	6.69	3.23	1678.68	961.79
0.79	0.34	0.07	0.04	68.43	47.61
795.70	488.39	92.63	62.59	29380.05	20343.20
3.41	2.48	0.60	0.46	709.36	579.79
264.88	177.46	34.47	30.07	19406.69	16616.18
353.33	286.81	130.17	113.92	24895.92	21686.15
46.82	35.34	11.67	9.78	3049.77	2597.65
24.50	22.10	3.53	3.26	614.86	553.40
38.52	35.75	15.48	14.70	3500.27	3328.46
5.10	4.58	1.75	1.63	4877.72	4665.94
52.40	44.68	10.21	9.02	6935.09	5966.24
211.61	196.20	97.47	93.77	35272.59	33848.75
164.76	139.36	51.56	47.14	20844.32	18404.54
7.43	5.12	1.40	1.00	715.06	546.29
35.05	28.04	8.04	6.99	1211.73	1065.53
4.78	4.14	1.68	1.56	174.51	160.54
4.98	4.61	0.69	0.63	305.74	270.01
15.31	13.95	7.41	6.99	1553.80	1449.33
0.03	0.03	0.00	0.00	0.95	0.84
289.79	263.87	112.79	110.44	26463.12	25486.46
240.53	193.74	51.45	46.16	16720.31	14352.63
115.65	70.34	27.56	20.72	9322.52	7353.41
154.92	146.26	29.26	28.82	10065.44	9879.00
400.15	302.78	105.98	92.78	34428.26	30978.96
195.21	76.10	32.68	19.20	12662.99	8212.99
42.60	30.50	11.79	9.65	4321.30	3491.42
76.80	51.53	13.77	10.17	5681.53	4630.46
133.48	79.94	23.31	16.71	9023.85	7041.19
120.05	88.35	20.03	16.82	7246.33	6152.09
96.44	64.89	15.19	11.67	6845.93	5551.25
110.19	77.67	17.18	12.90	6908.05	5436.61
83.04	56.09	14.56	10.76	5505.94	4525.76

主要统计指标解释

行政区划 指国家对行政区域的划分。根据有关法规规定,我国的行政区域划分如下:(1)全国分为省、自治区、直辖市;(2)省、自治区分为自治州、县、自治县、市;(3)自治州分为县、自治县、市;(4)县、自治县分为乡、民族乡、镇;(5)直辖市和较大的市分为区、县;(6)国家在必要时设立的特别行政区。

平均增长速度 平均增长速度表明社会经济现象在一个较长的时期内逐期平均增长变化的程度,它不能根据各个环比增长速度直接求得,但与平均发展速度之间存在着一定的数量关系:平均增长速度 = 平均发展速度 - 1。

平均发展速度是一种根据环比发展速度计算的序时平均数,由于各时期对比的基础不同,所以计算平均发展速度不能采用一般的序时平均数的计算方法,计算方法分为水平法和累计法。水平法,又称几何平均法,即将环比发展速度按连乘法用几何平均数公式计算。累计法,也称方程法,根据一段时期内各年发展水平总和与基期水平的关系,列出方程式计算平均发展速度。水平法着重考虑最后一年所达到的发展水平;累计法着重考虑整个时期累计发展水平的总量。

本《年鉴》内所列的平均增长速度,均用"水平法"计算。从某年到某年平均增长速度的年份,均不包括基期年在内。如1978年以来的平均增长速度是以1978年为基期计算的,则写为1979—2017年平均增长速度,其余类推。

企业(单位)登记注册类型 是以在工商行政管理机关登记注册的各类企业为划分对象,以工商行政管理部门对企业登记注册的类型为依据,将企业登记注册类型分为内资企业、港澳台商投资企业和外商投资企业三大类。内资企业包括国有企业、集体企业、股份合作企业、联营企业、有限责任公司、股份有限公司、私营公司和其他企业;港澳台商投资企业和外商投资企业分别包括合资经营企业、合作经营企业、独资经营企业和股份有限公司。对不在工商行政管理部门进行登记注册的行政机关、事业单位和社会团体,主要按其经费来源和管理方式进行划分。

国有企业 指企业全部资产归国家所有,并按《中华人民共和国企业法人登记管理条例》规定登记注册的非公司制的经济组织。不包括有限责任公司中的国有独资公司。

集体企业 指企业资产归集体所有,并按《中华人民共和国企业法人登记管理条例》规定登记注册的经济组织。

股份合作企业 指以合作制为基础,由企业职工共同出资入股,吸收一定比例的社会资产投资组建,实行自主经营,自负盈亏,共同劳动,民主管理,按劳分配与按股分红相结合的一种集体经济组织。

联营企业 指两个及两个以上相同或不同所有制性质的企业法人或事业单位法人,按自愿、平等、互利的原则,共同投资组成的经济组织。联营企业包括国有联营企业、集体联营企业、国有与集体联营企业和其他联营企业。

有限责任公司 指根据《中华人民共和国公司登记管理条例》规定登记注册,由两个以上、五十个以下的股东共同出资,每个股东以其所认缴的出资额对公司承担有限责任,公司以其全部资产对其债务承担责任的经济组织。有限责任公司包括国有独资公司以及其他有限责任公司。

股份有限公司 指根据《中华人民共和国公司登记管理条例》规定登记注册,其全部注册资本由等额股份构成并通过发行股票筹集资本,股东以其认购的股份对公司承担有限责任,公司以其全部资产对其债务承担责任的经济组织。

私营企业 指由自然人投资设立或由自然人控股,以雇佣劳动为基础的营利性经济组织。包括按照《公司法》、《合伙企业法》、《私营企业暂行条例》规定登记注册的私营有限责任公司、私营股份有限公司、私营合伙企业和私营独资企业。

其他企业 指上述企业之外的其他内资经济组织。

与港澳台商合资经营企业 指港澳台地区投资者与内地企业依照《中华人民共和国中外合资经营企业法》及有关法律的规定,按合同规定的比例投资设立、分享利润和分担风险的企业。

与港澳台商合作经营企业 指港澳台地区投资者与内地企业依照《中华人民共和国中外合作经营企业法》及有关法律的规定,依照合作合同的约定进行投资或提供条件设立、分配利润和分担风险的企业。

港澳台商独资经营企业 指依照《中华人民共和国外资企业法》及有关法律的规定,在内地由港澳台地区投资者全额投资设立的企业。港澳台商投资股份有限公司?指根据国家有关规定,经原外经贸部依法批准设立,其中港、澳、台商的股本占公司注册资本的比例达25% 以上的股份有限公司。凡其中港、澳、台商的股本占公司注册资本的比例小于25%的,属于内资企业中的股份有限公司。

中外合资经营企业 指外国企业或外国人与中国内地企业依照《中华人民共和国中外合资经营企业法》及有关法律的规定,按合同规定的比例投资设立、分享利润和分担风险的企业。

中外合作经营企业 指外国企业或外国人与中国内地企业依照《中华人民共和国中外合作经营企业法》及有关法律的规定,依照合作合同的约定进行投资或提供条件设立、分配利润和分担风险的企业。

外资企业 指依照《中华人民共和国外资企业法》及有关法律的规定，在中国内地由外国投资者全额投资设立的企业。

外商投资股份有限公司 指根据国家有关规定，经原外经贸部依法批准设立，其中外资的股本占公司注册资本的比例达 25% 以上的股份有限公司。凡其中外资股本占公司注册资本的比例小于 25% 的，属于内资企业中的股份有限公司。

行政机关、事业单位和社会团体 参照企业登记注册类型，主要按其经费来源和管理方式划分。具体规定如下：

(1)行政机关：包括国家机关和政党机关，原则上均列为"国有"。但有特殊规定的，如供销社等，则列为"集体"。

(2)事业单位：包括经国家机构编制部门和有关业务主管部门批准成立的各类事业单位，不包括实行企业化管理的事业单位。事业单位的划分办法如下：

①由国家财政预算拨款或列入财政预算外资金管理以及经费主要来源于国有主管部门或国有上级单位的事业单位，列为"国有"。

②经费主要来源于集体单位的事业单位，列为"集体"。

③公民个人（或个人合伙）开办的事业单位，列为"私营"。

④上述以外的其他事业单位，如果其经费来源不明确，按管理方式进行归类。

(3)社会团体：包括经民政部门批准成立以及未纳入社会团体管理条例范围的工会、妇联等各类社会团体。社会团体的划分办法如下：

①未纳入民政部社会团体管理条例范围的工会、妇联、共青团、青联、工商联、科协、侨联等社会团体，国家拨款设立的基金会或基金管理组织以及经费主要来源于国有业务主管部门或国有上级单位的社会团体，列为"国有"。

②经费主要来源于集体单位的社会团体，列为"集体"。

③公民个人（或个人合伙）开办的社会团体，划为"私营"。

④上述以外的其他社会团体，如果其经费来源不明确，改按管理方式进行归类。

Explanatory Notes on Main Statistical Indicators

Divisions of Administrative Areas refers to the division of administrative areas by the State. The relative laws stipulate that 1) the whole country is divided into provinces, autonomous regions and municipalities directly under the Central Government; 2) provinces and autonomous regions are further divided into autonomous prefectures, counties, autonomous counties and cities; 3) autonomous prefectures are further divided into counties, autonomous counties and cities; 4) counties and autonomous counties are further divided into townships, ethnic townships and towns; 5) municipalities directly under the Central Government and large cities are divided into districts and counties, 6) the State shall, when necessary, establish special administrative regions.

Average Annual Growth Rate shows the average growth rate of social and economic development during a longer period. It can not be directly calculated by chain based growth rate. The relation is:

Average Annual Growth Rate = Average Speed of Development − 1

Average speed of development is the time series average of speed which calculated by chain based. Because the reference bases during the different periods are not same, average speed of development can not be calculated by the general method. Level approach and accumulative approach for calculating average speed of development rate are applied. The "level approach", or the method of calculating the geometric average, is derived by the formula of geometric average of the chain-based speeds of development, or comparing the level of the last year of the interval with that of the beginning year; the other is called the "accumulative approach" or the "algebraic average", "equation" method, which is derived by the summation of the actual figure of each year in the interval divided by the figure in the base year. The level approach focuses on the level of the last year, while the accumulative approach emphasizes the aggregate development in the duration.

The average annual growth rates listed in the Yearbook are calculated by the level approach. The base year is not listed in the duration for which average annual growth rates are computed. For instance, the average annual growth rate since 1978 is shown as the average annual growth rate of 1979—2015 without showing the base year 1978.

Registration Status of Enterprises Enterprises are classified into 3 categories, namely domestic-funded enterprises, enterprises with investment from Hong Kong, Macau and Taiwan, and enterprises with foreign investment, according to the registration status of an enterprise in industrial and commercial administration agencies. Domestic-funded enterprises include State-owned enterprises, collective-owned enterprises, cooperative enterprises, joint ownership enterprises, limited liability corporations, share-holding corporations

Ltd. , private enterprises and other enterprises. Included in the enterprises with investment from Hong Kong, Macau and Taiwan and enterprises with foreign investment are joint-venture enterprises, cooperative enterprises, sole investment enterprises and share-holding corporations Ltd. For government agencies, institutions and social organizations which are not registered in industrial and commercial administration agencies, they are classified mainly by their sources of funding and manner of management.

State-owned Enterprises refer to non-corporation economic units where the entire assets are owned by the State and which have been registered in accordance with the Regulation of the People's Republic of China on the Management of Registration of Corporate Enterprises. Not included from this category are solely State-funded corporations in the limited liability corporations.

Collective-owned Enterprises refer to economic units where the assets are owned collectively and which have been registered in accordance with the Regulation of the People's Republic of China on the Management of Registration of Corporate Enterprises.

Cooperative Enterprises refer to a form of collective economic units (enterprises) where capitals come mainly from employees as their shares, with certain proportion of capital from the outside, where production is organized on the basis of independent operation, independent accounting for profits and losses, joint work, democratic management, and a distribution system that integrates remuneration according to work with dividend according to capital share.

Joint Ownership Enterprises refer to economic units established by two or more corporate enterprises or corporate institutions of the same or different ownership, through joint investment on the basis of voluntary participation, equality, and mutual benefits. They include State joint ownership enterprises; collective joint ownership enterprises; joint State-collective enterprises; and other joint ownership enterprises.

Limited Liability Corporations refer to economic units established with investment from 2—50 investors and registered in accordance with the Regulation of the People's Republic of China on the Management of Registration of Corporations, each investor bearing limited liability to the corporation depending on its share of investment, and the corporation bearing liability to its debt to the maximum of its total assets. Limited liability corporations include solely State-funded limited liability corporations and other limited liability corporations.

Share-holding Corporations Ltd. refer to economic units registered in accordance with the Regulation of the People's Republic of China on the Management of Registration of Corporations, with total registered capital divided into equal shares and raised through issuing stocks. Each investor bears limited liability to the corporation depending on the holding of shares, and the corporation bears liability to its debt to the maximum of its total assets.

Private Enterprises refer to profit-making economic units invested and established by natural persons, or controlled by natural persons using employed labour. Included in this category are private limited liability corporations, private share-holding corporations Ltd. , private partnership enterprises and private-funded enterprises registered in accordance with the Company Law, the Law on Partnership Business and Interim Regulations on Private Enterprises .

Other Domestic-funded Enterprises refer to domestic-funded economic units other than those mentioned above.

Joint Venture Enterprises with Funds from Hong Kong, Macau and Taiwan are enterprises established by investors from Hong Kong, Macau and Taiwan with enterprises in the mainland of China in accordance with the Law of the People's Republic of China on Sino-foreign Equity Joint Ventures and other relevant laws, where the establishment of the investment and the sharing of profits and risks are stipulated under joint venture contracts.

Cooperative Enterprises with Funds from Hong Kong, Macau and Taiwan established by investors from Hong Kong, Macau and Taiwan with enterprises in the mainland of China in accordance with the Law of the People's Republic of China on Sino-foreign Contractual Joint Venture and other relevant laws, where the investment or provision of facilities and the sharing of profits and risks are stipulated under cooperative contracts.

Enterprises with Sole (exclusive) Investment from Hong Kong, Macau and Taiwan refer to enterprises established in the mainland of China with exclusive investment from investors from Hong Kong, Macau and Taiwan in accordance with the Law of the People's Republic of China on Wholly Foreign-owned Enterprises and other relevant laws.

Joint Venture Enterprises with Foreign Investment refer to enterprises jointly established by foreign enterprises or foreigners with enterprises in the mainland of China in accordance with the Law of the People's Republic of China on Sino-foreign Equity Joint Ventures and other relevant laws, where the sharing of investment, profits and risks is stipulated under contract.

Cooperative Enterprises with Foreign Investment refer to enterprises jointly established by foreign enterprises or foreigners with enterprises in the mainland of China in accordance with the Law of the People's Republic of China on Sino-foreign Contractual Joint Venture and other relevant laws, where the investment or provision of facilities and the sharing of profits and risks are stipulated under cooperative contracts.

Enterprises with Sole (exclusive) Foreign Investment refer to enterprises established in the mainland of China with exclusive investment from foreign investors in accordance with the Law of the People's Republic of China on Wholly Foreign-owned Enterprises and other relevant laws.

Share-holding Corporations Ltd. with Foreign Investment refer to share-holding corporations Ltd. established with the approval from the former Ministry of Foreign Trade and Economic Relations in line with relevant State regulations, where the share of investment from foreign investors exceeds 25% of the total registered capital of the corporation. In case the share of foreign investment is less than 25% of the total registered capital, the enterprise is to be classified as domestic-funded share-holding corporation Ltd.

Government Agencies, Institutions and Social Organizations are classified into the following categories by source of funds and manner of management taking reference of the registration status of enterprises:

(1) Government agencies: include State and party agencies, classified in principle as State-owned. There are exceptions, such as supply and marketing cooperatives which are classified as collective-owned.

(2) Institutions: include institutions of various types established with the approval by organization and staffing departments of the government, but exclude institutions where enterprise management system is introduced. Institutions are further classified as follows:

(a) Institutions for which their main budgets are from government budget appropriations or extra-budget funds, or allocated from the budget of their competent government agencies. Such institutions are classified as state-owned.

(b) Institutions for which their budget mainly come from collective units. Such institutions are classified as collective-owned.

(c) Social institutions established by individual or a group of citizens, which are classified as private.

(d) Institutions other than those mentioned above for which their sources of budget are not clear. Such institutions are classified by the manner of management.

(3) Social organizations: include social organizations established with the approval from the Ministry of Civil Affairs, and organizations that are not covered by social organization management regulations such as trade unions, women's federations etc.. Social organizations are further classified as follows:

(a) Social organizations that are not covered by social organization management regulations of the Ministry of Civil Affairs such as trade unions, women federations, communist youth leagues, youth associations, industrial and commerce associations, scientist associations, overseas Chinese associations, etc., foundations and fund management organizations established with funds from the state, and social organizations whose funds mainly come from the budget of their competent government agencies. Such institutions are classified as State-owned.

(b) Social organizations for which their budget mainly come from collective units. Such institutions are classified as collective-owned.

(c) Social organizations established by individual or a group of citizens, which are classified as private.

(d) Social organizations other than those mentioned above for which their sources of budget are not clear. Such organizations are classified by the manner of management.

2

国民经济核算

National Accounts

简 要 说 明

一、地区生产总值数据是根据不同产业部门、不同支出构成的特点和资料来源情况而采用不同方法计算的。

二、地区生产总值是一个价值量指标，其价值的变化受价格变化和物量变化两大因素影响。不变价地区生产总值是把按当期价格计算的地区生产总值换算成按某个固定期（基期）价格计算的价值，从而使两个不同时期的价值进行比较时，能够剔除价格变化的影响，以反映物量变化，反映生产活动成果的实际变动。地区生产总值指数就是根据两个时期不变价地区生产总值计算得到的。随着经济的不断发展，各行业的价格结构也会不断发生变化，为了更好的反映这种变化对于经济的影响，计算不变价地区生产总值需要每隔若干年调整一次基期。我国自开始核算地区生产总值以来，共有 1952 年、1957 年、1970 年、1980 年、1990 年、2000 年、2005 年、2010 年、2015 年 9 个不变价基期，目前的基期是 2015 年。也就是说，2016 年的不变价地区生产总值是按照 2015 年价格计算的。由于计算不变价地区生产总值采用按不同基期分段计算，因此本年鉴中的不变价地区生产总值数据也按分段方式公布。

三、本年鉴所列分地区的数据来自各省辖市的国民经济核算资料。由于采取分级核算，各地区数据相加不等于全省总计。

四、本年鉴所列 2013 年数据为第三次全国经济普查核算数。2004 年起研发支出计入 GDP，并根据第三次全国农业普查结果修订数据。2018 年数据使用年快报数。

Brief Introduction

Ⅰ. Data on GDP are computed based on different approaches in the light of the different features of various sectors, various expenditure structures and different data sources.

Ⅱ. Gross Domestic Product (GDP) is a measurement of value which changes depending on changes of price and production. GDP at constant prices converts the gross domestic product based on the current price into a value based on the price of the base period. When adjusted for price changes, the values of two different periods can be compared to reflect changes of both products and production activities. GDP index is derived from the constant-price GDPs of the two periods. As economy grows, changes will take place in the price structures of various industries, and the base period for the measurement of constant-price GDP thus needs to be adjusted every few years in order to better reflect the impact of price change on the economy. Since China started GDP calculation, eight constant-price base periods have been used, i. e., 1952, 1957, 1970, 1980, 1990, 2000, 2005, 2010, and 2015, and the current base period is 2015. That is to say, the 2017 GDP is calculated on the basis of the 2015 prices. As the calculation of constant-price GDP is based on different base periods, the constant-price GDP data in this yearbook shall also be announced in accordance with various periods.

Ⅲ. Regional data in this Yearbook are prepared from the national accounts data provided by the statistical bureaus of provincial cities. The sum of the regional data is not equal to the total provincial due to the decentralized accounting approach.

Ⅳ. Data of 2013 in this Yearbook from The Third Economics Census of Jiangsu. Since 2004, R&D expenditures were included in GDP, and data was revised in accordance with the results of The Third National Agricultural Census. The 2018 data uses the number of quick reports.

2－1 主要年份总产出
Total Output in Major Years

本表按当年价格计算 (at current price)

年 份 Year	总产出 (亿元) Total Output (100 million yuan)	第一产业 Primary Industry	第二产业 Secondary Industry	第三产业 Tertiary Industry	#工 业 Industry
1952	81.54	31.87	27.19	22.48	25.53
1955	100.53	36.22	35.77	28.54	32.82
1957	114.15	36.81	44.63	32.71	41.01
1962	133.12	40.15	56.38	36.59	53.36
1965	192.52	57.27	97.49	37.76	88.08
1970	273.85	71.33	149.65	52.87	135.47
1975	412.28	91.66	260.23	60.39	235.28
1976	438.59	100.71	271.19	66.69	247.59
1977	487.98	89.16	326.37	72.45	297.12
1978	566.85	105.87	378.99	81.99	337.65
1979	661.26	145.25	427.36	88.65	386.05
1980	750.12	138.45	515.71	95.96	467.82
1981	816.27	153.62	557.41	105.24	504.94
1982	897.85	188.11	593.52	116.22	534.87
1983	1014.55	206.86	679.67	128.02	600.70
1984	1239.44	253.82	836.02	149.60	745.36
1985	1642.70	288.55	1157.52	196.63	1036.67
1986	1960.44	332.66	1380.16	247.62	1235.38
1987	2472.22	380.25	1771.85	320.12	1590.31
1988	3409.56	497.95	2370.81	540.80	2152.93
1989	3839.67	522.25	2713.50	603.92	2507.42
1990	4208.23	580.53	2978.51	649.19	2764.10
1991	4820.22	580.93	3416.59	822.70	3161.60
1992	6862.87	673.82	5089.59	1099.46	4673.57
1993	10245.27	875.37	7757.28	1612.62	7096.46
1994	14163.89	1358.50	10601.01	2204.38	9826.50
1995	17699.96	1721.35	13053.11	2925.50	11995.30
1996	20304.53	1953.13	14764.02	3587.38	13425.15
1997	22314.78	2096.40	16342.27	3876.11	14703.65
1998	23433.26	2129.05	16967.90	4336.31	15163.56
1999	24578.40	2108.71	17714.22	4755.47	15779.09
2000	27034.80	2115.39	19714.71	5204.71	17653.76
2001	29832.61	2174.81	21753.49	5904.31	19595.68
2002	32550.33	1953.50	23884.16	6712.67	21386.23
2003	38729.25	2115.88	28971.95	7641.42	25882.11
2004	47091.85	2417.63	35989.69	8684.53	32156.83
2005	56907.45	2577.02	43408.86	10921.57	39207.39
2006	67931.48	2707.13	52090.66	13133.69	47363.21
2007	84109.98	3062.32	64956.64	16091.02	59779.06
2008	99913.51	3585.12	76556.04	19772.35	69772.08
2009	108291.56	3806.96	82483.89	22000.71	74203.47
2010	128492.49	4283.21	96369.86	27839.42	86719.71
2011	158022.92	5216.99	116627.02	36178.91	105261.95
2012	171669.51	5781.50	124383.95	41504.06	111828.51
2013	185260.48	5814.65	130705.40	48740.43	116745.75
2014	201974.21	6049.80	140255.88	55668.53	124393.14
2015	219064.39	6580.40	150221.65	62262.34	133720.37
2016	235266.02	6741.29	157937.59	70587.14	140973.42
2017	259205.26	6682.87	175256.31	77266.08	156343.95

2-2 主要年份总产出指数
Indices of Total Output in Major Years

按可比价格计算,1952 年 = 100 (at constant price with 100 in 1952)

年份 Year	总产出指数 Total Output	第一产业 Primary Industry	第二产业 Secondary Industry	第三产业 Tertiary Industry	#工业 Industry
1952	100.0	100.0	100.0	100.0	100.0
1955	120.0	113.0	134.3	123.6	129.7
1957	127.0	109.1	169.4	132.1	165.9
1962	121.8	93.4	200.8	121.4	208.5
1965	181.6	139.7	372.6	129.2	365.0
1970	263.7	166.3	653.9	179.4	651.2
1975	390.0	204.4	1164.8	207.2	1165.2
1976	420.8	212.3	1267.0	232.1	1285.1
1977	463.9	191.0	1524.5	249.8	1543.0
1978	544.0	232.1	1776.6	285.4	1755.8
1979	598.9	257.4	1983.5	291.2	2000.3
1980	671.6	243.2	2380.5	304.9	2417.9
1981	732.4	262.4	2589.9	342.2	2618.8
1982	802.5	301.5	2796.8	376.6	2820.2
1983	908.5	319.4	3242.2	415.6	3211.5
1984	1090.8	371.9	3955.8	477.5	3959.1
1985	1379.6	383.5	5250.3	599.0	5280.7
1986	1595.5	407.5	6115.4	731.7	6161.6
1987	1912.0	420.2	7474.4	906.9	7631.1
1988	2399.8	448.1	9385.3	1288.2	9590.3
1989	2492.6	449.6	9671.7	1422.0	10036.5
1990	2697.8	460.9	10591.2	1502.8	11042.5
1991	3046.2	455.7	12110.4	1807.0	12642.3
1992	4267.8	515.0	18038.4	2272.0	18864.6
1993	5746.6	573.1	25197.1	2887.9	26795.1
1994	7334.3	642.4	33172.0	3354.0	35831.4
1995	8708.7	730.4	39686.3	3903.8	42818.5
1996	10008.5	803.0	45823.2	4471.4	49213.2
1997	11314.1	856.4	52098.2	5035.8	55704.5
1998	12441.1	885.7	57347.6	5676.1	61113.7
1999	13612.6	925.5	62773.5	6330.8	66941.5
2000	14939.2	959.6	68961.7	7079.4	73797.1
2001	16383.3	988.4	75650.7	7946.8	81472.0
2002	18049.8	1013.1	83613.8	8878.3	89782.1
2003	20560.9	1005.0	96748.4	9976.2	103967.7
2004	23692.0	1065.3	112553.6	11356.7	121434.3
2005	27435.3	1098.4	131125.0	13230.6	142320.9
2006	31770.1	1145.6	152760.6	15268.1	166230.9
2007	36630.9	1193.7	176896.7	17665.2	194822.6
2008	41649.3	1363.2	200070.2	20474.0	221513.3
2009	47063.8	1596.3	225679.2	23135.6	248759.4
2010	53182.0	1692.1	255468.9	26305.1	282093.2
2011	59191.6	1763.2	285103.2	29277.6	316508.5
2012	65761.9	2159.9	316464.6	32205.4	351324.5
2013	73081.2	2137.8	352478.3	36034.6	388810.8
2014	80097.0	2266.1	385611.2	39926.3	424192.6
2015	87305.7	2345.4	419930.6	43958.9	460673.1
2016	94115.5	2352.5	449745.7	48530.6	494762.9
2017	100901.3	2453.6	480778.2	52519.9	530732.2

2-3 主要年份地区生产总值

Gross Domestic Product in Major Years

本表按当年价格计算

(at current price)

年份 Year	地区生产总值(亿元) Gross Domestic Product (100 million yuan)	第一产业 Primary Industry	第二产业 Secondary Industry	第三产业 Tertiary Industry	#工业 Industry	#建筑业 Construction	#金融业 Financial Intermediation	#房地产业 Real Estate	人均地区生产总值(元) Per Capita GDP (yuan)
1952	48.41	25.49	8.53	14.39	7.63	0.90			131
1955	58.96	29.69	11.29	17.98	10.06	1.23			150
1957	65.11	29.94	14.40	20.77	12.51	1.89			157
1962	69.20	29.10	17.34	22.76	15.69	1.65			161
1965	95.10	41.20	30.26	23.64	26.87	3.39			208
1970	129.23	51.03	46.16	32.04	42.33	3.83			249
1975	184.16	67.59	79.61	36.96	72.70	6.91			329
1976	187.97	62.38	85.04	40.55	78.48	6.56			332
1977	202.40	53.22	105.35	43.83	97.15	8.20			353
1978	249.24	68.71	131.09	49.44	117.10	13.99	10.43	5.50	430
1979	298.55	104.04	141.14	53.37	126.25	14.89	10.27	5.42	509
1980	319.80	94.24	167.41	58.15	151.22	16.19	11.52	6.08	541
1981	350.02	109.39	178.01	62.62	161.11	16.90	12.32	6.50	586
1982	390.17	135.15	185.52	69.50	168.09	17.43	13.74	7.25	645
1983	437.65	150.41	210.81	76.43	191.52	19.29	14.47	7.64	716
1984	518.85	179.00	250.39	89.46	228.58	21.81	15.52	8.19	843
1985	651.82	195.66	339.56	116.60	307.89	31.67	18.91	11.93	1053
1986	744.94	224.26	376.32	144.36	337.77	38.55	25.56	13.50	1193
1987	922.33	246.86	493.69	181.78	443.23	50.46	25.14	14.59	1462
1988	1208.85	319.18	586.82	302.85	526.92	59.90	47.44	21.25	1891
1989	1321.85	324.18	657.06	340.61	599.91	57.15	65.45	24.72	2038
1990	1416.50	355.17	692.59	368.74	634.13	58.46	72.53	27.02	2109
1991	1601.38	345.14	793.92	462.32	725.83	68.09	77.81	33.51	2353
1992	2136.02	393.82	1119.26	622.94	1017.94	101.32	109.27	43.89	3106
1993	2998.16	490.59	1598.05	909.52	1451.97	146.08	140.04	73.03	4321
1994	4057.39	683.98	2186.77	1186.64	2002.22	184.55	187.37	95.23	5801
1995	5155.25	866.24	2715.26	1573.75	2467.63	247.63	244.65	134.95	7319
1996	6004.21	989.18	3074.12	1940.91	2754.80	319.32	291.71	178.79	8471
1997	6680.34	1035.80	3411.86	2232.68	3016.44	395.42	318.08	211.22	9371
1998	7199.95	1047.16	3640.10	2512.69	3157.69	482.41	322.33	253.14	10049
1999	7697.82	1037.37	3920.15	2740.30	3387.99	532.16	330.25	272.34	10695
2000	8553.69	1048.34	4435.89	3069.46	3848.52	587.37	349.49	298.15	11765
2001	9456.84	1094.48	4907.46	3454.90	4270.90	636.56	353.41	326.74	12879
2002	10606.85	1110.44	5604.49	3891.92	4880.09	724.40	368.86	371.09	14369
2003	12442.87	1162.45	6787.11	4493.31	6004.65	782.46	392.11	447.47	16743
2004	15136.78	1367.58	8536.90	5232.30	7612.76	924.14	440.50	534.17	20208
2005	18769.32	1461.51	10658.40	6649.41	9572.97	1085.44	492.40	799.73	24842
2006	21965.61	1545.05	12459.91	7960.65	11273.86	1186.05	653.25	1017.91	28819
2007	26296.15	1814.63	14697.42	9784.10	13330.66	1366.76	1054.25	1365.71	34198
2008	31357.00	2096.47	17312.09	11948.44	15589.58	1722.50	1298.48	1626.13	40498
2009	34905.98	2255.84	18939.12	13711.02	16834.62	2104.50	1596.98	2025.39	44830
2010	41962.18	2530.94	22201.79	17229.45	19722.49	2479.30	2105.92	2600.95	53525
2011	49788.20	3051.38	25790.21	20946.61	22864.46	2925.75	2600.11	2747.89	63150
2012	54870.91	3400.36	27821.77	23648.78	24605.23	3216.54	3136.51	2992.82	69374
2013	60690.44	3447.49	29888.45	27354.50	26303.42	3593.22	3958.79	3308.40	76535
2014	66123.71	3607.40	31742.04	30774.27	27847.72	3902.52	4723.69	3564.44	83177
2015	71255.93	3952.47	33031.06	34272.40	28980.20	4058.52	5302.93	3755.45	89426
2016	77350.85	4039.75	34619.50	38691.60	30455.15	4173.66	6011.13	4292.79	96840
2017	85869.76	4045.16	38654.87	43169.73	34013.60	4651.75	6783.87	5016.54	107150
2018	92595.40	4141.72	41248.52	47205.16	36111.64	5148.45	7461.86	5269.76	115168

2-4 主要年份地区生产总值构成

Composition of Gross Domestic Product in Major Years

本表按当年价格计算,单位:%　　(at current price, %)

年份 Year	地区生产总值 Gross Domestic Product	第一产业 Primary Industry	第二产业 Secondary Industry	第三产业 Tertiary Industry	#工业 Industry	#建筑业 Construction	#金融业 Financial Intermediation	#房地产业 Real Estate
1952	100.0	52.7	17.6	29.7	15.8	1.9		
1955	100.0	50.4	19.1	30.5	17.1	2.1		
1957	100.0	46.0	22.1	31.9	19.2	2.9		
1962	100.0	42.1	25.0	32.9	22.6	2.4		
1965	100.0	43.3	31.8	24.9	28.3	3.6		
1970	100.0	39.5	35.7	24.8	32.8	3.0		
1975	100.0	36.7	43.2	20.1	39.5	3.8		
1976	100.0	33.2	45.2	21.6	41.8	3.5		
1977	100.0	26.3	52.0	21.7	48.0	4.0		
1978	100.0	27.6	52.6	19.8	47.0	5.6	4.2	2.2
1979	100.0	34.8	47.3	17.9	42.3	5.0	3.4	1.8
1980	100.0	29.5	52.3	18.2	47.3	5.1	3.6	1.9
1981	100.0	31.3	50.8	17.9	46.0	4.8	3.5	1.9
1982	100.0	34.6	47.6	17.8	43.1	4.5	3.5	1.9
1983	100.0	34.4	48.2	17.4	43.8	4.4	3.3	1.7
1984	100.0	34.5	48.3	17.2	44.1	4.2	3.0	1.6
1985	100.0	30.0	52.1	17.9	47.2	4.9	2.9	1.8
1986	100.0	30.1	50.5	19.4	45.3	5.2	3.4	1.8
1987	100.0	26.8	53.5	19.7	48.1	5.5	2.7	1.6
1988	100.0	26.4	48.5	25.1	43.6	5.0	3.9	1.8
1989	100.0	24.5	49.7	25.8	45.4	4.3	5.0	1.9
1990	100.0	25.1	48.9	26.0	44.8	4.1	5.1	1.9
1991	100.0	21.5	49.6	28.9	45.3	4.3	4.9	2.1
1992	100.0	18.4	52.4	29.2	47.7	4.7	5.1	2.1
1993	100.0	16.4	53.3	30.3	48.4	4.9	4.7	2.4
1994	100.0	16.9	53.9	29.2	49.3	4.5	4.6	2.3
1995	100.0	16.8	52.7	30.5	47.9	4.8	4.7	2.6
1996	100.0	16.5	51.2	32.3	45.9	5.3	4.9	3.0
1997	100.0	15.5	51.1	33.4	45.2	5.9	4.8	3.2
1998	100.0	14.5	50.6	34.9	43.9	6.7	4.5	3.5
1999	100.0	13.5	50.9	35.6	44.0	6.9	4.3	3.5
2000	100.0	12.2	51.9	35.9	45.0	6.9	4.1	3.5
2001	100.0	11.6	51.9	36.5	45.2	6.7	3.7	3.5
2002	100.0	10.5	52.8	36.7	46.0	6.8	3.5	3.5
2003	100.0	9.3	54.6	36.1	48.3	6.3	3.2	3.6
2004	100.0	9.0	56.4	34.6	50.3	6.1	2.9	3.5
2005	100.0	7.8	56.8	35.4	51.0	5.8	2.6	4.3
2006	100.0	7.0	56.7	36.2	51.3	5.4	3.0	4.6
2007	100.0	6.9	55.9	37.2	50.7	5.2	4.0	5.2
2008	100.0	6.7	55.2	38.1	49.7	5.5	4.1	5.2
2009	100.0	6.5	54.3	39.3	48.2	6.0	4.6	5.8
2010	100.0	6.0	52.9	41.1	47.0	5.9	5.0	6.2
2011	100.0	6.1	51.8	42.1	45.9	5.9	5.2	5.5
2012	100.0	6.2	50.7	43.1	44.8	5.9	5.7	5.5
2013	100.0	5.7	49.2	45.1	43.3	5.9	6.5	5.5
2014	100.0	5.5	48.0	46.5	42.1	5.9	7.1	5.4
2015	100.0	5.5	46.4	48.1	40.7	5.7	7.4	5.3
2016	100.0	5.2	44.8	50.0	39.4	5.4	7.8	5.5
2017	100.0	4.7	45.0	50.3	39.6	5.4	7.9	5.8
2018	100.0	4.5	44.5	51.0	39.0	5.6	8.1	5.7

2-5 不变价地区生产总值
Gross Domestic Product at Constant Price

单位:亿元 (100 million yuan)

年份 Year	地区生产总值 Gross Domestic Product	第一产业 Primary Industry	第二产业 Secondary Industry	第三产业 Tertiary Industry	#工业 Industry	#建筑业 Construction
		按1980年价格计算	Price Base Year = 1980			
1980	328.21	100.50	169.56	58.15	153.37	16.19
1981	363.85	113.44	181.85	68.56	164.56	17.29
1982	399.66	131.53	192.41	75.72	174.63	17.78
1983	448.78	140.98	221.82	85.98	202.11	19.71
1984	519.29	159.22	261.51	98.56	231.60	29.91
1985	609.14	157.88	334.88	116.38	304.52	30.36
1986	672.32	166.33	367.10	138.89	331.25	35.85
1987	762.72	167.11	433.55	162.06	388.62	44.93
1988	912.08	174.37	510.67	227.04	459.37	51.30
1989	934.74	169.42	512.97	252.35	468.94	44.03
1990	981.59	171.16	540.61	269.82	496.73	43.88
		按1990年价格计算	Price Base Year = 1990			
1990	1438.00	358.93	710.33	368.74	651.87	58.46
1991	1557.32	344.81	773.85	438.66	709.30	64.55
1992	1955.77	381.53	1020.73	553.51	928.13	92.60
1993	2342.88	391.25	1258.98	692.65	1143.28	115.70
1994	2728.74	411.73	1545.47	771.54	1410.47	135.00
1995	3148.95	467.66	1795.09	886.20	1626.27	168.82
1996	3533.97	503.88	2016.78	1013.31	1803.53	213.25
1997	3956.46	529.04	2271.40	1156.02	2007.33	264.07
1998	4392.36	540.19	2546.93	1305.24	2224.12	322.81
1999	4835.68	565.06	2834.48	1436.14	2477.67	356.81
2000	5346.92	587.06	3163.06	1596.80	2779.95	383.11
		按2000年价格计算	Price Base Year = 2000			
2000	8553.69	1048.34	4435.89	3069.46	3848.52	587.37
2001	9422.01	1079.79	4921.27	3420.95	4291.02	630.25
2002	10521.02	1109.48	5593.98	3817.56	4887.48	706.50
2003	11954.29	1107.82	6557.21	4289.26	5757.45	799.76
2004	13815.38	1174.20	7752.23	4888.95	6854.50	897.73
2005	15817.83	1207.73	8996.20	5613.90	8002.78	993.43
		按2005年价格计算	Price Base Year = 2005			
2005	18769.32	1461.51	10658.40	6649.41	9572.97	1085.44
2006	21573.40	1534.28	12360.56	7678.56	11159.23	1201.33
2007	24796.38	1581.10	14279.41	8935.87	13018.75	1260.66
2008	27945.36	1644.32	16174.36	10126.68	14809.09	1365.27
2009	31424.43	1717.84	18197.53	11509.06	16571.83	1625.70
2010	35421.16	1801.27	20575.44	13044.45	18776.00	1799.44
		按2010年价格计算	Price Base Year = 2010			
2010	41962.18	2530.94	22201.79	17229.45	19722.49	2479.30
2011	46594.00	2642.04	24826.10	19125.86	22175.97	2650.13
2012	51365.92	2763.55	27605.36	20997.01	24682.61	2922.74
2013	56355.71	2705.56	30391.19	23258.96	27258.04	3141.43
2014	61269.42	2785.40	32896.54	25587.48	29549.88	3354.83
2015	66557.00	2876.19	35680.98	27999.83	31960.72	3728.59
		按2015年价格计算	Price Base Year = 2015			
2015	71255.93	3952.47	33031.06	34272.40	28980.20	4058.52
2016	76833.09	4015.21	35198.92	37618.96	30962.41	4245.84
2017	82329.23	4030.56	37481.21	40817.46	33168.95	4322.27
2018	87824.02	4104.10	39673.35	44046.57	35317.99	4365.65

2－6 主要年份地区生产总值指数

Indices of Gross Domestic Product in Major Years

按可比价格计算，上年＝100　　　　(at constant price, preceding year＝100)

年 份 Year	地区生产总值 Gross Domestic Product	第一产业 Primary Industry	第二产业 Secondary Industry	第三产业 Tertiary Industry	#工业 Industry	#建筑业 Construction	#金融业 Financial Intermediation	#房地产业 Real Estate	人均地区生产总值 Per Capita GDP
1952									
1955	111.1	114.7	101.7	107.0	101.9	100.7			108.6
1957	100.4	101.8	100.5	97.6	95.5	130.9			98.2
1962	93.2	101.5	73.5	94.0	72.8	80.8			91.9
1965	107.1	101.3	130.8	103.1	120.8	241.7			104.7
1970	114.9	107.1	136.5	110.1	137.5	130.6			112.3
1975	106.1	102.1	115.6	99.2	117.1	105.4			104.8
1976	101.0	87.3	112.0	111.3	113.7	98.8			99.8
1977	106.3	86.7	123.9	107.1	123.8	125.3			105.1
1978	124.6	132.1	124.6	113.9	123.3	135.7			123.2
1979	112.0	122.9	107.1	105.7	108.0	100.4	96.4	96.5	110.8
1980	104.8	89.5	118.2	101.6	119.7	105.2	104.5	104.7	103.9
1981	110.9	112.9	107.2	117.9	107.3	106.8	117.1	117.1	109.8
1982	109.8	115.9	105.8	110.4	106.1	102.8	111.0	111.0	108.5
1983	112.3	107.2	115.3	113.5	115.7	110.9	108.8	108.7	111.1
1984	115.7	112.9	117.9	114.6	114.6	151.8	114.6	114.7	114.9
1985	117.3	99.2	128.1	118.1	131.5	101.5	101.1	120.9	116.6
1986	110.4	105.4	109.6	119.3	108.8	118.1	130.3	109.1	109.5
1987	113.4	100.5	118.1	116.7	117.3	125.3	91.1	100.2	112.2
1988	119.6	104.3	117.8	140.1	118.2	114.2	158.6	122.4	118.0
1989	102.5	97.2	100.5	111.1	102.1	85.8	136.4	114.9	101.0
1990	105.0	101.0	105.4	106.9	105.9	99.7	109.5	108.1	101.4
1991	108.3	96.1	108.9	119.0	108.8	110.4	104.8	118.3	106.9
1992	125.6	110.6	131.9	126.2	130.9	143.5	133.1	117.9	124.3
1993	119.8	102.5	123.3	125.1	123.2	124.9	113.3	149.8	118.7
1994	116.5	105.2	122.8	111.4	123.4	116.7	111.9	108.1	115.6
1995	115.4	113.6	116.2	114.9	115.3	125.1	118.1	125.0	114.6
1996	112.2	107.7	112.3	114.3	110.9	126.3	115.4	123.7	111.5
1997	112.0	105.0	112.6	114.1	111.3	123.8	113.5	121.5	111.3
1998	111.0	102.1	112.1	112.9	110.8	122.2	103.9	123.8	110.5
1999	110.1	104.6	111.3	110.0	111.4	110.5	104.8	111.2	109.6
2000	110.6	103.9	111.6	111.2	112.2	107.4	109.8	107.5	109.5
2001	110.2	103.0	110.9	111.5	111.5	107.3	102.8	109.7	109.1
2002	111.7	102.8	113.7	111.6	113.9	112.1	105.9	112.6	111.1
2003	113.6	99.9	117.2	112.4	117.8	113.2	106.8	112.0	112.9
2004	114.8	106.0	117.1	113.4	117.8	112.2	118.9	124.6	113.9
2005	114.5	102.9	116.0	114.8	116.8	110.7	118.9	124.6	113.5
2006	114.9	105.0	116.0	115.5	116.6	110.7	121.3	119.3	113.9
2007	114.9	103.1	115.5	116.4	116.7	104.9	138.6	117.3	113.9
2008	112.7	104.0	113.3	113.3	113.8	108.3	112.0	109.0	111.9
2009	112.4	104.5	112.5	113.7	111.9	119.1	128.1	127.3	111.8
2010	112.7	104.9	113.1	113.3	113.3	110.7	117.0	108.9	112.0
2011	111.0	104.4	111.8	111.0	112.4	106.9	106.2	101.1	110.4
2012	110.2	104.6	111.2	109.8	111.3	110.3	114.7	108.6	109.9
2013	109.6	102.9	110.0	109.8	110.3	107.5	112.8	106.2	109.4
2014	108.7	103.0	108.2	110.0	108.4	106.8	116.9	102.1	108.4
2015	108.6	103.3	108.5	109.4	108.2	111.1	111.3	105.7	108.4
2016	107.8	101.6	106.6	109.8	106.8	104.6	112.7	105.7	107.6
2017	107.2	100.4	106.5	108.5	107.1	101.8	109.0	103.1	106.8
2018	106.7	101.8	105.8	107.9	106.5	101.0	107.0	101.8	106.3

2-7 主要年份地区生产总值定基指数

Fixed-base Indices of Gross Domestic Product in Major Years

按可比价格计算 (at constant price)

年份 Year	地区生产总值 Gross Domestic Product	第一产业 Primary Industry	第二产业 Secondary Industry	第三产业 Tertiary Industry	#工业 Industry	#建筑业 Construction	#金融业 Financial Intermediation	#房地产业 Real Estate	人均地区生产总值 Per Capita GDP
1952	100.0	100.0	100.0	100.0	100.0	100.0			100.0
1955	118.9	115.9	133.5	121.6	132.0	142.1			111.3
1957	121.9	111.0	174.3	131.0	166.0	223.2			108.8
1962	103.8	84.6	202.6	118.0	212.1	146.3			89.2
1965	147.6	125.6	375.0	126.4	371.4	396.8			119.1
1970	200.9	148.7	663.6	176.0	671.7	615.8			143.1
1975	277.5	188.4	1179.3	198.1	1216.2	961.1			182.9
1976	280.3	164.4	1320.2	220.4	1382.9	949.5			182.5
1977	297.9	142.5	1636.2	236.0	1711.7	1189.5			191.8
1978	371.3	188.3	2038.8	268.8	2110.7	1613.7	100.0	100.0	236.3
1979	415.9	231.3	2183.9	284.1	2279.2	1620.0	96.4	96.5	261.8
1980	436.0	207.0	2580.8	288.6	2729.0	1704.2	100.8	101.0	272.0
1981	483.3	233.6	2767.9	340.2	2928.1	1820.0	118.0	118.3	298.6
1982	530.9	270.9	2928.6	375.8	3107.3	1871.6	131.0	131.2	323.9
1983	596.1	290.3	3376.3	426.7	3596.3	2074.7	142.4	142.7	360.0
1984	689.8	327.9	3980.4	489.1	4121.0	3148.4	163.3	163.6	413.7
1985	809.2	325.1	5097.1	577.6	5418.5	3195.8	165.1	197.8	482.3
1986	893.1	342.5	5587.5	689.3	5894.1	3773.7	215.1	215.8	528.1
1987	1013.2	344.1	6598.9	804.3	6914.9	4729.5	196.1	216.1	592.7
1988	1211.6	359.1	7772.8	1126.7	8173.8	5400.0	311.0	264.6	699.5
1989	1241.7	348.9	7807.8	1252.4	8344.1	4634.7	424.3	304.2	706.4
1990	1303.9	352.5	8228.5	1339.1	8838.6	4618.9	464.7	328.7	716.5
1991	1412.1	338.6	8964.3	1593.0	9617.3	5100.1	487.2	388.7	765.9
1992	1773.4	374.7	11824.1	2010.0	12584.4	7316.4	648.4	458.2	951.7
1993	2124.4	384.2	14584.0	2515.3	15501.6	9141.5	734.9	686.3	1130.0
1994	2474.3	404.3	17902.7	2801.8	19124.4	10666.4	822.5	741.7	1305.8
1995	2855.3	459.2	20794.3	3218.2	22050.4	13338.5	971.5	926.8	1496.3
1996	3204.5	494.8	23362.4	3679.8	24453.8	16849.0	1121.5	1146.9	1668.6
1997	3587.6	519.5	26311.9	4198.0	27217.1	20864.3	1273.4	1393.8	1857.4
1998	3982.8	530.5	29503.6	4739.9	30156.5	25505.3	1323.5	1726.2	2051.6
1999	4384.8	554.9	32834.6	5215.3	33594.4	28191.7	1387.2	1919.0	2248.4
2000	4848.4	576.5	36640.9	5798.7	37692.9	30269.7	1523.3	2062.3	2461.4
2001	5340.5	593.8	40650.2	6462.7	42026.9	32479.2	1566.0	2262.3	2685.1
2002	5963.5	610.1	46206.8	7212.0	47868.6	36409.2	1658.4	2547.4	2982.4
2003	6775.9	609.2	54163.2	8103.1	56389.2	41215.2	1771.2	2853.1	3366.1
2004	7778.7	645.8	63425.1	9188.9	66426.5	46243.5	2105.9	3554.9	3834.0
2005	8906.6	664.5	73573.1	10548.8	77586.2	51191.5	2503.9	4429.4	4351.6
2006	10233.7	697.7	85344.8	12183.9	90465.5	56669.0	3037.3	5284.3	4956.4
2007	11758.5	719.3	98573.3	14182.1	105573.2	59445.8	4209.6	6198.5	5645.4
2008	13251.9	748.1	111683.5	16068.3	120142.3	64379.8	4714.8	6756.4	6317.2
2009	14895.1	781.8	125644.0	18269.6	134439.3	76676.3	6039.6	8600.9	7062.6
2010	16786.8	820.1	142103.3	20699.5	152319.7	84880.7	7066.4	9366.4	7910.1
2011	18633.3	856.2	158871.5	22976.5	171207.3	90737.5	7504.5	9469.4	8732.8
2012	20533.9	895.6	176665.1	25228.1	190553.8	100083.4	8607.7	10283.8	9597.3
2013	22496.6	921.3	194374.4	27699.5	210244.8	107579.3	9709.3	10925.9	10499.5
2014	24453.8	948.9	210313.1	30469.5	227905.4	114894.7	11350.2	11155.4	11381.4
2015	26556.8	980.2	228189.7	33333.6	246593.6	127648.1	12632.8	11791.2	12337.5
2016	28628.2	995.9	243250.2	36600.3	263362.0	133519.9	14237.2	12463.3	13275.1
2017	30689.5	999.7	259022.5	39722.0	282060.7	135923.3	15521.4	12853.6	14177.8
2018	32745.7	1017.7	274045.8	42860.0	300394.6	137282.6	16607.9	13084.9	15075.1

2-8 分行业地区生产总值
Gross Domestic Product by Sector

本表按当年价格计算，单位：亿元 (at current price, 100 million yuan)

行业	Sector	2010	2015	2016	2017
地区生产总值	**Gross Domestic Product**	**41962.18**	**71255.93**	**77350.85**	**85869.76**
按三次产业分	Grouped by Industry				
第一产业	Primary Industry	2530.94	3952.47	4039.75	4045.16
第二产业	Secondary Industry	22201.79	33031.06	34619.50	38654.87
第三产业	Tertiary Industry	17229.45	34272.40	38691.60	43169.73
按行业分	Grouped by Sector				
农、林、牧、渔业	Agriculture, Forestry, Animal Husbandry and Fishery	2530.94	4175.94	4286.10	4314.53
农业	Farming	1547.62	2534.36	2533.94	2603.62
林业	Forestry	43.91	72.36	72.72	76.97
畜牧业	Animal Husbandry	372.82	514.17	541.58	472.53
渔业	Fishery	444.90	831.58	891.51	892.04
农、林、牧、渔服务业	Services in Support of Agriculature	121.70	223.47	246.35	269.37
工业	Industry	19722.49	28980.20	30455.15	34013.60
采矿业	Mining	282.16	193.36	159.47	180.17
制造业	Manufacturing	18519.02	27363.73	28825.33	32300.28
电力、热力、燃气及水的生产和供应业	Production and Supply of Electric Power, Heat Power, Gas and Water	921.30	1423.11	1470.36	1533.15
建筑业	Construction	2479.30	4058.52	4173.66	4651.75
批发和零售业	Wholesale and Retail Trades	4447.50	6992.68	7470.27	8070.23
交通运输、仓储和邮政业	Transport, Storage and Post	1768.62	2706.28	2837.16	3097.67
住宿和餐饮业	Hotels and Catering Services	710.98	1189.40	1291.32	1406.82
信息传输、软件和信息技术服务业	Information Transfer, Software and IT Services	611.78	1884.73	2479.27	2882.52
金融业	Financial Intermediation	2105.92	5302.93	6011.13	6783.87
房地产业	Real Estate	2600.95	3755.45	4292.79	5016.54
租赁和商务服务业	Leasing and Business Services	868.77	2846.44	3453.33	3824.48
科学研究和技术服务业	Scientific Research and Technical Services	419.56	1106.94	1217.93	1350.83
水利、环境和公共设施管理业	Management of Water Conservancy, Environment and Public Facilities	215.52	497.14	553.39	591.57
居民服务、修理和其他服务业	Services to Households and Other Services	447.86	1259.45	1507.03	1756.07
教育	Education	1058.13	2254.83	2491.08	2750.45
卫生和社会工作	Healthcare and Social Welfare	501.49	1232.90	1416.81	1615.15
文化、体育和娱乐业	Culture, Sports and Entertainment	220.80	635.64	795.79	863.43
公共管理、社会保障和社会组织	Public Management, Social Security and Organizations	1251.57	2376.46	2618.64	2880.25

2-9 分行业地区生产总值构成

Composition of Gross Domestic Product by Sector

本表按当年价格计算,单位:% (at current price,%)

行业	Sector	2010	2015	2016	2017
地区生产总值	**Gross Domestic Product**	**100.0**	**100.0**	**100.0**	**100.0**
按三次产业分	Grouped by Industry				
第一产业	Primary Industry	6.0	5.5	5.2	4.7
第二产业	Secondary Industry	52.9	46.4	44.8	45.0
第三产业	Tertiary Industry	41.1	48.1	50.0	50.3
按行业分	Grouped by Sector				
农、林、牧、渔业	Agriculture, Forestry, Animal Husbandry and Fishery	6.0	5.9	5.5	5.0
农业	Farming	3.7	3.6	3.3	3.0
林业	Forestry	0.1	0.1	0.1	0.1
畜牧业	Animal Husbandry	0.9	0.7	0.7	0.6
渔业	Frishery	1.1	1.2	1.2	1.0
农、林、牧、渔服务业	Services in Support of Agriculture	0.3	0.3	0.3	0.3
工业	Industry	47.0	40.7	39.4	39.6
采矿业	Mining	0.7	0.3	0.2	0.2
制造业	Manufacturing	44.1	38.4	37.3	37.6
电力、热力、燃气及水的生产和供应业	Production and Supply of Electric Power, Heat Power, Gas and Water	2.2	2.0	1.9	1.8
建筑业	Construction	5.9	5.7	5.4	5.4
批发和零售业	Wholesale and Retail Trades	10.6	9.8	9.7	9.4
交通运输、仓储和邮政业	Transport, Storage and Post	4.2	3.8	3.7	3.6
住宿和餐饮业	Hotels and Catering Services	1.7	1.7	1.7	1.6
信息传输、软件和信息技术服务业	Information Transfer, Software and IT Services	1.5	2.6	3.2	3.4
金融业	Financial Intermediation	5.0	7.4	7.8	7.9
房地产业	Real Estate	6.2	5.3	5.5	5.8
租赁和商务服务业	Leasing and Business Services	2.1	4.0	4.5	4.5
科学研究和技术服务业	Scientific Research and Technical Services	1.0	1.6	1.6	1.6
水利、环境和公共设施管理业	Management of Water Conservancy, Environment and Public Facilities	0.5	0.7	0.7	0.7
居民服务、修理和其他服务业	Services to Households and other Services	1.1	1.8	1.9	2.0
教育	Education	2.5	3.2	3.2	3.2
卫生和社会工作	Healthcare and Social Welfare	1.2	1.7	1.8	1.9
文化、体育和娱乐业	Culture, Sports and Entertainment	0.5	0.9	1.0	1.0
公共管理、社会保障和社会组织	Public Management, Social Security and Organizations	3.0	3.3	3.4	3.4

2-10 分市分行业地区生产总值(2018年)

本表按当年价格计算,单位:亿元

行业	Sector	南京 Nanjing	无锡 Wuxi	徐州 Xuzhou	常州 Changzhou
地区生产总值	**Gross Domestic Product**	**12820.40**	**11438.62**	**6755.23**	**7050.27**
按三次产业分	Grouped by Industry				
第一产业	Primary Industry	273.42	125.07	631.39	156.25
第二产业	Secondary Industry	4721.61	5464.01	2812.02	3263.29
第三产业	Tertiary Industry	7825.37	5849.54	3311.82	3630.73
按行业分	Grouped by Sector				
农、林、牧、渔业	Agriculture, Forestry, Animal Husbandry and Fishery	288.41	142.38	659.21	168.70
农、林、牧、渔服务业	Services in Support of Agriculature	14.99	17.31	27.82	12.45
工业	Industry	4055.14	5009.33	2329.18	2951.35
建筑业	Construction	668.17	455.31	485.40	312.63
批发和零售业	Wholesale and Retail Trades	1454.43	1735.35	979.33	883.39
交通运输、仓储和邮政业	Transport, Storage and Post	351.12	222.23	336.36	232.86
住宿和餐饮业	Hotels and Catering Services	216.34	308.02	119.36	165.76
金融业	Financial Intermediation	1473.32	832.12	322.69	420.49
房地产业	Real Estate	813.11	591.93	342.88	403.00
其他服务业	Other Service Industry	3500.36	2141.95	1180.82	1512.09
营利性服务业	For-profit Service Industry	2004.25	1191.20	488.70	941.57
非营利性服务业	Non-profit Service Industry	1496.11	950.75	692.12	570.52

Composition of Gross Domestic Product by Sector and Region(2018)

(at current price, 100 million yuan)

苏州 Suzhou	南通 Nantong	连云港 Lianyungang	淮安 Huaian	盐城 Yancheng	扬州 Yangzhou	镇江 Zhenjiang	泰州 Taizhou	宿迁 Suqian
18597.47	**8427.00**	**2771.70**	**3601.25**	**5487.08**	**5466.17**	**4050.00**	**5107.63**	**2750.72**
213.99	397.77	325.57	358.70	573.40	273.34	138.40	280.05	300.84
8933.28	3947.88	1207.39	1508.11	2436.45	2623.24	1976.60	2434.01	1279.54
9450.20	4081.35	1238.74	1734.44	2477.23	2569.59	1935.00	2393.57	1170.34
240.01	440.20	350.65	366.10	609.47	290.81	158.70	290.37	310.84
26.02	42.43	25.08	7.40	36.07	17.47	20.30	10.32	10.00
8240.37	3283.23	961.89	1268.00	2090.05	2283.60	1804.00	2119.00	1080.78
694.56	667.42	245.50	241.40	349.30	340.34	172.60	316.70	199.20
2341.88	828.09	278.05	278.68	522.27	380.03	449.61	346.43	258.14
545.34	264.55	115.83	118.23	194.90	189.43	156.09	211.36	100.57
511.06	176.41	40.87	93.76	85.01	84.13	94.68	111.29	52.49
1520.59	530.42	136.75	157.97	277.38	320.26	257.96	276.04	142.39
1133.57	637.55	178.01	288.53	337.11	358.36	230.99	357.63	167.67
3370.09	1599.13	464.15	788.58	1021.59	1219.21	725.37	1078.81	438.64
1761.95	819.20	150.58	391.65	474.27	606.93	415.37	530.25	198.81
1608.14	779.93	313.57	396.93	547.32	612.28	310.00	548.56	239.83

2－11 三次产业对地区生产总值的贡献率和拉动

本表按可比价格计算

年 份 Year	地 区 生产总值 Gross Domestic Product		第一产业 Primary Industry	
	贡献率(%) Contribution Share(%)	拉动(百分点) Contribution (percentage points)	贡献率(%) Contribution Share(%)	拉动(百分点) Contribution (percentage points)
1990	100.0	5.0	3.7	0.2
1991	100.0	8.3	－11.8	－1.0
1992	100.0	25.6	9.2	2.4
1993	100.0	19.8	2.6	0.5
1994	100.0	16.5	5.3	0.9
1995	100.0	15.4	13.3	2.1
1996	100.0	12.2	9.4	1.2
1997	100.0	12.0	5.9	0.7
1998	100.0	11.0	2.6	0.3
1999	100.0	10.1	5.6	0.6
2000	100.0	10.6	4.3	0.5
2001	100.0	10.2	3.6	0.4
2002	100.0	11.7	2.7	0.3
2003	100.0	13.6	－0.1	0.0
2004	100.0	14.8	3.8	0.6
2005	100.0	14.5	1.7	0.2
2006	100.0	14.9	2.6	0.4
2007	100.0	14.9	1.5	0.2
2008	100.0	12.7	2.0	0.3
2009	100.0	12.4	2.1	0.3
2010	100.0	12.7	2.1	0.3
2011	100.0	11.0	2.4	0.3
2012	100.0	10.2	2.5	0.3
2013	100.0	9.6	－1.2	－0.1
2014	100.0	8.7	1.6	0.1
2015	100.0	8.6	1.7	0.1
2016	100.0	7.8	1.1	0.1
2017	100.0	7.2	0.3	0.0
2018	100.0	6.7	1.3	0.1

注：1. 产业贡献率指各产业增加值增量与GDP增量之比(可比价)。
2. 三次产业拉动指GDP增长速度与各产业贡献率之乘积。

Contribution Share and Contribution of the Three Strata of Industry to GDP Growth

(at constant price)

第二产业 Secondary Industry		第三产业 Tertiary Industry		*工业 Industry	
贡献率(%) Contribution Share(%)	拉动(百分点) Contribution (percentage points)	贡献率(%) Contribution Share(%)	拉动(百分点) Contribution (percentage points)	贡献率(%) Contribution Share(%)	拉动(百分点) Contribution (percentage points)
59.0	2.9	37.3	1.9	59.3	3.0
53.2	4.4	58.6	4.9	48.1	4.0
62.0	15.8	28.8	7.4	54.9	14.1
61.5	12.2	35.9	7.1	55.6	11.0
74.2	12.2	20.5	3.4	69.2	11.4
59.4	9.1	27.3	4.2	51.4	7.9
57.6	7.0	33.0	4.0	46.0	5.6
60.3	7.2	33.8	4.1	48.2	5.8
63.2	6.9	34.2	3.8	49.7	5.5
64.9	6.5	29.5	3.0	57.2	5.8
64.3	6.8	31.4	3.3	59.1	6.3
55.9	5.7	40.5	4.1	51.0	5.2
61.2	7.2	36.1	4.2	54.3	6.3
67.2	9.1	32.9	4.5	60.7	8.3
63.6	9.4	32.6	4.8	58.1	8.6
62.1	9.0	36.2	5.2	57.3	8.3
60.7	9.0	36.7	5.5	56.6	8.4
59.5	8.9	39.0	5.8	57.7	8.6
60.2	7.6	37.8	4.8	56.9	7.2
58.2	7.2	39.7	4.9	50.7	6.3
59.5	7.6	38.4	4.9	55.1	7.0
56.7	6.2	40.9	4.5	53.0	5.8
58.2	5.9	39.2	4.0	52.5	5.4
55.8	5.3	45.3	4.3	51.6	4.9
51.0	4.4	47.4	4.1	46.6	4.1
52.7	4.5	45.6	3.9	45.6	3.9
38.9	3.0	60.0	4.7	35.5	2.8
41.5	3.0	58.2	4.2	40.1	2.9
39.9	2.7	58.8	3.9	39.1	2.6

a) Industrial contribution ration refers to the proportion of the increment of the value-added of each industry to the increment of GDP.

b) Contribution of the three strata of industry to GDP growth refers to the growth rate of GDP multiplied by the contribution share of every industry.

2-12 分市地区生产总值
Gross Domestic Product by Region

本表按当年价格计算,单位:亿元 (at current price, 100 million yuan)

地区	Region	地区生产总值 Gross Domestic Product 2010	2013	2014	2015	2016	2017	2018
按地区分	**by City**							
南京	Nanjing	5198.20	8199.49	8956.05	9861.56	10662.28	11715.10	12820.40
无锡	Wuxi	5779.21	7919.85	8358.98	8685.91	9387.81	10511.80	11438.62
徐州	Xuzhou	2971.19	4568.68	5020.09	5383.47	5882.86	6605.95	6755.23
常州	Changzhou	3091.85	4527.53	4991.37	5371.22	5875.85	6618.42	7050.27
苏州	Suzhou	9366.47	13191.33	13994.42	14761.36	15750.43	17319.51	18597.47
南通	Nantong	3510.56	5235.41	5748.61	6256.10	6885.15	7734.64	8427.00
连云港	Lianyungang	1201.79	1829.04	1987.19	2185.70	2405.16	2640.31	2771.70
淮安	Huaian	1396.38	2234.99	2478.43	2772.94	3079.09	3328.88	3601.25
盐城	Yancheng	2345.68	3526.65	3878.77	4262.61	4633.03	5082.69	5487.08
扬州	Yangzhou	2257.02	3367.25	3750.13	4075.92	4516.40	5064.92	5466.17
镇江	Zhenjiang	2019.22	3022.72	3306.28	3561.98	3900.08	4010.36	4050.00
泰州	Taizhou	2072.50	3110.80	3422.77	3746.35	4169.34	4744.53	5107.63
宿迁	Suqian	1068.31	1763.49	1948.02	2146.69	2374.74	2610.94	2750.72
按区域分	**by Region**							
苏南	Southern Jiangsu	25454.95	36860.92	39607.10	42242.03	45576.45	50175.20	53956.76
苏中	Mid Jiangsu	7840.08	11713.46	12921.51	14078.37	15570.89	17544.10	19000.80
苏北	Northern Jiangsu	8983.35	13922.85	15312.50	16751.41	18374.88	20268.77	21365.98

2－12 续 表1 Continued 1

本表按当年价格计算,单位:亿元 (at current price, 100 million yuan)

地 区	Region	第一产业增加值 Value-added of the Primary Industry						
		2010	2013	2014	2015	2016	2017	2018
按地区分	**by City**							
南 京	Nanjing	142.29	195.29	214.25	232.40	252.54	263.01	273.42
无 锡	Wuxi	102.95	130.43	138.15	137.74	135.28	135.18	125.07
徐 州	Xuzhou	282.82	418.88	473.54	504.75	542.88	600.55	631.39
常 州	Changzhou	99.78	130.33	138.46	146.55	152.67	157.10	156.25
苏 州	Suzhou	155.79	193.29	203.98	215.71	221.81	221.98	213.99
南 通	Nantong	266.22	322.31	339.57	354.90	366.66	382.69	397.77
连云港	Lianyungang	182.60	245.26	261.98	282.69	301.56	313.42	325.57
淮 安	Huaian	195.97	267.73	286.99	307.67	324.61	339.44	358.70
盐 城	Yancheng	374.21	464.06	489.50	516.53	533.91	564.18	573.40
扬 州	Yangzhou	161.37	212.78	227.35	241.86	251.39	262.02	273.34
镇 江	Zhenjiang	81.53	111.19	121.45	132.82	137.78	142.43	138.40
泰 州	Taizhou	151.65	198.51	209.25	218.93	240.00	264.08	280.05
宿 迁	Suqian	187.09	230.07	246.37	258.11	275.23	292.14	300.84
按区域分	**by Region**							
苏 南	Southern Jiangsu	582.34	760.53	816.29	865.22	900.08	919.70	907.13
苏 中	Mid Jiangsu	579.24	733.60	776.17	815.69	858.05	908.79	951.16
苏 北	Northern Jiangsu	1222.69	1626.00	1758.38	1869.75	1978.19	2109.73	2189.90

2-12 续 表2 Continued 2

本表按当年价格计算,单位:亿元 (at current price, 100 million yuan)

地区 Region		第二产业增加值 Value-added of the Second Industry						
		2010	2013	2014	2015	2016	2017	2018
按地区分	**by City**							
南　京	Nanjing	2363.42	3527.33	3696.34	3983.05	4191.29	4454.87	4721.61
无　锡	Wuxi	3236.03	4187.70	4242.56	4359.48	4465.90	4964.44	5464.01
徐　州	Xuzhou	1515.19	2184.21	2301.27	2415.26	2565.92	2884.32	2812.02
常　州	Changzhou	1727.99	2347.71	2494.49	2611.01	2750.00	3098.62	3263.29
苏　州	Suzhou	5372.73	6955.11	7096.65	7270.33	7464.40	8235.88	8933.28
南　通	Nantong	1941.95	2715.32	2873.97	3043.04	3239.86	3639.81	3947.88
连云港	Lianyungang	552.92	834.17	909.91	982.87	1074.19	1179.86	1207.39
淮　安	Huaian	654.17	1021.35	1104.79	1199.77	1293.16	1406.39	1508.11
盐　城	Yancheng	1104.07	1660.47	1813.96	1958.58	2087.39	2256.72	2436.45
扬　州	Yangzhou	1255.12	1763.12	1933.65	2066.69	2257.83	2475.88	2623.24
镇　江	Zhenjiang	1139.15	1597.11	1679.59	1778.96	1930.29	1978.01	1976.60
泰　州	Taizhou	1146.94	1628.67	1737.08	1853.68	1981.64	2238.13	2434.01
宿　迁	Suqian	481.80	851.53	947.70	1049.00	1161.12	1253.49	1279.54
按区域分	**by Region**							
苏　南	Southern Jiangsu	13839.32	18614.96	19209.63	20002.83	20801.88	22731.82	24358.79
苏　中	Mid Jiangsu	4344.01	6107.11	6544.70	6963.41	7479.33	8353.82	9005.13
苏　北	Northern Jiangsu	4308.15	6551.73	7077.63	7605.48	8181.78	8980.78	9243.51

2-12 续 表3 Continued 3

本表按当年价格计算,单位:亿元 (at current price, 100 million yuan)

地区	Region	第三产业增加值 Value-added of the Tertiary Industry 2010	2013	2014	2015	2016	2017	2018
按地区分	**by City**							
南京	Nanjing	2692.49	4476.87	5045.46	5646.11	6218.45	6997.22	7825.37
无锡	Wuxi	2440.23	3601.72	3978.27	4188.69	4786.63	5412.18	5849.54
徐州	Xuzhou	1173.18	1965.59	2245.28	2463.46	2774.06	3121.08	3311.82
常州	Changzhou	1264.08	2049.49	2358.42	2613.66	2973.18	3362.70	3630.73
苏州	Suzhou	3837.95	6042.93	6693.79	7275.32	8064.22	8861.65	9450.20
南通	Nantong	1302.39	2197.78	2535.07	2858.16	3278.63	3712.14	4081.35
连云港	Lianyungang	466.27	749.61	815.30	920.14	1029.41	1147.03	1238.74
淮安	Huaian	546.24	945.91	1086.65	1265.50	1461.32	1583.05	1734.44
盐城	Yancheng	867.40	1402.12	1575.31	1787.50	2011.73	2261.78	2477.23
扬州	Yangzhou	840.53	1391.35	1589.13	1767.37	2007.18	2327.02	2569.59
镇江	Zhenjiang	798.54	1314.42	1505.24	1650.20	1832.01	1889.92	1935.00
泰州	Taizhou	798.54	1314.42	1505.24	1650.20	1832.01	1889.92	1935.00
宿迁	Suqian	399.42	681.89	753.95	839.58	938.39	1065.31	1170.34
按区域分	**by Region**							
苏南	Southern Jiangsu	11033.29	17485.43	19581.18	21373.98	23874.49	26523.67	28690.84
苏中	Mid Jiangsu	2916.83	4872.75	5600.64	6299.27	7233.51	8281.49	9044.51
苏北	Northern Jiangsu	3452.51	5745.12	6476.49	7276.19	8214.91	9178.25	9932.57

2-12 续 表4 Continued 4

本表按当年价格计算,单位:亿元 (at current price, 100 million yuan)

地 区 Region		全部工业增加值 Value-added of the Industry						
		2010	2013	2014	2015	2016	2017	2018
按地区分	**by City**							
南 京	Nanjing	2040.77	3062.56	3192.01	3461.54	3655.69	3853.39	4055.14
无 锡	Wuxi	3017.90	3865.26	3894.14	3999.24	4096.23	4553.15	5009.33
徐 州	Xuzhou	1292.87	1852.21	1938.79	2036.84	2174.73	2448.17	2329.18
常 州	Changzhou	1575.17	2127.22	2256.57	2364.96	2496.38	2817.63	2951.35
苏 州	Suzhou	5035.10	6462.84	6563.23	6715.07	6894.16	7606.45	8240.37
南 通	Nantong	1601.88	2249.58	2369.27	2518.89	2702.62	3042.25	3283.23
连云港	Lianyungang	439.69	664.72	727.15	791.14	876.11	958.61	961.89
淮 安	Huaian	544.07	853.59	922.18	1008.78	1097.01	1187.50	1268.00
盐 城	Yancheng	943.03	1424.92	1556.19	1689.01	1809.05	1943.81	2090.05
扬 州	Yangzhou	1100.39	1532.29	1682.38	1804.17	1986.12	2170.55	2283.60
镇 江	Zhenjiang	1058.30	1475.35	1546.90	1640.95	1787.89	1820.66	1804.00
泰 州	Taizhou	1002.11	1412.01	1501.66	1607.92	1727.58	1954.39	2119.00
宿 迁	Suqian	389.03	711.49	795.37	890.71	998.04	1073.27	1080.78
按区域分	**by Region**							
苏 南	Southern Jiangsu	12727.24	16993.23	17452.85	18181.76	18930.35	20651.28	22060.19
苏 中	Mid Jiangsu	3704.38	5193.88	5553.31	5930.98	6416.32	7167.19	7685.83
苏 北	Northern Jiangsu	3608.69	5506.93	5939.68	6416.48	6954.93	7611.36	7729.90

2－12 续 表5 Continued 5

本表按当年价计算，单位：元 (at current price, yuan)

地区 Region		人均地区生产总值 Per Capita GDP						
		2010	2013	2014	2015	2016	2017	2018
按地区分	**by City**							
南 京	Nanjing	66132	100307	109194	119883	129194	141103	152886
无 锡	Wuxi	91943	122318	128756	133515	143985	160706	174270
徐 州	Xuzhou	34421	53263	58308	62246	67701	75611	76915
常 州	Changzhou	68365	96547	106329	114308	124889	140435	149277
苏 州	Suzhou	94430	124872	132131	139127	148146	162388	173765
南 通	Nantong	48705	71743	78771	85712	94304	105903	115320
连云港	Lianyungang	27179	41403	44757	48977	53626	58577	61332
淮 安	Huaian	29034	46418	51213	57032	63083	67909	73204
盐 城	Yancheng	31819	48859	53713	58993	64065	70216	75987
扬 州	Yangzhou	50401	75354	83821	90965	100644	112559	120944
镇 江	Zhenjiang	65305	95653	104352	112225	122686	125962	126906
泰 州	Taizhou	44630	67160	73825	80739	89785	102058	109988
宿 迁	Suqian	22615	36674	40322	44275	48797	53317	55906
按区域分	**by Region**							
苏 南	Southern Jiangsu	80351	111488	119485	127180	136914	150200	160747
苏 中	Mid Jiangsu	48011	71432	78751	85740	94758	106637	115360
苏 北	Northern Jiangsu	29984	46664	51141	55750	60937	66934	70369

2－13 分市地区生产总值构成
Composition of Gross Domestic Product by Region

本表按当年价格计算,单位:%　　　　(at current price, %)

地区	Region	第一产业增加值 Value-added of the Primary Industry						
		2010	2013	2014	2015	2016	2017	2018
按地区分	**by City**							
南　京	Nanjing	2.7	2.4	2.4	2.4	2.4	2.2	2.1
无　锡	Wuxi	1.8	1.6	1.7	1.6	1.4	1.3	1.1
徐　州	Xuzhou	9.5	9.2	9.4	9.4	9.2	9.1	9.3
常　州	Changzhou	3.2	2.9	2.8	2.7	2.6	2.4	2.2
苏　州	Suzhou	1.7	1.5	1.5	1.5	1.4	1.3	1.2
南　通	Nantong	7.6	6.2	5.9	5.7	5.3	4.9	4.7
连云港	Lianyungang	15.2	13.4	13.2	12.9	12.5	11.9	11.7
淮　安	Huaian	14.0	12.0	11.6	11.1	10.5	10.2	10.0
盐　城	Yancheng	14.0	12.0	11.6	11.1	10.5	10.2	10.5
扬　州	Yangzhou	7.1	6.3	6.1	5.9	5.6	5.2	5.0
镇　江	Zhenjiang	4.0	3.7	3.7	3.7	3.5	3.6	3.4
泰　州	Taizhou	7.3	6.4	6.1	5.8	5.8	5.6	5.5
宿　迁	Suqian	17.5	13.0	12.6	12.0	11.6	11.2	10.9
按区域分	**by Region**							
苏　南	Southern Jiangsu	2.3	2.1	2.1	2.0	2.0	1.8	1.7
苏　中	Mid Jiangsu	7.4	6.3	6.0	5.8	5.5	5.2	5.0
苏　北	Northern Jiangsu	13.6	11.7	11.5	11.2	10.8	10.4	10.2

2－13 续 表1 Continued 1

本表按当年价格计算，单位：% (at current price, %)

地区	Region	第二产业增加值 Value-added of the Scondary Industry						
		2010	2013	2014	2015	2016	2017	2018
按地区分	**by City**							
南　京	Nanjing	45.5	43.0	41.3	40.4	39.3	38.0	36.8
无　锡	Wuxi	56.0	52.9	50.8	50.2	47.6	47.2	47.8
徐　州	Xuzhou	51.0	47.8	45.8	44.9	43.6	43.7	41.6
常　州	Changzhou	55.9	51.9	50.0	48.6	46.8	46.8	46.3
苏　州	Suzhou	57.4	52.7	50.7	49.3	47.4	47.6	48.0
南　通	Nantong	55.3	51.9	50.0	48.6	47.1	47.1	46.8
连云港	Lianyungang	46.0	45.6	45.8	45.0	44.7	44.7	43.6
淮　安	Huaian	46.8	45.7	44.6	43.3	42.0	42.2	41.9
盐　城	Yancheng	47.1	47.1	46.8	45.9	45.1	44.4	44.4
扬　州	Yangzhou	55.6	52.4	51.6	50.7	50.0	48.9	48.0
镇　江	Zhenjiang	56.4	52.8	50.8	49.9	49.5	49.3	48.8
泰　州	Taizhou	55.4	52.4	50.8	49.5	47.5	47.2	47.7
宿　迁	Suqian	45.1	48.3	48.6	48.9	48.9	48.0	46.5
按区域分	**by Region**							
苏　南	Southern Jiangsu	54.4	50.5	48.5	47.4	45.6	45.3	45.1
苏　中	Mid Jiangsu	55.4	52.1	50.6	49.5	48.0	47.6	47.4
苏　北	Northern Jiangsu	48.0	47.1	46.2	45.4	44.5	44.3	43.3

2－13 续 表2 Continued 2

本表按当年价格计算，单位：%　　　　(at current price, %)

地区 Region		第三产业增加值 Value-added of the Tertiary Industry						
		2010	2013	2014	2015	2016	2017	2018
按地区分	**by City**							
南　京	Nanjing	51.8	54.6	56.3	57.3	58.3	59.7	61.0
无　锡	Wuxi	42.2	45.5	47.6	48.2	51.0	51.5	51.1
徐　州	Xuzhou	39.5	43.0	44.7	45.8	47.2	47.2	49.0
常　州	Changzhou	40.9	45.3	47.2	48.7	50.6	50.8	51.5
苏　州	Suzhou	41.0	45.8	47.8	49.3	51.2	51.2	50.8
南　通	Nantong	37.1	42.0	44.1	45.7	47.6	48.0	48.4
连云港	Lianyungang	38.8	41.0	41.0	42.1	42.8	43.4	44.7
淮　安	Huaian	39.1	42.3	43.8	45.6	47.5	47.6	48.2
盐　城	Yancheng	37.0	39.8	40.6	41.9	43.4	44.5	45.1
扬　州	Yangzhou	37.2	41.3	42.4	43.4	44.4	45.9	47.0
镇　江	Zhenjiang	39.5	43.5	45.5	46.3	47.0	47.1	47.8
泰　州	Taizhou	37.3	41.3	43.1	44.7	46.7	47.3	46.9
宿　迁	Suqian	37.4	38.7	38.7	39.1	39.5	40.8	42.5
按区域分	**by Region**							
苏　南	Southern Jiangsu	43.3	47.4	49.4	50.6	52.4	52.9	53.2
苏　中	Mid Jiangsu	37.2	41.6	43.3	44.7	46.5	47.2	47.6
苏　北	Northern Jiangsu	38.4	41.3	42.3	43.4	44.7	45.3	46.5

2-13 续 表 3 Continued 3

本表按当年价格计算,单位:% (at current price, %)

地区 Region		全部工业增加值 Value-added of the Tertiary Industry						
		2010	2013	2014	2015	2016	2017	2018
按地区分	**by City**							
南　京	Nanjing	39.3	37.4	35.6	35.1	34.3	32.9	31.6
无　锡	Wuxi	52.2	48.8	46.6	46.0	43.6	43.3	43.8
徐　州	Xuzhou	43.5	40.5	38.6	37.8	37.0	37.1	34.5
常　州	Changzhou	50.9	47.0	45.2	44.0	42.5	42.6	41.9
苏　州	Suzhou	53.8	49.0	46.9	45.5	43.8	43.9	44.3
南　通	Nantong	45.6	43.0	41.2	40.3	39.3	39.3	39.0
连云港	Lianyungang	36.6	36.3	36.6	36.2	36.4	36.3	34.7
淮　安	Huaian	39.0	38.2	37.2	36.4	35.6	35.7	35.2
盐　城	Yancheng	40.2	40.4	40.1	39.6	39.0	38.2	38.1
扬　州	Yangzhou	48.8	45.5	44.9	44.3	44.0	42.9	41.8
镇　江	Zhenjiang	52.4	48.8	46.8	46.1	45.8	45.4	44.5
泰　州	Taizhou	48.4	45.4	43.9	42.9	41.4	41.2	41.5
宿　迁	Suqian	36.4	40.3	40.8	41.5	42.0	41.1	39.3
按区域分	**by Region**							
苏　南	Southern Jiangsu	50.0	46.1	44.1	43.0	41.5	41.2	40.9
苏　中	Mid Jiangsu	47.2	44.3	43.0	42.1	41.2	40.9	40.5
苏　北	Northern Jiangsu	40.2	39.6	38.8	38.3	37.9	37.6	36.2

2-14 分市地区生产总值指数

Indices of Gross Domestic Product by Region

按可比价格计算，上年=100 (at constant price, preceding year=100)

地区	Region	地区生产总值 Gross Domestic Product						
		2010	2013	2014	2015	2016	2017	2018
按地区分	**by City**							
南京	Nanjing	113.1	111.2	110.1	109.3	108.1	108.1	108.0
无锡	Wuxi	113.2	109.3	108.2	107.1	107.5	107.4	107.4
徐州	Xuzhou	114.0	111.8	110.5	109.5	108.2	107.7	104.2
常州	Changzhou	113.1	110.9	110.1	109.2	108.5	108.1	107.0
苏州	Suzhou	113.3	109.6	108.3	107.5	107.5	107.1	106.8
南通	Nantong	113.0	111.8	110.5	109.6	109.3	107.8	107.2
连云港	Lianyungang	113.6	111.8	110.2	110.8	107.8	107.4	104.7
淮安	Huaian	113.8	112.0	110.9	110.3	109.0	107.4	106.5
盐城	Yancheng	113.6	112.3	110.9	110.5	108.9	106.8	105.5
扬州	Yangzhou	113.5	112.0	111.0	110.3	109.4	108.0	106.7
镇江	Zhenjiang	113.2	112.1	110.9	109.6	109.3	107.2	103.1
泰州	Taizhou	113.5	111.8	110.8	110.2	109.5	108.2	106.7
宿迁	Suqian	113.7	112.5	110.8	110.0	109.1	107.5	106.8
按区域分	**by Region**							
苏南	Southern Jiangsu	113.2	110.2	109.1	108.2	107.9	107.5	106.9
苏中	Mid Jiangsu	113.3	111.9	110.7	110.0	109.4	107.9	106.9
苏北	Northern Jiangsu	113.8	112.0	110.7	110.1	108.6	108.4	105.3

2-14 续 表1 Continued 1

按可比价格计算，上年=100 (at constant price, preceding year=100)

地 区 Region		第一产业增加值 Value-added of the Primary Industry						
		2010	2013	2014	2015	2016	2017	2018
按地区分	**by City**							
南 京	Nanjing	104.1	98.5	103.3	103.4	101.1	101.2	100.6
无 锡	Wuxi	104.3	90.0	103.5	99.9	97.7	101.3	99.7
徐 州	Xuzhou	104.2	100.2	103.7	103.5	102.0	102.5	102.4
常 州	Changzhou	104.3	96.9	103.0	103.1	99.1	101.0	99.0
苏 州	Suzhou	104.1	92.8	100.0	103.3	99.0	100.8	95.4
南 通	Nantong	104.0	95.9	102.6	102.9	100.7	105.1	102.2
连云港	Lianyungang	105.1	97.6	103.3	103.6	101.6	102.7	102.6
淮 安	Huaian	104.6	101.4	103.3	103.6	101.7	103.1	103.1
盐 城	Yancheng	104.3	98.8	103.4	103.6	100.9	102.7	103.2
扬 州	Yangzhou	104.5	99.4	103.6	103.6	100.0	102.2	103.0
镇 江	Zhenjiang	104.5	86.7	103.7	103.6	100.2	101.4	95.8
泰 州	Taizhou	104.5	98.7	103.3	103.4	101.4	102.8	102.7
宿 迁	Suqian	105.3	101.0	103.3	103.4	102.0	102.7	103.0
按区域分	**by Region**							
苏 南	Southern Jiangsu	104.2	93.5	102.5	102.7	99.5	101.1	98.1
苏 中	Mid Jiangsu	104.3	97.6	103.1	103.2	100.7	103.6	102.6
苏 北	Northern Jiangsu	104.6	99.7	103.4	103.6	101.6	102.7	102.9

2-14 续 表2 Continued 2

按可比价格计算，上年=100 (at constant price, preceding year=100)

地 区	Region	第二产业增加值 Value-added of the Secondary Industry 2010	2013	2014	2015	2016	2017	2018
按地区分	**by City**							
南 京	Nanjing	113.5	111.2	109.2	107.0	105.4	105.1	106.5
无 锡	Wuxi	113.1	108.8	106.4	105.2	106.6	107.3	108.0
徐 州	Xuzhou	115.7	112.2	110.6	109.0	108.0	106.4	101.5
常 州	Changzhou	113.3	111.1	109.5	108.5	106.1	106.8	106.2
苏 州	Suzhou	113.3	107.5	106.2	104.8	105.4	106.0	105.6
南 通	Nantong	113.8	112.2	110.3	109.7	110.3	106.8	106.5
连云港	Lianyungang	116.8	113.2	111.7	111.3	107.8	107.2	101.9
淮 安	Huaian	116.4	113.0	111.2	110.9	109.1	106.4	104.9
盐 城	Yancheng	116.8	113.7	111.8	110.4	109.2	104.8	103.7
扬 州	Yangzhou	114.6	112.3	110.9	110.6	108.2	106.7	105.8
镇 江	Zhenjiang	113.8	112.6	110.8	109.4	108.8	106.0	103.0
泰 州	Taizhou	114.5	112.1	110.5	110.2	108.8	107.3	106.8
宿 迁	Suqian	117.5	114.9	112.6	110.9	110.1	107.8	107.4
按区域分	**by Region**							
苏 南	Southern Jiangsu	113.3	109.3	107.6	106.2	106.0	106.2	106.1
苏 中	Mid Jiangsu	114.2	112.2	110.5	110.1	109.3	106.9	106.4
苏 北	Northern Jiangsu	116.4	113.2	111.4	110.2	108.7	105.0	103.4

2－14 续 表 3 Continued 3

按可比价格计算，上年＝100 （at constant price，preceding year＝100）

地区	Region	第三产业增加值 Value-added of the Tertary Industry 2010	2013	2014	2015	2016	2017	2018
按地区分	**by City**							
南京	Nanjing	113.2	111.7	111.1	111.5	110.3	110.3	109.1
无锡	Wuxi	113.7	110.7	110.4	109.5	108.7	107.7	107.1
徐州	Xuzhou	114.2	113.5	111.6	111.2	109.6	109.9	107.0
常州	Changzhou	113.7	111.6	111.4	110.5	111.3	109.7	108.1
苏州	Suzhou	113.8	112.9	111.2	110.8	109.9	108.2	108.1
南通	Nantong	113.7	114.2	112.0	110.4	109.2	109.1	108.4
连云港	Lianyungang	113.2	115.0	110.5	112.3	109.8	108.9	108.2
淮安	Huaian	114.1	114.0	112.5	111.2	110.7	109.2	108.8
盐城	Yancheng	113.8	115.4	112.2	112.7	111.0	110.1	108.1
扬州	Yangzhou	113.9	113.6	112.2	110.7	112.1	110.1	108.2
镇江	Zhenjiang	113.1	113.7	111.5	110.2	110.6	109.0	103.7
泰州	Taizhou	113.9	113.5	112.3	111.2	111.4	110.0	107.0
宿迁	Suqian	113.0	113.9	111.1	111.1	110.1	108.5	107.3
按区域分	**by Region**							
苏南	Southern Jiangsu	113.5	112.0	111.0	110.6	110.0	108.9	107.8
苏中	Mid Jiangsu	113.8	113.8	112.2	110.7	110.6	109.6	108.0
苏北	Northern Jiangsu	113.8	114.3	111.7	111.7	110.2	109.6	107.8

2－14 续 表4 Continued 4

按可比价格计算，上年＝100 （at constant price，preceding year＝100）

地区	Region	全部工业增加值 Value-added of the Industry 2010	2013	2014	2015	2016	2017	2018
按地区分	**by City**							
南京	Nanjing	114.3	111.2	109.3	107.7	104.9	106.0	107.3
无锡	Wuxi	113.1	108.0	106.4	105.0	106.8	108.0	108.6
徐州	Xuzhou	116.1	113.1	111.1	108.5	108.5	107.5	101.3
常州	Changzhou	113.4	111.6	109.8	108.3	106.3	107.7	106.7
苏州	Suzhou	113.3	107.6	106.2	104.3	105.4	106.7	106.0
南通	Nantong	114.4	112.6	111.1	109.6	111.2	108.0	107.4
连云港	Lianyungang	117.7	114.1	112.9	112.5	108.6	108.0	101.7
淮安	Huaian	117.4	113.2	112.2	110.9	109.7	107.5	104.9
盐城	Yancheng	117.0	114.9	112.4	110.5	109.8	105.6	104.1
扬州	Yangzhou	114.8	113.2	111.4	110.5	108.6	107.7	106.4
镇江	Zhenjiang	114.9	113.0	111.1	109.3	109.1	106.5	102.8
泰州	Taizhou	114.6	112.8	110.9	110.0	109.4	108.5	107.6
宿迁	Suqian	119.2	115.4	113.8	110.8	110.5	108.4	107.7
按区域分	**by Region**							
苏南	Southern Jiangsu	113.6	109.3	107.7	106.1	106.1	106.9	106.6
苏中	Mid Jiangsu	114.6	112.9	111.1	110.0	109.9	108.0	107.2
苏北	Northern Jiangsu	117.0	114.0	112.2	110.2	109.3	105.6	103.5

2-15 按收入法计算的地区生产总值(2017 年)

Income Approach Components of Gross Domestic Product (2017)

本表按当年价格计算,单位:亿元 (at current price, 100 million yuan)

项目	Item	增加值 Value Added	劳动者报酬 Compensation of Employees	生产税净额 Net Taxes on Production	固定资产折旧 Depreciation of Fixed Assets	营业盈余 Operating Surplus
地区生产总值	**Gross Domestic Product**	**85869.76**	**37417.75**	**11070.47**	**11697.52**	**25684.02**
按三次产业分	Grouped by Industry					
第一产业	Primary Industry	4045.16	4014.05		31.11	
第二产业	Secondary Industry	38654.87	13399.07	6151.51	6249.50	12854.79
第三产业	Tertiary Industry	43169.73	20004.63	4918.96	5416.91	12829.23
按行业分	Grouped by Sector					
农、林、牧、渔业	Agriculture, Forestry, Animal Husbandry and Fishery	4314.53	4281.35		33.18	
工业	Industry	34013.60	10324.12	5577.41	6142.16	11969.91
采矿业	Mining	180.17	87.77	42.75	65.97	-16.32
制造业	Manufacturing	32300.28	9952.89	5299.84	5487.27	11560.28
电力、热力、燃气及水的生产和供应业	Production and Supply of Electric Power, Heat Power, Gas and Water	1533.15	283.46	234.82	588.92	425.95
建筑业	Construction	4651.75	3077.01	576.53	109.27	888.94
批发和零售业	Wholesale and Retail Trades	8070.23	3188.02	2038.67	317.73	2525.81
交通运输、仓储和邮政业	Transport, Storage and Post	3097.67	1530.70	232.33	599.28	735.36
住宿和餐饮业	Hotels and Catering Services	1406.82	1151.08	51.81	72.02	131.91
信息传输、软件和信息技术服务业	Information Transfer, Software and IT Services	2882.52	1206.93	173.07	412.28	1090.24
金融业	Financial Intermediation	6783.87	1749.05	652.50	146.78	4235.54
房地产业	Real Estate	5016.54	640.30	1067.63	2071.21	1237.40
租赁和商务服务业	Leasing and Business Services	3824.48	1669.12	386.42	476.29	1292.65
科学研究和技术服务业	Scientific Research and Technical Services	1350.83	673.97	69.81	162.79	444.26
水利、环境和公共设施管理业	Management of Water Conservancy, Environment and Public Facilities	591.57	343.20	23.79	155.13	69.45
居民服务、修理和其他服务业	Se rvices to Households and Other Services	1756.07	1034.65	120.29	128.87	472.26

本表按当年价格计算,单位:亿元 (at current price, 100 million yuan)

项目	Item	增加值 Value Added	劳动者报酬 Compensation of Employees	生产税净额 Net Taxes on Production	固定资产折旧 Depreciation of Fixed Assets	营业盈余 Operating Surplus
教育	Education	2750.45	2318.95	9.63	320.64	101.23
卫生和社会工作	Healthcare and Social Welfare	1615.15	1277.74	8.31	123.84	205.26
文化、体育和娱乐业	Culture, Sports and Entertainment	863.43	442.76	62.64	134.98	223.05
公共管理、社会保障和社会组织	Public Management, Social Security and Organizations	2880.25	2508.80	19.63	291.07	60.75
按地区分	**by Region**					
南　京	Nanjing	11715.10	4434.60	2192.68	1625.70	3462.12
无　锡	Wuxi	10511.80	3867.09	2075.22	1472.91	3096.58
徐　州	Xuzhou	6605.95	2536.06	1244.66	818.14	2007.09
常　州	Changzhou	6618.42	2477.59	925.35	964.12	2251.36
苏　州	Suzhou	17319.51	6305.39	3086.54	3053.95	4873.63
南　通	Nantong	7734.64	2894.50	1417.45	1014.16	2408.54
连云港	Lianyungang	2640.31	1126.21	397.33	339.94	776.83
淮　安	Huaian	3328.88	1391.83	529.07	477.48	930.50
盐　城	Yancheng	5082.69	2314.98	737.19	670.73	1359.78
扬　州	Yangzhou	5064.92	1890.28	799.12	970.15	1405.37
镇　江	Zhenjiang	4010.36	1516.44	521.29	762.04	1210.59
泰　州	Taizhou	4744.53	2016.04	714.59	558.60	1455.30
宿　迁	Suqian	2610.94	1028.35	378.24	307.08	897.26

2-16 主要年份按收入法计算的地区生产总值

Income Approach Components of Gross Domestic Product in Major Years

本表按当年价格计算 (at current price)

年 份	地区生产总值(亿元) Gross Domestic Product (100 million yuan)	劳动者报酬 Compensation of Employees	生产税净额 Net Taxes on Production	固定资产折旧 Depreciation of Fixed Assets	营业盈余 Operating Surplus	占地区生产总值比重(%) 劳动者报酬 Compensation of Employees	生产税净额 Net Taxes on Production	固定资产折旧 Depreciation of Fixed Assets	营业盈余 Operating Surplus
1978	249.24	116.91	31.79	19.98	80.56	46.9	12.8	8.0	32.3
1980	319.80	152.29	45.96	23.90	97.65	47.6	14.4	7.5	30.5
1985	651.82	321.08	89.26	48.80	192.68	49.3	13.7	7.5	29.6
1990	1416.50	693.86	192.85	186.92	342.87	49.0	13.6	13.2	24.2
1991	1601.38	731.05	183.38	217.55	469.40	45.7	11.5	13.6	29.3
1992	2136.02	1015.80	268.62	280.87	570.73	47.6	12.6	13.1	26.7
1993	2998.16	1288.09	466.67	322.64	920.76	43.0	15.6	10.8	30.7
1994	4057.39	1827.96	590.40	440.18	1198.86	45.1	14.6	10.8	29.5
1995	5155.25	2427.68	684.68	624.90	1417.99	47.1	13.3	12.1	27.5
1996	6004.21	2840.19	774.39	739.10	1650.53	47.3	12.9	12.3	27.5
1997	6680.34	3162.19	889.95	871.54	1756.66	47.3	13.3	13.0	26.3
1998	7199.95	3372.60	942.41	981.85	1903.09	46.8	13.1	13.6	26.4
1999	7697.82	3531.22	998.28	1083.95	2084.36	45.9	13.0	14.1	27.1
2000	8553.69	3914.44	1107.55	1226.26	2305.44	45.8	12.9	14.3	27.0
2001	9456.84	4332.91	1229.29	1384.14	2510.50	45.8	13.0	14.6	26.5
2002	10606.85	4828.99	1390.24	1516.35	2871.27	45.5	13.1	14.3	27.1
2003	12442.87	5629.45	1732.06	1742.17	3339.18	45.2	13.9	14.0	26.8
2004	15136.78	6056.76	2357.46	2202.90	4519.66	40.0	15.6	14.6	29.9
2005	18769.32	7597.90	2622.82	3123.62	5424.98	40.5	14.0	16.6	28.9
2006	21965.61	8850.33	3370.48	3371.06	6373.75	40.3	15.3	15.3	29.0
2007	26296.15	9683.07	4317.14	3726.42	8569.53	36.8	16.4	14.2	32.6
2008	31357.00	12516.97	4912.90	4361.82	9565.31	39.9	15.7	13.9	30.5
2009	34905.98	15013.10	5420.70	4942.63	9529.56	43.0	15.5	14.2	27.3
2010	41962.18	17132.48	6278.34	5833.79	12717.57	40.8	15.0	13.9	30.3
2011	49788.20	20509.75	7272.03	6938.15	15068.26	41.2	14.6	13.9	30.3
2012	54870.91	22849.73	7862.22	7660.10	16498.86	41.6	14.3	14.0	30.1
2013	60690.44	25763.28	8096.73	8240.58	18589.85	42.5	13.3	13.6	30.6
2014	66123.71	28633.27	8697.30	8864.58	19928.57	43.3	13.2	13.4	30.1
2015	71255.93	31130.35	9146.17	9644.79	21334.62	43.7	12.8	13.5	29.9
2016	77350.85	33659.81	10050.36	10479.32	23161.36	43.5	13.0	13.5	29.9
2017	85869.76	37417.75	11070.47	11697.52	25684.02	43.6	12.9	13.6	29.9

2－17 按支出法计算的地区生产总值

Gross Domestic Product by Expenditure Approach

本表按当年价格计算,单位:亿元　　　　(at current price,100 million yuan)

年份 Year	地区生产总值 Gross Domestic Product	最终消费 Final Consumption Expenditures	居民消费 Household Consumption Expenditures	城镇居民 Rural Household	农村居民 Urban Household	政府消费 Government Consumption Expenditures	资本形成总额 Gross Capital Formation	固定资本形成 Fixed Capital Formation	存货增加 Changes in Inventories	货物和服务净出口 Net Export of Goods and Services
1978	249.24	130.55	115.15	39.04	76.11	15.40	77.98	40.40	37.58	40.71
1980	319.80	175.47	154.72	49.59	105.13	20.75	97.44	58.25	39.19	46.89
1985	651.82	353.72	300.86	80.88	219.98	52.86	271.42	193.25	78.17	26.68
1989	1321.85	662.01	557.60	171.20	386.40	104.41	528.44	336.24	192.20	131.40
1990	1416.50	717.36	608.29	205.00	403.29	109.07	588.44	374.12	214.32	110.70
1991	1601.38	835.07	656.99	233.39	423.60	178.08	694.80	461.98	232.82	71.51
1992	2136.02	960.21	735.62	275.63	459.99	224.59	1069.20	747.29	321.91	106.61
1993	2998.16	1251.08	984.44	414.50	569.94	266.64	1589.93	1201.41	388.52	157.15
1994	4057.39	1721.45	1350.89	568.70	782.19	370.56	2018.95	1434.95	584.00	316.99
1995	5155.25	2250.66	1806.43	776.51	1029.92	444.23	2479.30	1756.88	722.42	425.29
1996	6004.21	2721.84	2218.68	904.67	1314.01	503.16	2798.62	2062.17	736.45	483.75
1997	6680.34	3020.94	2417.77	1027.26	1390.51	603.17	2925.28	2295.97	629.31	734.12
1998	7199.95	3161.88	2513.52	1142.99	1370.53	648.36	3321.44	2642.29	679.15	716.63
1999	7697.82	3339.79	2594.18	1266.14	1328.04	745.61	3554.26	2842.65	711.61	803.77
2000	8553.69	3710.72	2815.51	1477.05	1338.46	895.21	4044.78	3225.42	819.36	798.19
2001	9456.84	4141.92	3027.67	1654.36	1373.31	1114.25	4393.21	3543.16	850.05	921.71
2002	10606.85	4801.91	3475.13	1969.21	1505.92	1326.78	4808.67	3994.23	814.44	996.27
2003	12442.87	5484.04	3909.55	2468.92	1440.63	1574.49	6182.38	5480.80	701.58	776.45
2004	15136.78	6219.14	4429.02	3059.64	1369.38	1790.12	8099.20	7114.12	985.08	818.44
2005	18769.32	7650.97	5339.09	3750.82	1588.27	2311.88	9640.65	9067.15	573.50	1477.70
2006	21965.61	9040.72	6236.42	4434.79	1801.63	2804.30	10950.49	10298.06	652.43	1974.40
2007	26296.15	10928.68	7328.19	5249.15	2079.04	3600.49	12787.19	12010.59	776.60	2580.28
2008	31357.00	12838.05	8425.61	6139.74	2285.87	4412.44	15398.06	14419.02	979.04	3120.89
2009	34905.98	14366.10	9235.38	6756.04	2479.34	5130.72	18029.88	17595.97	433.91	2510.00
2010	41962.18	17216.82	10942.82	8266.41	2676.41	6274.00	21740.39	21276.24	464.15	3004.96
2011	49788.20	20650.10	13534.19	10428.44	3105.75	7115.91	25739.54	25212.73	526.81	3398.56
2012	54870.91	22704.49	15385.57	11904.43	3481.14	7318.92	28098.77	27256.15	842.62	4067.65
2013	60690.44	26667.62	18889.19	14636.65	4252.54	7778.43	29899.48	28967.07	932.41	4123.34
2014	66123.71	31036.36	22510.56	17515.48	4995.08	8525.80	30892.99	29889.49	1003.50	4194.36
2015	71255.93	35002.17	25245.17	19689.08	5556.09	9757.00	31813.01	31153.21	659.80	4440.75
2016	77350.85	39499.88	28654.71	22493.95	6160.76	10845.17	33123.30	32254.56	868.74	4727.67
2017	85869.76	43020.75	31892.36	25082.70	6809.66	11128.39	37353.35	36416.79	936.56	5495.66

2-18 按支出法计算的地区生产总值构成

Composition of Gross Domestic Product by Expenditure Approach

本表按当年价格计算,单位:% (at current price,%)

年 份 Year	地区生产总值 Gross Domestic Product	最终消费 Final Consumption Expenditures	居民消费 Household Consumption Expenditures	城镇居民 Rural Household	农村居民 Urban Household	政府消费 Government Consumption Expenditures	资本形成总额 Gross Capital Formation	固定资本形成 Fixed Capital Formation	存货增加 Changes in Inventories	货物和服务净出口 Net Export of Goods and Services
1978	100.0	52.4	46.2	15.7	30.5	6.2	31.3	16.2	15.1	16.3
1980	100.0	54.9	48.4	15.5	32.9	6.5	30.5	18.2	12.2	14.7
1985	100.0	54.3	46.2	12.4	33.8	8.1	41.6	29.6	12.0	4.1
1989	100.0	50.1	42.2	13.0	29.2	7.9	40.0	25.4	14.5	9.9
1990	100.0	50.6	42.9	14.5	28.5	7.7	41.5	26.4	15.1	7.8
1991	100.0	52.1	41.0	14.6	26.5	11.1	43.4	28.8	14.5	4.5
1992	100.0	45.0	34.4	12.9	21.5	10.5	50.1	35.0	15.1	5.0
1993	100.0	41.7	32.8	13.8	19.0	8.9	53.0	40.1	13.0	5.2
1994	100.0	42.4	33.3	14.0	19.3	9.1	49.8	35.4	14.4	7.8
1995	100.0	43.7	35.0	15.1	20.0	8.6	48.1	34.1	14.0	8.2
1996	100.0	45.3	37.0	15.1	21.9	8.4	46.6	34.3	12.3	8.1
1997	100.0	45.2	36.2	15.4	20.8	9.0	43.8	34.4	9.4	11.0
1998	100.0	43.9	34.9	15.9	19.0	9.0	46.1	36.7	9.4	10.0
1999	100.0	43.4	33.7	16.4	17.3	9.7	46.2	36.9	9.2	10.4
2000	100.0	43.4	32.9	17.3	15.6	10.5	47.3	37.7	9.6	9.3
2001	100.0	43.8	32.0	17.5	14.5	11.8	46.5	37.5	9.0	9.7
2002	100.0	45.3	32.8	18.6	14.2	12.5	45.3	37.7	7.7	9.4
2003	100.0	44.1	31.4	19.8	11.6	12.7	49.7	44.0	5.6	6.2
2004	100.0	41.1	29.3	20.2	9.0	11.8	53.5	47.0	6.5	5.4
2005	100.0	40.8	28.4	20.0	8.5	12.3	51.4	48.3	3.1	7.9
2006	100.0	41.2	28.4	20.2	8.2	12.8	49.9	46.9	3.0	9.0
2007	100.0	41.6	27.9	20.0	7.9	13.7	48.6	45.7	3.0	9.8
2008	100.0	40.9	26.9	19.6	7.3	14.1	49.1	46.0	3.1	10.0
2009	100.0	41.2	26.5	19.4	7.1	14.7	51.7	50.4	1.2	7.2
2010	100.0	41.0	26.1	19.7	6.4	15.0	51.8	50.7	1.1	7.2
2011	100.0	41.5	27.2	20.9	6.2	14.3	51.7	50.6	1.1	6.8
2012	100.0	41.4	28.0	21.7	6.3	13.3	51.2	49.7	1.5	7.4
2013	100.0	43.9	31.1	24.1	7.0	12.8	49.3	47.7	1.5	6.8
2014	100.0	46.9	34.0	26.5	7.6	12.9	46.7	45.2	1.5	6.3
2015	100.0	49.1	35.4	27.6	7.8	13.7	44.6	43.7	0.9	6.2
2016	100.0	51.1	37.0	29.1	8.0	14.0	42.8	41.7	1.1	6.1
2017	100.0	50.1	37.1	29.2	7.9	13.0	43.5	42.4	1.1	6.4

2－19 按支出法计算的地区生产总值指数

Indices of Gross Domestic Product by Expenditure Approach

按可比价格计算,1952 年＝100 （at constant price with 100 in 1952）

年 份 Year	地 区 生产总值 指 数 Gross Domestic Product	最终消费 Final Consumption Expenditures	居民消费 Household Consumption Expenditure	城镇居民 Rural Household	农村居民 Urban Household	政府消费 Government Consumption Expenditures	资本形成 总 额 Gross Capital Formation	固定资本 形 成 Fixed Capital Formation	存货增加 Changes in Inventories
1952	100.0	100.0	100.0	100.0	100.0	100.0	100.0	100.0	100.0
1978	371.3	367.6	352.3	607.8	290.1	545.3	695.7	593.2	847.1
1980	436.0	468.4	448.7	732.2	379.7	696.3	809.3	811.3	806.4
1985	809.2	824.0	757.4	1022.5	693.7	1595.0	2156.6	2573.0	1541.6
1989	1241.7	1000.3	885.3	1411.2	757.8	2331.2	3610.7	3998.6	3037.7
1990	1303.9	1063.7	949.6	1601.7	791.9	2383.2	4161.1	4791.5	3229.8
1991	1412.1	1162.8	992.5	1754.9	806.8	3246.0	4472.4	5230.2	3389.1
1992	1773.4	1493.5	1253.9	2337.9	988.1	4462.1	5534.2	7583.6	3054.8
1993	2124.4	1787.9	1518.0	3114.8	1122.8	5103.7	6603.7	9239.5	3450.0
1994	2474.3	2095.2	1772.7	3585.7	1324.5	6068.9	7772.3	10860.6	4074.8
1995	2855.3	2422.4	2027.1	4102.3	1514.1	7331.8	9053.4	12381.0	5022.8
1996	3204.5	2670.9	2261.5	4311.6	1757.6	7711.4	10229.2	14289.6	5367.3
1997	3587.6	2944.6	2444.1	4851.4	1850.0	9193.2	11375.3	16021.8	5834.1
1998	3982.8	3250.8	2677.4	5686.3	1930.6	10441.6	12662.2	18662.4	5645.7
1999	4384.8	3593.4	2889.2	6573.2	1970.4	12530.4	13870.1	20698.5	5922.1
2000	4848.4	3970.6	3107.9	7632.5	1974.7	15034.2	15272.9	22421.1	6900.9
2001	5340.5	4420.0	3371.3	8640.9	2038.8	18080.3	16765.7	24392.9	7841.6
2002	5963.5	4993.8	3714.3	9963.0	2119.8	21867.4	18721.5	28445.5	7294.1
2003	6775.9	5667.9	4176.3	12455.3	2025.7	25417.8	21744.0	35873.5	5035.9
2004	7778.7	6452.9	4780.6	15489.1	1967.3	28542.9	25319.8	41206.1	6550.7
2005	8906.6	7349.2	5417.6	17552.9	2229.4	32920.2	28663.0	46648.2	7414.2
2006	10233.7	8558.7	6164.5	20188.5	2472.1	40369.3	32082.9	52226.0	8268.8
2007	11758.5	9942.6	6991.8	23096.7	2744.2	49276.2	36023.5	58471.7	9709.0
2008	13251.9	11300.9	7743.8	25885.2	2948.0	58859.0	39846.0	63882.2	12734.3
2009	14895.1	13005.8	8810.2	29524.6	3331.6	69167.9	45915.1	77205.7	5644.4
2010	16786.8	14843.6	9938.5	34404.9	3428.5	80578.7	51401.9	86653.2	5762.3
2011	18633.3	16833.0	11395.9	40210.5	3697.4	89603.6	56811.7	95837.1	6173.2
2012	20533.9	18807.3	13059.1	46312.5	4165.1	95495.8	62497.6	105164.3	7596.9
2013	22496.6	20918.0	15271.6	54228.4	4849.3	95650.3	68364.2	114923.1	8654.4
2014	24453.8	23028.3	17135.5	61062.4	5374.8	100730.4	74034.1	124395.8	9551.1
2015	26556.8	25404.6	18927.9	67617.7	5885.3	110782.2	79836.2	135442.7	6343.3
2016	28628.2	27616.3	20695.8	74415.6	6286.3	118607.9	85868.8	145077.5	8148.3
2017	30689.5	29936.0	22682.6	81782.7	6833.2	124656.9	90677.4	153056.7	8702.4

主要统计指标解释

可比价格 指计算各种总量指标所采用的扣除了价格变动因素的价格，可进行不同时期总量指标的对比。按可比价格计算总量指标有两种方法：一种是直接用产品产量乘某一年的不变价格计算；另一种是用价格指数进行缩减。

不变价格 指以同类产品某年的平均价格作为固定价格，用于计算各年的产品价值。按不变价格计算的产品价值消除了价格变动因素，不同时期对比可以反映生产的发展速度。新中国成立后，随着工农业产品价格水平的变化，国家统计局先后六次制定了全国统一的工业产品不变价格和农业产品不变价格。从1952年到1957年使用1952年工（农）业产品不变价格，从1957年到1970年使用1957年不变价格，从1971年到1980年使用1970年不变价格，从1981年到1990年使用1980年不变价格，从1991年到2000年使用1990年不变价格，从2001年到2005年使用2000年不变价格，从2006年到2010年使用2005年不变价格，从2010年到2015年使用2010年不变价格，目前使用的是2015年不变价格。

国内生产总值（GDP） 指一个国家所有常住单位在一定时期内生产活动的最终成果。国内生产总值有三种表现形态，即价值形态、收入形态和产品形态。从价值形态看，它是所有常住单位在一定时期内生产的全部货物和服务价值超过同期中间投入的全部非固定资产货物和服务价值的差额，即所有常住单位的增加值之和；从收入形态看，它是所有常住单位在一定时期内创造并分配给常住单位和非常住单位的初次收入分配之和；从产品形态看，它是所有常住单位在一定时期内最终使用的货物和服务价值与货物和服务净出口价值之和。在实际核算中，国内生产总值有三种计算方法，即生产法、收入法和支出法。三种方法分别从不同的方面反映国内生产总值及其构成。对于地区，GDP中文名称为"地区生产总值"。

支出法国内生产总值 指一个国家所有常住单位在一定时期内用于最终消费、资本形成总额，以及货物和服务的净出口总额，它反映本期生产总值的使用及构成。对于地区，名称为"支出法地区生产总值"。

最终消费 指常住单位在一定时期内对于货物和服务的全部最终消费支出，也就是常住单位为满足物质、文化和精神生活的需要，从本国经济领土和国外购买的货物和服务的支出；不包括非常住单位在本国经济领土内的消费支出。最终消费分为居民消费和政府消费。

居民消费 指常住住户对货物和服务的全部最终消费支出。居民消费按市场价格计算，即按居民支付的购买者价格计算。购买者价格是购买者取得货物所支付的价格，包括购买者支付的运输和商业费用。居民消费除了直接以货币形式购买货物和服务的消费之外，还包括以其他方式获得的货物和服务的消费支出，即所谓的虚拟消费支出。居民虚拟消费支出包括以下几种类型：单位以实物报酬及实物转移的形式提供给劳动者的货物和服务；住户生产并由本住户消费了的货物和服务，其中的服务仅指住户的自有住房服务；金融机构提供的金融媒介服务；保险公司提供的保险服务。

政府消费 指政府部门为全社会提供公共服务的消费支出和免费或以较低价格向住户提供的货物和服务的净支出。前者等于政府服务的产出价值减去政府单位所获得的经营收入的价值，政府服务的产出价值等于它的经常性业务支出加上固定资产折旧；后者等于政府部门免费或以较低价格向住户提供的货物和服务的市场价值减去向住户收取的价值。

资本形成总额 指常住单位在一定时期内获得的减去处置的固定资产加存货的变动，包括固定资本形成总额和存货增加。

固定资本形成总额 指常住单位购置、转入和自产自用的固定资产，扣除固定资产的销售和转出后的价值，分有形固定资产形成总额和无形固定资产形成总额。有形固定资产形成总额包括一定时期内完成的建筑工程、安装工程和设备工器具购置（减处置）价值，以及土地改良、新增役、种、奶、毛、娱乐用牲畜和新增经济林木价值。无形固定资产形成总额包括矿藏的勘探、计算机软件、娱乐和文学艺术品原件等获得减处置。

存货增加 指常住单位存货实物量变动的市场价值，即期末价值减期初价值的差额。存货增加可以是正值，也可以是负值；正值表示存货上升，负值表示存货下降。它包括生产单位购进的原材料、燃料和储备物资等存货，以及生产单位生产的产成品、在制品等存货等。

货物和服务净出口 指货物和服务出口减货物和服务进口的差额。出口包括常住单位向非常住单位出售或无偿转让的各种货物和服务的价值；进口包括常住单位从非常住单位购买或无偿得到的各种货物和服务的价值。由于服务活动的提供与使用同时发生，因此服务的进出口业务并不发生出入境现象，一般把常住单位从国外得到的服务作为进口，非常住单位从本国得到的服务作为出口。货物的出口和进口都按离岸价格计算。

Explanatory Notes on Main Statistical Indicators

Comparable Prices refer to prices that are used to remove the factors of price change in calculating economic aggregates, so as to facilitate comparison of aggregates over time. Two methods are used for calculating economic aggregates at comparable prices: 1. Multiplying the output of products by their constant prices of certain year;2. Deflation of data at current prices by relevant price index.

Constant Price refers to the average price of a given product in certain year, which is used for comparison of output value over time. As the output value at constant prices removes the factor of price changes, it reflects the trend of production development over time. Since 1949, with the changes in general price level, National Bureau of Statistics has issued nationally unified constant prices six times; the 1952 constant prices for 1952—1957; the 1957 constant prices for 1957—1970; the 1970 constant prices for 1971—1980; the 1980 constant prices for 1981—1990; the 1990 constant prices for 1991—2000; the 2000 constant prices for 2001—2005; the 2005 constant prices for 2006—2010, the 2010 constant prices for 2011—2015, the 2015 constant prices for now.

Gross Domestic Product(GDP) refers to the final products of all resident units in a country during a certain period of time. Gross domestic product is expressed in three different forms, i. e. value, income, and products respectively. The form of value refers to the total value of all products and services produced by all resident units during a certain period of time minus total value of intimidate input of materials and services of the nature of non-fixed assets or the summation of the value-added of all resident units; the form of income includes all the income created by all resident units and distributed primarily to all resident and non-resident units; the form of products refers to the value of all final goods and services for final use by all resident units plus the value of net exports of goods and services during a given period of time. In the practice of national accounting, gross domestic product is calculated with three approaches, i. e. production approach, income approach, and expenditure approach, which reflect gross domestic product and its composition from different aspects. The Chinese meaning of "GDP" is "Gross Regional Product" as to the certain region.

GDP Calculated with Expenditure Approach refers to total expenditure on final consumption, total capital formation and net export of goods and services by resident units of a country in a certain period of time. It reflects the composition of GDP by its use.

Final Consumption refers to the total expenditure of resident units on final consumption of goods and services in a certain period, namely the expenditure of the resident units for purchases of goods and services from domestic economic territory and abroad to meet the requirements of material, cultural and spiritual life. It excludes the expenditure of non-resident units on consumption in the economic territory of the country. The final consumption is classified into household consumption and government consumption.

Households Consumption refers to the total expenditure of resident households on the final consumption of goods and services. The households consumption is calculated at market prices, namely the purchasers prices which the households pay; the purchasers prices of goods are the prices the households pay when they obtain the goods, including the transport and commercial expenses paid by the households. In addition to the consumption of goods and services bought by the households directly with money, the expenditure on goods and services obtained by the households in other ways, i. e. the so-called imputed expenditure on consumption, is also included in the households consumption. The imputation expenditure of the households on consumption includes the following types: (a) the goods and services provided to the households by the units in the form of payment in kind and transfer in kind; (b) the goods and services produced and consumed by the households themselves, in which the services refer only to the services provided by the residential buildings owned by the households; (c) the services of financial intermediary provided by the financial institutions; (d) the insurance services provided by the insurance companies.

Government Consumption refers to the expenditure on the consumption of the public services provided by the government to the whole society and the net expenditure on the goods and services provided by the government to the households at free charge or lower prices. The former equals to the output value of the government services minus the value of operating income obtained by the government departments. (The output value of the government services equals to its current operating expenditure plus depreciation of fixed assets). The latter equals to the market value of the goods and services provided by the government free of charge or at low prices to the households minus the value received by the government from the households.

Total Capital Formation refers to the fixed assets acquired minus those disposed and the change in inventory, including the total fixed assets formation and the increase in inventory.

Total Fixed Capital Formation refers to the value of fixed assets purchased, transferred in by the resident units and those produced and used by themselves deducting the value of fixed assets sold and transferred out. It can be classified into total tangible assets formation and total intangible assets formation. The total tangible assets formation include the value of the construction projects, installation projects completed and the equipment, apparatus and instruments purchased as well as the value of land improved, the value of draught animals, breeding stock, milk, wool and recreational animals and the newly increased economic forest in a certain period. The total intangible assets formation includes the prospecting of minerals, the acquisition of computer software, the originals of recreational works and works of literature and arts minus the disposal of them. Increase in Inventory refers to the market value of the change in inventory, i. e. the difference of value between the beginning and the end of the period. The increase in inventory can be positive or negative. A positive value indicates the increase in inventory while a negative value indicates the decrease in stock. The inventory includes the raw materials, fuels and reserve materials purchased by the production units as well as the inventory of finished products, semi-finished products, work in progress. etc.

Increase in Inventory refers to the market value of the change in inventory, i. e. The difference of value between the beginning and the end of the period. The increase in inventory can be positive or negative. A positive value indicates the increase in inventory while a negative value indicates the decrease in stock. The inventory includes the materials, fuels and reserve materials purchased by the production units as well as the inventory of finished products, semi-finished products, work-in-progress, ect.

Net Export of Goods and Services refers to the difference of the exports of goods and services minus the imports of goods and services. The imports include the value of various goods and services sold or gratuitously transferred by the resident units to the non-resident units. The imports include the value of various goods and services purchased or gratuitously acquired by the resident units from the non-resident units. Because the provision of services and the use of them happen simultaneously, the import and export of services do not appear to have the phenomena of crossing the border of the country. The acquisition of services by the resident units from abroad is usually treated as import while the acquisition of services by non-resident units in this country is usually treated as export. The export and import of goods are calculated at FOB.

3

人口、就业和工资

Population, Employment and Wages

简 要 说 明

一、本篇资料主要内容

本篇资料反映我省2018年及历年人口就业和职工工资方面的基本情况。

二、本篇资料来源

1. 人口资料:表3-1、表3-2、表3-3为年末主要人口推算数据,其中2001—2009年数据根据第六次人口普查作了修订;表3-4为公安户籍资料;表3-5为六次人口普查主要数据;表3-6为年末常住人口推算数据;表3-7至表3-10为2018年1‰人口抽样调查样本数据。

2. 就业基本情况及分组资料、职工工资总额等资料,根据《劳动工资统计报表制度》、《劳动力调查制度》等搜集资料,加工整理。

3. 私营企业及个体工商业就业人员,由工商行政管理部门提供。城镇登记失业人数,由人力资源和社会保障部门整理提供。

三、本篇统计调查方法

1. 人口资料采用抽样调查方法和人口普查资料进行整理。

2. 城镇非私营单位统计资料采用全面调查方法;城镇私营单位工资统计资料采用全面调查和抽样调查相结合的方法,城镇私营和个体户就业资料采用行政登记记录。

Brief Introduction

I. Main Contents

Data in this chapter show the basic condition of the population, employment and wages in 2018 as well as previous years for the province.

II. Sources of Data

1. Data on population: Data in tables 3 - 1, 3 - 2 and 3 - 3 are estimated from the main population at year-end, figures for 2001—2009 have been revised in line with the data from the sixth National Population Census; data in table 3 - 4 are household registered population from department of public security; data in table 3 - 5 present the main results from the sixth National Population Censuses; data in table 3 - 6 are estimation of permanent population at year-end; data in tables 3 - 7 to 3 - 10 are the data of change of population sampling survey in 2018.

2. Data on basic conditions of employment, data by groups, total wage bills of staff and workers are collected and compiled through *The Reporting Form System on Labour Wage Statistics*, *The Sample Survey System on Labour Force*.

3. Data on the number of employed persons in private enterprises and self-employed individuals are provided by the administration for industry and commerce.

III. Methodology of Survey

1. Data on population are collected by sampling survey and compiled according to the population censuses.

2. The statistics of urban non-private units adpot at a comprehensive survey method. Urban private unit wage statistical data is used in comprehensive survey and sample survey of combining. Urban private and self-employed employment data is used in administrative registics records.

3－1 全省人口数、户数(常住)

Population and Households(Permanent)

年份 Year	总户数(万户) Households (10000 households)	总人口(万人) Total Population (10000 persons)	按性别分 Grouped by Sex 男 Male 人口数(万人) Population (10000 persons)	比重(%) Proportion	女 Female 人口数(万人) Population (10000 persons)	比重(%) Proportion	平均每户人数(人/户) Average Family Size (person/households)	年平均人口(万人) Average Annual Population (10000 persons)	人口密度(人/平方公里) Density of Population (person/sq. km)
1990	1806.78	6766.90	3443.68	50.89	3323.22	49.11	3.75		660
1991	1859.70	6843.70	3451.96	50.44	3391.74	49.56	3.68	6805.30	667
1992	1957.85	6911.20	3483.24	50.40	3427.96	49.60	3.53	6877.45	674
1993	1893.28	6967.27	3513.59	50.43	3453.68	49.57	3.68	6939.24	679
1994	1923.44	7020.54	3534.09	50.34	3486.45	49.66	3.65	6993.91	684
1995	2066.09	7066.02	3589.56	50.80	3476.46	49.20	3.42	7043.28	689
1996	2014.21	7110.16	3610.72	50.78	3499.44	49.22	3.53	7088.09	693
1997	2133.69	7147.86	3628.08	50.76	3519.78	49.24	3.35	7129.01	697
1998	2087.92	7182.46	3643.21	50.72	3539.26	49.28	3.44	7165.16	700
1999	2121.51	7213.13	3656.05	50.69	3557.08	49.31	3.40	7197.80	703
2000	2220.38	7327.24	3710.28	50.64	3616.96	49.36	3.30	7270.19	714
2001	2314.00	7358.52	3724.81	50.62	3633.71	49.38	3.18	7342.88	717
2002	2350.96	7405.50	3752.03	50.67	3653.47	49.33	3.15	7382.01	722
2003	2345.19	7457.70	3775.26	50.62	3682.44	49.38	3.18	7431.60	727
2004	2388.23	7522.95	3811.87	50.67	3711.08	49.33	3.15	7490.33	733
2005	2463.60	7588.24	3795.64	50.02	3792.60	49.98	3.08	7555.59	740
2006	2485.61	7655.66	3829.47	50.02	3826.19	49.98	3.08	7621.95	746
2007	2507.51	7723.13	3863.09	50.02	3860.03	49.98	3.08	7689.40	753
2008	2504.03	7762.48	3883.33	50.03	3879.15	49.97	3.10	7742.81	756
2009	2519.44	7810.27	3908.18	50.04	3902.09	49.96	3.10	7786.38	761
2010	2564.59	7869.34	3964.31	50.38	3905.03	49.62	3.07	7839.80	767
2011	2572.90	7898.80	3977.69	50.36	3921.11	49.64	3.07	7884.07	770
2012	2588.23	7919.98	3987.91	50.35	3932.07	49.65	3.06	7909.40	772
2013	2593.31	7939.49	3997.09	50.34	3942.40	49.66	3.06	7929.74	774
2014	2601.33	7960.06	4007.09	50.34	3952.97	49.66	3.06	7949.78	742
2015	2617.80	7976.30	4014.65	50.33	3961.65	49.67	3.05	7968.18	744
2016	2621.20	7998.60	4025.66	50.33	3972.94	49.67	3.05	7987.45	746
2017	2631.68	8029.30	4041.05	50.33	3988.25	49.67	3.05	8013.95	749
2018	2638.76	8050.70	4051.15	50.32	3999.55	49.68	3.05	8040.00	751

3-2 全省市、镇、乡村人口数及其构成
City, Town, Country Population and It's Composition

单位:万人 (10000 persons)

年 份 Year	总人口数 Total Population	#城镇人口 Urban		市 City		镇 Town		乡村 Rural	
		人口数 Population	占总人口% Proportion	人口数 Population	占总人口% Proportion	人口数 Population	占总人口% Proportion	人口数 Population	占总人口% Proportion
1978	5834.32	800.77	13.7	570.14	9.8	230.63	3.9	5033.55	86.3
1980	5938.19	901.78	15.2	636.41	10.7	265.37	4.5	5036.41	84.8
1985	6213.48	1099.79	17.7	0.00	0.0	0.00	0.0	5113.69	82.3
1990	6766.90	1458.94	21.6	1043.45	15.4	415.49	6.1	5307.96	78.5
1991	6843.70	1587.74	23.2	1163.43	17.0	424.31	6.2	5255.96	76.8
1992	6911.20	1643.72	23.8	1182.59	17.1	461.13	6.7	5267.48	76.2
1993	6967.27	1673.58	24.0	1199.26	17.2	474.32	6.8	5293.69	76.0
1994	7020.54	1733.01	24.7	1255.58	17.9	477.43	6.8	5287.53	75.3
1995	7066.02	1929.09	27.3	1331.30	18.8	597.79	8.5	5136.93	72.7
1996	7110.16	1942.50	27.3	1328.18	18.7	614.32	8.6	5167.66	72.7
1997	7147.86	2133.64	29.9	1465.31	20.5	668.33	9.4	5014.22	70.1
1998	7182.46	2262.47	31.5	1537.05	21.4	725.42	10.1	4919.99	68.5
1999	7213.13	2520.09	34.9	1685.84	23.4	834.25	11.6	4693.04	65.1
2000	7327.24	3040.81	41.5	1868.45	25.5	1172.36	16.0	4286.43	58.5
2001	7358.52	3134.73	42.6	1927.93	26.2	1206.80	16.4	4223.79	57.4
2002	7405.50	3310.25	44.7	2028.37	27.4	1281.89	17.3	4095.25	55.3
2003	7457.70	3487.97	46.8	2137.38	28.7	1350.59	18.1	3969.73	53.2
2004	7522.95	3624.56	48.2	2174.73	28.9	1449.82	19.3	3898.39	51.8
2005	7588.24	3832.06	50.5	2307.80	30.4	1524.26	20.1	3756.18	49.5
2006	7655.66	3973.29	51.9	2392.85	31.3	1580.44	20.6	3682.37	48.1
2007	7723.13	4108.70	53.2	2474.33	32.0	1634.37	21.2	3614.43	46.8
2008	7762.48	4215.17	54.3	2538.45	32.7	1676.72	21.6	3547.31	45.7
2009	7810.27	4342.51	55.6	2619.43	33.5	1723.08	22.1	3467.76	44.4
2010	7869.34	4767.63	60.6	3012.38	38.3	1755.25	22.3	3101.71	39.4
2011	7898.80	4889.36	61.9	3095.45	39.2	1793.91	22.7	3009.44	38.1
2012	7919.98	4990.09	63.0	3160.07	39.9	1830.02	23.1	2929.89	37.0
2013	7939.49	5090.01	64.1	3223.43	40.6	1866.58	23.5	2849.48	35.9
2014	7960.06	5190.76	65.2	3258.18	40.9	1932.58	24.3	2769.30	34.8
2015	7976.30	5305.83	66.5	3286.24	41.2	2019.59	25.3	2670.47	33.5
2016	7998.60	5416.65	67.7	3336.62	41.7	2080.03	26.0	2581.95	32.3
2017	8029.30	5520.95	68.8	3390.14	42.2	2130.81	26.6	2508.35	31.2
2018	8050.70	5604.09	69.6	3453.75	42.9	2150.34	26.7	2446.61	30.4

3-3 全省人口自然变动
Natural Change of Population

年份 Year	出生 Birth		死亡 Death		自然增长 Natural Growth	
	人数(万人) Population (10000 persons)	出生率(‰) Birth Rate (‰)	人数(万人) Population (10000 persons)	死亡率(‰) Death Rate (‰)	人数(万人) Population (10000 persons)	自然增长率(‰) Natural Growth Rate (‰)
1978	90.62	15.63	35.32	6.09	55.30	9.54
1979	85.79	14.63	34.31	5.85	51.48	8.78
1980	86.90	14.69	38.87	6.57	48.03	8.12
1981	100.58	16.83	37.18	6.22	63.40	10.61
1982	99.42	16.43	34.77	5.75	64.65	10.68
1983	73.17	11.97	36.39	5.95	36.78	6.02
1984	64.09	10.42	36.32	5.90	27.77	4.52
1985	67.11	10.84	36.35	5.87	30.76	4.97
1986	82.38	13.20	36.19	5.80	46.19	7.40
1987	97.27	15.42	36.50	5.79	60.77	9.63
1988	102.46	16.03	37.65	5.89	64.81	10.14
1989	111.27	17.15	36.31	5.60	74.96	11.55
1990	137.96	20.54	43.86	6.53	94.10	14.01
1991	116.03	17.05	44.23	6.50	71.80	10.55
1992	108.04	15.71	46.49	6.76	61.55	8.95
1993	96.94	13.97	45.87	6.61	51.07	7.36
1994	96.38	13.78	47.98	6.86	48.40	6.92
1995	86.77	12.32	46.20	6.56	40.57	5.76
1996	85.84	12.11	46.64	6.58	39.20	5.53
1997	81.47	11.43	48.76	6.84	32.71	4.59
1998	78.60	10.97	49.01	6.84	29.59	4.13
1999	75.58	10.50	49.95	6.94	25.63	3.56
2000	66.01	9.08	47.40	6.52	18.61	2.56
2001	66.31	9.03	48.61	6.62	17.70	2.41
2002	67.69	9.17	51.60	6.99	16.09	2.18
2003	67.18	9.04	52.24	7.03	14.94	2.01
2004	70.78	9.45	53.93	7.20	16.85	2.25
2005	69.81	9.24	53.12	7.03	16.70	2.21
2006	71.34	9.36	53.96	7.08	17.38	2.28
2007	72.05	9.37	54.36	7.07	17.69	2.30
2008	72.32	9.34	54.51	7.04	17.81	2.30
2009	74.36	9.55	54.43	6.99	19.93	2.56
2010	76.31	9.73	53.94	6.88	22.37	2.85
2011	75.61	9.59	55.03	6.98	20.58	2.61
2012	74.67	9.44	55.29	6.99	19.38	2.45
2013	74.86	9.44	55.59	7.01	19.27	2.43
2014	75.13	9.45	55.81	7.02	19.32	2.43
2015	72.11	9.05	56.02	7.03	16.09	2.02
2016	77.96	9.76	56.15	7.03	21.81	2.73
2017	77.82	9.71	56.34	7.03	21.48	2.68
2018	74.93	9.32	56.52	7.03	18.41	2.29

3-4 全省人口数、户数(户籍)
Population and Households(Registered)

年份 Year	总户数(万户) Households (10000 households)	总人口(万人) Total Population (10000 persons)	按性别分 Grouped by Sex 男 Male 人口数(万人) Population (10000 persons)	 男 Male 比重(%) Proportion (%)	 女 Female 人口数(万人) Population (10000 persons)	 女 Female 比重(%) Proportion (%)	平均每户人数(人/户) Average Family Size (person/households)	年平均人口(万人) Average Annual Population (10000 persons)	人口密度(人/平方公里) Density of Population (person/sq. km)
1949	838.00	3512.00	1778.80	50.65	1733.20	49.35	4.19		342
1952	888.00	3739.00	1891.60	50.59	1847.40	49.41	4.21	3697.50	364
1957	985.51	4182.71	2087.06	49.90	2095.65	50.10	4.24	4136.05	408
1962	1089.51	4333.74	2155.01	49.70	2178.73	50.30	3.98	4288.57	422
1965	1110.13	4623.74	2319.92	50.17	2303.82	49.83	4.17	4567.75	451
1970	1215.28	5252.09	2635.02	50.17	2617.07	49.83	4.32	5185.36	512
1975	1315.55	5636.12	2842.86	50.44	2793.26	49.56	4.28	5600.91	549
1980	1471.76	5938.19	3003.75	50.58	2934.44	49.42	4.03	5915.37	579
1985	1633.62	6213.48	3168.25	50.99	3045.23	49.01	3.80	6192.46	606
1990	1956.89	6671.73	3406.33	51.06	3265.40	48.94	3.41	6618.80	650
1991	1987.55	6733.87	3439.29	51.07	3294.58	48.93	3.39	6702.80	656
1992	2015.17	6767.49	3457.77	51.09	3309.72	48.91	3.36	6750.68	660
1993	2034.87	6800.69	3476.26	51.12	3324.43	48.88	3.34	6784.09	663
1994	2055.96	6831.28	3491.72	51.11	3339.56	48.89	3.32	6815.99	666
1995	2085.96	6868.42	3509.59	51.10	3358.83	48.90	3.29	6849.85	669
1996	2113.07	6908.13	3528.95	51.08	3379.19	48.92	3.27	6888.28	673
1997	2146.87	6948.36	3537.04	50.90	3411.32	49.10	3.24	6928.25	677
1998	2186.70	6983.09	3565.55	51.06	3417.54	48.94	3.19	6965.73	681
1999	2221.70	7009.09	3577.71	51.04	3431.37	48.96	3.15	6996.09	683
2000	2268.56	7069.28	3602.92	50.97	3466.36	49.03	3.12	7039.19	689
2001	2300.83	7097.00	3616.16	50.95	3480.84	49.05	3.08	7083.14	692
2002	2323.06	7127.33	3631.10	50.95	3496.23	49.05	3.07	7112.17	695
2003	2344.84	7163.93	3646.60	50.90	3517.33	49.10	3.06	7145.63	698
2004	2359.61	7206.05	3663.62	50.84	3542.43	49.16	3.05	7184.99	702
2005	2382.21	7252.88	3686.09	50.82	3566.79	49.18	3.04	7229.47	707
2006	2390.18	7317.72	3715.24	50.77	3602.48	49.23	3.06	7285.30	713
2007	2390.55	7354.08	3733.67	50.77	3620.41	49.23	3.08	7335.90	717
2008	2399.15	7388.63	3750.38	50.77	3638.25	49.23	3.08	7371.36	720
2009	2403.89	7419.23	3765.32	50.75	3653.91	49.25	3.09	7403.93	723
2010	2417.01	7466.59	3787.73	50.73	3678.86	49.27	3.09	7442.91	728
2011	2425.11	7514.25	3811.84	50.73	3702.41	49.27	3.10	7490.42	732
2012	2416.27	7553.48	3832.55	50.74	3720.93	49.26	3.12	7533.87	736
2013	2423.54	7616.84	3863.48	50.72	3753.36	49.28	3.14	7585.16	742
2014	2435.42	7684.69	3894.09	50.67	3790.60	49.33	3.16	7650.76	714
2015	2439.58	7717.59	3908.27	50.64	3809.32	49.36	3.16	7701.14	718
2016	2453.85	7775.66	3934.87	50.60	3840.79	49.40	3.17	7746.63	723
2017	2469.65	7794.19	3940.90	50.56	3853.29	49.44	3.16	7784.92	726
2018	2497.33	7831.86	3956.28	50.52	3875.58	49.48	3.14	7813.02	729

3-5 全省历次人口普查主要数据
Major Data of All Previous Provincial Population Census

指标	Item	1953	1964	1982	1990	2000	2010	2015
总人口 （万人）	Total Population （10000 persons）	3767.29	4452.21	6052.11	6705.68	7304.36	7866.09	7973.00
男	Male	1888.95	2242.71	3076.75	3412.32	3698.20	3962.67	4013.00
女	Female	1878.34	2209.50	2975.36	3293.36	3606.16	3903.42	3960.00
性别比（女性为100）	Sex Ratio （Female = 100）	100.56	101.50	103.41	103.61	102.55	101.54	101.34
家庭户规模 （人/户）	Family Size （person/household）	4.19	4.09	3.91	3.66	3.25	2.94	2.94
各年龄组人口 （万人）	Population by Age Group （10000 persons）							
0—14 岁	Aged 0—14	1414.86	1772.66	1753.75	1592.47	1434.20	1023.35	1064.00
15—64 岁	Aged 15—64	2183.21	2514.48	3962.69	4657.93	5224.32	5986.88	5910.00
65 岁及以上	Aged 65 and Over	169.22	165.07	335.67	455.28	645.84	855.86	999.00
民族人口 （万人）	Population by Ethnicity （10000 persons）							
汉族	Han Nationality	3760.92	4443.90	6041.08	6690.37	7278.37	7827.60	7931.00
占总人口比重 （%）	Proportion （%）	99.8	99.8	99.8	99.8	99.6	99.5	99.5
少数民族	Minority Nationalities	6.37	8.31	11.03	15.28	25.99	38.49	42.00
占总人口比重 （%）	Proportion （%）	0.2	0.2	0.2	0.2	0.4	0.5	0.5
每十万人拥有的各种受教育程度人口 （人）	Population with Various Education Attainments per 100000 Persons （person）							
大专及以上	Junior College and Above		386	639	1474	3919	10820	15427
高中和中专	Senior Secondary School and Technical Secondary School		1470	6981	8670	13079	16150	17007
初中	Junior Secondary School		5236	20049	26426	36365	38676	34379
小学	Primary School		26588	32613	34791	32882	24196	21874
城乡人口 （万人）	Population by Residence （10000 persons）							
城镇人口	Urban Population	556.81	660.26	957.22	1446.85	3086.24	4737.15	5294.00
乡村人口	Rural Population	3210.48	3791.95	5094.89	5258.83	4218.12	3128.94	2679.00
平均预期寿命 （岁）	Average Life Expectancy （age）			69.49	71.62	74.13	76.63	77.51
男	Male			67.35	69.46	71.88	74.60	75.50
女	Female			71.56	73.82	76.47	78.81	79.52

3－6 按地区分常住人口
Permanent Population by Region

地区 Region		2017			2018		
		总人口（万人）Total Population (10000 persons)	城镇人口（万人）Urban Population (10000 persons)	城镇人口比重（%）Proportion (%)	总人口（万人）Total Population (10000 persons)	城镇人口（万人）Urban Population (10000 persons)	城镇人口比重（%）Proportion (%)
全　省	**Total**	**8029.30**	**5520.95**	**68.8**	**8050.70**	**5604.09**	**69.6**
南京市	Nanjing	833.50	685.89	82.3	843.62	695.99	82.5
无锡市	Wuxi	655.30	498.03	76.0	657.45	501.50	76.3
徐州市	Xuzhou	876.35	558.76	63.8	880.20	573.01	65.1
常州市	Changzhou	471.73	338.70	71.8	472.86	342.82	72.5
苏州市	Suzhou	1068.36	809.82	75.8	1072.17	815.39	76.1
南通市	Nantong	730.50	482.35	66.0	731.00	490.50	67.1
连云港市	Lianyungang	451.84	278.79	61.7	452.00	282.95	62.6
淮安市	Huaian	491.40	300.98	61.3	492.50	307.52	62.4
盐城市	Yancheng	724.22	455.53	62.9	720.00	461.02	64.0
扬州市	Yangzhou	450.82	297.77	66.1	453.10	304.17	67.1
镇江市	Zhenjiang	318.63	224.63	70.5	319.64	227.71	71.2
泰州市	Taizhou	465.19	302.05	64.9	463.57	305.96	66.0
宿迁市	Suqian	491.46	287.65	58.5	492.59	295.55	60.0
苏　南	Southern Jiangsu	3347.52	2557.07	76.4	3365.74	2583.41	76.8
苏　中	Mid Jiangsu	1646.51	1082.17	65.7	1647.67	1100.63	66.8
苏　北	Northern Jiangsu	3035.27	1881.71	62.0	3037.29	1920.05	63.2

3-7 全省人口年龄构成情况(2018年11月1日零时)

Composition of Population Grouped by Age (0 o'clock on November 1,2018)

单位:人 (person)

年龄组(岁) Age Group	总人口 Total	#女 Female	城镇 Urban	乡村 Rural
合 计(Total)	**352867**	**175417**	**251704**	**101163**
0—4	18279	8381	13542	4737
5—9	15802	7412	10512	5290
10—14	14505	6693	9282	5223
15—19	11365	5219	8107	3258
20—24	19761	10161	15672	4089
25—29	32981	15905	27614	5367
30—34	24175	11978	20038	4137
35—39	23474	11837	19062	4412
40—44	23603	11786	18385	5218
45—49	34294	17207	24925	9369
50—54	32763	16580	22417	10346
55—59	20030	9753	13601	6429
60—64	26208	13157	16077	10131
65—69	20662	10826	12093	8569
70—74	13714	6955	7861	5853
75—79	10314	5249	6285	4029
80—84	6404	3498	3700	2704
85—89	3268	1980	1811	1457
90及以上 (90 and over)	1265	840	720	545

注:本表是2018年人口抽样调查样本直接汇总数据,总人口抽样比为0.44%(3-8、3-9、3-10表同)。

a) Data in this table is 2018 population changes sample survey, sampling ratio 0.44%.(The same as in table 3-8 and table 3-9 and table 3-10)

3－8 全省人口受教育程度情况（2018 年 11 月 1 日零时）
Educated Situation of Population (0 o'clock on November 1,2018)

单位:人 (person)

指 标 Item		6 岁及以上人口 Aged 6 and Over	不识字或识字很少 Illiterate or Nearly Illiterate	学前教育 Preschool Education	小 学 Primary Shool	初 中 Junior Secondary Shool	普通高中 Regular Secondary Schools	中 职 Vocational Senior Secondary Schools	大 学 专科 Junior College	大学本科 Underg-raduate	研究生 Postgra-duate
合 计	**Total**	**331532**	**19715**	**2269**	**77320**	**117226**	**42735**	**17285**	**29135**	**23556**	**2291**
男	Male	165918	4178	1071	34822	62841	25090	9376	15705	11813	1022
女	Female	165614	15537	1198	42498	54385	17645	7909	13430	11743	1269
按城乡分	Grouped by City and Country										
城 镇	City	236131	9474	1291	44999	80895	34799	14206	26011	22219	2237
男	Male	119829	2113	645	20457	42896	19934	7644	14005	11140	995
女	Female	116302	7361	646	24542	37999	14865	6562	12006	11079	1242
乡 村	Country	95401	10241	978	32321	36331	7936	3079	3124	1337	54
男	Male	46089	2065	426	14365	19945	5156	1732	1700	673	27
女	Female	49312	8176	552	17956	16386	2780	1347	1424	664	27

3－9 全省 15 岁及以上人口的婚姻状况（2018 年 11 月 1 日零时）
Marriage Status of Population Aged 15 and Over (0 o'clock on November 1,2018)

单位:人 (person)

年龄组(岁) Age Group	未 婚 Never Married	有配偶 Married	离 婚 Divorce	丧 偶 Widowed
合计 (Total)	**43268**	**236498**	**5299**	**19216**
15—19	11257	105	3	0
20—24	16324	3396	36	5
25—29	10604	21960	405	12
30—34	2029	21525	597	24
35—39	718	22002	699	55
40—44	396	22309	742	156
45—49	431	32516	918	429
50—54	303	30975	728	757
55—59	196	18635	423	776
60—64	350	23722	362	1774
65 及以上(65 and over)	660	39353	386	15228

3-10 全省15岁及以上人口就业情况(2018年11月1日零时)

Condition of Economic Activities of Age 15 and Above Population(0 o'clock on November 1,2018)

单位:人 (person)

年龄组(岁) Age Group	15岁及以上人口 15 aged and Above Population			就业人口 Employed Persons per Household		
	小计 Total	男 Male	女 Female	小计 Total	男 Male	女 Female
合计 (Total)	**304281**	**151350**	**152931**	**200393**	**111288**	**89105**
15—19	11364	6145	5219	1422	932	490
20—24	19761	9600	10161	11583	6344	5239
25—29	32981	17076	15905	28801	16033	12768
30—34	24175	12197	11978	21610	11662	9948
35—39	23474	11637	11837	21164	11134	10030
40—44	23603	11817	11786	21255	11228	10027
45—49	34294	17087	17207	30007	16022	13985
50—54	32763	16183	16580	24638	14423	10215
55—59	20030	10277	9753	12855	8261	4594
60—64	26209	13052	13157	12642	7321	5321
65及以上 (65 and over)	55627	26279	29348	14416	7928	6488

3-11 就业基本情况
Employment

指标	Item	1995	2000	2005	2010	2015	2018
就业人员合计 （万人）	Total Number of Employed Persons (10000 persons)	4385.17	4418.14	4578.75	4754.68	4758.50	4750.90
第一产业	Primary Industry	2057.08	1890.96	1414.83	1060.29	875.56	764.89
第二产业	Secondary Industry	1407.64	1335.16	1703.29	1996.97	2046.16	2033.39
第三产业	Tertiary Industry	920.45	1192.02	1460.62	1697.42	1836.78	1952.62
就业人员构成 （合计=100）	Composition of Employed Persons (Total=100)						
第一产业	Primary Industry	46.9	42.8	30.9	22.3	18.4	16.1
第二产业	Secondary Industry	32.1	30.2	37.2	42.0	43.0	42.8
第三产业	Tertiary Industry	21.0	27.0	31.9	35.7	38.6	41.1
城镇地区就业人员 （万人）	Urban Employed Persons (10000 persons)	1119.33	1655.00	2133.58	2809.58	3076.22	3227.45
城镇单位就业人员 （万人）	Employed Persons in Urban Units (10000 persons)	926.48	693.09	628.82	763.75	1552.08	1472.59
国有单位	State-owned Units	581.88	421.75	283.75	281.21	294.31	259.49
城镇集体单位	Urban Collective Owned Units	277.71	117.94	38.70	30.31	33.71	25.01
其他单位	Others	66.89	153.41	306.37	452.23	1224.06	1188.09
内资单位	Domestic Funded	29.63	102.03	176.27	243.52	789.10	821.57
股份合作单位	Cooperative Units		17.84	8.31	6.31	4.05	2.32
联营单位	Joint Ownership Units	11.92	5.45	1.78	1.10	1.13	0.69
有限责任公司	Limited Liability Corporations		47.07	88.09	106.90	601.66	614.66
股份有限公司	Share-holding Corporations Ltd.		30.66	52.88	59.27	169.38	190.52
其他	Others		0.99	25.21	69.95	12.88	13.39
港澳台商投资单位	Units with Funds from Hong Kong, Macao & Taiwan	19.27	20.00	50.38	65.03	164.43	135.71
外商投资单位	Foreign Funded Units	17.99	31.38	79.72	143.68	270.53	230.81
城镇私营企业就业人员 （万人）	Employed Persons in Urban Private Enterprises (10000 persons)	65.89	96.57	397.20	958.85	1459.36	1908.87
城镇个体就业人员 （万人）	Urban Self-employed Individuals (10000 persons)		81.18	189.20	338.45	518.33	834.82
在岗职工人数 （万人）	Number of Staff and Workers (10000 persons)	915.98	673.25	602.93	710.58	1467.53	1374.06
国有单位	State-owned Units	576.24	411.40	273.43	263.95	275.97	240.30
城镇集体单位	Urban Collective-owned Units	273.96	114.85	36.84	27.35	30.43	22.65
其他单位	Units of Other Types of Ownership	65.78	147.00	292.67	419.28	1161.13	1111.11
城镇单位女性就业人员 （万人）	Number of Employed Female Persons in Urban Units (10000 persons)	375.50	270.20	264.94	319.03	529.34	470.89
年末城镇登记失业人数 （万人）	Number of Registered Unemployed Persons in Urban Areas (year-end) (10000 persons)	20.13	30.36	41.63	40.65	36.01	34.37
年末城镇登记失业率 （%）	Registered Unemployment Rate in Urban Areas (year-end) (%)	2.0	3.2	3.6	3.2	3.0	3.0

注：从2013年起，原属于乡镇企业的规模以上非私营法人单位纳入城镇单位进行统计。（下相关表同）

a) The non-private legal entities above designated size originally belonged to township enterprises have been taken into urban units since 2013. (The same as in the following tables)

3－12 就 业 人 数
Number of Employed Persons

单位:万人 (10000 persons)

年 份 Year	就业人数 Total Number of Employed Persons	#城镇单位职工人数 Number of Staff and Workers in Urban Units	国有单位 State-owned Units	城镇集体单位 Urban Collective-owned Units	其他单位 Other Units	#城镇单位其他就业人员 Others Employed Persons in Urban Areas	#城镇私营及个体就业人员 Employed Persons in Urban Private Enterprises and Individual Units
1978	2777.72	581.50	366.37	215.13			1.62
1980	2821.03	644.15	401.98	242.17			2.75
1985	3262.97	782.44	468.80	305.39	8.25		11.86
1989	3519.83	867.55	525.24	324.73	17.58		19.10
1990	4225.02	879.85	536.88	323.34	19.63		23.57
1991	4272.97	899.27	551.52	324.91	22.84		21.92
1992	4315.12	904.09	562.69	313.81	27.59		23.63
1993	4339.81	914.73	574.02	293.57	47.14	12.81	37.11
1994	4362.76	909.83	571.39	277.27	60.67	11.04	52.99
1995	4385.17	915.98	576.24	273.96	65.78	10.50	65.89
1996	4386.97	905.52	575.48	256.91	73.13	10.79	72.80
1997	4388.79	893.74	577.54	239.61	76.59	11.29	90.12
1998	4389.92	752.76	471.52	161.85	119.39	16.41	129.89
1999	4390.71	717.12	445.27	139.03	132.82	18.99	150.34
2000	4418.14	673.25	411.40	114.85	147.00	19.84	177.75
2001	4436.45	625.83	377.40	90.34	158.09	22.35	232.79
2002	4472.84	590.32	329.96	67.11	193.25	25.33	240.61
2003	4499.97	579.10	304.98	52.58	221.54	29.41	352.60
2004	4537.07	575.08	281.03	41.11	252.94	31.77	446.86
2005	4578.75	602.93	273.43	36.83	292.67	25.89	586.40
2006	4628.95	645.71	268.41	33.58	343.72	33.66	722.30
2007	4677.88	667.27	268.54	33.12	365.62	35.41	828.61
2008	4700.96	668.29	264.31	31.45	372.53	39.35	1019.13
2009	4726.54	673.74	263.26	28.15	382.32	47.61	1147.08
2010	4754.68	710.58	263.95	27.35	419.28	53.17	1297.30
2011	4758.23	774.39	276.86	27.77	469.76	36.89	1381.83
2012	4759.53	792.62	280.92	27.59	484.11	38.32	1467.02
2013	4759.89	1418.57	276.26	35.04	1107.27	85.40	1678.55
2014	4760.83	1512.79	281.13	35.34	1196.32	89.61	1776.83
2015	4758.50	1467.53	275.97	30.43	1161.13	84.55	1977.69
2016	4756.22	1410.73	271.01	29.51	1110.21	86.58	2296.49
2017	4757.80	1394.55	261.66	24.78	1108.12	90.04	2553.94
2018	4750.90	1374.06	240.30	22.65	1111.11	98.53	2743.69

注：1. 从1990年开始就业人数为推算数。
　　2. 1998年以前的职工人数包括在岗职工人数和下岗职工人数(下相关表同)。
　　3. 1998年开始的职工人数为在岗职工人数,不包括离开本单位仍保留劳动关系的职工人数(下相关表同)。

a) Since 1990, the number of employed persons was the estimated figure.

b) Before 1998, the number of staff and workers included employed and laid off personnels. (The same as in the following tables)

c) Since 1998, the number of staff and workers included employed personnels, excluded staff and workers who had left self units, but still remained the labor relationship. (The same as in the following tables)

3－13　分三次产业的就业人数
Number of Employed Persons by Three Types of Industries

单位:万人　　(10000 persons)

年份 Year	就业人数 Total Number of Employed Persons	第一产业 Primary Industry	第二产业 Secondary Industry	第三产业 Tertiary Industry	构成(%) Composition(%)		
					第一产业 Primary Industry	第二产业 Secondary Industry	第三产业 Tertiary Industry
1978	2777.72	1937.06	544.57	296.09	69.7	19.6	10.7
1980	2821.03	1987.28	546.48	287.27	70.4	19.4	10.2
1985	3262.97	1738.09	1065.75	459.13	53.2	32.7	14.1
1989	3519.83	1714.69	1215.40	589.74	48.7	34.5	16.8
1990	4225.02	2389.25	1212.58	623.19	56.6	28.7	14.7
1991	4272.97	2405.68	1226.34	640.95	56.3	28.7	15.0
1992	4315.12	2337.93	1270.80	706.39	54.2	29.4	16.4
1993	4339.81	2228.06	1325.38	786.37	51.4	30.5	18.1
1994	4362.76	2131.65	1375.14	855.97	48.9	31.5	19.6
1995	4385.17	2057.08	1407.64	920.45	46.9	32.1	21.0
1996	4386.97	2014.06	1397.25	975.66	45.9	31.9	22.2
1997	4388.79	1981.54	1382.03	1025.22	45.1	31.5	23.4
1998	4389.92	1946.49	1341.12	1102.31	44.3	30.6	25.1
1999	4390.71	1908.64	1330.39	1151.68	43.5	30.3	26.2
2000	4418.14	1890.96	1335.16	1192.02	42.8	30.2	27.0
2001	4436.45	1832.25	1375.30	1228.90	41.3	31.0	27.7
2002	4472.84	1744.41	1453.67	1274.76	39.0	32.5	28.5
2003	4499.97	1615.49	1547.99	1336.49	35.9	34.4	29.7
2004	4537.07	1506.31	1633.35	1397.42	33.2	36.0	30.8
2005	4578.75	1414.83	1703.29	1460.62	30.9	37.2	31.9
2006	4628.95	1323.88	1777.52	1527.55	28.6	38.4	33.0
2007	4677.88	1230.28	1857.12	1590.48	26.3	39.7	34.0
2008	4700.96	1179.94	1889.79	1631.23	25.1	40.2	34.7
2009	4726.54	1120.19	1942.61	1663.74	23.7	41.1	35.2
2010	4754.68	1060.29	1996.97	1697.42	22.3	42.0	35.7
2011	4758.23	1023.02	2017.49	1717.72	21.5	42.4	36.1
2012	4759.53	989.98	2032.32	1737.23	20.8	42.7	36.5
2013	4759.89	956.74	2041.99	1761.16	20.1	42.9	37.0
2014	4760.83	918.84	2047.16	1794.83	19.3	43.0	37.7
2015	4758.50	875.56	2046.16	1836.78	18.4	43.0	38.6
2016	4756.22	841.85	2045.17	1869.20	17.7	43.0	39.3
2017	4757.80	799.31	2041.10	1917.39	16.8	42.9	40.3
2018	4750.90	764.89	2033.39	1952.62	16.1	42.8	41.1

3-14 分地区就业人数
Number of Employed Persons by Region

单位:万人 (10000 persons)

地区 Region		2017 就业人数 Total Number of Employed Persons	2017 第一产业 Primary Industry	2017 第二产业 Secondary Industry	2017 第三产业 Tertiary Industry	2018 就业人数 Total Number of Employed Persons	2018 第一产业 Primary Industry	2018 第二产业 Secondary Industry	2018 第三产业 Tertiary Industry
全 省	**Total**	**4757.8**	**799.3**	**2041.1**	**1917.4**	**4750.9**	**764.9**	**2033.4**	**1952.6**
按地区分	**by Cities**								
南 京	Nanjing	457.6	42.2	147.0	268.4	462.6	42.6	146.2	273.8
无 锡	Wuxi	388.3	15.8	214.4	158.1	388.2	15.8	213.6	158.8
徐 州	Xuzhou	482.7	135.0	162.8	184.9	483.1	119.9	170.2	193.0
常 州	Changzhou	281.7	29.3	138.5	113.9	282.2	29.4	137.4	115.4
苏 州	Suzhou	691.6	22.7	409.0	259.9	692.3	21.7	405.8	264.8
南 通	Nantong	456.0	89.3	212.7	154.0	455.0	83.7	211.6	159.7
连云港	Lianyungang	250.6	77.9	81.5	91.2	250.5	77.7	81.7	91.1
淮 安	Huaian	284.5	77.1	89.6	117.8	285.1	76.9	89.9	118.3
盐 城	Yancheng	441.6	101.6	162.6	177.4	431.8	95.9	158.5	177.4
扬 州	Yangzhou	265.0	42.0	117.0	106.0	267.1	39.4	120.4	107.3
镇 江	Zhenjiang	194.5	22.1	85.9	86.5	194.8	21.9	85.1	87.8
泰 州	Taizhou	278.7	57.4	113.6	107.7	275.5	55.7	111.9	107.9
宿 迁	Suqian	285.0	86.9	106.5	91.6	282.7	84.3	101.1	97.3
按区域分	**by Regions**								
苏 南	Southern Jiangsu	2013.7	132.1	994.8	886.8	2020.1	131.4	988.1	900.6
苏 中	Mid Jiangsu	999.7	188.7	443.3	367.7	997.6	178.8	443.9	374.9
苏 北	Northern Jiangsu	1744.4	478.5	603.0	662.9	1733.2	454.7	601.4	677.1

3－15 城镇非私营单位就业人员数（2018 年）

Number of Employed Persons in Urban Units（2018）

单位：万人　　　　　　　　　　　　　　　　　　　　　　　　　　　　　　　　　　　　（10000 persons）

项　　目	Item	就业人员年末人数 Number of Employed Persons at Year-end	在岗职工 Employed	其他就业人员 Others
总　　计	**Total**	**1472.59**	**1374.06**	**98.53**
按登记注册类型分	Grouped by Status of Registration			
国有单位	State-owned Units	259.49	240.30	19.19
城镇集体单位	Urban Collective-owned Units	25.01	22.65	2.36
其他单位	Other Units	1188.09	1111.11	76.99
内资单位	Domestic Funded	821.57	754.86	66.71
股份合作单位	Cooperative Units	2.32	2.18	0.14
联营单位	Joint Ownership Units	0.69	0.56	0.13
有限责任公司	Limited Liability Corporations	614.66	567.03	47.62
股份有限公司	Share-holding Corporations Ltd.	190.52	172.45	18.07
其他	Others	13.39	12.64	0.75
港、澳、台商投资单位	Units with Funds from Hong Kong, Macao and Taiwan	135.71	132.15	3.56
外商投资单位	Foreign Funded Units	230.81	224.09	6.72
按企业、事业、机关分	Grouped by Enterprises, Institutions and Agencies			
企业	Enterprises	1245.46	1163.27	82.20
事业	Institutions	153.02	141.55	11.48
机关	Agencies & Organizations	67.65	63.45	4.20
按国民经济行业分	Grouped by Sector			
农、林、牧、渔业	Agriculture, Forestry, Animal Husbandry and Fishery	3.86	3.52	0.33
采矿业	Mining	6.50	6.43	0.07
制造业	Manufacturing	497.55	486.90	10.64
电力、热力、燃气及水生产和供应业	Production and Supply of Electric Power, Heat Power, Gas and Water	14.19	14.02	0.17
建筑业	Construction	434.04	390.86	43.18
批发和零售业	Wholesale and Retail Trades	55.58	53.75	1.83
交通运输、仓储和邮政业	Traffic, Transport, Storage and Post	46.04	44.37	1.67
住宿和餐饮业	Hotels and Catering Services	18.04	15.69	2.34
信息传输、软件和信息技术服务业	Information Transmission, Computer Services and Software	32.00	31.35	0.66
金融业	Financial Intermediation	39.40	27.21	12.19
房地产业	Real Estate	25.37	23.80	1.57
租赁和商务服务业	Leasing and Business Services	33.50	27.90	5.60
科学研究、技术服务业	Scientific and Fednical Services	21.81	20.96	0.84
水利、环境和公共设施管理业	Management of Water Conservancy, Environment and Public Facilities	12.21	10.74	1.47
居民服务、修理和其他服务业	Services to Households and Other Services	3.71	3.48	0.23
教育	Education	92.12	86.23	5.89
卫生和社会工作	Health and Social Work	49.99	45.43	4.56
文化、体育和娱乐业	Culture, Sports and Entertainment	7.89	7.42	0.46
公共管理、社会保障和社会组织	Public Administralion, Social Secarily and Organization	78.81	74.01	4.81

注：本表城镇单位数据不含私营单位（下相关表同）。

a）Data of employed persons in urban units do not include those fo private enterprises. The same applies to the table following.

3－16 分细行业城镇非私营单位就业人员数（2018 年）

Number of Employed Persons in Urban Units by Sector in Detail(2018)

单位：万人 (10000 persons)

项目	Item	合计 Total	#在岗职工 Employed	国有单位 State-owned Units	城镇集体单位 Urban Collective-owned Units	其他单位 Other Units
总　　计	**Total**	**1472.59**	**1374.06**	**259.49**	**25.01**	**1188.09**
按企业、事业、机关分	Grouped by Enterprise, Institution and Agenciy					
企业	Enterprises	1245.46	1163.27	52.23	12.90	1180.34
事业	Institutions	153.02	141.55	136.53	11.75	4.75
机关	Agencies & Organizations	67.65	63.45	67.40	0.09	0.16
按国民经济行业分	Grouped by Sector					
农、林、牧、渔业	Agriculture, Forestry, Animal Husbandry and Fishery	3.86	3.52	3.03	0.06	0.77
农业	Farming	2.41	2.28	2.08	0.01	0.31
林业	Forestry	0.69	0.67	0.42	0.02	0.24
畜牧业	Animal Husbandry	0.54	0.41	0.39	0.01	0.13
渔业	Fishery	0.03	0.03	0.02	0.01	0.01
农、林、牧、渔服务业	Service in Support of Agriculture	0.19	0.13	0.11	0.01	0.07
采矿业	Mining	6.50	6.43		0.01	6.49
制造业	Manufacturing	497.6	486.9	1.7	1.9	494.0
农副食品加工业	Processing of Food from Agricultural Products	5.29	5.11	0.09	0.02	5.19
食品制造业	Manufacture of Food	5.16	4.92			5.16
酒、饮料和精制茶制造业	Manufacture of Beverage	5.99	5.91	0.02	0.06	5.90
烟草制品业	Manufacture of Tobacco	0.6	0.6			0.6
纺织业	Manufacture of Textile	23.26	23.03	0.03	0.11	23.12
纺织服装、服饰业	Manufacture of Textile Wearing, Apparel, Footwear and Caps	23.14	22.95	0.01	0.11	23.02
皮革、毛皮、羽毛及其制品和制鞋业	Manufacture of Leather, Fur, Feather and Related and saps	3.98	3.95	0.01	0.02	3.96
木材加工和木、竹、藤、棕、草制品业	Processing of Timber, Manufacture of Wood, Bamboo, Rattan, Palm and Straw Products	1.63	1.62		0.04	1.60
家具制造业	Manufacture of Furnitur	2.26	2.25		0.01	2.25
造纸和纸制品业	Manufacture of Paper and Paper	4.10	4.06	0.01	0.01	4.08
印刷和记录媒介复制业	Printing, Reproduction of Recording Media	4.48	4.38	0.11	0.06	4.31
文教、工美、体育和娱乐用品制造业	Manufacture of Articles For Culture, Education and Sport Activities	10.21	10.13	0.02	0.05	10.13
石油加工、炼焦和核燃料加工业	Processing of Petroleum, Coking, Processing of Nuclear Fuel	1.55	1.54			1.55
化学原料和化学制品制造业	Manufacture of Raw Chemical Materials and Chemical Products	26.36	26.04	0.19	0.08	26.09
医药制造业	Manufacture of Medicines	14.78	14.37			14.78
化学纤维制造业	Manufacture of Chemical Fibers	7.27	7.17		0.01	7.26
橡胶和塑料制品业	Rubber and plastic Products	16.35	16.11	0.01	0.10	16.24
非金属矿物制品业	Manufacture of Non-metallic Mineral Products	11.27	11.04	0.01	0.17	11.09
黑色金属冶炼和压延加工业	Smelting and Pressing of Ferrous Metals	9.90	9.80		0.07	9.83
有色金属冶炼和压延加工业	Smelting and Pressing of Non-ferrous Metals	5.09	5.05		0.04	5.05

3－16 续表 1 Continued 1

单位:万人 (10000 persons)

项目	Item	合计 Total	#在岗职工 Employed	国有单位 State-owned Units	城镇集体单位 Urban Collective-owned Units	其他单位 Other Units
金属制品业	Manufacture of Metal Products	18.31	17.96		0.15	18.15
通用设备制造业	Manufacture of General Purpose Machinery	35.58	35.08	0.03	0.16	35.39
专用设备制造业	Manufacture of Special Purpose Machinery	26.43	25.99	0.06	0.10	26.27
汽车制造业	Manufacture of Automobile	30.91	30.27	0.25	0.04	30.62
铁路、船舶、航空航天和其他运输设备制造业	Manufacture of Railroad, Marihe Aviation and other Transport Equipment	12.81	12.31	0.61	0.07	12.13
电气机械和器材制造业	Manufacture of Electrical Machinery and Equipment	48.92	47.76	0.16	0.30	48.46
计算机、通信和其他电子设备制造业	Manufacture of Communication Equipment, Computer and Other Electronic Equipment	130.01	125.85		0.04	129.97
仪器仪表制造业	Manufacture of Instrumentation	10.62	10.39	0.03	0.03	10.56
其他制造业	Other Manufacturing	0.92	0.91	0.04		0.88
废弃资源综合利用业	Manufacture of Recycling and Disposal of waste	0.30	0.29			0.30
金属制品、机械和设备修理业	Manufacture of Metal Prodults, Machinery and Eauipment Repair	0.10	0.10		0.01	0.09
电力、热力、燃气及水生产和供应业	Production and Supply of Electric Power, Heat Power, Gas and Water	14.19	14.02	1.37	0.10	12.72
电力、热力生产和供应业	Production and Supply of Electric Power and Heat Power	9.19	9.11	0.65		8.55
燃气生产和供应业	Production and Supply of Gas	1.55	1.52	0.01		1.53
水的生产和供应业	Production and Supply of Water	3.45	3.38	0.71	0.10	2.64
建筑业	Construction	434.04	390.86	11.17	3.61	419.26
房屋建筑业	Housing Construction	351.74	321.20	7.37	1.94	342.43
土木工程建筑业	Civil Engineering Construction	45.94	37.35	3.52	0.84	41.58
建筑安装业	Architectural Installation	19.62	18.29	0.10	0.20	19.31
建筑装饰和其他建筑业	Other Construction	16.74	14.03	0.17	0.63	15.94
批发和零售业	Wholesale and Retail Trades	55.58	53.75	2.87	0.82	51.89
批发业	Wholesale Trade	26.13	25.67	2.32	0.27	23.53
零售业	Retail Trade	29.45	28.08	0.54	0.55	28.36
交通运输、仓储和邮政业	Traffic, Transport, Storage and Post	46.04	44.37	9.36	1.24	35.44
铁路运输业	Railway Transport	2.01	1.94	1.31	0.08	0.62
道路运输业	Road Transport	24.67	23.87	3.07	0.51	21.08
水上运输业	Water Transport	6.21	5.93	0.59	0.30	5.31
航空运输业	Air Transport	1.51	1.49	0.09	0.01	1.40
管道运输业	Transport Via Pipeline	0.87	0.87	0.09		0.78
多式联运和运输代理业	Handling and Agency	1.96	1.68	0.03	0.01	1.93
装卸搬运和仓储业	Handling and Agency	3.66	3.59	0.30	0.27	3.09
邮政业	Post	5.15	4.99	3.86	0.06	1.23
住宿和餐饮业	Hotels and Catering Services	18.04	15.69	1.06	0.19	16.79
住宿业	Hotel	6.78	6.37	0.80	0.11	5.87
餐饮业	Catering Services	11.26	9.32	0.26	0.08	10.92
信息传输、软件和信息技术服务业	Information Transfer, Software and IT Services	32.00	31.35	1.26	0.11	30.63
电信、广播电视和卫星传输服务	Telecommunications, Satellites Radio and Television Services	13.55	13.31	1.09	0.09	12.37
互联网和相关服务	Internet and Relatiue Services	6.03	5.82	0.01	0.01	6.00
软件和信息技术服务业	Software and IT Services	12.43	12.22	0.16	0.01	12.26

3-16 续表 2 Continued 2

单位:万人 (10000 persons)

项目	Item	合计 Total	#在岗职工 Employed	国有单位 State-owned Units	城镇集体单位 Urban Collective-owned Units	其他单位 Other Units
金融业	Financial Intermediation	39.40	27.21	8.44	1.11	29.85
货币金融服务业	Nonetary and Financial	19.74	19.35	6.04	1.11	12.60
资本市场服务业	Capital Markets	1.06	1.04	0.03		1.03
保险业	Insurance	18.58	6.80	2.38		16.20
其他金融业	Other Financial Activities	0.02	0.02			0.02
房地产业	Real Estate	25.37	23.80	0.69	0.24	24.43
#房地产开发经营	Development and Management of Real Estate	9.59	9.36	0.24	0.05	9.30
租赁和商务服务业	Leasing and Business Services	33.50	27.90	6.15	2.06	25.29
租赁业	Leasing	0.94	0.89	0.05	0.03	0.86
商务服务业	Business Services	32.57	27.01	6.10	2.03	24.43
科学研究、技术服务业	Scientific and Fednical Services	21.81	20.96	6.39	0.39	15.03
研究和试验发展	Research and Experimental Development	3.95	3.81	1.71	0.03	2.20
专业技术服务业	Professional Technical Services	14.92	14.31	3.53	0.29	11.10
科技推广和应用服务业	Promation and Application of Secscence	2.94	2.85	1.14	0.07	1.73
水利、环境和公共设施管理业	Management of Water Conservancy, Environment and Public Facilities	12.21	10.74	6.15	1.62	4.43
水利管理业	Management of Water Conservancy	1.93	1.82	1.76	0.07	0.09
生态保护和环境治理业	Ecological Protection and Enviromental	0.46	0.44	0.12	0.06	0.28
公共设施管理业	Management of Public Facilities	9.54	8.21	4.14	1.47	3.93
土地管理业	Management of Public Facilities	0.28	0.26	0.14	0.02	0.13
居民服务、修理和其他服务业	Services to Households and Other Services	3.71	3.48	0.91	0.43	2.37
居民服务业	Services to Households	1.44	1.25	0.73	0.27	0.43
机动车、电子产品和日用产品修理业	Vehicle, Electronics and Daiy Maintenance	0.80	0.79	0.01	0.02	0.77
其他服务业	Other Services	1.47	1.44	0.17	0.13	1.17
教育	Education	92.12	86.23	79.33	4.66	8.14
卫生和社会工作	Health and Social Work	49.99	45.43	37.19	6.18	6.62
卫生	Health	48.87	44.39	36.57	6.05	6.26
社会工作	Social Work	1.12	1.04	0.62	0.13	0.36
文化、体育和娱乐业	Culture, Sports and Entertainment	7.89	7.42	4.03	0.16	3.69
新闻和出版业	Journalism and Publishing Activities	1.44	1.38	0.67		0.77
广播、电视、电影和影视录音制作业	Radio, TV, Movie and Video Recording	2.45	2.32	1.40	0.02	1.03
文化艺术业	Cultural and Art Activities	2.29	2.13	1.52	0.11	0.66
体育	Sports Activities	0.68	0.62	0.27	0.02	0.39
娱乐业	Entertainment	1.01	0.97	0.17		0.84
公共管理、社会保障和社会组织	Public Administration, Social Security and Organization	78.81	74.01	78.40	0.17	0.24
中国共产党机关	Organs of Communist Party of China	4.58	4.29	4.57		
机构	Government Agencies	72.22	67.82	72.00	0.14	0.09
政协、民主党派	People's Political Consultative Conference and Democratic Parties	0.33	0.33	0.33		
保障	Social Security	0.75	0.70	0.73	0.01	
群众社团、社会团体和其他成员组织	Mass, Society and other Groups	0.94	0.87	0.77	0.02	0.15

3－17 分地区城镇非私营单位就业人员数（2018 年）

单位:万人

项	目 Item	南京市 Nanjing	无锡市 Wuxi	徐州市 Xuzhou
总计	**Total**	**219.16**	**112.32**	**87.36**
按登记注册类型分	Grouped by Status of Registration			
国有单位	State-owned Units	42.01	16.76	33.60
城镇集体单位	Urban Collective-owned Units	1.88	1.97	3.19
其他单位	Other Units	175.27	93.59	50.56
内资单位	Domestic Funded	138.38	47.27	45.03
股份合作单位	Cooperative Units	0.16	0.16	0.06
联营单位	Joint Ownership Units	0.06		0.05
有限责任公司	Limited Liability Corporations	109.28	31.00	34.34
股份有限公司	Share-holding Corporations Ltd.	25.29	15.50	9.91
其他	Others	3.59	0.60	0.67
港、澳、台商投资单位	Units with Funds from Hong Kong, Macao and Taiwan	10.93	15.63	3.32
外商投资单位	Foreign Funded Units	25.95	30.69	2.22
按企业、事业、机关分	Grouped by Enterprises, Institutions and Agencies			
企业	Enterprises	183.65	95.63	62.69
事业	Institutions	25.14	11.89	15.80
机关	Agencies & Organizations	9.58	4.61	8.68
按国民经济行业分	Grouped by Sector			
农、林、牧、渔业	Agriculture, Forestry, Animal Husbandry and Fishery	0.01	0.01	1.22
采矿业	Mining	0.21	0.02	5.06
制造业	Manufacturing	44.48	60.65	16.69
电力、热力、燃气及水生产和供应业	Production and Supply of Electric Power, Heat Power, Gas and Water	1.59	1.27	0.82
建筑业	Construction	47.09	8.98	21.82
批发和零售业	Wholesale and Retail Trades	15.96	5.63	3.16
交通运输、仓储和邮政业	Traffic, Transport, Storage and Post	12.68	3.04	3.59
住宿和餐饮业	Hotels and Catering Services	5.41	2.45	0.48
信息传输、软件和信息技术服务业	Information Transfer, Software and IT Services	18.68	2.77	0.76
金融业	Financial Intermediation	7.05	3.88	2.34
房地产业	Real Estate	8.03	2.11	1.00
租赁和商务服务业	Leasing and Business Services	10.14	1.92	2.42
科学研究和技术服务业	Scientific and Fednical Services	7.89	1.55	1.13
水利、环境和公共设施管理业	Management of Water Conservancy, Environment and Public Facilities	1.95	0.64	1.00
居民服务、修理和其他服务业	Services to Households and Other Services	0.77	0.34	0.13
教育	Education	16.26	6.86	10.25
卫生和社会工作	Health and Social Work	7.93	4.42	5.84
文化、体育和娱乐业	Culture, Sports and Entertainment	2.71	0.56	0.56
公共管理、社会保障和社会组织	Public Administralion, Social Secarily and Organization	10.30	5.20	9.09

Number of Employed Persons in Urban Units by Region(2018)

(10000 persons)

常州市 Changzhou	苏州市 Suzhou	南通市 Nantong	连云港市 Lianyungang	淮安市 Huaian	盐城市 Yancheng	扬州市 Yangzhou	镇江市 Zhenjiang	泰州市 Taizhou	宿迁市 Suqian
68.32	**290.13**	**210.04**	**47.28**	**58.43**	**80.45**	**97.06**	**38.43**	**113.96**	**45.99**
13.40	29.60	17.83	14.86	15.66	21.30	19.33	11.78	14.33	9.02
2.23	4.48	2.38	1.31	1.34	1.67	1.50	1.07	1.80	0.18
52.69	256.04	189.84	31.11	41.43	57.47	76.23	25.58	97.83	36.80
28.77	82.01	165.08	26.27	33.79	50.01	65.54	17.18	88.17	30.41
0.09	0.51	0.48	0.09	0.17	0.30	0.11	0.04	0.14	0.01
0.05	0.04	0.01	0.01		0.10	0.01	0.14	0.01	0.21
18.39	55.44	122.87	20.47	26.55	39.14	43.69	11.86	75.27	22.70
9.21	24.57	40.90	4.96	6.66	9.47	20.97	4.43	12.06	6.58
1.03	1.45	0.82	0.73	0.41	1.00	0.76	0.72	0.69	0.91
12.61	54.98	11.05	1.80	3.94	2.51	5.19	4.11	4.70	4.94
11.31	119.05	13.71	3.04	3.69	4.96	5.50	4.29	4.95	1.45
53.84	260.42	192.42	34.65	45.02	61.96	84.93	28.92	100.48	37.20
10.28	20.85	12.04	9.16	9.51	12.44	6.56	6.27	9.49	3.59
3.96	7.07	5.34	3.45	3.90	5.74	4.88	3.18	3.85	3.41
	0.01	0.24	0.59	0.21	1.39	0.01	0.03	0.12	0.01
	0.04		0.04	0.22	0.07	0.65	0.18		
30.48	193.27	39.37	9.01	14.43	16.90	21.76	14.20	21.83	14.47
0.60	1.39	0.92	0.67	0.45	0.90	0.65	0.55	0.50	0.23
9.05	12.62	134.71	11.17	19.64	29.79	50.78	5.53	66.69	16.18
2.19	12.05	3.59	2.44	1.61	1.95	1.67	1.52	2.53	1.28
1.91	8.63	2.51	2.80	2.07	2.45	1.80	1.28	2.37	0.90
1.60	4.26	0.54	0.29	0.44	0.60	0.84	0.42	0.47	0.22
0.79	4.11	0.75	0.38	0.52	0.92	0.95	0.35	0.71	0.32
1.73	6.71	3.48	2.99	2.60	2.29	1.55	1.96	2.38	0.44
0.84	6.25	1.42	0.52	0.83	0.90	1.03	0.93	0.93	0.57
1.94	4.56	3.05	2.01	0.89	1.64	1.67	1.23	1.19	0.84
1.77	3.16	1.20	0.99	0.54	1.00	1.04	0.58	0.72	0.25
0.73	1.85	0.97	1.06	0.57	0.95	0.61	0.52	0.57	0.78
0.10	0.97	0.24	0.17	0.49	0.20	0.11	0.04	0.13	0.03
5.84	11.33	7.50	5.03	4.80	7.11	4.59	3.48	4.95	4.11
3.56	7.26	3.38	2.47	3.14	3.89	1.66	1.76	3.06	1.63
0.62	0.89	0.52	0.19	0.31	0.48	0.34	0.32	0.23	0.15
4.59	10.77	5.64	4.45	4.68	7.01	5.34	3.55	4.60	3.59

3－18　分行业城镇非私营单位女性就业人员数(2018 年)

Number of Employed Women in Urban Units by Sector (2018)

单位:万人　　　　(10000 persons)

行　　业	Sector	女性就业人数 Number of Emloyed Women	国有单位 State-owned Units	城镇集体单位 Urban Collective-owned Units	其他单位 Other Units
总　计	**Total**	**470.89**	**114.72**	**11.78**	**344.39**
农、林、牧、渔业	Agriculture, Forestry, Animal Husbandry and Fishery	1.62	1.31	0.02	0.29
采矿业	Mining	1.49			1.49
制造业	Manufacturing	200.95	0.35	0.77	199.84
电力、热力、燃气及水生产和供应业	Production and Supply of Electric Power, Heat Power, Gas and Water	3.66	0.46	0.04	3.16
建筑业	Construction	24.55	0.95	0.31	23.29
批发和零售业	Wholesale and Retail Trades	30.44	0.87	0.37	29.20
交通运输、仓储和邮政业	Traffic, Transport, Storage and Post	11.88	2.82	0.28	8.78
住宿和餐饮业	Hotels and Catering Services	10.57	0.58	0.11	9.88
信息传输、软件和信息技术服务业	Information Transfer, Software and IT Services	11.85	0.47	0.03	11.35
金融业	Financial Intermediation	22.14	4.59	0.47	17.07
房地产业	Real Estate	10.93	0.27	0.09	10.57
租赁和商务服务业	Leasing and Business Services	12.47	1.42	0.78	10.26
科学研究、技术服务业	Scientific Research and Technical Service	6.86	2.06	0.13	4.67
水利、环境和公共设施管理业	Management of Water Conservancy, Environment and Public Facilities	5.30	2.37	0.91	2.02
居民服务、修理和其他服务业	Services to Households and other Services	1.58	0.37	0.14	1.07
教育	Education	53.89	45.58	3.22	5.10
卫生和社会工作	Health and Social Work	33.14	24.79	3.97	4.39
文化、体育和娱乐业	Culture, Sports and Entertainment	3.81	1.89	0.08	1.85
公共管理、社会保障和社会组织	Public Administration, Social Security and Organization	23.76	23.58	0.07	0.12

3－19　城镇失业人数及失业率

Number of Urban Unemployed Persons and Unemployed Rate

单位:万人　　(10000 persons)

年　份 Year	下岗失业人员就业、再就业人数 Re-employment	年末尚有失业人数 Unemployment Registered at Year-end	年末城镇登记失业率(%) Registered Unemployment Rate at Year-end
1979	54.70	34.30	5.40
1980	32.78	20.29	3.10
1985	15.25	7.15	0.90
1990	28.06	22.52	2.40
1991	23.33	18.68	2.00
1992	21.43	18.81	2.00
1993	20.64	19.43	2.00
1994	22.19	19.58	2.00
1995	21.49	20.13	2.00
1996	20.78	22.34	2.20
1997	21.40	23.80	2.40
1998	21.61	24.26	2.60
1999	21.57	26.57	2.90
2000	27.00	30.40	3.40
2001	34.94	36.14	3.60
2002	39.96	42.17	4.20
2003	54.46	41.84	4.10
2004	60.20	42.90	3.90
2005	62.92	41.63	3.56
2006	68.65	40.40	3.40
2007	81.89	39.26	3.19
2008	92.19	41.09	3.25
2009	52.00	40.74	3.22
2010	60.93	40.65	3.16
2011	66.11	41.45	3.22
2012	66.71	40.47	3.14
2013	81.61	37.61	3.03
2014	77.64	36.57	3.01
2015	77.74	36.01	3.00
2016	77.82	35.21	3.00
2017	80.55	34.69	2.98
2018	89.45	34.37	2.97

3-20 在岗职工工资总额及指数

Total Wage Bill of Staff and Workers and Related Index

年 份 Year	绝对数(亿元) Total Wage Bill(100 million yuan)				指数(以上年为100) Index (preceding year = 100)			
	全部职工 Total	国有单位 State-owned units	城镇集体单位 Urban Collective-owned units	其他单位 Other Types of Ownership	全部职工 Total	国有单位 State-owned units	城镇集体单位 Urban Collective-owned units	其他单位 Other Types of Ownership
1978	29.05	19.84	9.21		110.7	110.8	110.6	
1979	33.10	22.46	10.64		113.9	113.2	115.5	
1980	41.63	27.99	13.64		125.8	124.6	128.2	
1981	44.13	29.60	14.53		106.0	105.8	106.5	
1982	48.14	32.35	15.79		109.1	109.3	108.7	
1983	50.78	34.41	16.37		105.5	106.4	103.7	
1984	67.28	43.34	23.25	0.69	132.5	126.0	142.0	
1985	86.17	55.10	30.09	0.98	128.1	127.1	129.4	142.0
1986	105.56	67.93	36.28	1.35	122.5	123.3	120.6	137.8
1987	121.26	78.09	41.30	1.87	114.9	115.0	113.8	138.5
1988	152.53	99.17	50.60	2.76	125.8	127.0	122.5	147.6
1989	165.38	108.56	53.05	3.77	108.4	109.5	104.8	136.6
1990	184.60	123.25	56.70	4.65	111.6	113.5	106.9	123.3
1991	204.43	136.26	62.05	6.12	110.7	110.6	109.4	131.6
1992	251.51	170.85	71.64	9.02	123.0	125.4	115.4	147.4
1993	328.21	221.91	85.85	20.45	130.5	129.9	119.8	226.7
1994	450.44	312.56	103.32	34.56	137.2	140.8	120.3	169.0
1995	541.62	369.10	126.57	45.95	120.2	118.1	122.5	132.9
1996	595.72	411.30	128.61	55.81	110.0	111.4	101.6	121.5
1997	635.44	446.95	124.86	63.63	106.7	108.7	97.1	114.0
1998	628.49	422.35	99.49	106.65	103.0	101.8	92.9	131.3
1999	666.28	443.41	91.90	130.97	106.0	105.0	92.4	122.8
2000	705.36	463.63	82.98	158.75	105.9	104.6	90.3	121.2
2001	758.55	498.61	71.42	188.52	107.5	107.5	86.1	118.8
2002	813.09	506.06	60.42	246.61	107.2	101.5	84.6	130.8
2003	917.33	540.59	53.51	323.23	112.8	106.8	88.6	131.1
2004	1050.35	591.38	48.20	410.77	114.5	109.4	90.1	127.1
2005	1252.06	672.70	48.80	530.56	119.2	113.8	101.2	129.2
2006	1520.39	768.86	52.55	698.97	121.4	114.3	107.7	131.7
2007	1806.65	896.36	61.72	848.57	118.8	116.6	117.5	121.4
2008	2132.45	1035.56	72.33	1024.57	118.0	115.5	117.2	120.7
2009	2403.32	1196.05	75.78	1131.49	112.7	115.5	104.8	110.4
2010	2841.33	1344.25	85.33	1411.75	118.2	112.4	112.6	124.8
2011	3548.29	1569.23	102.31	1876.75	124.9	116.7	119.9	132.9
2012	4065.99	1758.24	119.59	2188.16	114.6	112.0	116.9	116.6
2013	8041.98	1914.49	179.22	5948.27	197.8	108.9	149.9	271.8
2014	9174.49	2083.33	190.74	6900.42	114.1	108.8	106.4	116.0
2015	9802.41	2262.27	179.75	7360.39	106.8	108.6	94.2	106.7
2016	10583.16	2570.48	203.71	7808.97	108.0	113.6	113.3	106.1
2017	10955.14	2765.22	183.34	8006.59	103.5	107.6	90.0	102.5
2018	11784.92	2843.98	191.48	8749.47	107.6	102.8	104.4	109.3

注：1998年起职工工资为在岗职工工资，不包括离开本单位仍保留劳动关系的职工的生活补助费(下相关表同)。

a) Since 1998, the wage bill of staff and workers was for employed personnels, excluded living expense subsidies of the personnels who had left self units, but still remained labor relationship(the same as in the following tables).

3-21 城镇非私营单位就业人员工资总额(2018年)
Total Wages of Employed Persons in Urban Units (2018)

单位:亿元 (100 million yuan)

项目	Item	就业人员工资总额 Annual Total Wages	在岗职工 Employed	其他就业人员 Others Employed Persons in Urban Areas
总计	**Total**	**12328.60**	**11784.92**	**543.68**
按登记注册类型分	**Grouped by Status of Registration**			
国有单位	State-owned Units	2944.56	2843.98	100.58
城镇集体单位	Urban Collective-owned Units	202.53	191.48	11.05
其他单位	Other Units	9181.52	8749.47	432.05
内资单位	Domestic Funded	6094.74	5766.77	327.97
股份合作单位	Cooperative Units	14.63	13.86	0.76
联营单位	Joint Ownership Units	5.25	4.72	0.53
有限责任公司	Limited Liability Corporations	4316.87	4084.71	232.16
股份有限公司	Share-holding Corporations Ltd.	1640.69	1550.73	89.95
其他	Others	117.31	112.74	4.57
港、澳、台商投资单位	Units with Funds from Hong Kong, Macao and Taiwan	1039.67	1013.28	26.40
外商投资单位	Foreign Funded Units	2047.10	1969.42	77.68
按企业、事业、机关分	**Grouped by Enterprises, Institutions and Agencies**			
企业	Enterprises	9632.92	9177.04	455.88
事业	Institutions	1764.43	1698.77	65.66
机关	Agencies & Organizations	868.28	849.09	19.19
按国民经济行业分	**Grouped by Sector**			
农、林、牧、渔业	Agriculture, Forestry, Animal Husbandry and Fishery	16.97	16.23	0.75
采矿业	Mining	59.16	58.98	0.18
制造业	Manufacturing	3979.75	3871.43	108.31
电力、热力、燃气及水生产和供应业	Production and Supply of Electric Power, Heat Power, Gas and Water	194.24	193.28	0.96
建筑业	Construction	2686.76	2469.25	217.51
批发和零售业	Wholesale and Retail Trades	447.44	435.89	11.54
交通运输、仓储和邮政业	Transport, Storage and Post	392.48	384.40	8.08
住宿和餐饮业	Hotels and Catering Services	88.53	82.35	6.18
信息传输、软件和信息技术服务业	Information Transfer, Software and IT Services	453.65	449.93	3.72
金融业	Financial Intermediation	523.71	468.53	55.18
房地产业	Real Estate	205.60	198.97	6.64
租赁和商务服务业	Leasing and Business Services	205.78	186.70	19.08
科学研究、技术服务业	Scientific Research and Technical Service	269.50	262.61	6.89
水利、环境和公共设施管理业	Management of Water Conservancy, Environment and Public Facilities	85.98	80.54	5.44
居民服务、修理和其他服务业	Services of Households and other Services	24.05	22.99	1.06
教育	Education	1039.79	1011.85	27.94
卫生和社会工作	Health and Social Work	576.01	540.79	35.22
文化、体育和娱乐业	Culture, Sports and Entertainment	85.76	79.11	6.65
公共管理、社会保障和社会组织	Public Administration, Social Security and Organization	993.46	971.09	22.37

3-22 制造业城镇非私营单位就业人员工资总额(2018年)
Total Wages of Manufacturing Employees in Urban Units (2018)

单位:亿元 (100 million yuan)

项目	Item	合计 Total	#在岗职工 Employed	国有单位 State-owned Units	城镇集体单位 Urban Collective-owned Units	其他单位 Other Units
制造业合计	**Total of Manufacturing Industry**	**3979.75**	**3871.43**	**16.65**	**11.15**	**3951.95**
农副食品加工业	Processing of Food from Agricultural Products	36.94	35.72	0.50	0.08	36.36
食品制造业	Manufacture of Food	36.89	35.56	0.01	0.01	36.87
酒、饮料和精制茶制造业	Manufacture of Beverage	33.21	32.90	0.10	0.58	32.53
烟草制品业	Manufacture of Tobacco	10.22	10.22			10.22
纺织业	Manufacture of Textile	147.49	145.40	0.19	0.60	146.70
纺织服装、服饰业	Manufacture of Textile Wearing, Apparel, Footwear and Caps	139.85	138.48	0.05	0.65	139.16
皮革、毛皮、羽毛及其制品和制鞋业	Manufacture of Leather, Fur, Feather and Related and saps	23.07	22.77	0.03	0.10	22.94
木材加工和木、竹、藤、棕、草制品业	Processing of Timber, Manufacture of Wood, Bamboo, Rattan, Palm and Straw Products	10.08	9.95		0.26	9.83
家具制造业	Manufacture of Furniture	15.67	15.53		0.05	15.62
造纸和纸制品业	Manufacture of Paper and Paper Products	37.72	37.04	0.04	0.05	37.63
印刷和记录媒介复制业	Printing, Reproduction of Recording Media	32.48	31.38	0.89	0.25	31.34
文教、工美、体育和娱乐用品制造业	Manufacture of Articles For Culture, Education and Sport Activities	60.99	60.44	0.09	0.26	60.64
石油加工、炼焦和核燃料加工业	Processing of Petroleum, Coking, Processing of Nuclear Fuel	18.84	18.71	0.01	0.02	18.81
化学原料和化学制品制造业	Manufacture of Raw Chemical Materials and Chemical Products	249.68	244.52	2.28	0.44	246.97
医药制造业	Manufacture of Medicines	140.57	137.91			140.57
化学纤维制造业	Manufacture of Chemical Fibers	50.77	50.29		0.03	50.75
橡胶和塑料制品业	Rubber and Plastic Products	122.82	119.75	0.04	0.46	122.32
非金属矿物制品业	Manufacture of Non-metallic Mineral Products	83.65	81.86	0.03	1.65	81.97
黑色金属冶炼和压延加工业	Smelting and Pressing of Ferrous Metals	92.96	91.68		0.68	92.28
有色金属冶炼和压延加工业	Smelting and Pressing of Non-ferrous Metals	39.70	38.82	0.01	0.19	39.50
金属制品业	Manufacture of Metal Products	141.56	137.57		0.86	140.70
通用设备制造业	Manufacture of General Purpose Machinery	312.26	306.11	0.19	0.84	311.22
专用设备制造业	Manufacture of Special Purpose Machinery	239.31	233.93	0.50	0.53	238.28
汽车制造业	Manufacture of Automobile	290.83	283.52	2.10	0.15	288.58
铁路、船舶、航空航天和其他运输设备	Manufacture of Railroad, Marine Aviation and other Transport Equipment	107.72	105.72	7.78	0.41	99.53
电气机械和器材制造业	Manufacture of Electrical Machinery and Equipment	416.86	405.23	1.30	1.61	413.95
计算机、通信和其他电子设备制造业	Manufacture of Communication Equipment, Computers and other Electronic Equipment	975.57	931.04		0.17	975.39
仪器仪表制造业	Manufacture of Instrumentation	103.17	100.77	0.17	0.16	102.84
其他制造业	Other	5.64	5.58	0.34		5.29
废弃资源综合利用业	Manufacture of Recycling and Disposal of Waste	2.30	2.15			2.30
金属制品、机械和设备修理业	Manufacture of Metal Prodults, Machinery and Eauipment Repair	0.91	0.90		0.03	0.88

3-23 在岗职工平均工资及指数
Average Wage of Staff and Workers and Related Indices

年份 Year	绝对数（元） Absolute Figure (yuan)				指数（以上年为100） Index (preceding year = 100)			
	全部职工 Total	国有单位 State-owned Units	城镇集体单位 Urban Collective-owned Units	其他单位 Others	全部职工 Total	国有单位 State-owned Units	城镇集体单位 Urban Collective-owned Units	其他单位 Others
1978	513	563	432		108.2	108.9	107.5	
1979	565	618	478		110.3	109.8	110.9	
1980	667	721	578		117.8	116.7	120.7	
1981	672	718	594		100.7	99.6	102.8	
1982	703	748	626		104.6	104.2	105.4	
1983	723	768	643		102.8	102.7	102.7	
1984	931	1003	820	1012	128.8	130.6	127.5	
1985	1135	1211	1015	1237	121.9	120.7	123.8	122.2
1986	1327	1430	1166	1468	116.9	118.1	114.9	118.7
1987	1471	1581	1295	1639	110.9	110.6	111.1	111.6
1988	1796	1936	1564	2059	122.1	122.5	120.8	125.6
1989	1918	2082	1639	2185	106.8	107.5	104.8	106.1
1990	2129	2331	1776	2444	111.0	111.9	108.4	111.9
1991	2302	2501	1932	2773	108.1	107.3	108.8	113.5
1992	2800	3057	2292	3370	121.6	122.2	118.6	121.5
1993	3615	3896	2937	4434	129.1	127.4	128.1	131.6
1994	4974	5491	3728	5827	137.6	140.9	126.9	131.4
1995	5943	6441	4621	7137	119.5	117.3	124.0	122.5
1996	6603	7186	4990	7740	111.1	111.6	108.0	108.4
1997	7108	7745	5183	8376	107.6	107.8	103.9	108.2
1998	8256	8872	6033	8867	105.7	106.3	101.3	102.5
1999	9171	9855	6452	9763	111.1	111.1	106.9	110.1
2000	10299	11109	6962	10698	112.3	112.7	107.9	109.6
2001	11842	12917	7543	11790	115.0	116.3	108.3	110.2
2002	13509	15030	8638	12633	114.1	116.4	114.5	107.2
2003	15712	17502	9836	14656	116.3	116.4	113.9	116.0
2004	18202	20876	11350	16346	115.8	119.3	115.4	111.5
2005	20957	24659	13064	18468	115.1	118.1	115.1	113.0
2006	23782	28722	15550	20691	113.5	116.5	119.0	112.0
2007	27374	33411	18837	23641	115.1	116.3	121.1	114.3
2008	31667	39325	22929	27067	115.7	117.7	121.7	114.5
2009	35890	45446	27022	29901	113.3	115.6	117.9	110.5
2010	40505	51245	31502	34260	112.9	112.8	116.6	114.6
2011	45987	57002	37302	40028	113.5	111.2	118.4	116.8
2012	51279	62913	43835	45008	111.5	110.4	117.5	112.4
2013	57985	70114	51757	55117	113.1	111.4	118.1	122.5
2014	61783	74673	54993	58913	106.5	106.5	106.3	106.9
2015	67200	82355	59629	63790	108.8	110.3	108.4	108.3
2016	72684	92412	65536	68024	108.2	112.2	109.9	106.6
2017	79741	102328	71426	72609	109.7	110.7	109.0	106.7
2018	86590	119135	85534	79548	108.6	116.4	119.8	109.6

3-24 在岗职工平均工资指数

Average Wage Indices of Staff and Workers

1978年=100 (100 in 1978)

年份 Year	全部职工 Total 平均货币工资指数 Index of Average Wage	全部职工 Total 平均实际工资指数 Index of Average Real Wage	国有单位 State-owned Units 平均货币工资指数 Index of Average Wage	国有单位 State-owned Units 平均实际工资指数 Index of Average Real Wage	城镇集体单位 Urban Collective-owned Units 平均货币工资指数 Index of Average Wage	城镇集体单位 Urban Collective-owned Units 平均实际工资指数 Index of Average Real Wage	其他单位 Others 平均货币工资指数 Index of Average Wage	其他单位 Others 平均实际工资指数 Index of Average Real Wage
1978	100.0	100.0	100.0	100.0	100.0	100.0		
1979	110.3	109.5	109.8	109.0	110.9	110.1		
1980	130.0	121.7	128.1	119.9	133.8	125.3		
1981	130.0	118.3	128.1	116.6	133.8	121.7		
1982	137.0	122.3	132.9	118.7	144.9	129.4		
1983	140.9	132.7	136.4	128.4	148.8	140.1		
1984	181.5	154.9	178.2	152.0	189.8	161.9	100.0	100.0
1985	221.2	174.9	215.1	170.0	235.0	185.8	122.2	111.5
1986	258.7	189.2	254.0	185.8	269.9	197.4	145.1	124.4
1987	286.7	189.7	280.8	185.8	299.8	198.4	162.0	125.7
1988	350.1	189.0	343.9	185.7	362.0	195.5	203.5	128.8
1989	373.9	174.1	369.8	172.2	379.4	176.6	215.9	117.8
1990	415.0	189.8	414.0	189.3	411.1	188.0	241.5	127.4
1991	448.7	190.5	444.2	188.6	447.2	189.9	274.0	134.2
1992	545.8	213.2	543.0	212.1	530.6	207.3	333.0	149.9
1993	704.7	231.9	692.0	227.7	679.9	223.7	438.1	166.1
1994	969.6	254.6	675.3	256.1	863.0	226.6	575.8	174.2
1995	1158.5	261.7	1144.0	258.5	1069.7	241.7	705.2	183.6
1996	1287.1	262.5	1276.4	260.3	1155.1	235.5	764.8	179.7
1997	1385.6	278.9	1375.7	276.9	1199.8	241.5	827.7	192.0
1998	1609.4	324.1	1575.8	317.3	1396.5	281.2	876.2	203.4
1999	1787.7	365.1	1750.4	357.5	1493.5	305.0	964.7	227.1
2000	2007.6	410.1	1973.2	403.0	1611.6	329.2	1057.1	215.9
2001	2308.4	471.0	2294.3	468.1	1746.1	356.3	1165.0	237.7
2002	2545.6	525.2	2669.6	550.8	1999.5	412.5	1248.3	257.5
2003	3062.8	629.6	3108.7	639.0	2276.9	468.0	1448.2	297.7
2004	3548.2	703.3	3708.0	735.0	2627.3	520.8	1615.2	320.2
2005	4085.2	793.1	4379.9	850.3	3024.1	587.1	1824.9	354.3
2006	4635.9	885.8	5101.6	974.8	3599.5	687.8	2044.6	390.7
2007	5336.1	980.5	5934.5	1090.4	4360.4	801.2	2336.1	429.2
2008	6172.9	1078.0	6984.9	1219.9	5307.6	926.9	2674.6	467.1
2009	6996.1	1226.7	8072.1	1415.4	6255.1	1096.7	2954.6	518.1
2010	7895.7	1336.3	9102.1	1540.6	7292.1	1234.1	3385.4	573.0
2011	8964.3	1443.5	10124.7	1630.5	8634.7	1390.4	3955.3	637.0
2012	9995.9	1568.8	11174.6	1754.0	10147.0	1592.5	4447.4	698.1
2013	11303.1	1734.1	12453.6	1910.8	11980.8	1838.0	5446.3	835.7
2014	12043.5	1807.9	13263.4	1992.1	12729.9	1916.2	5821.4	871.3
2015	13099.4	1933.5	14627.9	2160.3	13803.0	2043.0	6303.4	927.7
2016	14168.4	2042.3	16414.2	2367.3	15170.4	2192.8	6721.7	966.1
2017	15544.1	2201.0	18175.5	2575.0	16533.8	2347.6	7174.8	1013.0
2018	16879.1	2337.8	21160.7	2930.8	19799.5	2742.3	7860.5	1088.7

注：其他单位以1984年为100。

a) Other units with 100 in 1984.

3－25 城镇非私营单位就业人员平均工资(2018 年)

Average Wage of Employed Persons in Urban Units (2018)

单位:元 (yuan)

项目	Item	就业人员年平均工资 Annual Average Wage	在岗职工平均工资 Annual Average Wage of Staff and Workers	其他就业人员年均工资 Annual Average Wage of Others
总计	**Total**	**84688**	**86590**	**57381**
按登记注册类型分	**Grouped by Type of Registreration**			
国有单位	State-owned Units	114248	119135	52891
城镇集体单位	Urban Collective-owned Units	81935	85534	47392
其他单位	Other Units	78253	79548	58861
内资单位	Inner Funded	76036	78003	52677
股份合作单位	Share Holding Cooperative Units	63901	64143	59798
联营单位	Joint-owned Co., Ltd.	77038	85654	40680
有限责任公司	Responsibility Co., Ltd.	71921	73667	50752
股份有限公司	Share Holding Co., Ltd.	88605	91412	57939
其他	Others	88901	90470	62245
港、澳、台商投资单位	Hong Kong, Macao and Taiwan Funded	74778	75034	66128
外商投资单位	Foreign Funded	87967	87310	108673
按企业、事业、机关分	**Grouped by Character of the Units**			
企业	Enterprises	78323	79709	58010
事业	Institutions	115972	120672	57765
机关	Government Agencies	129010	134435	46315
按国民经济行业分	**Grouped by Sector**			
农、林、牧、渔业	Farming, Forestry, Animal Husbandry and Fishery	43470	45496	22088
采矿业	Mining and Quarrying	88012	88755	23457
制造业	Manufacturing	79022	78677	93746
电力、热力、燃气及水生产和供应业	Production and Supply of Electric Power, Heat Power, Gas and Water	136619	137669	53893
建筑业	Construction	64663	65699	54846
批发和零售业	Wholesale and Retail Trade	81009	81583	63995
交通运输、仓储和邮政业	Transportation, Storage and Post	86323	87939	46035
住宿和餐饮业	Hotel and Catering Industry	49527	52911	26743
信息传输、软件和信息技术服务业	Information Transfer, Software and IT Services	144766	146724	55355
金融业	Banking	136975	173155	49372
房地产业	Real Estate	81329	83949	42014
租赁和商务服务业	Leasing and Commercial Services	61768	66856	35404
科学研究、技术服务业	Scientific Research and Technical Service	123839	125699	79173
水利、环境和公共设施管理业	Management of Water Conservancy, Environment and Public Facilities	70150	74684	36937
居民服务、修理和其他服务业	Services of Households and other Services	66169	67503	46316
教育	Education	113637	118061	48213
卫生和社会工作	Health and Social Work	116589	120433	78251
文化、体育和娱乐业	Culture, Sports and Recreation	107119	105790	125941
公共管理、社会保障和社会组织	Public Administralion, Social Secarily and Organization	126578	131905	45973

3－26 分地区城镇非私营单位就业人员平均工资
Average Wage of Employed Persons in Urban Units by Region

单位：元 (yuan)

地　区	Region	2013	2014	2015	2016	2017	2018
全　省	Total	57177	60867	66196	71574	78267	84688
苏　南	Southern Jiangsu	62126	67663	73792	81053	89164	96649
苏　中	Mid Jiangsu	53421	58337	62901	66331	70808	75196
苏　北	Northern Jiangsu	44196	48301	52866	56905	62910	69096
南京市	Nanjing	64811	70507	78946	87559	98106	106100
无锡市	Wuxi	61744	68187	74556	80251	86780	95093
徐州市	Xuzhou	45310	48770	52580	55750	62101	68820
常州市	Changzhou	60802	66852	70144	75946	83909	90663
苏州市	Suzhou	61995	67381	72656	80187	87431	94124
南通市	Nantong	57546	61383	65957	69654	74640	78648
连云港市	Lianyungang	45097	50224	54402	59208	66952	72870
淮安市	Huaian	45055	49204	53612	58111	63297	68584
盐城市	Yancheng	43052	47200	52389	57374	63285	70147
扬州市	Yangzhou	52582	58190	63168	66706	70497	74616
镇江市	Zhenjiang	53447	56733	62240	67581	73702	77869
泰州市	Taizhou	46190	52341	56613	59685	63929	69071
宿迁市	Suqian	41929	46236	51796	54466	59279	64175

3-27 分细行业城镇非私营单位就业人员平均工资(2018年)
Average Wage of Employed Persons in Urban Units by Sector in Detail(2018)

单位:元 (yuan)

项目	Item	合计 Total	#在岗职工 Employed	国有单位 State-owned Units	城镇集体单位 Urban Collective-owned Units	其他单位 Other Units
总计	**Total**	**84688**	**86590**	**114248**	**81935**	**78253**
按企业、事业、机关分	**Grouped by Enterprise, Institution and Agency**					
企业	Enterprises	78323	79709	88214	63947	78042
事业	Institutions	115972	120672	117082	101511	119844
机关	Agencies & Organizations	129010	134435	129142	72807	105246
按国民经济行业分	**Grouped by Sector**					
农、林、牧、渔业	Agriculture, Forestry, Animal Husbandry and Fishery	43470	45496	41876	67928	47934
农业	Farming	44321	45696	41317	50083	64433
林业	Forestry	41128	41783	38297	75393	42979
畜牧业	Animal Husbandry	35806	40604	38986	57753	24706
渔业	Fishery	48640	49009	46988	63218	38074
农、林、牧、渔服务业	Service in Support of Agriculture	60984	74796	74747	89907	37635
采矿业	Mining	88012	88755		28150	88108
制造业	Manufacturing	79022	78677	99602	60420	79022
电力、热力、燃气及水生产和供应业	Production and Supply of Electric Power, Heat Power, Gas and Water	136619	137669	108244	57298	140291
电力、热力生产和供应业	Production and Supply of Electric Power and Heat Power	161867	162848	147330	120105	162970
燃气生产和供应业	Production and Supply of Gas	98519	99368	81454	72077	98675
水的生产和供应业	Production and Supply of Water	85831	86551	73349	55852	90307
建筑业	Construction	64663	65699	61877	54393	64825
房屋建筑业	Housing Construction	65030	65888	62540	54990	65136
土木工程建筑业	Civil Engineering Construction	62921	64790	61056	49897	63379
建筑安装业	Architectural Installation	65208	65693	73627	58716	65233
建筑装饰和其他建筑业	Other Construction	61098	63773	45390	57841	61401
批发和零售业	Wholesale and Retail Trades	81009	81583	86478	56187	81100
批发业	Wholesale Trade	102567	102396	94507	50853	103984
零售业	Retail Trade	62066	62725	51605	58847	62326
交通运输、仓储和邮政业	Transport, Storage and Post	86323	87939	100435	62367	83435

单位:元 (yuan)

项　　目	Item	合　计 Total	#在岗职工 Employed	国　有 单　位 State-owned Units	城镇集体 单　位 Urban Collective-owned Units	其　他 单　位 Other Units
铁路运输业	Railway Transport	133056	135951	142319	65679	123299
道路运输业	Road Transport	76113	77249	84548	63863	75161
水上运输业	Water Transport	84695	86336	108171	50587	84037
航空运输业	Air Transport	159830	160739	140343	75905	161644
管道运输业	Transport Via Pipeline	126358	126338	85813		131451
多式联运和运输代理业	Transport Via Pipeline	86999	94257	69206	107417	87242
装卸搬运和仓储业	Handling and agency	77185	77920	74273	54332	79481
邮政业	Post	96059	97922	99175	139406	84871
住宿和餐饮业	Hotels and Catering Services	49527	52911	56102	51074	49091
住宿业	Hotel	57805	58741	56127	55799	58071
餐饮业	Catering Services	44434	48852	56022	45029	44156
信息传输、软件和信息技术服务业	Information Transfer, Software and IT Services	144766	146724	90111	57664	147398
电信、广播电视和卫星传输服务	Telecommunications, Satellites Radio and Television Services	133572	134818	91347	50930	137911
互联网和相关服务	Internet and Relatiue Services	123022	126862	86233	96699	123160
软件和信息技术服务业	Software and IT Services	166957	168620	81819	71483	168115
金融业	Financial Intermediation	136975	173155	133404	136333	138044
货币金融服务业	Nonetary and Financial	193232	195213	161883	136359	213346
资本市场服务业	Capital Markets	201324	204070	174904		201993
保险业	Insurance	69635	103753	59274		71235
其他金融业	Other Financial Activities	104250	104854	60857	79200	106236
房地产业	Real Estate	81329	83949	93906	55845	81228
#房地产开发经营	Development and Management of Real Estate	128932	129955	92878	56525	130257
租赁和商务服务业	Leasing and Business Services	61768	66856	56409	47203	64257
租赁业	Leasing	82676	82580	60117	51992	84769
商务服务业	Business Services	61136	66311	56378	47147	63493
科学研究、技术服务业	Scientific and Fednical Services	123839	125699	133857	93313	120379
研究和试验发展	Research and Experimental Development	152431	154249	180436	95613	131187
专业技术服务业	Professional Technical Services	117993	119785	118540	91972	118491

3-27 续 表 Continued 2

单位:元 (yuan)

项 目	Item	合 计 Total	#在岗职工 Employed	国有单位 State-owned Units	城镇集体单位 Urban Collective-owned Units	其他单位 Other Units
科技推广和应用服务业	Service to Technology Promotion and Application	115100	117224	110653	97610	118844
水利、环境和公共设施管理业	Management of Water Conservancy, Environment and Public Facilities	70150	74684	81731	56623	59038
水利管理业	Management of Water Conservancy	105689	109166	103631	153322	106002
生态保护和环境治理业	Ecological Protection and Enviromental	75797	76814	101533	31922	73946
公共设施管理业	Management of Public Facilities	61366	65516	70417	52413	55178
土地管理业	Management of Public Facilities	118946	122893	129425	76509	113653
居民服务、修理和其他服务业	Services to Households and Other Services	66169	67503	76753	58476	63282
居民服务业	Services to Households	65051	67932	69795	57282	61984
机动车、电子产品和日用产品修理业	Vehicle, Electronics and Daiy Maintenance	85383	85296	86471	57948	86134
其他服务业	Other Services	56505	56952	105926	61710	48442
教育	Education	113637	118061	115598	107077	98005
卫生和社会工作	Health and Social Work	116589	120433	123819	103474	88147
卫生	Health	117524	121417	124384	104387	90090
社会工作	Social Work	75973	78514	91209	61576	54378
文化、体育和娱乐业	Culture, Sports and Entertainment	107119	105790	113602	107810	100177
新闻和出版业	Journalism and Publishing Activities	121239	124252	109025	112200	131824
广播、电视、电影和影视录音制作业	Radio, TV, Movie and Video Recording	109839	114488	124518	182274	89043
文化艺术业	Cultural and Art Activities	101924	106021	110448	89419	84690
体育	Sports Activities	145113	89210	95027	122086	181144
娱乐业	Entertainment	67037	68862	99626	114532	60482
公共管理、社会保障和社会组织	Public Administration, Social Security and Organization	126578	131905	126732	98821	94758
共产党机关	Organs of Communist Party of China	137034	142636	137075	133875	85917
机构	Government Agencies	126182	131529	126284	98476	86894
政协、民主党派	People's Political Consultative Conference and Democratic Parties	149985	151674	149985		
保障	Social Security	102359	104920	102553	111603	46766
群众社团、社会团体和其他成员组织	Mass, Society and other Groups	116917	122483	120184	89841	101682

3-28 制造业城镇非私营单位就业人员平均工资（2018 年）
Average Wage of Employed Persons in Manufacturing of Urban Units (2018)

单位:元 (yuan)

项目	Item	合计 Total	#在岗职工 Employed	国有单位 State-owned Units	城镇集体单位 Urban Collective-owned Units	其他单位 Other Units
制造业合计	**Total of Manufacturing Industry**	79022	78677	99602	60420	79022
农副食品加工业	Processing of Food from Agricultural Products	70204	70379	56167	52296	70500
食品制造业	Manufacture of Food	71560	72598	37000	44333	71587
酒、饮料和精制茶制造业	Manufacture of Beverage	55362	55500	42640	101031	54971
烟草制品业	Manufacture of Tobacco	181072	181072			181072
纺织业	Manufacture of Textile	63012	62790	59888	50983	63077
纺织服装、服饰业	Manufacture of Textile Wearing, Apparel, Footwear and Caps	59560	59655	48901	59441	59565
皮革、毛皮、羽毛及其制品和制鞋业	Manufacture of Leather, Fur, Feather and Related and Saps	57264	56996	51164	53538	57290
木材加工和木、竹、藤、棕、草制品业	Processing of Timber, Manufacture of Wood, Bamboo, Rattan, Palm and Straw Products	60156	59740		69298	59949
家具制造业	Manufacture of Furniture	67118	66933		38092	67267
造纸和纸制品业	Manufacture of Paper and Paper Products	88784	88050	45758	40608	89017
印刷和记录媒介复制业	Printing, Reproduction of Recording Media	73307	72306	82080	41071	73553
文教、工美、体育和娱乐用品制造业	Manufacture of Articles For Culture, Education and Sport Activities	59894	59809	45985	48415	59982
石油加工、炼焦和核燃料加工业	Processing of Petroleum, Coking, Processing of Nuclear Fuel	111347	111755	159000	125222	111309
化学原料和化学制品制造业	Manufacture of Raw Chemical Materials and Chemical Products	93485	92759	118976	60798	93389
医药制造业	Manufacture of Medicines	97402	98532			97402
化学纤维制造业	Manufacture of Chemical Fibers	69887	69904		31956	69935
橡胶和塑料制品业	Rubber and Plastic Products	74588	73750	36979	47613	74769
非金属矿物制品业	Manufacture of Non-metallic Mineral Products	73518	73440	24344	98768	73196
黑色金属冶炼和压延加工业	Smelting and Pressing of Ferrous Metals	94670	94406		98113	94646
有色金属冶炼和压延加工业	Smelting and Pressing of Non-ferrous Metals	77386	76840	97273	46319	77633
金属制品业	Manufacture of Metal Products	76677	76257		55604	76856
通用设备制造业	Manufacture of General Purpose Machinery	87600	87120	61683	54887	87765
专用设备制造业	Manufacture of Special Purpose Machinery	91154	90808	79683	52368	91333
汽车制造业	Manufacture of Automobile	93749	93329	98080	40431	93785
铁路、船舶、航空航天和其他运输设备	Manufacture of Railroad, Marine Aviation and other Transport Equipment	84034	85196	125622	61247	82038
电气机械和器材制造业	Manufacture of Electrical Machinery and Equipment	84489	84130	79258	54813	84685
计算机、通信和其他电子设备制造业	Manufacture of Communication Equipment, Computers and Other Electronic Equipment	72555	71827	55000	47548	72562
仪器仪表制造业	Manufacture of Instrumentation	97623	97378	60796	48979	97875
其他制造业	Other	57109	57008	92690	27000	55768
废弃资源综合利用业	Manufacture of Recycling and Disposal of Waste	76290	74983	63000		76303
金属制品、机械和设备修理业	Manufacture of Metal Prodults, Machinery and Eauipment Repair	87196	88129	70000	36115	91351

3－29 城镇私营单位就业人员平均工资
Average Wage of Employed Persons in Urban Private Units

单位：元 (yuan)

行业	Sector	2013	2014	2015	2016	2017	2018
总计	**Total**	**36308**	**39975**	**43689**	**47156**	**49345**	**54161**
农、林、牧、渔业	Farming, Forestry, Animal Husbandry and Fishery	32509	33060	35768	37048	37724	39849
采矿业	Mining	31952	35613	38081	39749	42119	49054
制造业	Manufacturing	36209	39661	44082	48133	50648	54899
电力、热力、燃气及水生产和供应业	Production and Supply of Electric Power, Heat Power, Gas and Water	34937	37951	39841	43928	45789	51184
建筑业	Construction	37086	41457	44776	48351	50390	55353
批发和零售业	Wholesale and Retail Trade	34243	37335	39986	41803	43380	51175
交通运输、仓储和邮政业	Transportation, Storage and Post	37581	40785	43236	47241	48588	57893
住宿和餐饮业	Hotel and Catering Industry	32203	33819	35818	36197	39455	46793
信息传输、软件和信息技术服务业	Information Transfer, Software and IT Services	48079	51238	52318	52879	56873	60451
金融业	Banking	37342	38444	43725	46658	46822	57090
房地产业	Real Estate	36671	36768	41083	42121	43541	45953
租赁和商务服务业	Leasing and Commercial Services	36304	40240	43948	46631	47193	51487
科学研究、技术服务业	Scientific Research and Technical Service	43454	44305	46993	50933	54647	55250
水利、环境和公共设施管理业	Management of Water Conservancy, Environment and Public Facilities	41626	43240	45312	45393	43685	39144
居民服务、修理和其他服务业	Services of Households and other Services	36246	40699	41195	42302	43481	43856
教育	Education	42977	44023	44600	45802	49058	49419
卫生和社会工作	Health and Social Work	34448	38292	41992	46492	50673	61134
文化、体育和娱乐业	Culture, Sports and Recreation	32697	36443	39839	43600	46356	51389

主要统计指标解释

人口数 指一定时点、一定地区范围内的有生命的个人的总和。

年度统计的年末人口数指每年 12 月 31 日 24 时的人口数。年度统计的全国人口总数内未包括台湾省和港澳同胞以及海外华侨人数。

城镇人口和乡村人口

1952－1989 年城镇人口是指市辖区内和县辖镇的全部人口；乡村人口是指县辖乡人口。

1990－1999 年城镇人口是指设区的市的区人口和不设区的市所辖的街道人口以及不设区的市所辖镇的居民委员会人口和县辖镇的居民委员会人口；乡村人口是除上述两种人口以外的全部人口。

2000－2005 年人口普查和 2000 年以后城镇人口：市人口是指设区市的人口密度在 1500 人/平方公里以上的市区人口和人口密度不足 1500 人的区政府驻地和区辖其他街道人口，以及政府驻地的城市建设延伸到的周边乡镇人口；不设区市的市政府驻地和市辖其他街道人口，以及政府驻地的城市建设延伸到的乡镇人口。镇人口是指镇政府驻地和镇辖其他居委会人口，以及镇政府驻地的城区建设延伸到周边村民委员会人口。乡村人口是指除上述人口以外的全部人口。

2006 年至今的城镇人口分为城区人口和镇区人口。其中，城区人口，包括街道办事处所辖的居民委员会（社区委员会），及城市公共设施、居住设施等连接到的其他居民委员会（社区委员会）和村民委员会的人口。镇区人口，包括镇所辖的居民委员会（社区委员会），镇的公共设施、居住设施等连接到的村民委员会，以及常住人口在 3000 人以上独立的工矿区、开发区、科研单位、大专院校、农场、林场等特殊区域中的人口。乡村人口是指除上述人口以外的全部人口。

出生率（又称粗出生率） 指在一定时期内（通常为一年）一定地区的出生人数与同期内平均人数（或期中人数）之比。一般用千分率表示。本资料中的出生率指年出生率，其计算公式为：

$$出生率 = 年出生人数/年平均人数 \times 1000‰$$

式中：出生人数指活产婴儿，即胎儿脱离母体时（不管怀孕月数），有过呼吸或其他生命现象。年平均人数指年初、年底人口数的平均数，也可用年中人口数代替。

死亡率（又称粗死亡率） 指在一定时期内（通常为一年）一定地区的死亡人数与同期内平均人数（或期中人数）之比，一般用千分率表示。本资料中的死亡率指年死亡率，其计算公式为：

$$死亡率 = 年死亡人数/年平均人数 \times 1000‰$$

人口自然增长率 指在一定时期内（通常为一年）人口自然增加数（出生人数减死亡人数）与该时期内平均人数（或期中人数）之比，一般用千分率表示。计算公式为：

$$人口自然增长率 = （本年出生人数 - 本年死亡人数）/年平均人数 \times 1000‰$$

就业人员 指从事一定社会劳动并取得劳动报酬或经营收入的人员，包括在岗职工、再就业的离退休人员、私营业主、个体户主、私营和个体就业人员、乡镇企业就业人员、农村就业人员、其他就业人员（包括民办教师、宗教职业者、现役军人等）。这一指标反映了一定时期内全部劳动力资源的实际利用情况，是研究我国基本国情国力的重要指标。

单位就业人员 指在各类法人单位工作，并由单位支付劳动报酬的人员，包括在岗职工和其他就业人员。在岗职工 指在本单位工作且与本单位签订劳动合同，并由单位支付各项工资和社会保险、住房公积金的人员，以及上述人员中由于学习、病伤、产假等原因暂未工作仍由单位支付工资的人员。其他就业人员 指在本单位工作，不能归到在岗职工、劳务派遣人员中的人员。此类人员是实际参加本单位生产或工作并从本单位取得劳动报酬的人员。具体包括：非全日制人员、聘用的正式离退休人员、兼职人员和第二职业者等，以及在本单位中工作的外籍和港澳台方人员。

城镇私营和个体就业人员 城镇私营就业人员指在工商管理部门注册登记，其经营地址设在县城关镇（含城关镇）以上的私营企业就业人员；包括私营企业投资者和雇工。城镇个体就业人员指在工商管理部门注册登记，并持有城镇户口或在城镇长期居住，经批准从事个体工商经营的就业人员；包括个体经营者和在个体工商户劳动的家庭帮工和雇工。

城镇登记失业人员 指在劳动年龄（16 周岁至退休年龄）内，有劳动能力无业而要求就业，并在当地就业服务机构进行失业登记的城镇常住人员。

国有单位就业人员 指在国有经济单位及其附属机构工作，并由其支付工资的各类人员。

城镇集体单位就业人员 指在城镇集体经济单位及其管理部门工作，并由其支付工资的各类人员。

其他单位就业人员 指在联营经济、股份制经济、外商投资经济、港、澳、台投资经济单位工作，并由其支付工资的各类人员。

工资总额 根据《关于工资总额组成的规定》，工资总额是指本单位在报告期内（季度或年度）直接支付给本单位人员的劳动报酬总额。包括计时工资、计件工资、奖金、津贴和补贴、加班加点工资、特殊情况下支付的工资。工资总额是税前工资，包括单位从个人工资中直接为其代扣或代缴的房费、个人所得税、水费、电费、住房公积金和社会保险基金个人缴纳部分等。工资总额不论是计入成本的还是不计入成本的,不论是以货币形式支付的还是以实物形式支付的,均应列入工资总额的计算范围。工资总额由基本工资、绩效工资、工资性津贴和补贴、其他工资四部分组成。工资总额不包括病假、事假等情况的扣款。

平均工资 指在报告期内单位发放工资的人均水平。计算公式为:

平均工资 = 报告期工资总额/报告期平均人数

在岗职工平均工资指数 指报告期在岗职工平均工资与基期在岗职工平均工资的比率,是反映不同时期在岗职工货币工资水平变动情况的相对数。计算公式为:

在岗职工平均工资指数 = 报告期平均工资/基期平均工资 × 100%

在岗职工平均实际工资指数 在岗职工平均实际工资指扣除物价变动因素后的在岗职工平均工资。在岗职工平均实际工资指数是反映实际工资变动情况的相对数,表明在岗职工实际工资水平提高或降低的程度。计算公式为:

在岗职工平均实际工资指数 = 报告期平均工资指数/报告期城镇居民消费价格指数 × 100%。

Explanatory Notes on Main Statistical Indicators

Total Population refers to the total number of people alive at a certain point of time within a given area.

The annual statistics on total population is taken at midnight, the 31st of December, not including residents in Taiwan province, Chinese compatriots in Hong Kong and Macao and overseas Chinese.

Urban Population and Rural Population

From 1952 to 1989 urban population refers to the population of municipal districts and towns under the administration of counties; rural population refers to the population of townships under the administration of counties.

From 1990 to 1999 rural population is composed of the population of districts of cities divided into districts, the population of sub-district offices under the cities not divided into districts, the population of neighborhoods of towns under the administration of cities not divided into districts and the population of neighborhoods of towns under the administration of counties; rural population is the population other than those mentioned above.

Rural population from 2000 to 2005: city population is composed of the population of districts of cities divided into districts with population density at more than 1500 people per square kilometer, the population of places where the district governments are stationed and other sub-district offices under the administration of the district with population density at less than 1500 people per square kilometer, and the population of circumjacent townships where are the extending areas of city construction of the places where the governments are stationed; the population of places where the city (not divided into districts) governments are stationed and other sub-district offices under the administration of the city, and the population of circumjacent townships where are the extending areas of city construction of the places where the governments are stationed. Town population refers to the population of places where town governments are stationed and other neighborhood committees under the administration of the towns, and the population of circumjacent villagers' committees where are the extending areas of town construction of the places where the town governments are stationed. Rural population is the population other than those mentioned above.

From 2006 to now urban population is composed of city population and town population. City population includes the population of neighborhood committees (community committees) under the administration of sub-district offices and the population of other neighborhood committees (community committees) and villagers' committees connected through city common facilities and residence facilities. Town population includes the population of neighborhood committees (community committees) under the administration of towns and the population of villagers' committees connected through town common facilities and residence facilities, and the population of special areas with more than 3000 permanent residents, such as independent mining areas, development zones, research institutes, universities and colleges, farms, forestry centers and so on. Rural population is the population other than those mentioned above.

Birth Rate (or Crude Birth Rate) refers to the ratio of the number of births to the average population (or mid-period population) during a certain period of time (usually a year) which is often expressed in ‰. Birth rate in the chapter refers to annual birth rate. The following formula is used: Birth Rate = Number of Births/Average Number of Population × 1000‰

Number of births refers to live births, i. e. the births when babies had showed any vital phenomena regardless of the length of pregnancy. Annual Average Number of Population is the average of the number of population at the beginning of the year and that at the end of the year. Sometimes it is substituted for with the mid year population.

Death Rate(or Crude Death Rate) refers to the ratio of the number of deaths to the average population(or mid-period population) during a certain period of time(usually a year) which is often expressed in ‰. Death rate in the chapter refers to annual death rate. The following formula is used:

Death Rate = Number of Deaths/Annual Average Number of Population × 1000‰

Natural Growth Rate of Population refers to the ratio of natural increase in population(number of births minus number of deaths) in a certain period of time(usually a year) to the average population(or mid-period population) of the same period which is often expressed in ‰. The following formulas are applied:

Natural Growth of Population = (Number of Births – Number of Deaths)/Average Number of Population × 1000‰

Natural Growth Rate of Population = Birth Rate – Death Rate

Illiteracy Rate refers to the percentage of illiterate population to total aged 15 and over of resilent population.

Employed Persons refer to the persons who are engaged in social working and receive remuneration payment or earn business income, including total staff and workers, re-employed retirees, employers of private enterprises, self-employed workers, employees in private enterprises and individual economy, employees in township enterprises, employed persons in the rural areas, and other employed persons(including teachers in the schools run by the local people, people engaged in religious profession and the servicemen, etc.). This indicator reflects the actual utilization of total labour force during a certain period of time and is often used for the research on China's economic situation and national power.

Persons Employed in Units refers to the work of all types of legal entities and the payment of labor remuneration by the unit, including on-the-job employees and other employed personnel. On-the-job employees refers to the person who work in the unit and signs a labor contract with the unit, and the unit pays all the wages and social insurance, housing provident fund, and the above-mentioned personnel are still paid but not for work due to reasons such as study, illness, or maternity leave. Other employed personnel refers to the work of the unit, can not be assigned to the on-the-job employees and labor dispatched personnel. These person are those who actually participate in the production or work of the unit and receive remuneration from the unit. These include: part-time staff, official retirees employed, part-time employees and employees holding the second job, as well as foreigners and Hongkong, Macao and Taiwanese personnel working in the unit.

Persons Employed in Private Enterprises and Self-Employed Individuals in Urban Areas Persons employed in private enterprises refer to the persons employed in the private enterprises which have been registered at the departments of industrial and commercial administration and are situated at urban areas or townships for business operation or at urban areas with the level higher than a county town. The self-employed individuals in urban areas refer to persons who hold the certificates of residence in urban areas or have resided in the urban areas for a long time and have been registered at the departments of industrial and commercial administration and approved to be engaged in individual industrial or commercial business, including self-employed persons as well as helpers and hired labourers who work in the individual households engaged in industrial or commercial business.

Registered Urban Unemployed Persons The registered unemployed persons in urban areas refer to the persons who are registered as permanent residents in the urban areas, aged within the range of working age, capable to labour, unemployed but desirous to be employed and have been registered at the local employment service agencies to apply for a job.

Staff and Workers in State-owned Economic Units refer to the persons who work in the state-owned economic units or their attached units and are listed in their payrolls.

Staff and Workers of Collective Owned Units in Urban Areas refer to the persons who work in collective owned units in urban areas and their administration departments and receive payment therefrom.

Staff and Workers in Units of Other types of Ownership refer to those who work in (and receive payment therefrom) enterprises and institutions of joint ownership, share holding, foreign ownership, and ownership by entrepreneurs from Hong Kong, Macao, and Taiwan.

Total Wages of Staff and Workers refer to the total remuneration payment to staff and workers in various units during a certain period of time. The calculation of total wages is based on the total remuneration payment to the staff and workers. Therefore, all the wages and salaries and other payments to staff and workers are included in the total wages regardless of their sources, category, and forms (in kind or cash). (Total wages of staff and workers in this yearbook include only total wages of fully employed staff and workers, excluding the living allowances distributed to those who have left their working units while keeping their labor contract/employment relation unchanged).

Average Wage of Staff and Workers refers to the average wage in money terms per person during a certain period of time for staff and workers in enterprises, institutions, and government agencies, which reflects the general level of wage income during a certain period of time and is calculated as follows:

Average Wage of Staff and Workers = Total Wages of Staff and Workers at the Report Period/Average Number of Staff and Workers at the Report Period.

Average Wage Indices of Employed Staff and Workers refers to the ratio of average wage of staff and workers in the report period to that in the base period, which reflects the change of wage of staff and workers at the different period. It is calculated as follows:

Average Wage Indices of Staff and Workers = Average Wage of Staff and Workers at the Report Period/Average Wage of Staff and Workers at the Base Period ×100%

Average Real Wage Indices of Employed Staff and Workers average real wage of staff and workers refers to the average wage of staff and workers after removing the effects of the price changes and average real wage indices of staff and workers refers to the change of real wage, which reflects the relative increasing or decreasing level of real wage of staff and workers, which is calculated as follows:

Average Real Wage Indices of Staff and Workers = Average Wage Indices of Staff and Workers at the Report Period/Urban Consumer Price Indices at the Report Period ×100%

4

价格指数
Price Indices

简　要　说　明

一、本篇资料的主要内容

本篇价格指数资料，反映生产、流通、消费与投资等环节的价格变动趋势和变动幅度。主要包括居民消费价格指数、商品零售价格指数、农业生产资料价格指数、工业生产者价格指数、固定资产投资价格指数和房地产价格指数等。

二、本篇的资料来源

价格指数编制由国家统计局江苏调查总队组织实施。总队和有关市、县调查队依据国家统计局统一制定的价格统计调查制度采集原始数据并计算价格指数。

三、居民消费、商品零售价格指数

编制居民消费、商品零售价格指数的资料采用抽样调查和重点调查相结合的方法取得，即在全省选择不同经济区域和分布合理的地区，以及有代表性的商品作为样本，对其市场价格进行定期调查，以样本推断总体。编制过程按下列几个步骤进行：

1. 选择调查地区和调查点。调查地区按照经济区域和地区分布合理等原则，选出具有代表性的大、中、小城市和县作为国家的调查地区，在此基础上选定经营规模大、商品种类多的商场（包括集市和服务网点）作为调查点。

2. 选择代表规格品。代表规格品是选择那些消费量大、价格变动有代表性的商品。代表规格品的主要选择原则：(1)与居民生活和商品零售密切相关；(2)消费（销售）数量（金额）大；(3)市场供应稳定；(4)价格变动趋势有代表性；(5)所选的代表规格品之间性质差异大，价格变动的相关性低。

目前，居民消费价格调查按用途划分为8大类，262个基本分类，各地每月调查700种以上规格品价格；商品零售价格按用途划分为16个大类，197个基本分类，各地每月调查600种以上的规格品价格。

3. 价格调查方式。采用派员直接到调查点登记调查，同时聘请辅助调查员协助登记调查。

4. 权数的确定。居民消费价格指数的计算权数主要根据城乡居民家庭消费支出构成确定；商品零售价格指数的计算权数主要根据社会商品零售额资料确定。

四、工业生产者价格指数

工业生产者价格包括工业企业产品第一次出售时的出厂价格（下简称工业生产者出厂价格）和原材料、燃料、动力购进价格（下简称工业生产者购进价格）。

工业生产者价格调查采用重点调查与典型调查相结合的调查方法。重点调查将全部年主营业务收入2000万元以上（2010年以前为500万元以上）的企业列为调查对象；典型调查是把年主营业务收入2000万元以下（2010年以前为500万元以下）的企业作为抽样对象。

1. 代表企业的选择原则：(1)按工业行业选择调查企业，各中类行业原则上都要有调查企业。(2)大型企业应尽量都选上（或占相当大比重）。(3)选择生产稳定、正常的企业作为调查对象。

2. 代表产品的选择原则：(1)按工业行业选择基本分类和代表产品。(2)选择对国计民生影响大的产品。(3)选择生产较为稳定的产品。(4)选择有发展前景的产品。(5)选择具有地方特色的产品。

目前《工业生产者出厂价格调查目录》包括20000多种工业产品，并将其划分为1638个基本分类。工业生产者购进价格调查项目由上述出厂调查目录的大部分和部分农副产品两部分组成，包括10000多种调查产品，确定为981个基本分类。

3. 价格调查方式。采用企业报表形式。

4. 权数的确定。工业生产者出厂价格统计中，小类及小类以上的权数资料来源于工业统计中分行业工业销售产值数据资料；基本分类的权数资料来源于独立的工业企业产品权数调查。工业生产者购进价格统计中，基本分类及以上分类的权数资料主要来源于独立的工业企业产品权数调查，小类及小类以上的权数还可以参照相应行业的出厂权数和分行业的投入产出数据资料。权数一般五年更换一次。

五、固定资产投资价格指数

固定资产投资价格调查采用重点调查与典型调查相结合的方法。固定资产投资价格调查所涉及的价格是构成固定资产投资额实体的实际购进价格或结算价格。调查的内容包括构成当年建筑工程实体的钢材、木材、水泥、地方建材（如砖、瓦、灰、沙、石等）、化工材料（如油漆等）等主要建筑材料价格；作为活劳动投入的劳动力价格（单位工资）和建筑机械使用费；设备工器具购置和其他费用投资价格。

固定资产投资价格调查样本的选择遵循以下原则：

1. 选择建筑安装工程调查点的原则：（1）样本单位应具有一定覆盖面；（2）投资经济活动代表性强；（3）兼顾不同经济类型；（4）选择重点工程；（5）兼顾国民经济各门类及不同工程类别。

2. 选择其他费用调查点的原则：在选择其他费用调查点时，所遵循的原则与建筑安装工程调查点的原则基本相同，特别是要注意选择那些投资额大的工程。但由于其他费用不易取得，所以在实际操作过程中，应同时在建设单位、施工单位开展重点调查，并辅以典型调查（从管理部门取得资料）。

3. 价格调查方式。采用企业报表和调查员走访相结合的方式。

4. 权数的确定。固定资产投资价格指数的计算权数是建筑安装工程、设备工器具购置和其他费用三者前两年投资完成额的平均比重。

六、房地产价格指数

住宅销售价格包括新建住宅和二手住宅两部分。

新建住宅价格调查，在2010年以前采用重点调查与典型调查相结合的方法，从2011年开始，采用全面调查的方法。二手住宅价格调查采用重点调查与典型调查相结合的方法。

调查方式采用报表与走访相结合的方式。

Brief Introduction

Ⅰ. Main Contents

Data on price indices in this chapter show the changing trends and the change rates in the prices of production, trade, consumption and investment, including mainly consumer price indices, retail price indices, price indices for means of agricultural production, producer price indices for farm products, price indices for investment in fixed assets, and price indices for real estate.

Ⅱ. Sources of Data

Compilation of statistics on price indices is organized by the Survey Office of the National Bureau of Statistics in Jiangsu. The survey Office and the selected cities and counties collect data and calculate the price index in accordance with the scheme of price survey system stipulated by the NBS.

Ⅲ. Consumer Price Indices and Retail Price Indices

Data for compilation of the consumer price indices and the retail price indices in Jiangsu are collected through a combination of sample surveys and surveys of key units. Areas distributed in different economic regions are selected as the sample areas and representative commodities are selected as the sample commodities. Regular surveys are conducted to collect data on their market prices. Population parameters are inferred on the basis of the sample data. Following are major steps in the process of calculation of the price indices:

(1) The selection of areas and survey points: Based on such principles as regional economic features and reasonable geographic distribution, representative sample areas for the national survey are selected which include large, medium and small cities and counties. When the sample areas have been selected, large-scale shops and markets (including fairs and service outlets) with wide variety of commodities are selected as survey points.

(2) The selection of representative specifications or varieties. The representative specifications or varieties selected are those consumed in large quantity and representative in price changes. The principles for selection are: (a) The commodities are closely related to people's living conditions and retail sales of commodities; (b) They are consumes (or sold) in large quantities (or large values); (c) The market supply is stable; (d) The changes of their prices are representative in trend; (e) There is great heterogeneity among the specifications or varieties selected, and the correlation be-

tween price charges is low.

At present, data are collected on 700 and more specifications each month under 262 basic headings in 8 categories in the consumer price surveys. For the retail price surveys, data are collected on more than 600 specifications each month under 197 basic headings in 16 categories.

(3) Method of data collection: Enumerators are sent to the survey points to take the records of the prices. Assistant enumerators are recruited to assist the survey work.

(4) Determination of the weights: The weights for calculation of the consumer price indices are determined according to the composition of the consumption expenditures of urban and rural households. The weights for calculation of the retail price indices are determined mainly according to the total retail sales of commodities.

Ⅳ. Producer Price Indices for Industrial Products

Producer prices for manufactured goods refer to the ex-factory price of manufactured goods when they are first sold. The survey program is a combined use of the key units' survey and typical units' survey methods. Key units refer to those non-State-owned industrial enterprises with annual revenue above 20 million yuan. (Before 2010, it was above 5 nillion yuan) Typical units refer to the industrial enterprises with annual sale revenue below 20 million yuan. (Before 2010, it was below 5 million yuan).

(1) Principles for selecting the representative enterprises:

(a) Enterprises to be covered in the survey are selected by industrial sectors. In principle, every branch should have enterprises selected; (b) All (or a majority of) large-sized enterprises should be selected; (c) Enterprises selected should be those with normal and stable production; (d) Different types of ownership should be considered in selecting enterprises.

(2) Principle for the selection of representative goods:

(a) The goods are selected by industrial sectors; (b) The selected goods should have great impact on the national economy and people's living conditions; (c) The production of the goods selected are relatively more stable; (d) The prospects of the goods selected are promising; (e) The goods selected are typical to the place in question.

The *survey catalog of Producer Prices for Industrial Products* includes over 20000 goods, and they are divided into 1638 basic classification; *Survey catalog of Purchasing Price for Industrial Producers* includes over 10000 goods, and they are divided into 981 basic classifications.

(3) Method of data collection: The method of reporting forms by enterprises is adopted.

(4) Determination of the weights: The weights for calculation of the producer price indices for manufactured goods are determined according to the total sales value of manufactured goods. Data from the industrial census are used for the calculation. If census data are not available for the reference year, industrial statistical data and statistical data from other agencies will be used to estimate the weights. The weights are replaced every five years.

Ⅴ. Price Indices for Investment in Fixed Assets

Data on prices of investment in fixed assets are collected by a program involving the combined use of surveys on key units and surveys on typical units. The prices collected in the surveys of investment in fixed assets are the actual purchasing prices or settlement prices of entities of investment in fixed assets. The survey content includes the prices of main construction materials that constitute the architectural engineering entity in the year, such as steel, timber, cement, local construction materials (such as brick, tile, calcareous ashes, sand, stone, etc.), chemical materials (such as oil paint, etc.), the price of labor force as input (wages), prices for renting of building machinery and equipment, the purchasing price of equipment, tools and instruments and the prices of others investments.

The following principles should be followed in selecting the sample for the price survey of investment in fixed assets:

(1) Principles for selecting the survey points of construction and installation: (a) Sample units should have a good coverage; (b) The economic activity of investment should have strong representativeness; (c) Different economic types of ownership should be considered; (d) key projects should be selected; (e) Attention should be given to various sectors of the national economy and types of projects.

(2) Principles for selecting price survey points of other fees: The principles for selecting survey points of others fees is in general the same as that of construction and installation, with special attention being paid to selecting projects with huge investment value. Since it is not easy to obtain the other fees, during the actual data gathering operations, survey on key construction owner units and building units is to conducted concurrently with survey on typical units (with information from administration units)

(3) Method of price survey: A combination of enterprises reporting system and enumerator visits method.

(4) Determination of the weights: The weights for calculation of the price indices for investment in fixed assets are determined according to the average proportion of construction and installation, purchase of equipment, tools and instruments and other investments in the 2 preceding years.

Ⅵ. Price Indices for Real Estate

Sale prices of houses include the prices for commercialized houses and for second-hand houses.

New housing price Survey before 2010 using the key survey and typical method of combining. Beginning of 2011, take a comprohensive survey. Second-hand housing prices using a combiration of approaches fouse on investigation and sampling surveys. The mothod including reports and visition.

4-1 各种价格指数
Price Indices

上年=100 (preceding year=100)

年份 Year	居民消费价格指数 Consumer Price Index	城市 Urban	农村 Rural	商品零售价格指数 Retail Price Index	工业生产者出厂价格指数 Producer Price Index for Industrial Products	工业生产者购进价格指数 Purchasing Price Index for Industrial Products	固定资产投资价格指数 Price Index for Investment in Fixed Assets
1979	101.0	100.7	101.3	101.3			
1980	105.6	105.7	105.6	105.8			
1981	101.5	102.3	100.9	101.4			
1982	100.9	100.9	101.0	100.9			
1983	100.4	100.8	100.0	100.1			
1984	103.0	104.1	102.1	102.5			
1985	109.5	109.6	109.4	109.5			
1986	107.1	106.4	107.7	107.1			
1987	109.2	110.5	107.7	109.3			
1988	121.9	122.6	121.4	122.3			
1989	117.1	116.0	118.5	116.8			
1990	103.2	103.4	103.0	102.3			
1991	104.9	107.7	101.9	104.8	103.2	107.0	104.5
1992	106.6	108.8	104.4	105.1	103.8	110.2	112.1
1993	118.2	118.7	117.3	115.9	118.5	125.7	138.8
1994	123.2	125.3	121.7	123.6	121.4	120.1	114.6
1995	115.8	116.2	115.3	114.3	114.2	117.3	107.4
1996	109.3	110.8	107.1	106.8	100.6	103.9	103.2
1997	101.7	101.3	102.0	99.3	97.9	97.9	99.2
1998	99.4	100.0	99.0	98.2	94.5	91.4	98.8
1999	98.7	98.6	98.8	96.9	96.1	94.4	98.3
2000	100.1	100.0	100.1	98.6	101.1	107.1	101.2
2001	100.8	100.1	101.5	98.9	99.1	99.5	100.8
2002	99.2	98.4	100.2	98.4	97.6	98.6	101.3
2003	101.0	100.9	101.2	99.8	102.3	106.5	104.3
2004	104.1	103.7	104.6	102.2	106.5	116.3	109.3
2005	102.1	102.0	102.4	100.3	102.6	107.6	100.9
2006	101.6	101.6	101.7	100.8	101.5	106.4	101.2
2007	104.3	104.1	104.8	102.9	102.6	105.0	104.9
2008	105.4	105.2	105.6	104.9	104.6	115.0	110.0
2009	99.6	99.6	99.5	98.9	95.2	91.9	97.7
2010	103.8	103.6	104.3	103.2	107.3	112.8	105.1
2011	105.3	105.1	105.9	104.6	106.2	108.9	106.8
2012	102.6	102.6	102.6	102.1	97.1	95.8	98.6
2013	102.3	102.3	102.5	101.4	98.0	97.1	100.5
2014	102.2	102.2	102.2	101.6	98.3	97.0	101.1
2015	101.7	101.7	101.5	100.6	95.3	92.1	96.2
2016	102.3	102.4	101.8	100.8	98.1	98.0	98.8
2017	101.7	101.8	101.5	101.9	104.8	109.7	107.6
2018	102.3	102.3	102.4	102.6	102.8	104.6	106.0

4-2 各种价格定基指数
Fixed-base Price Indices

年份 Year	居民消费价格指数(1978年=100) Consumer Price Index (1978=100)	城市 Urban	农村 Rural	商品零售价格指数(1978年=100) Retail Price Index (1978=100)	工业生产者出厂价格指数(1990年=100) Producer Price Index for Industrial Products (1990=100)	工业生产者购进价格指数(1990年=100) Purchasing Price Index for Industrial Products (1990=100)	固定资产投资价格指数(1990年=100) Price Index for Investment in Fixed Assets (1990=100)
1979	101.0	100.7	101.3	101.3			
1980	106.7	106.4	107.0	107.7			
1981	108.3	108.9	107.9	108.7			
1982	109.2	109.9	109.0	109.7			
1983	109.7	110.7	109.0	109.8			
1984	113.0	115.3	111.3	112.5			
1985	123.7	126.4	121.8	123.2			
1986	132.5	134.4	131.1	131.9			
1987	144.7	148.6	141.2	144.2			
1988	176.3	182.1	171.5	176.4			
1989	206.5	211.3	203.2	206.0			
1990	213.1	218.5	209.3	210.7			
1991	223.5	235.3	213.3	220.9	103.2	107.0	104.5
1992	238.3	256.0	222.6	232.1	107.1	117.9	117.1
1993	281.7	303.9	261.2	269.0	126.9	148.2	162.6
1994	347.0	380.7	317.8	332.5	154.1	178.0	186.3
1995	401.8	442.4	366.5	380.1	176.0	208.8	200.1
1996	439.2	490.2	392.5	405.9	177.0	216.9	206.5
1997	446.7	496.6	400.3	403.1	173.3	212.4	204.9
1998	444.0	496.6	396.3	395.8	163.8	194.1	202.4
1999	438.2	489.6	391.6	383.5	157.4	183.3	199.0
2000	438.7	489.6	392.0	378.1	159.1	196.3	201.4
2001	442.2	490.1	397.8	373.9	157.7	195.3	203.0
2002	438.6	482.2	398.6	368.0	153.9	192.6	205.6
2003	443.0	486.5	403.4	367.3	157.4	205.2	214.4
2004	461.2	504.5	422.0	375.4	167.6	238.6	234.3
2005	470.9	514.6	432.1	376.5	171.9	256.8	236.4
2006	478.4	522.8	439.5	379.5	174.5	273.2	239.2
2007	499.0	544.3	460.6	390.5	179.0	286.7	250.9
2008	525.9	572.6	486.4	409.6	187.2	329.7	276.0
2009	523.8	570.3	484.0	405.1	178.2	303.0	269.7
2010	543.7	590.8	504.8	418.1	191.2	341.8	283.5
2011	572.7	621.1	534.7	437.4	203.1	372.2	302.8
2012	587.4	637.0	548.5	446.4	197.2	356.6	298.6
2013	601.2	651.6	562.2	452.7	193.3	346.3	300.1
2014	614.4	666.0	574.5	459.8	190.0	335.9	303.4
2015	624.7	677.4	583.2	462.5	181.1	309.4	291.9
2016	638.7	693.3	593.0	466.2	177.7	303.2	288.4
2017	649.9	705.9	601.8	475.1	186.2	312.5	310.3
2018	664.9	722.0	616.3	487.4	191.4	326.9	329.0

4-3 居民消费价格分类指数（2018年）
Consumer Price Indices by Category（2018）

上年=100 （preceding year=100）

类 别	Item	全省 Total	城市 Urban	农村 Rural
居民消费价格总指数	**General Index**	**102.3**	**102.3**	**102.4**
食品烟酒	Food or smoke wine	102.3	102.4	101.9
食品	Food	102.2	102.4	101.2
粮食	Grain	101.2	101.3	101.0
薯类	Tubers	108.5	109.0	106.9
豆类	Beans	99.6	99.6	99.6
食用油	Oil	100.2	100.2	100.2
菜	Vegetables	107.5	107.9	105.9
#鲜菜	Fresh Vegetables	108.0	108.4	106.2
畜肉类	Meat	97.0	97.6	95.4
#猪肉	Pork	93.4	93.8	92.4
禽肉类	Poultry	105.7	105.5	106.7
水产品	Aquatic Products	100.2	100.2	100.0
蛋类	Eggs	112.5	112.9	111.2
奶类	Dairy	103.1	103.3	102.6
干鲜瓜果类	Dried and Fresh Melons and Fruits	104.6	104.3	105.6
#鲜瓜果	Fresh Fruits	106.2	105.9	107.7
糖果糕点类	Cake,Biscuit and Bread	102.7	102.8	102.4
调味品	Flavoring	103.4	103.6	102.7
其他食品类	Other Foods	102.0	101.7	102.7
茶及饮料	Tea and Beverages	102.3	102.1	103.1
烟酒	Tobacco and Wine	102.0	102.1	101.7
烟草	Tobacco	100.0	100.1	99.8
酒	Liquor	105.3	105.4	105.3
在外餐饮	Dining Out	102.8	102.4	104.4
衣着	Clothing	102.2	102.0	102.9
服装	Garments	102.3	102.1	103.3
服装材料	Clothing Material	101.7	101.7	101.7
其他衣着及配件	Other Clothing and Accessories	101.5	101.7	100.8
衣着加工服务费	Clothing Manufacturing Services	106.5	107.2	103.9
鞋类	Footwear	101.7	101.6	101.8
居住	Residence	102.4	102.1	103.4
租赁房房租	Renting	101.9	101.9	102.0

4-3 续 表 Continued

上年=100 (preceding year=100)

类 别 Item		全省 Total	城市 Urban	农村 Rural
住房保养维修及管理	Maintenance and management of housing	106.7	105.9	109.4
水电燃料	Water, Electricity and Fuels	101.6	101.2	102.9
自有住房	Private Housing	101.6	101.6	101.9
生活用品及服务	Daily Necessities and Services	103.4	103.4	103.5
家具及室内装饰品	Furniture and Interior Decorations	103.5	102.9	105.3
家用器具	Household Appliances	102.2	102.3	102.0
家用纺织品	Daily Use Textile	102.5	102.1	104.0
家庭日用杂品	Daily Use Household Articles	104.1	104.2	103.7
个人护理用品	Personal Articles	102.1	102.1	102.2
家庭服务	Household Services	107.5	107.5	107.3
交通和通信	Transportation and Communication	102.5	102.6	102.1
交通	Transportation	103.7	103.9	103.0
通信	Communication	100.0	99.9	100.3
教育文化和娱乐	Education and Culture Articles	102.4	102.5	102.0
教育	Education	102.0	102.0	101.8
文化娱乐	Culture and Recreational Articles	102.9	103.0	102.5
文娱耐用消费品	Durable Consumer Goods for Cultural and Recreational Use and Services	99.4	99.2	100.3
文化娱乐服务	Cultural and Recreational Services	100.7	100.6	101.6
旅游	Touring and Outing	105.0	105.0	105.7
医疗保健	Health Care	101.2	101.1	101.7
药品及医疗器具	Medicine and Medical Instrument	104.2	104.2	104.2
医疗服务	Medical Services	99.9	99.6	100.8
其他用品和服务	Other Supplies and Services	102.2	102.3	102.0
其他用品类	Other Supplies	99.3	99.1	100.2
其他服务类	Other Services	104.5	104.6	104.0
消费品价格指数	Consumer Price Index	102.5	102.5	102.7
服务项目价格指数	Service Item Price Index	102.0	102.0	102.0

4-4 商品零售价格分类指数（2018年）
Retail Price Indices by Category(2018)

上年=100 (preceding year=100)

类别	Item	全省 Total	城市 Urban	农村 Rural
商品零售价格指数	**Retail Price Index**	**102.6**	**102.5**	**103.2**
食品	Food	102.4	102.5	101.9
饮料、烟酒	Beverages, Tobacco and Liquor	102.1	102.2	102.1
服装、鞋帽	Garments, Shoes, Hats	102.2	102.1	102.8
纺织品	Textiles	102.1	102.0	103.0
家用电器及音像器材	Household Appliances, Music and Video Equipment	100.9	100.9	101.7
文化办公用品	Cultural and Office Appliances	101.4	101.5	101.1
日用品	Articles for Daily Use	103.5	103.5	103.8
体育娱乐用品	Sports and Recreation Arcticles	102.6	102.6	102.0
交通、通信用品	Transportation and Communicatior Appliances	99.0	98.9	100.2
家具	Furniture	103.1	102.8	105.1
化妆品	Cosmetics	102.0	102.0	101.9
金银饰品	Gold and Silver Ornaments	97.3	97.3	97.6
中西药品及医疗保健用品	Traditional Chinese and Western Medicines and Health Care Articles	104.2	104.1	105.0
书报杂志及电子出版物	Books, Newspapers, Magazines and Electronic Publications	107.4	107.5	106.7
燃料	Fuels	109.9	110.0	109.1
建筑材料及五金电料	Building Materials and Hardware	105.0	104.4	108.8
农业生产资料价格指数	**Means of Agricultural Production General Price Index**	**103.9**		
农用手工工具	Farm Handtools	106.8		
饲料	Forage	104.0		
仔畜幼禽及产品畜	Young Animal Production Livestock	92.7		
半机械化农具	Semi-mechanized Farm Tools	100.5		
机械化农具	Mechanized Farm Machinery	100.3		
化学肥料	Chemical Fertilizer	109.3		
农药及农药器械	Pesticide and Its Appliances	105.2		
化学农药	Chemical Pesticide	105.5		
农药器械	Pesticide Appliances	101.9		
农机用油	Oil for Farm Machinery	116.0		
其他农用生产资料	Other Means of Agricultural Production	101.8		
农业生产服务	Service for Agricultural Prodcution	102.3		

4－5 工业生产者出厂价格指数
Producer Price Indices for Industrial Products

上年＝100 (preceding year＝100)

类 别	Item	2000	2005	2010	2015	2018
工业生产者出厂价格指数	**Producer Price Indices for Industrial Products**	**101.1**	**102.6**	**107.3**	**95.3**	**102.8**
轻工业	Light Industry	97.9	100.3	104.9	98.3	100.8
以农产品为原料	Using Farm Products as Raw Materials	97.1	100.9	107.3	99.1	101.4
以非农产品为原料	Using Non-Farm Products as Raw Materials	99.5	100.1	103.6	97.0	100.2
重工业	Heavy Industry	102.8	105.4	109.7	94.3	103.4
采掘	Mining and Quarrying	102.2	121.6	125.0	80.8	111.3
原料	Raw Materials	110.9	109.7	113.8	91.1	107.6
加工	Manufacturing	96.7	102.1	107.4	95.4	102.1
生产资料	Means of Production	103.0	103.2	108.2	94.4	103.4
采掘	Mining and Quarrying	101.9	121.9	124.4	80.8	111.3
原料	Raw Materials	110.8	108.9	114.3	90.5	106.8
加工	Manufacturing	97.3	100.9	106.3	95.6	102.4
生活资料	Consumer Goods	96.6	100.5	103.1	99.6	100.3
食品	Food	89.6	99.9	105.6	99.1	99.5
衣着	Clothing	100.9	102.9	103.2	100.6	101.4
一般日用品	Daily-use Articles	98.5	101.2	102.1	99.3	100.5
耐用消费品	Durable Consumer Goods	95.6	98.2	100.8	99.5	99.9

4－6 分部门工业生产者出厂价格指数
Producer Price Indices for Industrial Products by Industry

上年＝100 (preceding year＝100)

类 别	Item	2000	2005	2010	2015	2018
工业生产者出厂价格指数	**Producer Price Indices for Industrial Products**	**101.1**	**102.6**	**107.3**	**95.3**	**102.8**
冶金工业	Metallurgical Industry	104.1	103.5	112.6	86.5	107.0
电力工业	Power Industry	106.1	106.0	100.5	100.7	101.0
煤炭及炼焦工业	Coal Industry	94.0	116.1	116.8	81.6	107.3
石油工业	Petroleum Industry	144.4	119.6	127.3	80.0	112.2
化学工业	Chemical Industry	105.2	105.8	113.8	91.1	106.0
机械工业	Machine Building Industry	95.8	100.0	102.9	98.7	99.5
建筑材料工业	Building Materials Industry	99.2	95.4	105.5	94.5	114.6
森林工业	Timber Industry	97.1	103.0	101.3	101.0	100.9
食品工业	Food Industry	89.4	99.6	105.1	98.7	99.5
纺织工业	Textile Industry	101.8	101.5	111.7	98.3	101.6
缝纫工业	Tailoring Industry	102.0	103.3	103.2	100.6	101.4
皮革工业	Leather Industry	102.5	101.5	101.8	99.6	101.0
造纸工业	Paper Industry	104.9	101.8	107.9	99.4	107.3
文教艺术用品工业	Cultural, Educational and Handicrafts Articles	103.4	102.2	101.1	100.3	100.6
其他工业	Others	102.6	100.8	104.0	100.4	101.3

4-7 分行业工业生产者出厂价格指数
Producer Price Indices for Industrial Products by Sector

上年=100 (preceding year=100)

行业	Sector	2014	2015	2016	2017	2018
工业生产者出厂价格指数	**Producer Price Indices for Industrial Products**	**98.3**	**95.3**	**98.1**	**104.8**	**102.8**
煤炭开采和洗选业	Mining and Washing of Coal	86.8	79.8	90.1	121.5	103.8
石油和天然气开采业	Extraction of Petroleum and Natural Gas	94.6	54.9	84.9	132.7	125.7
黑色金属矿采选业	Mining and Processing of Ferrous Metal Ores	78.7	63.2	80.9	106.1	100.8
有色金属矿采选业	Mining and Processing of Non-Ferrous Metal Ores	98.1	96.0	91.1	99.0	100.6
非金属矿采选业	Mining and Processing of Nonmetal Ores	100.1	99.6	100.7	106.1	113.5
农副食品加工业	Processing of Food from Agricultural Products	97.6	98.0	100.6	102.2	99.0
食品制造业	Manufacture of Food	101.1	99.8	99.5	101.7	101.9
酒、饮料和精制茶制造业	Manufacture of Beverage	100.0	99.0	99.0	100.1	101.5
烟草制品业	Manufacture of Tobacco	100.0	100.5	100.0	100.0	100.1
纺织业	Manufacture of Textile	99.0	98.4	99.5	101.6	101.5
纺织服装、服饰业	Manufacture of Textile Wearing, Apparel, Footwear and Caps	100.1	101.1	101.6	101.7	101.5
皮革、毛皮、羽毛及其制品和制鞋业	Manufacture of Textile, Fur, Feather and footwear Products	100.4	99.2	99.9	100.3	101.4
木材加工和木、竹、藤、棕、草制品业	Processing of Timber, Manufacture of Wood, Bamboo, Rattan, Palm and Straw Products	100.8	101.1	100.3	98.4	101.0
家具制造业	Manufacture of Furniture	101.5	99.7	100.4	102.1	100.7
造纸和纸制品业	Manufacture of Paper and Paper Products	100.8	99.4	99.4	111.2	107.2
印刷和记录媒介复制业	Printing, Reproduction of Recording Media	99.8	99.9	99.4	101.4	101.1
文教、工美、体育和娱乐用品制造业	Manufacture of Culture, Education, Arts, Crafts Sports and Enterfaiment Supplies	99.8	100.7	101.9	100.5	99.7
石油加工、炼焦和核燃料加工业	Processing of Petroleum, Coking, Processing of Nuclear Fuel	94.8	78.1	94.0	120.3	112.7

4-7 续 表 Continued

上年=100 (preceding year=100)

行 业 Sector		2014	2015	2016	2017	2018
化学原料和化学制品制造业	Manufacture of Raw Chemical Materials and Chemical Products	98.6	89.2	96.5	110.8	107.5
医药制造业	Manufacture of Medicines	99.5	98.9	99.8	100.1	102.9
化学纤维制造业	Manufacture of Chemical Fibers	93.1	87.7	94.9	107.4	104.8
橡胶和塑料制品业	Manufacture of Rubber and Plastics	99.3	96.0	98.1	103.5	101.7
非金属矿物制品业	Manufacture of Non-ferrous Metals	100.8	95.2	98.1	109.1	112.8
黑色金属冶炼和压延加工业	Smelting and Pressing of Ferrous Metals	92.5	81.1	99.3	122.2	106.8
有色金属冶炼和压延加工业	Smelting and Pressing of Non-ferrous Metals	96.4	91.7	94.7	116.3	105.9
金属制品业	Manufacture of Metal Products	99.2	96.4	98.1	107.8	106.2
通用设备制造业	Manufacture of General Purpose Machinery	99.7	99.1	98.7	100.3	101.0
专用设备制造业	Manufacture of Special Purpose Machinery	99.9	99.2	99.0	100.1	101.2
汽车制造业	Manufacturing of Transport Equipment	99.0	98.7	97.5	99.3	99.8
铁路、船舶、航空航天和其他运输设备制造业	Manufacture of Railroad, Marine, Aviation and other Transport Equipment	99.3	99.9	99.7	102.8	101.9
电气机械和器材制造业	Manufacture of Electrical Machinery and Equipment	98.7	97.4	97.5	101.6	99.6
计算机、通信和其他电子设备制造业	Manufacture of Computer Communications and other Electronic Equipment	98.7	98.9	97.7	98.8	97.4
仪器仪表制造业	Manufacture of Instrumentation	100.0	99.6	99.6	99.1	98.7
其他制造业	Other Manufacturing	103.5	103.2	102.9	102.4	100.8
废弃资源综合利用业	Manufacture of Recycling and Disposal of Waste	83.9	86.0	101.5	106.5	115.3
金属制品、机械和设备修理业	Manufacture of Metal Products, Machinery and Equipment Repair	98.1	99.4	99.7	102.0	103.9
电力、热力生产和供应业	Production and Supply of Electric Power and Heat Power	100.1	101.2	95.2	101.0	100.9
燃气生产和供应业	Production and Supply of Gas	106.4	102.8	91.4	102.4	104.8
水的生产和供应业	Production and Supply of Water	100.9	102.4	103.5	100.5	101.4

4－8　工业生产者购进价格指数

Purchasing Price Indices for Industrial Products

上年＝100　　　　(preceding year＝100)

类　　别	Item	2014	2015	2016	2017	2018
工业生产者购进价格指数	**Purchasing Price Indices for Industrial Products**	**97.0**	**92.1**	**98.0**	**109.7**	**104.6**
燃料动力类	Fuel and Power	96.0	85.1	96.7	114.5	107.4
黑色金属材料类	Ferrous Metal	94.9	87.8	98.4	117.2	107.8
有色金属材料和电线类	Non-Ferrous Metal and Wire	95.3	90.2	95.9	115.6	103.8
化工原料类	Chemical Materials	97.8	91.1	97.3	113.1	106.0
木材及纸浆类	Timber and Pulp	98.7	102.5	99.0	104.3	106.0
建筑材料及非金属矿类	Construction Materials and Non-Metal Mining Industry	99.0	91.7	96.5	108.1	110.7
其他工业原材料、半成品类	Other Industrial Raw Materials and Semi-Finished Products	97.8	96.7	98.7	103.0	101.3
农副产品类	Farm and Sideline Products	97.7	93.5	100.3	104.7	98.9
纺织原料类	Textile Raw Materials	97.7	98.0	100.3	103.9	102.2

4－9　固定资产投资价格指数

Price Indices for Investment in Fixed Assets

上年＝100　　　　(preceding year＝100)

类　　别	Item	2000	2005	2010	2015	2018
总指数	**General Index**	**101.2**	**100.9**	**105.1**	**96.2**	**106.0**
建筑安装工程	Construction and Installation	102.4	99.6	106.9	93.4	109.6
设备、工器用具购置	Purchase of Equipment and Instruments	97.8	100.5	101.7	99.5	100.7
其他费用	Others	102.6	106.5	105.6	101.8	102.3

4－10　房地产价格指数

Real Estate Price Indices

上年＝100　　　　(preceding year＝100)

类　　别	Item	2014	2015	2016	2017	2018
新建住宅	New Residential					
南京	Nanjing	104.2	100.2	129.0	113.2	98.8
无锡	Wuxi	100.6	96.4	115.7	117.7	100.7
徐州	Xuzhou	102.6	96.7	103.9	110.7	111.7
扬州	Yangzhou	102.4	95.2	103.9	112.6	109.1
二手住宅	Second－hand Residential					
南京	Nanjing	103.4	100.9	121.6	114.4	99.6
无锡	Wuxi	99.8	96.9	107.9	117.8	105.0
徐州	Xuzhou	99.3	96.3	102.0	106.4	106.7
扬州	Yangzhou	100.9	97.9	101.7	108.8	106.0

主要统计指标解释

居民消费价格指数 是反映一定时期内城乡居民所购买的生活消费品价格和服务项目价格变动趋势和程度的相对数，是对城市居民消费价格指数和农村居民消费价格指数进行综合汇总计算的结果。通过该指数可以观察和分析消费品的零售价格和服务价格变动对城乡居民实际生活费支出的影响程度。

城市居民消费价格指数 是反映一定时期内城市居民家庭所购买的生活消费品价格和服务项目价格变动趋势和程度的相对数。通过该指数可以观察和分析消费品的零售价格和服务项目价格变动对城镇居民收入和消费支出的影响。

农村居民消费价格指数 是反映一定时期内农村居民家庭所购买的生活消费品价格和服务项目价格变动趋势和程度的相对数。该指数可以观察农村消费品的零售价格和服务项目价格变动对农村居民收入和生活消费支出的影响。

商品零售价格指数 是反映一定时期内城乡商品零售价格变动趋势和程度的相对数。商品零售价格的变动与国家的财政收入、市场供需的平衡、消费与积累的比例关系有关。因此，该指数可以从一个侧面对上述经济活动进行观察和分析。

农业生产资料价格指数 是反映一定时期内农业生产资料价格变动趋势和程度的相对数。其编制目的是了解农业生产中投入物质资料价格的变动状况，服务于国民经济核算。（1994 年以前，农业生产资料价格指数仅仅是商品零售价格指数的一个类别，此后，从商品零售价格指数中分离出来，单独编制。）

工业生产者价格指数 是反映工业产品价格变化趋势和变动幅度的统计指标，是工业企业的产品价格在不同时间和空间条件下平均变动的相对数。工业生产者价格包括工业品第一次出售时的出厂价格和企业作为中间投入的原材料、燃料、动力购进价格，简称为工业生产者出厂价格和工业生产者购进价格。工业生产者价格指数是进行国民经济核算和经济管理的重要依据。

固定资产投资价格指数 是反映固定资产投资价格变动趋势和程度的相对数。固定资产投资额由建筑安装工程投资完成额，设备、工器具购置投资完成额和其他费用投资完成额三部分组成。编制固定资产投资价格指数应首先分别编制上述三部分投资的价格指数，然后采用加权算术平均法求出固定资产投资价格总指数。

编制固定资产投资价格指数可以准确地反映固定资产投资中涉及的各类商品和取费项目价格变动趋势和变动幅度，消除按现价计算的固定资产投资指标中的价格变动因素，真实地反映固定资产投资的规模、速度、结构和效益，为国家制定、检查固定资产投资计划并提高宏观调控水平，为完善国民经济核算体系提供科学的、可靠的依据。

Explanatory Notes on Main Statistical Indicators

Consumer Price Indices reflects the trend of changes in prices of consumer goods and services purchased by urban and rural residents, and is a composite index derived from the urban consumer price index and the rural consumer price index. Consumer price index can be used to analyze the impact of consumer price change on actual expenditure for living cost of urban and rural residents.

Urban Consumer Price Indices reflects the trend and degree of changes in prices of consumer goods and services purchased by urban households. It can be used to observe and analyze the impact of price changes in consumer goods and services on money wages ot staff and workers, and provide basis for policy making concerning the living cost and wages of staff and workers.

Rural Consumer Price Indices reflects the trend and degree of changes in prices of consumer goods and services purchased by rural households. It can be used to observe the impact of change in retail prices of consumer goods and service prices in rural areas on living expenditure of rural households, and to show the changes in the living standard of peasants. It provides basis for analysis and research on condition of life in rural areas.

Retail Price Indices reflects the general change in retail prices of commodities. The change and adjustment in retail prices directly affect the living expenditure of urban and rural residents, government revenue, purchasing power of residents and the equilibrium of market supply and demand, and the ratio of consumption to accumulation. Therefore, the calculation of retail price index is useful to analyze the changes of the above economic activities.

Means of Agricultural Production General Price Indices reflects the relative number of the trends and degree of changes in prices of agricultural Production data prices over a certain period of time. Its purpose is to understand the changes in the price of input material data in agricultural production and to serve the national economic accounting. (Before 1994, the agriculture production price indices was only a category of the retail price indices of commodities, and since then if has been separated from the retail price indices and compiled separately.

Producer Price Indices for Industrial Products reflects the trend and manitude of response changes in the prices of industrial prouducts. It is the price of the industrial enterprises in the different time and space in relative number. This index including industrial products for the first time and as an intermediate input of raw materials full and power purchase. It is an important basis for the national accounts and economic management.

Price Indices for Investment in Fixed Assets reflects the trend and degree of changes in prices of investment in fixed assets. The investment in fixed assets consists of three componen, namely the investment in construction and installation, the investment in purchases of equipment and instrument, and the investment in other items. Price index of investment in fixed assets is calculated as the weighted arithmetic mean of the price indices of the three components of investment in fixed assets.

5

人民生活

People's Living Conditions

简 要 说 明

一、本篇资料的主要内容

本篇资料反映江苏人民生活现状及变化情况。

居民生活状况的数据来源于住户调查，是对居民家庭抽样调查汇总的结果。主要内容包括居民现金和实物收支情况、住户成员及劳动力从业情况、居民家庭食品和能源消费情况、住房和耐用消费品拥有情况、家庭经营和生产投资情况、社区基本情况以及其他民生状况等。

二、住户样本抽选方法

住户调查的样本抽选包括抽样方法设计、调查网点代表性评估、调查小区抽选以及摸底调查、调查住宅抽选、调查户落实等现场抽样工作。

住户调查的样本量按满足以下代表性需求的标准确定：在95%的置信度下，居民及分城乡居民人均可支配收入、消费支出以及主要收入项和消费项的抽样误差控制在3%以内。

三、住户调查方法

住户调查采用日记账和问卷调查相结合的方式采集基础数据。其中，居民现金收入与支出、实物收入与支出等内容主要使用记账方式采集。住户成员及劳动力从业情况、住房和耐用消费品拥有情况、家庭经营和生产投资情况、社区基本情况及其他民生状况等资料使用问卷调查方式采集。

四、城乡一体化住户调查

从2013年开始，经国务院同意，国家统计局对长期分开进行的城镇住户调查和农村住户调查实施了一体化改革。按照城乡常住人口现状，统一调查指标、统一抽样方法、统一调查过程、统一数据处理和统一数据发布，建立了城乡一体化住户收支调查制度，并在全国统一实施。指标名称、城乡划分范围和指标口径同时发生了变化。

Brief Introduction

Ⅰ. Main Contents

Data in this chapter show the people's living conditions in Jangsu.

Data on resident's living conditions are collected through a sample survey on households, consisting of income and expenditure of cash and real object, household members, employed persons, food and energy consumption, residence condition, ownership of durable consumer goods, household business and production investment, basic situation of community and so on.

Ⅱ. Method for Household Sampling

Samples selection consist of sampling method design, representative evaluation of surevey site, survey area selection, suvey for basic conditon, investigated residence selection, investigated household verification.

Samples of household survey meet the standards: under the confidence level of 95%, the sampling errors of income of income of residents, income of urban and rural residents, consumption expenditure, main income and consumption are controlled within 3%.

Ⅲ. Method for Household Survey

Basic data are collected by journal and questionnaire, among this ways, cash income and expenditure, real objects income and expenditure are mainly collected by account. Data on people's livelihood consist of household members, employed persons, ownership of housing and durable consumer, household business and production investment, basic situation of community are collected by questionnaire.

Ⅳ. Urban and Rural Household Survey

From 2013, the State Council agreed that the National Bureau of Statistics can carry out the integration of rural household and urban household survey. According to the current situation of urban and rural resident population, investigation index, sampling methods, investigation process, data processing and data release were all unified, the unified urban and rural household income and expenditure survey system has been established and carried out nationwide, name of index name, rage of urban and rural areas and standards of some indicators were changed at the same time.

5－1 人民生活水平情况
Basic Statistics on People's Living Standard

指标	Item	2015	2016	2017	2018
就业	**Employment**				
农村平均每户家庭从业人口（人）	Number of Employed Persons per Rural Household (person)	1.92	1.95	1.93	1.77
每一农村就业人口负担人数（人）	Number of Dependents per Labor of Rural (person)	1.54	1.53	1.53	1.66
城镇平均每户家庭从业人口（人）	Number of Employed Persons per Urban Household (person)	1.65	1.66	1.65	1.60
每一城镇就业人口负担人数（人）	Number of Dependents per Labor of Urban (person)	1.80	1.79	1.79	1.85
城镇登记失业率（%）	Registered Urban Unemployment Rate (%)	3.00	3.00	2.98	2.97
收入与支出（元）	**Income and Expenditure (yuan)**				
居民人均可支配收入	Per Capita Disposable Income of Residents	29539	32070	35024	38096
居民生活消费支出	Per Capita Consumption Expanditure of Residents	20556	22130	23469	25007
城镇常住居民人均可支配收入	Per Capita Disposable Income of Urban Permanent Residents	37173	40152	43622	47200
城镇常住居民人均生活消费支出	Per Capita Consumption Expanditure of Urban Permanent Residents	24966	26433	27726	29462
农村常住居民人均可支配收入	Per Capita Disposable Income of Rural Permanent Residents	16257	17606	19158	20845
农村常住居民人均生活消费支出	Per Capita Consumption Expanditure of Rural Permanent Residents	12883	14428	15612	16567
职工年平均工资	Annual Average Wage of Workers and Staff	67200	72684	79741	86590
生活质量	**Life Quality**				
居民家庭恩格尔系数（%）	Household's Engle Coefficient (%)	28.9	28.3	27.8	26.1
城镇居民	Urban	28.1	28.0	27.5	26.1
农村居民	Rural	31.7	29.5	28.9	26.2
人均住房面积（平方米）	Per Capita Floor Space of Residential Building (sq. m)	45.2	46.3	46.5	50.2
城镇人均现住房建筑面积	Per Capita Existing Residential Building Space in Urban Areas	39.6	40.3	40.6	46.9
农村人均现住房建筑面积	Per Capita Existing Residential Building Space in Rural Areas	55.0	56.9	57.3	56.4
交通状况	**Traffic**				
城市每万人拥有公共汽（电）车（辆）	Number of Public Transportation Vehicles Per 10000 Persons (unit)	15.1	15.5	16.4	16.6
城市人均拥有道路面积（平方米）	Per Capita Area of Road in Urban Areas (sq. m)	24.4	25.4	25.6	25.2
城镇每百户拥有家用汽车（辆）	Number of Automabiles Per 100 Urban Households (unit)	39.1	45.8	47.5	52.2
农村每百户拥有摩托车（辆）	Number of Motor－cycles Per 100 Rural Households (unit)	43.7	42.1	39.7	27.2

5-1 续表1 Continued 1

指 标	Item	2015	2016	2017	2018
邮电通信水平	**Level of Postal and Telecommunication**				
每一邮政局所服务面积（平方公里）	Average Area Served by Every Post Office (sq. km)	44.95	45.02	45.12	45.21
固定电话普及率 （部/百人）	Popularization Rate of Fixed Telephones (unit/100 persons)	25.10	21.42	18.83	16.94
移动电话普及率 （部/百人）	Rate Popularization of Mobil-telephones (unit/100 persons)	103.40	102.79	109.69	121.70
城市公用事业	**Public Utilities in Urban Areas**				
用水普及率 （%）	Coverage Rate of Urban Population with Access to Tap Water (%)	99.8	99.9	100.0	100.0
燃气普及率 （%）	Coverage Rate of Urban Population with Access to Gas (%)	99.6	99.5	99.7	99.8
人均公园绿地面积（平方米）	Per Capita Public Green Land Area (sq. m)	14.6	14.8	15.0	14.7
文化、教育和卫生	**Culture, Education and Healthcare**				
文化	Culture				
广播综合人口覆盖率 （%）	Radio Coverage of Population (%)	100.00	100.00	100.00	100.00
电视综合人口覆盖率 （%）	TV Coverage of Population (%)	100.00	100.00	100.00	100.00
城镇每百户拥有彩色电视机（台）	Numberof Color TV Sets Owned per 100 Househo0lds in Urban Areas (unit)	170.6	173.9	176.5	171.3
农村每百户拥有彩色电视机（台）	Numberof Color TV Sets Owned per 100 Households in Rural Areas (unit)	146.8	154.5	158.7	149.9
每百户家用电脑拥有量（台）	Number of Computers Owned per 100 Households (unit)	73.4	76.6	78.7	62.6
城镇	Urban Areas	91.4	94.2	96.8	77.6
农村	Rural Areas	42.3	45.0	45.4	34.5
居民家庭文教娱乐支出比重（%）	Percentage of Household Expenditure on Culture, Recreation and Education (%)	11.8	11.4	11.7	10.3
城镇	Urban Areas	12.3	12.0	12.4	10.6
农村	Rural Areas	10.3	9.4	9.3	9.3
教育	Education				
升学率 （%）	Enrollment Rate (%)				
学龄儿童入学率	Enrollment Rate of School-age Chidren	100.0	100.0	100.0	100.0
小学毕业生升学率	Enrollment Rate of Primary School Graduates	100.0	100.0	100.0	100.0
每万人口在校学生数 （人）	Number of Students per 10000 Persons (person)				
大学生数	University (or college) Students	234.6	238.5	242.2	248.5

5-1 续表2 Continued 2

指　　标	Item	2015	2016	2017	2018
中学生数	Secondary School Students	356.7	362.7	377.4	402.3
小学生数	Primary School Students	626.4	652.9	672.8	696.1
平均每一教师负担学生（人）	Average Number of Students Supported by a Teacher (person)				
大学	University (or college)	17.5	17.4	17.7	17.2
中学	Secondary School	10.6	11.3	11.4	11.8
小学	Primary School	18.0	18.1	18.0	17.7
卫生	Public Health				
每万人拥有病床（张）	Number of Hospital Beds per 10000 Persons (unit)	48.3	51.9	54.6	59.7
每万人拥有医生数（人）	Number of Doctors per 10000 Persons (person)	23.7	25.6	27.1	29.0
居民家庭医疗保健支出比重（%）	Percentage of Household Expenditure on Medicine and Healthcare (%)	6.9	6.6	6.4	8.1
城镇	Urban Areas	6.4	6.2	5.7	7.7
农村	Rural Areas	8.4	8.0	8.9	9.2
社会保障、社区服务和治安	**Social Security, Community Service and Public Security**				
社会保障	Social Security				
参加基本养老保险职工人数（万人）	Number of Workers Joining Basic Pension Insurance (10000 persons)	2653.6	2725.9	2818.2	2957.6
参加失业保险人数（万人）	Number of Workers Joining Unemployment Insurance (10000 persons)	1490.9	1538.2	1583.0	1671.3
参加基本医疗保险人数（万人）	Number of Workers Joining Basic Medicine Insurance (10000 persons)	2429.0	2490.5	2601.1	2752.6
城镇居民最低生活保障人数（万人）	Number of Urban Residents Supported by Lowest Life Security Line (10000 persons)	28.0	24.8	20.5	14.5
农村居民最低生活保障人数（万人）	Number of Rural Residents Supported by Lowest Life Security Line (10000 persons)	114.8	109.9	97.2	74.8
社区服务	Community Service				
城镇社区服务设施（个）	Number of Urban Community Service Facilities (unit)	38975	39767	41826	43458
社会治安	Social Public Security				
公安机关刑事案件立案数（起）	Number of Criminal Cases Registered (file)	364437	401507	383644	369646
公安机关治安案件受理数（起）	Number of Public Security Cases Accepted by Public Security Organs (case)	674236	696432	764971	804239
交通事故发生数（起）	Number of Traffic Accidents (times)	12999	13293	13226	13194
火灾事故发生数（起）	Number of Fire Accidents (times)	28600	25012	18587	14621

5-2 城镇常住居民人均可支配收入
Per Capita Disposable Income of Urban Permanent Residents

年 份 Year	人均可支配收入 Per Capita Disposable Income	工资性收入 Income from Wages and Salaries	经营净收入 Net Income from Operations	财产净收入 Net Income from Properties	转移净收入 Net Income from Transfers
1978	288				
1979					
1980	433				
1981	448				
1982	484				
1983	498				
1984	626				
1985	766				
1986	910				
1987	1005				
1988	1218				
1989	1372				
1990	1464				
1991	1623				
1992	2138				
1993	2774				
1994	3779				
1995	4634				
1996	5186				
1997	5765				
1998	6005	4214	79	150	1561
1999	6510	4433	117	120	1840
2000	6756	4536	320	101	1800
2001	7311	4785	364	115	2047
2002	8088	5372	301	139	2276
2003	9140	5895	644	242	2359
2004	10319	6579	757	363	2620
2005	12098	7974	1036	481	2607
2006	13799	8954	1271	572	3003
2007	16009	9956	1497	1005	3550
2008	18215	11418	2020	832	3946
2009	19996	12313	2149	1148	4386
2010	22273	13187	2533	1964	4589
2011	25570	15339	2953	2698	4580
2012	28808	17517	3369	2816	5106
2013	31585	19127	3671	3159	5629
2014	34346	20720	4063	3373	6189
2015	37173	22460	4134	3682	6897
2016	40152	24214	4411	4151	7376
2017	43622	26298	4656	4625	8043
2018	47200	28136	5053	5318	8693

注:2013 年开始,经国务院同意,国家统计局对长期分开进行的城镇住户调查和农村住户调查实施了一体化改革。在发布全体居民可支配收入的同时,城乡居民收入口径也发生了变化;2018 年国家统计局对历史数据进行了重新测算和反馈。

a) Since 2013, with the approval of the State Council, the National Bureau of Statistics implemented at integrated reform of the long-term separate urban household survey and rural household survey. At the same time as the disposable income of all residents was released, the income of urban and rural residents also changed. In 2018, the National Bureau of Statistics recalulated and feedback historical data.

5-3 农村常住居民人均可支配收入
Per Capita Disposalde Income of Urban Permanent Residents

年 份 Year	人均可支配收入 Per Capita Disposable Income	工资性收入 Income from wages and Salaries	经营净收入 Net Income from Operations	财产净收入 Net Income from Properties	转移净收入 Net Income from Transfers
1978	155				
1979	200				
1980	218				
1981	258				
1982	309				
1983	357				
1984	448				
1985	493				
1986	561				
1987	627				
1988	797				
1989	876				
1990	884				
1991	921				
1992	1061				
1993	1267				
1994	1832				
1995	2457				
1996	3029				
1997	3270				
1998	3375	1463	1754	42	116
1999	3492	1602	1702	47	141
2000	3591	1629	1793	48	122
2001	3778	1764	1817	51	146
2002	3972	1914	1829	60	169
2003	4229	2082	1856	92	199
2004	4740	2298	2102	107	233
2005	5258	2595	2230	145	289
2006	5791	2859	2398	171	364
2007	6533	3124	2717	215	477
2008	7322	3487	2989	238	607
2009	7962	3733	3126	302	801
2010	9067	4130	3458	361	1118
2011	10744	4973	3709	370	1692
2012	12133	5634	4108	409	1983
2013	13521	6463	4528	440	2090
2014	14958	7170	5031	472	2286
2015	16257	8015	5046	545	2651
2016	17606	8732	5283	606	2985
2017	19158	9513	5620	680	3345
2018	20845	10222	6017	767	3839

注:2013 年开始,经国务院同意,国家统计局对长期分开进行的城镇住户调查和农村住户调查实施了一体化改革。在发布全体居民可支配收入的同时,城乡居民收入口径也发生了变化;2018 年国家统计局对历史数据进行了重新测算和反馈。

a) Since 2013, with the approval of the State Council, the National Bureau of Statistics implemented at integrated reform of the long-term separate urban household survey and rural household survey. At the same time as the disposable income of all residents was released, the income of urban and rural residents also changed. In 2018, the National Bureau of Statistics recalulated and feedback historical data.

5－4 居民家庭基本情况
Basic Conditions of Residents

指标	Item	全体居民 All Residents		城镇常住居民 Urban Residents		农村常住居民 Rural Resident	
		2017	2018	2017	2018	2017	2018
基本情况	**Basic Conditions**						
调查户数 (户)	Number of Households Surveyed (household)	6600	6600	4200	4630	2400	1970
平均每户家庭常住人口 (人)	Number of Permanent Residents per Household (person)	3.0	3.0	3.0	3.0	3.0	2.9
平均每户就业人口 (人)	Average Number of Employed Persons Per Household (person)	1.8	1.7	1.7	1.6	1.9	1.8
平均每一就业人口负担人数 (人)	Number of Dependents per Employee (person)	1.7	1.8	1.8	1.9	1.5	1.7
平均每户就业面 (%)	Proportion of Employment per Household (%)	59.1	56.2	55.8	54.0	65.2	60.2
平均每人现住房建筑面积 (平方米)	Average Existing Building Space per Capita (sq. m)	46.5	50.2	40.6	46.9	57.3	56.4
人均可支配收入(元)	**Per Capita Disposable Income (yuan)**	**35024**	**38096**	**43622**	**47200**	**19158**	**20845**
#工资性收入	Income from Wages and Salaries	20399	21948	26298	28136	9513	10222
经营净收入	Net Income from Operations	4994	5386	4656	5053	5620	6017
财产净收入	Net Income from Properties	3239	3746	4625	5317	680	768
转移净收入	Net Income from Transfers	6392	7016	8043	8693	3345	3839
#低收入户	Low Income Households	9975	10261	16874	16497	6218	6583
中等偏下户	Lower Middle Income Households	19928	20584	29310	29588	12279	12401
中等收入户	Middle Income Households	30169	31460	39694	41123	16942	17790
中等偏上户	Upper Middle Income Households	44122	45940	52884	56627	23110	24752
高收入户	Highest Income Households	79953	94246	90992	110611	41693	45949
人均生活消费支出(元)	**Per Capita Consumption Expanditure (yuan)**	**23469**	**25007**	**27726**	**29462**	**15612**	**16567**
食品烟酒	Food, Tobacco and Wine	6525	6530	7616	7687	4511	4338
衣着	Clothing	1506	1541	1838	1926	892	812
居住	Residence	5586	6731	6773	8104	3395	4130
生活用品及服务	Articles for Daily Use and Services	1444	1493	1709	1786	954	939
交通通信	Transport and Communications	3496	3523	3972	3820	2620	2960
教育文化娱乐	Education, Culture and Recreation	2748	2583	3450	3129	1450	1547
医疗保健	Healthcare and Medical Services	1511	2016	1574	2273	1395	1530
其他用品和服务	Other Articles and Services	653	590	794	738	394	311

5-5 不同收入组城镇常住居民家庭基本情况(2018年)
Basic Conditions of Urban Residents by Income(2018)

指标	Item	全省调查户平均水平 Average	低收入户 Low Income Households	中低收入户 Lower Middle Income Households	中等收入户 Middle Income Households	中高收入户 Upper Middle Income Households	高收入户 Highest Income Households
平均每户常住人口(人)	Number of Permanent Residents per Household (person)	3.0	3.4	3.3	3.0	2.7	2.4
平均每户就业人口(人)	Number of Employed Persons per Household (person)	1.6	1.7	1.8	1.7	1.5	1.4
平均每一就业人口负担人数(人)	Number of Dependents per Labor (person)	1.9	2.0	1.9	1.8	1.8	1.8
人均可支配收入(元)	**Per Capita Disposable Income (yuan)**	**47200**	**16497**	**29588**	**41123**	**56627**	**110611**
工资性收入	Income from Wages and Salaries	28136	10388	18420	24564	33077	64805
经营净收入	Net Income from Operations	5053	1817	2925	3099	5047	14851
财产净收入	Net Income from Properties	5317	1500	3016	4614	7058	12652
转移净收入	Net Income from Transfers	8693	2792	5227	8846	11446	18303
人均生活消费支出(元)	**Per Capita Consumption Expanditure (yuan)**	**29462**	**13827**	**20709**	**27384**	**35713**	**58577**
食品烟酒	Food,Tobacco and Wine	7687	4275	6020	7788	9537	12479
食品	Food	4805	3104	4087	4971	5773	6845
烟酒	Tobacco and Wine	910	515	712	928	1102	1488
饮料	Beverage	138	66	100	135	184	243
饮食服务	Catering Service	1834	589	1120	1755	2478	3904
衣着	Clothing	1926	845	1353	1762	2372	3903
衣类	Dressing	1587	674	1097	1432	1955	3298
鞋类	Shoes	338	171	256	329	417	605
居住	Residence	8104	3345	5299	7299	10398	16932
#租赁房房租	Rent	260	138	160	260	359	455
住房维修及管理	Ho using Maintenance and Management	1066	433	663	875	1683	2035
水电燃料及其他	Wa ter and Electric Energy for Fuel and the Other	893	633	760	882	1012	1316
生活用品及服务	Articles for Daily Use and Services	1786	855	1113	1623	2171	3759
家具及室内装饰品	Furniture and Articles for Interior Decoration	284	108	142	205	388	701
家用器具	Household Appliances	462	243	313	459	563	859
家用纺织品	Household Textile	134	57	74	145	171	266
家庭日用杂品	Household Articles for Daily Use	398	235	310	386	475	672
个人用品	Personal Articles	367	155	237	332	468	768
家庭服务	Household Services	141	56	36	96	107	494
交通通信	Transport an Communication	3820	1502	3040	3540	4537	7632
交通	Transport	2846	961	2248	2589	3383	5988
通信	Communication	974	542	793	951	1154	1644
教育文化娱乐	Education,Culture and Recreation	3129	1556	1956	2711	3561	6933
教育	Education	1698	1152	1215	1457	1652	3457
文化娱乐	Culture and Recreation	1431	405	741	1254	1909	3476
医疗保健	Healthcare and Medical Services	2273	1183	1528	1980	2283	5148
医疗器具及药品	Medical Instrument and Drug	604	338	414	541	639	1270
医疗服务	Medical Services	1669	845	1114	1440	1644	3878
其他用品和服务	Other Goods and Services	738	266	400	680	854	1791
其他用品	Other Goods	404	142	231	367	494	946
其他服务	Other Services	334	124	169	313	360	844

5－6 不同收入组农村常住居民家庭基本情况(2018 年)
Basic Conditions of Rural Residents by Income(2018)

指标	Item	全省调查户平均水平 Average	低收入户 Low Income Households	中低收入户 Lower Middle Income Households	中等收入户 Middle Income Households	中高收入户 Upper Middle Income Households	高收入户 Highest Income Households
平均每户常住人口（人）	Number of Permanent Residents per Household (person)	2.9	2.9	3.2	3.0	2.9	2.6
平均每户就业人口（人）	Number of Employed Persons per Household (person)	1.8	1.4	1.7	1.8	2.0	2.0
平均每一就业人口负担人数（人）	Number of Dependents per Labor (person)	1.7	2.1	1.9	1.7	1.5	1.4
人均可支配收入（元）	**Per Capita Disposable Income (yuan)**	**20845**	**6583**	**12401**	**17790**	**24752**	**45949**
工资性收入	Income from Wages and Salaries	10222	2202	5263	9791	13891	21460
经营净收入	Net Income from Operations	6017	1650	3006	4123	6315	16341
第一产业经营净收入	Primary Industry	3046	1388	2468	2857	3465	5314
#农业	Agriculture	2500	1556	2059	2340	2811	3911
林业	Forestry	147	120	132	95	177	223
牧业	Animal Husbandry	156	－162	149	297	214	282
渔业	Fishery	242	－126	127	125	263	899
第二产业经营净收入	Secondary Industry	556	132	169	493	703	1405
第三产业经营净收入	Tertiary Industry	2414	130	370	773	2147	9623
财产净收入	Net Income from Properties	768	284	213	363	532	2711
转移净收入	Net Income from Transfers	3839	2447	3918	3513	4015	5437
人均生活消费支出（元）	**Per Capita Consumption Expanditure (yuan)**	**16567**	**9456**	**10929**	**13903**	**17181**	**33661**
食品烟酒	Food, Tobacco and Wine	4338	2735	3005	3974	4840	7586
食品	Food	2908	2075	2327	2867	3203	4248
烟酒	Tobacco and Wine	792	422	423	662	906	1673
饮料	Beverage	73	39	40	67	90	139
饮食服务	Catering Service	564	198	214	378	640	1526
衣着	Clothing	812	546	496	703	906	1513

指标	Item	全省调查户平均水平 Average	低收入户 Low Income Households	中低收入户 Lower Middle Income Households	中等收入户 Middle Income Households	中高收入户 Upper Middle Income Households	高收入户 Highest Income Households
衣类	Dressing	640	447	376	546	699	1222
鞋类	Shoes	171	100	120	157	207	291
居住	Residence	4130	2347	2593	3536	3910	8903
#租赁房房租	Rent	87	21	29	102	109	187
住房维修及管理	Housing Maintenance and Management	1208	277	589	720	659	4163
水电燃料及其他	Water and Electric Energy for Fuel and the Other	672	546	531	640	686	1006
生活用品及服务	Articles for Daily Use and Services	939	548	654	708	944	1978
家具及室内装饰品	Furniture and Articles for Interior Decoration	172	62	100	83	146	512
家用器具	Household Appliances	311	160	190	232	316	711
家用纺织品	Household Textile	63	42	47	43	65	125
家庭日用杂品	Household Articles for Daily Use	242	154	207	239	257	366
个人用品	Personal Articles	122	108	69	93	132	225
家庭服务	Household Services	30	22	42	18	28	39
交通通信	Transport an Communication	2960	809	1437	2224	3117	7856
交通	Transport	2397	475	1016	1697	2466	6926
通信	Communication	563	334	421	527	651	930
教育文化娱乐	Education, Culture and Recreation	1547	987	1200	1450	1609	2629
教育	Education	1074	769	925	1072	1065	1605
文化娱乐	Culture and Recreation	473	217	275	379	544	1024
医疗保健	Healthcare and Medical Services	1530	1211	1384	1086	1542	2555
医疗器具及药品	Medical Instrument and Drug	352	345	379	321	358	356
医疗服务	Medical Services	1178	866	1005	765	1184	2199
其他用品和服务	Other Goods and Services	311	273	161	221	313	640
其他用品	Other Goods	183	117	90	142	199	397
其他服务	Other Services	128	156	70	79	114	243

5-7 居民家庭平均每人主要消费品消费量
Per Capita Consumption on Major Consumer Goods of Residents

单位:公斤 (kg)

指标	Item	全体居民 All Residents		城镇常住居民 Urban Residents		农村常住居民 Rural Resident	
		2017	2018	2017	2018	2017	2018
粮食	Grain	114.8	121.9	103.9	111.6	134.9	141.4
#小麦	Wheat	30.2	35.1	29.1	32.1	32.2	40.9
稻谷	Rice	67.3	66.4	57.5	61.2	85.3	76.3
油脂类	Oil and Fat	12.2	9.1	12.2	8.5	12.1	10.4
蔬菜及菜制品	Vegetable and Vegetable Productions	108.2	100.1	113.8	107.1	97.8	86.9
肉类	Meat	26.6	28.6	28.4	30.5	23.1	25.0
#猪肉	Pork	19.5	21.2	20.5	22.2	17.7	19.5
牛肉	Beef	1.9	2.1	2.3	2.5	1.1	1.4
羊肉	Mutton	0.8	0.9	0.9	1.1	0.7	0.7
禽类	Poultry	10.3	10.7	11.3	11.9	8.5	8.5
水产品	Aquatic Products	18.1	17.8	20.3	20.1	14.2	13.5
蛋类及蛋制品	Eggs and Egg Productions	10.7	10.5	11.3	11.2	9.6	9.2
奶和奶制品	Milk and Milk Productions	15.6	15.1	18.1	17.3	11.1	11.0
干鲜瓜果类	Dried and Fresh Melons and Fruits	46.2	45.1	51.6	52.0	36.2	31.9
糖果糕点类	Sugars and Cakes	6.0	7.0	6.4	7.7	5.2	5.5
茶叶	Tea	0.2	0.2	0.2	0.2	0.2	0.1
酒	Wine	8.2	8.2	6.8	7.0	10.8	10.4

5-8 不同收入组城镇常住居民家庭平均每人主要消费品消费量(2018年) Per Capita Consumption on Major Consumer Goods of Urban Residents by Income(2018)

单位:公斤 (kg)

指标	Item	全省调查户平均水平 Average	低收入户 Low Income Households	中低收入户 Lower Middle Income Households	中等收入户 Middle Income Households	中高收入户 Upper Middle Income Households	高收入户 Highest Income Households
粮食	Grain	111.6	109.6	114.2	111.6	114.8	107.5
#小麦	Wheat	32.1	32.4	30.5	30.7	35.5	31.7
稻谷	Rice	61.2	59.5	66.4	62.8	59.9	56.1
油脂类	Oil and Fat	8.5	8.2	9.0	8.5	9.1	7.5
蔬菜及菜制品	Vegetable and Vegetable Productions	107.1	90.4	102.8	114.5	120.6	111.5
肉类	Meat	30.5	24.8	29.9	32.2	35.1	31.8
#猪肉	Pork	22.2	18.6	22.4	23.6	24.8	22.0
牛肉	Beef	2.5	1.6	2.2	2.7	3.2	3.1
羊肉	Mutton	1.1	0.8	0.9	1.1	1.4	1.3
禽类	Poultry	11.9	8.4	11.2	13.0	14.4	13.3
水产品	Aquatic Products	20.1	14.4	18.4	21.4	24.3	24.2
蛋类及蛋制品	Eggs and Egg Productions	11.2	9.8	10.5	11.5	13.1	11.7
奶和奶制品	Milk and Milk Productions	17.3	12.0	13.8	17.7	20.0	25.6
干鲜瓜果类	Dried and Fresh Melons and Fruits	52.0	35.2	44.0	54.5	64.4	69.1
糖果糕点类	Sugars and Cakes	7.7	5.1	5.9	8.2	9.2	11.8
茶叶	Tea	0.2	0.1	0.1	0.2	0.3	0.3
酒	Wine	7.0	7.0	7.2	6.7	7.1	7.2

5-9 不同收入组农村常住居民家庭平均每人主要消费品消费量(2018年)

Per Capita Consumption on Major Consumer Goods of Rural Residents by Income(2018)

单位:公斤 (kg)

指标	Item	全省调查户平均水平 Average	低收入户 Low Income Households	中低收入户 Lower Middle Income Households	中等收入户 Middle Income Households	中高收入户 Upper Middle Income Households	高收入户 Highest Income Households
粮食	Grain	141.4	129.3	136.4	148.0	147.3	146.7
#小麦	Wheat	40.9	38.9	42.0	40.2	45.9	37.2
稻谷	Rice	76.3	70.1	71.2	80.7	78.6	81.7
油脂类	Oil and Fat	10.4	9.1	9.1	10.7	11.2	12.0
蔬菜及菜制品	Vegetable and Vegetable Productions	86.9	72.1	76.6	90.2	94.4	103.4
肉类	Meat	25.0	18.6	18.9	25.3	28.9	35.0
#猪肉	Pork	19.5	14.7	14.3	19.7	22.3	27.7
牛肉	Beef	1.4	0.9	1.1	1.6	1.6	2.1
羊肉	Mutton	0.7	0.4	0.5	0.7	0.8	0.9
禽类	Poultry	8.5	5.3	6.4	9.1	10.2	12.0
水产品	Aquatic Products	13.5	9.8	10.4	13.3	14.4	20.6
蛋类及蛋制品	Eggs and Egg Productions	9.2	7.0	8.1	10.1	10.0	11.2
奶和奶制品	Milk and Milk Productions	11.0	6.8	10.0	10.0	12.6	15.9
干鲜瓜果类	Dried and Fresh Melons and Fruits	31.9	22.1	27.4	32.2	35.6	43.8
糖果糕点类	Sugars and Cakes	5.5	4.3	4.3	4.8	5.8	8.7
茶叶	Tea	0.1	0.0	0.1	0.1	0.1	0.2
酒	Wine	10.4	6.1	8.5	10.5	11.9	15.9

5-10 居民家庭平均购买商品数量
Annual Purchases of Commodities of Residents

指　　标　Item		全体居民 All Residents		城镇常住居民 Urban Residents		农村常住居民 Rural Resident	
		2017	2018	2017	2018	2017	2018
平均每人购买	**Per Capita Purchases**						
粮食（公斤）	Grain (kg)	74.7	81.5	78.2	84.6	68.1	75.7
食用植物油（公斤）	Edible Vegetable Oil (kg)	11.0	7.7	11.7	7.8	9.7	7.7
动物油（公斤）	Animal Oil (kg)	0.1	0.3	0.1	0.4	0.2	0.2
鲜菜（公斤）	Fresh Vegetable (kg)	81.6	76.3	101.3	92.7	45.4	45.1
猪肉（公斤）	Pork (kg)	19.4	21.1	20.5	22.1	17.5	19.1
牛羊肉（公斤）	Red Meat (kg)	2.7	3.0	3.2	3.5	1.8	2.1
禽类（公斤）	Poultry (kg)	9.8	10.3	11.2	11.7	7.4	7.6
水产品（公斤）	Aquatic Products (kg)	17.8	17.7	20.1	20.1	13.3	13.2
蛋类（公斤）	Egg (kg)	9.6	9.5	10.9	10.7	7.3	7.1
奶类（公斤）	Milk (kg)	15.6	15.1	18.1	17.3	11.1	11.0
干鲜瓜果类（公斤）	Dried and Fresh Melons and Fruits (kg)	45.8	45.0	51.5	51.9	35.4	31.7
糖果糕点类（公斤）	Sugars and Cakes (kg)	6.0	7.0	6.4	7.7	5.2	5.5
平均每百户购买	**Per 100 Households Purchases**						
洗衣机（台）	Washing Machine (set)	6.0	5.9	6.3	5.9	5.6	5.9
电冰箱(柜)（台）	Refrigerator (set)	6.2	6.2	6.1	6.2	6.5	6.3
空调器（台）	Air Conditioner (set)	10.9	10.6	10.4	11.1	11.8	9.8
吸尘器（台）	Cleaner (set)	1.3	1.5	1.4	1.8	1.0	0.8
抽油烟机（台）	Smoke Exhaust Ventilator (set)	3.1	3.4	3.5	3.6	2.2	2.9
微波炉（台）	Microwave Oven (set)	2.2	2.8	2.4	3.1	1.8	2.3
非太阳能热水器（台）	Non - Solar Water Heater (set)	3.4	3.5	4.3	4.6	1.8	1.4
太阳能热水器（台）	Solar Water Heater (set)	1.3	1.5	1.0	1.1	1.9	2.4
燃气炉具（台）	Gas - fired Stove (set)	3.3	4.6	3.6	5.0	2.7	3.9
太阳能炉具（台）	Solar Stove (set)	0.1	0.0	0.2	0.0	0.0	0.0
洗碗机（台）	Dish - washing Machine (set)	0.4	0.1	0.4	0.1	0.4	0.3
汽车（辆）	Car (unit)	2.7	2.8	2.6	2.3	2.8	3.6
摩托车（辆）	Motorcycle (unit)	0.3	0.3	0.2	0.2	0.6	0.4
自行车（辆）	Bicycle (unit)	2.7	2.5	3.1	3.0	2.1	1.4
电动自行车（辆）	Electrical Bicycle (unit)	12.6	13.4	10.4	13.1	16.7	14.1
移动电话机（部）	Mobile Telephone (set)	36.6	46.5	36.2	47.1	37.3	45.2

5－11 不同收入组城镇常住居民家庭平均购买商品数量(2018 年)
Annual Purchases of Commodities of Urban Residents by Income(2018)

指标	Item	全省调查户平均水平 Average	低收入户 Low Income Households	中低收入户 Lower Middle Income Households	中等收入户 Middle Income Households	中高收入户 Upper Middle Income Households	高收入户 Highest Income Households
平均每人购买	**Per Capita Purchases**						
粮食 (公斤)	Grain (kg)	84.6	77.0	85.7	85.5	91.0	85.4
食用植物油 (公斤)	Edible Vegetable Oil (kg)	7.8	7.1	8.1	7.8	8.5	7.1
动物油 (公斤)	Animal Oil (kg)	0.4	0.3	0.4	0.4	0.4	0.3
鲜菜 (公斤)	Fresh Vegetable (kg)	92.7	69.6	87.8	100.8	109.6	102.4
猪肉 (公斤)	Pork (kg)	22.1	18.5	22.4	23.5	24.8	22.0
牛羊肉 (公斤)	Red Meat (kg)	3.5	2.3	3.0	3.8	4.6	4.5
禽类 (公斤)	Poultry (kg)	11.7	8.1	11.0	12.9	14.3	13.2
水产品 (公斤)	Aquatic Products (kg)	20.1	14.3	18.3	21.3	24.2	24.2
蛋类 (公斤)	Egg (kg)	10.7	8.7	10.1	11.1	12.9	11.7
奶类 (公斤)	Milk (kg)	17.3	12.0	13.8	17.7	19.9	25.6
干鲜瓜果类 (公斤)	Dried and Fresh Melons and Fruits (kg)	51.9	35.1	44.0	54.5	64.3	69.1
糖果糕点类 (公斤)	Sugars and Cakes (kg)	7.7	5.1	5.9	8.2	9.2	11.8
平均每百户购买	**Per 100 Households Purchases**						
洗衣机 (台)	Washing Machine (set)	5.9	5.7	4.3	6.4	6.3	6.6
电冰箱(柜) (台)	Refrigerator (set)	6.2	6.0	5.2	6.9	6.6	6.3
空调器 (台)	Air Conditioner (set)	11.1	7.9	9.9	12.4	11.6	13.7
吸尘器 (台)	Cleaner (set)	1.8	0.9	0.8	1.5	1.4	4.6
抽油烟机 (台)	Smoke Exhaust Ventilator (set)	3.6	2.5	3.0	4.4	3.8	4.2
微波炉 (台)	Microwave Oven (set)	3.1	2.5	2.7	3.2	4.3	2.9
非太阳能热水器(台)	Non-Solar Water Heater (set)	4.6	2.9	3.7	4.1	6.2	6.1
太阳能热水器 (台)	Solar Water Heater (set)	1.1	1.3	1.3	0.9	0.8	0.9
燃气炉具 (台)	Gas-fired Stove (set)	5.0	4.1	4.0	5.2	7.0	4.6
太阳能炉具 (台)	Solar Stove (set)	0.0	0.1	0.1	0.0	0.0	0.0
洗碗机 (台)	Dish-washing Machine (set)	0.1	0.1	0.0	0.1	0.1	0.1
汽车 (辆)	Car (unit)	2.3	1.1	2.5	2.1	2.8	3.1
摩托车 (辆)	Motorcycle (unit)	0.2	0.2	0.1	0.3	0.2	0.1
自行车 (辆)	Bicycle (unit)	3.0	2.0	5.4	2.2	3.3	2.3
电动自行车 (辆)	Electrical Bicycle (unit)	13.1	14.6	15.7	15.1	10.0	10.0
移动电话机 (部)	Mobile Telephone (set)	47.1	42.3	48.5	47.0	50.6	47.2

5－12 不同收入组农村常住居民家庭平均购买商品数量(2018年)
Annual Purchases of Commodities of Rural Residents by Income(2018)

指标		Item		全省调查户平均水平 Average	低收入户 Low Income Households	中低收入户 Lower Middle Income Households	中等收入户 Middle Income Households	中高收入户 Upper Middle Income Households	高收入户 Highest Income Households
平均每人购买		**Per Capita Purchases**							
粮食	(公斤)	Grain	(kg)	75.7	62.4	63.6	78.3	79.8	97.5
食用植物油	(公斤)	Edible Vegetable Oil	(kg)	7.7	6.8	6.1	7.9	8.3	10.0
动物油	(公斤)	Animal Oil	(kg)	0.2	0.1	0.2	0.2	0.3	0.4
鲜菜	(公斤)	Fresh Vegetable	(kg)	45.1	28.1	36.3	46.1	50.7	66.9
猪肉	(公斤)	Pork	(kg)	19.1	14.6	14.1	19.1	21.9	27.0
牛羊肉	(公斤)	Red Meat	(kg)	2.1	1.3	1.5	2.3	2.4	3.0
禽类	(公斤)	Poultry	(kg)	7.6	4.6	5.8	7.8	9.1	11.4
水产品	(公斤)	Aquatic Products	(kg)	13.2	9.5	10.2	13.1	14.2	19.9
蛋类	(公斤)	Egg	(kg)	7.1	5.0	6.0	7.4	7.9	9.5
奶类	(公斤)	Milk	(kg)	11.0	6.8	10.0	10.0	12.6	15.9
干鲜瓜果类	(公斤)	Dried and Fresh Melons and Fruits	(kg)	31.7	22.0	27.4	32.0	34.9	43.7
糖果糕点类	(公斤)	Sugars and Cakes	(kg)	5.5	4.3	4.3	4.8	5.8	8.7
平均每百户购买		**Per 100 Households Purchases**							
洗衣机	(台)	Washing Machine	(set)	5.9	3.5	7.5	5.8	6.1	6.5
电冰箱(柜)	(台)	Refrigerator	(set)	6.3	3.8	5.6	6.9	6.0	9.4
空调器	(台)	Air Conditioner	(set)	9.8	5.2	5.6	9.0	9.3	19.7
吸尘器	(台)	Cleaner	(set)	0.8	0.0	0.3	0.3	1.5	2.0
抽油烟机	(台)	Smoke Exhaust Ventilator	(set)	2.9	0.0	1.3	0.9	3.5	8.7
微波炉	(台)	Microwave Oven	(set)	2.3	1.7	2.0	2.5	1.0	4.1
非太阳能热水器	(台)	Non-Solar Water Heater	(set)	1.4	0.4	0.0	0.8	2.6	3.4
太阳能热水器	(台)	Solar Water Heater	(set)	2.4	1.3	1.2	2.2	3.3	3.8
燃气炉具	(台)	Gas-fired Stove	(set)	3.9	2.4	2.5	3.5	2.7	8.2
太阳能炉具	(台)	Solar Stove	(set)	0.0	0.0	0.0	0.0	0.0	0.0
洗碗机	(台)	Dish-washing Machine	(set)	0.3	0.0	0.0	0.3	0.7	0.3
汽车	(辆)	Car	(unit)	3.6	0.3	1.3	2.5	4.2	9.8
摩托车	(辆)	Motorcycle	(unit)	0.4	0.0	0.8	0.0	0.6	0.8
自行车	(辆)	Bicycle	(unit)	1.4	1.4	2.7	1.4	1.2	0.6
电动自行车	(辆)	Electrical Bicycle	(unit)	14.1	7.9	10.0	17.0	20.7	14.8
移动电话机	(部)	Mobile Telephone	(set)	45.2	37.6	50.3	49.6	44.3	44.3

5-13 居民家庭平均每百户年末耐用品拥有量
Ownership of Major Durable Consumer Goods per 100 Residents at Year-end

指 标 Item	全体居民 All Residents		城镇常住居民 Urban Residents		农村常住居民 Rural Resident	
	2017	2018	2017	2018	2017	2018
家用汽车 （辆） Family Car (unit)	40.2	43.8	47.5	52.2	26.6	27.8
摩托车 （辆） Motorcycle (unit)	23.1	17.6	14.1	12.5	39.7	27.2
助力车 （台） Moped (set)	123.3	122.2	115.3	116.4	138.0	133.0
洗衣机 （台） Washing Machine (set)	100.1	100.4	101.2	102.3	97.9	96.9
电冰箱(柜) （台） Refrigerator (set)	104.1	108.4	104.1	107.3	104.1	110.4
微波炉 （台） Microwave Stove (set)	84.0	78.5	91.5	87.0	70.1	62.5
彩色电视机 （台） Color Television (set)	170.3	163.9	176.5	171.3	158.7	149.9
#接入有线电视 Connected to the CATV Network	144.1	126.5	151.5	132.7	130.6	114.9
空调器 （台） Air Conditioner (set)	184.2	193.0	211.1	219.7	134.7	142.8
热水器 （台） Water Heater (set)	103.2	106.1	107.8	111.6	94.7	95.7
#太阳能热水器 Solar Water Heater	64.6	66.1	55.4	56.7	81.6	83.8
洗碗机 （台） Dish-washing Machine (set)	1.4	1.4	1.9	1.8	0.6	0.7
抽油烟机 （台） Smoke Exhaust Ventilator (set)	69.2	68.9	85.5	85.0	39.0	38.6
固定电话 （线） Fixed-line Telephone (line)	53.1	30.7	54.4	32.9	50.8	26.7
移动电话机 （部） Mobile Telephone (set)	242.9	247.3	243.5	248.9	241.8	244.3
#接入互联网 Connected to the Internet	154.1	181.9	167.5	199.2	129.4	149.3
计算机 （台） Computer (set)	78.7	62.6	96.8	77.6	45.4	34.5
#接入互联网 Connected to the Internet	68.8	55.8	86.7	70.0	35.8	29.2
照相机 （台） Camera (set)	28.6	14.4	38.3	19.9	10.7	4.2
中高档乐器 （架） Medium-High Grade Instrument (set)	4.8	6.5	6.7	8.8	1.3	2.0
健身器材 （台） Fitness Equipment (set)	6.2	6.2	8.4	8.3	2.2	2.1

5-14 不同收入组城镇常住居民家庭平均每百户年末耐用品拥有量(2018 年)
Ownership of Major Durable Consumer Goods per 100 Urban Residents by Income at Year-end(2018)

指	标 Item	全省调查户平均水平 Average	低收入户 Low Income Households	中低收入户 Lower Middle Income Households	中等收入户 Middle Income Households	中高收入户 Upper Middle Income Households	高收入户 Highest Income Households
家用汽车 (辆)	Family Car (unit)	52.2	28.1	46.2	53.3	59.4	74.2
摩托车 (辆)	Motorcycle (unit)	12.5	17.7	15.3	12.3	10.6	6.9
助力车 (台)	Moped (set)	116.4	141.1	140.4	119.3	104.7	76.8
洗衣机 (台)	Washing Machine (set)	102.3	95.7	104.1	103.5	102.6	105.4
电冰箱(柜) (台)	Refrigerator (set)	107.3	103.8	108.3	106.6	107.1	110.7
微波炉 (台)	Microwave Stove (set)	87.0	73.8	87.7	90.7	90.4	92.5
彩色电视机 (台)	Color Television (set)	171.3	145.9	171.9	173.8	178.8	186.2
#接入有线电视	Connected to the CATV Network	132.7	110.7	134.2	137.9	138.9	141.8
空调器 (台)	Air Conditioner (set)	219.7	163.5	210.1	223.8	238.1	262.8
热水器 (台)	Water Heater (set)	111.6	100.5	109.6	114.4	115.0	118.5
#太阳能热水器	Solar Water Heater	56.7	72.0	66.0	58.1	49.8	37.7
洗碗机 (台)	Dish-washing Machine (set)	1.8	0.5	0.6	1.7	2.0	4.0
抽油烟机 (台)	Smoke Exhaust Ventilator (set)	85.0	64.0	84.5	88.1	93.2	95.0
固定电话 (线)	Fixed-line Telephone (line)	32.9	24.7	28.9	34.8	36.2	39.9
移动电话机 (部)	Mobile Telephone (set)	248.9	242.7	266.0	258.8	244.9	232.2
#接入互联网	Connected to the Internet	199.2	171.3	205.8	209.2	206.1	203.8
计算机 (台)	Computer (set)	77.6	52.0	70.8	78.8	85.7	100.7
#接入互联网	Connected to the Internet	70.0	46.0	62.7	72.6	77.3	91.3
照相机 (台)	Camera (set)	19.9	7.3	11.5	19.2	25.3	36.0
中高档乐器 (架)	Medium-High Grade Instrument (set)	8.8	1.9	4.2	7.3	12.1	18.6
健身器材 (台)	Fitness Equipment (set)	8.3	3.0	4.3	7.4	10.6	16.3

5－15 不同收入组农村常住居民家庭平均每百户年末耐用品拥有量(2018 年) Ownership of Major Durable Consumer Goods per 100 Rural Residents by Income at Year-end(2018)

指标		Item		全省调查户平均水平 Average	低收入户 Low Income Households	中低收入户 Lower Middle Income Households	中等收入户 Middle Income Households	中高收入户 Upper Middle Income Households	高收入户 Highest Income Households
家用汽车	(辆)	Family Car	(unit)	27.8	14.6	16.3	24.4	33.9	49.8
摩托车	(辆)	Motorcycle	(unit)	27.2	18.1	23.8	29.6	33.1	31.4
助力车	(台)	Moped	(set)	133.0	107.5	138.4	133.5	147.3	138.3
洗衣机	(台)	Washing Machine	(set)	96.9	84.4	96.3	94.5	101.6	107.4
电冰箱(柜)	(台)	Refrigerator	(set)	110.4	96.9	104.8	111.8	114.6	124.1
微波炉	(台)	Microwave Stove	(set)	62.5	40.3	50.8	61.8	74.5	85.2
彩色电视机	(台)	Color Television	(set)	149.9	128.1	143.4	150.9	159.8	167.2
#接入有线电视		Connected to the CATV Network		114.9	90.5	107.8	114.4	124.1	137.6
空调器	(台)	Air Conditioner	(set)	142.8	104.4	124.1	140.0	165.1	180.2
热水器	(台)	Water Heater	(set)	95.7	75.7	92.1	96.9	103.0	110.6
#太阳能热水器		Solar Water Heater		83.8	65.3	86.0	84.6	89.1	94.1
洗碗机	(台)	Dish-washing Machine	(set)	0.7	0.3	1.0	0.6	1.0	0.3
抽油烟机	(台)	Smoke Exhaust Ventilator	(set)	38.6	16.8	27.5	35.3	47.5	66.1
固定电话	(线)	Fixed-line Telephone	(line)	26.7	22.6	25.3	25.9	29.6	30.2
移动电话机	(部)	Mobile Telephone	(set)	244.3	200.6	256.2	244.1	260.6	259.7
#接入互联网		Connected to the Internet		149.3	94.3	138.6	147.2	173.7	192.6
计算机	(台)	Computer	(set)	34.5	15.7	24.5	31.0	46.0	55.1
#接入互联网		Connected to the Internet		29.2	13.5	20.3	25.5	38.8	47.9
照相机	(台)	Camera	(set)	4.2	2.9	0.9	3.1	5.4	9.0
中高档乐器	(架)	Medium-High Grade Instrument	(set)	2.0	0.0	1.1	2.2	2.9	4.0
健身器材	(台)	Fitness Equipment	(set)	2.1	0.5	0.0	1.1	2.8	6.0

5－16 分地区城镇常住居民家庭基本情况(2018 年)

指标	Item	苏南 Southern Jiangsu	苏中 Mid Jiangsu	苏北 Northern Jiangsu
基本情况	**Basic Conditions**			
调查户数 (户)	Number of Households Surveyed (household)	4980	2400	3830
平均每户家庭人口 (人)	Average Household Size (person)	3.01	3.07	3.18
平均每户就业人口 (人)	Number of Employed Persons per Household (person)	1.66	1.77	1.71
平均每一就业人口负担人数 (人)	Number of Dependents per Employee (person)	1.81	1.74	1.87
平均每户就业面 (%)	Proportion of Employment per Household (%)	55.2	57.5	53.6
平均每人现住房建筑面积 (平方米)	Existing Building Space per Capita (sq. m)	45.2	49.6	48.6
人均可支配收入 (元)	**Per Capita Disposable Income (yuan)**	**58564**	**44330**	**33607**
工资性收入	Income from Wages and Salaries	37406	26510	19246
经营净收入	Net Income from Household Operations	5867	6785	6239
财产净收入	Net Income from Properties	7270	4380	2601
转移净收入	Net Income from Transfers	8021	6655	5520
人均生活消费支出 (元)	**Per Capita Consumption Expanditure (yuan)**	**34078**	**26236**	**19264**
食品烟酒	Food, Tobacco and Wine	8855	7521	5761
衣着	Clothing	2371	2007	1618
居住	Living	7709	5911	3814
生活用品及服务	Articles for Daily Use and Services	1918	1456	1250
交通通信	Transport and Communications	5047	3384	2210
教育文化娱乐	Education, Culture and Recreation	5319	3579	2897
医疗保健	Healthcare and Medical Services	1896	1611	1229
其他用品和服务	Other Articles and Services	964	767	485

Basic Conditions of Urban Residents by Region(2018)

南京 Nanjing	无锡 Wuxi	徐州 Xuzhou	常州 Changzhou	苏州 Suzhou	南通 Nantong	连云港 Lianyungang	淮安 Huaian	盐城 Yancheng	扬州 Yangzhou	镇江 Zhenjiang	泰州 Taizhou	宿迁 Suqian
1540	800	1030	680	1370	1100	540	780	970	660	590	640	510
2.79	2.95	3.15	2.89	3.29	2.98	3.17	3.20	3.00	3.08	3.13	3.23	3.60
1.49	1.62	1.66	1.51	1.84	1.75	1.72	1.75	1.70	1.68	1.91	1.88	1.73
1.87	1.39	1.90	1.91	1.79	1.71	1.85	1.83	1.76	1.83	1.64	1.71	2.08
53.4	54.9	52.7	52.3	56.0	58.6	54.1	54.7	56.9	54.5	61.0	58.4	48.1
40.1	47.8	49.5	48.6	45.9	48.6	48.8	48.0	43.7	46.0	48.6	54.7	45.5
59308	**56989**	**33586**	**54000**	**63481**	**46321**	**32749**	**35828**	**35896**	**41999**	**48903**	**43452**	**28281**
36749	38468	20233	33842	40412	26720	17858	21177	19918	25286	31569	27384	15450
6355	5414	4881	7367	5011	8032	6211	6949	6979	5942	6209	5624	6944
6528	5186	2423	4592	10992	4394	2955	3360	2795	4119	4766	4614	1483
9677	7921	6048	8199	7067	7175	5725	4342	6204	6652	6359	5830	4404
33537	**35016**	**19463**	**30351**	**37403**	**28259**	**20445**	**19015**	**19731**	**23718**	**27278**	**25488**	**17255**
8489	9559	5754	8121	9406	7923	6453	5450	5534	7282	7537	7114	5791
2379	2906	1587	2298	2120	2013	1717	1573	1752	1894	2174	2110	1419
7411	7318	4054	6144	9306	6323	4006	4095	3799	4998	6080	6154	2890
1992	1996	1394	1734	1965	1626	1256	1115	1230	1306	1622	1331	1141
4151	5323	2461	4592	6153	3964	1909	1887	2636	2595	3871	3236	1674
6136	4692	2239	4610	5703	3752	3463	3467	2974	3747	3898	3137	2908
1962	2136	1489	2121	1776	1849	1156	884	1285	1254	1259	1584	1067
1018	1086	485	731	975	809	486	544	521	642	837	822	365

5－17　分地区农村常住居民家庭基本情况(2018 年)

指　　标	Item	苏　南 Southern Jiangsu	苏　中 Mid Jiangsu	苏　北 Northern Jiangsu
基本情况	**Basic Conditions**			
调查户数　(户)	Number of Households Surveyed (household)	1760	1390	2920
平均每户家庭人口　(人)	Average Household Size (person)	3.19	3.01	3.11
平均每户就业人口　(人)	Number of Employed Persons per Household (person)	2.02	2.01	1.91
平均每一就业人口负担人数 (人)	Number of Dependents per Employee (person)	1.58	1.50	1.62
平均每户就业面　(%)	Proportion of Employment per Household (%)	63.4	66.9	61.6
平均每人现住房建筑面积 (平方米)	Existing Building Space per Capita (sq. m)	62.1	59.6	52.5
人均可支配收入　(元)	**Per Capita Disposable Income (yuan)**	**29030**	**21815**	**17982**
工资性收入	Income from Wages and Salaries	18075	12761	8663
经营净收入	Net Income from Household Operations	5396	5059	5966
财产净收入	Net Income from Properties	2085	690	405
转移净收入	Net Income from Transfers	3473	3304	2948
人均生活消费支出　(元)	**Per Capita Consumption Expanditure (yuan)**	**20190**	**15671**	**12449**
食品烟酒	Food, Tobacco and Wine	5581	4619	3837
衣着	Clothing	1304	953	875
居住	Living	4470	3156	2360
生活用品及服务	Articles for Daily Use and Services	1179	963	790
交通通信	Transport and Communications	3136	2576	1576
教育文化娱乐	Education, Culture and Recreation	2522	1846	1886
医疗保健	Healthcare and Medical Services	1388	1060	901
其他用品和服务	Other Articles and Services	610	499	224

Basic Conditions of Rural Residents by Region(2018)

南京 Nanjing	无锡 Wuxi	徐州 Xuzhou	常州 Changzhou	苏州 Suzhou	南通 Nantong	连云港 Lianyungang	淮安 Huaian	盐城 Yancheng	扬州 Yangzhou	镇江 Zhenjiang	泰州 Taizhou	宿迁 Suqian
460	200	670	320	420	500	480	640	730	490	360	400	400
3.11	3.16	3.39	2.90	3.58	2.85	3.31	3.21	2.56	3.14	3.10	3.04	3.22
1.99	1.94	2.09	1.91	2.09	2.08	2.02	2.03	1.72	1.99	2.12	1.95	1.67
1.56	1.37	1.63	1.52	1.71	1.37	1.64	1.58	1.49	1.57	1.46	1.56	1.93
64.1	61.4	61.5	65.9	58.5	73.1	60.9	63.1	67.3	63.5	68.5	64.1	51.7
57.4	58.1	52.8	69.1	67.5	62.0	51.9	50.1	49.0	55.6	57.3	61.9	47.6
25263	**30787**	**18206**	**28014**	**32420**	**22369**	**16607**	**17058**	**20357**	**21457**	**24687**	**21219**	**16639**
17139	19365	8752	17228	19211	13018	7736	9203	9097	12516	15814	12548	8285
3994	5203	6919	6175	6037	5083	5596	4130	6940	5242	5164	4832	5264
1232	2771	266	548	3373	682	249	338	716	527	951	854	408
2898	3448	2269	4062	3798	3586	3026	3388	3604	3172	2758	2985	2682
18457	**21460**	**12902**	**19116**	**21587**	**15624**	**11545**	**11210**	**14515**	**15848**	**18463**	**15576**	**10948**
5365	6222	3978	5686	5443	4468	3639	3393	4164	4776	5075	4701	3771
1003	1824	953	1418	1169	836	696	610	1209	1027	1117	1061	714
3601	4550	2472	3904	5258	3152	2272	2004	2964	3250	4332	3075	1795
1187	1159	978	1173	1229	968	733	735	708	1004	1068	915	703
2897	3155	1859	2297	3870	2926	1202	1179	2061	2071	2651	2518	1184
2793	2275	1418	2286	2589	1765	2156	1997	2165	2173	2659	1661	1915
1009	1545	1016	1652	1500	982	661	1083	954	1119	1039	1123	688
602	730	227	701	528	527	186	209	291	429	522	521	178

5-18 农村常住居民家庭房屋情况
Housing Conditions of Rural Residents

指标		Item		2017	2018
平均每人住房		**Per Capita Housing Conditons**			
现住房建筑面积	（平方米）	Existing Residential Building Space	（sq. m）	57.3	56.4
按居住空间样式	**（平方米）**	**by Spatial Style**	**（sq. m）**		
单栋楼房		Independent Bulding		58.9	55.6
单栋平房		Independent House		36.8	41.5
主要建筑材料	**（%）**	**Main Building Materials**	**（%）**		
#钢筋混凝土		Reinforced Concrete Structure		14.4	14.6
砖混材料		Brick-mixed		59.8	62.8
砖瓦砖木		Brick-Block or Brick-Wood Structure		25.6	22.2

主要统计指标解释

可支配收入 指调查户在调查期内获得的、可用于最终消费支出和储蓄的总和,即调查户可以用来自由支配的收入。可支配收入既包括现金,也包括实物收入。按照收入的来源,可支配收入包含四项:工资性收入、经营净收入、财产净收入和转移净收入。计算公式为:

可支配收入 = 工资性收入 + 经营净收入 + 财产净收入 + 转移净收入

工资性收入 指就业人员通过各种途径得到的全部劳动报酬和各种福利,包括受雇于单位或个人、从事各种自由职业、兼职和零星劳动得到的全部劳动报酬和福利。

经营净收入 指住户或住户成员从事生产经营活动所获得的净收入,是全部经营收入中扣除经营费用、生产性固定资产折旧和生产税之后得到的净收入。计算公式为:

经营净收入 = 经营收入 - 经营费用 - 生产性固定资产折旧 - 生产税

财产净收入 指住户或住户成员将其所拥有的金融资产、住房等非金融资产和自然资源交由其他机构单位、住户或个人支配而获得的回报并扣除相关的费用之后得到的净收入。财产净收入包括利息净收入、红利收入、储蓄性保险净收益、转让承包土地经营权租金净收入、出租房屋净收入、出租其他资产净收入和自有住房折算净租金等。

转移净收入 计算公式为:转移净收入 = 转移性收入 - 转移性支出

其中:转移性收入是指国家、单位、社会团体对住户的各种经常性转移支付和住户之间的经常性收入转移。包括政府、非行政事业单位、社会团体对居民转移的养老金或退休金、社会救济和补助、惠农补贴、政策性生活补贴、救灾款、经常性捐赠和赔偿以及报销医疗费等;住户之间的赡养收入、经常性捐赠和赔偿以及农村地区(村委会)在外(含国外)工作的本住户非常住成员寄回带回的收入等。转移性支出是指调查户对国家、单位、住户或个人的经常性或义务性转移支付。包括缴纳的税款、各项社会保障支出、赡养支出、经常性捐赠和赔偿支出以及其他经常转移。

消费支出 指住户用于满足家庭日常生活消费需要的全部支出,包括用于消费品的支出和用于服务性消费的支出。根据用途不同,消费支出可划分为食品烟酒、衣着、居住、生活用品及服务、交通通信、教育文化娱乐、医疗保健、其他用品及服务八大类。根据来源不同,消费支出可划分为现金消费支出、实物消费支出(含自产自用、来自单位、来自政府和其他社会组织)。

Explanatory Notes on Main Statistical Indicators

Disposable Income refers to the sum of final consumption expenditure and saving deposits which is gotten during survey period. it's the income which can be freely allocated by sample households. It includes income both in cash and in kind from four categories: income from wages and salaries, net income from operations, net income from properties and net income from transfers. Using the following formula:

Disposable Income = Income from Wages and Salaries + Net Income from Operations + Net Income from Properties + Net Income from Transfers.

Income from Wages and Salaries refers to all the payment of labor and welfare earned by employee through various means, including members who are employed by units or individuals, self - employed and part - time and so on.

Net Income from Operations refers to the net income earned by the households or members of households who engage in production or operation activities. It is obtained from all operating income deducted operating costs, production of fixed assets depreciation and production tax. Using the following formula:

Net Income from Operations = Income from Operations - Operating Costs - Production of Fixed Assets Depreciation - Production Tax

Net Income from Properties refers to the net income obtained in return and deduction of the expenses, earned by the households or members of households who make the financial assets, housing and other non - financial assets or natural resources dominated by other institutional units, households or individuals. Net income from operation contains net interest income, bonus, net income from saving insurance, net income from rent of transferring contracted land use rights, net income from rent of tenanted housing, net income from rent of tenanted other properties and net rent from ownership housing.

Net Income from Transfers Using the following formula: Net Income from Transfers = Income from Transfers - Transfer Expenditure

Among: Income from Transfer refers to the recurrent transfer payments of household from the the country, units and social groups, and the recurrent income transfer between households. It contains pensions, social relief and aid, agriculture subsidy, policy allowance, disaste donation, recurrent donation and free medical treatment of households from governments, non – executive public institutions and social groups; alimony payments between households, recurrent donation, compensation and postal income from the the non – permanent residents of rural households. Transfer Expenditure refers to the recurrent or obligatory transfer payment of household from the country, unit, household and individual, including tax payment, social security expenditure, recurrent donation, compensation and so on.

Consumption Expenditure refers to all the expenditures of households for consumption in daily life, including expenditures for consumer goods and services. It includes expenditure in cash and in kind on eight categories by use: food; clothing; housing; household appliances and sevices; transport and communications; education, cultural and recreational activities; medical care and the other appliances and services. It includes expenditure in cash and in kind (including self – produced and self – used expenditure and expenditures of units, government and the other social organization) by source.

固定资产投资

Investment in Fixed Assets

简 要 说 明

一、本篇资料的主要内容

本篇资料通过对一定时期全社会建造和购置固定资产活动的数量方面的描述，反映报告期内固定资产投资的规模和速度、固定资产投资的结构和比例关系、固定资产投资的资金来源及固定资产投资的效果等。

二、本篇资料的统计范围

固定资产投资统计的范围包括：城乡建设项目投资，房地产开发投资。

三、本篇的资料来源

固定资产投资统计调查。

四、本篇的统计调查方法

全面统计报表。

Brief Introduction

Ⅰ. Main Contents

Statistics in this chapter describe activities on the construction and purchase of fixed assets of the whole country during a given period of time, and reflect the size, growth, structure, ratio, financing and results of the investment in fixed assets during the reference period.

Ⅱ. Scope of Statistics

Statistics on the investment in fixed assets cover investments in capital construction projects in urban and rural areas, investments in real estate development.

Ⅲ. Sources of Data

Data on investments in fixed assets are from surveys conducted.

Ⅳ. Methodology of Data Collection

Data on investments in fixed assets are collected by the system of reporting form with complete enumeration.

6-1 固定资产投资主要指标

Major Indicators of Investment in Fixed Assets

指　　标	Item	2013	2014	2015	2016	2017
投资总额　　(亿元)	**Total Investment　(100 million yuan)**	**35982.52**	**41552.75**	**45905.17**	**49370.85**	**53000.21**
按经济类型分	Grouped by Ownership					
国有经济	State Owned Units	6865.27	8308.13	8901.58	8236.65	8811.26
集体经济	Collective Owned Units	1639.37	1835.30	1872.50	806.51	742.24
私营个体经济	Private Individuals	14955.56	18185.36	21252.12	23417.12	26992.16
联营经济	Joint-ownership	82.69	66.04	52.32	42.52	22.64
股份制经济	Share-holding Economy	1567.00	1376.93	1210.16	1176.19	1144.20
有限责任公司	Limited Liability Corporations	5924.45	6792.92	7752.74	10481.14	10079.59
港澳台投资经济	Funds from Hong Kong, Macao and Taiwan	1597.74	1679.36	1648.71	2306.36	2250.40
外商投资经济	Foreign Investment	2315.26	2476.57	2253.73	2386.47	2234.05
其他经济	Others	1035.18	832.16	961.31	517.88	723.67
按资金来源分	Grouped by Sources of Funds					
国家预算内资金	State Budget	529.19	627.26	806.89	990.43	1044.76
国内贷款	Domestic Loans	5091.04	5360.60	4810.95	5778.54	6386.98
利用外资	Foreign Investment	1127.55	1152.05	926.17	599.88	376.11
自筹资金	Self-raising Fund	29444.25	33325.52	36305.15	36257.99	37667.86
其他资金来源	Others	6822.96	6232.21	7206.37	10830.18	11518.51
按构成分	Grouped by Composition of Funds					
建筑安装工程	Construction and Installation	20821.56	24686.18	27570.90	28989.35	30261.05
设备工器具购置	Purchase of Equipments and Instruments	10903.11	12327.57	14225.16	15368.57	16915.28
其他费用	Others	4257.84	4539.00	4109.11	5012.94	5823.89
按产业分	Grouped by Industry					
#住宅	Residential Buildings	5646.33	6367.41	6527.16	6971.13	7611.69
第一产业	Primary Industry	195.71	206.97	232.24	293.11	343.42
第二产业	Secondary Industry	18412.48	20298.45	22890.96	24673.81	26412.41
#工业	industry					26180.81
第三产业	Tertiary Industry	17374.32	21047.33	22781.97	24403.93	26244.38
新增固定资产　　(亿元)	**Newly Increased Fixed Assets (100 million yuan)**	**26434.29**	**32156.36**	**36648.83**	**33963.72**	**38353.72**
房屋建筑面积(万平方米)	**Floor Space of Building　(10000 sq. m)**					
施工面积	Floor Space Under Construction	100944.93	109353.56	98850.04	93782.52	90333.85
#住宅	Residential Buildings	42305.79	44641.13	45370.63	45254.99	45487.43
竣工面积	Floor Space Completed	33342.59	34562.35	36541.38	24665.24	22989.74
#住宅	Residential Buildings	9251.55	8426.35	9349.36	8335.47	8062.50
商品房销售面积 (万平方米)	**Floor Space of Commercializ Buildings Sold　(10000 sq. m)**	**11454.77**	**9846.84**	**11414.05**	**13962.09**	**14211.12**

注：1. 自筹投资中含发行债券部分(下同)。
　　2. 从2003年开始,资金来源为可用于投资的资金到位数(下同)。
　　3. 从2004年开始,水利业投资从第一产业调到第三产业(下同)。
　　4. 从2010年开始,投资总额中不含农户投资(下同)。

a) Fund raising included bond publishing(so did as follows).
b) Since 2003, the sources of finance was available for investment(so did as follows).
c) Since 2004, the investment for water conservancy was transferred from primary industry to tertiary industry(so did as follows).
d) Since 2010, the investment of farm households was not included in the total investment(so did as follows).

6-2 固定资产投资额
Investment in Fixed Assets

单位:亿元 (100 million yuan)

年 份 Items	投资额 Investment	#工业投资 Industrial Investment	#房地产开发 Real Estate Development	#国有经济 State-owned	#集体经济 Collective-owned	#私营个体 Private Individuals	#外商及港澳台商投资 Hong Kong, Macao, Taiwan and Foreign Funds
1978	21.75			20.70	1.05		
1980	34.73			31.65	3.08		
"六五"时期 The Period of the Sixth Five-year plan	**564.89**			**242.73**	**156.57**		
"七五"时期 The Period of the Seventh Five-year plan	**1606.75**			**642.46**	**377.21**		
"八五"时期 The Period of the Eighth Five-year plan	**5307.18**		**554.92**	**1944.32**	**1788.50**		
1991	439.98		17.22	172.09	109.87		
1992	711.70		30.42	288.00	276.16		
1993	1144.20		114.01	403.67	493.12		
1994	1331.13		152.42	477.86	418.27		
1995	1680.17		240.85	602.70	491.08		300.22
"九五"时期 The Period of the Ninth Five-year plan	**12426.20**		**1463.68**	**4912.01**	**2288.90**		**2124.97**
1996	1949.53		232.62	708.60	465.21		399.99
1997	2203.09		241.55	826.60	447.94		437.25
1998	2535.50		300.24	1031.96	457.36		514.23
1999	2742.65		330.55	1144.84	462.53	148.23	410.28
2000	2995.43		358.72	1200.01	455.86	326.08	363.22
"十五"时期 The Period of the Tenth Five-year plan	**28055.30**	**10495.83**	**4583.38**	**8790.13**	**2018.49**	**6453.90**	**4719.01**
2001	3302.96	684.83	414.36	1285.71	400.36	528.38	378.17
2002	3849.24	905.69	544.13	1422.06	297.56	769.90	568.77
2003	5335.80	1667.65	809.96	1998.19	456.98	932.11	972.88
2004	6827.59	2104.28	1269.78	2006.20	418.43	1599.91	1230.56
2005	8739.71	5133.38	1545.15	2077.97	445.16	2623.60	1568.63
"十一五"时期 The Period of the Eleventh Five-year plan	**79534.10**	**42558.47**	**15124.96**	**14898.12**	**3136.70**	**27735.48**	**12592.54**
2006	10071.42	5347.13	1906.71	2144.93	441.57	3049.30	1756.83
2007	12268.07	6599.08	2515.91	2092.57	453.28	4125.86	2301.12
2008	15060.45	8246.27	3064.46	2494.77	539.99	5268.79	2838.43
2009	18949.88	10167.44	3338.50	3677.11	753.73	6872.67	2681.77
2010	23184.28	12342.54	4299.38	4488.74	948.13	8418.86	3014.39
2010(新口径)(New Statistical Scale)	21643.02	11442.06	4299.38	4348.46	902.95	7778.03	2969.94
"十二五"时期 The Period of the Twelveth Five-year plan	**181461.67**	**91701.18**	**35409.39**	**35102.31**	**7873.25**	**76164.81**	**19093.01**
2011	26314.66	13771.12	5567.94	5004.82	1132.95	9696.87	3303.41
2012	31706.58	16544.02	6206.10	6022.51	1393.13	12074.90	3818.24
2013	35982.52	18369.54	7241.45	6865.27	1639.37	14955.56	3913.00
2014	41552.75	20259.05	8240.22	8308.13	1835.30	18185.36	4155.92
2015	45905.17	22757.45	8153.68	8901.58	1872.50	21252.12	3902.44
"十三五"时期 The Period of the Thirteen Five-year plan							
2016	49370.85	24544.40	8956.37	8236.65	806.51	23417.12	4692.83
2017	53000.21	26180.81	9629.11	8811.26	742.24	26992.16	4484.45

注:房地产开发投资统计制度从 1990 年开始建立,城乡私营个体投资统计制度从 1999 年开始建立。

a) The statitistical system of real estate development investment was established in 1990, while that of the urban and rural private and individual investment was established in 1999.

6－3 按资金来源和构成分固定资产投资
Investment in Fixed Assets by Sources of Finance and Use of Funds

年 份 Year	按资金来源分 Grouped by Sources of Funds				
	国家预算内资金 State Budget	国内贷款 Domestic Loans	利用外资 Foreign Investment	自筹资金 Self-raising	其他资金来源 Others
投资额(亿元) Investment (100 million yuan)					
1985	17.25	36.79	3.98	64.45	69.46
1986	18.74	43.52	12.71	73.27	92.99
1987	21.46	63.15	19.15	85.66	127.71
1988	17.23	69.94	27.77	106.30	150.63
1989	16.80	41.74	19.91	91.66	150.12
1990	15.02	45.47	15.92	106.47	173.42
1991	16.38	84.77	20.41	290.13	28.29
1992	24.73	189.49	40.56	378.30	78.62
1993	17.85	253.80	89.48	649.95	133.12
1994	17.54	242.93	151.96	744.20	174.50
1995	25.83	270.16	228.89	880.02	275.27
1996	24.01	282.88	335.16	1001.29	306.19
1997	29.63	293.66	390.59	1199.29	289.92
1998	49.46	331.83	413.66	1406.39	334.16
1999	62.91	399.36	309.02	1639.01	332.35
2000	73.42	489.04	281.17	1827.79	324.01
2001	69.97	524.51	326.22	1977.97	404.29
2002	54.48	735.30	421.21	2237.73	400.52
2003	92.61	1141.99	579.51	2999.19	587.42
2004	81.30	1233.07	641.66	4201.29	928.38
2005	67.60	1264.49	836.19	5826.89	1205.90
2006	66.59	1445.16	874.82	6800.90	1590.15
2007	135.20	1561.06	1255.85	8522.18	2398.08
2008	153.86	1818.06	1394.98	10624.51	2210.27
2009	278.79	2774.45	1114.78	14064.93	4350.16
2010	282.11	3343.47	1154.87	17553.37	4912.63
2010(新口径)(New Statistical Scale)	273.00	3231.05	1135.69	16186.61	4839.81
2011	344.87	3751.24	1241.65	20652.57	4394.19
2012	448.05	4658.42	1216.78	25824.05	5262.67
2013	529.19	5091.04	1127.55	29444.25	6822.96
2014	627.26	5360.60	1152.05	33325.52	6232.21
2015	806.89	4810.95	926.17	36305.15	7206.37
2016	990.43	5778.54	599.88	36257.99	10830.18
2017	1044.76	6386.98	376.11	37667.86	11518.51
构成(%) Composition(%)					
1985	9.0	19.1	2.1	33.6	36.2
1990	4.2	12.8	4.5	29.9	48.6
1995	1.5	16.1	13.6	52.4	16.4
2000	2.5	16.3	9.4	61.0	10.8
2005	0.7	13.8	9.1	63.3	13.1
2006	0.6	13.4	8.1	63.1	14.8
2007	1.0	11.3	9.0	61.4	17.3
2008	0.9	11.2	8.6	65.6	13.6
2009	1.2	12.3	4.9	62.3	19.3
2010	1.0	12.3	4.2	64.4	18.0
2010(新口径)(New Statistical Scale)	1.1	12.6	4.4	63.1	18.9
2011	0.9	10.6	3.7	53.3	15.9
2012	1.1	12.3	4.1	68.0	14.5
2013	1.2	11.8	2.6	68.5	15.9
2014	1.3	11.5	2.5	71.4	13.3
2015	1.6	9.6	1.9	72.5	14.4
2016	1.8	10.6	1.1	66.6	19.9
2017	1.8	11.2	0.7	66.1	20.2

年 份 Year	按构成分 Grouped by Use of Funds		
	建筑安装工程 Construction and Installation	设备工器具购置 Purchases of Equipments and Instruments	其他费用 Others
投资额(亿元) **Investment (100 million yuan)**			
1985	149.40	34.41	8.12
1986	187.33	43.82	10.08
1987	240.92	60.61	15.60
1988	281.34	73.71	16.82
1989	256.23	52.25	11.75
1990	284.24	53.70	18.36
1991	347.72	71.33	20.93
1992	408.59	257.45	45.66
1993	651.17	395.34	97.69
1994	775.84	437.87	117.42
1995	983.24	536.48	160.45
1996	1151.16	600.59	197.78
1997	1307.24	688.66	207.19
1998	1503.62	755.02	276.86
1999	1682.72	746.75	313.18
2000	1817.08	867.74	310.61
2001	1901.68	967.21	434.07
2002	2091.15	1160.08	598.01
2003	2906.59	1510.59	918.62
2004	3886.52	1928.66	1012.41
2005	4879.72	2544.36	1315.63
2006	5624.16	2944.50	1502.76
2007	6804.65	3558.53	1904.89
2008	8310.70	4587.89	2161.86
2009	10454.05	5901.61	2594.22
2010	12601.51	7054.33	3528.44
2010(新口径)(New Statistical Scale)	11804.76	6436.57	3401.70
2011	14569.44	8112.05	3633.17
2012	17913.03	9756.39	4037.16
2013	20821.56	10903.11	4257.84
2014	24686.18	12327.57	4539.00
2015	27570.90	14225.16	4109.11
2016	28989.35	15368.57	5012.94
2017	30261.05	16915.28	5823.89
构成(%) Composition(%)			
1985	77.9	17.9	4.2
1990	80.0	15.1	4.9
1995	58.5	31.9	9.6
2000	60.6	29.0	10.4
2005	55.8	29.1	15.1
2006	55.9	29.2	14.9
2007	55.5	29.0	15.5
2008	55.2	30.5	14.3
2009	55.2	31.1	13.7
2010	54.4	30.4	15.2
2010(新口径)(New Statistical Scale)	54.5	29.7	15.7
2011	44.9	24.5	12.9
2012	55.4	30.8	13.8
2013	57.9	30.3	11.8
2014	59.4	29.7	10.9
2015	60.1	31.0	9.0
2016	58.7	31.1	10.2
2017	57.1	31.9	11.0

6-4 按登记注册类型分固定资产投资比上年增长情况(2018)
Investment in Fixed Assets by Registration Status(2018)

单位:% (%)

类别	Item	投资额 Investment	#工业投资 Industrial Investment
总计	**Total**	2.2	8.0
内资企业	Domestic Funded Enterprises	2.7	9.9
国有企业	State-owned Enterprises	-10.0	-9.6
集体企业	Collective-owned Enterprises	-17.2	-31.0
股份合作企业	Cooperative Enterprises	-14.5	-10.8
联营企业	Joint Ownreship Enterprises	-48.1	75.7
国有联营	State Joint Ownership Enterprises	-69.9	-100.0
集体联营	Collective Joint Ownership Enterprises	93.2	109.1
国有与集体联营	Joint State-collective Enterprises	45.0	271.8
其他联营企业	Other Joint Ownership Enterprises	-71.1	-100.0
有限责任公司	Limited Liability Corporations	-0.9	-2.7
国有独资公司	State Sole Funded Corporations	14.7	16.0
其他有限责任公司	Other Limited Liability Corporations	-5.0	-3.7
股份有限公司	Share-holding Corporations Ltd.	8.0	23.4
私营企业	Private Enterprises	7.7	13.2
其他企业	Others Enterprises	47.0	20.6
港、澳、台商投资企业	Enterprises with Funds from Hong Kong, Macao and Taiwan	-2.7	-4.8
合资经营企业	Joint-venture Enterprises	-12.8	-14.9
合作经营企业	Cooperative Enterprises	9.1	13.8
独资企业	Enterprises with Sole Fund	7.4	5.2
股份有限公司	Share-holding Corporations Ltd.	-42.5	-57.3
其他港澳台商投资	Other Hong Kong, Macao Taiwan Investment	-72.4	-61.1

单位:% (%)

类 别	Item	投资额 Investment	#工业投资 Industrial Investment
外商投资企业	Foreign Funded Enterprises	-1.5	-2.0
合资经营企业	Joint-venture Enterprises	-2.4	-6.1
合作经营企业	Cooperative Enterprises	-23.6	-23.4
独资企业	Enterprises with Sole Fund	1.3	3.0
股份有限公司	Share-holding Corporations Ltd.	-43.9	-42.6
其他外商投资	Others	-72.1	-72.1
个体经营	Individuals	0.5	53.3
个体户	Self-employed Individuals	-11.1	12.8
个人合伙	Partnership Individuals	156.8	571.6
按地区分	**by cities**		
南京	Nanjing	8.8	8.9
无锡	Wuxi	2.6	10.5
徐州	Xuzhou	-5.0	4.0
常州	Changzhou	3.1	7.1
苏州	Suzhou	-2.7	0.0
南通	Nantong	5.2	8.0
连云港	Lianyungang	3.4	13.7
淮安	Huaian	10.2	16.1
盐城	Yancheng	9.8	16.2
扬州	Yangzhou	4.7	16.2
镇江	Zhenjiang	-37.6	-27.9
泰州	Taizhou	6.7	8.5
宿迁	Suqian	-1.2	10.3

6－5 房地产开发投资主要指标
Major Indicaotrs of Real Estate Investment

指 标	Item	2000	2005	2010	2015	2018
投资完成额（亿元）	**Investment Completed This Year (100 million yuan)**	**358.72**	**1545.15**	**4299.38**	**8153.68**	**10982.34**
按构成分	Grouped by Use of Funds					
#建筑安装工程	Construction and Installation Projects	255.81	1091.29	2897.21	6186.30	6578.52
设备工器具购置	Purchase of Equipment and Instruments	3.34	12.53	41.09	118.93	147.77
按工程用途分	Grouped by Use of Project					
#住宅	Residential Buidlings	260.79	1133.06	3158.46	6080.21	8366.18
#90平方米以下	Below 90 Square Meters			733.15	1773.41	1388.47
#140平方米以上	Above 140 Square Meters			744.76	1248.38	1989.44
办公楼	Office Buildings	21.59	54.27	154.61	344.07	400.74
商业营业用房	Houses for Business Use	48.48	217.02	611.08	1130.91	1198.00
其他	Others	27.86	140.81	375.23	598.50	1017.42
按资金来源分	Grouped by Sources of Funds					
国内贷款	Domesitc Loans	88.01	392.73	1515.66	1877.93	2841.45
利用外资	Foreign Investment	5.82	33.16	92.76	44.91	63.55
自筹投资	Self-raising Funds	101.34	614.76	2031.38	3416.80	4220.67
其他投资	Others	195.48	998.18	4382.54	6700.36	910.16
定金及预收款	Bargain Money and Pre-received Money					6551.93
个人按揭贷款	Personal Mortage Loans					3210.70
房屋建筑面积（万平方米）	**Floor Space of Building (10000 sq. m)**					
施工面积	Floor Space Under Construction	4268.45	15619.26	35106.90	58118.44	62673.47
#住宅	Residential Buidlings	3348.36	12385.98	26347.13	42315.98	46328.92
竣工面积	Floor Space Completed	2143.22	5500.12	8696.28	10296.96	8536.27
#住宅	Residential Buildings	1774.80	4497.68	6553.53	7930.21	6360.00
商品房销售情况（万平方米）	**Sale of Commercialized Buildings (10000 sq. m)**					
房屋销售面积	Floor Space of Commercialized Buildings	1740.93	5135.55	9485.47	11414.05	13484.21
#住宅	Residential Buildings	1555.97	4523.14	8112.37	10275.95	12040.68
#90平方米以下	Below 90 Square Meters			1583.11	1896.76	1468.14
#140平方米以上	Above 140 Square Meters			1816.86	1533.98	2177.88

注：1. 本表资金来源为资金到位数。
2. 从2011年开始，将140平方米及以上住宅改为144平方米及以上。

a) The funds sources of this table were all available for investment.

b) The high－grade residential area standard has been changed to 144 square meters and above from 2011.

6-6 按登记注册类型分房地产开发投资(2018年)

项目	Iteam	总计 Total	内资 Domestic Funds	国有 State-owned	集体 Collective-owned
企业个数 (个)	**Number of Enterprises (unit)**	**6723**	**6202**	**40**	**20**
本年完成投资 (亿元)	**Investment Completed This Year (100 million yuan)**	**10982.34**	**9852.97**	**54.63**	**35.00**
按构成分	Grouped by Use of Funds				
建筑工程	Construction Projects	5916.01	5284.48	39.20	19.73
安装工程	Installation Projects	662.51	583.58	0.86	6.55
设备工器具购置	Pruchase of Equipment and Instruments	147.77	132.47	0.06	8.52
其他费用	Others Expenses	4256.04	3852.45	14.51	0.20
按构成用途分	Grouped by Use of Project				
住宅	Residential Buildings	8366.18	7569.12	44.51	19.70
#90平方米以下	Below 90 Square Meters	1388.47	1261.72	16.05	9.28
140平方米以上住房	Above 140 Square Meters	1989.44	1818.76	1.69	0.01
别墅、高档公寓	Villas, High-grade Apartments	574.76	531.75	0.97	0.00
办公楼	Office Buidings	400.74	340.64	0.05	3.08
商业营业用房	Buidings for Business Use	1198.00	1038.76	1.22	6.07
其他	Others	1017.42	904.46	8.85	6.16
本年新增固定资产 (亿元)	**Newly Increased Fixed Assets This Year (100 million yuan)**	**4243.32**	**3711.95**	**28.34**	**1.10**
资金来源	**Sources of Funds**				
本年资金来源合计	Total of Funds This Year	24678.28	21624.51	172.85	50.91
上年末结余资金	Balance of Founds Last Year	24678.28	21624.51	172.85	50.91
本年资金来源小计	Subtotal Funds This Year	17798.46	15689.01	96.34	21.40
国内贷款	Domestic Loans	2841.45	2548.58	24.77	4.60
利用外资	Foreign Investment	63.55	31.30		
自筹资金	Self-raising Funds	4220.67	3820.10	29.22	8.68
其他资金来源	Others	910.16	814.60	9.77	4.28
定金及预收款	Deposit and Advance Receipt	6551.93	5609.50	31.69	3.79
个人按揭贷款	Bargain Money and Pre-received Money	3210.70	2864.93	0.89	0.06

Investment in Real Estate Development by Registration Status(2018)

股份合作 Cooperative Enterprises	联营 Joint Ownership	国有独资公司 State Sole Funded	其它有限责任公司 Other Limited Liability Corporations	股份有限公司 Share Holding Co., Ltd.	私营 Private	其它 Other
1		**144**	**1431**	**132**	**4433**	**1**
		329.31	**3173.70**	**211.49**	**6044.29**	**4.55**
		200.20	1720.54	111.71	3192.24	0.86
		15.59	182.82	11.43	366.12	0.20
		3.30	39.75	1.72	79.10	0.02
		110.21	1230.59	86.64	2406.83	3.47
		256.65	2365.68	147.87	4730.16	4.55
		64.16	505.64	23.12	643.47	
		52.06	610.25	17.36	1137.40	
		14.77	164.90	3.17	347.94	
		23.88	151.76	4.28	157.59	
		19.59	334.10	20.23	657.57	
		29.20	322.17	39.11	498.97	
		190.66	**1521.07**	**42.84**	**1927.95**	
0.80		981.84	7398.42	524.63	12488.00	7.06
0.21		347.40	2122.66	152.10	3200.11	7.00
0.59		634.44	5275.76	372.54	9287.89	0.06
		180.03	876.19	84.55	1378.45	
			0.35		30.95	
		157.02	1149.54	115.27	2360.32	0.06
		42.24	266.95	15.82	475.53	
0.59		154.88	1966.83	99.30	3352.44	
		100.27	1015.89	57.60	1690.22	

指 标 Iteam		港澳台商投资 Funds from Hong Kong, Macao and Taiwan	合资经营 Joint-venture Enterprises	合作经营 Cooperative Enterprises
企业个数 （个）	**Number of Enterprises （unit）**	**377**	**162**	**8**
本年完成投资 （亿元）	**Investment Completed This Year （100 million yuan）**	**845.30**	**432.17**	**14.25**
按构成分	Grouped by Use of Funds			
建筑工程	Construction Projects	442.28	192.53	9.41
安装工程	Installation Projects	57.04	22.06	0.95
设备工器具购置	Pruchase of Equipment and Instruments	7.24	1.97	
其他费用	Others Expenses	338.74	215.61	3.88
按构成用途分	Grouped by Use of Project			
住宅	Residential Buildings	578.51	283.29	9.17
#90 平方米以下	Below 90 Square Meters	91.35	46.08	1.71
140 平方米以上住房	Above 140 Square Meters	129.62	66.52	0.81
别墅、高档公寓	Villas, High-grade Apartments	31.01	16.93	
办公楼	Office Buildings	49.27	24.58	2.58
商业营业用房	Buidings for Business Use	131.31	69.89	2.50
其他	Others	86.20	54.41	
本年新增固定资产 （亿元）	**Newly Increased Fixed Assets This Year （100 million yuan）**	**400.70**	**257.58**	**9.72**
资金来源	**Sources of Funds**			
本年资金来源合计	Total of Funds This Year	2134.34	992.92	29.67
上年末结余资金	Balance of Founds Last Year	583.88	221.15	18.81
本年资金来源小计	Subtotal Funds This Year	1550.47	771.77	10.86
国内贷款	Domestic Loans	186.81	113.18	
利用外资	Foreign Investment	13.83	10.00	
自筹资金	Self-raising Funds	335.80	209.86	4.17
其他资金来源	Others	86.58	42.54	2.80
定金及预收款	Bargain Money and Pre-received Money	649.10	289.63	1.95
个人按揭贷款	Personal Mortage Loans	278.35	106.56	1.94

独资公司 Enterprises with Sole Fund	股份有限公司 Share Holding Co.，Ltd.	其他港澳台商投资 Other Funds from Hong Kong, Macao and Taiwan	外商投资 Foreign Invesłment	合资经营 Joint-venture Enterprises	合作经营 Cooperative Enterprises	独资公司 Enterprises with Sole Fund	股份有限公司 Share Holding Co.，Ltd.	其他外商投资 Other Foreign Invesłment
203	**3**	**1**	**144**	**71**	**5**	**66**	**1**	**1**
391.08	**7.73**	**0.06**	**284.06**	**190.25**	**16.28**	**76.71**	**0.82**	
235.10	5.17	0.06	189.25	117.93	11.46	59.42	0.45	
31.47	2.56		21.89	15.36	1.53	4.66	0.35	
5.27			8.07	6.87		1.19		
119.24			64.86	50.09	3.30	11.44	0.02	
280.25	5.80		218.55	149.19	11.77	56.86	0.73	
43.03	0.52		35.41	24.01	1.40	9.85	0.15	
60.80	1.50		41.06	23.75	5.06	12.21	0.05	
14.09			11.99	5.60	2.48	3.91		
20.97	1.15		10.83	4.56		6.28		
58.08	0.78	0.06	27.93	20.80	1.78	5.35		
31.78	0.01		26.76	15.71	2.73	8.23	0.09	
133.39			**130.67**	**90.97**		**37.35**	**2.36**	
1097.59	13.81	0.36	919.43	553.10	19.33	333.63	1.82	11.55
338.53	5.16	0.23	360.45	218.63	9.46	129.38	0.60	2.37
759.06	8.65	0.13	558.98	334.47	9.87	204.25	1.22	9.18
73.62			106.06	65.06		38.84		2.16
3.84			18.42	11.25		7.18		
121.72	0.05		64.77	54.55	4.00	6.22		
40.84	0.40		8.98	5.92		3.06		
351.09	6.32	0.11	293.32	152.28	3.84	129.71	0.47	7.02
167.95	1.88	0.02	67.42	45.40	2.03	19.24	0.75	

6－7 分市房地产开发投资(2018 年)

指标	Item	南京 Nanjing	无锡 Wuxi	徐州 Xuzhou	常州 Changzhou
企业个数 (个)	**Number of Enterprises (unit)**	**606**	**728**	**455**	**401**
平均从业人数 (万人)	**Average Number of Employed Persons (10000 persons)**				
本年购置土地面积 (万平方米)	**Land Space Purchased This Year (10000 sq. m)**	**186.36**	**394.61**	**365.31**	**165.42**
投资完成额 (亿元)	**Investment Completed This Year (100 million yuan)**	**2354.17**	**1314.86**	**716.43**	**595.89**
按构成分	Grouped by Use of Funds				
#建筑安装工程	Construction and Installation Projects	1168.35	787.30	488.05	356.67
设备工器具购置	Purchase of Equipment and Instruments	64.62	17.54	6.81	3.81
按工程用途分	Grouped by Use of Project				
住宅	Residential Buidlings	1574.64	1004.57	585.31	460.05
办公楼	Office Buildings	152.35	32.40	14.42	22.49
商业营业用房	Houses for Business Use	351.93	145.96	71.97	47.11
其他	Others	275.25	131.93	44.73	66.25
按资金来源分	Grouped by Sources of Funds				
国内贷款	Domesitc Loans	637.51	287.18	109.75	135.81
利用外资	Foreign Investment	5.89	35.12	13.09	5.93
自筹投资	Self-raising Funds	969.54	516.87	224.37	270.29
其他投资	Others	102.67	215.54	68.94	42.23
定金及预收款	Bargain Money and Pre-received Money	1097.53	687.29	404.74	425.51
个人按揭贷款	Personal Mortage Loans	559.63	252.91	199.30	206.68
本年新增固定资产 (亿元)	**Newly Increased Fixed Assets This Year (100 million yuan)**	**768.28**	**437.55**	**299.25**	**193.25**
房屋建筑面积 (万平方米)	Floor Space of Building (10000 sq. m)				
施工面积	Floor Space Under Construction	8656.96	5994.51	5842.17	3345.49
#住宅	Residential Buidlings	5602.71	4474.79	4662.14	2439.17
竣工面积	Floor Space Completed	1176.85	761.67	766.19	481.20
#住宅	Residential Buildings	845.34	549.02	628.80	376.69
商品房销售情况 (万平方米)	Sale of Commercialized Buildings (10000 sq. m)				
房屋销售面积	Floor Space of Commercialized Buildings	1220.73	1378.35	1253.45	815.01
#住宅	Residential Buildings	982.65	1255.54	1160.67	673.23

Real Estate Investment by Region (2018)

苏州 Suzhou	南通 Nantong	连云港 Lianyungang	淮安 Huaian	盐城 Yancheng	扬州 Yangzhou	镇江 Zhenjiang	泰州 Taizhou	宿迁 Suqian
1243	**656**	**315**	**361**	**515**	**373**	**380**	**340**	**350**
351.05	**373.49**	**77.14**	**95.29**	**116.43**	**139.76**	**121.79**	**96.20**	**25.92**
2557.91	**759.52**	**341.52**	**312.02**	**454.94**	**620.98**	**355.99**	**345.07**	**253.04**
1181.35	536.21	273.77	254.59	378.08	422.32	281.36	243.45	207.03
12.11	7.97	4.65	5.68	5.61	5.91	6.32	5.61	1.13
2111.60	540.05	283.64	226.69	360.56	455.87	281.22	275.37	206.61
82.69	36.07	7.99	21.47	5.97	16.40	6.56	1.24	0.69
149.78	104.79	27.11	38.73	55.22	92.17	41.91	39.23	32.09
213.85	78.62	22.78	25.13	33.18	56.54	26.31	29.23	13.64
1079.65	135.23	57.92	37.32	81.82	100.10	101.63	34.46	43.08
1.61	0.54	0.00	0.01	0.00	1.37	0.00	0.00	0.00
987.79	286.12	94.81	77.61	243.86	199.29	166.98	121.47	61.69
230.13	78.70	27.28	32.75	23.91	25.53	39.00	6.22	17.25
1739.67	630.48	157.14	208.08	133.56	346.49	290.16	247.26	184.03
767.53	225.44	134.92	121.31	126.74	155.94	131.50	181.86	146.94
1023.05	**458.62**	**76.12**	**119.00**	**139.27**	**277.96**	**215.91**	**164.93**	**70.13**
11658.52	5718.53	2542.82	3292.00	3292.42	2928.23	3262.41	2536.83	3602.60
8337.12	4265.61	2060.33	2561.87	2615.51	2102.50	2487.47	2004.69	2715.01
1507.34	1114.10	212.93	332.18	457.86	574.20	575.35	374.92	201.49
1007.20	837.82	198.36	280.70	391.12	380.23	432.98	293.94	137.81
1994.13	1731.53	562.62	937.25	915.09	746.17	512.74	694.26	722.88
1788.30	1570.45	532.47	830.94	811.45	665.41	471.75	629.12	668.70

6-8 房地产开发企业经营情况
Operating Statistics on Enterprises for Real Estate Development

指 标	Item	2000	2005	2010	2015	2018
企业个数 （个）	**Number of Enterprises (unit)**	**1930**	**3810**	**6070**	**6642**	**6723**
内资	Domestic Funded	1636	3384	5450	6056	6202
#国有	State-owned Enterprises	585	248	252	201	184
集体	Collective-owned Enterprises	482	192	124	35	21
港澳台商投资	Enterprises with Funds from Hong Kong, Macao and Taiwan	197	277	352	396	377
外商投资	Foreign Funded	97	149	268	190	144
平均从业人数 （万人）	**Average Number of Employed Persons (10000 persons)**	**5.74**	**8.47**	**13.17**	**17.96**	**17.43**
内资	Domestic Funded		7.54	11.61	15.85	15.51
#国有	State-owned Enterprises		0.63	0.59	0.70	0.72
集体	Collective-owned Enterprises		0.33	0.19	0.09	0.04
港澳台商投资	Enterprises with Funds from Hong Kong, Macao and Taiwan		0.59	0.87	1.41	1.27
外商投资	Foreign Funded		0.34	0.69	0.70	0.64
土地开发及购置 （万平方米）	**Land Development and Purchase (10000 sq. m)**					
本年土地成交价款 （亿元）	Total Value of Land Purchased (100 million yuan)		319.02	613.85	530.42	1723.90
待开发土地面积	Land Space Pending Development	928.335	3981.34	3798.79	4044.91	4455.26
本年购置土地面积	Land Space Purchased This Year	1395.98	2848.80	2055.71	1693.35	2508.77
资产负债 （亿元）	**Assets and Liabilities (100 million yuan)**					
实收资本	Capital Held		953.90	4061.51	8815.06	11098.68
资产总计	Total Assets	1201.82	5679.81	19791.32	46749.11	72232.83
累计折旧	Total Depreciation	13.25	34.48	128.74	264.16	351.98
#本年折旧	Depreciation This Year	2.75	8.45	33.70	52.22	78.17
负债总计	Total Liabilities	958.47	4343.07	14233.81	35200.59	55295.88
所有者权益	Owners' Equity	243.36	1336.74	5557.51	11548.52	16937.22

主要统计指标解释

固定资产投资 是以货币表现的建造和购置固定资产活动的工作量，它是反映固定资产投资规模、速度、比例关系和使用方向的综合性指标。全社会固定资产投资按登记注册类型可分为国有、集体、个体、联营、股份制、外商、港澳台商、其他等。全社会固定资产投资总额分为城镇项目投资、农村建设项目投资和房地产开发投资三个部分。

城镇和农村建设项目投资 指城镇和农村各种登记注册类型的企业、事业、行政单位及个体户进行的计划总投资500万元及500万元以上建设项目的投资。

房地产开发投资 指房地产开发公司、商品房建设公司及其他房地产开发法人单位和附属于其他法人单位实际从事房地产开发或经营的活动单位统一开发的包括统代建、拆迁还建的住宅、厂房、仓库、饭店、宾馆、度假村、写字楼、办公楼等房屋建筑物和配套的服务设施，土地开发工程(如道路、给水、排水、供电、供热、通讯、平整场地等基础设施工程)的投资；不包括单纯的土地交易活动。

固定资产投资的资金来源 根据固定资产投资的资金来源不同，分为国家预算内资金、国内贷款、利用外资、自筹资金和其他资金来源。

(1) 国家预算内资金：分为财政拨款和财政安排的贷款两部分。包括中央财政的基本建设基金、专项支出、收回再贷、贴息资金，财政安排的挖潜改造和新产品试制支出、城建支出、商业部门简易建筑支出、不发达地区发展基金等资金中用于固定资产投资的资金；地方财政中由国家统筹安排的资金等。

(2) 国内贷款：指报告期内企、事业单位向银行及非银行金融机构借入的用于固定资产投资的各种国内借款。包括银行利用自有资金及吸收的存款发放的贷款、上级主管部门拨入的国内贷款、国家专项贷款(包括煤代油贷款、劳改煤矿专项贷款等)、地方财政专项资金安排的贷款、国内储备贷款、周转贷款等。

(3) 利用外资：指报告期收到的用于固定资产建造和购置投资的境外资金(包括设备、材料、技术在内)。计算利用外资时，需要折算成人民币，折算中所使用的外汇汇率按现汇计算，即按使用外汇时的汇率计算。包括外商直接投资、对外借款及外商其他投资。不包括我国自有外汇资金。

(4) 自筹资金：指固定资产投资单位报告期收到的，由各地区、各部门及企业、事业单位筹集用于固定资产投资的预算外资金，包括中央各部门、各级地方和企业、事业单位的自有资金。

(5) 其他资金：指在报告期收到的除以上各种资金之外其他用于固定资产投资的资金。包括社会集资、个人资金、无偿捐赠的资金及其他单位拨入的资金等。

固定资产投资按国民经济行业分 按建设项目建成投产后的主要产品或主要用途及社会经济活动性质来确定。一般情况下，一个建设项目或一个企业、事业单位只能属于一种国民经济行业。

固定资产投资按建设性质分 建设项目的性质一般分为新建、扩建、改建、迁建、恢复。

(1) 新建：一般是指从无到有、“平地起家”新开始建设的单位。有的单位原有的基础很小，经过建设后其新增加的固定资产价值超过原有固定资产价值(原值)三倍以上的也算新建。

(2) 扩建：一般是指为扩大原有产品的生产能力，在厂内或其他地点增建主要生产车间(或主要工程)、独立的生产线或分厂的企业；事业单位和行政单位在原单位增建业务用房(如学校增建教学用房、医院增建门诊部或病床用房、行政机关增建办公楼等)也作为扩建。

(3) 改建：一般是指现有企业、事业单位为了技术进步，提高产品质量，增加花色品种，促进产品升级换代，降低消耗和成本，加强资源综合利用和三废治理、劳保安全等，采用新技术、新工艺、新设备、新材料等对现有设施、工艺条件进行技术改造或更新(包括相应配套的辅助性生产、生活福利设施)。有的企业为充分发挥现有生产能力，进行填平补齐而增建不增加本单位主要产品生产能力的车间等，也属于改建。

固定资产投资按构成分 固定资产投资活动按其工作内容和实现方式分为建筑安装工程，设备、工具、器具购置，其他费用三个部分。

(1) 建筑安装工程(建筑安装工作量)：指各种房屋、建筑物的建造工程和各种设备、装置的安装工程。包括各种房屋建造工程，各种用途设备基础和各种工业窑炉的砌筑工程；为施工而进行的各种准备工作和临时工程以及完工后的清理工作等；铁路、道路的铺设，矿井的开凿及石油管道的架设等；水利工程；防空地下建筑等特殊工程；以及各种机械设备的安装工程；为测定安装工程质量，对设备进行的试运工作。在安装工程中，不包括被安装设备本身的价值。

(2) 设备、工具、器具购置：指购置或自制达到固定资产标准的设备、工具、器具的价值，固定资产的标准按财务部门规定。新建单位、扩建单位的新建车间按照设计和计划要求购置或自制的全部设备、工具、器具，不论是否达到固定资产标准均计入“设备、工具、器具购置”中。

（3）其他费用：指在固定资产建造和购置过程中发生的，除建筑安装工程和设备、工具、器具购置以外的各种应摊入固定资产的费用。

施工项目 指报告期内曾进行建筑或安装工程施工活动的建设项目，包括报告期内新开工项目、报告期以前开工跨入报告期继续施工的项目以及报告期施过工并在报告期内全部建成投产或停缓建的项目。

全部建成投产项目 工业项目是指设计文件规定形成生产能力的主体工程及其相应配套的辅助设施全部建成，经负荷试运转，证明具备生产设计规定合格产品的条件，并经过验收鉴定合格或达到竣工验收标准，与生产性工程配套的生活福利设施可以满足近期正常生产的需要，正式移交生产的建设项目。非工业项目是指设计文件规定的主体工程和相应的配套工程全部建成，能够发挥设计规定的全部效益，经验收鉴定合格或达到竣工验收标准，正式移交使用的建设项目。

房屋建筑面积 指从房屋外墙线算起的各层平面面积的总和，包括可供使用的有效面积和房屋结构（如柱、墙）占用的面积。多层建筑按各层（包括地下室）面积总和计算。

住宅建筑面积 指施工和竣工房屋建筑面积中供居住用的施工和竣工房屋建筑面积。

施工面积 指报告期内施工的全部房屋建筑面积。包括本期新开工的面积、上期跨入本期继续施工的房屋面积、上期停缓建在本期恢复施工的房屋面积、本期竣工的房屋面积及本期施工后又停缓建的房屋面积。

竣工面积 指在报告期内房屋建筑按照设计要求已全部完工，达到住人和使用条件，经验收鉴定合格，正式移交使用单位的建筑面积。

房屋建筑面积竣工率 指一定时期内房屋竣工面积占同期房屋施工面积的比率。它是从房屋建筑施工速度的角度反映投资效果和建筑业经济效益的指标。

新增固定资产 指通过投资活动所形成的新的固定资产价值，包括已经建成投入生产或交付使用的工程价值和达到固定资产标准的设备、工具、器具的价值及有关应摊入的费用。它是以价值形式表示的固定资产投资成果的综合性指标，可以综合反映不同时期、不同部门、不同地区的固定资产投资成果。

建设项目投产率 指一定时期内全部建成投入生产项目个数与同期正式施工项目个数的比率。它是从项目建设速度的角度反映投资效果的指标。

建设周期 是指报告期（年）所有正式施工项目全部建成平均需要的时间，它是从宏观角度反映建设速度的指标。建设周期的计算方法有两种：

（1）按建设项目计算：建设周期＝报告期正式施工项目个数/报告期全部建成投产项目个数

（2）按投资额计算：建设周期＝报告期正式施工项目计划总投资之和/报告期正式施工项目完成投资之和。

Explanatory Notes on Main Statistical Indicators

Investment in Fixed Assets refers to the volume of activities in construction and purchases of fixed assets of the whole country expressed in monetary terms, it is a comprehensive indicator which shows the size, pace, proportional relations and use direction of the investment in fixed assets. Total investment in fixed assets in the whole country includes, by type of ownership, the investment by State-owned units, collective-owned units, individuals, joint ownership units, share-holding units, as well as investments by entrepreneurs from foreign countries and from Hong Kong, Macao and Taiwan, and by other units. The investment in fixed assets in the whole country is classified into the following three parts: investment in urban projects, rural construction projects and real estate development.

Urban and Rural Investment in Construction Projects refers to construction projects involving a total planned investment of 5 million yuan and over by enterprises of various types of ownership, institutions, administrative units and individuals in urban and rural areas.

Investment in Real Estate Development It includes the investment by the real estate development companies, commercial buildings construction companies and other real estate development units of various types of ownership in the construction of house buildings, such as residential buildings, factory buildings, warehouses, hotels, guesthouses, holiday villages, office buildings, and the complementary service facilities and land development projects, such as roads, water supply, water drainage, power supply, heating, telecommunications, land leveling and other projects of infrastructure. It excludes the activities in simple land transactions.

Sources of Funds for Investment in Fixed Assets state budgetary appropriation, domestic loans, foreign investment, self-raised funds, and others.

(1) Fund from the State budget consists of budgetary appropriation and loans from the State budget. More specifically, it includes, from the budget of the central government, capital construction fund, special expenses, loans from repayment, discount fund, expenses on innovation and trial production of new products, expenses on urban construction, expenses on temporary construction from

business departments, development fund for less developed areas, as well as local budgetary fund transferred from the central budget.

(2) Domestic loans refer to various funds borrowed by enterprises and institutions from banks and non-bank financial institutions during the reference period for the purpose of investment in fixed assets, including loans issued by banks from their self-owned funds and deposit, loans appropriated by higher responsible authorities, special loans by government (including loan for replacing petroleum with coal, special loan for reform through labor coal mines), loans arranged by local government from special funds, domestic reserve loan, and working loan, etc.

(3) Foreign investment refers to foreign funds received during the reference period for the construction and purchase of investment in fixed assets (covering equipment, materials and technology). In calculating the utilization of foreign capital, foreign currencies are converted into Chinese RMB applying the current exchange rate when the foreign capitals are actually used. It includes foreign borrowings (loans from foreign governments and international financial institutions, export credit, commercial loans from foreign banks, issue of bonds and stocks overseas), foreign direct investment and other foreign investments.

(4) Self-raised funds refer to extra-budgetary funds for investment in fixed assets received during the reference period by investing units from central government ministries, local governments, enterprises and institutions, including their self-raised funds.

(5) Others refer to funds for investment in fixed assets received from sources other than those listed above, including funds raised from society and individuals, donations, and funds transferred from other units.

Investment in Fixed Assets by Sector In general, one project or one enterprise or institution can only be classified into one sector.

Investment in Fixed Assets by Types of Construction The construction projects in general can be classified by the type of construction into new construction, expansion, reconstruction, moving and resumption.

(1) New construction in general refers to newly constructed units. In the case in which the value of the original fixed assets is quite small, and the value of newly added fixed assets exceeds the original ones by three times, the expansion construction is considered as new construction.

(2) Expansion refers to construction of new major production workshop or independent production line within a factory or in other locations, or construction of a branch factory so as to increase the production capacity of the original products. Newly constructed business houses in institutions and administrative organizations (such as the newly constructed teaching buildings in schools, clinics or bed building in hospitals, and office buildings in administrative agencies, etc.) are also classified as expansion.

(3) Reconstruction refers to technical innovation and transformation of the existing equipment and technical conditions undertaken by enterprises and institutions for the purposes of technological advancement, improvement in product quality, enlarging variety of products, promoting new generation of products, reducing production consumption and cost, promoting comprehensive utilization of resources, strengthening treatment of waste gas, waste water and solid wastes, and safety in production, etc. through application of new technologies and techniques, use of new equipment and new materials (including accessory facilities for production or for living and welfare purposes). Construction of new workshops for improving existing production capacity rather than increasing production capacity is also considered as reconstruction.

Investment in Fixed Assets by Structure refers to the three major parts of investment activities, i. e. construction and installation, purchase of equipment and instrument, and other expenses.

(1) Construction and installation (work volume of construction and installation) refers to the construction of various houses and buildings and installation of various kinds of equipment and instruments, including construction of various houses, equipment foundations and industrial kilns and stoves, preparation works for project construction, and clearing up works post project construction, pavement of railways and roads, drilling of mines and putting up of oil pipes, construction of projects of water conservancy, construction of underground air-raid shelters and construction of other special projects, installation of various machinery equipment, testing operation for pre-testing the quality of installation projects. The value of equipment installed is not included in the value of installation projects.

(2) Purchase of equipment and instruments refers to the total value of equipment, tools, and vessels purchased or self-produced which come up to standards for fixed assets. Equipment, tools and vessels purchased or self produced for new workshops by newly established or expanded units are categorized as "purchase of equipment and instruments" no matter whether they come up to the standards for fixed assets or not.

(3) Other expenses refer to expenses occurring during the construction or purchase of fixed assets other than construction, installation or purchase of equipment and instruments.

Projects under Construction refer to projects having construction and installation activities undertaken in the reference period, including projects started in the reference period, or continued from the previous pound, or completed and put into production or suspended in the reference period.

Projects Completed and Put into Use Industrial projects refer to the major projects and accessory facilities completed which result in forming production capacity and have been checked and accepted while the living and welfare facilities have been completed and can ensure normal production and formally put into production. Non-industrial projects refer to the major projects and accessory facilities completed which possess the designed capacity and have been checked, accepted and formally put into production.

Floor Space of Buildings under Construction refers to total floor space in each story of buildings calculated from the outside line of building walls, including both usable space and the space occupied by constructions like pillars or walls. The floor space of multistory buildings includes the total floor space of each story (including basement).

Floor Space of Residential Buildings refers to the floor space of the residential buildings among the total space of buildings under construction or completed.

Floor Space under Construction refers to total floor space of all buildings under construction during the reference period, including floor space of newly started buildings during the reference period, floor space of construction extended from the previous period to the current period, floor space of construction suspended during the previous period and resumed in the current period, floor space of construction completed in the current period, and floor space of construction started and then suspended in the current period.

Floor Space of Buildings Completed refers to the floor space of buildings completed in the reference period, which have come up to the designed standards and have been put into use.

Completion Rate of Floor Space of Buildings refers to the ratio of the floor space of buildings completed in certain period of time to the floor space of buildings under construction in the same period which reflects the investment result and economic efficiency of the construction industry from the angle of the speed of project construction.

Newly Increased Fixed Assets refer to the newly increased value of fixed assets through investment, including the value of projects completed and put into production, the value of equipment, tools, and vessels considered as fixed assets, as well as the relevant expenses as investment in fixed assets. This is a comprehensive indicator of investment in fixed assets, reflecting the achievements of investment in fixed assets in different periods, different sectors, and different regions.

Rate of Construction Projects Completed and Put into Use refers to the ratio of the number of construction projects completed and put into use in certain period of time to the number of projects under construction in the same period. This reflects the investment efficiency from the angle of the speed of projects construction.

Construction cycle refers to how longtime it will be taken in average that all the projects formally under construction can be completed in reference year. This indicator reflect the speed of construction in view of macrocosm.

There are two formulas in calculating the construction cycle:

(1) By the number of construction projects

Construction cycle = number of projects formally under construction in reference period (year) / number of all the projects are completed and put in production in reference period (year)

(2) By the value of investment

Construction cycle = total investment plan for the projects formally under construction in reference period (year) / total fulfihnent of investment on the projects formally under construction in reference period (year).

7

财政、金融

Government Finance, Financial Intermediation

简 要 说 明

本篇主要反映财政收支的基本情况及金融、证券和保险业的发展情况。

一、财政部分的主要内容、资料来源和口径说明

财政统计资料主要内容：一是财政收支历年统计数据；二是财政收支的主要构成项目。

资料来源：财政相关统计资料由江苏省财政厅提供，资料基础为财政决算表。其中，有关财政收支方面的资料根据财政决算收支总表、财政决算收入明细表、财政决算支出明细表的数据加工整理编制。

财政统计资料口径变动说明：财政预算外资金从1982年开始建立统计制度，1993年实施新的财务通则和会计准则，国营企业更新改造资金、大修理基金等不再作为预算外资金。从1997年起，财政部将政府预算收支科目分为两部分，即：将纳入预算管理的政府性基金收支及原属预算外的地方税费附加收支称为财政基金预算收支，原来的财政预算收支改称为财政一般预算收支。2007年财政收支科目实施了较大改革，特别是财政支出项目口径变化很大。2015年起，非税收入中的国有资本经营收入不再列入一般公共预算收入。

二、金融部分的主要内容和资料来源

金融统计资料主要内容：反映我省金融、证券和保险业发展情况。由四个部分构成：一是金融机构金融活动情况，二是金融机构、人员情况，三是保险业务情况，四是证券市场基本情况。

资料来源：金融机构金融活动情况和金融机构、人员情况由人民银行南京分行提供；保险业务情况由中国银行保险监督管理委员会江苏监管局提供；直接融资情况由中国证券监督管理委员会江苏监管局提供。

Brief Introduction

The data in this chapter present the government revenue and expenditure situation. Also present the development of financial, securities and insurance industries.

Ⅰ. Main Contents, Sources of Data and Diameter Description of Government Revenue

Financial Statistics main including the revenue and expenditure statistics over the years, the main component of revenue and expenditure project.

The data is provided by of the Finance Department of Jiangsu province. The base data from the financial statement sheets. Among them, information about revenue and expenditure of the total balance sheet based on final accounts, final accounts of income schedule, schedule of expenditures of final accounts data processing order preparation.

Data on the extra-budgetary funds have been collected in accordance with the statistical reporting scheme since 1982. In 1993, new general financial rules and accounting standards were implemented. As a result, the innovation fund and the major repair fund in the state-owned enterprises were no longer listed as extra-budgetary funds. Starting from 1997, government funds have been reclassified into budget management and have not been included in the extra-budgetary revenue and expenditure. In 2007, financial renvenve and expenditure subject a large reform especially the caliber charges of financial support for projects. From 2015, the income of state-owned capital in non-tax income wereno longer listed in general public budget revenue.

Ⅱ. Main Contents and Sources of Data of Finance

Data in this chapter show the development of

Jiangsu province's financial, securities and insurance industries. (1) the financial activities of the financial institutions; (2) the Situation of Financial Institutions and Personnel; (3) the situation regarding the insurance business ;(4) the situation regarding direct financing.

Financial situation of financial institutions and institutions, personnel provided by the People's Bank of China, Nanjing Branch. Major indicator of Insurance Business provided by China Insurance Regulatory Commission ,Jiangsu Branch. Basic Information of direct finacing provided b by the China Securities Regulatory Commission, Jiangsu province.

7-1 历年财政收支

Financial Revenue and Expenditure over the Years

单位:亿元 (100 million yuan)

年 份 Year	财政总收入 Government Revenue	#一般公共预算收入 General Public Budget Revenue	#税收收入 Taxes	一般公共预算支出 General Public Budget Expenditure	财政总收入占地区生产总值的比重(%) Percentage of Government Revenue to GDP(%)	一般公共预算收入占地区生产总值的比重(%) Percentage of Budget Revenue to GDP(%)
1978	61.09	61.09	35.93	28.38	24.5	24.5
1979	59.28	59.28	38.33	32.06	19.9	19.9
1980	62.45	62.45	41.36	28.95	19.5	19.5
1981	63.04	63.04	44.64	23.79	18.0	18.0
1982	66.61	66.61	49.84	24.63	17.1	17.1
1983	73.63	73.63	54.57	32.29	16.8	16.8
1984	76.28	76.28	61.79	39.15	14.7	14.7
1985	89.00	89.00	80.32	50.53	13.7	13.7
1986	98.73	98.73	87.29	66.16	13.3	13.3
1987	107.17	107.17	94.96	68.00	11.6	11.6
1988	117.96	117.96	107.74	81.45	9.8	9.8
1989	126.39	126.39	122.82	92.25	9.6	9.6
1990	136.20	136.20	130.96	100.97	9.6	9.6
1991	143.29	143.29	125.91	128.18	8.9	8.9
1992	152.31	152.31	145.49	125.86	7.1	7.1
1993	221.30	221.30	220.05	163.87	7.4	7.4
1994	293.41	136.62	121.05	200.17	7.2	3.4
1995	350.08	172.64	146.39	253.49	6.8	3.3
1996	427.99	223.17	184.65	310.94	7.1	3.7
1997	512.93	255.59	210.56	364.36	7.7	3.8
1998	579.90	296.58	244.20	424.90	8.1	4.1
1999	680.23	343.36	314.26	484.65	8.8	4.5
2000	865.00	448.31	409.14	591.28	10.1	5.2
2001	1064.99	572.15	523.84	729.64	11.3	6.1
2002	1483.68	643.70	565.30	860.25	14.0	6.1
2003	1968.92	798.11	690.53	1047.68	15.8	6.4
2004	2216.41	980.43	833.64	1312.04	14.6	6.5
2005	3124.83	1322.68	1107.27	1673.40	16.6	7.0
2006	3935.87	1656.68	1389.13	2013.25	17.9	7.5
2007	5591.29	2237.73	1894.77	2553.72	21.3	8.5
2008	7109.72	2731.41	2278.71	3247.49	22.7	8.7
2009	8404.99	3228.78	2654.75	4017.36	24.1	9.2
2010	11743.22	4079.86	3312.61	4914.06	28.0	9.7
2011	14119.85	5148.92	4124.62	6221.72	28.4	10.3
2012	14843.89	5860.69	4782.59	7027.67	27.0	10.7
2013	17328.80	6568.46	5419.49	7798.47	28.5	10.8
2014	18201.33	7233.14	6006.05	8472.45	27.5	10.9
2015	17841.60	8028.59	6610.12	9687.58	25.0	11.3
2016	19464.48	8121.23	6531.83	9981.96	25.2	10.5
2017	21125.77	8171.53	6484.32	10621.39	24.6	9.5
2018	23394.22	8630.16	7263.65	11657.35	25.3	9.3

注:财政总收入为一般公共预算收入、基金收入、上划中央四税之和。

a) Provincial financial revenue is the sum of general public budget revenue, fund revenue and four kinds of taxes to the central government.

7－2 公共财政收支
Public Financial Budget Revenue and Expenditure

单位:亿元 (100 million yuan)

指标	Item	2014	2015	2016	2017	2018
一般公共预算收入	**General Public Budget Revenue**	**7233.14**	**8028.59**	**8121.23**	**8171.53**	**8630.16**
税收收入	Taxes	6006.05	6610.12	6531.83	6484.33	7263.65
增值税	Value Added Tax	987.54	1046.92	1974.58	2864.23	3113.45
营业税	Business Taxes	2084.66	2442.82	1325.14		
企业所得税	Company Income Tax	821.04	917.58	978.81	1145.19	1312.65
个人所得税	Personal Income Tax	306.33	360.89	382.37	386.82	468.41
城市维护建设税	Urban Maintenance and Development Tax	376.15	421.46	433.98	431.82	478.54
房产税	Tax on Real Estates	228.73	248.01	256.60	291.19	310.82
土地增值税	Value Added Tax on Land	444.89	437.01	480.58	458.93	494.48
耕地占用税	Tax on Use of Arable Land	34.74	31.76	26.63	53.00	54.17
契税	Tax on Contracts	401.69	370.11	335.40	488.20	635.10
其他各项税收	Others	320.27	333.56	337.74	364.95	396.02
非税收收入	Non-tax Income	1227.10	1418.47	1589.40	1687.21	1366.51
专项收入	Special Project Income	209.33	463.64	484.42	493.05	478.74
行政事业性收费收入	Income from Administrative Fees	426.52	390.01	410.47	420.51	299.85
罚没收入	Penalty and Cofiscatory Income	120.63	131.66	132.52	136.46	141.53
国有资本经营收入	Profit from State-owned Assets	242.34				
国有资源有偿使用收入	Paid use of state-owned resources	186.63	365.17	440.71	465.90	328.78
其他各项收入	Other Income	41.64	67.99	121.28	171.29	117.61
上划中央收入	**Turn Over Revenue to the Central Government**	**4583.29**	**5005.17**	**5295.43**	**5779.80**	**6412.58**
消费税	Consumption Tax	577.83	676.98	709.15	693.38	709.32
增值税	Value Added Tax	2377.62	2484.31	2622.23	2864.85	3113.97
企业所得税	Company Income Tax	1168.33	1302.55	1390.49	1641.34	1886.67
个人所得税	Personal Income Tax	459.50	541.33	573.56	580.24	702.62
一般公共预算支出	**General Public Budget Expenditure**	**8472.45**	**9687.58**	**9981.96**	**10621.40**	**11657.35**
一般公共服务	General Public Service	856.70	845.68	920.93	1035.58	1124.06
公共安全	Public Security	473.83	519.92	634.76	716.63	826.08
教育	Education	1504.86	1746.22	1842.94	2003.67	2055.56
科学技术	Science and Technology	327.10	371.96	381.02	436.14	507.31
文化体育与传媒	Culture, Sports and Media	190.86	196.06	193.28	187.93	197.22
社会保障和就业	Social Security and Employment	709.59	838.06	897.93	1047.24	1316.55
医疗卫生	Medical Treatment and Healthcare	560.93	649.31	712.77	796.96	845.32
节能环保	Envionment Protection	237.78	308.45	285.11	292.55	317.99
城乡社区事务	Operating Expenses of Urban and Rural Communities	1221.64	1535.59	1440.12	1562.70	1599.60
农林水事务	Operating Expenses of Agriculture, Forestry and Water	899.31	1008.60	985.62	887.45	996.67
交通运输	Transport	496.93	547.81	511.81	469.56	497.95
资源勘探电力信息等事务	Operating Expenses of Industry, Commerce and Financial Intermediation	364.33	448.45	437.26	323.51	322.91
其他各项支出	Others	628.59	671.47	738.41	861.48	1050.13

7－3　分市财政收支(2018年)

单位:亿元

指　　标	Item	南京 Nanjing	无锡 Wuxi	徐州 Xuzhou	常州 Changzhou
一般公共预算收入	**General Public Budget Revenue**	**1470.02**	**1012.28**	**526.21**	**560.33**
税收收入	Taxes	1242.49	860.51	416.77	489.38
增值税	Value Added Tax	484.30	420.72	173.29	217.77
营业税	Business Taxes	0.34	1.04	0.52	0.31
企业所得税	Company Income Tax	235.23	142.97	38.73	81.11
个人所得税	Personal Income Tax	98.35	57.87	23.65	33.31
城市维护建设税	Urban Maintenance and Development Tax	88.53	60.50	31.92	32.14
房产税	Tax on Real Estates	47.02	39.00	15.22	22.73
土地增值税	Value Added Tax on Land	88.53	36.75	54.09	23.86
耕地占用税	Tax on Use of Arable Land	4.88	2.84	6.28	4.17
契税	Tax on Contracts	144.77	55.81	38.22	39.67
其他各项税收	Others	50.54	43.01	34.86	34.30
非税收收入	Non-tax Income	227.52	151.77	109.44	70.96
专项收入	Special Project Income	89.65	64.00	29.09	27.41
行政事业性收费收入	Income from Administrative Fees	54.37	25.46	24.11	15.22
罚没收入	Penalty and Cofiscatory Income	15.51	13.76	14.86	8.16
国有资源(资产)有偿使用收入	Profit from State-owned Assets	48.29	41.99	35.55	15.06
其他各项收入	Other Income	19.70	6.56	5.84	5.11
上划中央收入	**Turn Over Revenue to the Central Government**	**1313.83**	**740.48**	**390.66**	**399.28**
增值税	Consumption Tax	485.13	421.82	174.19	218.13
消费税	Value Added Tax	328.32	17.40	122.89	9.52
企业所得税	Company Income Tax	352.85	214.46	58.10	121.67
个人所得税	Personal Income Tax	147.53	86.80	35.48	49.97
一般公共预算支出	**General Public Budget Expenditure**	**1532.72**	**1055.94**	**880.86**	**594.82**
一般公共服务	General Public Service	131.40	92.43	77.46	66.57
公共安全	Public Security	128.48	75.20	54.61	47.18
教育	Education	253.06	166.73	170.39	103.61
科学技术	Science and Technology	80.54	49.68	25.45	25.39
文化体育与传媒	Culture, Sports and Media	35.07	12.46	9.44	7.24
社会保障和就业	Social Security and Employment	169.98	95.94	111.94	67.21
医疗卫生	Medical Treatment and Healthcare	95.86	65.46	74.02	47.18
节能环保	Envionment Protection	45.85	51.78	22.32	17.58
城乡社区事务	Operating Expenses of Urban and Rural Communities	256.00	276.15	139.46	82.70
农林水事务	Operating Expenses of Agriculture, Forestry and Water	92.84	38.19	97.00	44.19
交通运输	Transport	55.21	23.70	23.92	15.22
资源勘探电力信息等事务	Operating Expenses of Industry, Commerce and Financial Intermediation	40.66	37.76	17.74	11.38
其他各项支出	Others	147.76	70.46	57.11	59.36

Financial Revenue and Expenditure by Region (2018)

(100 million yuan)

苏州 Suzhou	南通 Nantong	连云港 Lianyungang	淮安 Huaian	盐城 Yancheng	扬州 Yangzhou	镇江 Zhenjiang	泰州 Taizhou	宿迁 Suqian
2119.99	**606.19**	**234.31**	**247.27**	**381.00**	**340.03**	**301.50**	**357.15**	**206.20**
1929.54	503.98	187.45	203.49	305.06	272.11	241.24	285.80	173.20
818.05	206.02	89.86	101.08	121.95	131.92	110.41	143.67	75.73
4.63	0.64	0.14	0.16	0.17	0.10	0.32	0.04	0.46
392.69	76.62	28.38	21.83	31.94	38.73	32.02	39.54	30.56
128.40	29.54	8.51	10.26	14.57	13.40	13.64	14.85	8.03
118.02	28.24	11.99	19.01	20.79	18.54	15.62	19.77	11.62
93.27	22.26	5.32	8.24	18.57	10.68	9.98	9.58	6.28
114.77	49.74	11.91	11.75	32.56	19.50	18.11	15.54	17.31
7.28	4.73	2.48	0.67	6.51	3.04	2.54	7.31	1.28
171.92	49.89	13.32	16.92	31.15	19.71	24.45	17.63	11.65
80.52	36.30	15.54	13.56	26.86	16.50	14.15	17.87	10.28
190.45	102.20	46.86	43.79	75.94	67.93	60.26	71.36	33.00
101.42	27.91	16.34	15.44	23.12	16.48	26.93	21.79	11.03
27.41	30.75	11.89	9.77	18.13	15.39	11.47	15.05	5.64
15.55	11.26	7.91	8.80	10.29	14.02	5.72	8.86	5.01
36.81	26.43	6.66	7.71	20.50	10.81	7.80	11.63	9.71
9.26	5.87	4.07	2.07	3.91	11.22	8.34	14.04	1.61
1638.91	**377.17**	**157.08**	**229.31**	**212.62**	**226.34**	**185.46**	**241.57**	**168.54**
822.82	206.70	90.00	101.24	122.12	132.02	110.75	143.70	76.19
34.47	11.23	11.74	79.93	20.74	16.13	6.21	16.27	34.47
589.03	114.94	42.57	32.75	47.90	58.09	48.03	59.31	45.83
192.60	44.31	12.76	15.39	21.86	20.10	20.47	22.28	12.04
1952.71	**877.18**	**419.57**	**486.77**	**840.08**	**563.39**	**408.41**	**532.36**	**433.54**
186.93	97.67	53.44	60.49	86.91	65.37	40.65	64.85	37.30
150.36	53.97	26.55	30.96	41.74	38.86	29.75	36.61	21.92
312.95	148.33	82.01	79.81	138.62	93.32	77.90	74.89	75.74
152.28	37.78	9.92	9.35	28.45	16.05	16.50	15.12	11.75
48.88	8.74	3.77	6.49	11.99	9.88	7.32	7.60	3.74
185.46	130.98	47.28	60.57	114.43	68.23	47.11	64.14	53.91
112.89	84.37	38.74	46.24	78.30	40.36	29.94	48.04	44.14
57.87	19.91	9.67	7.73	17.72	20.86	12.59	12.02	8.56
377.90	119.04	35.21	44.98	66.50	71.28	42.50	50.12	35.23
108.10	73.22	44.51	50.15	106.07	50.52	37.22	53.02	70.67
64.96	19.73	18.90	16.54	35.16	25.82	8.72	19.83	15.94
52.09	15.42	9.66	26.44	28.58	17.96	12.30	19.07	21.46
142.04	68.03	39.90	47.02	85.60	44.88	45.92	67.02	33.19

7－4 历年金融机构存贷款

The Balance of Deposits of Financial Institutions over the Years

单位:亿元 (100 million yuan)

年 份 Year	金融机构各项存款余额(本外币) The Balance of Deposits of Financial Institutions(RMB and Foreign Currency)	#储蓄存款 Saving Deposit	金融机构各项贷款余额(本外币) Financial Institutions, the LoanBalance (RMB and Foreign Currency)	金融机构各项存款余额(人民币) The Balance of Deposits of Financial Institutions (RMB)	#储蓄存款 Saving Deposit	金融机构各项贷款余额(人民币) Financial Institutions, the Loan Balance (RMB)
1978				60.72	12.40	115.29
1979				78.31	16.68	129.70
1980				95.55	23.72	159.11
1981				124.54	30.42	195.33
1982				146.21	40.60	217.87
1983				171.12	56.93	242.28
1984				221.68	74.76	333.40
1985				247.12	99.35	387.06
1986				372.62	139.59	528.83
1987				443.44	193.68	659.29
1988				517.81	231.85	742.10
1989				640.84	331.86	835.56
1990				860.33	471.18	1013.45
1991				1136.51	617.61	1230.49
1992				1422.61	766.11	1480.80
1993				1797.33	964.22	1777.80
1994				2481.10	1352.57	2218.15
1995				3500.49	1922.33	2875.39
1996				4706.36	2581.06	3840.74
1997				5674.94	3101.89	4452.46
1998				6578.80	3656.46	5063.57
1999				7470.43	4131.98	5535.15
2000				8400.75	4456.83	5967.66
2001				9700.68	5172.83	6671.74
2002				11881.19	6276.20	8234.58
2003				15378.49	7638.18	11299.55
2004				18211.02	8863.10	13480.98
2005	22821.57	10860.60	16282.60	22001.44	10581.27	15396.59
2006	26722.83	12454.90	19383.65	25860.47	12183.47	18485.02
2007	31337.99	13213.11	23265.83	30450.54	13014.92	22092.10
2008	38063.38	16916.74	27081.06	37017.48	16721.18	26160.72
2009	50061.85	20303.67	36846.34	48850.29	20080.63	35296.73
2010	60583.07	23533.13	44180.21	58984.14	23334.48	42121.04
2011	67638.75	26111.82	50283.52	65723.56	25914.74	47868.30
2012	78109.00	30285.44	57652.84	75481.51	30057.19	54412.30
2013	88302.07	34072.84	64908.22	85604.08	33823.90	61836.53
2014	96939.01	36847.53	72490.02	93735.61	36580.59	69572.67
2015	111329.86	40951.02	81169.72	107873.03	40562.97	78866.34
2016	125576.94	44544.05	92957.02	121106.58	43900.50	91107.60
2017	134776.17	46686.69	104007.34	129942.89	46088.01	102113.27
2018	144227.38	51373.47	117807.90	139717.98	50768.61	115719.00

注:2015 年人民银行调整金融报表项目及归属,取消储蓄存款,本表 2015 年之后数据为住户存款。

a) In 2015, the People's Bank of China to adjust the financial statement of the project and attribation, the abolition of Savings deposits, the data in 2015 for household deposits.

7-5 金融机构存贷款年末余额(2018)

Deposits and Loans of Financial Institutions at Year-end(2018)

指标	Item	本外币(亿元) RMB and Foreign Currency (100 million yuan)	人民币(亿元) RMB (100 million yuan)	外汇(亿美元) Foreign Currency (USD 100 million)
各项存款	**The Deposits**	**144227.38**	**139717.98**	**657.04**
境内存款	Domestic Deposit	143760.84	139437.41	629.94
住户存款	Household Deposits	51373.47	50768.61	88.13
活期存款	Demand Deposits	16925.02	16646.09	40.64
定期及其他存款	Regular and Other Deposits	34448.44	34122.53	47.49
非金融企业存款	Non Financial Enterprise Deposit	53505.18	49895.18	525.99
活期存款	Demand Deposits	20796.52	19168.32	237.24
定期及其他存款	Regular and Other Deposits	32708.66	30726.86	288.76
广义政府存款	General Government Deposits	30289.66	30216.95	10.59
财政性存款	Fiscal Deposits	1888.64	1888.64	
机关团体存款	Government Organs, Social Groups, Enterprises Deposits	28401.02	28328.31	10.59
非银行业金融机构存款	Non Banking Financial Institutions Deposit	8592.53	8556.67	5.23
境外存款	Offshore Deposits	466.54	280.57	27.10
各项贷款	**Loans**	**117807.90**	**115719.00**	**304.36**
境内贷款	Domestic Loans	117556.53	115667.78	275.20
住户贷款	Household Loans	39011.65	39009.37	0.33
短期贷款	Short-term Loans	7518.36	7516.24	0.31
消费贷款	Consumer Loans	3576.19	3574.07	0.31
经营贷款	Operating Loan	3942.17	3942.17	
中长期贷款	Medium and Long Term Loans	31493.29	31493.13	0.02
消费贷款	Consumer Loans	29444.72	29444.56	0.02
经营贷款	Business Loans	2048.57	2048.57	
非金融企业及机关团体贷款	Non Financial Enterprise and Institution Loan	78488.50	76602.03	274.87
短期贷款	Short-term Loans	29760.39	28278.99	215.85
中长期贷款	Long-term Loans	41848.91	41452.72	57.73
票据融资	Bill Financing	5485.84	5485.79	0.01
融资租赁	Finance Leases	1300.85	1300.85	
各项垫款	The Advances	92.51	83.68	1.29
非银行业金融机构贷款	Non Banking Financial Institution Loans	56.38	56.38	
境外贷款	Overseas Loan	251.38	51.22	29.16

7－6　分地区金融机构本外币存贷款年末余额(2018 年)

单位:亿元

指　　标	Item	南京 Nanjing	无锡 Wuxi	徐州 Xuzhou	常州 Changzhou
各项存款	**The Deposits**	**34524.86**	**16056.79**	**7285.08**	**10090.05**
境内存款	Domestic Deposit	34363.07	16026.19	7279.08	10072.09
住户存款	Household Deposits	7106.00	5599.85	3621.26	3888.39
活期存款	Demand Deposits	2690.92	1798.77	1339.39	1182.44
定期及其他存款	Regular and Other Deposits	4415.07	3801.08	2281.86	2705.95
非金融企业存款	Non Financial Enterprise Deposit	12862.19	7044.32	2252.11	3834.21
活期存款	Demand Deposits	5174.84	2368.20	1064.38	1262.48
定期及其他存款	Regular and Other Deposits	7687.35	4676.12	1187.74	2571.73
广义政府存款	General Government Deposits	8464.42	2957.75	1339.14	1827.13
财政性存款	Fiscal Deposits	901.01	80.36	73.64	104.62
机关团体存款	Government Organs, Social Groups, Enterprises Deposits	7563.41	2877.39	1265.49	1722.51
非银行业金融机构存款	Non Banking Financial Institutions Deposit	5930.47	424.26	66.57	522.36
境外存款	Offshore Deposits	161.79	30.60	6.00	17.97
各项贷款	**Loans**	**29065.66**	**12102.76**	**4985.63**	**7564.83**
境内贷款	Domestic Loans	28914.72	12095.03	4983.96	7563.77
住户贷款	Household Loans	9136.77	2739.73	2023.20	2231.66
短期贷款	Short-term Loan	1593.53	384.39	432.60	401.24
消费贷款	Consumer Loans	1150.15	229.37	157.89	155.20
经营贷款	Operating Loan	443.39	155.02	274.71	246.04
中长期贷款	Medium and Long Term Loans	7543.24	2355.33	1590.60	1830.42
消费贷款	Consumer Loans	7029.83	2204.31	1444.88	1707.85
经营贷款	Operating Loan	513.41	151.02	145.72	122.57
非金融企业及机关团体贷款	Non Financial Enterprise and Institution Loan	19723.57	9355.30	2960.75	5332.10
短期贷款	Short-term Loan	5198.29	3878.10	1173.87	2558.77
中长期贷款	Medium and Long Term Loans	12531.84	4648.62	1328.23	2297.97
票据融资	Bill Financing	977.96	821.18	397.80	337.10
融资租赁	Finance Leases	965.08	0.12	56.14	130.62
各项垫款	The Advances	50.40	7.29	4.72	7.65
非银行业金融机构贷款	Non Banking Financial Institution Loans	54.38			
境外贷款	Overseas Loan	150.94	7.74	1.68	1.06

Deposits and Loans of Financial Institutions at Year-end by Region (RMB and Foreign Currency) (2018)

(100 million yuan)

苏州 Suzhou	南通 Nantong	连云港 Lianyungang	淮安 Huaian	盐城 Yancheng	扬州 Yangzhou	镇江 Zhenjiang	泰州 Taizhou	宿迁 Suqian
30523.37	**12211.02**	**3261.64**	**3676.95**	**6421.42**	**6080.73**	**5122.03**	**6202.42**	**2771.01**
30309.47	12197.22	3260.58	3675.06	6418.60	6075.61	5115.64	6198.31	2769.94
9309.52	6328.22	1429.18	1610.48	3180.51	2884.34	2179.70	2888.55	1347.49
3738.12	1246.10	612.24	635.62	827.57	809.09	592.48	774.84	677.44
5571.40	5082.12	816.94	974.85	2352.95	2075.24	1587.22	2113.71	670.05
12515.66	3736.89	1105.32	1202.80	2049.77	1953.02	1910.15	2210.79	827.94
4776.01	1458.51	496.43	718.44	816.46	851.08	627.07	770.50	412.12
7739.64	2278.38	608.89	484.36	1233.32	1101.95	1283.08	1440.29	415.81
7301.95	1940.18	705.31	839.83	1150.55	1187.09	1002.11	1016.98	557.22
340.75	73.11	44.80	39.97	64.96	39.27	32.78	40.76	52.60
6961.20	1867.07	660.51	799.86	1085.59	1147.82	969.33	976.21	504.61
1182.34	191.93	20.77	21.94	37.76	51.16	23.68	81.99	37.30
213.90	13.80	1.06	1.89	2.82	5.12	6.40	4.11	1.08
27440.94	**8878.00**	**2945.04**	**3312.63**	**4998.76**	**4643.49**	**4484.17**	**4819.82**	**2566.16**
27385.91	8848.80	2944.97	3312.51	4996.38	4643.08	4481.93	4819.41	2566.06
9922.94	2370.72	1249.19	1481.66	1776.01	1716.11	1407.71	1519.82	1436.13
1315.62	657.06	323.71	387.39	468.10	385.28	214.06	451.90	503.48
768.67	200.85	119.73	158.94	179.97	115.84	82.45	126.81	130.33
546.95	456.21	203.98	228.45	288.13	269.44	131.61	325.09	373.15
8607.31	1713.67	925.48	1094.27	1307.92	1330.82	1193.65	1067.91	932.65
8154.21	1590.55	874.59	1015.79	1208.84	1240.42	1134.32	964.93	874.18
453.10	123.12	50.88	78.49	99.07	90.40	59.33	102.98	58.47
17460.98	6478.08	1695.78	1830.85	3220.37	2926.97	3074.22	3299.59	1129.93
7085.21	2600.55	648.02	626.59	1496.42	1207.42	1321.90	1420.08	545.17
9156.44	3524.79	913.01	1091.19	1252.53	1451.70	1515.03	1643.82	493.75
1058.45	350.34	134.02	112.92	469.16	266.77	235.40	234.82	89.94
148.88								
12.00	2.41	0.73	0.15	2.27	1.07	1.89	0.88	1.07
2.00								
55.03	29.20	0.08	0.11	2.38	0.41	2.24	0.41	0.10

7－7 分地区金融机构人民币存贷款年末余额（2018 年）

单位:亿元

指　　标	Item	南京 Nanjing	无锡 Wuxi	徐州 Xuzhou	常州 Changzhou
各项存款	**The Deposits**	**33740.63**	**15568.68**	**7107.39**	**9798.55**
境内存款	Domestic Deposit	33693.74	15543.37	7105.44	9790.40
住户存款	Household Deposits	6914.84	5511.59	3604.84	3841.90
活期存款	Demand Deposits	2613.14	1763.58	1330.44	1161.67
定期及其他存款	Regular and Other Deposits	4301.70	3748.01	2274.40	2680.23
非金融企业存款	Non Financial Enterprise Deposit	12437.57	6650.56	2095.45	3607.25
活期存款	Demand Deposits	4922.44	2137.84	1036.50	1117.89
定期及其他存款	Regular and Other Deposits	7515.13	4512.73	1058.94	2489.36
广义政府存款	General Government Deposits	8434.48	2957.67	1338.59	1827.01
财政性存款	Fiscal Deposits	901.01	80.36	73.64	104.62
机关团体存款	Government Organs, Social Groups, Enterprises Deposits	7533.47	2877.31	1264.95	1722.39
非银行业金融机构存款	Non Banking Financial Institutions Deposit	5906.85	423.54	66.56	514.24
境外存款	Offshore Deposits	46.89	25.31	1.95	8.15
各项贷款	**Loans**	**28402.34**	**11971.55**	**4912.47**	**7533.42**
境内贷款	Domestic Loans	28398.43	11968.47	4912.42	7532.51
住户贷款	Household Loans	9136.16	2739.42	2023.12	2231.48
短期贷款	Short-term Loan	1593.06	384.09	432.52	401.06
消费贷款	Consumer Loans	1149.67	229.07	157.81	155.02
经营贷款	Operating Loan	443.39	155.02	274.71	246.04
中长期贷款	Medium and Long Term Loans	7543.10	2355.33	1590.60	1830.42
消费贷款	Consumer Loans	7029.69	2204.31	1444.88	1707.85
经营贷款	Operating Loan	513.41	151.02	145.72	122.57
非金融企业及机关团体贷款	Non Financial Enterprise and Institution Loan	19207.89	9229.05	2889.30	5301.03
短期贷款	Short-term Loan	4944.69	3768.63	1102.41	2528.64
中长期贷款	Medium and Long Term Loans	12276.34	4632.46	1328.23	2297.02
票据融资	Bill Financing	977.91	821.18	397.80	337.10
融资租赁	Finance Leases	965.08	0.12	56.14	130.62
各项垫款	The Advances	43.87	6.67	4.72	7.65
非银行业金融机构贷款	Non Banking Financial Institution Loans	54.38			
境外贷款	Overseas Loan	3.91	3.08	0.05	0.91

Deposits and Loans of Financial Institutions at Year-end by Region(RMB)(2018)

(100 million yuan)

苏州 Suzhou	南通 Nantong	连云港 Liangyungang	淮安 Huaian	盐城 Yancheng	扬州 Yangzhou	镇江 Zhenjiang	泰州 Taizhou	宿迁 Suqian
28560.45	**12001.61**	**3218.79**	**3638.01**	**6177.28**	**5997.55**	**5042.97**	**6119.38**	**2746.69**
28388.19	11995.30	3217.84	3636.14	6174.65	5992.85	5038.26	6115.60	2745.64
9168.45	6287.26	1420.02	1605.25	3171.33	2860.65	2161.07	2876.63	1344.78
3664.90	1225.93	606.32	632.57	822.19	797.70	583.75	768.55	675.34
5503.55	5061.33	813.69	972.68	2349.14	2062.95	1577.32	2108.07	669.45
10777.88	3575.98	1071.79	1169.24	1816.68	1894.02	1852.42	2140.01	806.34
4125.26	1347.48	473.25	692.52	792.01	808.94	582.64	734.21	397.34
6652.62	2228.50	598.53	476.72	1024.67	1085.08	1269.77	1405.80	409.00
7261.10	1940.17	705.27	839.71	1150.54	1187.04	1001.17	1016.98	557.22
340.75	73.11	44.80	39.97	64.96	39.27	32.78	40.76	52.60
6920.35	1867.06	660.48	799.74	1085.57	1147.77	968.40	976.21	504.61
1180.76	191.90	20.77	21.94	36.10	51.14	23.60	81.98	37.30
172.26	6.31	0.95	1.86	2.63	4.70	4.72	3.78	1.06
26546.23	**8811.69**	**2921.36**	**3303.44**	**4887.74**	**4630.51**	**4450.60**	**4784.04**	**2563.61**
26516.29	8802.27	2921.28	3303.32	4885.36	4630.09	4449.99	4783.83	2563.51
9922.34	2370.58	1249.15	1481.63	1775.97	1716.02	1407.64	1519.74	1436.12
1315.02	656.92	323.68	387.35	468.05	385.20	214.00	451.83	503.46
768.07	200.71	119.70	158.91	179.92	115.75	82.39	126.74	130.32
546.95	456.21	203.98	228.45	288.13	269.44	131.61	325.09	373.15
8607.31	1713.67	925.48	1094.27	1307.92	1330.82	1193.64	1067.91	932.65
8154.21	1590.54	874.59	1015.79	1208.84	1240.42	1134.32	964.93	874.18
453.10	123.12	50.88	78.49	99.07	90.40	59.33	102.98	58.47
16591.96	6431.68	1672.12	1821.70	3109.39	2914.08	3042.35	3264.09	1127.39
6301.78	2558.38	641.44	617.43	1393.41	1197.63	1296.49	1385.43	542.63
9072.52	3520.56	895.94	1091.19	1244.56	1448.60	1508.57	1642.97	493.75
1058.44	350.34	134.02	112.92	469.16	266.77	235.40	234.82	89.94
148.88								
10.32	2.41	0.73	0.15	2.27	1.07	1.89	0.87	1.07
2.00								
29.94	9.43	0.08	0.11	2.38	0.41	0.61	0.20	0.10

7－8 分地区金融机构外汇存贷款年末余额（2018 年）

单位:亿元

指标	Item	南京 Nanjing	无锡 Wuxi	徐州 Xuzhou	常州 Changzhou
各项存款	**The Deposits**	**114.27**	**71.12**	**25.89**	**42.47**
境内存款	Domestic Deposit	97.53	70.35	25.30	41.04
住户存款	Household Deposits	27.85	12.86	2.39	6.77
活期存款	Demand Deposits	11.33	5.13	1.30	3.03
定期及其他存款	Regular and Other Deposits	16.52	7.73	1.09	3.75
非金融企业存款	Non Financial Enterprise Deposit	61.87	57.37	22.83	33.07
活期存款	Demand Deposits	36.78	33.57	4.06	21.07
定期及其他存款	Regular and Other Deposits	25.09	23.81	18.77	12.00
广义政府存款	General Government Deposits	4.36	0.01	0.08	0.02
财政性存款	Fiscal Deposits				
机关团体存款	Government Organs, Social Groups, Enterprises Deposits	4.36	0.01	0.08	0.02
非银行业金融机构存款	Non Banking Financial Institutions Deposit	3.44	0.11	0.00	1.18
境外存款	Offshore Deposits	16.74	0.77	0.59	1.43
各项贷款	**Loans**	**96.65**	**19.12**	**10.66**	**4.58**
境内贷款	Domestic Loans	75.23	18.44	10.42	4.55
住户贷款	Household Loans	0.09	0.04	0.01	0.03
短期贷款	Short-term Loan	0.07	0.04	0.01	0.03
消费贷款	Consumer Loans	0.07	0.04	0.01	0.03
经营贷款	Operating Loan				
中长期贷款	Medium and Long Term Loans	0.02	0.00	0.00	0.00
消费贷款	Consumer Loans	0.02	0.00	0.00	0.00
经营贷款	Operating Loan				
非金融企业及机关团体贷款	Non Financial Enterprise and Institution Loan	75.14	18.40	10.41	4.53
短期贷款	Short-term Loan	36.95	15.95	10.41	4.39
中长期贷款	Medium and Long Term Loans	37.23	2.35		0.14
票据融资	Bill Financing	0.01			
融资租赁	Finance Leases				
各项垫款	The Advances	0.95	0.09		
非银行业金融机构贷款	Non Banking Financial Institution Loans				
境外贷款	Overseas Loan	21.42	0.68	0.24	0.02

Deposits and Loans of Financial Institutions at Year-end by Region (Foreign Currency) (2018)

(100 million yuan)

苏州 Suzhou	南通 Nantong	连云港 Lianyungang	淮安 Huaian	盐城 Yancheng	扬州 Yangzhou	镇江 Zhenjiang	泰州 Taizhou	宿迁 Suqian
286.01	**30.51**	**6.24**	**5.67**	**35.57**	**12.12**	**11.52**	**12.10**	**3.54**
279.94	29.42	6.23	5.67	35.55	12.06	11.27	12.05	3.54
20.55	5.97	1.34	0.76	1.34	3.45	2.71	1.74	0.39
10.67	2.94	0.86	0.44	0.78	1.66	1.27	0.92	0.31
9.89	3.03	0.47	0.32	0.55	1.79	1.44	0.82	0.09
253.20	23.45	4.89	4.89	33.96	8.60	8.41	10.31	3.15
94.82	16.18	3.38	3.78	3.56	6.14	6.47	5.29	2.15
158.38	7.27	1.51	1.11	30.40	2.46	1.94	5.03	0.99
5.95	0.00	0.01	0.02	0.00	0.01	0.14	0.00	0.00
5.95	0.00	0.01	0.02	0.00	0.01	0.14	0.00	0.00
0.23	0.01	0.00	0.00	0.24	0.00	0.01	0.00	
6.07	1.09	0.02	0.00	0.03	0.06	0.24	0.05	0.00
130.36	**9.66**	**3.45**	**1.34**	**16.18**	**1.89**	**4.89**	**5.21**	**0.37**
126.71	6.78	3.45	1.34	16.18	1.89	4.65	5.18	0.37
0.09	0.02	0.00	0.00	0.01	0.01	0.01	0.01	0.00
0.09	0.02	0.00	0.00	0.01	0.01	0.01	0.01	0.00
0.09	0.02	0.00	0.00	0.01	0.01	0.01	0.01	0.00
0.00	0.00	0.00		0.00	0.00	0.00		
0.00	0.00	0.00		0.00	0.00	0.00		
126.62	6.76	3.45	1.33	16.17	1.88	4.64	5.17	0.37
114.15	6.14	0.96	1.33	15.01	1.43	3.70	5.05	0.37
12.23	0.62	2.49		1.16	0.45	0.94	0.12	
0.00							0.00	
0.24							0.00	
3.66	2.88					0.24	0.03	

7-9 分行业金融机构贷款年末余额

行　业	Sector	本外币(亿元) RMB and Foreign Currency (100 million yuan)				
		2014	2015	2016	2017	2018
总　计	**Total**	**69262.46**	**76605.13**	**87656.54**	**100400.48**	**112748.81**
农、林、牧、渔业	Agriculture, Forestry, Animal Husbandry and Fishery	1500.84	1488.50	1482.38	1487.68	1674.23
采矿业	Mining	100.46	107.36	119.51	107.66	82.29
制造业	Manufacturing	16275.43	15839.77	15263.76	15857.57	16495.32
电力、热力、燃气及水生产和供应业	Production and Supply of Electric Power, Heat Power, Gas and Water	1691.56	1994.42	2347.16	2768.60	3075.22
建筑业	Construction	3112.24	3418.13	3335.06	3676.27	4179.05
批发和零售业	Wholesale and Retail Trades	5930.97	6049.68	5869.39	6303.20	6553.52
交通运输、仓储和邮政业	Transport, Storage and Post	3824.00	3993.95	4003.88	4468.39	4820.51
住宿和餐饮业	Hotels and Catering Services	480.30	474.14	434.08	442.01	455.51
信息传输、软件和信息技术服务业	Information Transfer, Software and IT Services	207.46	270.62	253.76	328.44	386.94
金融业	Financial Intermediation	342.71	654.48	826.34	661.81	1241.83
房地产业	Real Estate	5531.26	6080.13	6083.06	6613.47	7580.48
租赁和商务服务业	Leasing and Business Services	6229.98	7630.99	10062.03	12240.27	13220.69
科学研究和技术服务业	Scientific and Technical Services	168.82	209.01	264.92	291.34	377.72
水利、环境和公共设施管理业	Management of Water Conservancy, Environment and Public Facilities	5042.38	6005.49	8118.76	10341.17	11645.95
居民服务、修理和其他服务业	Services to Households and Other Services	174.54	156.97	163.61	175.35	165.60
教育	Education	426.72	405.50	359.86	342.74	328.86
卫生和社会工作	Health and Social Work	507.90	590.84	580.72	555.47	587.32
文化、体育和娱乐业	Culture, Sports and Entertainment	351.26	434.79	420.16	425.36	472.75
公共管理、社会保障和社会组织	Public Management and Social Organization	209.21	347.47	325.01	217.06	125.96

注:本表不含对境外贷款、个人贷款及透支、票据融资、非银行金融机构的委托贷款以及外资银行的数据。

Loans of Financial Institutions at Year-end by Sector

人民币(亿元) RMB (100 million yuan)					外汇(亿美元) Foreign Currency (USD 100 million)				
2014	2015	2016	2017	2018	2014	2015	2016	2017	2018
66345.80	**74261.76**	**85770.22**	**98476.34**	**110636.65**	**476.66**	**360.87**	**271.92**	**294.47**	**307.75**
1499.32	1487.37	1482.30	1487.66	1674.20	0.25	0.17	0.01	0.00	0.00
99.16	106.81	119.21	107.27	82.05	0.21	0.08	0.04	0.06	0.04
14267.71	14287.81	13923.27	14495.18	14952.87	328.11	239.00	193.24	208.50	224.74
1639.79	1916.77	2258.01	2682.75	2990.14	8.46	11.96	12.85	13.14	12.40
3106.85	3412.38	3330.98	3666.37	4171.76	0.88	0.89	0.59	1.51	1.06
5304.84	5607.48	5628.34	6056.16	6346.57	102.33	68.10	34.75	37.81	30.15
3776.49	3950.83	3979.91	4451.02	4802.61	7.76	6.64	3.46	2.66	2.61
480.30	474.14	434.08	442.01	455.51					
206.74	268.02	251.00	325.53	386.37	0.12	0.40	0.40	0.45	0.08
342.71	611.37	783.15	627.49	1213.95		6.64	6.23	5.25	4.06
5530.95	6079.54	6083.06	6613.47	7580.48	0.05	0.09			
6202.23	7621.83	10052.54	12222.55	13202.70	4.54	1.41	1.37	2.71	2.62
168.73	208.20	263.50	289.01	376.77	0.01	0.12	0.21	0.36	0.14
5042.17	6005.29	8118.55	10340.86	11645.61	0.03	0.03	0.03	0.05	0.05
172.65	155.84	159.28	172.37	164.36	0.31	0.17	0.62	0.46	0.18
426.72	405.50	359.86	342.74	328.86					
506.46	589.62	579.65	554.56	586.67	0.24	0.19	0.15	0.14	0.09
350.65	434.10	420.09	425.30	472.58	0.10	0.11	0.01	0.01	0.03
209.21	347.47	325.01	217.06	125.96					

a) This table does not include overseas loans, personal loans and overdrafts, bill financing, trust loans of non-banking financial institutions and data from foreign banks.

7－10 分市分行业金融机构本外币贷款年末余额（2018 年）

行　　业	Sector	南京 Nanjing	无锡 Wuxi	徐州 Xuzhou	常州 Changzhou
总　　计	**Total**	**28391.71**	**11281.59**	**4587.84**	**7244.53**
农、林、牧、渔业	Agriculture, Forestry, Animal Husbandry and Fishery	157.40	423.49	45.63	152.98
采矿业	Mining	28.87	5.68	31.07	1.16
制造业	Manufacturing	2271.18	2965.69	598.05	1330.33
电力、热力、燃气及水生产和供应业	Production and Supply of Electric Power, Heat Power, Gas and Water	834.03	243.95	131.56	149.11
建筑业	Construction	853.20	220.59	254.24	329.26
批发和零售业	Wholesale and Retail Trades	1641.58	687.67	343.18	490.04
交通运输、仓储和邮政业	Transport, Storage and Post	2383.10	353.48	130.84	185.67
住宿和餐饮业	Hotels and Catering Services	77.47	35.63	22.67	25.90
信息传输、软件和信息技术服务业	Information Transfer, Software and IT Services	192.68	52.75	6.99	12.49
金融业	Financial Intermediation	667.61	95.99	15.00	70.24
房地产业	Real Estate	3162.56	491.06	157.25	306.75
租赁和商务服务业	Leasing and Business Services	2774.05	1533.50	398.04	1027.28
科学研究和技术服务业	Scientific and Technical Services	119.64	38.94	1.93	21.93
水利、环境和公共设施管理业	Management of Water Conservancy, Environment and Public Facilities	3395.88	1285.90	336.50	735.26
居民服务、修理和其他服务业	Services to Households and Other Services	24.44	8.31	3.89	20.79
教育	Education	105.48	11.61	26.83	21.57
卫生和社会工作	Health and Social Work	216.62	34.62	43.87	54.80
文化、体育和娱乐业	Culture, Sports and Entertainment	174.50	38.32	10.60	55.94
公共管理、社会保障和社会组织	Public Management and Social Organization	9.19	6.95	4.81	18.79
国际组织	International Organization	0.01		0.00	
对境外贷款	Overseas Loans	150.94	7.74	1.68	1.06
个人贷款及透支	Personal Loans and Overdrafts	9151.27	2739.73	2023.2	2233.18

注:本表不含票据融资、非银行金融机构的委托贷款数据,含外资银行数据。

Deposits and Loans of Financial Institutions at Year-end by Region and Sector (2018)

苏州 Suzhou	南通 Nantong	连云港 Lianyungang	淮安 Huaian	盐城 Yancheng	扬州 Yangzhou	镇江 Zhenjiang	泰州 Taizhou	宿迁 Suqian
26475.33	**8528.17**	**2811.03**	**3199.71**	**4534.60**	**4377.32**	**4255.76**	**4585.01**	**2476.22**
491.74	91.49	28.89	23.80	72.09	41.27	69.29	48.22	27.92
4.02		5.14	2.23	2.18	0.23	1.74		
4758.66	1107.92	185.67	262.08	637.03	565.61	823.54	730.35	259.20
603.23	349.18	193.35	66.40	224.70	58.48	62.28	91.49	67.45
651.78	751.75	127.42	114.21	129.05	308.02	159.46	187.69	92.38
1267.84	617.10	110.17	166.65	286.50	223.52	242.98	339.58	136.71
904.43	193.18	265.09	44.66	105.23	70.40	52.53	108.47	23.44
167.00	23.93	3.45	12.43	21.92	23.38	13.50	21.77	6.45
80.18	13.67	1.17	2.82	2.38	5.94	4.31	10.04	1.53
263.73	30.77	2.89	4.77	39.90	6.80	18.35	13.61	12.16
2094.08	616.50	72.37	107.59	96.22	175.60	138.58	111.19	50.73
3070.76	1210.18	235.94	343.03	657.90	453.41	571.14	756.66	188.80
146.74	6.92	5.96	2.02	10.10	4.69	10.35	7.95	0.54
1708.15	1035.58	267.28	515.63	385.89	666.87	597.87	573.39	141.75
52.87	4.97	7.21	7.56	7.82	6.85	8.37	7.95	4.55
55.79	20.17	16.39	13.22	15.35	11.88	5.22	16.62	8.73
47.33	10.41	24.83	21.73	44.92	17.14	29.16	29.17	12.72
121.42	14.16	8.50	5.29	6.39	12.23	10.77	10.19	4.45
7.62	30.36	0.04	1.82	10.66	8.48	26.36	0.43	0.46
0.00		0.00		0.00	0.00	0.00		
55.03	29.20	0.08	0.11	2.38	0.41	2.24	0.41	0.10
9922.94	2370.72	1249.19	1481.66	1776.01	1716.11	1407.71	1519.82	1436.13

a) This table contains data from foreign banks and does not contain bill financing and trust loans of non-banking institutions.

7－11 金融机构人员情况表

Number of Institutions and Staff and Workers of Banking Organizations

项　　目	Item	2014	2015	2016	2017	2018
机构数　（家）	**Number of Institutions（unit）**	**12686**	**13024**	**13227**	**13318**	**13366**
#国有商业银行	State-owned Commercial Banks	4839	4822	4774	4726	4700
政策性银行	Banks of Budgetary Subsidies	93	93	93	93	93
股份制商业银行	Joint-stock Commercial Banks	1074	1183	1325	1369	1397
农村商业银行	Rural Commercial Banks	3034	3132	3287	3330	3355
农村信用社	Rural Credit Cooperatives	135	109	1	1	1
财务公司	Financial Companies	12	13	14	16	16
信托投资公司	Trusted Investment Agencies	4	4	4	4	4
租赁公司	Rent Companies	1	3	5	5	5
职工人数　（人）	**Number of Staff and Workers（person）**	**226183**	**236576**	**241768**	**243125**	**244169**
#国有商业银行	State-owned Commercial Banks	102718	103548	102764	100510	98918
政策性银行	Banks of Budgetary Subsidies	2333	2331	2393	2446	2458
股份制商业银行	Joint-stock Commercial Banks	37513	39932	41533	42177	43046
农村商业银行	Rural Commercial Banks	43469	46054	48774	49727	50152
农村信用社	Rural Credit Cooperatives	2090	1682	542	604	615
财务公司	Financial Companies	325	360	381	437	466
信托投资公司	Trusted Investment Agencies	400	428	461	538	599
租赁公司	Rent Companies	118	228	388	470	553

注：机构数为营业网点数。

a）The Insititution means business department.

7－12 保险业务主要指标
Major Indicators of Insurance Business

指　　标	Item	2014	2015	2016	2017	2018
保费收入　（亿元）	**Premium (100 million yuan)**	**1683.76**	**1989.91**	**2690.25**	**3449.51**	**3317.28**
财产险	Property Insurance	606.29	672.19	733.43	814.00	858.81
#企业财产保险	Enterprise Property Insurance	41.48	41.85	41.10	41.85	44.66
家庭财产保险	Household Property Insurance	2.53	4.33	4.99	4.83	5.62
机动车辆保险	Motor Vehicle Insurance	465.69	531.15	587.92	639.44	653.34
人身意外伤害险	Accident Injury Insurance	48.47	54.22	61.32	69.65	78.11
健康险	Health Insurance	112.27	179.58	388.53	354.60	395.04
寿险	Life Insurance	916.72	1083.92	1506.96	2211.26	1985.32
各项赔款和给付（亿元）	**Claim and Payment (100 million yuan)**	**616.78**	**732.59**	**915.13**	**983.62**	**996.72**
财产险	Property Insurance	336.30	403.04	437.66	455.61	512.53
#企业财产保险	Enterprise Property Insurance	18.46	35.33	22.84	23.69	23.21
家庭财产保险	Household Property Insurance	0.57	1.92	2.39	1.76	2.13
机动车辆保险	Motor Vehicle Insurance	277.02	315.95	356.70	375.88	410.85
人身意外伤害险	Accident Injury Insurance	13.45	15.26	17.64	21.25	23.89
健康险	Health Insurance	35.16	46.09	55.89	73.54	104.40
寿险	Life Insurance	231.87	268.21	403.95	433.21	355.90
保险公司数　（家）	**Number of Insurance Co. (unit)**	**93**	**95**	**99**	**102**	**106**
#财产保险公司	Property Insurance Co.	39	40	41	41	43
人寿保险公司	Life Insurance Co.	54	55	58	61	63
#中资保险公司	Chinese-Funded Co.	63	62	64	67	67
外资保险公司	Foreign-Funded Co.	27	31	31	32	35
保险公司分支机构（家）	**Branches of Insurance Co. (unit)**	**5900**	**5894**	**6253**	**6073**	**5739**
从业人员数　（万人）	**Number of Staff and Workers (10000 persons)**	**27.34**	**39.64**	**53.83**	**62.28**	**61.91**

7－13 江苏辖区证券市场基本情况
Basic Information of Securities Markets within Jiangsu

项目	Item	2014	2015	2016	2017	2018
上市公司数 （家）	Number of Listed Companies (unit)	254	276	317	382	401
#A 股	A Shares	252	275	316	381	397
#B 股	B Shares	5	4	4	4	4
辅导企业数 （家）	Number of Guidance Enterprises (unit)	175	193	197	238	206
证券公司数 （家）	Number of Securities Companies (unit)	6	6	6	6	6
证券营业部数 （家）	Number of Securities Business Departments (unit)	624	683	805	887	928
期货经纪公司 （家）	Number of Futures Broker Companies (unit)	10	10	10	9	9
期货经纪公司营业部 （个）	Number of Trading Offices of Futures Broker Companies (unit)	125	135	140	159	174
证券投资咨询机构数 （家）	Number of Securities Investment Consultative Institutions (unit)	3	3	3	3	3
证券从业人员数 （人）	Number of Staff and Workers in Securities (person)	9391	10908	11201	12089	11701
期货从业人员数 （人）	Number of Staff and Workers in Futures (person)	2468	2279	2225	2176	2153
证券投资者开户数 （万户）	Number of Accounts of Securities Investors (10000 accounts)	811	1075	1325	1537	1659
期货投资者开户数 （户）	Number of Accounts of Futures Investors (account)	223885	242964	178432	197688	327406
上市公司募集资金总额 （亿元）	Total Capital Volume Collected by Listed Companies (100 million yuan)	701	1214	2254.62	2115.76	2249.83
发行	Issuing	93	108	250	302	189
配股	Share Right Issued	4.70	9.93	0.00	0.00	0.00
增发	Adding Shares Issue	550.43	1061.31	1452.69	1200.41	1262.06
公司债	Debenture	53.32	35.05	551.50	613.14	1423.85
上市公司总资产 （亿元）	Total Assets of Listed Companies (100 million yuan)	22963.26	30964.62	57063.33	67281.71	76026.18
上市公司净资产 （亿元）	Net Assets of Listed Companies (101 million yuan)	7008.93	8768.52	12855.78	16006.77	18267.47
上市公司总股本 （亿股）	Total Capital Shares of Listed Companies (100 million shares)	1596.57	2153.45	2838.48	3258.14	3639.28
总市值 （亿元）	Total Market Value (100 million yuan)	19630.99	36720.48	37171.14	40675.96	31986.12
上市公司净利润 （亿元）	Net Profit of Listed Companies (100 million yuan)	587.80	738.74	1097.29	1456.44	1458.23
上市公司每股收益 （元）	Per Share Income of Listed Companies (yuan)	0.35	0.33	0.37	0.47	0.43
证券经营机构证券交易额 （亿元）	Trading Volume of Securities Business Institutions (100 million yuan)	98654.91	351317.58	196825.91	172892.25	134294.45
期货经营机构代理交易额 （亿元）	Proxy Trading Volume of Futures Business Institutions (100 million yuan)	196768.34	305574.82	148889.90	126659.74	152905.13

主要统计指标解释

财政收入 指国家财政参与社会产品分配所取得的收入,是实现国家职能的财力保证。按我省口径,财政总收入为一般公共预算收入、基金收入和上划中央四税之和。

财政支出 国家财政将筹集起来的资金进行分配使用,以满足经济建设和各项事业的需要。

存款 指企业、机关、团体或居民根据资金必须收回的原则,把货币资金存入银行或其他信用机构保管并取得一定利息的一种信用活动形式。根据存款对象的不同可划分为住户存款、非金融企业存款、广义政府存款、非银行业金融机构存款等科目。它是银行信贷资金的主要来源。

贷款 指银行或其他信用机构根据资金必须归还的原则,按一定利率,为企业、个人等提供资金的一种信用活动形式。我国银行贷款分为住户贷款、非金融企业及机关团体贷款、非银行业金融机构贷款等科目。

保险公司 经保险监管机构批准设立,并依法登记注册经营保险业务的公司。

保险金额 保险人承担赔偿或者给付保险金责任的最高限额。

保费 投保人为取得保险保障,按保险合同约定向保险人支付的费用。

赔款 保险人对保险事故造成的损失,根据合同约定向被保险人或受益人给予的经济补偿。

给付 人身保险合同中,保险人向被保险人或受益人给付保险金的行为。包括死伤医疗给付、满期给付和年金给付。死伤医疗给付指因人寿保险及长期健康保险业务的被保险人在保险期内发生保险责任范围内的保险事故,保险公司按保险合同约定支付给被保险人(或受益人)的保险金。满期给付指因人寿保险业务的被保险人生存至保险期满,保险公司按保险合同约定支付给被保险人的满期保险金。年金给付指保险公司因年金保险业务的被保险人生存至规定的年龄,按保险合同约定支付给被保险人的给付金额。

Explanatory Notes on Main Statistical Indicators

Government Revenue refers to income for the government finance through participating in the distribution of social products. It is the financial guarantee to ensure government functioning. In our province, total financial revenue is the sum of General public budgetary revenue, funds budgetary revenue and four taxes turned over to central government.

Government Expenditure refers to the distribution and use of the funds which the government finance has raised, so as to meet the needs of economic construction and various causes.

Deposit is a form of credit by which enterprises, institutions, organizations or residents can put money into banks and other credit institutions for safekeeping and interest earning under the principle of freedrawal. Deposits are major sources of credit funds of banks.

Loan is a form of credit by which banks and other credit institutions provide funds at certain interest rate to enterprises and individual in the light of the principle of unconditional repayment.

Insurance Companies refer to commercial insurance companies of various forms registered by law and established with the approval of insurance regulatory agencies.

Amount Insured refers to the maximum that the insurant will get for the claim of the case insured.

Premium is the fee paid by the insurant to the insurer to obtain the obligation of compensation from the insurance within the agreed terms.

Settled Claim is the compensation paid by the insurer to the insurant or beneficiary for the loss of the insurance accident in accordance with the insurance contract.

Payment is the behavior that the insurer pays insured amount to the insurant or the beneficiary according to the personal insurance contract. It includes payment for death, injury or medical treatment, payment at maturity and annuity payment. Payment for death, injury or medical treatment refers to the money paid to the insurant (or the beneficiary) in accordance with the life or health insurance contract when the insurant encounters accidents within the insured period covered in the contract. Payment at maturity refers to the payment to the insurant in accordance with the life insurance contract at the end of the insured period. Annuity payment refers to the payment to the insurant in accordance with the life insurance contract when the insurant under the annuity insurance lives to the specified age.

对外经济贸易

Foreign Trade and Economic Cooperation

简 要 说 明

本篇资料综合反映江苏的对外贸易、利用外资、对外直接投资、对外经济合作的历年概况，重点反映对外经济贸易的近期发展状况。

一、对外贸易部分

对外贸易统计的主要内容包括：进出口货物的品种、数（重）量、金额、国别（地区）、经营单位、境内目的地、境内货源地、贸易方式、关别等项目。对外贸易统计的资料来源于海关总署，调查方法是全面调查。

历年出口商品分类金额和历年进口商品分类金额按照联合国《国际贸易标准分类》（SITC）进行统计。

对各国（地区）进出口总额表中，出口货物按中华人民共和国关境外最终目的国（地区），进口货物按中华人民共和国关境外原产国（地区）统计。进出口总额分别按境内经营单位所在地和目的地、货源地列示。经营单位所在地是指江苏省境内进出口企业报关注册的登记地；境内货源地是指出口货物在江苏省境内的产地或原始发货地。

二、利用外资统计部分

利用外资统计的主要内容包括：对外借款、外商直接投资和外商其他投资、外商投资企业登记注册情况。

统计范围是凡经工商行政管理机关核准登记，在江苏省境内所有利用外资的单位和部门，经批准设立的中外合资经营企业、合作经营企业、外资企业、外商投资股份制企业、合作开发项目等具有法人资格的独立核算企业（包括港澳台地区投资企业），在华从事经营活动的外国及港澳台地区企业及外国公司在江苏境内设立的分支机构。

利用外资统计的资料来源于商务部门，其中，外商投资企业的登记注册情况资料来源于工商行政管理部门，调查方法是全面调查。

三、对外经济合作部分

对外经济合作统计的主要内容包括：对外承包工程、对外劳务合作的合同数、合同金额、完成营业额等。

统计范围是对外承包工程、对外劳务合作。

该制度统计单位是经各级商务主管部门批准的从事对外承包和劳务合作业务并具有法人地位的对外承包劳务企业。

资料来源是商务部门，调查方法是全面调查。

四、对外直接投资部分

对外直接投资统计的内容主要包括：境内投资主体的基本情况、境外企业的基本情况等。

统计范围主要包括境内投资主体通过直接投资在境外设立的各类公司型企业和非公司型企业。

资料来源是商务部门，调查方法是全面调查。

五、其他

历年人民币对美元、日元、港币的年平均汇价，资料来源于国家外汇管理局，各年的年平均汇价是根据当年国家外汇管理局公布的每日汇价进行加权平均计算而得出的。

Brief Introduction

Data in this chapter provide summary data of Jiangsu's foreign trade, utilization of foreign capital, overseas direct investment, contracted projects and labour cooperation with foreign countries or territories over the years, focusing on the recent situation of foreign trade and economic cooperation.

Ⅰ. Foreign Trade

Data on foreign trade include: varieties of imports and exports, amount (weight), value, countries (regions), imports and exports corporations, destination within territory, origin of goods within territory, mode of trade, types of tariffs and so on.

Sources of data on foreign trade are from the General Administration of Customs of the People's Republic of China through a comprehensive reporting system.

Customs statistics in value terms for both imports and exports are compiled according to the classifications of *UN Standard International Trade Classification* (*SITC*).

In the table on total imports and exports with related countries and regions, the export commodities are calculated at the Customs of the countries (regions) of destination and the import commodities are calculated at the Customs of the countries (regions) of origin. The total values of the import and export commodities are calculated respectively at the provinces where the import or export corporations are situated and at the provinces of destination or provinces of origin within the border of Jiangsu. The province where the import or export corporations are situated refers to the province where the import or export corporations have applied to and have been registered at the Customs. The province of origin within the border of Jiangsu refers to the province where the export commodities are produced or originally delivered.

Ⅱ. Statistics on Utilization of Foreign Capitals

Utilization of foreign capitals includes: foreign loans, foreign direct investments and other foreign investments, and the basic condition of registration of foreign funded enterprises.

The statistics cover all the units and departments which have utilized foreign capital and all the Sino-foreign joint ventures, Sino-foreign cooperative enterprises, ventures exclusively with foreign investment, foreign-funded stock companies, Sino-foreign cooperative development projects and other corporate enterprises (including the enterprises funded by the entrepreneurs from Hong Kong, Macao and Taiwan) with independent accounting system which have been approved by the Chinese government to set up in the boundary of Jiangsu.

Data on utilization of foreign capitals are from departments of commerce, of which, data on basic condition of registration of foreign funded enterprises are from industrial and commercial administrations through comprehensive reporting system.

Ⅲ. Foreign Economic Cooperation

Data on foreign economic cooperation include: number of contracted foreign projects and foreign labour services cooperation, contracted volume, complete business turnover and so on.

The statistics cover contracted projects, labour services cooperation.

The statistical unit in the scheme is the corporate enterprise engaged in contracted projects and labour services cooperation with foreign countries and has been approved by the department of commerce at various levels.

Data on foreign economic cooperation are from departments of commerce through a comprehensive reporting system.

Ⅳ. Overseas Direct Investment

Contents of statistics on overseas direct investment include basic situation of domestic investors and overseas enterprises they invest in.

The statistics cover overseas corporate and non-corporate enterprises of various forms established by domestic investors through their investment operation.

Data on foreign economic cooperation are from departments of commerce through a comprehensive reporting system.

Ⅴ. Others

The average exchange rates of RMB yuan to US dollar, Japanese yen and Hong Kong dollar over the years come from the State Administration of Exchange Control. The annual average exchange rate is calculated as the weighted mean of the daily exchange rates provided by the State Administration of Foreign Exchange in the year.

8－1 对外经济主要指标

Major Indicators of Foreign Trade and Economic Cooperation

单位:亿美元 (USD 100 million)

指标	Item	2014	2015	2016	2017	2018
进出口总额	**Total Imports and Exports**	**5637.62**	**5456.14**	**5096.12**	**5911.39**	**6640.43**
进口总额	Total Import	2218.93	2069.45	1902.68	2278.40	2599.99
初级产品	Primary Goods	330.39	253.40	233.26	299.86	334.24
工业制成品	Manufactured Goods	1840.54	1749.47	1591.87	1849.92	2118.86
出口总额	Total Exports	3418.69	3386.68	3193.44	3632.98	4040.44
初级产品	Primary Goods	56.01	50.99	51.38	55.26	58.58
工业制成品	Manufactured Goods	3321.42	3285.58	3077.73	3411.89	3786.02
协议注册外资项目 (个)	**Agreement Registered Foreign Investment Projects (unit)**	**3031**	**2580**	**2859**	**3254**	**3348**
协议注册外资	**Agreement Registered Foreign**	**431.87**	**393.61**	**431.39**	**554.26**	**605.22**
实际使用外资	**Actual Use of Foreign Capital**	**281.74**	**242.75**	**245.43**	**251.35**	**255.92**
外商投资企业基本情况	**Registered Foreign-funded Enterprises**					
年底登记户数 (户)	Number of Registered Enterprises (unit)	51634	53551	55938	58577	59308
投资总额	Total Investment	7181.31	7821.54	8798.68	9658.19	10560.42
注册资本	Registered Capital	3839.34	4229.01	4718.23	5226.16	5639.86
对外经济合作	**Economic Cooperation with Foreign Countries & Regions**					
对外承包工程	Contracted Projects					
合同金额	Contracted Value	96.61	77.96	72.87	108.20	65.90
完成营业额	Value of Turnover Fulfilled	79.54	87.61	91.11	95.20	83.30
对外劳务合作	Labor Services					
新签劳务人员合同工资总额	Total Contract Wages of New Signed Labor	12.08	5.19	4.53	4.40	5.40
劳务人员实际收入总额	Total Real Income of Signed Labor	8.54	7.46	6.96	7.21	8.00
境外投资情况	**Overseas Investment**					
新批项目数 (个)	Newly Approved projects (unit)	736	880	1067	631	786
贸易型项目	Trade	277	315	286	213	233
非贸易型项目	Nontrade	459	565	781	418	533
中方协议金额 (万美元)	Protocol Fund from China (USD 10000)	721571	1030460	1422365	927072	948424
贸易型项目	Trade	167014	225716	242426	106254	187761
非贸易型项目	Nontrade	554557	8047444	1179940	820818	760663

注:本表进出口额按 HS 统计,初级产品、工业制成品按 SITC 统计。

a) Data of imports and exports are counted by HS, data of Primary goods and manufactured goods are counted by SITC.

8－2 人民币对主要外币年平均汇价（中间价）
Average Exchange Rate of RMB Yuan Against Main Convertible Currencies （Middle Price）

单位：人民币元 （RMB yuan）

年　份 Year	100 美元 100 US Dollars	100 日元 100 Japanese Yen	100 港元 100 Hong Kong Dollars	100 欧元 100 Euro
1985	293.66	1.2457	37.57	
1986	345.28	2.0694	44.22	
1987	372.21	2.5799	47.74	
1988	372.21	2.9082	47.70	
1989	376.51	2.7360	48.28	
1990	478.32	3.3233	61.39	
1991	532.33	3.9602	68.45	
1992	551.46	4.3608	71.24	
1993	576.20	5.2020	74.41	
1994	861.87	8.4370	111.53	
1995	835.10	8.9225	107.96	
1996	831.42	7.6352	107.51	
1997	828.98	6.8600	107.09	
1998	827.91	6.3488	106.88	
1999	827.83	7.2932	106.66	
2000	827.84	7.6864	106.18	
2001	827.70	6.8075	106.08	
2002	827.70	6.6237	106.07	800.58
2003	827.70	7.1466	106.24	936.13
2004	827.68	7.6552	106.23	1029.00
2005	819.17	7.4484	105.30	1019.53
2006	797.18	6.8570	102.62	1001.90
2007	760.40	6.4632	97.46	1041.75
2008	694.51	6.7427	89.19	1022.27
2009	683.10	7.2986	88.12	952.70
2010	676.95	7.7279	87.13	897.25
2011	645.88	8.1050	82.97	900.11
2012	631.25	7.9037	81.38	810.67
2013	619.32	6.3323	79.85	822.19
2014	614.28	5.8196	79.22	816.51
2015	622.84	5.1553	80.34	691.41
2016	664.23	6.1243	85.58	734.26
2017	675.18	6.0244	86.64	763.03
2018	661.74	5.9890	84.43	780.16

8－3 对外贸易进出口总额

Total Imports and Exports

单位:亿美元 (USD 100 million)

年份 Year	海关进出口总额(经营单位) Total Import and Export Value by Customs (Running Unit)			海关进出口总额(目源地) Total Import and Export Value by Customs (Goods Destination or Original Place)		
	合计 Total	进口 Imports	出口 Exports	合计 Total	进口 Imports	出口 Exports
1985	19.87	4.01	15.86			
1986	24.12	5.42	18.70			
1987	28.73	7.56	21.17			
1988	34.58	10.41	24.17			
1989	38.43	13.07	25.36			
1990	41.39	11.95	29.44			
1991	53.10	18.85	34.25			
1992	69.62	29.60	40.02			
1993	91.29	44.77	46.52	107.75	59.81	47.94
1994	117.59	50.73	66.86	122.47	52.86	69.61
1995	162.78	64.96	97.82	180.05	79.42	100.63
1996	206.88	90.87	116.01	222.17	102.92	119.25
1997	236.21	95.32	140.89	252.93	108.82	144.11
1998	264.26	107.75	156.51	281.66	122.09	159.57
1999	312.61	129.52	183.09	328.62	142.80	185.82
2000	456.38	198.68	257.70	491.98	228.17	263.81
2001	513.55	224.77	288.78	544.84	250.91	293.93
2002	703.05	318.25	384.80	745.09	354.80	390.29
2003	1136.70	545.30	591.40	1213.37	617.26	596.11
2004	1708.57	833.60	874.97	1794.72	913.67	881.05
2005	2279.41	1049.59	1229.82	2384.86	1138.75	1246.11
2006	2839.95	1235.77	1604.19	2990.58	1360.67	1629.91
2007	3496.71	1459.38	2037.33	3723.93	1646.19	2077.74
2008	3922.68	1542.32	2380.36	4304.81	1852.62	2452.19
2009	3388.32	1395.89	1992.43	3659.94	1585.99	2073.95
2010	4657.93	1952.42	2705.50	4987.59	2173.02	2814.58
2011	5397.59	2271.36	3126.23	5813.74	2568.98	3244.77
2012	5480.93	2195.55	3285.38	5887.95	2545.48	3342.47
2013	5508.44	2219.88	3288.57	5932.74	2594.53	3338.21
2014	5637.62	2218.93	3418.69	6093.14	2587.38	3505.75
2015	5456.14	2069.45	3386.68	5810.72	2321.73	3488.99
2016	5096.12	1902.68	3193.44	5475.16	2162.05	3313.11
2017	5911.39	2278.40	3632.98	6367.80	2615.57	3752.23
2018	6640.43	2599.99	4040.44	7172.38	3000.26	4172.13

8－4 按贸易方式和经济类型分的进口额
Total Imports by Type of Trade and Ownership

单位:万美元 (USD 10000)

项目	Item	2014	2015	2016	2017	2018
总值	**Total**	**22189296.2**	**20694533**	**19026827**	**22784045**	**25999867**
按贸易方式分	**Grouped by Type of Trade**					
#一般贸易	Ordinary Trade	9019211	8357709	8851895	10860379	12061331
来料加工装配贸易	Assembling Trade with Provided Raw Material	2291253	2269538	2043741	1518714	1161515
进料加工贸易	Processing Trade with Raw Material	6356784	5901943	5663378	7684039	9392377
加工贸易进口设备	Processing and Assembling with Equipments Provided	9074	10133	5392	10199	45704
外商投资企业作为投资进口的设备、物品	Import Equipments as Investment	256193	279724	111102	165744	103107
出料加工贸易	Processing Trade Providing Raw Material	7757	7310	2554	2084	8950
易货贸易	Barter Trade					25
保税监管场所进出境货物	Bonded Inbounded and Outbound Goods	1286375	965732	750163	1019808	1112356
海关特殊监管区域物流货物	Areas under Special Customs Supervision Logistics Goods	2698992	2667406	1406523	1256832	1692154
按经济类型分	**Grouped by Ownership**					
#国有企业	State-owned Enterprises	1622396	1422078	1256832	1607845	2027344
集体企业	Collective-owned Enterprises	476376	359797	274659	339946	345027
私营企业	Private Enterprise	4954444	4558828	3552933	4293953	5235005
外商投资企业	Foreign-funded Enterprises	15110980	14343335	13936555	16537768	18387898
#中外合作	Sino-Foreign Cooperative	188642	166033	161503	174938	195301
中外合资	Sino-Foreign Joint Funded	3354028	3261222	3125533	3535303	4047552
外商独资	Foreign Funded	11568310	10916081	10649519	12827527	14145045

8－5 按贸易方式和经济类型分的进口额(人民币计价)
Total Exports by Type of Trade and Ownership(RMB)

单位:万元 (10000 yuan)

项目	Item	2015	2016	2017	2018
总值	**Total**	**128484962.3**	**125716428**	**154148944**	**171446837**
按贸易方式分	**Grouped by Type of Trade**				
#一般贸易	Ordinary Trade	51883851	58498688	73480981	79417729
来料加工装配贸易	Assembling Trade with Provided Raw Material	14090704	13502195	10320699	7658248
进料加工贸易	Processing Trade with Raw Material	36639159	37432765	51948110	62013057
加工贸易进口设备	Processing Trade Providing Raw Material	62369	34896	68650	294130
外商投资企业作为投资进口的设备、物品	Processing Trade Providing Raw Material	1736521	730646	1113935	674923
出料加工贸易	Processing Trade Providing Raw Material	45221	16854	14114	58702
易货贸易	Barter Trade				161
保税监管场所进出境货物	Bonded Inbounded and Outbound Goods	5999311	4953191	6900352	7329790
海关特殊监管区域物流货物	Areas under Special Customs Supervision Logistics Goods	16570993	9281726	8496119	11203328
按经济类型分	**Grouped by Ownership**				
#国有企业	State-owned Enterprises		8300094	10872874	13364913
集体企业	Collective-owned Enterprises		1816015	2307720	2270928
私营企业	Private Enterprise		23460108	29044411	34529677
外商投资企业	Foreign-funded Enterprises		92101634	111893294	121250993
#中外合作	Sino-foreign Cooperative		1067612	1186817	1286208
中外合资	Sino-foreign Joint Funded		20652870	23931971	26696600
外商独资	Foreign Funded		70381152	86774506	93268185

8－6 按贸易方式和经济类型分的出口额
Total Value of Imports by Category of Commodities

单位:万美元 (USD 10000)

项目	Item	2014	2015	2016	2017	2018
总值	**Total**	**34186898**	**33866822**	**31934422**	**36329814**	**40404420**
按贸易方式分	**Grouped by Type of Trade**					
#一般贸易	Ordinary Trade	15834354	15524922	15543673	17563971	20321743
来料加工装配贸易	Assembling Trade with Provided Raw Material	1645108	1643571	1365992	1342496	1175266
进料加工贸易	Processing Trade with Raw Material	13276771	13151944	12527006	13790022	14321639
出料加工贸易	Processing Trade Providing Raw Material	4102	4112	1732	1123	6161
易货贸易	Barter Trade					
保税监管场所进出境货物	Bonded Inbounded and Outbound Goods	458702	429799.2	68289	84850	75830
海关特殊监管区域物流货物	Areas under Special Customs Supervision Logistics Goods	2872483	3029687	2076507	3013854	4265483
按经济类型分	**Grouped by Ownership**					
#国有企业	State-owned Enterprises	3061824	3073976	2870634	3749158	4538524
集体企业	Collective-owned Enterprises	660632	695249	567301	568136	585803
私营企业	Private Enterprise	10546177	10681755	9814912	10840878	12818023
外商投资企业	Foreign-funded Enterprises	19879858	19388612	18654352	21144278	22435730
#中外合作	Sino-foreign Cooperative	104072	100879	118985	165158	173400
中外合资	Sino-foreign Joint Funded	4466909	4010918	3775668	4187872	4553902
外商独资	Foreign Funded	15308876	15276815	14759699	16791248	17708428

8－7 按贸易方式和经济类型分的出口额(人民币计价)
Total Value of Exports by Category of Commodities(RMB)

单位:万元 (10000 yuan)

项目	Item	2015	2016	2017	2018
总值	**Total**	**210221306.5**	**210631754**	**246071843**	**266576821**
按贸易方式分	**Grouped by Type of Trade**				
#一般贸易	Ordinary Trade	96351136	102533580	119006136	134007773
来料加工装配贸易	Assembling Trade with Provided Raw Material	10197804	9012394	9103272	7750346
进料加工贸易	Processing Trade with Raw Material	81629571	82638867	93385317	94597485
出料加工贸易	Processing Trade Providing Raw Material	25444	11437	7567	40423
易货贸易	Barter Trade				
保税监管场所进出境货物	Bonded Inbounded and Outbound Goods	2672499	445829	577070	497950
海关特殊监管区域物流货物	Areas under Special Customs Supervision Logistics Goods	18830957	13678354	20363307	28117539
按经济类型分	**Grouped by Ownership**				
#国有企业	State-owned Enterprises		18926664	25391349	29892249
集体企业	Collective-owned Enterprises		3736953	3856008	3849016
私营企业	Private Enterprise		64731473	73453931	84559952
外商投资企业	Foreign-funded Enterprises		123057255	143184880	148101805
#中外合作	Sino-foreign Cooperative		788280	1118699	1143437
中外合资	Sino-foreign Joint Funded		24887489	28390467	29994749
外商独资	Foreign Funded		97381486	113675714	116963619

8-8 进口商品分类总额
Total Value of Imports by Category of Commodities

单位:万元 (USD 10000)

项	目 Item	2014	2015	2016	2017	2018
总值	**Total**	**21709293**	**20028665**	**18251304**	**21497785**	**24530928**
初级产品	**Primary Goods**	**3303915**	**2534000**	**2332628**	**2998553**	**3342355**
#食品及活动物	Food and Live Animals	155875	161218	150263	168564	182582
饮料及烟类	Beverages and Tobacco	8186	9732	8924	9169	8576
非食用原料(燃料除外)	Non-edible Raw Materials	2341037	1820600	1646873	1943110	2085378
矿物燃料、润滑油及有关原料	Mineral Fuels, Lubricants and Related Materials	674811	415774	394491	711496	881273
动植物油、脂及蜡	Animal and Vegetable Oils, Fats and Wax	124005	126677	132076	166214	184546
工业制成品	**Manufactured Goods**	**18405378**	**17494665**	**15918676**	**18499232**	**21188574**
#化学成品及有关产品	Chemicals and Related Products	3904546	3379824	3088347	3387836	3921145
按原料分类的制成品	Manufactured Goods Grouped by Raw Materials	1719625	1516499	1439096	1648327	1850975
机械及运输设备	Machinery and Transport Equipments	10112676	9898339	8996813	11061597	13049228
杂项制品	Miscellaneous Products	2663858	2695754	2384025	2396192	2362396

注:本表按 SITC 分类统计(8-9 表、8-10 表同)。

a) Data in this table are complied according to the classifications of SITC(The same applies to the table 8-9 and 8-10).

8-9 出口商品分类总额
Total Value of Exports by Category of Commodities

单位:万元 (USD 10000)

项	目 Item	2014	2015	2016	2017	2018
总值	**Total**	**33774301**	**33365671**	**31291098**	**34671500**	**38446034**
初级产品	**Primary Goods**	**560070**	**509857**	**513846**	**552634**	**585841**
#食品及活动物	Food and Live Animals	251286	231475	243947	246853	252891
饮料及烟类	Beverages and Tobacco	1545	1902	3681	2892	3383
非食用原料(燃料除外)	Non-edible Raw Materials	228779	215152	211974	235609	259944
矿物燃料、润滑油及有关原料	Mineral Fuels, Lubricants and Related Materials	72199	55414	48339	60444	59883
动植物油、脂及蜡	Animal and Vegetable Oils, Fats and Wax	6262	5915	5904	6836	9741
工业制成品	**Manufactured Goods**	**33214231**	**32855814**	**30777253**	**34118866**	**37860192**
#化学成品及有关产品	Chemicals and Related Products	2494298	2315512	2325642	2628376	3023920
按原料分类的制成品	Manufactured Goods Grouped by Raw Materials	5697069	5454410	5154069	5299092	5990440
机械及运输设备	Machinery and Transport Equipments	18717293	18898514	17396215	19811741	22163355
杂项制品	Miscellaneous Products	6303895	6185859	5893657	6378243	6680587

8-10 进出口商品细分类总额(2018年)

Value of Imports and Exports by Category of Commodities(2018)

单位:万美元 (USD 10000)

项目	Item	进出口总额 Total Improts and Exports Value	进口 Imports	出口 Exports
总计	**Total**	**62976962**	**24530928**	**38446034**
初级产品	**Primary Goods**	**3928196**	**3342355**	**585841**
食品及活动物	**Food and Live Animal**	**435474**	**182582**	**252891**
活动物	Live Animals	1410	70	1340
肉及肉制品	Meat and Related Products	69576	67476	2100
乳品及蛋品	Dairy Products and Eggs	18901	18037	864
鱼、甲壳及软体类动物及其制品	Fish, Shellfish Products	15430	1550	13880
谷物及其制品	Cereals and Related Products	18108	4904	13204
蔬菜及水果	Vegetables and Fruits	155412	42539	112873
糖、糖制品及蜂蜜	Sugar, Sugar Products and Natural Honey	14635	2534	12101
咖啡、茶、可可、调味料及其制品	Coffee, Tea, Cocoa, Spices and Related Products	19508	10881	8628
饲料(不包括未碾磨谷物)	Forage	38180	7324	30856
杂项食品	Miscellaneous Food	84314	27267	57046
饮料及烟类	**Beverages and Tobacco**	**11958**	**8576**	**3383**
#饮料	Beverages	9221	8576	646
非食用原料(燃料除外)	**Non-edible Materials**	**2345322**	**2085378**	**259944**
生皮及生毛皮	Raw Hides and Raw Furs	9058	8843	215
油籽及含油果实	Oil Seeds and Oil-bearing Fruits	20528	20397	132
生橡胶(包括合成橡胶及再生橡胶)	Raw Rubber	120369	97794	22576
软木及木材	Cork and Wood	139825	134220	5606
纸浆及废纸	Paper Pulp and Paper Waste	370812	370062	750
纺织纤维(羊毛条除外)及其废料	Textile Fiber and Waste	422257	302464	119793
天然肥料及矿物(煤、石油及宝石除外)	Natural Fertilizers and Minerals	65411	50999	14412
金属矿砂及金属废料	Metallic Ore and Metallic Waste	1086467	1077003	9464
其他动、植物原料	Other Raw Materials of Animals and Plants	110595	23597	86998
矿物燃料、润滑油及有关原料	**Mineral Fuels, Lubricants and Related Materials**	**941156**	**881273**	**59883**
煤、焦炭及煤砖	Coal, Coke and Coal Brick	90539	85386	5153
石油、石油产品及有关原料	Petroleum, Petroleum Products and Related Materials	274249	219581	54667
天然气及人造气	Natural Gas and Man-made Gas	576368	576306	63
动植物油、脂及蜡	**Animal and Vegetable Oils, Fats and Wax**	**194286**	**184546**	**9741**
动物油、脂	Animal Oil, Fat	6626	2296	4329
植物油、脂	Vegetable Oil, Fat	178117	177633	484
已加工的动植物油、脂及动植物蜡	Processed Animal and Vegetable Oils, Fats and Wax	9544	4617	4927

8－10 续表 Continued

单位:万美元 (USD 10000)

指 标	Item	进出口总额 Total Improts and Exports Value	进 口 Imports	出 口 Exports
工业制成品	**Manufactured Goods**	**59048766**	**21188574**	**37860192**
化学成品及有关产品	**Chemicals and Related Products**	**6945064**	**3921145**	**3023920**
有机化学品	Organic Chemicals	3232519	2027204	1205314
无机化学品	Inorganic Chemicals	440949	197821	243128
染料、鞣料及着色料	Dye, Tanning Material and Colouring Materials	197808	75547	122261
医药品	Pharmaceutical Products	599090	315760	283330
精油、香料及盥洗、光洁制品	Essential Oils, Perfumed Materials, Toilet Preparations, Bright and clean products	177385	59043	118342
制成肥料	Finished Fertilizers	63718	10910	52809
初级形状的塑料	Primary Shaped Plastics	884276	589156	295120
非初级形状的塑料	Non-primary Shaped Plastics	675027	384418	290609
其他化学原料及产品	Other Chemical Materials and Related Products	674291	261285	413006
按原料分类的制成品	**Manufactured Goods Grouped by Materials**	**7841415**	**1850975**	**5990440**
皮革、皮革制品及已鞣毛皮	Leather and Related Products and Tanned Furs	47471	21178	26293
橡胶制品	Rubber and Related Products	259272	80310	178962
软木及木制品(家具除外)	Cork and Wooden Products	137495	3607	133888
纸及纸板;纸浆、纸及纸板制品	Paper and Paperboard; Articles of Paper Pulp, of Paper or Paperboard	360712	93621	267092
纺纱、织物、制成品及有关产品	Textile Fabrics, Textile Materials and Related Products	2575039	232095	2342944
非金属矿物制品	Non-metalic Mineral Products	499064	168818	330247
钢铁	Iron and Steel	1497533	365427	1132107
有色金属	Nonferrous Metal	920111	569466	350645
金属制品	Metallic Products	1544718	316454	1228264
机械及运输设备	**Machinery and Transport Equipment**	**35212583**	**13049228**	**22163355**
动力机械及设备	Power-driven Machinery and Related Equipment	1225961	397940	828020
特种工业专用机械	Special Industrial Machinery of Particular Use	2175322	1074500	1100822
金工机械	Metalworking Machinery	495525	331311	164214
通用工业机械设备及零件	Equipment and Accessories for General Industrial	2974910	1031976	1942933
办公用机械及自动数据处理设备	Machinery for Office Use and Automatic Data-processing Equipment	6095870	737075	5358795
电信及声音的录制及重放装置设备	Telecommunication and Recorders	4839562	673184	4166378
电力机械、器具及其电气零件	Electronic Machinery, Equipment and Accessories	15086047	8468173	6617874
陆路车辆(包括气垫式)	Overland Vehicles	1569648	310287	1259362
其他运输设备	Other Transport Equipment	749739	24782	724957
杂项制品	**Miscellaneous Products**	**9042983**	**2362396**	**6680587**
活动房屋;卫生、水道、供热及照明装置	Movable Houses, Public Health, Waterway, Heat Supply and Lighting Installation	199773	8555	191218
家具及其零件;褥垫及类似填充制品	Furniture and Accessories, Beddings and Filler Products and Similar Products for Stuffing	723656	20494	703161
旅行用品、手提包及类似品	Travel Articles, Handbag and Similar Articles	178742	3979	174763
服装及衣着附件	Garments and Clothing Accessories	2643448	74614	2568834
鞋靴	Parts of Footwear	377582	162766	214816
专业、科学及控制用仪器和装置	Instruments and Equipment for Professional, Scientific and Control Use	2712795	1485422	1227373
摄影器材、光学物品及钟表	Photographic and Optical Equipment and Clocks	602440	361203	241237
杂项制品	Miscellaneous Products	1604548	245362	1359186

8－11 进出口商品细分类总额(人民币价)(2018年)
Value of Imports and Exports by Category of Commodities(RMB)(2018)

单位:万元 (10000 yuan)

项目	Item	进出口总额 Total Improts and Exports Value	进口 Imports	出口 Exports
总计	**Total**	**415441996**	**161787221**	**253654775**
初级产品	**Primary Goods**	**25885030**	**22030566**	**3854464**
食品及活动物	**Food and Live Animal**	**2872162**	**1203809**	**1668353**
活动物	Live Animals	9344	468	8876
肉及肉制品	Meat and Related Products	460881	446956	13925
乳品及蛋品	Dairy Products and Eggs	124726	119076	5650
鱼、甲壳及软体类动物及其制品	Fish, Shellfish Products	101833	10306	91527
谷物及其制品	Cereals and Related Products	119618	32221	87397
蔬菜及水果	Vegetables and Fruits	1024056	278711	745345
糖、糖制品及蜂蜜	Sugar, Sugar Products and Natural Honey	96406	16692	79713
咖啡、茶、可可、调味料及其制品	Coffee, Tea, Cocoa, Spices and Related Products	129086	71898	57188
饲料(不包括未碾磨谷物)	Forage	250423	47896	202528
杂项食品	Miscellaneous Food	555790	179586	376204
饮料及烟类	**Beverages and Tobacco**	**79196**	**56706**	**22489**
#饮料	Beverages	60979	56706	4273
非食用原料(燃料除外)	**Non-edible Materials**	**15440886**	**13733464**	**1707422**
生皮及生毛皮	Raw Hides and Raw Furs	59865	58465	1400
油籽及含油果实	Oil Seeds and Oil-bearing Fruits	133340	132482	858
生橡胶(包括合成橡胶及再生橡胶)	Raw Rubber	792521	643954	148567
软木及木材	Cork and Wood	921562	884448	37114
纸浆及废纸	Paper Pulp and Paper Waste	2450272	2445302	4970
纺织纤维(羊毛条除外)及其废料	Textile Fiber and Waste	2780975	1992425	788550
天然肥料及矿物(煤、石油及宝石除外)	Natural Fertilizers and Minerals	431491	335959	95532
金属矿砂及金属废料	Metallic Ore and Metallic Waste	7146291	7084924	61367
其他动、植物原料	Other Raw Materials of Animals and Plants	724570	155506	569065
矿物燃料、润滑油及有关原料	**Mineral Fuels, Lubricants and Related Materials**	**6209519**	**5817665**	**391855**
煤、焦炭及煤砖	Coal, Coke and Coal Brick	595948	562671	33276
石油、石油产品及有关原料	Petroleum, Petroleum Products and Related Materials	1799070	1440907	358164
天然气及人造气	Natural Gas and Man-made Gas	3814502	3814087	415
动植物油、脂及蜡	**Animal and Vegetable Oils, Fats and Wax**	**1283267**	**1218923**	**64345**
动物油、脂	Animal Oil, Fat	43804	15214	28590
植物油、脂	Vegetable Oil, Fat	1176630	1173464	3166
已加工的动植物油、脂及动植物蜡	Processed Animal and Vegetable Oils, Fats and Wax	62834	30245	32589

单位:万元 (10000 yuan)

指标	Item	进出口总额 Total Improts and Exports Value	进口 Imports	出口 Exports
工业制成品	**Manufactured Goods**	**389556966**	**139756655**	**249800312**
化学成品及有关产品	**Chemicals and Related Products**	**45758841**	**25852473**	**19906368**
有机化学品	Organic Chemicals	21300555	13365290	7935265
无机化学品	Inorganic Chemicals	2905590	1304090	1601500
染料、鞣料及着色料	Dye, Tanning Material and Colouring Materials	1302618	497892	804726
医药品	Pharmaceutical Products	3947998	2082028	1865970
精油、香料及盥洗、光洁制品	Essential Oils, Perfumed Materials, Toilet Preparations, Bright and clean products	1170187	389458	780729
制成肥料	Finished Fertilizers	420568	71556	349012
初级形状的塑料	Primary Shaped Plastics	5823315	3883312	1940003
非初级形状的塑料	Non-primary Shaped Plastics	4453276	2537237	1916039
其他化学原料及产品	Other Chemical Materials and Related Products	4434735	1721609	2713126
按原料分类的制成品	**Manufactured Goods Grouped by Materials**	**51664190**	**12195583**	**39468608**
皮革、皮革制品及已鞣毛皮	Leather and Related Products and Tanned Furs	314442	139575	174866
橡胶制品	Rubber and Related Products	1706662	529089	1177573
软木及木制品(家具除外)	Cork and Wooden Products	905617	23872	881745
纸及纸板;纸浆、纸及纸板制品	Paper and Paperboard; Articles of Paper Pulp, of Paper or Paperboard	2373140	617445	1755695
纺纱、织物、制成品及有关产品	Textile Fabrics, Textile Materials and Related Products	16968260	1527295	15440965
非金属矿物制品	Non-metalic Mineral Products	3293792	1111908	2181884
钢铁	Iron and Steel	9851448	2407830	7443618
有色金属	Nonferrous Metal	6064015	3752859	2311156
金属制品	Metallic Products	10186815	2085710	8101106
机械及运输设备	**Machinery and Transport Equipment**	**232423937**	**86092115**	**146331821**
动力机械及设备	Power-driven Machinery and Related Equipment	8078925	2621149	5457775
特种工业专用机械	Special Industrial Machinery of Particular Use	14337721	7079257	7258465
金工机械	Metalworking Machinery	3257811	2172427	1085384
通用工业机械设备及零件	Equipment and Accessories for General Industrial	19601433	6798064	12803370
办公用机械及自动数据处理设备	Machinery for Office Use and Automatic Data-processing Equipment	40223873	4889463	35334410
电信及声音的录制及重放装置设备	Telecommunication and Recorders	32136323	4458562	27677761
电力机械、器具及其电气零件	Electronic Machinery, Equipment and Accessories	99546013	55866453	43679560
陆路车辆(包括气垫式)	Overland Vehicles	10344320	2044470	8299850
其他运输设备	Other Transport Equipment	4897518	162271	4735247
杂项制品	**Miscellaneous Products**	**59665650**	**15584751**	**44080899**
活动房屋;卫生、水道、供热及照明装置	Movable Houses, Public Health, Waterway, Heat Supply and Lighting Installation	1319328	56300	1263028
家具及其零件;褥垫及类似填充制品	Furniture and Accessories, Beddings and Filler Products and Similar Products for Stuffing	4776605	135579	4641026
旅行用品、手提包及类似品	Travel Articles, Handbag and Similar Articles	1178150	26237	1151914
服装及衣着附件	Garments and Clothing Accessories	17450465	492666	16957798
鞋靴	Parts of Footwear	2494369	1075891	1418478
专业、科学及控制用仪器和装置	Instruments and Equipment for Professional, Scientific and Control Use	17883005	9801307	8081699
摄影器材、光学物品及钟表	Photographic and Optical Equipment and Clocks	3972616	2378889	1593727
杂项制品	Miscellaneous Products	10591111	1617883	8973228

8－12 进出口商品主要国家和地区

Imports and Exports Value by Country and Region

单位:万美元 （USD 10000）

国家（地区） Country （Region）		2017 进出口 Imports and Exports	2017 进口 Imports	2017 出口 Exports	2018 进出口 Imports and Exports	2018 进口 Imports	2018 出口 Exports
亚　洲	**Asia**	**31527457**	**15621194**	**15906263**	**36017947**	**18009987**	**18007960**
#巴林	Bahrain	12144	2409	9735	15894	4626	11268
孟加拉国	Bangladesh	308142	5493	302649	378880	5851	373029
缅甸	Myanmar	95408	1380	94028	125161	2121	123040
柬埔寨	Cambodia	123761	14646	109115	154351	16453	137898
塞浦路斯	Cyprus	10702	88	10614	7291	95	7197
中国香港	Hong Kong, China	3112464	64751	3047713	3687628	33512	3654116
印度	India	1351283	154056	1197227	1481770	195692	1286078
印度尼西亚	Indonesia	920078	365134	554944	1081483	423808	657675
伊朗	Iran	209978	47025	162953	163958	62239	101719
以色列	Israel	143657	34609	109048	176646	43402	133244
日本	Japan	5608939	2878885	2730055	5990831	3033563	2957268
科威特	Kuwait	81105	36730	44375	131010	85806	45204
中国澳门	Macao, China	8909	279	8630	6511	301	6211
马来西亚	Malaysia	1280092	756130	523962	1417931	834441	583490
巴基斯坦	Pakistan	210721	10141	200579	209257	20613	188644
菲律宾	Philippines	643904	309708	334195	745216	335534	409681
卡塔尔	Qatar	149477	121866	27611	240331	212274	28057
沙特阿拉伯	Saudi Arabia	439750	256234	183517	600766	393084	207682
新加坡	Singapore	1133209	509946	623263	1275157	558338	716819
韩国	Korea, Rep.	6416655	4572090	1844565	7876235	5631593	2244642
斯里兰卡	Sri Lanka	47610	6059	41551	53456	6212	47244
叙利亚	Syria	11336	28	11308	12010	2	12009
泰国	Thailand	1354633	608633	746000	1430333	622384	807949
土耳其	Turkey	354272	27869	326403	323068	31019	292049
阿拉伯联合酋长国	United Arab Emirates	523816	144600	379215	550516	169087	381428
越南	Vietnam	1234294	329764	904530	1536737	484049	1052689
中国台湾	Taiwan, China	4005860	2961182	1044677	4423197	3271489	1151708
非　洲	**Africa**	**1071375**	**206634**	**864741**	**1320507**	**327186**	**993321**
#喀麦隆	Cameroon	12209	4991	7219	27042	17088	9954
埃及	Egypt	110776	2027	108748	127806	2461	125345
加蓬	Gabon	9885	7247	2638	16167	12844	3323
摩洛哥	Morocco	38777	5845	32933	44916	5693	39223
尼日利亚	Nigeria	112854	9318	103536	138923	18120	120803
南非	South Africa	259415	74294	185121	311992	104246	207746
欧　洲	**Europe**	**10591215**	**3070817**	**7520398**	**11676906**	**3390176**	**8286730**
#比利时	Belgium	408625	123872	284754	405384	86333	319051
丹麦	Denmark	132102	31400	100702	144383	34011	110372
英国	United Kindom	1111176	178343	932833	1148029	172570	975459

8－12 续表 Continued

单位:万美元 (USD 10000)

国别(地区) Country (Region)		2017			2018		
		进出口 Imports and Exports	进口 Imports	出口 Exports	进出口 Imports and Exports	进口 Imports	出口 Exports
德国	Germany	2385803	1126314	1259488	2699187	1314433	1384754
法国	France	693146	223697	469449	769198	253052	516145
爱尔兰	Ireland	53552	13974	39578	69458	20441	49016
意大利	Italy	661967	228158	433809	776421	267322	509099
荷兰	Netherlands	1765670	173131	1592540	1903837	197426	1706412
希腊	Greece	76465	2211	74254	101035	3753	97282
葡萄牙	Portugal	63221	12832	50389	78830	14951	63879
西班牙	Spain	449506	89811	359695	461059	80005	381054
奥地利	Austria	138963	93812	45151	155596	107680	47916
芬兰	Finland	127896	65900	61996	145966	82920	63045
匈牙利	Hungary	150409	48864	101545	167400	47929	119471
挪威	Norway	76841	26814	50027	86829	32527	54303
波兰	Poland	332670	37226	295444	402897	40818	362078
罗马尼亚	Romania	100721	15338	85384	115166	19536	95630
瑞典	Sweden	318934	201970	116964	354145	215067	139077
瑞士	Switzerland	180695	113883	66812	197702	124353	73349
俄罗斯联邦	Russia Fed.	535281	103511	431770	594173	104263	489910
乌克兰	Ukraine	95847	31388	64459	116186	28930	87257
捷克	Czech Rep.	299511	70432	229078	363394	76761	286633
拉丁美洲	**Latin America**	**2999166**	**1090432**	**1908734**	**3492742**	**1339304**	**2153438**
#阿根廷	Argentina	189834	65820	124014	151805	28139	123666
巴西	Brazil	1160967	684615	476353	1504369	971973	532395
智利	Chile	259816	70010	189807	261987	54039	207948
哥伦比亚	Colombia	103027	2882	100145	112410	2481	109929
危地马拉	Guatemala	26307	1667	24640	28437	456	27981
墨西哥	Mexico	721581	126681	594900	853349	132655	720694
巴拿马	Panama	91038	44	90994	62245	103	62142
秘鲁	Peru	132689	34566	98123	161498	45393	116105
乌拉圭	Uruguay	67080	44895	22185	54300	29206	25094
委内瑞拉	Venezuela	22914	14160	8754	9952	5631	4321
北美洲	**North America**	**10885538**	**1765919**	**9119619**	**11623193**	**1729532**	**9893661**
#加拿大	Canada	813441	252549	560892	867825	274386	593439
美国	United States	10071880	1513370	8558511	10754025	1454882	9299143
大洋洲	**Oceania**	**2037587**	**1027569**	**1010017**	**2270432**	**1201122**	**1069310**
#澳大利亚	Australia	1674008	913909	760100	1894318	1030812	863506
新西兰	New Zealand	163021	80461	82560	195774	107470	88305
巴布亚新几内亚	Papua New Guinea	22215	15091	7124	47723	39111	8612
附:东南亚国家联盟	Association of Southeast-Asia Nations	6815957	2902010	3913946	7833381	3287362	4546019
欧洲联盟	European Union	9661465	2789009	6872456	10625268	3092116	7533152
亚太经济合作组织	Asia-Pacific Economic Cooperation	41462933	17807414	23655519	46589620	19921007	26668613

8-13 进出口商品主要国家和地区(人民币计价)
Imports and Exports Value by Country and Region(RMB)

单位:万元 (10000 yuan)

国 家 (地 区) Country (Region)		2017 进出口 Imports and Exports	进 口 Imports	出 口 Exports	2018 进出口 Imports and Exports	进 口 Imports	出 口 Exports
亚 洲	**Asia**	**213453483**	**105706698**	**107746785**	**237532921**	**118825318**	**118707602**
#巴林	Bahrain	82429	16439	65990	105599	31036	74563
孟加拉国	Bangladesh	2090115	37258	2052857	2497106	38703	2458403
缅甸	Myanmar	646883	9340	637542	824509	14012	810497
柬埔寨	Cambodia	839347	99395	739952	1014576	107833	906743
塞浦路斯	Cyprus	72718	590	72128	47606	641	46965
中国香港	Hong Kong, China	21050459	440609	20609850	24274646	220394	24054253
印度	India	9157657	1041571	8116086	9767147	1289719	8477427
印度尼西亚	Indonesia	6233086	2472591	3760495	7142460	2799725	4342735
伊朗	Iran	1424844	319378	1105467	1079195	413947	665248
以色列	Israel	973456	233928	739528	1163761	286447	877313
日本	Japan	37961061	19460888	18500174	39517173	20002261	19514912
科威特	Kuwait	550429	250006	300423	861731	564342	297389
中国澳门	Macao, China	60080	1888	58192	42665	1973	40692
马来西亚	Malaysia	8667983	5117198	3550785	9344088	5500711	3843377
巴基斯坦	Pakistan	1428986	68343	1360644	1376614	135776	1240838
菲律宾	Philippines	4360866	2095639	2265227	4930727	2218361	2712365
卡塔尔	Qatar	1010828	824471	186357	1592019	1406766	185253
沙特阿拉伯	Saudi Arabia	2981719	1735414	1246305	3967921	2596538	1371383
新加坡	Singapore	7671292	3449526	4221766	8379713	3675827	4703885
韩国	Korea, Rep.	43435411	30938603	12496808	52007401	37168036	14839365
斯里兰卡	Sri Lanka	322446	41005	281441	352827	40841	311986
叙利亚	Syria	76891	189	76702	79296	10	79287
泰国	Thailand	9173471	4118881	5054590	9431592	4106196	5325397
土耳其	Turkey	2400409	188855	2211554	2115671	204963	1910708
阿拉伯联合酋长国	United Arab Emirates	3549806	978740	2571067	3619992	1111188	2508804
越南	Vietnam	8355487	2231539	6123948	10152414	3210698	6941716
中国台湾	Taiwan, China	27121832	20044745	7077087	29153831	21555726	7598105
非 洲	**Africa**	**7263067**	**1395495**	**5867571**	**8697186**	**2154834**	**6542353**
#喀麦隆	Cameroon	82606	33610	48996	177827	112453	65375
埃及	Egypt	752091	13755	738336	843974	16168	827806
加蓬	Gabon	66818	48922	17897	107518	85435	22083
摩洛哥	Morocco	262730	39499	223231	297041	37614	259427
尼日利亚	Nigeria	765247	62315	702932	916015	121635	794380
南非	South Africa	1757888	502965	1254923	2056103	686961	1369142
欧 洲	**Europe**	**71650889**	**20729344**	**50921546**	**77059164**	**22351043**	**54708121**
#比利时	Belgium	2764794	835123	1929670	2670199	568636	2101563
丹麦	Denmark	895165	212179	682986	952608	224854	727755
英国	United Kindom	7520453	1205473	6314981	7580711	1136776	6443934

单位:万元 (10000 yuan)

国别(地区)	Country (Region)	2017 进出口 Imports and Exports	2017 进口 Imports	2017 出口 Exports	2018 进出口 Imports and Exports	2018 进口 Imports	2018 出口 Exports
德国	Germany	16127144	7593608	8533537	17809489	8664861	9144628
法国	France	4687995	1510489	3177506	5075009	1668017	3406992
爱尔兰	Ireland	362239	94373	267866	460317	134805	325512
意大利	Italy	4476090	1538898	2937193	5118140	1758607	3359533
荷兰	Netherlands	11944991	1169483	10775508	12579871	1308234	11271638
希腊	Greece	517833	14976	502856	664942	24935	640007
葡萄牙	Portugal	427540	86714	340825	519386	98640	420747
西班牙	Spain	3044232	606844	2437388	3040243	525057	2515186
奥地利	Austria	937230	631654	305576	1028998	712548	316450
芬兰	Finland	865743	445662	420081	962955	546777	416178
匈牙利	Hungary	1017597	329935	687662	1102006	314955	787051
挪威	Norway	522303	181980	340323	574058	213435	360622
波兰	Poland	2251217	251263	1999955	2661928	269469	2392460
罗马尼亚	Romania	682031	103466	578566	759617	129314	630303
瑞典	Sweden	2158834	1365810	793024	2334083	1416596	917487
瑞士	Switzerland	1222536	769928	452609	1304472	820599	483873
俄罗斯联邦	Russia Fed.	3627271	701576	2925695	3920306	688365	3231941
乌克兰	Ukraine	649880	212944	436937	767544	192342	575202
捷克	Czech Rep.	2024786	475938	1548849	2402505	504861	1897643
拉丁美洲	**Latin America**	**20325860**	**7383974**	**12941886**	**23021063**	**8825604**	**14195459**
#阿根廷	Argentina	1281824	442331	839493	998616	185532	813085
巴西	Brazil	7873837	4644027	3229811	9918680	6403931	3514749
智利	Chile	1761572	473659	1287913	1726248	356514	1369735
哥伦比亚	Colombia	698611	19564	679048	741430	16215	725215
危地马拉	Guatemala	178699	11188	167511	187454	2949	184505
墨西哥	Mexico	4887608	856201	4031407	5630595	876237	4754357
巴拿马	Panama	619381	291	619090	409166	687	408478
秘鲁	Peru	898560	233515	665045	1059758	295319	764439
乌拉圭	Uruguay	452082	301824	150258	359870	194637	165234
委内瑞拉	Venezuela	155324	95719	59605	66344	37634	28711
北美洲	**North America**	**73701516**	**11958717**	**61742799**	**76726105**	**11359858**	**65366246**
#加拿大	Canada	5509820	1711722	3798098	5731195	1806568	3924627
美国	United States	68190235	10246990	57943245	70985957	9551532	61434425
大洋洲	**Oceania**	**13815708**	**6964738**	**6850970**	**14970369**	**7913329**	**7057040**
#澳大利亚	Australia	11340354	6195263	5145091	12487828	6787853	5699975
新西兰	New Zealand	1103938	544882	559056	1294163	711181	582983
巴布亚新几内亚	Papua New Guinea	150334	101984	48350	315562	258819	56743
附:东南亚国家联盟	Association of Southeast-Asia Nations	46154077	19638717	26515360	51662837	21701120	29961718
欧洲联盟	European Union	65351683	18820933	46530750	70119557	20383893	49735664
亚太经济合作组织	Asia-Pacific Economic Cooperation	280699448	120514890	160184558	307351713	131359909	175991804

8 - 14 主要商品进口数量和金额
Major Import Commodities in Volume and Value

商品名称	Item	2017 数量 Volume	2017 金额（千美元）Value (USD 1000)	2018 数量 Volume	2018 金额（千美元）Value (USD 1000)
冻鱼（吨）	Frozen Fish (ton)	16538	37231	12216	36542
鲜、干水果及坚果（吨）	Fresh, Dried Fruits and Nuts (ton)	52784	56381	33278	90209
谷物及谷物粉（万吨）	Cereals and Cereal Powder (10000 tons)	142	347512	98	276466
大豆（万吨）	Soybean (ton)	1577	6518123	1785	7784342
食用植物油（万吨）	Edible Vegetable Oil (10000 tons)	95	718819	131	933114
食糖（万吨）	Sugar (10000 tons)	7	33219	1	5976
酒类（千升）	Alcohol (kiloliter)	33912	89451	79971	109555
饲料用鱼粉（万吨）	Fish Powder for Forage (10000 tons)	2	27474	3	41484
纸烟（万条）	Cigarette (10000 carton)				
天然橡胶(包括胶乳)（万吨）	Natural Rubber (10000 tons)	16	271957	14	192812
合成橡胶(包括胶乳)（吨）	Synthetic Rubber (ton)	451258	910160	391287	774345
原木（万立方米）	Log (10 kilostere)	946	1551080	1151	2046182
锯材（万立方米）	Wood Sawn (10 kilostere)	296	731323	297	814970
胶合板及类似多层板（万立方米）	Veneer (10 kilostere)	1	3204	1	7304
纸浆（万吨）	Paper Pulp (10000 tons)	439	2783623	396	3062937
羊毛（吨）	Wool (ton)	151647	1477468	165364	1729070
毛条（吨）	Woolen Yarn (ton)	1638	12970	2370	19321
棉花（万吨）	Cotton (10000 tons)	28	518781	34	682166
二醋酸纤维丝束（吨）	Acetate (ton)	101	511	127	632
纺织用合成纤维（万吨）	Synthietic Fibre for Spinning (10000 tons)	11	227774	11	265286
人造纤维短纤（吨）	Man-made Fibre (ton)	30114	73752	27919	74504
铁矿砂及其精矿（万吨）	Iron Ores (10000 tons)	10803	8311743	11013	8735781
锰矿砂及其精矿（万吨）	Manganese Ores (10000 tons)	48	97973	73	169742
铜矿砂及其精矿（万吨）	Copper Ores (10000 tons)	7	117081	9	189616
铬矿砂及其精矿（万吨）	Chrome Ores (10000 tons)	36	103679	44	94372
氧化铝（万吨）	Alumina (10000 tons)	37	147414	9	52116
煤及褐煤（万吨）	Coal and Brown Coal (10000 tons)	759	1062107	637	853225
成品油（万吨）	Petroleum Products Refined (10000 tons)	100	861923	92	899561
液化石油气及其他烃类气（万吨）	Liquefied Petroleum Gas (10000 tons)	790	3511789	1036	5763034
甲苯（吨）	Toluene (ton)	129926	86378	62228	49117
二甲苯（万吨）	Xylene (10000 tons)	330	2771915	384	4100048

8－14 续 表 1 Continued 1

商品名称 Item		2017		2018	
		数量 Volume	金额(千美元) Value (USD 1000)	数量 Volume	金额(千美元) Value (USD 1000)
苯乙烯 （吨）	Styrene （ton）	1655834	2072159	1432646	1945579
乙二醇 （吨）	Glycol （ton）	3489265	2939812	4121784	3812708
异氰酸酯 （吨）	Isocyanic Ester （ton）	14852	60656	17264	74885
对苯二甲酸 （吨）	Telephthalic Acid （ton）	103203	66903	192794	161191
己内酰胺 （吨）	Caprolactam （ton）	67703	121073	38518	79622
医药品 （吨）	Pharmaceuticals （ton）	9939	2777526	11803	3224517
美容化妆品及护肤品 （吨）	Cosmetics and Skin Care Products （ton）	4728	108583	7914	161387
肥料 （万吨）	Fertilizer （10000 tons）	26	65032	36	101422
合成有机染料 （吨）	Synthetic Organic Dyeing （ton）	3797	38775	5494	52819
钛白粉 （吨）	Titanium Dioxide （ton）	7458	24429	7547	27076
聚合物油漆及清漆 （吨）	Polymer Paint and Varnish （ton）	31507	152782	29002	157378
感光材料	Sensitization Material		50525		58916
初级形状的塑料 （万吨）	Primary-shape Plastic （10000 tons）	305	5819601	345	6611248
初级形状的聚乙烯 （吨）	Primary-shape Polythene （ton）	628016	811636	737109	981448
初级形状的线型低密度聚乙烯（吨）	Primary-shape Line-type Low-density Polythene （ton）	253749	312854	337524	406100
初级形状的聚丙烯 （吨）	Primary-shape Polypropylene （ton）	344100	419480	361091	467702
初级形状的聚苯乙烯聚合物（吨）	Primary-shape Polystyrene （ton）	329234	600429	357648	669687
ABS 树脂 （吨）	ABS Colophony （ton）	159776	312762	171499	343043
初级形状的聚氯乙烯 （吨）	Primary-shape PVC （ton）	159107	179139	179449	197104
初级形状的聚酯 （吨）	Primary-shape Polyester （ton）	209474	555653	350508	724001
聚酯切片 （吨）	Polyester Slice （ton）	58313	78802	127988	142772
聚酰胺切片 （吨）	Polyamide Slice （ton）	77916	205621	70500	218418
非泡沫塑料的板、片、膜、箔 （吨）	Non-foam Plastic Board, Slice, Film and Foil （ton）	240697	2453106	267375	2720239
废塑料 （万吨）	Waste Plastic （10000 tons）	65	359934		712
杀虫剂、除草剂及类似品 （吨）	Insecticide、Herbicide and the Like （ton）	17192	206742	15853	205152
牛皮革及马皮革 （吨）	Cowskin and Horse Leather （ton）	48493	208325	46437	159899
废纸 （万吨）	Waste Paper （10000 tons）	326	783673	252	637682
纸及纸板(未切成形的) （万吨）	Paper and Paper Board （10000 tons）	66	659511	86	860424
纺织纱线、织物及制品	Textile Yarn, Textile and Their Products		2200336		2346706
服装及衣着附件	Garments and Clothing Accessories		581261		752025
玻璃纤维及其制品 （吨）	Fiberglass （ton）	54884	293861	43958	274541
钻石 （千克）	Diamond （kg）	4	158	2	55
废金属 （万吨）	Waste Metal （10000 tons）	51	351644	42	347683
钢坯及粗锻件 （万吨）	Billet and Crude Forgings （10000 tons）	4	72940	4	65686

商品名称	Item	2017		2018	
		数量 Volume	金额（千美元） Value (USD 1000)	数量 Volume	金额（千美元） Value (USD 1000)
钢材 （万吨）	Rolled Steel （10000 tons）	220	2720943	205	2866465
钢铁制标准紧固件 （吨）	Iron and Steel Standard Solidity Articles （ton）	57763	544750	55492	552459
未锻造的铜及铜材 （吨）	Copper and its Material （ton）	252600	2231666	253758	2438011
未锻造的铝及铝材 （吨）	Aluminium and its Material （ton）	165599	986286	218086	1217212
钢铁或铝制结构体及其部件（吨）	Iron and Steel and Aluminium Units and Parts （ton）	22469	76021	23980	74887
蒸汽锅炉及过热水锅炉 （台）	Steam Boiler （set）	38	5885	73	9511
活塞式内燃机的零件 （吨）	Parts of Piston Internal-combustion Engine （ton）	49344	689841	42999	766378
液泵及液体提升机 （台）	Hydraulic Pumps and Lifters （set）	16963845	833008	25458110	980051
制冷设备用压缩机 （万台）	Compressors for Refrigerating Equipment （10000 sets）	138	102483	129	107288
空气调节器 （台）	Air Conditioners （set）	9755	7566	12588	10893
冷冻机和制冷设备 （台）	Refrigerating Equipment （set）	170067	304886	160608	341844
非家用型水的过滤、净化机器（台）	Non-household Water Purify Machines （set）	31282	37553	36863	51910
饮料及液体食品灌装设备 （台）	Beverage Filling Equipment （set）	43	30491	33	21252
机械提升搬运装卸设备及零件	Machine Lifting, Transporting and Loading and Unloading Equipment and Accessories		715672		849439
建筑及采矿用机械及零件	Construction and Mining Machinery and Spare Parts		466231		618760
食品、饮料工业用加工机械及零件	Food Processing Machinery and Spare Parts		57905		47562
制造纸及纸制品用机械及零件	Paper and Related Articles Production Machinery		127465		169337
印刷、装订机械及零件	Printing and Bookbinding Machinery		769971		888703
纺织机械及零件	Textile Machinery		1041600		1239453
工业用缝纫机 （台）	Industrial Use Sewing Machine （set）	4270	14376	5850	18651
金属加工机床 （台）	Machine Tools （set）	24769	2527658	25135	3025152
加工中心 （台）	Machining Center （set）	10580	887552	10547	1165570
金属轧机及零件	Metal Rolling Machine and Accessories		33548		36678
橡胶或塑料加工机械及零件	Rubber and Plastic Processing Machinery		897501		1111025
型模及金属铸造用型箱 （吨）	Metal Forging Molds （ton）	3861	283668	8575	319022
阀门 （万套）	Valves （10000 sets）	14171	1026675	15489	1142271
自动数据处理设备及其部件（万台）	Automatic Data Processing Machines and Accessories （10000 sets）	8148	3256806	6678	3209342
自动数据处理设备的零件 （吨）	Accessories of Automatic Data Processing Machines （ton）	13547	2514391	14531	3604951
制造单晶柱或晶圆用的机器及装置 （台）	Crystal Pole Making Machine （set）	698	142645	695	161979
制造半导体器件或集成电路用的机器及装置 （台）	Semiconductor and IC Making Machine （set）	1876	1424187	3272	2162901
制造平板显示器用的机器及装置 （台）	Flat Display Making Machine （set）	1231	673350	773	219636
电动机及发电机 （万台）	Electric Motors and Generators （10000 sets）	5401	635855	4887	641402
发电机组及旋转式变流机 （台）	Electric Moter Set and Converters （set）	596	143756	690	111152
变压、整流、电感器及零件	Transformer, Recitifier, Inductance and Accessories		1733585		1839862

商品名称	Item	2017 数量 Volume	2017 金额(千美元) Value (USD 1000)	2018 数量 Volume	2018 金额(千美元) Value (USD 1000)
蓄电池 (万个)	Accumulator (10000 units)	55910	986770	48070	1043400
电话机 (台)	Telephone (set)	66048	4426	103177	14488
数字式程控电话或电报交换机(台)	Digital Program-controlled Telephone or Telegraph Exchange (set)	161	823	253	3256
无线电导航雷达及遥控设备(台)	Radio Navigation Radar and Remote Device (set)	2495392	117233	2799795	121119
电视摄像机、数字照相机及视频摄录一体机 (万台)	TV Camera, Digital Camera and Video Creator (10000 sets)	8118	1209319	4946	1002691
声音录制或重放设备 (万台)	Audio Recorder and Playback Device (10000 sets)	1	803		59
收音设备(包括收录音组合机及整套散件) (万台)	Radio Device (10000 sets)	7	16559	12	39729
彩色电视机(包括整套散件)(万台)	TV set (10000 sets)		560		905
电视、收音机及无线电讯设备的零附件 (吨)	TV sets, Radio and Spare Parts of Wireless Dispatch Equipments (ton)	3799	1430885	3159	1463019
电容器 (吨)	Capacitor (ton)	9621	1427453	9372	1777726
电阻器 (吨)	Resistor (ton)	2951	445632	3404	565062
印刷电路 (万块)	Printing Circuits (10000 board)	1547496	3077678	1804425	3160720
通断保护电路装置及零件	Electrical Apparatus and Spare Parts for Switching or Protecting Electrical Cursuits		3451584		4010763
电视显像管 (万只)	Kinescope (10000 units)				
彩色数据/图形显示管 (万只)	Color Digital/Graph Display (10000 units)				
二极管及类似半导体器件(百万个)	Diodes and Similar Semi Conductors (million)	128511	4065473	131822	4243412
集成电路 (百万个)	IC (million)	94599	48299519	108969	62620499
电线和电缆 (吨)	Electric Wire and Cable (ton)	29757	717888	33760	961321
汽车(包括整套散件) (辆)	Automobile (set)	7316	306707	5813	271532
装有引擎的汽车底盘 (辆)	Moter Underpan with Engine (set)	644	48262	672	53652
汽车零件	Parts of Motor Vehicles		3167667		2840499
航空器零件 (吨)	Aerostat Parts (ton)	296	56437	375	63735
船舶 (艘)	Watercrafts (unit)	25	40412	8	4268
液晶显示板 (万个)	Liquid Crystal Display Panel (10000 board)	48160	7614274	43006	6206553
医疗仪器及器械	Medical Instruments and Appliances		677714		702502
计量检测分析自控仪器及器具	Automatic Instruments of Measuring, Examining and Analysing and Related Apparatus		5033120		5741300
手表 (万只)	Watch (10000 sets)	1	428	12	2244
印刷品 (吨)	Printed Matter (ton)	2784	80867	3756	74400
塑料制品 (吨)	Plastic Products (ton)	90564	1021130	87483	1071898
农产品	Agricultural Products		13462387		15634993
机电产品	Electronic Mechanical Products		135487976		154688699
高新技术产品	New and High Technology Products		95016811		110456505

8-15 主要商品进口数量和金额(人民币计价)
Major Import Commodities in Volume and Value(RMB)

商品名称		Item		2017 数量 Volume	2017 金额(千元) Value (1000 yuan)	2018 数量 Volume	2018 金额(千元) Value (1000 yuan)
冻鱼	(吨)	Frozen Fish	(ton)	16538	252280	12216	242964
鲜、干水果及坚果	(吨)	Fresh, Dried Fruits and Nuts	(ton)	52784	380518	33278	608788
谷物及谷物粉	(万吨)	Cereals and Cereal Powder	(10000 tons)	142	2359417	98	1793401
大豆	(万吨)	Soybean	(ton)	1577	44151857	1785	51105522
食用植物油	(万吨)	Edible Vegetable Oil	(10000 tons)	95	4862938	131	6157653
食糖	(万吨)	Sugar	(10000 tons)	7	227915	1	39220
酒类	(千升)	Alcohol	(kiloliter)	33912	602488	79971	721138
饲料用鱼粉	(万吨)	Fish Powder for Forage	(10000 tons)	2	185181	3	268456
纸烟	(万条)	Cigarette	(10000 carton)				
天然橡胶(包括胶乳)	(万吨)	Natural Rubber	(10000 tons)	16	1843443	14	1268613
合成橡胶(包括胶乳)	(吨)	Synthetic Rubber	(ton)	451258	6169342	391287	5099743
原木	(万立方米)	Log	(10 kilostere)	946	10496205	1151	13455407
锯材	(万立方米)	Wood Sawn	(10 kilostere)	296	4950709	297	5382735
胶合板及类似多层板	(万立方米)	Veneer	(10 kilostere)	1	21806	1	48122
纸浆	(万吨)	Paper Pulp	(10000 tons)	439	18870548	396	20221373
羊毛	(吨)	Wool	(ton)	151647	10009933	165364	11374862
毛条	(吨)	Woolen Yarn	(ton)	1638	87247	2370	127995
棉花	(万吨)	Cotton	(10000 tons)	28	3520577	34	4512191
二醋酸纤维丝束	(吨)	Acetate	(ton)	101	3437	127	4155
纺织用合成纤维	(万吨)	Synthietic Fibre for Spinning	(10000 tons)	11	1544826	11	1748073
人造纤维短纤	(吨)	Man-made Fibre	(ton)	30114	496866	27919	490767
铁矿砂及其精矿	(万吨)	Iron Ores	(10000 tons)	10803	56398202	11013	57506731
锰矿砂及其精矿	(万吨)	Manganese Ores	(10000 tons)	48	662687	73	1113066
铜矿砂及其精矿	(万吨)	Copper Ores	(10000 tons)	7	784303	9	1237946
铬矿砂及其精矿	(万吨)	Chrome Ores	(10000 tons)	36	705111	44	620685
氧化铝	(万吨)	Alumina	(10000 tons)	37	997910	9	341430
煤及褐煤	(万吨)	Coal and Brown Coal	(10000 tons)	759	7216676	637	5622499
成品油	(万吨)	Petroleum Products Refined	(10000 tons)	100	5844473	92	5905099
液化石油气及其他烃类气	(万吨)	Liquefied Petroleum Gas	(10000 tons)	790	23722880	1036	38140692
甲苯	(吨)	Toluene	(ton)	129926	588919	62228	322240
二甲苯	(万吨)	Xylene	(10000 tons)	330	18809020	384	27200507

商品名称 Item		2017		2018	
		数量 Volume	金额（千元） Value (1000 yuan)	数量 Volume	金额（千元） Value (1000 yuan)
苯乙烯 （吨）	Styrene (ton)	1655834	14032308	1432646	12834965
乙二醇 （吨）	Glycol (ton)	3489265	19905614	4121784	25038013
异氰酸酯 （吨）	Isocyanic Ester (ton)	14852	409683	17264	495753
对苯二甲酸 （吨）	Telephthalic Acid (ton)	103203	446584	192794	1058396
己内酰胺 （吨）	Caprolactam (ton)	67703	820668	38518	520348
医药品 （吨）	Pharmaceuticals (ton)	9939	18811882	11803	21269480
美容化妆品及护肤品 （吨）	Cosmetics and Skin Care Products (ton)	4728	733710	7914	1063574
肥料 （万吨）	Fertilizer (10000 tons)	26	440646	36	665023
合成有机染料 （吨）	Synthetic Organic Dyeing (ton)	3797	262259	5494	348931
钛白粉 （吨）	Titanium Dioxide (ton)	7458	165234	7547	178298
聚合物油漆及清漆 （吨）	Polymer Paint and Varnish (ton)	31507	1034307	29002	1038756
感光材料	Sensitization Material		341900		388246
初级形状的塑料 （万吨）	Primary-shape Plastic (10000 tons)	305	39395071	345	43583479
初级形状的聚乙烯 （吨）	Primary-shape Polythene (ton)	628016	5497667	737109	6463057
初级形状的线型低密度聚乙烯 （吨）	Primary-shape Line-type Low-density Polythene (ton)	253749	2116599	337524	2676005
初级形状的聚丙烯 （吨）	Primary-shape Polypropylene (ton)	344100	2839831	361091	3084665
初级形状的聚苯乙烯聚合物 （吨）	Primary-shape Polystyrene (ton)	329234	4064524	357648	4417346
ABS 树脂 （吨）	ABS Colophony (ton)	159776	2116610	171499	2263593
初级形状的聚氯乙烯 （吨）	Primary-shape PVC (ton)	159107	1211525	179449	1303368
初级形状的聚酯 （吨）	Primary-shape Polyester (ton)	209474	3758234	350508	4775390
聚酯切片 （吨）	Polyester Slice (ton)	58313	533089	127988	946976
聚酰胺切片 （吨）	Polyamide Slice (ton)	77916	1392590	70500	1439882
非泡沫塑料的板、片、膜、箔 （吨）	Non-foam Plastic Board, Slice, Film and Foil (ton)	240697	16593930	267375	17955277
废塑料 （万吨）	Waste Plastic (10000 tons)	65	2452158		4830
杀虫剂、除草剂及类似品 （吨）	Insecticide、Herbicide and the Like (ton)	17192	1408737	15853	1350228
牛皮革及马皮革 （吨）	Cowskin and Horse Leather (ton)	48493	1408243	46437	1050026
废纸 （万吨）	Waste Paper (10000 tons)	326	5314604	252	4231644
纸及纸板（未切成形的） （万吨）	Paper and Paper Board (10000 tons)	66	4455845	86	5674313
纺织纱线、织物及制品	Textile Yarn, Textile and Their Products		14891419		15443524
服装及衣着附件	Garments and Clothing Accessories		3934212		4965444
玻璃纤维及其制品 （吨）	Fiberglass (ton)	54884	1989973	43958	1806496
钻石 （千克）	Diamond (kg)	4	1070	2	361
废金属 （万吨）	Waste Metal (10000 tons)	51	2391229	42	2257730
钢坯及粗锻件 （万吨）	Billet and Crude Forgings (10000 tons)	4	496262	4	430840

8-15 续 表 2 Continued 2

商 品 名 称	Item	2017 数 量 Volume	2017 金 额（千元）Value (1000 yuan)	2018 数 量 Volume	2018 金 额（千元）Value (1000 yuan)
钢材 （万吨）	Rolled Steel (10000 tons)	220	18413155	205	18872140
钢铁制标准紧固件 （吨）	Iron and Steel Standard Solidity Articles (ton)	57763	3680322	55492	3637101
未锻造的铜及铜材 （吨）	Copper and its Material (ton)	252600	15088675	253758	16045321
未锻造的铝及铝材 （吨）	Aluminium and its Material (ton)	165599	6666056	218086	8016805
钢铁或铝制结构体及其部件（吨）	Iron and Steel and Aluminium Units and Parts (ton)	22469	513991	23980	495264
蒸汽锅炉及过热水锅炉 （台）	Steam Boiler (set)	38	39771	73	62107
活塞式内燃机的零件 （吨）	Parts of Piston Internal-combustion Engine (ton)	49344	4664669	42999	5027374
液泵及液体提升机 （台）	Hydraulic Pumps and Lifters (set)	16963845	5635205	25458110	6442340
制冷设备用压缩机 （万台）	Compressors for Refrigerating Equipment (10000 sets)	138	693432	129	707818
空气调节器 （台）	Air Conditioners (set)	9755	51054	12588	71958
冷冻机和制冷设备 （台）	Refrigerating Equipment (set)	170067	2059904	160608	2256993
非家用型水的过滤、净化机器（台）	Non-household Water Purify Machines (set)	31282	254694	36863	344129
饮料及液体食品灌装设备 （台）	Beverage Filling Equipment (set)	43	204345	33	141461
机械提升搬运装卸设备及零件	Machine Lifting, Transporting and Loading and Unloading Equipment and Accessories		4836027		5601471
建筑及采矿用机械及零件	Construction and Mining Machinery and Spare Parts		3144540		4072977
食品、饮料工业用加工机械及零件	Food Processing Machinery and Spare Parts		390241		314912
制造纸及纸制品用机械及零件	Paper and Related Articles Production Machinery		853477		1120835
印刷、装订机械及零件	Printing and Bookbinding Machinery		5201773		5849803
纺织机械及零件	Textile Machinery		7014705		8205490
工业用缝纫机 （台）	Industrial Use Sewing Machine (set)	4270	97023	5850	122374
金属加工机床 （台）	Machine Tools (set)	24769	17058627	25135	19810112
加工中心 （台）	Machining Center (set)	10580	5995863	10547	7593863
金属轧机及零件	Metal Rolling Machine and Accessories		225733		244056
橡胶或塑料加工机械及零件	Rubber and Plastic Processing Machinery		6043797		7304517
型模及金属铸造用型箱 （吨）	Metal Forging Molds (ton)	3861	1918706	8575	2100836
阀门 （万套）	Valves (10000 sets)	14171	6926490	15489	7525314
自动数据处理设备及其部件（万台）	Automatic Data Processing Machines and Accessories (10000 sets)	8148	22061155	6678	21173742
自动数据处理设备的零件 （吨）	Accessories of Automatic Data Processing Machines (ton)	13547	17038353	14531	24054482
制造单晶柱或晶圆用的机器及装置 （台）	Crystal Pole Making Machine (set)	698	966238	695	1083077
制造半导体器件或集成电路用的机器及装置 （台）	Semiconductor and IC Making Machine (set)	1876	9596494	3272	14358512
制造平板显示器用的机器及装置 （台）	Flat Display Making Machine (set)	1231	4593335	773	1427918
电动机及发电机 （万台）	Electric Motors and Generators (10000 sets)	5401	4293105	4887	4228930
发电机组及旋转式变流机 （台）	Electric Moter Set and Converters (set)	596	957074	690	736675
变压、整流、电感器及零件	Transformer, Recitifier, Inductance and Accessories		11731436		12143526

8－15 续 表 3 Continued 3

商品名称	Item	2017 数量 Volume	2017 金额（千元）Value (1000 yuan)	2018 数量 Volume	2018 金额（千元）Value (1000 yuan)
蓄电池（万个）	Accumulator (10000 units)	55910	6686991	48070	6891970
电话机（台）	Telephone (set)	66048	29928	103177	99421
数字式程控电话或电报交换机（台）	Digital Program-controlled Telephone or Telegraph Exchange (set)	161	5604	253	21660
无线电导航雷达及遥控设备（台）	Radio Navigation Radar and Remote Device (set)	2495392	791603	2799795	800873
电视摄像机、数字照相机及视频摄录一体机（万台）	TV Camera, Digital Camera and Video Creator (10000 sets)	8118	8166666	4946	6682924
声音录制或重放设备（万台）	Audio Recorder and Playback Device (10000 sets)	1	5524		387
收音设备（包括收录音组合机及整套散件）（万台）	Radio Device (10000 sets)	7	111207	12	262921
彩色电视机（包括整套散件）（万台）	TV set		3771		5946
电视、收音机及无线电讯设备的零附件（吨）	TV sets, Radio and Spare Parts of Wireless Dispatch Equipments (ton)	3799	9668459	3159	9647333
电容器（吨）	Capacitor (ton)	9621	9666392	9372	11753766
电阻器（吨）	Resistor (ton)	2951	3014907	3404	3729091
印刷电路（万块）	Printing Circuits (10000 board)	1547496	20732290	1804425	20939952
通断保护电路装置及零件	Electrical Apparatus and Spare Parts for Switching or Protecting Electrical Cursuits		23337259		26481389
电视显像管（万只）	Kinescope (10000 units)				
彩色数据/图形显示管（万只）	Color Digital/Graph Display (10000 units)				
二极管及类似半导体器件（百万个）	Diodes and Similar Semi Conductors (million)	128511	27509883	131822	28014356
集成电路（百万个）	IC (million)	94599	326569875	108969	413015779
电线和电缆（吨）	Electric Wire and Cable (ton)	29757	4857192	33760	6340385
汽车（包括整套散件）（辆）	Automobile (set)	7316	2067802	5813	1804781
装有引擎的汽车底盘（辆）	Moter Underpan with Engine (set)	644	326477	672	354282
汽车零件	Parts of Motor Vehicles		21388971		18689470
航空器零件（吨）	Aerostat Parts (ton)	296	382009	375	419804
船舶（艘）	Watercrafts (unit)	25	268209	8	29265
液晶显示板（万个）	Liquid Crystal Display Panel (10000 board)	48160	51631888	43006	40916619
医疗仪器及器械	Medical Instruments and Appliances		4583987		4625542
计量检测分析自控仪器及器具	Automatic Instruments of Measuring, Examining and Analysing and Related Apparatus		34023439		37821215
手表（万只）	Watch (10000 sets)	1	2910	12	14735
印刷品（吨）	Printed Matter (ton)	2784	547943	3756	490651
塑料制品（吨）	Plastic Products (ton)	90564	6901775	87483	7066380
农产品	Agricultural Products		91191802		102827041
机电产品	Electronic Mechanical Products		916112112		1020491846
高新技术产品	New and High Technology Products		642605430		728802887

8-16 主要商品出口数量和金额

Major Export Commodities in Volume and Value

商品名称		Item		2017 数量 Volume	2017 金额（千美元）Value (USD 1000)	2018 数量 Volume	2018 金额（千美元）Value (USD 1000)
冻鸡	（吨）	Frozen Chicken	(ton)				
水海产品	（万吨）	Aquatic and Seawater Products	(10000 tons)	4	250099	5	444699
谷物及谷物粉	（万吨）	Cereals and Cereal Powder	(10000 tons)		7247		10676
蔬菜	（万吨）	Vegetables	(10000 tons)	65	859626	65	717440
鲜、干水果及坚果	（万吨）	Fresh, Dried Fruits and Nuts	(10000 tons)	1	6468		5209
食用油籽	（万吨）	Edible Oil Seeds	(10000 tons)		1802		1977
食用植物油	（吨）	Edible Vegetable Oil	(ton)	3249	5130	3367	4726
食糖	（吨）	Sugar	(ton)	1180	1220	1899	1835
天然蜂蜜	（吨）	Natural Honey	(ton)	14508	30275	11403	24350
茶叶	（吨）	Tea	(ton)	1507	22784	959	5306
猪肉罐头	（吨）	Canned Pork	(ton)	1706	4323	1514	3800
蘑菇罐头	（吨）	Canned Mushroom	(ton)	4913	5715	5805	7310
啤酒	（万升）	Beer	(10 kiloliter)	6	34	1	33
肠衣	（吨）	Casings	(ton)	39790	592623	36154	562632
填充用羽毛；羽绒	（吨）	Feathers and Down for Stuffing	(ton)	7580	128944	8192	181214
中药材及中式成药	（吨）	Chinese Medical Materials and Medicaments of Chinese Type	(ton)	3028	24698	3086	29312
肥料	（万吨）	Fertilizer	(10000 tons)	324	476619	307	569038
锯材	（万立方米）	Wood Sawn	(10 kilostere)	1	4243	1	8607
胶合板及类似多层板	（万立方米）	Veneer	(10 kilostere)	432	1638304	447	1800305
印刷品	（吨）	Printed Matter	(ton)	43507	244680	43214	246959
生丝	（吨）	Raw Silk	(ton)	1365	73935	719	45738
煤及褐煤	（万吨）	Coal and Brown Coal	(10000 tons)	15	22616		674
成品油	（万吨）	Petroleum Products Refined	(10000 tons)	54	263050	17	163341
氧化铝	（吨）	Alumina	(ton)	28910	15931	136786	65437
氧化锌及过氧化锌	（吨）	Zinc Oxide and Zinc Peroxide	(ton)	1074	3032	194	821
合成有机染料	（吨）	Synthetic Organic Dyeing	(ton)	60681	401302	46215	418752
医药品	（吨）	Pharmaceuticals	(ton)	125355	2685079	125038	2940342
美容化妆品及护肤品	（吨）	Cosmetics and Skin Care Products	(ton)	10743	108956	15144	132501
口腔及牙齿清洁剂	（吨）	Mouth and Teech Detergent	(ton)	11048	38847	12473	48139
洗衣粉	（吨）	Detergent Powder	(ton)	15238	7571	12760	6850
烟花、爆竹	（吨）	Firework and Cracker	(ton)	155	471	67	416

商品名称 Item		2017		2018	
		数量 Volume	金额（千美元）Value (USD 1000)	数量 Volume	金额（千美元）Value (USD 1000)
新的充气橡胶轮胎（万条）	New Pneumatic Rubber Tyres (10000 units)	3330	1172797	3283	1136623
家用或装饰用木制品（万吨）	Wooden Products for Domestic Use and Decoration (10000 tons)	2	53811	2	73301
纸及纸板（未切成形的）（万吨）	Paper and Paper Board (10000 tons)	179	1795401	161	1782067
纺织纱线、织物及制品	Textile Yarn Thread, Woven Goods and Related Products		21336443		23689939
水泥及水泥熟料（万吨）	Cement (10000 tons)	137	62985	90	46026
平板玻璃（万平方米）	Plate Glass (10 kilostere)	1295	47568	1504	63452
玻璃制品（吨）	Glass Products (ton)	309000	549707	319276	578066
家用陶瓷（万吨）	Pottery Ware for Household Use (10000 tons)	8	264308	10	331069
珍珠、钻石、宝石及半宝石	Pearl, Gem and Semi-gem		1547		2401
生铁及镜铁（万吨）	Pig Iron and Spiegeleisen (10000 tons)				1
铁合金（万吨）	Ferroalloy (10000 tons)	6	90709	5	95855
钢坯及粗锻件（万吨）	Billet and Crude Forgings (10000 tons)		2213	1	4129
钢材（万吨）	Rolled Steel (10000 tons)	1416	9958587	1268	11190255
废钢（吨）	Waste Steel (ton)	66890	9048	469	55
未锻造的铜及铜材（吨）	Copper and Its Material (ton)	70150	588874	73176	655079
未锻造的铝及铝材（万吨）	Aluminium and Its Material (10000 tons)	69	2024802	78	2511488
未锻造的锰（吨）	Manganese (ton)	734	1492	34	96
钢铁或铜制标准紧固件（万吨）	Standard Infrangible Articles made of Steel or Copper (10000 tons)	25	612524	33	807677
不锈钢厨具、餐具等家用器具（吨）	Kitchenware, Tableware and Home Appliances Made of Stainless Steel (ton)	13015	93905	13061	109288
餐桌、厨房及其他家用搪瓷器（吨）	Porcelain and Pottery Ware for Table, Kitchen and Other Household Use (ton)	4131	11972	4449	12797
手用或机用工具（万吨）	Hand Tools and Tools for Machines (10000 tons)	23	1576273	26	1798280
电扇（万台）	Electric Fans (10000 sets)	3534	218194	4429	262569
空气调节器（万台）	Air Conditioners (10000 sets)	175	356503	222	400530
冰箱（万台）	Refrigerators (10000 sets)	450	1085290	519	1315974
洗衣机（万台）	Washing Machines (10000 sets)	758	1353642	718	1369968
纺织机械及零件	Textile Machinery		840423		998446
家用型缝纫机（万台）	Ordinary Sewing Machines (10000 sets)	65	31555	54	30158
工业用缝纫机（万台）	Industrial Sewing Machines (10000 sets)	8	44823	11	50448
金属加工机床（万台）	Machine Tools for Processing Metal (10000 sets)	272	766910	295	982412
电子计算器（包括具有计算功能的袖珍数据记录重现机）（万台）	Electron Calculators (10000 sets)	442	6641	238	20946
自动数据处理设备及其部件（万台）	Automatic Data Processing Machines and Accessories (10000 sets)	25722	37752979	25100	39323119

8-16 续 表 2 Continued 2

商品名称	Item	2017 数量 Volume	2017 金额(千美元) Value (USD 1000)	2018 数量 Volume	2018 金额(千美元) Value (USD 1000)
自动数据处理设备的零件(万吨)	Accessories of Automatic Data Processing Machines (10000 tons)	7	11183508	8	16116383
打印机(包括多功能一体机)(万台)	Printers (including Multi Function Printers) (10000 sets)	126	1490294	121	1473470
液晶显示板 (万个)	Liquid Crystal Display Panel (10000 board)	31179	6393440	29650	5835928
轴承 (万套)	Bearings (10000 sets)	79981	652700	86294	754711
电动机及发电机 (万台)	Electric Motors and Generators (10000 sets)	24268	1974010	22054	2165135
变压器 (万个)	Transformers (10000 yuan)	12287	319645	11776	284200
静止式变流器 (万个)	Static Converters (10000 sets)	175096	2387091	175357	2574209
原电池 (万个)	Primary Cells and Batteries (10000 sets)	84693	46436	98033	55059
蓄电池 (万个)	Accumulator (10000 sets)	35374	2207482	38332	3030042
电话机 (万台)	Telephone (10000 sets)	6479	13605308	4509	12267435
扬声器 (万个)	Loudspeakers (10000 sets)	32371	743176	48142	728458
激光唱机 (万台)	Laser Phonographs (10000 sets)	5	4409	17	5317
录、放像机 (万台)	Video Cassette Recorders (10000 sets)	189	194366	80	83799
声音录制或重放设备 (万台)	Audio Recorder and Playback Device (10000 sets)	178	44167	240	59395
收音设备(包括收录音组合机及整套散件) (万台)	Radio Device (10000 sets)	784	198366	246	99784
彩色电视机(包括整套散件) (万台)	TV-sets (10000 sets)	852	1571331	919	1515749
录放音、像机及唱机的零附件	Accessories of Videorecorder, Camera and Gramophone		38123		32529
电视、收音机及无线电讯设备的零附件 (吨)	TV-sets, Radio and Spare Parts of Wireless Dispatch Equipments (ton)	78844	1744925	78408	1959987
电容器 (吨)	Capacitor (ton)	19786	1371035	21521	1421855
印刷电路 (百万块)	Printing Circuits (million board)	6288	3048858	7168	3422004
通断保护电路装置及零件	Electrical Apparatus and Spare Parts for Switching or Protecting Electrical Cursuits		4500325		5205915
节能灯 (百万只)	Energy-saving Lights (million)	42	36690	43	19155
二极管及类似半导体器件 (百万个)	Diodes and Similar Semi Conductors (million)	115765	6786553	127615	6671201
集成电路 (百万个)	IC (million)	54220	17113130	59360	23579365
电线和电缆 (万吨)	Electric Wire and Cable (ton)	33	3055426	35	3548012
集装箱 (万个)	Containers (million)	57	2510652	64	2949884
汽车和汽车底盘 (万辆)	Motor Vehicles and Chassis (10000 sets)	6	559693	6	732597
汽车零件	Parts of Motor Vehicles		6753878		7731602
摩托车 (万辆)	Motorcycles (10000 sets)	157	765890	293	1088903

商品名称	Item	2017		2018	
		数量 Volume	金额（千美元） Value (USD 1000)	数量 Volume	金额（千美元） Value (USD 1000)
自行车（万辆）	Bicycles (10000 sets)	793	764959	882	831355
摩托车及自行车的零件	Parts of Motorcycles and Bicycles		723313		811481
船舶（万艘）	Watercrafts (unit)		6077249		5788346
照相机（万架）	Cameras (10000 sets)	817	671033	806	847928
医疗仪器及器械	Medical Instruments and Appliances		1771456		2047087
手表（万只）	Watches (10000 sets)	1227	27909	847	25006
日用钟（万只）	Clocks (10000 sets)	738	17546	397	12729
家具及其零件	Furniture and its Parts		4022656		4543640
床垫、寝具及类似品	Beddings, Bedclothing and Similar Products		2266876		2488699
灯具、照明装置及类似品	Lamps and Lanterns, Lighting Installation and Similar Products		1617561		1740872
旅行用品及箱包（千克）	Travel Articles, Suitcases and Handbags and Similar Articles (kg)	185975135	1591290	189521158	1724700
体育用具及设备	Physical Appliances and Equipments		1238519		1473349
服装及衣着附件	Garments and Clothing Accessories		25572277		26479158
鞋类（吨）	Footware (ton)	232596	2304380	225031	2217932
塑料制品（万吨）	Plastic Products (10000 tons)	222	5344654	284	6468455
玩具	Toys		1394509		1440350
游戏机及零附件（万台）	Recreational Machines (ton)	6842	4780956	6353	4402608
圣诞用品（吨）	Christmas Articles (ton)	12335	150803	12033	152765
足球、篮球、排球（万个）	Footballs, Basketballs and Volleyballs (10000 units)	5391	93556	5127	110396
打火机（百万个）	Lighters (million)	17	1754	16	2217
艺术品、收藏品及古董	Artworks, Collections and Antiques		4510		11827
贵金属或包贵金属的首饰	Noble Metals		2397		4210
伞（万把）	Umbrellas (10000 units)	1701	85946	1669	73737
竹编结品（吨）	Bamboo-work (ton)	285	1898	251	1927
藤编结品（吨）	Bine-work (ton)	41	371	38	387
草编结品（吨）	Grass-work (ton)	845	6070	1055	9902
柳编结品（吨）	Wickerwork (ton)	1045	14929	1016	19283
农产品	Farm Products		3828690		4019606
机电产品	Electronic Mechanical Products		239299721		266986950
高新技术产品	New and High Technology Products		137999777		153245970

8-17 主要商品出口数量和金额(人民币计价)
Major Export Commodities in Volume and Value(RMB)

商品名称		Item		2017		2018	
				数量 Volume	金额(千元) Value (1000 yuan)	数量 Volume	金额(千元) Value (1000 yuan)
冻鸡	(吨)	Frozen Chicken	(ton)				
水海产品	(万吨)	Aquatic and Seawater Products	(10000 tons)	4	1692731	5	2927843
谷物及谷物粉	(万吨)	Cereals and Cereal Powder	(10000 tons)		48283		72302
蔬菜	(万吨)	Vegetables	(10000 tons)	65	5827912	65	4745182
鲜、干水果及坚果	(万吨)	Fresh, Dried Fruits and Nuts	(10000 tons)	1	43939		34452
食用油籽	(万吨)	Edible Oil Seeds	(10000 tons)		12255		12945
食用植物油	(吨)	Edible Vegetable Oil	(ton)	3249	34761	3367	30906
食糖	(吨)	Sugar	(ton)	1180	8404	1899	11993
天然蜂蜜	(吨)	Natural Honey	(ton)	14508	205385	11403	159635
茶叶	(吨)	Tea	(ton)	1507	152971	959	35193
猪肉罐头	(吨)	Canned Pork	(ton)	1706	29341	1514	24956
蘑菇罐头	(吨)	Canned Mushroom	(ton)	4913	38536	5805	48625
啤酒	(万升)	Beer	(10 kiloliter)	6	230	1	216
肠衣	(吨)	Casings	(ton)	39790	4016089	36154	3678183
填充用羽毛;羽绒	(吨)	Feathers and Down for Stuffing	(ton)	7580	874453	8192	1180562
中药材及中式成药	(吨)	Chinese Medical Materials and Medicaments of Chinese Type	(ton)	3028	167093	3086	193869
肥料	(万吨)	Fertilizer	(10000 tons)	324	3237084	307	3755949
锯材	(万立方米)	Wood Sawn	(10 kilostere)	1	28640	1	56766
胶合板及类似多层板	(万立方米)	Veneer	(10 kilostere)	432	11116171	447	11853030
印刷品	(吨)	Printed Matter	(ton)	43507	1655175	43214	1630556
生丝	(吨)	Raw Silk	(ton)	1365	502055	719	301421
煤及褐煤	(万吨)	Coal and Brown Coal	(10000 tons)	15	155993		4659
成品油	(万吨)	Petroleum Products Refined	(10000 tons)	54	1783044	17	1076938
氧化铝	(吨)	Alumina	(ton)	28910	107898	136786	424370
氧化锌及过氧化锌	(吨)	Zinc Oxide and Zinc Peroxide	(ton)	1074	20776	194	5431
合成有机染料	(吨)	Synthetic Organic Dyeing	(ton)	60681	2722221	46215	2754240
医药品	(吨)	Pharmaceuticals	(ton)	125355	18184582	125038	19371331
美容化妆品及护肤品	(吨)	Cosmetics and Skin Care Products	(ton)	10743	737531	15144	874943
口腔及牙齿清洁剂	(吨)	Mouth and Teech Detergent	(ton)	11048	262912	12473	317937
洗衣粉	(吨)	Detergent Powder	(ton)	15238	51210	12760	45106
烟花、爆竹	(吨)	Firework and Cracker	(ton)	155	3235	67	2815

8-17 续 表 1 Continued 1

商品名称	Item	2017 数量 Volume	2017 金额(千元) Value (1000 yuan)	2018 数量 Volume	2018 金额(千元) Value (1000 yuan)
新的充气橡胶轮胎 (万条)	New Pneumatic Rubber Tyres (10000 units)	3330	7950445	3283	7465133
家用或装饰用木制品 (万吨)	Wooden Products for Domestic Use and Decoration (10000 tons)	2	364416	2	485100
纸及纸板(未切成形的) (万吨)	Paper and Paper Board (10000 tons)	179	12184825	161	11709879
纺织纱线、织物及制品	Textile Yarn Thread, Woven Goods and Related Products		144676928		156134186
水泥及水泥熟料 (万吨)	Cement (10000 tons)	137	429455	90	300965
平板玻璃 (万平方米)	Plate Glass (10 kilostere)	1295	323040	1504	423905
玻璃制品 (吨)	Glass Products (ton)	309000	3727435	319276	3814024
家用陶瓷 (万吨)	Pottery Ware for Household Use (10000 tons)	8	1787253	10	2196500
珍珠、钻石、宝石及半宝石	Pearl, Gem and Semi-gem		10482		15905
生铁及镜铁 (万吨)	Pig Iron and Spiegeleisen (10000 tons)				7
铁合金 (万吨)	Ferroalloy (10000 tons)	6	614731	5	628637
钢坯及粗锻件 (万吨)	Billet and Crude Forgings (10000 tons)		15103	1	27326
钢材 (万吨)	Rolled Steel (10000 tons)	1416	67616924	1268	73575859
废钢 (吨)	Waste Steel (ton)	66890	60702	469	363
未锻造的铜及铜材 (吨)	Copper and Its Material (ton)	70150	3993902	73176	4311381
未锻造的铝及铝材 (万吨)	Aluminium and Its Material (10000 tons)	69	13728436	78	16553052
未锻造的锰 (吨)	Manganese (ton)	734	10232	34	612
钢铁或铜制标准紧固件 (万吨)	Standard Infrangible Articles made of Steel or Copper (10000 tons)	25	4149070	33	5333657
不锈钢厨具、餐具等家用器具 (吨)	Kitchenware, Tableware and Home Appliances Made of Stainless Steel (ton)	13015	636160	13061	724597
餐桌、厨房及其他家用搪瓷器 (吨)	Porcelain and Pottery Ware for Table, Kitchen and Other Household Use (ton)	4131	81281	4449	84341
手用或机用工具 (万吨)	Hand Tools and Tools for Machines (10000 tons)	23	10677949	26	11862176
电扇 (万台)	Electric Fans (10000 sets)	3534	1481814	4429	1725809
空气调节器 (万台)	Air Conditioners (10000 sets)	175	2423069	222	2618519
冰箱 (万台)	Refrigerators (10000 sets)	450	7356041	519	8674970
洗衣机 (万台)	Washing Machines (10000 sets)	758	9166952	718	9024928
纺织机械及零件	Textile Machinery		5689487		6572517
家用型缝纫机 (万台)	Ordinary Sewing Machines (10000 sets)	65	213652	54	198162
工业用缝纫机 (万台)	Industrial Sewing Machines (10000 sets)	8	303611	11	332476
金属加工机床 (万台)	Machine Tools for Processing Metal (10000 sets)	272	5188593	295	6497648
电子计算器(包括具有计算功能的袖珍数据记录重现机) (万台)	Electron Calculators (10000 sets)	442	44814	238	136579
自动数据处理设备及其部件 (万台)	Automatic Data Processing Machines and Accessories (10000 sets)	25722	255621528	25100	259252758

商品名称	Item	2017 数量 Volume	2017 金额（千元）Value (1000 yuan)	2018 数量 Volume	2018 金额（千元）Value (1000 yuan)
自动数据处理设备的零件（万吨）	Accessories of Automatic Data Processing Machines (10000 tons)	7	75542910	8	106307490
打印机（包括多功能一体机）（万台）	Printers (including Multi Function Printers) (10000 sets)	126	10108371	121	9703611
液晶显示板 （万个）	Liquid Crystal Display Panel (10000 board)	31179	43352292	29650	38429683
轴承 （万套）	Bearings (10000 sets)	79981	4420014	86294	4971204
电动机及发电机 （万台）	Electric Motors and Generators (10000 sets)	24268	13375936	22054	14262963
变压器 （万个）	Transformers (10000 units)	12287	2160758	11776	1866756
静止式变流器 （万个）	Static Converters (10000 sets)	175096	16177309	175357	16990977
原电池 （万个）	Primary Cells and Batteries (10000 sets)	84693	314720	98033	362941
蓄电池 （万个）	Accumulator (10000 sets)	35374	14950240	38332	20036953
电话机 （万台）	Telephone (10000 sets)	6479	91790059	4509	82158164
扬声器 （万个）	Loudspeakers (10000 sets)	32371	5036660	48142	4811737
激光唱机 （万台）	Laser Phonographs (10000 sets)	5	29586	17	35310
录、放像机 （万台）	Video Cassette Recorders (10000 sets)	189	1323891	80	550707
声音录制或重放设备 （万台）	Audio Recorder and Playback Device (10000 sets)	178	296715	240	394081
收音设备（包括收录音组合机及整套散件） （万台）	Radio Device (10000 sets)	784	1347753	246	655420
彩色电视机（包括整套散件） （万台）	TV-sets (10000 sets)	852	10653115	919	10059772
录放音、像机及唱机的零附件	Accessories of Videorecorder, Camera and Gramophone		257942		213629
电视、收音机及无线电讯设备的零附件 （吨）	TV-sets, Radio and Spare Parts of Wireless Dispatch Equipments (ton)	78844	11813430	78408	12986852
电容器 （吨）	Capacitor (ton)	19786	9302299	21521	9381463
印刷电路 （百万块）	Printing Circuits (million board)	6288	20653684	7168	22569069
通断保护电路装置及零件	Electrical Apparatus and Spare Parts for Switching or Protecting Electrical Cursuits		30468106		34369955
节能灯 （百万只）	Energy-saving Lights (million)	42	249871	43	126107
二极管及类似半导体器件 （百万个）	Diodes and Similar Semi Conductors (million)	115765	45968191	127615	44016560
集成电路 （百万个）	IC (million)	54220	115733043	59360	155662667
电线和电缆 （万吨）	Electric Wire and Cable (ton)	33	20690459	35	23409268
集装箱 （万个）	Containers (million)	57	16992962	64	19376865
汽车和汽车底盘 （万辆）	Motor Vehicles and Chassis (10000 sets)	6	3781347	6	4830954
汽车零件	Parts of Motor Vehicles		45760513		51009869
摩托车 （万辆）	Motorcycles (10000 sets)	157	5191896	293	7185474

商品名称	Item	2017 数量 Volume	2017 金额(千元) Value (1000 yuan)	2018 数量 Volume	2018 金额(千元) Value (1000 yuan)
自行车 (万辆)	Bicycles (10000 sets)	793	5188254	882	5478722
摩托车及自行车的零件	Parts of Motorcycles and Bicycles		4899937		5353817
船舶 (万艘)	Watercrafts (unit)		41351220		37740000
照相机 (万架)	Cameras (10000 sets)	817	4540672	806	5597106
医疗仪器及器械	Medical Instruments and Appliances		11987740		13511950
手表 (万只)	Watches (10000 sets)	1227	189210	847	166608
日用钟 (万只)	Clocks (10000 sets)	738	119195	397	84577
家具及其零件	Furniture and its Parts		27259401		29983091
床垫、寝具及类似品	Beddings, Bedclothing and Similar Products		15361776		16431933
灯具、照明装置及类似品	Lamps and Lanterns, Lighting Installation and Similar Products		10961144		11498324
旅行用品及箱包 (千克)	Travel Articles, Suitcases and Handbags and Similar Articles (kg)	185975135	10796509	189521158	11368146
体育用具及设备	Physical Appliances and Equipments		8398773		9720971
服装及衣着附件	Garments and Clothing Accessories		173350920		174794085
鞋类 (吨)	Footware (ton)	232596	15628815	225031	14645503
塑料制品 (万吨)	Plastic Products (10000 tons)	222	36214118	284	42717508
玩具	Toys		9434547		9541074
游戏机及零附件 (万台)	Recreational Machines (ton)	6842	32086920	6353	29067929
圣诞用品 (吨)	Christmas Articles (ton)	12335	1019571	12033	1006779
足球、篮球、排球 (万个)	Footballs, Basketballs and Volleyballs (10000 units)	5391	634960	5127	726634
打火机 (百万个)	Lighters (million)	17	11989	16	14676
艺术品、收藏品及古董	Artworks, Collections and Antiques		30610		78375
贵金属或包贵金属的首饰	Noble Metals		16168		27791
伞 (万把)	Umbrellas (10000 units)	1701	584876	1669	487111
竹编结品 (吨)	Bamboo-work (ton)	285	12865	251	12699
藤编结品 (吨)	Bine-work (ton)	41	2525	38	2554
草编结品 (吨)	Grass-work (ton)	845	40787	1055	66396
柳编结品 (吨)	Wickerwork (ton)	1045	101302	1016	127448
农产品	Farm Products		25945664		26467198
机电产品	Electronic Mechanical Products		1620053774		1762442221
高新技术产品	New and High Technology Products		933768059		1012622588

8－18 协议注册外资项目
Agreement Registered Foreign Investment Project

单位:个 (unit)

指	标 Item	2018年止累计 2018 Year end Accumulated	2013	2014	2015	2016	2017	2018
合 计	**Total**	**124892**	**3453**	**3031**	**2580**	**2859**	**3254**	**3348**
合资经营企业	Joint Venture Enterprises	53064	632	709	606	776	1128	1157
合作经营企业	Cooperative Enterprises	3091	14	2	3	15	15	10
独资经营企业	Foreign Solely Funded	68641	2806	2316	1963	2062	2097	2162
外商投资股份制企业	Share Holding with Foreign Investment	89	1	4	8	6	14	12

8－19 协议注册外资
Agreement Registered Foreign Capital

单位:万美元 (USD 10000)

指	标 Item	2018年止累计 2018 Year end Accumulated	2013	2014	2015	2016	2017	2018
合 计	**Total**	**89701906**	**4726816**	**4318685**	**3936089**	**4313941**	**5542587**	**6052216**
合资经营企业	Joint Venture Enterprises	17392279	561458	661894	610010	851874	1383933	1472813
合作经营企业	Cooperative Enterprises	1681046	26282	9808	19050	95114	24854	48806
独资经营企业	Foreign Solely Funded	69899864	4128148	3512530	3222822	3315933	4086719	4470612
外商投资股份制企业	Share Holding with Foreign Investment	721989	10928	134453	84207	51020	47081	53648

8－20 实际使用外资
Actual Use of Foreign Capital

单位:万美元 （USD 10000）

指　　标	Item	1985～2018	1990	2000	2005	2010
合　计	**Total**	**45009901**	**14110**	**642358**	**1318339**	**2849777**
合资经营企业	Joint Venture Enterprises	10148555	13787	227369	248652	474350
合作经营企业	Cooperative Enterprises	734706	249	35755	19130	24697
独资经营企业	Foreign Solely Funded	31513043	74	378946	1041074	2283780
外商投资股份制企业	Share Holding with Foreign Investment	520848		288	9483	66950

8－20 续表 Continued

单位:万美元 （USD 10000）

指　　标	Item	2014	2015	2016	2017	2018
合　计	**Total**	**2817416**	**2427469**	**2454296**	**2513541**	**2559248**
合资经营企业	Joint Venture Enterprises	429339	460420	545032	791142	759623
合作经营企业	Cooperative Enterprises	9508	14383	22837	13448	28181
独资经营企业	Foreign Solely Funded	2322693	1856173	1825448	1659310	1752963
外商投资股份制企业	Share Holding with Foreign Investment	55876	96493	60979	49641	16619

8－21　按行业分外商直接投资(2018 年)
Foreign Direct Investment Grouped by Sector(2018)

单位:万美元　　(USD 10000)

行　业	Sector	项　目(个) Number of Projects(unit)	协议注册外资 Agreement Registered Foreign	实际使用外资 Actual Use of Foreign Capital
总　计	**Total**	**3348**	**6052216**	**2559248**
农、林、牧、渔业	Agriculture, Forestry, Animal Husbandry and Fishery	41	56427	29857
采矿业	Mining	0	500	556
制造业	Manufacturing	1198	2410509	1117253
农副食品加工业	Processing of Food from Agricultural Products	14	19194	8857
食品制造业	Manufacture of Food	26	52322	26984
酒、饮料和精制茶制造业	Manufacture of Wine, Beverage and Refined Tea	4	6229	5441
纺织业	Manufacture of Textile	31	26906	11510
纺织服装、服饰业	Man ufacture of Textile Wearing, Apparel, Footwear and Caps	21	5362	13353
皮革、毛皮、羽毛(绒)及其制品业	Manufacture of Leather, Fur, Feather and Related Products	8	2928	1024
木材加工及木、竹、藤、棕、草制品业	Processing of Timber, Manufacture of Wood, Bamboo, Rattan, Palm and Straw Products	5	6465	3296
家具制造业	Manufacture of Furniture	15	14966	10210
造纸及纸制品业	Manufacture of Paper and Paper Products	8	64534	19177
印刷业和记录媒介的复制	Printing, Reproduction of Recording Media	6	3377	4398
文教体育用品制造业	Manufacture of Articles For Culture, Education and Sport Activities	17	20398	8680
石油加工、炼焦及核燃料加工业	Processing of Petroleum, Coking, Processing of Nuclear Fuel	2	－8133	2334
化学原料及化学制品制造业	Manufacture of Raw Chemical Materials and Chemical Products	35	116650	95529
医药制造业	Manufacture of Medicines	29	75720	34130
化学纤维制造业	Manufacture of Chemical Fibers	10	33991	8893
橡胶制品业	Manufacture of Rubber	33	79511	44471
非金属矿物制品业	Manufacture of Non-metallic Mineral Products	57	142384	40915
黑色金属冶炼及压延加工业	Smelting and Pressing of Ferrous Metals	0	48295	200
有色金属冶炼及压延加工业	Smelting and Pressing of Non-ferrous Metals	7	28854	37840
金属制品业	Manufacture of Metal Products	53	121176	43041

8－21 续 表 Continued

单位:万美元 (USD 10000)

行业 Sector		项 目(个) Number of Projects(unit)	协议注册外资 Agreement Registered Foreign	实际使用外资 Actual Use of Foreign Capital
通用设备制造业	Manufacture of General Purpose Machinery	199	236538	112509
专用设备制造业	Manufacture of Special Purpose Machinery	222	259617	92307
汽车制造业	Manufacture of Automobile	68	234643	84802
铁路、船舶、航空航天和其他运输设备制造业	Manufacture of Railroad, Marine Aviation and other Transport Equipment	22	101488	16499
电气机械和器材制造业	Manufacture of Electrical Machinery and E-quipment	109	260305	91314
计算机、通信和其他电子设备制造业	Manufacture of Communication Equipment, Computers and other Electronic Equipment	139	405887	273176
仪器仪表制造业	Manufacture of Instrumentation	37	34895	8777
其他制造业	Other Manufacturing	13	9216	11419
废弃资源综合利用业	Ma nufacture of Recycling and Disposal of waste	3	1962	2325
金属制品、机械和设备修理业	Manufacture of Netal Products, Machinery and Equipment Repair	5	4827	3840
电力、热力、燃气及水生产和供应业	Production and Supply of Electric Power, Heat Power, Gas and Water	57	170466	60753
建筑业	Construction	77	258313	73401
批发和零售业	Wholesale and Retail Trades	726	613523	184652
交通运输、仓储和邮政业	Transport, Storage and Post	87	150387	73700
住宿和餐饮业	Hotels and Catering Services	62	71410	6889
信息传输、软件和信息技术服务业	Information Transfer, Software and IT Services	249	256422	63936
金融业	Financial Intermediation	39	183334	37430
房地产业	Real Estate	140	603154	523190
租赁和商务服务业	Leasing and Business Services	244	741473	269275
科学研究、技术服务和地质勘查业	Scientific Research, Technical Service and Geo-logic Prospecting	324	383822	82539
水利、环境和公共设施管理业	Management of Water Conservancy, Environment and Public Facilities	19	89402	16041
居民服务和其他服务业	Services to Households and Other Services	20	14252	10857
教育	Education	17	2371	413
卫生和社会工作	Health and Social Work	2	29483	2039
文化、体育和娱乐业	Culture, Sports and Entertainment	45	16794	6467
公共管理、社会保障和社会组织	Public Management and Social Organization	1	174	0

8－22 按国家或地区分外商直接投资

Foreign Direct Investment by Country or Region

单位:万美元 (USD 10000)

国家(地区) Country(Region)		2017 项目(个) Number of Projects (unit)	2017 协议注册外资 Agreement Registered Foreign	2017 实际使用外资 Actual Use of Foreign Capital	2018 项目(个) Number of Projects (unit)	2018 协议注册外资 Agreement Registered Foreign	2018 实际使用外资 Actual Use of Foreign Capital
合　计	**Total**	**3254**	**5542587**	**2513541**	**3348**	**6054424**	**2559248**
亚　洲	**Asia**	**2098**	**3810306**	**1813243**	**2410**	**4322599**	**1899277**
#中国香港	Hong Kong, China	1000	2895223	1453410	1202	3387475	1497385
中国澳门	Macao, China	9	7637	4441	10	13184	4610
中国台湾	Taiwan, China	478	209046	51909	606	242197	64626
印度尼西亚	Indonesia	8	4486	1412	4	－328	821
日本	Japan	109	109248	78873	120	72663	72855
马来西亚	Malaysia	38	46985	1596	45	22728	678
菲律宾	Philippines	7	22360	0	0	－353	0
新加坡	Singapore	106	277690	119340	123	192389	140160
韩国	Korea, Rep.	223	213067	94430	225	306015	106170
泰国	Thailand	5	1757	88	7	878	460
非　洲	**Africa**	**91**	**43520**	**19602**	**84**	**25611**	**17348**
欧　洲	**Europe**	**327**	**225053**	**129787**	**342**	**280635**	**154428**
#比利时	Belgium	6	4835	1704	6	11541	3546
丹麦	Dermark	6	1404	451	5	6451	293
英国	United Kindom	45	32235	15376	62	54506	15458
德国	Germany	90	53032	24862	105	58896	27730
法国	France	22	14313	13574	15	42537	33061
爱尔兰	Ireland	5	6087	7023	5	6964	2799
意大利	Italy	37	14479	4226	38	13384	7134
卢森堡	Luxemboury	3	3876	6698	6	7460	1756
荷兰	Netherlands	19	35147	20044	21	20895	34294
希腊	Greece	3	117	0	0	2	0
葡萄牙	Portugal	3	2558	0	1	45	32
西班牙	Spain	16	3837	2875	8	7696	2465
芬兰	Finland	7	12687	3840	2	－35	3553
瑞士	Switzerland	6	5614	9733	14	23510	8177
北美洲	**North America**	**275**	**97203**	**74945**	**328**	**434892**	**47851**
#加拿大	Canada	68	39381	10907	90	264584	7958
美国	United States	205	52027	56287	237	166086	36246
大洋洲	**Oceania**	**119**	**223181**	**47946**	**133**	**186771**	**54621**
#澳大利亚	Australia	50	129040	2741	68	31755	8720
南美洲	**South America**	**89**	**219558**	**164080**	**79**	**100354**	**121078**

8-23 年末登记外商投资企业行业分布情况(2018年)

Sector Distribution Registered of Foreign-funded Enterprises at Year-end(2018)

行业	Sector	企业数(个) Number of Registered Enterprises (unit)	投资总额(万美元) Total Investment (USD 10000)	注册资本(万美元) Registered Capital (USD 10000)	#外方 Capital Invested by Foreign Partner
总计	**Total**	**59308**	**105604184**	**56398584**	**46391745**
农、林、牧、渔业	Agriculture, Forestry, Animal Husbandry and Fishery	749	1227337	930084	877392
采矿业	Mining	23	137409	73619	46575
制造业	Manufacturing	25731	56192196	26990499	22773404
电力、热力、燃气及水的生产和供应业	Production and Supply of Electricity, Gas and Water	615	2669173	1020330	694308
建筑业	Construction	758	2542249	1641510	1368130
批发和零售业	Wholesale and Retail Trades	10935	5315604	3216659	2972876
交通运输、仓储和邮政业	Transport, Storage and Post	1022	2498929	1204170	977669
住宿和餐饮业	Hotels and Catering Services	3647	485647	308367	249936
信息传输、软件和信息技术服务业	Information Transfor Software and IT Services	1849	1245089	754141	511492
金融业	Financial Intermediation	1253	1612883	1184144	816400
房地产业	Real Estate	1794	11281293	6787393	5174302
租赁和商务服务业	Leasing and Business Services	3968	6762435	5002197	4172865
科学研究、技术服务业	Scientific Research and Technical Service	5817	11811182	6313305	4967542
水利、环境和公共设施管理业	Management of Water Conservancy, Environment and Public Facilities	158	725751	391607	290597
居民服务、修理和其他服务业	Services to Households and Other Services	415	409700	220488	200322
教育	Education	67	24656	12722	8143
卫生和社会工作	Healthcare and Social Welfare	50	380413	147023	125774
文化、体育和娱乐业	Culture, Sports and Entertainment	426	243494	176558	141860
其他	Other	31	38741	23766	22157

8－24　对外承包工程

Contracted Projects with Foreign Countries

年　份 Year	合　同　数(份) Number of Contracts (unit)	合同金额 (万美元) Contracted Value (USD 10000)	实际完成营业额 (万美元) Value of Business Fulfilled (USD 10000)	年末在外人数(人) Number of Persons Abroad at the Year-end(person)
1985	13	262		
1990	32	3571	3521	881
1995	101	19495	19774	2946
1996	148	24040	22725	3298
1997	239	34599	31011	5997
1998	224	38224	34878	5784
1999	273	52110	34636	7403
2000	306	58544	49722	8616
2001	513	71200	62747	8320
2002	587	133743	105403	10992
2003	642	174201	142671	13449
2004	3317	213267	188958	21073
2005	1853	290079	251095	30211
2006	4975	426788	376509	38432
2007	922	400569	344919	41268
2008	791	432043	388434	34945
2009	727	449596	433249	36739
2010	968	544726	519838	35987
2011	891	594909	599171	35484
2012	1009	719844	646755	35615
2013	1021	865653	726299	36266
2014	1067	966108	795426	36552
2015	875	779596	876128	37907
2016	1543	728708	911122	32403
2017	548	1082087	952857	31944
2018	645	659004	832664	37784

注：合同数口径 2007 年起调整，在国内承包的外资项目不再作为对外承包工程。

a) "Contracted projects" are adjusted from 2007, foreign funded projects contracted in domestic are no longer "contracted projects with foreign countries".

8－25 对外劳务合作

Labor Services Cooperation with Foreign Countries

年 份 Year	新签劳务人员合同工资总额（万美元） Total Contract Wages of New Signed Labor (USD 10000)	劳务人员实际收入总额（万美元） Tatal Real Income of Singned Labor (USD 10000)	年末在外人数（人） Number of Persons Abroad at the Year-end(person)
1985	2704		
1990	475	525	390
1995	8591	6120	5260
1996	12253	6287	9068
1997	13022	7454	9049
1998	24250	17271	17439
1999	29286	26538	25012
2000	39394	30293	34426
2001	48689	45316	56852
2002	37401	49989	62670
2003	33444	53984	65576
2004	31322	56974	69984
2005	40451	68056	70049
2006	41243	58843	73984
2007	51874	71087	75924
2008	56072	71304	66240
2009	53793	74555	63045
2010	76040	76864	59778
2011	64883	73590	53864
2012	62021	77438	51234
2013	75680	88826	51748
2014	120789	85351	59850
2015	51941	74550	63911
2016	45319	69634	55371
2017	44034	72179	59506
2018	54217	79653	69755

8－26 境外投资情况
Information of Overseas Investment

指　　标	Item	2014	2015	2016	2017	2018
新批项目数　（个）	**Number of Newly Approved Projects (unit)**	**736**	**880**	**1067**	**631**	**786**
按项目类型	By Broject Type					
企业	Enterprise	698	851	1049	584	735
子公司	Sub-enterprise	685	806	990	570	723
独资子公司	Joint Venture Enterprise	517	621	759	429	546
合资子公司	Solely Funded Enterprise	168	184	231	141	177
联营公司	Joint Ownership Enterprise	13	45	59	14	12
机构	Institution	38	29	18	47	51
按主体类型	By Subject Type					
国有及国有控股企业	State-owned Enterprise	58	52	95	83	72
集体企业	Collective-owned Enterprise	1	3	6	6	6
民营企业	Private Enterprise	554	693	814	432	587
外资企业	Foreign Funded Enterprise	123	132	152	110	121
按业务类型	By Business Type					
#参股并购类项目	Projects of Share Participating and Merging	110	170	220	137	156
风险投资类项目	Venture Investment Projects	7	7	2	1	1
贸易型项目	Trade Projects	277	315	286	213	233
非贸易型项目	Nontrade Projects	459	565	781	418	553
#境外加工贸易项目	Projects of Overseas Processing Trade	61	65	76	44	53
境外资源开发项目	Projects of Overseas Resource Development	10	18	7	2	1
中方协议金额　（万美元）	**Protocol Fund from China (USD 10000)**	**721571**	**1030460**	**1422365**	**927073**	**948424**
按项目类型	By Project Type					
企业	Enterprise	721154	1030123	1422194	904664	936117
子公司	Sub-enterprise	712482	996893	1373375	885165	908721
独资子公司	Joint Venture Enterprise	543147	798599	1137147	689252	697944
合资子公司	Solely Funded Enterprise	169335	198294	236228	195913	210777
联营公司	Joint Ownership Enterprise	8672	33230	48820	19499	27395
机构	Institution	417	337	171	22409	12307
按主体类型	By Subject Type					
国有及国有控股企业	State-owned Enterprise	65224	59895	180317	138680	86905
集体企业	Collective-owned Enterprise	9998	38164	4641	27705	4673
民营企业	Private Enterprise	547679	795137	999928	631619	766479
外资企业	Foreign Funded Enterprise	98669	137264	237479	129070	90366
按业务类型	By Business Type					
#参股并购类项目	Projects of Share Participating and Merging	110347	199902	306426	493901	399939
风险投资类项目	Venture Investment Projects	17973	7753	897	2655	500
贸易型项目	Trade Projects	167014	225716	242426	106254	187761
非贸易型项目	Nontrade Projects	554557	804744	1179940	820819	760663
#境外加工贸易项目	Projects of Overseas Processing Trade	57923	112433	150458	157283	152956
境外资源开发项目	Projects of Overseas Resource Development	22658	73734	30808	10000	－527

8－27 境外投资主要国别地区情况
Information of Overseas Investment to Main Countries or Regions

国家(地区)	Country(Region)	2017 新批项目数(个) Number of Newly Approved Projects (unit)	2017 中方协议投资(万美元) Protocol Fund from China (USD 10000)	2018 新批项目数(个) Number of Newly Approved Projects (unit)	2018 中方协议投资(万美元) Protocol Fund from China (USD 10000)
全　部	**Total**	**631**	**927073**	**786**	**948424**
亚洲	**Asia**	**363**	**459342**	**444**	**469502**
巴林	Bahrain				
孟加拉国	Bangladesh	7	1308	8	4971
缅甸	Burma	9	2750	15	13884
柬埔寨	Cambodia	9	2996	12	2946
塞浦路斯	Cyprus				
朝鲜	North Korea			1	150
中国香港	Hong Kong, China	169	179445	182	210134
印度	India	10	12650	24	7470
印度尼西亚	Indonesia	15	48935	18	46847
伊朗	Iran			1	70
以色列	Israel	4	6000		
日本	Japan	25	4026	25	33458
老挝	Laos	2	330	2	50
中国澳门	Macao, China				
马来西亚	Malaysia	19	1174	20	3994
蒙古	Mongolia	1	10		
尼泊尔	Nepal				
巴基斯坦	Pakistan	8	5547	6	1535
菲律宾	Philippines	1	25	2	19
卡塔尔	Qatar			2	11200
沙特阿拉伯	Saudi Arabia			3	1379
新加坡	Singapore	14	44784	33	69582
韩国	Korea	9	28515	10	463
斯里兰卡	Sri Lanka	3	1800	1	200
泰国	Thailand	19	48759	18	16251
土耳其	Tether	1	11520	2	6690
阿拉伯联合酋长国	United Arab Emirates	6	25203	5	7536
越南	Vietnam	11	11557	37	24082
中国台湾	Taiwan, China	10	1704	11	2836
东帝汶	East Timor				
哈萨克斯坦	Kazakhstan	4	4323	1	100
吉尔吉斯斯坦	Kyrgyzstan				
土库曼斯坦	Turkmenistan				
乌兹别克斯坦	Uzbekistan	3	15295	3	1065
其他	Other	4	685		

国家(地区) Country(Region)		2017		2018	
		新批项目数(个) Number of Newly Approved Projects (unit)	中方协议投资(万美元) Protocol Fund from China (USD 10000)	新批项目数(个) Number of Newly Approved Projects (unit)	中方协议投资(万美元) Protocol Fund from China (USD 10000)
非洲	**Africa**	**21**	**25518**	**44**	**78236**
阿尔及利亚	Airily			1	9
安哥拉	Angola	1	154	2	2650
喀麦隆	Cameroon				
乍得	Chad				
刚果	Congo	1	5000	1	25
埃及	Egypt	1	101	1	399
赤道几内亚	Guinea	1	325		
埃塞俄比亚	Ethiopia	5	14196	12	36616
加蓬	Gabon			1	1003
几内亚	Guinea				
肯尼亚	Kenya			4	1470
毛里塔尼亚	Mauritania				
毛里求斯	Mauritius				
莫桑比克	Mozambique	1	13	1	10
纳米比亚	Namibia	1	500		
尼日利亚	Nigeria	2	200	6	9106
塞内加尔	Senegal	1	0		
塞舌尔	Seychelles			2	1100
南非	South Africa			4	2553
苏丹	Sudan				
坦桑尼亚	Tanzania	1	3400	2	350
乌干达	Uganda1				
赞比亚	Zambia	1	100	1	18
津巴布韦	Zimbabwe			2	78
欧洲	**Europe**	**97**	**171703**	**96**	**178198**
比利时	Belgium	4	878	2	4502
丹麦	Denmark	1	15		
英国	United Kingdom	9	3419	8	6327
德国	Germany	32	45979	34	11599
法国	France	15	8416	4	3705
意大利	Italy	5	870	1	35
卢森堡	Luxembourg			1	28

国家(地区) Country(Region)		2017		2018	
		新批项目数(个) Number of Newly Approved Projects (unit)	中方协议投资(万美元) Protocol Fund from China (USD 10000)	新批项目数(个) Number of Newly Approved Projects (unit)	中方协议投资(万美元) Protocol Fund from China (USD 10000)
荷兰	Netherlands	5	1240	6	7669
西班牙	Spain	7	85669	12	86759
阿尔巴尼亚	Albania				
奥地利	Austria	1	300	2	5697
保加利亚	Bulgaria				
芬兰	Finland	2	11149	2	6941
匈牙利	Hungary	1	272		
挪威	Norway				
波兰	Poland				
罗马尼亚	Romania				
瑞典	Sweden	3	1717	1	314
瑞士	Switzerland	2	5919	1	33000
俄罗斯联邦	the Russian Federation	2	218	7	1802
乌克兰	Ukraine			1	
克罗地亚	Croatia				
捷克	Czech			1	301
塞尔维亚	Serbia	1	160	2	392
拉丁美洲	**Latin America**	**18**	**40580**	**44**	**87446**
阿根廷	Argentina			5	11989
巴西	Brazil	1	2550	3	1267
开曼群岛	Cayman Islands	9	19718	23	65373
智利	Chili	1	8000		
古巴	Cuba				
厄瓜多尔	Ecuador			1	10
墨西哥	Mexico	3	1238	7	9456
秘鲁	Peru				
英属维尔京群岛	British Virgin Islands	3	9072	4	-723
北美洲	**North America**	**113**	**196987**	**146**	**133119**
加拿大	Canada	4	1943	13	2937
美国	United States	108	195045	131	128069
其他	Other	1		1	1113
大洋洲	**Oceania**	**19**	**32942**	**12**	**1924**
澳大利亚	Australia	19	32942	9	1581
斐济	Fiji				
瓦努阿图	Vanuatu				
新西兰	New Zealand			2	143
萨摩亚	Samoa			1	200

8－28　分行业境外投资情况
Information of Overseas Investment by Sector

行　业	Sector	2017 新批项目数（个）Number of Newly Approved Projects (unit)	2017 中方协议投资（万美元）Protocol Fund from China (USD 10000)	2018 新批项目数（个）Number of Newly Approved Projects (unit)	2018 中方协议投资（万美元）Protocol Fund from China (USD 10000)
全　部	**Total**	**631**	**927073**	**786**	**948424**
第一产业	**Primary Industry**	**9**	**12202**	**10**	**11392**
农、林、牧、渔业	Farming, Forestry, Animal Husbandry and Fishery	9	12202	10	11392
农业	Farming	5	3299	4	6290
林业	Forestry	1	5000	2	398
畜牧业	Animal Husbandry				
渔业	Fishery	1	3400		
农、林、牧、渔服务业	Services of Farming, Forestry, Animal Husbandry and Fishery	2	503	4	4704
第二产业	**Secondary Industry**	**263**	**483200**	**324**	**466125**
采矿业	Mining	4	34300	3	98
煤炭开采和洗选业	Mining and Washing of Coal	1	5000	1	20
黑色金属矿采选业	Mining and Processing of Ferrous Metal Ores				
有色金属矿采选业	Mining and Processing of Non-ferrous Metal Ores	1	3900		
非金属矿采选业	Mining and Processing of Nonmetal Ores			2	78
其他采矿业	Other Mining	2	25400		
制造业	Manufacturing	198	350157	259	411638
农副食品加工业	Processing of Food from Agricultural Products	3	2122	2	－1
食品制造业	Manufacture of Food	3	3182	2	2906
饮料制造业	Manufacture of Beverage	14	18005	1	1000
纺织业	Manufacture of Textile	14	7454	18	44445
纺织服装、鞋、帽制造业	Manufacture of Textile Wearing, Apparel, Footwear and Caps	1	200	20	12015
皮革、毛皮、羽毛（绒）及其制品业	Manufacture of Textile, Fur, Feather and Related Products	4	6395		
木材加工及木、竹、藤、棕、草制品业	Processing of Timber, Manufacture of Wood, Bamboo, Rattan, Palm and Straw Products	6	10435	2	1482
家具制造业	Manufacture of Furniture	1	100	5	6555
造纸及纸制品业	Manufacture of Paper and Paper Products			1	550
印刷业和记录媒介的复制	Printing, Reproduction of Recording Media	2	69	1	600
文教体育用品制造业	Manufacture of Articles For Culture, Education and Sport Activities			1	350
石油加工、炼焦及核燃料加工业	Processing of Petroleum, Coking, Processing of Nuclear Fuel	4	26337		

行 业	Sector	2017		2018	
		新批项目数（个）Number of Newly Approved Projects（unit）	中方协议投资（万美元）Protocol Fund from China（USD 10000）	新批项目数（个）Number of Newly Approved Projects（unit）	中方协议投资（万美元）Protocol Fund from China（USD 10000）
化学原料及化学制品制造业	Manufacture of Raw Chemical Materials and Chemical Products	9	98713	10	21817
医药制造业	Manufacture of Medicines	2	20221	21	40893
化学纤维制造业	Manufacture of Chemical Fibers	3	614	1	444
橡胶制品业	Manufacture of Rubber	6	668	4	528
塑料制品业	Manufacture of Plastics	3	6866	4	1944
非金属矿物制品业	Manufacture of Non-metallic Mineral Products	2	14500	2	4250
黑色金属冶炼及压延加工业	Smelting and Pressing of Ferrous Metals	5	2067	2	1700
有色金属冶炼及压延加工业	Smelting and Pressing of Non-ferrous Metals	19	4248	6	51838
金属制品业	Manufacture of Metal Products	8	1490	14	6296
通用设备制造业	Manufacture of General Purpose Machinery	29	40100	21	15650
专用设备制造业	Manufacture of Special Purpose Machinery	15	9155	35	52652
交通运输设备制造业	Manufacture of Transport Equipment	11	23365	20	39098
电气机械及器材制造业	Manufacture of Electrical Machinery and Equipment	20	40933	11	6348
通信设备、计算机及其他电子设备制造业	Manufacture of Communication Equipment, Computers and Other Electronic Equipment	7	3980	42	86500
仪器仪表及文化、办公用机械制造业	Manufacture of Measuring Instruments and Machinery for Cultural Activity and Office Work	5	2001	3	440
工艺品及其他制造业	Manufacture of Artwork and Other Manufacturing	2	6934	6	7244
废弃资源和废旧材料回收加工业	Recycling and Disposal of Waste			4	4092
电力、热力、燃气及水的生产和供应业	Production and Supply of Electric Power, Heat Power, Gas and Water	25	76782	26	43885
电力、热力的生产和供应业	Production and Supply of Electric Power and Heat Power	25	76782	26	43885
建筑业	Construction	36	21961	36	10504
房屋和土木工程建筑业	Construction of Building & Civil Engineering	25	18210	22	2612
建筑安装业	Building Installation	6	2803	7	1387
建筑装饰业	Building Decoration	3	838	2	5140
其他建筑业	Other Construction	2	110	5	1365
第三产业	**Tertiary Industry**	**359**	**431671**	**452**	**470907**
交通运输、仓储和邮政业	Transport, Storage and Post	8	9760	11	31778

8-28 续 表 2 Continued 2

行业	Sector	2017 新批项目数(个) Number of Newly Approved Projects (unit)	2017 中方协议投资(万美元) Protocol Fund from China (USD 10000)	2018 新批项目数(个) Number of Newly Approved Projects (unit)	2018 中方协议投资(万美元) Protocol Fund from China (USD 10000)
道路运输业	Road Transport	1	4000	2	2100
水上运输业	Warter Transport	1	13	4	20783
装卸搬运和其他运输服务业	Loading, Unloading and Other Transport Services	2	100	2	201
仓储业	Storage	1	5600	2	1694
邮政业	Post	3	47		
信息传输、计算机服务和软件业	Information Transmission, Computer Services and Software	22	24761	48	18244
电信和其他信息传输服务业	Information Transmission	1	112	11	8097
计算机服务业	Computer Services	10	13772	27	10719
软件业	Software	11	10878	10	-572
批发和零售业	Wholesale and Retail Trades	189	78447	218	150767
批发业	Wholesale Trades	162	73043	183	145445
零售业	Retail Trads	27	5404	35	5322
住宿和餐饮业	Hotels and Catering Services	3	8828	3	1517
住宿业	Hotels			1	1500
餐饮业	Catering Services	3	8828	2	17
金融业	Financial Intermediation	4	22126		
房地产业	Real Estate	4	28387	2	6000
房地产业	Real Estate	4	28387	2	6000
租赁和商务服务业	Leasing and Business Services	64	87337	65	95938
租赁业	Leasing	1	2000	1	128
商务服务业	Business Services	63	85337	64	95810
科学研究、技术服务和地质勘查业	Scientific Research, Technical Services and Geologic Prospecting	40	50788	79	64911
研究与试验发展	Research and Experimental Development	22	14790	50	57917
专业技术服务业	Professional Technical Services	9	7413	24	6615
科技交流和推广服务业	Services of Science and Technology Exchanges and Promotion	9	28585	2	269
水利、环境和公共设施管理业	Management of Water Conservancy, Environment and Public Facilities	8	15464	9	82162
生态保护和环境治理业	Ecological Protection and Environment	8	15464		
居民服务和其他服务业	Services to Households and Other Services	8	15464	13	2127
居民服务业	Households Services			1	6497
其他服务业	Other Services	8	15464	12	-4370
教育	Education	8	24675	3	17155
教育	Education	9	24675	3	17155
文化、体育和娱乐业	Culture, Sports and Entertainment	9	120	1	307
新闻出版业	Journalism and Publishing Activities	1	120	1	307
广播、电视、电影和音像业	Broadcasting, Movies, Television and Audiovisual Activities	5	2345		
文化艺术业	Cultural and Art Activities	1	500		

8－29 分地区境外投资情况
Information of Overseas Investment by Region

地　　区	Region	2017		2018	
		新批项目数（个）Number of Newly Approved Projects (unit)	中方协议投资（万美元）Protocol Fund from China (USD 10000)	新批项目数（个）Number of Newly Approved Projects (unit)	中方协议投资（万美元）Protocol Fund from China (USD 10000)
全　省	**Total**	**631**	**927073**	**786**	**948424**
苏　南	Southern Jiangsu	448	642132	597	728588
苏　中	Middle Jiangsu	110	152793	122	123722
苏　北	Northern Jiangsu	73	132147	67	96114
南京市	Nanjing	112	180658	143	210087
无锡市	Wuxi	84	120488	103	152300
徐州市	Xuzhou	22	39717	21	20067
常州市	Changzhou	67	82889	84	84152
苏州市	Suzhou	157	231756	239	268150
南通市	Nantong	56	136019	68	104838
连云港市	Lianyungang	17	35003	22	43348
淮安市	Huaian	9	17136	7	8605
盐城市	Yancheng	17	31657	8	23547
扬州市	Yangzhou	16	6239	19	7457
镇江市	Zhenjiang	28	26341	28	13898
泰州市	Taizhou	38	10535	35	11427
宿迁市	Suqian	8	8634	9	548

主要统计指标解释

进出口总额 海关进出口总额指实际进出我国国境的货物总金额。包括对外贸易实际进出口货物,来料加工装配进出口货物,国家间、联合国及国际组织无偿援助物资和赠送品,华侨、港澳台同胞和外籍华人捐赠品,租赁期满归承租人所有的租赁货物,进料加工进出口货物,边境地方贸易及边境地区小额贸易进出口货物(边民互市贸易除外),中外合资企业、中外合作经营企业、外商独资经营企业进出口货物和公用物品,到、离岸价格在规定限额以上的进出口货样和广告品(无商业价值、无使用价值和免费提供出口的除外),从保税仓库提取在中国境内销售的进口货物,以及其他进出口货物。进出口总额用以观察一个国家在对外贸易方面的总规模。我国规定出口货物按离岸价格统计,进口货物按到岸价格统计。

商品经营单位所在地进、出口额 指所在地海关注册登记的有进出口经营权的企业实际进、出口额。

商品目的地进口额和商品货源地出口额 目的地进口额指进口货物的消费、使用或最终抵运地的实际进口额,货源地出口额是指出口货物的产地或原始发货地的实际出口额。

实际使用外资 指外国企业和经济组织或个人(包括华侨、港澳台胞以及我国在境外注册的企业)按我国有关政策、法规,用现汇、实物、技术等在我国境内开办外商独资企业、与我国境内的企业或经济组织共同举办中外合资经营企业、合作经营企业或合作开发资源的投资(包括外商投资收益的再投资)。

对外承包工程 指各对外承包公司以招标议标承包方式承揽的下列业务:(1)承包国外工程建设项目,(2)承包我国对外经援项目,(3)承包我国驻外机构的工程建设项目,(4)承包我国境内利用外资进行建设的工程项目,(5)与外国承包公司合营或联合承包工程项目时我国公司分包部分,(6)对外承包兼营的房屋开发业务。对外承包工程的营业额是以货币表现的本期内完成的对外承包工程的工作量,包括以前年度签订的合同和本年度新签订的合同在报告期内完成的工作量。

对外劳务合作 指以收取工资的形式向业主或承包商提供技术和劳动服务的活动。我国对外承包公司在境外开办的合营企业,中国公司同时又提供劳务的,其劳务部分也纳入劳务合作统计。劳务合作营业额按报告期内向雇主提交的结算数(包括工资、加班费和奖金等)统计。

Explanatory Notes on Main Statistical Indicators

Total Imports and Exports at Customs refer to the value of commodities imported into and exported from the boundary of China. They include the actual imports and exports through foreign trade, imported and exported goods under the processing and assembling trades and materials, supplies and gifts as aid given gratis between governments and by the United Nations and other international organizations, and contributions donated by overseas Chinese, compatriots in Hong Kong and Macao and Chinese with foreign citizenship, leasing commodities owned by tenant at the expiration of leasing period, the imported and exported commodities processed with imported materials, commodities trading in border areas (excluding mutual exchange goods), the imported and exported commodities and articles for public use of the Sino-foreign joint ventures, cooperative enterprises and ventures exclusively with foreign own investment. Also included are import or export of samples and advertising goods for whose CIF or FOB value are beyond the permitted ceiling (excluding goods of no trading or use value and free commodities for export), imported goods sold in China from bonded warehouses and other imported or exported goods. The indicator of the total imports and exports at customs can be used to observe the total size of external trade in a country. In accordance with the stipulation of the Chinese government, imports are calculated at CIF, while exports are calculated at FOB.

Import Export Value by Location of China's Foreign Trade Managing Units refers to actual value of imports and exports carried out by corporations which have been registered by the local customhouse and are vested with fight to run import export business.

Import Value of Commodities by the Places of their Destination and Export Value of Commodities by the Places of their Origin in China: The former indicator refers to the value of import commodities of the places of their consumption, utilization or the places of their final destination. The latter indicator refers to the value of export commodities of the places of their origin or the places of the commodities dispatched.

Actual Use of Foreign Capital refers to the investments inside China by foreign enterprises and economic organizations or individuals (including overseas Chinese, compatriots from Hong Kong and Macao, and Chinese enterprises registered abroad), following the relevant policies and laws of China, for the establishment of ventures exclusively with foreign own investment, Sino-foreign joint ventures and cooperative enterprises or for co-operative exploration of resources with enterprises or economic organizations in China. It includes the re investment of the foreign entrepreneurs with the profits gained from the investment. Foreign direct investment of 2005 was the volume affirmed by the Commercial Department.

Contracted Projects with Foreign Countries refer to projects undertaken by Chinese contractors (project contracting companies) through bidding process. They include: (1) overseas civil engineering construction projects financed by foreign investors; (2) overseas projects financed by the Chinese government through its foreign aid programs; (3) construction projects of Chinese diplomatic missions, trade offices and other institutions stationed abroad; (4) construction projects in China financed by foreign investment; (5) sub-contracted projects to be taken by Chinese contractors through a joint umbrella project with foreign contractor(s); (6) housing development projects. The business income from international contracted projects is the work volume of contracted projects completed during the reference period, expressed in monetary terms, including completed work on projects signed in previous years.

Service Cooperation with Foreign Countries refers to the activities of providing technology and labor services to employers or contractors in the forms of receiving salaries and wages. Labor services providing by contractual joint ventures of Chinese international contracting corporations should be included in the statistics of service co-operation with foreign countries. The business income of labor service co operation is the income in the form of wages and salaries, overtime pay, bonuses and other remuneration received from the employers during the reference period.

9

能源、资源、环境

Energy, Resource and Environment

简 要 说 明

一、本篇资料的主要内容

本篇主要反映江苏自然资源、能源消费、电力运行、环境保护事业发展情况。

自然资源包括水资源、气象等数据资料。

能源消费包括综合能源平衡表、规模以上工业企业主要能源品种消费量等。

电力运行包括电网生产经营情况、用电量、主要电厂发电量等。

环境保护事业发展情况主要包括污染排放与处理情况、生态环境保护情况等。

二、本篇资料的统计范围

本篇资料的统计范围为全社会。

三、本篇的资料来源

气象、水资源、环境保护事业发展情况分别由气象、水利、环保等部门提供。

电力运行数据来源于省电力公司。

能源消费数据来自历年能源平衡表及相关能源统计年报。

Brief Introduction

I. Main Contents

This chapter contains information that reflects natural resource conditions, energy consumption, power operation and the development of environment protection.

Data on natural resource cover water resource and meteorological phenomena, etc.

Data on energy cover aggregate balance sheet of energy and major energy consumption of above designated industrial enterprises, etc.

Data on power operation Including power grid production and operation, use of electricity, the main power plant power generation, etc.

Data on the development of environment protection mainly include discharge and treatment of pollution, ecological and environmental protection, etc.

II. Sources of Data

The scope of data in this chapter is the whole country.

III. Sources of Data

Data on meteorological phenomena, water resources, development of environment protection are provided respectively by meteorology, water conservancy and environment protection ministry.

Power operation data from the Jiangsu Electric Power Company.

Data on energy consumption are from the energy balance sheets over the years and relevant energy statistics annals.

9－1 主要城市月平均气温（2018年）
Monthly Average Temperature of Major Cities (2018)

单位:摄氏度 (℃)

城市 City	1月 Jan	2月 Feb	3月 Mar	4月 Apr	5月 May	6月 June	7月 July	8月 Aug	9月 Sept	10月 Oct	11月 Nov	12月 Dec	年平均气温 Yearly Average
南京市 Nanjing	2.3	4.5	12.2	17.9	22.2	26.0	29.1	29.1	24.6	17.7	12.3	5.8	17.0
无锡市 Wuxi	3.2	5.1	12.0	17.8	22.7	25.9	29.6	29.5	25.5	18.1	13.2	7.0	17.5
徐州市 Xuzhou	0.4	3.8	11.7	17.5	22.0	27.4	28.8	28.6	22.8	16.1	10.1	2.8	16.0
常州市 Changzhou	2.7	4.8	12.1	18.0	22.6	26.2	29.6	29.7	25.4	18.1	13.0	6.5	17.4
苏州市 Suzhou	3.7	5.4	12.5	18.3	22.9	25.8	29.6	29.7	25.8	18.7	13.9	7.4	17.8
南通市 Nantong	2.8	4.3	11.2	16.6	21.3	25.1	28.9	29.0	24.9	17.4	13.0	6.7	16.8
连云港市 Lianyungang	0.0	2.1	9.5	15.4	19.5	24.8	28.0	28.3	22.8	15.7	10.3	3.2	15.0
淮安市 Huaian	0.3	3.2	10.4	16.4	20.4	25.1	28.1	28.1	22.5	15.5	10.5	3.7	15.4
盐城市 Yancheng	1.3	3.3	10.2	16.1	20.3	24.8	28.5	28.8	23.7	16.5	11.6	5.1	15.9
扬州市 Yangzhou	1.5	4.0	11.7	17.5	21.8	26.0	29.5	29.2	24.2	16.8	11.8	5.3	16.6
镇江市 Zhenjiang	2.2	4.5	12.0	17.7	22.0	26.1	29.6	29.4	25.0	18.1	12.7	6.0	17.1
泰州市 Taizhou	1.7	3.5	10.7	16.5	21.0	25.3	28.8	28.7	24.1	16.7	11.8	5.7	16.2
宿迁市 Suqian	0.4	3.5	11.2	17.3	21.2	25.9	28.3	28.5	22.7	16.3	10.7	3.4	15.8

9－2 主要城市月降水量（2018年）
Monthly Precipitation of Major Cities (2018)

单位:毫米 (mm)

城市 City	1月 Jan	2月 Feb	3月 Mar	4月 Apr	5月 May	6月 June	7月 July	8月 Aug	9月 Sept	10月 Oct	11月 Nov	12月 Dec	全年累计 Yearly Total
南京市 Nanjing	106.0	44.9	120.7	61.0	142.8	49.1	182.3	273.6	66.2	37.5	65.6	117.4	1267.1
无锡市 Wuxi	105.5	50.8	75.8	91.4	78.6	51.1	209.2	243.0	137.1	18.5	87.1	120.4	1268.5
徐州市 Xuzhou	22.5	13.0	42.7	28.6	63.5	48.7	248.5	362.3	62.6	0.2	66.2	45.0	1003.8
常州市 Changzhou	107.0	60.4	87.2	89.8	129.8	37.3	255.0	172.9	61.6	12.1	78.9	112.2	1204.2
苏州市 Suzhou	98.3	64.1	61.7	106.3	123.0	76.6	166.8	233.1	206.9	18.7	79.5	134.2	1369.2
南通市 Nantong	79.0	53.3	66.0	67.2	227.5	12.7	160.9	154.0	190.1	18.6	83.2	93.9	1206.4
连云港市 Lianyungang	22.1	4.3	49.7	46.2	83.3	15.4	109.3	78.9	127.4	0.8	45.3	48.2	630.9
淮安市 Huaian	37.4	16.8	88.9	36.7	181.1	132.6	197.6	210.7	33.4	1.4	67.7	74.2	1078.5
盐城市 Yancheng	55.6	21.6	73.7	20.0	176.8	127.0	262.6	164.0	24.4	13.6	80.6	90.5	1110.4
扬州市 Yangzhou	90.2	32.0	67.1	32.2	258.5	63.2	237.4	236.9	36.8	26.3	94.4	113.0	1288.0
镇江市 Zhenjiang	116.9	36.6	95.6	48.0	298.1	66.0	147.5	194.0	47.3	13.6	87.3	121.2	1272.1
泰州市 Taizhou	79.9	27.7	64.3	42.2	256.9	49.5	234.5	187.6	34.0	17.5	79.0	100.7	1173.8
宿迁市 Suqian	36.2	13.0	108.1	52.4	169.5	50.4	219.2	189.9	71.3	0.3	55.2	55.1	1020.6

9－3 水资源总量（2018年）

Water Resources (2018)

单位:亿立方米　　　　(100 million cu. m)

项目	Item	水资源总量 Total	地表水资源量 Surface Water Volume	地下水资源量 Underground Water Volume	地下水与地表水重复计算量 Duplicated Computation Volume of Surface Water and Underground Water	年降水量 Annual Precipitation
合计	**Total**	**378.4**	**274.9**	**119.7**	**16.1**	**1109.2**
按流域区域分	**by Drainage Area**					
淮河流域	Drainage Area of Huaihe River	214.3	145.7	78.4	9.8	636.5
王家坝至中渡区	from Wangjiaba to Zhongdu	36.2	23.8	13.5	1.1	93.3
中渡以下	below Zhongdu	102.3	77.0	30.6	5.3	321.1
沂沭泗河区	Yishusi River District	75.8	44.9	34.2	3.4	222.1
长江流域	Drainage Area of Yangtze River	164.1	129.1	41.3	6.3	472.7
湖口以下干流	below Hukou	76.5	56.4	22.6	2.5	235.3
太湖流域	Drainage Area of Taihu Lake	87.7	72.7	18.7	3.8	237.4
按行政区域分	**by Administrative Areas**					
南京市	Nanjing	32.1	25.1	7.6	0.7	83.9
无锡市	Wuxi	20.6	17.3	4.2	0.9	55.1
徐州市	Xuzhou	47.5	28.0	21.6	2.1	104.1
常州市	Changzhou	20.5	17.2	4.2	0.9	55.4
苏州市	Suzhou	37.9	31.8	7.8	1.6	106.0
南通市	Nantong	32.1	23.2	10.8	1.8	111.0
连云港市	Lianyungang	14.7	9.1	6.2	0.6	56.7
淮安市	Huaian	36.5	24.3	13.5	1.3	106.4
盐城市	Yancheng	52.0	37.4	17.5	2.9	161.9
扬州市	Yangzhou	24.7	19.4	6.3	1.1	78.3
镇江市	Zhenjiang	15.0	12.4	3.0	0.4	45.8
泰州市	Taizhou	18.7	13.7	6.0	1.0	65.5
宿迁市	Suqian	26.1	16.0	11.1	1.0	79.1

9－4 农村自然灾害情况

Basic Siatistics on Rural Natural Disaster

单位:千公顷　　　　(1000 hectares)

指标	Item	2000	2010	2014	2015	2016	2017	2018
受灾面积	Area Covered	3411.68	1070.93	407.69	615.46	332.10	62.29	353.73
#旱灾	Drought	1196.87	522.99	320.57		31.53	8.62	5.83
水灾	Flood	175.59	316.37	2.28	224.77	87.79	13.79	8.71

9－5 规模以上工业企业主要能源消费量
Major Energy Consumption of above Designated Size Industrial Enterprises

单位：万吨 (10000 tons)

名称	Item	2005	2010	2014	2015	2016	2017	2018
原煤	Coal	15154.25	22159.36	25646.36	24601.86	25775.42	24364.76	24066.07
焦炭	Coke	1562.66	2784.16	3558.65	3588.63	3840.22	4070.63	4052.63
原油	Crude Oil	2250.86	2992.16	3498.79	3810.32	4078.99	3866.06	4067.87
汽油	Gasoline	32.07	47.54	37.46	38.31	37.12	36.55	26.90
煤油	Kerasene	3.75	2.53	1.32	1.20	1.79	0.79	0.62
柴油	Diesel Oil	117.88	111.37	93.87	79.61	73.61	94.80	67.51
燃料油	Fuel Oil	212.52	110.60	54.27	38.74	47.76	227.56	130.63
液化石油气	LPG	53.40	38.03	34.19	33.85	47.51	35.40	35.91

9－6 规模以上工业企业平均每天主要能源消费量
Average Daily Energy Consumption of above Designated Size Industrial Enterprises

单位：吨 (ton)

名称	Item	2005	2010	2014	2015	2016	2017	2018
原煤	Coal	415185	607106	702640	674024	704247	667528	659344
焦炭	Coke	42813	76278	97497	98319	104924	111524	111031
原油	Crude Oil	61667	81977	95857	104392	111448	105920	111449
汽油	Gasoline	879	1302	1026	1050	1014	1001	737
煤油	Kerasene	103	69	36	33	49	22	17
柴油	Diesel Oil	3230	3051	2572	2181	2011	2597	1850
燃料油	Fuel Oil	5822	3030	1487	1061	1305	6234	3579
液化石油气	LPG	1463	1042	937	927	1298	970	984

9－7 综合能源平衡表

单位：万吨标准煤

项　目	Item	2000	2005	2010	2011
可供消费的能源总量	**Total Energy**				
一次能源生产量	Primary Energy Output	1996.86	2267.63	2771.96	2627.41
回收能	Retrieved	136.24	356.07	884.86	988.95
进口量	Imported	708.45	2315.38	3267.83	3142.29
出口量	Exported	48.20	186.52	176.89	318.74
年初年末库存差额	Stock Changes in the Year	13.21	－19.73	－377.43	－119.48
能源消费总量	**Total Energy Consumption**	**8612.43**	**17167.39**	**25773.70**	**26612.21**
在总量中：	of This Total：				
农、林、牧、渔、水利业	Farming Forestry, Animal Husbandry, Fishery and Water Conservancy	400.39	321.59	394.68	341.63
工业	Industry	6743.95	14020.33	20597.82	21311.37
建筑业	Construction	41.34	204.68	281.22	317.09
交通运输、仓储及邮电通讯业	Transportantion, Storage, Post and Telecommunication	358.52	899.45	1462.56	1542.99
批发和零售贸易餐饮业	Wholesale and Retail and Catering Trade	169.94	249.86	400.80	429.58
其他	Others	209.38	373.21	753.80	827.08
生活消费	Residential Consumption	688.91	1098.27	1882.82	1842.47
在总量中：	of This Total：				
终端消费	Final Consumption	8220.49	16311.17	24267.83	25852.07
#工业	Industry	6352.00	13164.12	19976.78	20551.23
损失量	Loss	269.36	653.43	954.20	985.96

Aggregate Balance Sheet of Energy

(10000 tons standardized coal)

2012	2013	2014	2015	2016	2017
2751.62	2720.88	3096.99	2893.58	2471.20	2710.42
1045.78	1348.41	1572.05	1590.94	1693.32	1842.56
3226.63	3941.23	3717.27	4301.50	4695.14	5028.44
164.53	241.15	312.12	352.39	412.89	104.76
149.22	26.35	-88.72	160.00	731.21	31.59
27821.11	**29205.38**	**29863.03**	**30235.30**	**31053.89**	**31430.41**
389.48	440.98	462.61	516.32	534.04	546.16
21917.80	22548.91	23080.21	23119.51	23456.02	23325.09
343.43	397.04	415.54	377.84	349.66	357.57
1676.40	1835.07	2014.31	2125.45	2200.99	2311.91
485.63	529.46	531.53	531.92	571.63	609.20
911.28	1028.91	1031.45	1101.72	1196.69	1323.02
2097.09	2425.01	2327.38	2462.54	2744.86	2957.46
27112.25	29219.75	29753.16	30247.39	31395.38	31859.47
21208.94	22563.28	22970.34	23131.60	23797.51	23754.15
973.52	659.18	853.34	809.79	673.95	717.83

9－8 江苏电网生产经营综合情况

指 标 名 称	Item	2005	2010	2011
发电装机（万千瓦）	Power Generation Capacity (10000 kW)	4270	6458	6992
发电量（亿千瓦时）	Power Generation (100 million kW·h)	2120.00	3499.29	3932.92
统调发电最高负荷（万千瓦）	Maximum Controlled Power Generation Load (10000 kW)	3215.7	5302.6	5815.3
统调发电平均负荷率（%）	Average Controlled Power Generation Load Rate (%)	89.67	90.99	91.41
全社会用电量（亿千瓦时）	Total Electricity Consumption (100 million kW·h)	2193.45	3864.37	4281.62
#工业	Industry (100 million kW·h)	1771.28	3052.12	33.01
#第一产业	Primary Industry (100 million kW·h)	29.12	28.36	3424.64
第二产业	Secondary Industry (100 million kW·h)	1793.34	3085.35	3385.19
第三产业	Tertiary Industry (100 million kW·h)	170.27	361.04	415.76
统调用电最高负荷（万千瓦）	Maximum Controlled Electricity Consumption Load (10000 kW)	3319.3	6033.7	6627.5
统调用电平均负荷率（%）	Average Controlled Electricity Consumption Load Rate (%)	88.94	90.22	90.77
电源固定资产投资（亿元）	Investment in Fixed Assets in Power Supply (100 million yuan)	289.02	103.89	172.13
电网固定资产投资（亿元）	Investment in Fixed Assets in Power Grid (100 million yuan)	166.02	296.95	330.71
新增110千伏及以上输电能力（公里）	Newly Increased Capacity of 110 kV and above Power Transmission (km)	5188	5210	6291
新增110千伏及以上变电能力（万千伏安）	Newly Increased Capacity of 110 kV and above Power Transformation (10000 kW)	1863	4061	3828
新投发电装机（万千瓦）	Newly Increased Power Generation Capacity (10000 kW)	1450.50	864.80	618.47

General Production and Business of Jiangsu Power Grid

2012	2013	2014	2015	2016	2017	2018
7532	8229	8599	9529	10148	11457	12657
4158.37	4404.94	4347.82	4425.96	4753.67	4884.58	5030.87
5820.0	6400.8	6429.1	6870.3	7360.1	7621.4	7901.10
91.39	91.66	91.62	91.47	91.84	92.38	90.99
4580.90	4956.62	5012.54	5114.70	5458.95	5807.89	6128.27
37.96	3794.18	3873.35	3903.61	4081.42	4271.45	4396.06
3605.58	43.40	46.62	52.51	61.87	66.78	46.46
3562.48	3844.47	3926.70	3952.57	4126.55	4318.22	4448.23
468.51	521.67	542.35	580.42	650.98	738.57	875.31
6856.6	7738.2	7863.0	8118.3	8886.2	10218.6	10287.9
90.97	91.55	91.97	91.78	91.60	91.15	89.81
220.05	201.65	163.73	76.15	89.12	58.93	32.34
368.70	378.71	309.82	328.61	383.71	466.91	392.22
6726	3145	3678	2841	2573	3294	3349
3432	1773	1933	2198	2322	2952	3000
670.84	778.23	398.18	961.43	667.76	1453.32	1239.40

9－9　全社会用电情况

单位:亿千瓦时

项　　目	Item	2005	2010	2011	2012
全社会用电量	**Total**	**2193.45**	**3864.37**	**4281.62**	**4580.90**
按产业分	Grouped by Type of Industry				
第一产业	Primary Industry	29.12	28.36	33.01	37.96
第二产业	Secondary Industry	1793.34	3085.35	3424.64	3605.58
第三产业	Tertiary Industry	170.27	361.04	415.76	468.51
按行业分	Grouped by Sector				
农林牧渔水利业	Farming, Forestry, Animal Husbandry, Fishery and Water Conservancy	29.12	28.36	33.01	37.96
#排灌	Irrigation	12.05	8.94	10.17	10.85
工业	Industry	1771.28	3052.12	3385.19	3562.48
#制造业	Manufacturing	1745.07	2447.56	2719.94	2902.94
#纺织业	Manufacture of Textile	228.39	340.06	366.68	398.56
化学原料及化学制品制造业	Chemical Raw Materials and Chemical Products	210.26	311.38	328.08	371.35
非金属矿物制品业	Manufacture of Non-metallic Mineral Products	118.77	172.91	190.28	186.99
黑色金属冶炼及压延加工业	Smelting and Pressing of Ferrous Metals	224.90	388.12	424.59	428.99
通用及专用设备制造业	Ordinary and Special Purpose Equipment	67.39	178.23	215.80	225.89
建筑业	Construction	22.06	33.23	39.45	43.09
交通运输、仓储和邮政业	Transportation, Post and Telecommunication	16.45	31.01	39.99	47.24
信息传输、计算机服务和软件业	Information Transmission, Computer Service and Software	9.01	20.80	25.42	30.00
商业、住宿和餐饮业	Commerce, Hotel and Catering Industry	55.52	108.25	121.00	137.28
金融、房地产、商务及居民服务业	Banking, Real Estate, Commercial and Residents' Service	27.72	78.92	93.91	110.36
公共事业及管理组织	Public Undertaking and Management Organizations	61.58	122.05	135.46	143.63
城乡居民生活用电	Electricity Consumption by Urban and Rural Residents	200.72	389.62	408.21	468.86
城镇居民	Urban Area	102.18	194.26	201.34	230.64
乡村居民	Rural Area	98.54	195.36	206.87	238.22

Basic Situation of Total Electricity Consumption

(100 million kW · h)

2013	2014	2015	2016	2017	2018
4956.62	**5012.54**	**5114.70**	**5458.95**	**5807.89**	**6128.27**
43.40	46.62	52.51	61.87	66.78	46.46
3844.47	3926.70	3952.57	4126.55	4318.22	4448.23
521.67	542.35	580.42	650.98	738.57	875.31
43.40	46.62	52.51	61.87	66.78	71.98
11.12	12.06	12.53	14.39	13.54	13.76
3794.18	3873.35	3903.61	4081.42	4271.45	4396.06
3137.53	3278.71	3331.02	3426.38	3578.41	3702.43
419.09	417.38	434.64	443.12	466.59	463.55
372.34	403.27	430.41	443.94	458.97	424.94
195.92	201.62	188.47	192.52	195.11	201.05
498.99	508.81	488.21	452.63	429.78	449.29
256.83	279.38	278.60	301.70	322.91	306.70
50.29	53.35	48.96	45.13	46.77	54.69
52.26	57.23	62.72	70.12	83.20	90.76
33.88	37.73	43.34	48.02	52.99	60.29
150.74	155.08	161.94	180.55	201.94	231.18
125.60	132.07	141.82	161.54	189.55	195.48
159.18	160.24	170.60	190.74	210.89	269.56
547.08	496.87	529.20	619.54	684.32	758.27
264.52	239.17	257.46	303.95	340.23	380.87
282.56	257.70	271.74	315.59	344.08	377.40

9－10 分地区全社会用电量

单位:亿千瓦时

地区	Region	2005	2010	2011	2012
全 省	**Total**	**2193.45**	**3864.37**	**4281.62**	**4580.90**
苏 南	**Southern Jiangsu**	**1429.59**	**2403.82**	**2627.72**	**2737.87**
南京市	Nanjing	246.67	373.66	399.74	424.96
镇江市	Zhenjiang	97.18	164.22	184.09	193.47
常州市	Changzhou	182.66	291.19	331.66	351.51
无锡市	Wuxi	337.05	550.64	580.60	578.01
苏州市	Suzhou	566.04	1024.10	1131.63	1189.93
苏 中	**Mid Jiangsu**	**316.61**	**577.40**	**643.67**	**686.72**
扬州市	Yangzhou	82.04	151.09	167.22	173.63
泰州市	Taizhou	95.74	176.61	195.68	211.31
南通市	Nantong	138.83	249.70	287.30	301.79
苏 北	**Northern Jiangsu**	**322.18**	**672.60**	**796.00**	**908.96**
徐州市	Xuzhou	120.18	246.01	287.30	318.57
淮安市	Huaian	59.05	111.77	126.37	134.78
宿迁市	Suqian	25.90	72.69	94.03	114.34
盐城市	Yancheng	76.26	158.63	184.58	225.31
连云港市	Lianyungang	40.80	83.52	103.71	115.97

注：各市用电量中未包括网损、大厂厂用电量和沙河抽水电量(下同)。

Electricity Consumption by Region

(100 million kW · h)

2013	2014	2015	2016	2017	2018
4956.62	**5012.54**	**5114.70**	**5458.95**	**5807.89**	**6128.27**
2935.47	**2941.26**	**3031.71**	**3208.38**	**3446.05**	**3646.66**
462.67	470.50	495.18	524.79	556.96	606.40
606.40	598.18	600.50	638.67	686.67	732.81
390.98	395.06	408.04	429.93	455.03	489.72
1263.21	1268.12	1311.72	1382.58	1503.53	1562.49
212.20	209.41	216.27	232.41	243.86	255.24
746.08	**769.89**	**788.16**	**839.70**	**911.50**	**968.43**
326.15	333.23	349.19	374.79	400.55	433.31
197.38	204.36	211.50	225.37	237.05	248.99
222.55	232.30	227.46	239.55	273.90	286.14
1031.48	**1066.44**	**1099.23**	**1141.38**	**1175.75**	**1230.12**
336.42	332.47	344.19	353.91	361.23	352.05
178.97	134.94	157.51	166.68	166.15	182.79
148.39	151.53	156.54	163.20	172.92	186.59
275.16	278.55	280.58	289.29	287.26	320.93
136.58	146.38	151.24	168.83	171.55	192.05

a) Begion Electricity consumption are not included network losses, point plant and river pumping pouser consumption.

9－11 分地区工业用电量

单位:亿千瓦时

地区	Region	2005	2010	2011	2012
全　省	**Total**	**1771.28**	**3052.12**	**3385.19**	**3562.48**
苏　南	**Southern Jiangsu**	**1168.80**	**1916.54**	**2095.47**	**2142.30**
南京市	Nanjing	173.53	242.66	256.84	265.64
镇江市	Zhenjiang	79.96	131.81	148.95	151.62
常州市	Changzhou	145.20	231.82	267.21	277.88
无锡市	Wuxi	286.55	455.00	476.28	464.51
苏州市	Suzhou	483.56	855.25	946.19	982.66
苏　中	**Mid Jiangsu**	**243.06**	**436.74**	**489.32**	**510.97**
扬州市	Yangzhou	60.32	109.96	122.04	123.20
泰州市	Taizhou	77.59	138.94	155.13	164.81
南通市	Nantong	105.15	187.84	212.15	222.96
苏　北	**Northern Jiangsu**	**234.35**	**488.30**	**586.17**	**661.87**
徐州市	Xuzhou	91.61	191.90	225.91	246.08
淮安市	Huaian	45.10	81.75	92.09	95.50
宿迁市	Suqian	15.87	48.81	66.04	79.90
盐城市	Yancheng	54.34	111.86	132.29	164.49
连云港市	Lianyungang	27.43	53.99	69.84	75.91

Industrial Electricity Consumption by Region

(100 million kW · h)

2013	2014	2015	2016	2017	2018
3794.18	**3873.35**	**3903.61**	**4081.42**	**4271.45**	**4396.06**
2265.03	**2289.15**	**2337.80**	**2429.39**	**2576.07**	**2667.00**
286.71	289.02	300.54	310.81	318.14	331.27
163.38	162.44	165.33	173.77	180.02	551.49
308.06	316.09	325.49	334.78	351.21	373.05
476.28	477.47	472.24	493.73	524.68	1227.77
1030.61	1044.14	1074.20	1116.30	1202.04	183.42
542.52	**571.50**	**578.06**	**598.45**	**639.72**	**667.23**
139.13	147.89	152.49	156.60	162.21	295.86
169.02	180.73	172.53	176.20	201.75	165.64
234.38	242.89	253.05	265.65	275.76	205.74
743.04	**777.74**	**792.14**	**784.10**	**781.07**	**778.78**
252.97	247.48	254.36	250.22	245.35	219.91
102.30	106.89	108.89	106.70	111.02	106.52
94.86	103.90	106.04	115.81	113.93	115.97
204.19	209.02	206.28	201.37	190.18	212.54
88.73	110.44	116.57	110.00	120.59	123.84

9-12 主要发电厂发电情况
Electricity Production of Major Power Plants

厂名 Item		2017		2018	
		装机容量（万千瓦）Installed Capacity (10000 kW)	发电量（亿千瓦时）Electricity Production (100 million kW·h)	装机容量（万千瓦）Installed Capacity (10000 kW)	发电量（亿千瓦时）Electricity Production (100 million kW·h)
全省总计	**Total**	**11457**	**4884.58**	**12657**	**5030.87**
#统调发电厂	Unified Planning Power Plant	9978	4446.03	10836	4584.33
非统调发电厂	Non-unified Planning Power Plant	1479	438.56	1821	446.54
（一）中国华能集团公司	**State Grid Xinyuan Co.**				
华能南京金陵发电有限公司	Nanjing Jinling Power Co.,Ltd of Huaneng Group	200	111.12	200	105.24
华能南通发电厂	Nantong Power Plant of Huaneng Group	140	61.39	140	57.79
华能淮阴第二发电有限责任公司	Huaiyin Second Power Co.,Ltd of Huaneng Group	132	48.97	132	47.09
华能太仓发电有限责任公司	Taichang Power Co.,Ltd of Huaneng Group	126	67.06	126	66.88
华能南京燃机发电有限公司	Nanjing Combustion Generating Power Co.,Ltd of Huaneng Group	78	25.74	78	20.87
华能南京发电厂	Nanjing Power Plant of Huaneng Group	64	27.56	64	27.18
华能（苏州工业园区）发电有限责任公司	Suzhou Industrial Park Power Co., Ltd of Huaneng Group	64	36.85	64	31.52
华能金陵燃机热电有限公司	Jinling Combustion Generating Power Co.,Ltd of Huaneng Group	36	17.88	36	17.57
华能苏州热电有限公司	Suzhou Thermal Power Co.,Ltd of Huaneng	12	7.71	12	7.46
（二）中国大唐集团公司	**China Datang Group Co.**				
江苏大唐国际吕四港发电有限责任公司	Jiangsu Datang Lvsi Power Co.,Ltd	264	130.37	264	117.68
大唐南京发电厂	Datang Nanjing Power Plant	132	71.80	132	62.32
江苏徐塘发电有限公司	jiangsu Xutang Power Co.,Ltd	130	33.68	130	34.33
大唐苏州热电有限责任公司	Datang Suzhou Thermal Power Co.,Ltd	36	17.75	36	18.23
（三）中国华电集团公司	**China Huadian Group Co.**				
江苏华电句容发电有限公司	Jiangsu Huadian Jurong Power Co.,Ltd	200	110.89	200	104.85
江苏华电戚墅堰发电有限公司	Jiangsu Huadian Qishuyan Power Co.,Ltd	173	51.36	173	48.05
中国华电集团公司望亭发电厂	Jiangsu Huadian Wangting Natural Power Plant	132	69.42	132	64.70
江苏华电集团望亭天然气发电有限公司	Jiangsu Huadian Wangting Natural Gaspower Co.,Ltd	78	22.36	78	21.58
江苏华电扬州发电有限公司	Jiangsu Huandian Yangzhou Power Co.,Ltd	66	27.37	66	25.63
江苏华电仪征热电有限公司	Jiangsu Yizheng Thermal Power Co.,Ltd	66	24.68	66	30.60
上海华电电力发展有限公司	Shanghai Huadian Power Co.,Ltd	64	31.34	64	32.62
江苏华电戚墅堰热电有限公司	Jiangsu Huadian Qishuyan Thermal Power Co.,Ltd	40	19.62	40	16.23
江苏华电吴江热电有限公司	Jiangsu Huadian Qishuyan Thermal Power Co.,Ltd	36	18.37	36	18.07
江苏华电通洲热电有限公司	Jiangsu Huadian Tongzhou Thermal Power Co.,Ltd	44	20.56	44	20.60
（四）中国国电集团公司	**China Guodian Group Co.**				
国电泰州发电有限公司	China Guodian Taizhou Power Co.,Ltd	400	204.05	400	205.57
中国国电集团谏壁发电厂	China Guodian Jianbi Power Plant	200	149.33	200	117.11
国电常州发电有限公司	China Guodian Changzhou Power Co.,Ltd1	126	70.12	126	65.62
国电江苏谏壁发电有限公司	China Guodian Jiangsu Jianbi Power C	66	29.89	66	25.22
天生港发电有限公司	Tianshenggang Power Co.,Ltd	66	33.64	66	31.88
江阴苏龙热电有限公司	Jiangyin Sulong Thermal Power Co.,Ltd	122	71.51	122	67.32
国电宿迁热电有限公司	China Guodian Suqian Thermal Power Co.,Ltd	27	15.77	27	15.59
（五）中国电力投资集团公司	**China Power Investment Group Co.**				
江苏常熟发电有限公司	Jiangsu Changshu Power Co.,Ltd	332	170.59	332	161.22
江苏阚山发电有限公司	Jiangsu Kanshan Power Co.,Ltd	120	59.15	120	46.62
（六）华润电力控股有限公司	**China Resources Power Holdings Co., Ltd.**				
铜山华润电力有限公司	Tongshan Huarun Power Co.,Ltd	200	102.80	200	96.92
华润电力（常熟）有限公司	Huarun(Changshu) Power Co.,Ltd	195	107.52	195	108.91

9－12 续 表 Continued

厂 名	Item	2017 装机容量（万千瓦）Installed Capacity（10000 kW）	2017 发电量（亿千瓦时）Electricity Production（100 million kW·h）	2018 装机容量（万千瓦）Installed Capacity（10000 kW）	2018 发电量（亿千瓦时）Electricity Production（100 million kW·h）
徐州华润电力有限公司	Xuzhou Huarun Power Co.,Ltd	128	51.53	128	48.48
江苏镇江发电有限公司	Jiangsu Zhenjiang Power Co.,Ltd	153	72.36	153	69.98
江苏南热发电有限责任公司	Jiangsu Huanan Thermal Power Co.,Ltd	120	68.52	120	60.28
南京华润热电有限公司	Nanjing Huarun Thermal Power Co.,Ltd	66	30.58	66	26.51
徐州华鑫发电有限公司	Xuzhou Huaxin Power Co.,Ltd	66	30.19	66	21.18
南京化学工业园热电有限公司	Nanjing Chemical Industry Park Thermal Power Co.,Ltd	71	45.24	71	43.08
宜兴华润热电有限公司	Yixin Huarun Thermal Power Co.,Ltd	12	7.49	12	6.82
（七）神华国华电力公司	**Shenhua Guohua Power Company**				
国华徐州发电有限公司	Xuzhou Guohua Power Co.,Ltd	200	103.84	200	93.01
江苏国华陈家港发电有限公司	Jiangsu Guohua Chenjiagang Power Co.,Ltd	132	69.52	132	68.47
国华太仓发电有限公司	Guohua Taichang Power Co.,Ltd	126	68.32	126	70.66
（八）江苏省国信集团公司	**Jiangsu Province Gguoxin Group Co.**				
江苏新海发电有限公司	Jiangsu Xinhai Power Co.,Ltd	266	112.64	266	118.65
江苏国信靖江发电有限公司	Jinjiang Power Co.,Ltd of Jiangsu Province Gguoxin Group	132	64.70	132	62.62
江苏射阳港发电有限责任公司	Jiangsu Sheyanggang Power Co.,Ltd	132	68.80	132	62.27
扬州第二发电有限责任公司	Yangzhou No.2 Power Co.,Ltd	126	66.43	126	52.58
江苏国信扬州发电有限责任公司	Yangzhou Power Co.,Ltd of Jiangsu Province Gguoxin Group	126	59.27	128	62.15
国信宜兴燃机	Guoxin Yixing Power Co.,Ltd	84	45.98	84	45.29
江苏淮阴发电有限责任公司	Jiangsu Huaiyin Power Co.,Ltd	66	37.17	66	31.45
江苏国信淮安燃气发电有限责任公司	Huaian Natrual Power Co.,Ltd of Jiangsu Province Gguoxin Group	36	17.21	36	16.78
盐城发电有限公司	Yancheng Power Co.,Ltd	27	9.56	27	9.60
江苏国信协联能源有限公司	Jiangsu Guoxin Energy Co., Ltd	27	19.01	27	18.70
江苏国信溧阳抽水蓄能发电有限公司	Jiangsu GuoxinLiyang pumed Storage Co., Ltd	150	11.08	150	18.98
（九）国网新能源公司	**State Grid Xinyuan Co.**				
华东宜兴抽水蓄能有限公司	East China Yixing Pumped Storage Power Co.,Ltd	100	15.29	100	11.73
（十）省内其他电厂	**Other**				
江阴利港发电股份有限公司	Jiangyin Ligang Power Co.,Ltd	250	131.73	250	131.00
江苏南通发电有限公司	Jiangsu Nantong Power Co.,Ltd	200	107.17	200	101.70
江苏核电有限公司	Jiangsu Nucleat Power Co.,Ltd	200	172.76	437	242.18
江苏利港电力有限公司	Jiangsu Ligang Power Co.,Ltd	144	64.09	144	62.02
太仓港协鑫发电有限公司	Taichanggang Xiexin Power Co.,Ltd	130	78.37	130	67.51
张家港沙洲电力有限公司	Zhangjiagang Shazhou Power Co.,Ltd	126	67.57	126	70.55
张家港华兴电力有限公司	Zhangjiagang Huaxing Power Co.,Ltd	78	25.81	78	21.56
苏州工业园区蓝天燃气热电有限公司	Suzhou Lantian Interna-combustion Thermal Power Co.,Ltd	36	17.86	36	18.11
苏州北部燃机热电有限公司	Suzhou North Gasturbine Co., Ltd.	36	18.06	36	17.87
江苏华美热电有限公司	Sumei Thermal Power Co.,Ltd	70	27.52	70	26.79
江苏徐矿综合利用发电有限公司	Jiangsu Xukuang Comprehensive Utilization Power Co.,Ltd	60	20.97	60	21.57
徐州坨城电力有限责任公司	Xuzhou Tuocheng Power Co., Ltd.	27	3.79	27	3.28
无锡蓝天燃机热电有限公司	Wuxi Lantian Thermal Power Co.,Ltd	36	17.3	36	17.63
无锡西区燃气热电有限公司	Wuxi Lantian Western region gas Co.,Ltd	42	18.25	42	11.92

9－13 环境保护基本情况

Basic Statistics on Environmental Protection

项 目	Item	2014	2015	2016	2017	2018
污染排放与处理利用情况	**Discharge and Treatment of Pollution**					
废水	**Waster Water**					
工业废水排放量 （亿吨）	Industrial Waste Water Emission (100 million tons)	20.49	20.64	17.94	15.19	14.36
城镇生活污水排放量 （亿吨）	Volume of Urban Domestic Sewage Emission (100 million tons)	39.59	41.45	43.68	42.28	44.03
集中式治理设施污水排放量 （亿吨）	Volume of Centralized Sewage Treatment Facilities (100 million tons)	0.03	0.04	0.04	0.05	0.04
化学需氧量排放量 （万吨）	Volume of COD (10000 tons)	110.00	105.46	74.65	74.42	68.45
#工业源	Industry	20.44	20.13	13.48	11.16	9.29
农业源	Agriculture	36.41	35.07	4.61	1.87	1.25
城镇生活源	Urban Life	52.79	49.96	56.37	61.26	57.77
集中式治理设施	Centralized Sewage Treatment Facilities	0.37	0.29	0.19	0.13	0.13
氨氮排放量 （万吨）	Ammonia Emissions (10000 tons)	14.25	13.77	10.28	10.12	9.61
#工业源	Industry	1.37	1.35	1.12	0.81	0.68
农业源	Agriculture	3.75	3.62	0.11	0.07	0.05
城镇生活源	Urban Life	9.08	8.76	9.03	9.23	8.88
集中式治理设施	Centralized Sewage Treatment Facilities	0.05	0.03	0.02	0.01	0.01
废气	**Waste Gas**					
二氧化硫排放量 （万吨）	Volume of Sulphur Dioxide Emission (10000 tons)	90.47	83.51	57.01	41.07	30.66
#工业源	Industry	87.02	79.47	52.51	36.47	26.41
城镇生活源	Urban Life	3.43	4.03	4.48	4.57	4.19
集中式治理设施	Centralized Sewage Treatment Facilities	0.03	0.01	0.02	0.03	0.05
氮氧化物排放量 （万吨）	Oxynitride Emissions (10000 tons)	123.26	106.76	93.03	90.72	78.85
#工业源	Industry	88.82	75.36	62.19	50.23	40.93
城镇生活源	Urban Life	0.64	0.86	0.7	0.68	0.67

9-13 续 表 Continued

项 目	Item	2014	2015	2016	2017	2018
机动车	Motor	33.74	30.50	30.11	39.68	37.06
集中式治理设施	Centralized Sewage Treatment Facilities	0.05	0.05	0.04	0.12	0.18
烟(粉)尘排放量(万吨)	Volume of Soot Emission (10000 tons)	76.37	65.45	47.17	39.08	33.28
#工业源	Industry	72.05	61.22	42.97	33.85	28.97
城镇生活源	Urban Life	1.82	1.94	2.09	1.78	1.45
机动车	Motor	2.48	2.27	2.1	3.42	2.83
集中式治理设施	Centralized Sewage Treatment Facilities	0.03	0.02	0.01	0.03	0.03
工业固体废物	**Industrial Solid Waste**					
一般工业固体废物产生量(万吨)	General Industrial Solid Waste (10000 tons)	10925	10701	11649	12002	11810
一般工业固体废物综合利用量 (万吨)	Comprehensive Utilization of General Industrial Solid Waste (10000 tons)	10578	10207	10662	11298	11110
#综合利用往年贮存量	Storage Capacity Utilization in Previous years	114	11	38	39	56
一般工业固体废物综合利用率 (%)	Comprehensive Rate of General Industrial Solid Waste (%)	95.82	95.28	91.23	93.83	93.63
一般工业固体废物处置量(万吨)	Greneral Industrial solido waste Disposnl (10000 tons)	279	407	742	591	620
#处置往年贮存量	Disposal in previous years	1	0	1	17	21
一般工业固体废物贮存量 (万吨)	General Industrial Solide Waste Storage (10000 tons)	183	98	283	167	157
自然生态保护与建设情况	**Natural Ecological Protection**					
自然保护区个数 (个)	Number of Natural Reserves (unit)	31	31	31	31	
#国家级自然保护区	Natural	3	3	3	3	
自然保护区面积 (万公顷)	Areas of Natural Reserves (10000 hectares)	56.64	56.64	53.63	53.63	
自然保护区面积占辖区面积 (%)	Rate of area (%)	5.5	5.5	5.2	5.2	

主要统计指标解释

水资源 水在自然界中以固体、液体和气态三种聚集状态存在，分布于海洋、陆地（包括土壤）以及大气之中，通过水循环形成水资源。水资源包括经人类控制并直接可供灌溉、发电、给水、航运、养殖等用途的地表水和地下水，以及江河、湖泊、井、泉、潮汐、港湾和养殖水域等。水资源是发展国民经济不可缺少的重要自然资源。

地表水和地下水 陆地上的水因空间分布不同，分为地表水和地下水。地表水指分别存在于河流、湖泊、沼泽、冰川和冰盖等水体中水分的总称，又称陆地水。地下水指储存在地面以下饱和岩土孔隙、裂隙及溶洞中的水。

矿产保有储量 指探明的矿产储量（包括工业储量和远景储量），扣除已开采部分和地下损失量后的年末实有储量。

气温 指空气的温度，我国一般以摄氏度（℃）为单位表示。气象观测的温度表是放在离地面约 1.5 米处通风良好的百叶箱里测量的，因此，通常说的气温指的是离地面 1.5 米处百叶箱中的温度。其统计计算方法为：

月平均气温是将全月各日的平均气温相加，除以该月的天数而得。

年平均气温是将 12 个月的月平均气温累加后除以 12 而得。

降水量 指从天空降落到地面的液态或固态（经融化后）水，未经蒸发、渗透、流失而在地面上积聚的深度。其统计计算方法为：

月降水量是将全月各日的降水量累加而得。

年降水量是将 12 个月的月降水量累加而得。

能源生产总量 指一定时期内，全国一次能源生产量的总和。该指标是观察全国能源生产水平、规模、构成和发展速度的总量指标。一次能源生产量包括原煤、原油、天然气、水电、核能及其他动力能（如风能、地热能等）发电量，不包括低热值燃料生产量、生物质能、太阳能等的利用和由一次能源加工转换而成的二次能源产量。

能源消费总量 指一定时期内，全国各行业和居民生活消费的各种能源的总和。该指标是观察能源消费水平构成和增长速度的总量指标。能源消费总量包括原煤和原油及其制品、天然气、电力，不包括低热值燃料生产量、生物质能、太阳能等的利用。能源消费总量分为终端能源消费量、能源加工转换损失量和能源损失量三部分。

（1）终端能源消费量：指一定时期内，全国生产和生活消费的各种能源在扣除了用于加工转换二次能源消费量和损失量以后的数量。

（2）能源加工转换损失量：指一定时期内，全国投入加工转换的各种能源数量之和与产出各种能源产品之和的差额。它是观察能源在加工转换过程中损失量变化的指标。

（3）能源损失量：指一定时期内，能源在输送、分配、储存过程中发生的损失和由客观原因造成的各种损失量，不包括各种气体能源放空、放散量。

工业废水排放量 指报告期内经过企业厂区所有排放口排到企业外部的工业废水量。包括生产废水、外排的直接冷却水、超标排放的矿井地下水和与工业废水混排的厂区生活污水，不包括外排的间接冷却水（清污不分流的间接冷却水应计算在废水排放量内）。

城镇生活污水排放量 指报告期内城镇居民排放生活污水的量。城镇生活包括“住宿业与餐饮业、居民服务和其他服务业、医院和独立燃烧设施以及城镇生活污染源”。

集中式治理设施污水排放量 指报告期内集中式治理设施的渗滤液排放量。集中式治理设施包括垃圾处理场（厂）和危险废物（医疗废物）集中处置厂。

化学需氧量排放量 指报告期内工业、农业、城镇生活和集中式治理设施排放的废水中 COD 排放量之和。

氨氮排放量 指报告期内工业、农业、城镇生活和集中式治理设施排放的废水中氨氮排放量之和。

二氧化硫排放量 指报告期内工业、城镇生活和集中式治理设施二氧化硫排放量之和。

氮氧化物排放量 指报告期内工业、城镇生活、机动车和集中式治理设施氮氧化物排放量之和。

烟（粉）尘排放量 指报告期内工业、城镇生活、机动车和集中式治理设施烟（粉）尘排放量之和。

一般工业固体废物产生量 指未被列入《国家危险废物名录》或者根据国家规定的危险废物鉴别标准（GB5085）、固体废物浸出毒性浸出方法（GB5086）及固体废物浸出毒性测定方法（GB/T 15555）鉴别方法判定不具有危险特性的工业固体废物。

一般工业固体废物综合利用量 指报告期内企业通过回收、加工、循环、交换等方式，从固体废物中提取或者使其转化为可以利用的资源、能源和其他原材料的固体废物量（包括当年利用的往年工业固体废物累计贮存量）。如用作农业肥料、生产建筑材料、筑路等。

综合利用往年贮存量 指企业在报告期内对往年贮存的工业固体废物进行综合利用的量。

Explanatory Notes on Main Statistical Indicators

Water Resource Water exists in the nature in solid, liquid and gaseous states, is distributed in the ocean, land (including earth) and air, and constitutes the water resource through the circulation of water. Water resource includes the surface water and underground water that is controlled by the human being for irrigation, power-generation, water supply, navigation and cultivation. It also includes rivers, lakes, wells, springs, tides, gulf and water area for cultivation. Water resource as an important natural resource is indispensable for the development of the national economy.

Surface Water and Underground Water Water on earth can be divided into surface water and underground water according to its distribution. Surface water refers to moisture exists in rivers, lakes, swamps, glaciers, icecaps and so on. It is also called land water. The underground water refers to water deposited underground in the cranny and the hole of saturated rock soil and in the water-eroded cave.

Mineral Reserves refer to the proven mineral reserves (including industrial reserves and prospective reserves), and the reserves at the end of the year after deduction of the mined and underground losses.

Temperature refers to the air temperature. China uses centigrade as the unit. The thermometry used for weather observation is put in a breezy shutter, which is 1.5 meters high from the ground. Therefore, the commonly used temperature refers to the temperature in the breezy shutter 1.5 meters away from the ground. The calculation method is as follows:

Monthly average temperature is the summation of average daily temperature of one month divided by the actual days of that particular month.

Annual average temperature is the summation of monthly average of a year divided by 12 months.

Volume of Precipitation refers to the deepness of liquid state or solid state (thawed) water falling from the sky to the ground that has not been evaporated, infiltrated or run off. The calculation method is as follows:

Monthly precipitation is the summation of daily precipitation of a month.

Annual precipitation is the summation of 12 months precipitation of a year.

Total Energy Production refers to the total production of primary energy by all energy producing enterprises in the country (region) in a given period of time. It is a comprehensive indicator to show the level, scale, composition and pace of development of energy production of the country (region). The production of primary energy includes that of coal, crude oil, natural gas, hydro-power and electricity generated by nuclear energy and other means such as wind power and geothermal power. However, it does not include the secondary energy converted from primary energy.

Total Energy Consumption refers to the total consumption of energy of various kinds by the production sectors and the households in the country (region) in a given period of time. Total energy consumption can be divided into three parts: end-use energy consumption; loss during the process of energy conversion; and energy loss.

(1) End-use Energy Consumption: It refers to the total energy consumption by the production sectors and the households in the country (region) in a given period of time. It does not include the consumption during the conversion of primary energy into secondary energy and the loss in the process of energy conversion.

(2) Loss During the Process of Energy Conversion: It refers to the total input of various kinds of energy for conversion, minus the total output of various kinds of energy in the country (region) in a given period of time. It is an indicator to show the loss that occurs during the process of energy conversion.

(3) Energy Loss: It refers to the total of the loss of energy during the course of energy transport, distribution and storage and the loss caused by any objective reason in a given period of time. The loss of various kinds of gas due to gas discharges and stocktaking is not included.

Waste Water Discharged by Industry refer to the volume of waste water discharged by industrial enterprises through all their outlets during the period, including waste water from production process, directly cooled water, groundwater from mining wells which does not meet discharge standards and sewage from households mixed with waste water produced by industrial activities, but excluding indirectly cooled water discharged (It should be included if the discharge is not separated with waste water).

Urban Domestic Sewage Emission refer to the volume of sewage discharged by urban living during the period. Urban living contain hotels and catering services, residential service and others, hospital, Independent burning facilities and so on.

Volume of Centralized Sewage Treatment Facilities refer to the volume of leachate discharged by centralized treatment facilities during the period, such as waste treatment plants, hazardous waste treatment plants and medical waste plants.

Volume of COD refer to the sum of COD discharged by industry, agriculture, urban living and centralized sewage treatment facilities during the period.

Ammonia Emissions refer to the sum of ammonia emissions in waste water discharged by industry, agriculture, urban living and centralized sewage treatment facilities during the period.

Sulphur Dioxide Emission refer to the sum of sulphur dioxide discharged by industry, urban living and centralized treatment facilities during the period.

Oxynitride Emissions refer to the sum of Oxynitridede discharged by industry, urban living, motor vehicles and centralized treatment facilities during the period.

Soot Emissions refer to the sum of soot discharged by industry, urban living, motor vehicles and centralized treatment facilities during the period.

Common Industrial Solid Waste Produce refer to the industrial solid wastes that are not listed in the National Catalogue of Hazardous Wastes, or not regarded as hazardous according to the national hazardous waste identification standards (GB5085), solid waste-Extraction procedure for leaching toxicity (GB5086) and solid waste-Extraction procedure for leaching toxicity (GB/T 15555).

Common Industrial Solid Wastes Comprehensively Utilized refer to volume of solid wastes from which useful materials can be extracted or which can be converted into usable resources, energy or other materials by means of reclamation, processing recycling and exchange(including utilizing in the year the stocks of industrial solid wastes of the previous year) during the report period, e. g. being used as agricultural fertilizers, building materials or as material for paving road. Examples of such utilizations include fertilizers, building materials and road materials.

Storage Capacity Utilization in Previous Years refer to the volume of comprehensive utilization of industrial solid wastes stored in previous.

10

农 业

Agriculture

简 要 说 明

一、本篇资料的主要内容及统计范围

本篇资料反映我省农业生产和农村经济的基本情况，内容主要包括农业机械拥有量、农林牧渔业产值、主要农产品产量、国营农场基本情况等方面的统计资料。

农业统计范围包括全社会除军马生产及农业科研机构进行的农业生产以外的所有农业生产活动。包括：农村各种经济组织和农户经营的农林牧渔业生产活动；各种专业性农、林、牧、渔场的农业生产活动；国家各级机关、团体、学校、部队进行的农业生产活动；集体所有制的乡、镇、村办农场的农业生产活动；以及工矿企业经营的农、林、牧、渔业生产活动。

1. 农业：指对各种农作物的种植活动。包括谷物、豆类、薯类、棉花、油料、糖料、麻类、烟叶、蔬菜、园艺作物、水果、坚果、饮料和香料作物、中草药及其他作物的种植。

2. 林业：包括林木的栽培（不包括茶园、桑园和果园的栽培、管理和收获等活动），木材和竹材的采运，林产品的采集。

3. 畜牧业：包括牲畜饲养和放牧，家禽饲养以及野生动物的捕猎和饲养。

4. 渔业：包括水生动物和海藻类植物的养殖和捕捞。

5. 农、林、牧、渔服务业：指对农、林、牧、渔业生产活动进行的各种支持性服务，但不包括各种科学技术和专业性技术服务活动。

二、本篇的资料来源及统计调查方法

1. 农业生产基本情况：根据《农林牧渔业统计调查制度》、《农业产值与增加值核算统计报表制度》、《县域社会经济基本情况统计报表制度》的有关资料整理提供。

《农林牧渔业统计调查制度》为全面报表，由各级统计部门根据当地实际情况，采取抽样调查、重点调查或全面调查的办法搜集资料并逐层上报，或利用同级业务部门统计资料上报。如林业生产情况、渔业生产情况等指标取自同级业务部门的统计资料。

《县域社会经济基本情况统计报表制度》主要对县、乡、村基本情况每年进行一次全面调查。

2. 国营农场基本情况资料主要取材于农垦系统汇总的统计报表，统计方法为逐级上报、全面汇总。

Brief Introduction

Ⅰ. Main Contents and Statistical Scopes

The data in this chapter show the basic conditions of agricultural production and rural economy, including mainly quantity of agricultural machinery, output of agriculture, forestry, animal husbandry and fishery, output of major products, basic conditions of State-owned farms.

Statistics on agriculture cover all agricultural production activities except horse raising for military purpose and agricultural production activities undertaken by agriculture research institutions. Including agriculture, forestry, animal husbandry and fishery production activities undertaken by rural economic units of various types and by rural households; production activities of farms specializing in agriculture, forestry, animal husbandry and fishery; production activities in agriculture undertaken by government agencies, institutions, schools and military units; production activities in agriculture undertaken by collective farms run by townships and villages; and production activities in agriculture, forestry, animal husbandry and fishery undertaken by manufacturing and mining enterprises.

(1) Agriculture: refers to cultivation of farm crops, including cereals, beans, tuber crops, cotton, oil-bearing crops, sugar crops, hemp, tobacco leaves, vegetables, gardening plants, fruits, nuts, crops for beverages and spices, medicinal herbs and other farm crops.

(2) Forestry: includes the planting of trees

(excluding the operations of planting, management and harvesting on tea plantations, mulberry fields and orchards), cutting and transport of timber and bamboo and collection of forest products.

(3) Animal husbandry: includes the raising and grazing of domestic animals and poultry, and the hunting and raising of wild animals.

(4) Fishery: includes cultivation and catching of aquatic animals and seaweed.

(5) Services of agriculture, forestry, animal husbandry and fishery: include supporting services to production activities in agriculture, forestry, animal husbandry and fishery but do not include activities of science and technology and professional services.

Ⅱ. Data Sources and Survey Methods

(1) Data on agricultural production come from the *Statistical Reporting System on Agriculture, Forestry, Animal Husbandry and Fishery*; the *Statistical Reporting System on Agricultural Output and Value-added Accounting*; *Statistical Reporting System on Basical Social Economy of Country*.

Statistical Reporting System on Agriculture, Forestry, Animal Husbandry and Fishery is a comprehensive reporting program. Data required in this reporting program are collected by statistical offices at all levels by means of sample surveys, surveys of key units or complete enumeration depending on the local circumstances, or estimated by using information from other government agencies at the same level. For instance, some data on forestry and fishery are obtained from statistics data collected by other government agencies at the same level.

Statistical Reporting System on Basical Social Econorny of Country is conducted every year to collect information on the basic conditions of all towns, townships and villages, and a complete enumeration in administratively designated towns.

(2) Data on the basic conditions of the State-owned farms come from the statistical reports tabulated by the Bureau of Reclamation. Data are collected from the grassroots units in accordance with the statistical reporting scheme whereby reporting is done level by level for aggregation.

10－1 农业基本情况
Basic Statistics of Agriculture

指　　标	Item	2014	2015	2016	2017	2018
乡村户数（万户）	Rural Households (10000 units)	1430.61	1428.78	1419.44	1410.71	1410.63
乡村劳动力（万人）	Rural Laborers (10000 persons)	2604.86	2600.75	2594.78	2589.17	2583.34
按性别分	Grouped by Sex					
男	Male	1365.53	1364.55	1359.60	1359.22	1357.45
女	Female	1239.33	1236.20	1235.18	1229.95	1225.89
按行业分	Grouped by Sector					
农林牧渔业	Agriculture, Forestry, Animal Husbandry, Fishery	762.00	747.41	736.12	722.67	708.03
#农业	Farming	608.98	598.87	592.17	582.18	569.17
工业	Industry	820.25	829.56	832.27	837.70	846.64
建筑业	Construction	383.60	383.60	383.10	383.56	382.14
交通运输、仓储业和邮电通讯业	Transport, Storage, Post and Telecommunication	114.29	114.50	113.94	113.82	113.20
批发、零售贸易业、住宿和餐饮业	Wholesale, Retail Sales and Catering Services	217.37	219.47	220.95	220.99	222.33
金融、保险业	Banking and Insurance	10.72	11.22	11.75	12.47	12.99
房地产、社会服务业	Real Estate and Social Services	36.95	36.41	36.67	36.28	36.36
卫生、体育、社会福利业	Healthcare, Sports and Social Welfare	14.29	14.69	15.12	15.38	15.82
教育、文化、艺术和广播电视事业	Education, Culture, Arts, Broadcasting and Television	17.30	17.58	17.76	18.33	18.56
科学研究和综合技术服务事业	Scientific Research and Ploytechnical Services	4.08	4.31	4.60	4.76	5.11
乡经济组织管理	Rural Economic Management	12.47	12.76	13.00	12.89	13.32
其他	Others	211.54	209.24	209.50	210.32	208.84
农作物总播种面积（千公顷）	Sown Area of Farm Crops (1000 hectares)	7672.27	7737.75	7639.92	7556.40	7520.23
#粮食	Grain Crops	5517.55	5572.54	5583.28	5527.31	5475.93
主要农产品产量（万吨）	Output of Major Farm Products (10000 tons)					
粮食	Grain	3523.04	3594.71	3542.44	3610.80	3660.28
棉花	Cotton	15.95	11.69	3.69	2.57	2.06
油料	Oil-bearing	104.12	98.04	88.67	85.36	86.04
肉类产量	Meat	379.84	369.89	356.23	342.32	328.48
水产品产量	Aquatic Products	518.84	522.11	508.22	507.59	494.84

注:2014 年—2018 年粮食、棉花、油料已根据第三次全国农业普查核定数据进行了修订。

a) From 2014－2018, grain, cotton and oil-bearing have been revised according to the Third National Agricultural Census approved data.

10－2 农业现代化情况
Statistics on Agricultural Modernization

指标	Item	2014	2015	2016	2017	2018
农业机械化情况	**Statistics on Agricultural Machinery**					
农业机械总动力（万千瓦）	Total Power of Agricultural Machinery (10000 kW)	4649.98	4825.49	4906.55	4991.41	5042.27
机耕面积（千公顷）	Ploughed Area by Tractors (1000 hectares)	6100.16	6066.15	5939.63	5828.96	6194.34
机播面积（千公顷）	Sown Area by Tractors (1000 hectares)	4437.83	4576.06	4663.12	4640.00	4576.13
#机播小麦面积	Sown Area of Wheat by Tractors	2117.97	2148.19	2158.20	2132.46	2083.58
机械植保面积（千公顷）	Planting Protection Area by Tractors (1000 hectares)	5736.80	5649.06	5699.61	5588.41	5445.15
机械收获面积（千公顷）	Harvest Area by Tractors (1000 hectares)	5549.26	5142.77	5199.94	5107.99	5087.14
农村电气化情况	**Electrification of Rural Area**					
农村用电量（亿千瓦时）	Electricity Consumed in Rural Areas (100 million kW·h)	1834.93	1836.19	1869.27	1887.99	1933.14
农用物资使用情况	**Agricultural Product Material Used**					
化肥施用量(折纯量)（万吨）	Consumption of Chemical Fertilizers (pure) (10000 tons)	323.61	319.99	312.52	303.85	292.45
每亩耕地施用化肥(折纯量)（千克）	Per Mu Consumption of Chemical Fertilizers(pure) (kg)	47.00	46.54	45.46	44.19	42.53
农用塑料薄膜使用量（万吨）	Plastic Film (10000 tons)	11.98	11.32	11.39	11.51	11.61
农用柴油使用量（万吨）	Diesel Oil (10000 tons)	107.45	108.58	108.71	108.96	109.36
农药使用量（万吨）	Agricultural Chemical Insecticides (10000 tons)	7.95	7.81	7.62	7.32	6.96
农田水利情况	**Irrigation and Water Conservancy**					
有效灌溉面积（千公顷）	Effective Irrigation Area (1000 hectares)	3890.53	3952.50	4054.07	4131.88	4179.83
节水灌溉面积（千公顷）	Water-saving Irrigated Area (1000 hectares)	2189.54	2336.09	2422.57	2637.47	2767.23
除涝面积（千公顷）	Flooded or Waterlogged Area (1000 hectares)	2961.97	3017.69	3125.61	4014.38	4315.00
水土流失治理面积（千公顷）	Area of Soil Erosion under Control (1000 hectares)	899.66	893.82	907.89	918.81	930.20
堤防长度（公里）	Total Length of Dikes (km)	55387	55654	55797	56232	56090
堤防保护面积（千公顷）	Area of Land Protected by Dikes (1000 hectares)	2767.32	2826.85	2885.60	2945.35	2975.97

10－3　主要年份农林牧渔业总产值

Gross Output Value of Agriculture, Forestry, Animal Husbandry and Fishery in Major Years

当年价格，单位：亿元　　　　(at current price,100 million yuan)

年　份 Year	农林牧渔业总产值 Total	农　业 Farming	林　业 Foresty	畜牧业 Animal Husbandry	渔　业 Fishery	农林牧渔服务业 Services of Agriculture, Forestry, Animal Husbandry and Fishery
1949	22.59	19.41	…	3.02	0.16	
1952	31.87	26.14	0.03	5.00	0.70	
1957	36.81	30.10	0.22	5.25	1.24	
1962	40.15	34.19	0.32	4.48	1.16	
1965	57.27	47.02	0.63	8.25	1.37	
1970	71.33	57.08	0.85	11.76	1.64	
1975	91.66	72.17	1.47	15.55	2.47	
1976	100.71	82.53	1.31	14.86	2.01	
1977	89.16	73.05	1.25	12.90	1.96	
1978	105.87	85.17	1.48	16.78	2.44	
1979	145.25	114.26	2.03	25.77	3.19	
1980	138.45	105.98	1.94	26.65	3.88	
1981	153.62	119.90	2.00	27.11	4.61	
1982	188.11	145.69	1.96	35.80	4.66	
1983	206.86	160.38	3.30	36.66	6.52	
1984	253.82	193.28	4.33	47.17	9.04	
1985	288.55	201.85	4.63	66.54	15.53	
1986	332.66	235.07	5.15	69.83	22.61	
1987	380.25	257.90	6.02	87.95	28.38	
1988	497.95	310.20	7.29	140.49	39.97	
1989	522.25	325.02	7.02	148.13	42.08	
1990	580.53	362.46	7.94	160.78	49.35	
1991	580.93	354.42	7.55	168.30	50.66	
1992	673.82	411.33	9.93	188.64	63.92	
1993	875.37	518.55	14.61	236.81	105.40	
1994	1335.23	777.94	18.38	390.70	148.21	
1995	1686.78	986.15	21.42	475.67	203.54	
1996	1693.76	1062.39	23.48	368.54	239.35	
1997	1816.37	1085.26	22.56	430.57	277.98	
1998	1849.20	1096.88	24.16	435.51	292.65	
1999	1837.43	1095.13	26.13	413.95	302.22	
2000	1869.73	1096.02	30.17	430.53	313.01	
2001	1956.10	1142.66	30.76	448.51	334.17	
2002	2011.48	1165.49	36.29	456.02	353.68	
2003	1952.20	981.25	31.49	458.87	371.56	109.03
2004	2417.63	1242.41	40.16	563.44	449.47	122.15
2005	2576.98	1291.06	45.27	599.14	511.86	129.65
2006	2718.61	1416.91	54.26	544.48	543.39	159.57
2007	3062.32	1540.39	58.88	704.12	579.00	179.94
2008	3585.12	1741.99	64.92	915.78	665.75	196.69
2009	3806.96	1940.10	70.79	873.01	719.25	203.81
2010	4283.21	2256.99	78.12	921.90	805.25	220.95
2011	5216.99	2622.67	92.81	1188.32	1060.44	252.74
2012	5781.50	2942.11	99.75	1223.48	1235.40	280.77
2013	6124.25	3137.14	107.30	1219.09	1351.11	309.60
2014	6402.75	3325.67	118.18	1179.22	1426.74	352.95
2015	6980.37	3675.87	129.09	1257.92	1517.51	399.97
2016	7178.96	3663.42	129.33	1326.67	1621.88	437.67
2017	7161.21	3764.73	136.73	1157.98	1623.43	478.33
2018	7192.46	3735.02	147.25	1091.31	1707.87	511.01

注：2007 年－2018 年农林牧渔业产值及其中项农业与牧业已根据第三次全国农业普查核定数据进行了修订。

a) From 2007－2018, the gross output value of agriculture, forestry, animal husbandry and fishery and it's intermediate farming and animal husbandry have been revised according to the Third National Agriculture Census approved data.

10－4 主要年份农林牧渔业总产值指数
Indices of Gross Output Value of Agriculture, Forestry, Animal Husbandry and Fishery in Major Years

按可比价格计算,上年＝100 (at constant price with 100 in preceding year)

年 份 Year	农林牧渔业总产值指数 Total	农 业 Farming	林 业 Forestry	畜牧业 Animal Husbandry	渔 业 Fishery	农林牧渔服务业 Services of Agriculture, Forestry, Animal Husbandry and Fishery
1949						
1952	117.4	110.0		141.9	306.1	
1957	103.4	99.2	553.8	128.4	106.9	
1962	101.1	97.5	98.2	135.2	94.9	
1965	105.7	100.5	168.0	141.7	95.6	
1970	107.2	107.1	67.2	109.4	124.2	
1975	100.9	99.5	98.0	107.1	104.0	
1976	103.9	105.1	121.1	93.4	94.4	
1977	89.9	89.5	99.2	93.0	101.9	
1978	121.5	123.4	84.5	115.6	98.8	
1979	110.9	108.5	105.0	131.8	110.3	
1980	94.5	91.9	99.5	102.1	118.2	
1981	107.9	109.7	95.3	99.3	115.4	
1982	114.9	113.0	106.0	123.8	105.2	
1983	105.9	107.2	110.8	98.2	99.6	
1984	116.4	106.3	117.8	118.2	124.1	
1985	103.1	99.0	107.9	117.1	126.3	
1986	106.3	106.6	97.3	100.6	134.9	
1987	103.1	103.3	104.8	101.2	108.1	
1988	106.6	104.8	93.8	114.4	108.9	
1989	100.3	100.6	94.4	99.5	101.7	
1990	102.5	101.1	97.4	106.7	107.9	
1991	98.9	95.9	90.0	105.2	101.2	
1992	113.0	113.7	119.1	110.5	115.6	
1993	111.3	106.2	124.1	114.0	134.8	
1994	112.1	108.0	112.4	117.5	119.0	
1995	113.6	112.9	117.0	110.8	124.0	
1996	107.4	108.7	107.4	103.1	111.8	
1997	107.7	106.4	92.6	110.9	109.5	
1998	104.0	103.0	109.9	104.2	107.2	
1999	105.2	105.9	100.0	103.5	106.5	
2000	105.0	103.1	119.9	107.5	107.4	
2001	104.5	105.0	99.1	102.4	106.7	
2002	103.8	102.3	115.8	103.9	108.0	
2003	101.0	94.3	120.0	102.8	106.6	130.0
2004	107.8	113.8	109.4	97.7	109.7	107.0
2005	103.7	101.1	107.5	103.6	110.7	104.0
2006	104.9	105.4	115.7	101.2	106.8	106.0
2007	103.1	102.6	109.9	100.7	104.4	108.3
2008	104.5	103.2	104.7	107.1	105.4	102.6
2009	104.6	103.3	105.2	106.6	105.2	104.0
2010	104.4	103.8	105.6	105.3	104.5	105.1
2011	104.2	104.3	104.0	102.7	104.4	107.6
2012	104.8	104.5	102.8	105.3	104.4	107.8
2013	102.6	103.3	103.9	96.9	105.3	107.1
2014	103.1	104.0	105.8	98.9	102.5	111.9
2015	102.6	103.3	106.1	97.7	102.5	111.6
2016	100.8	100.5	104.2	98.9	101.2	107.5
2017	102.3	103.1	106.1	99.8	100.6	107.3
2018	100.9	100.8	105.5	97.2	102.4	104.7

10－5　主要年份农林牧渔业总产值定基指数

Fixed-base Indices of Gross Output Value of Agriculture, Forestry, Animal Husbandry and Fishery in Major Years

按可比价格计算，1949 年＝100　　　　(at constant price with 100 in 1949)

年　份 Year	农林牧渔业总产值指数 Total	农　业 Farming	林　业 Forestry	畜牧业 Animal Husbandry	渔　业 Fishery	农林牧渔服务业 Services of Agriculture, Forestry, Animal Husbandry and Fishery
1949	100.0	100.0		100.0	100.0	
1952	144.2	135.7	100.0	166.5	612.2	
1957	157.4	151.4	900.0	159.0	563.4	
1962	134.7	134.1	1387.5	106.8	407.3	
1965	201.4	190.7	2162.5	224.6	534.1	
1970	239.7	232.5	1487.5	255.0	575.6	
1975	294.7	281.6	2487.5	322.3	819.5	
1976	306.2	296.1	3012.5	301.1	773.2	
1977	275.4	264.9	2987.0	280.1	787.8	
1978	334.6	326.8	2525.0	323.9	778.0	
1979	371.1	354.7	2650.0	426.8	858.5	
1980	350.7	326.0	2637.5	435.8	1014.6	
1981	378.4	357.7	2512.5	432.6	1170.7	
1982	434.8	404.2	2662.5	535.6	1231.7	
1983	460.6	433.3	2950.0	525.9	1226.8	
1984	536.3	460.6	3475.0	621.5	1522.0	
1985	553.1	456.1	3750.0	727.9	1922.0	
1986	587.7	486.4	3650.0	732.5	2592.7	
1987	605.9	502.4	3825.0	741.1	2802.4	
1988	646.1	526.3	3587.5	847.5	3051.2	
1989	648.3	529.4	3387.5	843.1	3102.4	
1990	664.6	535.2	3300.5	899.3	3346.3	
1991	657.1	513.3	2971.7	946.3	3385.3	
1992	742.5	583.6	3538.2	1045.7	3913.7	
1993	826.4	619.6	4391.5	1191.6	5275.3	
1994	926.3	668.9	4936.8	1400.2	6278.5	
1995	1052.7	755.4	5774.3	1551.0	7785.4	
1996	1130.6	821.0	6204.0	1599.2	8707.8	
1997	1217.1	873.5	5746.0	1773.5	9532.8	
1998	1265.6	899.4	6313.9	1847.5	10219.7	
1999	1331.1	952.4	6312.3	1911.5	10883.6	
2000	1397.9	981.6	7566.8	2055.1	11688.1	
2001	1461.5	1030.6	7500.2	2103.9	12474.9	
2002	1516.9	1053.8	8681.6	2186.3	13475.4	100.0
2003	1532.8	994.0	10415.4	2248.1	14369.5	130.0
2004	1653.0	1131.5	11389.9	2196.7	15768.3	139.1
2005	1714.2	1143.9	12245.5	2275.4	17448.0	144.6
2006	1798.2	1205.6	14168.0	2302.7	18634.5	153.3
2007	1853.2	1236.7	15569.2	2319.0	19458.1	166.1
2008	1936.8	1276.4	16294.7	2483.0	20510.8	170.5
2009	2024.9	1318.4	17144.7	2646.0	21573.2	177.4
2010	2113.6	1368.5	18104.8	2786.9	22552.0	186.5
2011	2201.6	1427.5	18836.2	2863.4	23554.6	200.8
2012	2307.0	1491.7	19371.5	3015.0	24591.8	216.5
2013	2365.9	1540.6	20123.0	2922.6	25885.6	231.7
2014	2438.9	1602.8	21282.6	2889.3	26521.5	259.2
2015	2502.5	1656.0	22578.0	2821.7	27184.4	289.3
2016	2522.6	1664.0	23520.3	2789.3	27497.6	310.9
2017	2579.8	1716.0	24946.4	2784.5	27672.6	333.8
2018	2604.2	1730.5	26324.9	2706.7	28325.7	349.4

10-6 农林牧渔业分项产值
Gross Output Value of Agriculture, Forestry, Animal Husbandry and Fishery by Branch

按当年价格计算,单位:亿元 (at current price,100 million yuan)

指标	Item	2014	2015	2016	2017	2018
农林牧渔业总产值	**Total**	**6402.75**	**6980.37**	**7178.96**	**7161.21**	**7192.46**
农业产值	**Farming**	**3325.67**	**3675.87**	**3663.42**	**3764.73**	**3735.02**
谷物及其他作物	Planting	1335.94	1400.96	1244.12	1338.37	1295.78
#谷物	Cercal	1056.01	1116.71	1051.44	1134.31	1096.19
薯类	Tubers	35.08	38.36	18.13	17.98	26.62
豆类	Soybeans	36.58	42.55	31.31	31.46	33.96
棉花	Cotton	69.27	50.47	18.83	19.67	3.49
油料	Oil-bearing	84.21	86.80	55.40	60.48	60.16
蔬菜园艺作物	Vegetables and Gardening Crops	1696.70	1930.70	2021.12	1993.25	1999.61
#蔬菜(含菜用瓜、食用菌)	Vegetable (include Melons、Edible Mushroom)	1474.56	1691.44	1852.89	1802.58	1841.62
水果、坚果、饮料和香料作物	Fresh Fruits, Nuts, Beverage and Perfume Crops	319.75	377.50	382.48	416.14	426.48
#水果、坚果(含果用瓜)	Fresh Fruits, Nuts (include Melons)	270.82	327.97	328.54	366.05	376.16
中药材	Chinese Herbal Medicine	10.42	12.94	15.70	16.98	13.15
林业产值	**Forestry**	**118.18**	**129.09**	**129.33**	**136.73**	**147.25**
林木的培育和种植	Afforestation	84.62	91.44	92.38	97.76	107.10
竹木采运	Cutting and Transportation of Bamboo and Timber	22.64	25.61	23.73	25.17	26.40
林产品	Forest Products	10.92	12.05	13.21	13.80	13.75
牧业产值	**Animal Husbandry**	**1179.22**	**1257.92**	**1326.67**	**1157.98**	**1091.31**
牲畜饲养	Livestock Raising	97.21	94.53	94.98	95.24	94.53
#牛	Cattle and Buffaloes	12.67	13.36	12.66	12.52	12.53
羊	Sheep and Goats	51.80	50.68	55.45	56.33	59.73
猪的饲养	Hogs Raising	434.91	517.33	593.15	508.92	417.12
家禽饲养	Poultry Raising	491.54	484.28	480.30	417.43	459.53
#肉禽	Live Animal and Poultry Products	273.61	270.16	266.38	234.49	241.98
禽蛋	Poultry Eggs	214.89	211.03	210.88	180.18	215.03
狩猎和捕捉动物	Hunting	1.88	2.00	1.60	1.22	1.04
其他畜牧业	Other Animal Husbandry	157.14	163.94	156.64	135.18	119.08
渔业产值	**Fishery**	**1426.74**	**1517.51**	**1621.88**	**1623.43**	**1707.87**
海水产品	Seawater Aquatic Products	383.57	416.91	453.47	478.39	522.66
内陆水域水产品	Freshwater Aquatic Products	1043.17	1100.59	1168.40	1145.04	1185.21
农林牧渔服务业产值	**Services in Support of Agriculture, Forestry, Animal Husbaudry and Fishery**	**352.95**	**399.97**	**437.67**	**478.33**	**511.01**

注:2014 年-2018 年农林牧渔业产值及其中项农业与牧业已根据第三次全国农业普查核定数据进行了修订。

a) From 2014-2018, the gross output value of agriculture, forestry, animal husbandry and fishery and it's intermediate farming and animal husbandry have been revised according to the third national agriculture census approved data.

10－7　农作物播种面积

单位：千公顷

年　份 Year	总播种面积 Total Sown Areas	粮食作物 Grain Crops	#小　麦 Wheat	#稻　谷 Rice	#薯　类 Tubers	#玉　米 Corn	#大　豆 Soybean
1978	8582.74	6310.93	1412.82	2661.18	478.29	445.01	345.36
1980	8248.93	6090.25	1519.47	2676.15	332.02	386.21	236.47
1985	8557.84	6432.44	2170.39	2431.11	282.45	659.62	317.93
1989	8384.33	6454.51	2353.54	2419.67	248.16	501.15	309.39
1990	8259.18	6363.02	2399.19	2454.44	221.65	461.01	244.67
1991	8091.70	6202.77	2364.93	2351.40	214.51	426.44	177.81
1992	8234.63	6180.77	2366.23	2447.27	192.59	421.14	192.28
1993	8032.29	6029.66	2281.66	2278.44	201.00	472.37	270.67
1994	7861.76	5748.78	2114.26	2168.36	179.46	458.95	255.41
1995	7909.01	5755.15	2150.35	2250.31	166.71	461.98	201.32
1996	7914.10	5877.42	2216.26	2335.91	180.59	467.83	179.49
1997	7966.78	5994.43	2341.37	2377.62	169.61	439.00	217.44
1998	8058.28	5946.26	2314.95	2369.70	162.67	473.49	220.83
1999	8023.43	5828.52	2251.70	2398.45	156.89	454.31	210.41
2000	7944.87	5304.31	1954.60	2203.46	158.26	423.16	249.19
2001	7777.42	4886.66	1712.81	2010.25	146.01	429.81	244.37
2002	7797.40	4882.58	1715.85	1982.05	143.75	436.53	243.44
2003	7681.49	4659.47	1620.45	1840.93	134.20	451.90	241.68
2004	7668.98	4774.59	1601.17	2112.90	114.17	389.11	216.42
2005	7641.20	4909.48	1684.44	2209.33	100.16	370.24	214.80
2006	7385.16	5110.80	1912.67	2216.00	76.27	378.17	213.00
2007	7362.79	5193.83	2039.30	2220.84	68.72	393.13	220.73
2008	7494.85	5299.32	2116.99	2222.62	67.21	432.72	230.10
2009	7542.63	5329.72	2145.15	2223.75	68.02	433.83	230.91
2010	7616.96	5372.17	2200.20	2224.86	62.31	439.57	224.23
2011	7646.43	5411.17	2245.83	2227.73	60.55	448.24	223.04
2012	7651.38	5458.52	2304.38	2228.94	60.74	453.93	216.64
2013	7661.00	5475.22	2344.30	2229.87	58.31	467.52	206.69
2014	7672.27	5517.55	2374.13	2236.70	40.53	519.70	201.70
2015	7737.75	5572.54	2410.66	2250.32	34.50	540.98	195.82
2016	7639.92	5583.28	2436.81	2256.26	26.73	540.17	196.89
2017	7556.40	5527.31	2412.75	2237.72	25.80	543.21	194.40
2018	7520.23	5475.93	2403.96	2214.72	35.66	515.77	193.75

注:2007 年－2018 年粮食及其中小麦、稻谷、薯类、玉米、大豆,经济作物及其中棉花、油菜籽、花生、芝麻、甘蔗、甜菜、烤烟已根据第三次全国农业普查核定数据进行了修订。

Total Sown Areas of Farm Crops

(1000 hectares)

经济作物 Economic Crops	#棉花 Cotton	#油菜籽 Rape-seeds	#花生 Peanuts	#芝麻 Sesame	#黄红麻 Jute and Ambary Hemp	#甘蔗 Sugar-cane	#甜菜 Beet-roots	#烤烟 Flue-cured Tobacco	其他作物 Others
905.84	589.99	156.46	65.49	10.60	20.71	0.75	6.91	7.05	1365.97
957.04	631.00	169.58	83.79	4.61	11.51	0.35	5.78	2.17	1201.64
1302.77	592.24	442.64	134.11	12.85	24.78	4.11	4.39	3.47	822.63
1194.62	535.19	459.12	116.39	6.29	5.14	3.92	2.09	9.47	735.20
1188.41	572.13	440.81	108.71	5.85	5.16	3.35	2.23	5.63	707.75
1202.48	550.61	482.80	102.95	4.79	4.57	3.18	0.73	5.16	686.45
1350.29	673.43	483.78	107.36	7.14	3.99	3.83	0.70	7.39	703.57
1143.39	517.65	458.30	125.42	8.65	5.20	5.50	1.31	2.02	859.24
1225.86	534.57	516.59	146.52	6.65	2.15	4.57	0.70	0.87	887.12
1268.75	564.90	530.66	148.66	7.54	1.31	3.95	0.17	1.17	885.11
1132.24	485.91	498.00	123.55	9.19	0.89	3.66	0.87	1.44	904.44
1063.10	438.74	473.93	117.25	13.66	0.79	3.46	1.51	2.61	909.25
1063.32	416.16	468.94	141.39	16.23	0.54	3.25	0.52	0.09	1048.70
1006.41	261.99	518.83	177.25	20.62	0.41	4.20	0.15	0.01	1188.50
1227.97	295.27	650.50	227.90	18.20	0.20	5.16	0.07	0.02	1412.59
1347.53	383.99	681.04	230.21	15.53	0.36	5.75	0.40	…	1543.23
1255.19	311.35	668.08	223.63	15.00	0.32	6.08	0.38	…	1659.63
1315.37	369.50	683.03	214.52	12.70	0.31	5.98	0.29	…	1706.65
1356.65	409.62	689.86	218.59	11.91	0.16	4.89	0.12	…	1537.74
1237.36	368.27	660.50	174.29	11.92	0.18	4.10	0.02		1494.36
1007.48	330.40	525.47	130.60	11.38	0.04	1.39	0.01		1266.88
853.07	326.90	410.03	95.32	9.89	0.02	1.11	0.00		1315.89
836.22	300.47	405.01	100.76	9.80	0.02	1.41	0.00	0.02	1359.31
788.87	252.34	400.65	104.23	9.29	0.05	1.67	0.02	0.04	1424.04
732.34	235.68	365.35	101.73	8.18		1.33	0.09	0.04	1512.45
698.14	239.25	330.80	98.20	7.57	0.02	1.20	0.00	0.04	1537.12
590.44	170.63	298.14	93.60	6.85		1.12	0.04	0.03	1602.42
553.71	155.22	276.47	91.57	6.19		1.03	0.03	0.02	1632.07
502.10	131.81	251.03	88.72	5.39		1.00	0.01	0.02	1652.62
433.24	94.29	223.62	87.35	4.89		0.89	0.04	0.02	1731.97
331.24	31.70	188.84	90.14	4.33		0.80	0.01		1725.40
303.95	21.00	175.27	88.15	4.00		0.80	0.02		1725.14
294.65	16.60	159.08	98.38	5.14		0.85	0.02		1749.65

a) From 2007－2018, the grain crops and it's wheat, rice, tubers, corn and soybean, the economic crops and it's cotton, rapeseeds, peanuts, sugarcane, beetroots, and fluecured tobacco have been revised according to the Third National Agricultural Census approved data.

10－8　主要农作物种植结构
Planting Structure of Major Farm Crops

单位:%　　(%)

项　目	Item	2014	2015	2016	2017	2018
农作物总播种面积	**Total Sown Area of Farm Crops**	**100.00**	**100.00**	**100.00**	**100.00**	**100.00**
粮食作物	**Grain Crops**	**71.92**	**72.02**	**73.08**	**73.15**	**72.82**
谷物	Cereal	68.06	68.33	69.44	69.50	68.92
稻谷	Rice	29.15	29.08	29.53	29.61	29.45
小麦	Wheat	30.94	31.15	31.90	31.93	31.97
玉米	Corn	6.77	6.99	7.07	7.19	6.86
其它谷物	Other Cereal	1.19	1.11	0.94	0.77	0.65
豆类	Beans	3.32	3.24	3.29	3.30	3.42
#大豆	Soybeans	2.63	2.53	2.58	2.57	2.58
杂豆	Miscellaneous Beans	0.70	0.71	0.71	0.73	0.84
薯类	Tubers	0.53	0.45	0.35	0.34	0.47
油料作物	**Oil-bearing Crops**	**4.59**	**4.15**	**3.71**	**3.54**	**3.49**
#花生	Peanuts	1.16	1.13	1.18	1.17	1.31
油菜籽	Rapeseeds	3.27	2.89	2.47	2.32	2.12
芝麻	Sesame	0.07	0.06	0.06	0.05	0.07
棉花	**Cotton**	**1.72**	**1.22**	**0.41**	**0.28**	**0.22**
麻类	**Fiber Crops**	**0.01**	**0.00**	**0.00**	**0.00**	**0.00**
糖料	**Sugar Crops**	**0.01**	**0.01**	**0.01**	**0.01**	**0.01**
#甘蔗	Sugarcane	0.01	0.01	0.01	0.01	0.01
烟叶	**Tobacco**	**0.00**	**0.00**	**0.00**	**0.00**	**0.00**
药材	**Medicinal Materials**	**0.22**	**0.21**	**0.19**	**0.18**	**0.19**
蔬菜、瓜类	**Vegetables and Melon**	**19.84**	**20.60**	**20.78**	**20.77**	**21.13**
#蔬菜	Vegetables	17.89	18.50	18.72	18.63	18.95
其他农作物	**Other Farm Crops**	**1.70**	**1.78**	**1.81**	**2.07**	**2.14**
#青饲料	Succulence	0.39	0.38	0.37	0.40	0.36

10－9 主要农作物播种面积和产量(2018 年)
Total Sown Areas of Farm Crops and Output (2018)

指标	Item	播种面积(千公顷) Sown Area (1000 hectares)	单位面积产量(千克/公顷) Per Hectare Output (kg/hectare)	总产量(吨) Total Output (ton)
农作物总播种面积	**Total Sown Area of Farm Crops**	**7520.23**		
粮食作物	**Total Grain and Soybeans**	**5475.93**	**6684**	**36602799**
夏粮	Summer Grain	2501.49	5303	13264194
小麦	Wheat	2403.96	5363	12891236
元麦	Hull-less Barley	1.65	3732	6158
大麦	Barley	45.02	5304	238786
蚕豌豆	Horsebean and Pea	50.86	2517	128015
秋粮	Autumn Grain	2974.44	7846	23338605
稻谷	Rice	2214.72	8841	19580310
#中稻和一季晚稻	Rice and Late Season Rice	2214.72	8841	19580310
#籼稻	Long-grained Nonglutinous Rice	289.65	8372	2425000
玉米	Corn	515.77	5815	2999460
高粱	Sorghum	0.26	7742	2013
谷子	Millet	0.10	1330	133
薯类	Tubers	35.66	6390	227867
大豆	Sonja	193.75	2535	491156
其他秋粮	Others	14.18	2656	37666
经济作物	**Economic Crops**	**294.65**		
棉花	Cotton	16.6	1241	20600
油料	Oil-bearing Crops	262.76	3274	860391
#花生	Peanuts	98.38	3998	393285
油菜籽	Rapeseed	159.08	2873	456998
芝麻	Sesame	5.14	1907	9803
麻类	Fiber Crops	0.24	2467	592
#黄麻	Jute			
苎　麻	Ramee	0.24	2467	592
糖类	Sugar Crops	0.87	60667	52780
#甘蔗	Sugarcane	0.85	61918	52630
烟叶	Tobacco Crops			
药材	Medicinal Materials	13.99		
其他经济作物	Others	0.19	132	25
#薄荷	Mint	0.19	132	25
其他农作物	**Others**	**1749.65**		
#蔬菜	Vegetable	1424.99	39479	56258811
瓜果类	Melon and Fruits Crops	163.91	39383	6455273
绿肥	Organic Fertilizer	9.66		

10－10 主要农产品产量
Output of Major Farm Crops

单位:万吨 （10000 tons）

年 份 Year	粮 食 Grain	夏 粮 Summer Grain	秋 粮 Autumn Grain	棉 花 Cotton	油 料 Oil-bearing	#花 生 Peanuts	#油菜籽 Rape-seeds
1949	748.50	217.00	531.50	2.81	15.94	11.82	3.60
1952	997.55	277.85	719.70	9.28	21.68	14.38	6.00
1957	1063.60	274.85	788.75	15.01	25.07	19.81	4.93
1962	965.35	280.65	684.70	8.21	10.27	6.38	3.52
1965	1442.75	379.85	1062.90	26.44	21.68	13.87	7.41
1970	1705.15	415.50	1289.65	32.82	21.67	10.31	10.87
1975	2056.85	524.40	1532.45	45.48	29.64	11.73	17.63
1978	2400.65	677.30	1723.35	47.54	37.44	13.60	23.06
1980	2417.95	873.60	1544.35	41.81	38.64	14.50	23.93
1985	3126.52	1064.46	2062.06	47.91	108.78	34.13	73.11
1989	3282.80	1033.00	2249.80	48.47	99.91	31.25	67.72
1990	3264.15	1143.46	2120.69	46.42	112.39	30.12	81.41
1991	3035.51	1032.43	2003.08	55.71	114.06	28.12	85.32
1992	3320.55	1251.19	2069.36	52.74	127.33	30.51	95.88
1993	3279.70	1152.60	2127.10	42.90	125.71	37.66	87.04
1994	3124.05	1105.29	2018.76	45.71	133.59	44.80	87.77
1995	3286.30	1073.46	2212.84	56.16	159.46	48.43	109.54
1996	3476.35	1200.95	2275.40	53.75	147.50	39.65	106.34
1997	3563.79	1226.91	2336.88	50.75	141.93	39.53	100.53
1998	3415.12	864.22	2550.90	46.19	115.63	48.90	64.26
1999	3559.03	1195.96	2363.07	24.60	184.04	63.25	117.89
2000	3106.63	899.75	2206.88	31.45	225.65	79.75	142.99
2001	2942.05	821.44	2120.61	46.05	232.53	84.09	145.81
2002	2907.05	758.18	2148.87	36.28	217.03	83.71	130.81
2003	2471.85	729.29	1742.56	29.10	199.45	51.57	145.74
2004	2829.06	807.24	2021.82	50.28	238.38	69.12	167.32
2005	2834.59	844.42	1990.17	32.27	215.99	55.46	158.67
2006	3096.03	1017.12	2078.91	35.52	176.47	45.51	129.00
2007	3122.27	1065.36	2056.91	34.75	138.87	33.70	103.33
2008	3192.23	1102.26	2089.96	32.60	137.72	35.29	100.52
2009	3260.87	1123.45	2137.42	25.55	142.31	38.20	102.37
2010	3284.99	1143.53	2141.47	26.08	127.78	37.09	89.29
2011	3357.10	1164.00	2193.09	24.68	116.44	36.26	78.89
2012	3431.55	1203.05	2228.51	22.04	113.58	35.15	77.22
2013	3440.82	1224.64	2216.18	20.93	111.10	34.29	75.66
2014	3523.04	1281.03	2242.01	15.95	104.12	33.71	69.40
2015	3594.71	1304.03	2290.68	11.69	98.04	33.81	63.30
2016	3542.44	1293.20	2249.24	3.69	88.67	35.24	52.60
2017	3610.80	1335.82	2274.98	2.57	85.36	34.78	49.77
2018	3660.28	1326.42	2333.86	2.06	86.04	39.33	45.70

注:2007年—2018年粮食及其中夏粮、秋粮,棉花、油料及其中花生、油菜籽已根据第三次全国农业普查核定数据进行了修订。

a) From 2007－2018, the grain and it's summer grain, autumn grain, cotton, oil-bearing and it's peanuts, rapeseeds have been revised according to the Third National Agriculture Census approved data.

10－11 人均占有主要农产品产量
Per Capita Output of Major Farm Products

单位：千克/人 (kg/person)

年 份 Year	粮食产量 Grain	棉花产量 Cotton	油料产量 Oil-bearing Grops	生猪饲养量（头/人） Output of Raising Hogs (head/person)	猪、牛、羊肉产量 Output of Pork, Beef and Mutton	水产品产量 Output of Aquatic Products
1952	270.0	2.5	5.9	0.24		4.6
1957	257.0	3.7	6.1	0.34		6.9
1962	225.0	1.9	2.4	0.22		4.5
1965	316.0	5.8	4.8	0.46		5.5
1970	329.0	6.4	4.2	0.50		5.2
1975	367.0	8.1	5.3	0.60		6.5
1978	414.0	8.2	6.5	0.60		6.9
1980	408.5	7.1	6.6	0.70	18.1	7.2
1985	505.0	7.8	17.6	0.64	22.4	10.9
1989	506.1	7.5	15.4	0.60	23.3	17.0
1990	486.0	6.9	16.7	0.59	23.6	17.6
1991	446.1	8.2	16.8	0.59	24.0	17.3
1992	482.8	7.7	18.5	0.61	25.1	19.6
1993	472.6	6.2	18.1	0.62	25.8	22.7
1994	446.7	6.5	19.1	0.65	28.5	25.8
1995	466.6	8.0	22.6	0.69	30.9	31.2
1996	490.4	7.6	20.8	0.51	24.7	34.7
1997	499.9	7.1	19.9	0.57	26.2	37.3
1998	476.6	6.4	16.1	0.63	29.2	39.4
1999	494.5	3.4	25.6	0.63	29.9	41.2
2000	427.3	4.3	31.0	0.66	31.3	42.5
2001	400.8	6.3	31.7	0.67	32.2	43.7
2002	394.6	4.9	29.5	0.67	32.6	45.4
2003	334.4	3.9	27.0	0.68	33.1	46.4
2004	381.3	6.8	32.1	0.66	32.7	49.3
2005	380.3	4.3	29.0	0.66	32.5	52.1
2006	412.1	4.7	23.5	0.63	28.4	53.0
2007	411.5	4.6	18.3	0.53	25.4	53.9
2008	417.3	4.3	18.0	0.56	26.7	55.6
2009	423.5	3.3	18.5	0.58	27.8	57.6
2010	421.3	3.3	16.4	0.58	28.4	59.1
2011	425.8	3.1	14.8	0.58	28.4	60.4
2012	433.9	2.8	14.4	0.60	29.9	62.4
2013	433.9	2.6	14.0	0.60	29.9	64.2
2014	443.2	2.0	13.1	0.60	30.1	65.3
2015	451.1	1.5	12.3	0.59	29.1	65.5
2016	443.5	0.5	11.1	0.56	27.8	63.6
2017	450.6	0.3	10.7	0.55	28.1	63.3
2018	455.3	0.3	10.7	0.53	26.9	61.5

10－12 蚕、茶、果生产情况
Statistics on Silkworm Cocoons, Tea and Fruits

单位:万吨 (10000 tons)

指标	Item	2014	2015	2016	2017	2018
蚕茧产量（万吨）	Silkworm Cocoons (10000 tons)	5.69	4.97	3.95	3.93	3.86
茶叶产量（万吨）	Tea (10000 tons)	1.46	1.45	1.40	1.39	1.40
红毛茶	Black Tea	0.23	0.24	0.25	0.30	0.33
绿毛茶	Green Tea	1.23	1.20	1.13	1.08	1.07
其他茶	Others	…	…	0.02	0.01	0.01
水果产量（万吨）	Fruits (10000 tons)	306.17	300.03	296.31	309.79	288.60
#苹果	Apples	59.77	59.95	56.41	58.00	40.48
柑桔	Citrus	4.82	4.32	3.27	3.17	3.01
梨	Pears	83.11	77.98	75.83	77.98	70.36
葡萄	Grapes	58.69	63.24	61.00	64.90	67.06
桃子	Peaches	61.44	61.75	63.47	69.31	74.90
红枣	Dates	1.13	1.10	0.90	0.67	0.40
柿子	Persimmons	14.94	13.88	11.56	10.89	9.29
桑园面积（千公顷）	Area of Mulberry Plantations (1000 hectares)	42.62	38.06	33.35	31.92	31.76
茶园面积（千公顷）	Area of Tea Plantations (1000 hectares)	34.28	33.77	33.78	33.71	33.74
#当年采摘面积	Picked Area in the Year	28.47	30.30	30.57	30.46	31.33
果园（千公顷）	Area of Orchards (1000 hectares)	214.29	209.42	209.97	209.15	204.54
#苹果园	Apples	31.95	32.10	30.89	31.33	29.43
柑桔园	Citrus	2.89	2.67	2.54	2.33	2.31
梨园	Pears	39.35	39.92	39.04	38.41	39.94
葡萄园	Grapes	37.55	37.98	34.91	35.91	39.89

10－13 林业生产情况
Statistics on Forestry

指标	Item	2014	2015	2016	2017	2018
造林面积（千公顷）	Area of Forestation (1000 hectares)	58.12	42.58	27.21	33.97	41.32
用材林	Timber Forests	6.84	6.73	4.56	4.14	6.52
经济林	By-product Forests	11.83	7.86	6.81	7.28	9.46
防护林	Protection Forests	40.10	27.34	15.37	21.80	24.67
其他林	Others	1.09	0.65	0.47	0.75	0.67
林产品产量（吨）	Output of Forestry Products (ton)					
油茶籽	Tea-oil Seeds	299	256	263	265	260
竹笋干	Bamboo Shoots	7178	721	852	746	805
板栗	Chestnut	28585	24237	21388	19149	17906
白果	Ginkgo	61921	26711	48584	89603	87391
育苗面积（千公顷）	Area of Seedlings (1000 hectares)	106.46	140.66	142.86	138.91	173.24
当年苗木产量（亿株）	Output of Seedlings in the Year (100 million units)	56.87	50.92	54.23	53.46	67.02
林木种子采集量（吨）	Output of Forestry Seeds Picking (ton)	3636	7347	8639	5774	6159
木材采伐量（万立方米）	Output of Timber Cutting (10000 cu. m)	141.33	148.86	178.47	138.21	130.70
竹材采伐量（万根）	Bamboo Cutting (10000 units)	404.43	408.00	387.83	213.82	418.98
四旁植树（万株）	Planting (10000 units)	9229	7180	5585	6234	6485

10－14　畜牧业生产情况

Statistics on Livestock

指　　　标	Item	2014	2015	2016	2017	2018
牲畜年末头数　（万头）	**Livestock（Year-end）（10000 units）**					
大牲畜	Large Animals	36.03	35.96	35.59	32.91	31.72
牛	Cattle and Buffaloes	32.69	33.08	32.92	30.50	29.23
#奶牛	Cows	13.55	12.96	12.66	13.92	14.62
马	Horses	0.24	0.21	0.17	0.16	0.18
驴	Donkeys	2.34	2.04	1.93	1.72	1.69
骡	Mules	0.76	0.63	0.57	0.53	0.62
猪	Hogs	1769.15	1746.55	1654.99	1640.30	1551.97
羊	Sheep and Goats	394.84	381.43	353.68	398.50	390.21
山羊	Goats	386.29	372.77	345.41	389.25	370.30
绵羊	Sheep	8.55	8.66	8.28	9.25	19.91
畜禽产品产量	**Output of Livestock and Poultry Products**					
猪牛羊出栏头数　（万头）	Hogs, Sheep and Goats（10000 units）					
当年肉猪出栏头数	Hogs	3021.76	2921.86	2787.37	2805.50	2680.90
当年出售和自宰的肉用牛	Cattle and Buttaloes Sold and Killed in the Year	17.60	17.40	16.97	16.36	15.49
当年出售和自宰的肉用羊（万只）	Sheep and Goats Sold and Killed in the Year（10000 units）	646.44	647.42	646.71	707.70	690.48
肉类产量　（万吨）	Output of Meat（10000 tons）	379.84	369.89	356.23	342.32	328.48
猪肉	Pork	228.43	221.56	211.81	214.30	205.50
牛肉	Beef	3.27	3.22	3.11	2.93	2.82
羊肉	Mutton	7.20	7.22	7.23	7.99	7.79
禽肉	Poultry	131.68	128.92	125.57	110.20	105.75
其他畜禽产品产量　（吨）	Others（ton）					
牛奶产量	Milk	496908	487661	482914	490443	500290
绵羊毛产量	Sheep's Wool	304	306	287	289	344
山羊毛产量	Goat's Wool	8	8	9	8	9
蜂蜜	Honey	3825	4046	3647	3479	4663
禽蛋　（万吨）	Poultry Eggs（10000 tons）	204.33	207.33	211.01	183.39	177.96

10－15 水产品产量
Output of Aquatic Products

指　　标	Item	2014	2015	2016	2017	2018
水产品产量　（万吨）	**Output of Aquatic Products （10000 tons）**	**518.84**	**522.11**	**508.22**	**507.59**	**494.84**
海水产品	Seawater Aquatic Products	150.47	149.24	149.72	149.51	140.83
按生产性质分	Grouped by Nature					
天然生产	Naturally Grown	56.88	59.89	59.30	56.43	49.00
人工养殖	Artificially Cultured	93.59	89.35	90.42	93.08	91.83
按类别分	Grouped by Category					
鱼类	Fish	40.41	38.87	38.39	37.65	34.20
甲壳类	Shrimp, Prawn and Crab	27.28	27.53	27.38	27.04	25.38
贝类	Shellfish	74.90	70.43	71.58	72.18	70.83
藻类	Algae	2.83	2.93	3.01	4.35	4.34
按主要品种分	Among Seawater Aquatic					
大黄鱼	Big Yellow Croaker	0.05	0.05	0.05	0.04	0.01
小黄鱼	Little Yellow Croaker	2.95	2.96	2.96	2.88	2.62
带鱼	Hairtail	5.42	5.53	5.59	5.41	4.96
鱿鱼	Sleeve-fish	1.70	3.18	3.24	2.67	2.12
淡水产品	Freshwater Aquatic Products	368.37	372.86	358.50	358.08	354.01
按生产性质分	Grouped by Nature					
天然生产	Naturally Grown	32.58	32.54	31.71	30.76	28.72
人工养殖	Artificially Cultured	335.79	340.32	326.79	327.32	325.29
按类别分	Grouped by Category					
鱼类	Fish	269.92	272.47	261.86	259.70	252.48
甲壳类	Shrimp, Prawn and Crab	83.52	85.63	83.01	85.04	89.39
贝类	Shellfish	11.17	11.15	10.12	9.86	8.99
水产养殖面积　（千公顷）	**Aquatic Raise Areas （1000 hectares）**	**761.04**	**753.44**	**625.04**	**632.15**	**649.01**
淡水养殖面积	Freshwater Area for Breeding	572.38	571.61	439.76	439.76	462.37
海水养殖面积	Seawater Area for Breeding	188.66	181.83	185.28	192.39	186.64

注:2016—2017 年渔业数据根据第三次全国农业普查核定数据进行了修订。

a) From 2016－2017, the fishery data was revised according to the Third National Agricultural Census approved data.

10 - 16　主要农业机械和农产品加工机械年底拥有量

年　份 Year	农业机械总动力（万千瓦） Total Power of Agricultural Machinery (10000 kW)	农用小型及手扶拖拉机（万台） Small and Walking Agricultural Tractors (10000 units)	农用排灌动力机械（万千瓦） Machinery for Agricultural Drainage and Irrigation (10000 kW)	农用水泵（万台） Agricultural Water Pumps (10000 units)
1978	855.16	19.25	363.73	29.20
1980	1113.05	25.61	442.48	36.18
1985	1675.06	49.16	450.27	37.75
1989	2212.37	70.02	475.95	40.29
1990	2004.77	71.65	490.83	39.63
1991	1966.61	72.64	492.88	40.73
1992	2016.07	72.41	494.57	41.55
1993	2081.75	73.52	501.35	41.59
1994	2161.40	74.98	507.66	42.63
1995	2226.95	75.04	508.91	43.36
1996	2297.43	76.53	515.99	44.84
1997	2499.69	83.32	538.66	50.63
1998	2594.83	83.87	553.73	52.20
1999	2767.89	86.78	577.99	54.07
2000	2925.29	88.89	576.25	65.62
2001	2957.93	89.42	618.72	58.09
2002	2983.89	89.75	604.04	59.74
2003	3029.10	87.46	567.79	58.81
2004	3052.51	86.71	599.71	56.88
2005	3135.33	90.11	609.08	61.93
2006	3278.53	91.37	606.00	62.00
2007	3392.44	89.95	431.40	59.09
2008	3630.86	120.44	601.83	59.80
2009	3810.57	123.32	612.87	60.42
2010	3937.34	122.84	630.46	59.29
2011	4106.11	123.41	642.41	63.49
2012	4214.64	98.71	664.80	66.29
2013	4405.78	92.53	687.98	66.53
2014	4649.98	88.16	695.79	65.99
2015	4825.49	81.86	693.46	65.92
2016	4906.55	76.05	706.72	67.61
2017	4991.41	71.20	709.44	67.45
2018	5042.27	67.45		67.51

注:2018 年农业农村部调整大中型拖拉机和小型拖拉机及相关配套农具口径。

Agricultural Machinery and Machinery for Processing Farm Products at Year-end

联合收割机（台） Combine Harvesters (unit)	机动脱粒机（万台） Motorized Huller (10000 units)	机动喷雾(粉)器（万部） Motorized Duster (10000 units)	大中型拖拉机配套农具（万件） Large and Mediumsized Tractor Towing Farm Machinery (10000 units)	小型拖拉机配套农具（万件） Small Tractor Towing Farm Machinery (10000 units)
295	32.96	2.01	2.45	33.99
478	40.99	4.33	3.23	53.58
687	68.51	5.51	3.38	111.15
1821	86.36	7.08	3.29	112.49
2411	89.42	9.49	3.42	118.26
3583	92.29	11.35	3.91	122.40
5964	93.37	12.37	4.16	122.33
7279	94.80	12.63	4.30	124.66
8604	98.32	13.28	4.37	125.50
12063	105.22	17.08	4.69	127.74
20074	105.01	19.64	5.68	129.22
27656	121.42	26.55	7.00	138.63
33343	123.80	29.10	7.69	143.08
42266	124.52	31.59	8.51	148.41
48821	129.69	33.26	8.62	152.45
52025	120.16	35.17	8.39	151.48
56151	111.45	34.54	8.17	145.02
58645	93.56	34.99	7.84	145.70
61115	91.45	34.88	7.52	144.45
69569	73.95	37.41	8.08	143.64
77100	75.00	39.50	8.37	144.68
78498	59.00	41.39	9.13	143.07
85327	43.62	50.27	11.01	163.43
90979	38.00	53.50	13.29	170.91
98511	33.19	57.32	16.41	168.83
103500	20.92	61.92	19.17	173.59
118078	18.39	67.11	19.83	155.64
136619	16.44	68.60	22.28	149.98
149503	14.95	68.85	26.53	147.04
159115	10.50	67.04	30.25	140.59
169641	8.93	65.97	33.71	131.86
174954	8.33	63.59	35.34	124.79
176851	7.71		25.76	126.90

a) In 2018, the Ministry of Agriculture and Rural Affairs adjusted the caliber of large and mediumsized tractors and small tractors and related towing farm Machinery.

10－17　农业主要经济效益指标
Main Indicators on Economic Benefit of Agriculture

指　　标	Item	2014	2015	2016	2017	2018
每个农林牧渔业劳动力创造的	**Per Labor Creating**					
农林牧渔业总产值（元）	Gross Output Value of Agriculture, Forestry, Animal Husbandry and Fishery (yuan)	84025.56	93394.12	97524.32	99093.78	101584.11
粮食产量（公斤）	Output of Grain (kg)	4623.42	4809.55	4812.31	4996.47	5169.67
棉花产量（公斤）	Output of Cotton (kg)	20.94	15.64	5.02	3.56	2.91
油料产量（公斤）	Output of Oil-bearing Crops (kg)	136.65	131.18	120.46	118.12	121.52
肉类产量（公斤）	Output of Meat (kg)	498.48	494.90	483.93	473.69	463.94
水产品产量（公斤）	Output of Aquatic Products (kg)	680.89	698.56	690.40	702.38	698.90
每亩耕地创造的	**Per Mu Cultivated Land Creating**					
农林牧渔业总产值（元）	Gross Output Value of Agriculture, Forestry, Animal Husbandry and Fishery (yuan)	9291.46	10151.92	10440.74	10414.93	10460.24
农林牧渔业增加值（元）	Value Added of Agriculture, Forestry, Animal Husbandry and Fishery (yuan)	5526.38	6073.28	6287.94	6320.63	6441.83

注:产值、增加值均为现行价格。2014 年－2018 年农林牧渔业产值及增加值已根据第三次全国农业普查核定数据进行了修订。

a) Both output value and value-added are caculated at current prices. From 2014－2018, the output value and value added of agriculture, forestry, animal husbandry and fishery have been revised according to the Third Nationd Agriculture Census approved data.

10－18 国有农场基本情况
Basic Statistics on State Farms

指标 Item		2014	2015	2016	2017	2018
农场数 （个）	Number of Farms (unit)	17	18	18	17	17
职工人数 （万人）	Number of Staff and Workers (10000 persons)	5.51	5.33	5.03	4.73	4.49
耕地面积 （千公顷）	Cultivated Area (1000 hectares)	71.08	70.82	65.53	64.83	64.58
农业机械总动力 （万千瓦）	Total Power of Agricultural Machinery (10000 kW)	44.33	49.06	51.78	53.16	65.14
农业机械拥有量 （台、辆）	Ownership of Agricultural Machinery (unit)					
大中型农用拖拉机	Large and Medium-sized Agricultural Tractors	3470	3796	3538	3882	4156
小型及手扶拖拉机	Small and Walking Agricultural Tractors	1090	989	847	786	409
农用排灌动力机械	Machinery for Agricultural Drainage and Irrigation	909	663	793	1035	1065
联合收割机	Combine Harvesters	1815	1795	1571	1630	1809
农用载重汽车	Trucks for Agricultural Use	111	71	41	33	36
农用化肥施用量 （万吨）	Consumption of Chemical Fertilizers (10000 tons)	14.26	15.94	14.10	18.85	19.25
农业总产值 （亿元）	Gross Agricultural Output Value (100 million yuan)	61.17	60.98	59.91	41.16	41.77
农作物总播种面积 （千公顷）	Sown Area of Farm Crops (1000 hectares)	141.66	155.24	155.46	154.26	153.90
粮食作物	Grain	134.19	149.65	151.52	149.98	150.03
棉　花	Cotton	0.07	0.04			
油　料	Oil-bearing Crops	0.02	0.09	0.06		
年底实有桑园面积 （公顷）	Area of Mulberry Plantations (year-end) (hectare)	213	213	202	60	60
年底实有果园面积 （公顷）	Area of Orchards (year-end) (hectare)	183	134	257	138	140
主要农产品产量	Output of Major Farm Products					
粮食作物 （万吨）	Grain (10000 tons)	101.17	116.61	120.65	116.77	121.06
棉　花 （万吨）	Cotton (10000 tons)	0.07	0.06			
油　料 （万吨）	Oil-bearing Crops (10000 tons)	0.09	0.05	0.01		
水　果 （万吨）	Fruits (10000 tons)	0.24	0.23	0.25	0.24	0.32
畜牧业、渔业生产	Production of Animal Husbandry and Fishery					
大牲畜年底头数 （万头）	Number of Large Animals (year-end) (10000 heads)	0.54	0.75	0.79	0.69	0.72
猪年底头数 （万头）	Number of Hogs (10000 heads)	7.32	6.75	9.29	13.93	10.27
羊年底只数 （万只）	Number of Sheep and Goats Sheep (10000 heads)	1.51	1.09	1.31	0.66	0.87
畜产品产量 （万吨）	Output of Livestock Products (10000 tons)					
猪牛羊肉	Pork, Beef and Mutton	6.26	5.51	4.53	4.57	4.40
#猪　肉	Pork	1.76	1.54	1.56	1.81	1.84
牛　奶	Milk	1.32	2.62	3.15	2.19	2.47
禽　蛋	Poultry Eggs	1.34	1.77	1.79	1.62	1.47
羊　毛	Sheep Wool					
水产品总产量 （万吨）	Output of Aquatic Products (10000 tons)	4.76	4.81	5.35	6.04	5.38

注：本表为农垦系统数据。

a) Data in this table are from farming system.

10－19　分市农业基本情况（2018 年）

指　　标	Item	南京市 Nanjing	无锡市 Wuxi	徐州市 Xuzhou
乡村户数　（万户）	Rural Households　(10000 units)	62.68	59.57	174.69
乡村劳动力　（万人）	Rural Laborers　(10000 persons)	114.60	111.64	357.21
#农林牧渔业	Agriculture, Forestry, Animal Husbandry, Fishery	22.14	15.90	128.52
工业	Industry	35.69	67.69	104.62
建筑业	Construction	24.06	6.48	51.59
交通运输、仓储业和邮电通讯业	Transport, Storage, Post and Telecommunication	6.81	3.52	15.82
批发、零售贸易业、餐饮业	Wholesale, Retail Sales and Catering Services	12.65	7.80	32.96
农业机械总动力　（万千瓦）	Total Power of Agricultural Machinery　(10000 kW)	231.62	96.33	736.85
化肥施用量　（万吨）	Consumption of Chemical Fertilizers　(10000 tons)	6.71	4.89	56.59
农村用电量　（亿千瓦时）	Electricity Consumed in Rural Areas　(100 million kW·h)	32.08	422.58	69.96
农作物总播种面积　（千公顷）	Sown Area of Farm Crops　(1000 hectares)	270.05	145.37	1178.48
#粮食	Grain Crops	151.38	84.34	765.66
主要农产品产量　（万吨）	Output of Major Farm Products　(10000 tons)			
粮食	Grain	106.92	56.80	484.48
棉花	Cotton	0.14		1.03
油料	Oil-bearing	3.34	0.48	12.32
肉类产量	Meat	4.86	2.00	69.90
#猪牛羊肉	Pork, Beef and Mutton	2.69	1.46	38.77
水产品产量	Aquatic Products	16.60	12.23	16.87
农林牧渔业总产值　（亿元）	Gross Output Value of Agriculture, Forestry, Animal Husbandry and Fishery　(100 million yuan)	489.47	226.19	1211.96
农业	Farming	277.28	138.87	760.86
林业	Forestry	29.15	18.84	21.58
畜牧业	Animal Husbandry	33.37	8.19	337.49
渔业	Fishery	123.04	35.57	48.01
农林牧渔服务业	Services in Support of Agriculture, Forestry, Animal Husbandry and Fisherg	26.63	24.73	44.03

Basic Statistics of Agriculture by Region (2018)

常州市 Changzhou	苏州市 Suzhou	南通市 Nantong	连云港市 Lianyungang	淮安市 Huaian	盐城市 Yancheng	扬州市 Yangzhou	镇江市 Zhenjiang	泰州市 Taizhou	宿迁市 Suqian
71.29	87.34	197.17	94.01	99.58	181.11	100.22	57.18	119.42	106.37
127.73	171.54	298.93	181.22	212.33	299.54	181.66	100.49	208.59	223.69
23.00	21.18	61.85	80.07	85.67	105.86	32.81	20.55	41.65	83.47
59.49	104.01	88.19	31.94	43.17	61.18	65.99	50.77	61.19	63.77
17.10	9.74	63.09	31.99	31.53	37.20	34.65	11.52	35.44	29.17
5.00	5.31	15.34	8.56	6.74	13.81	7.36	3.51	13.86	8.18
9.25	14.88	33.58	13.11	14.17	19.29	16.60	5.49	21.67	19.54
143.71	148.07	413.93	616.02	634.92	703.79	278.31	149.50	284.02	605.18
5.54	6.44	21.16	32.64	34.43	48.91	18.48	4.94	15.30	36.40
169.43	599.54	185.65	33.01	17.35	83.13	60.99	75.92	134.58	48.92
181.19	217.79	784.63	623.95	804.08	1365.78	476.54	200.93	530.22	741.48
109.51	124.47	535.36	505.77	681.06	983.15	396.09	153.30	385.99	598.76
78.15	87.92	336.90	364.03	482.26	704.31	287.36	107.30	287.11	401.02
0.02	0.01	0.79	0.01	0.01	0.08	0.01	0.06	0.05	0.05
1.57	0.59	20.89	8.35	5.57	13.10	3.88	3.25	8.73	3.96
8.28	3.85	45.61	22.85	24.05	73.80	16.07	6.80	23.88	27.99
4.14	2.62	27.34	17.87	14.16	54.05	8.95	4.50	19.87	18.00
14.01	19.56	82.90	72.85	26.10	119.75	39.61	9.57	38.92	26.16
293.80	410.09	761.23	636.65	662.58	1183.89	514.02	245.94	484.36	559.37
162.49	177.64	324.55	304.65	413.70	519.46	243.36	135.64	269.90	334.65
2.13	24.57	4.89	16.00	15.11	30.80	13.98	10.10	3.61	19.86
27.01	24.10	167.67	115.89	147.12	311.93	61.87	31.94	70.80	89.21
81.02	134.41	178.57	155.49	73.56	237.80	166.05	36.11	115.67	98.78
21.15	49.37	85.56	44.62	13.09	83.90	28.75	32.15	24.39	16.85

主要统计指标解释

农林牧渔业总产值 指以货币表现的农、林、牧、渔业全部产品和对农业生产进行各种支持性服务活动的总量，它反映一定时期内农业生产总规模和总成果。从2003年开始农林牧渔业总产值执行新的国民经济行业分类标准，包括农业、林业、牧业、渔业、农林牧渔服务业，不再包括农民兼营商品性工业。农林牧渔业总产值中的农、林、牧、渔四业的计算方法通常是按农、林、牧、渔业产品及其副产品的产量分别乘以各自单位产品价格求得，现行价格从2003年开始使用生产价格调查的价格；少数生产周期较长，当年没有产品或产品产量不易统计的，则采用间接方法匡算其产值；然后将四业产品产值与农林牧渔服务业相加即为农林牧渔业总产值。

粮食产量 指全社会的产量。包括国有经济经营的、集体统一经营的和农民家庭经营的粮食产量，还包括工矿企业办的农场和其他生产单位的产量。粮食除包括稻谷、小麦、玉米、高粱、谷子及其他杂粮外，还包括薯类和豆类。其产量计算方法，豆类按去豆荚后的干豆计算（作为蔬菜食用的青豆列入蔬菜统计）；薯类（包括甘薯和马铃薯，不包括芋头和木薯）1963年以前按每4公斤鲜薯折1公斤粮食计算，从1964年开始改为按5公斤鲜薯折1公斤粮食计算。经请示国家统计局同意，目前江苏的马铃薯已全部列入蔬菜统计，不再作为粮食统计，产量按鲜品计算。其他粮食一律按脱粒后的原粮计算。

棉花产量 指全社会的产量。包括春播棉和夏播棉。产量按皮棉计算。

油料产量 指全部油料作物的生产量。包括花生、油菜籽、芝麻、向日葵籽、胡麻籽（亚麻籽）和其他油料。不包括大豆、木本油料和野生油料。花生以带壳干花生计算。

水产品产量 指人工养殖的水产品和天然生长的水产品的捕捞量。包括海水的鱼类、虾蟹类、贝类和藻类以及内陆水域的鱼类、虾蟹类和贝类，不包括淡水水生植物。

猪、牛、羊肉产量 指当年出栏并已屠宰、除去头蹄下水后带骨肉（即胴体重）的重量。

期初（末）畜禽存栏头（只）数 指报告期初（末）农村各种合作经济组织和国营农场、农民个人、机关、团体、学校、工矿企业、部队等单位以及城镇居民饲养的大牲畜、猪、羊、家禽等畜禽的存栏数。

耕地面积 是指年初可用来种植农作物并经常进行耕种、能够正常收获的土地。包括当年实际耕种的熟地、当年新开荒地、休闲不满三年随时可以复耕的地和当年休闲地以及以种植农作物为主并附带种植桑树、茶树、果树和其他林木的土地、沿海、沿湖地区已围垦利用的“海涂”、“湖田”等面积。不包括临时种植农作物的坡度在25度以上的陡坡地、在河套、湖畔、库区临时开发的成片或零星土地，属于专业性的桑园、茶园、果园、果木苗圃、林地、芦苇地、天然或人工草地面积、也不包括已列为国家和省（区、市）退耕计划但临时耕种的土地。

农作物播种面积 指实际播种或移植有农作物的面积。凡是实际种植有农作物的面积，不论种植在耕地上还是种植在非耕地上，均包括在农作物播种面积中。在播种季节基本结束后，因遭灾而重新改种和补种的农作物面积，也包括在内。

有效灌溉面积 指具有一定的水源，地块比较平整，灌溉工程或设备已经配套，在一般年景下当年能够进行正常灌溉的耕地面积。在一般情况下，有效灌溉面积应等于灌溉工程或设备已经配备，能够进行正常灌溉的水田和水浇地面积之和。

农用化肥施用量 指本年内实际用于农业生产的化肥数量，包括氮肥、磷肥、钾肥和复合肥。化肥施用量要求按折纯量计算数量。折纯量是指把氮肥、磷肥、钾肥分别按含氮、含五氧化二磷、含氧化钾的百分之一百成份进行折算后的数量。复合肥按其所含主要成分折算。

农业机械总动力 指主要用于农、林、牧、渔业的各种动力机械的动力总和。包括耕作机械、排灌机械、收获机械、农用运输机械、植物保护机械、牧业机械、林业机械、渔业机械和其他农业机械［内燃机按引擎马力折成瓦（特）计算、电动机按功率折成瓦（特）计算］。不包括专门用于乡、镇、村、组办工业、基本建设、非农业运输、科学试验和教学等非农业生产方面用的动力机械与作业机械。

农林牧渔业劳动力 指全社会直接参加农林牧渔业生产活动的劳动力。

Explanatory Notes on Main Statistical Indicators

Gross Output Value of Farming, Forestry, Animal Husbandry and Fishery refers to the total value of products of farming, forestry, animal husbandry and fishery and various supporting service activities for agricultural production, which reflects the total scale and result of agricultural production during a given period. Since 2003, the total output value of farming, forestry, animal husbandry and fishery is counted with new classified standard of the national economy, including the service industry serving for agricultural production, while excluding the output value of commercialized handicraft products. Gross output value of farming, forestry, animal husbandry, fishery and the value of service industry is obtained by first multiplying the output of each product with its price, resulting in the output value of each single item. Since 2003, the current price is used by the investigated production price. For a small number of products, annual output of which is not available or difficult to get due to the long production growing process involved, the output value is estimated through an indirect approach. The sum of output value of all products of farming, forestry, animal husbandry, fishery and service activities for them is then equal to the gross output value of agriculture. Prior to 1957, gross agricultural output value included barnyard manure and handicraft products for self consumption (clothes, shoes, stockings, and initial grain processing undertaken by peasants). Since 1958, cutting and felling of bamboo and trees by villages and other cooperative organizations under villages have been included in forestry; value of barnyard manure has been excluded from animal husbandry; self consumed handicrafts has been excluded from sideline occupations, while the output value of industries run by villages and cooperative organizations under village had been included in sideline occupations and the output value of fish catches by motor fishing boats has been added to fishery. Since 1980, the value of handicraft products made for sale by individuals in households had been added to sideline occupations. Since 1984, industries run by villages and under villages have been included in the sector of industry. Since 1993, the subdivision of sideline occupations has been canceled, and the hunting of wild animals has been classified into animal husbandry, and the gathering of wild plants and commodity industryrun by rural household have been included infarming. Since 2003, the output value of commercialized handicraft products, as the farmer's household sideline occupation, don't include in farming anymore. The first agriculture census of China in 1996 revealed some discrepancy between the production of animal products from the annual reports and that from the census. Efforts were made by the Rural Socio-economic Survey Organization of NBS to adjust the output value of animal husbandry to make the figures from the annual reports consistent with the census data.

Grain Output refers to the grain production in the whole country including grains produced by state farms, collective units, industrial enterprises and mines. Grain includes rice, wheat, corn, sorghum, millet and other miscellaneous grains as well as tubers and beans. Output of beans refers to dry beans without pods. The output of tubers (sweet potatoes and potatoes, not including taros and cassava) was converted into that of grain at the ratio 4: 1, e. 4 kilograms of fresh tubers was equivalent to 1 kilogram of grain up to 1963. Since 1964 the ratio for conversion has been 5: 1. Tubers supplied as vegetables (such as potatoes) in cities and suburbs are calculated as fresh vegetables and their output is not included in the output of grain. Output of all other grains refers to husked grain.

Cotton Output refers to the cotton production in the whole country including cotton sown in spring and in autumn. Output is measured as the weight of ginned cotton.

Output of Oil-bearing Crops refers to the total production of oil bearing crops of various kinds, including peanuts, (dry, in shell) rapeseeds, sesame, sunflower seeds, flax seeds, and other oil bearing crops. Soybeans, oil-bearing woody plants, and wild oil-bearing crops are not included.

Output of Aquatic Products refers to catches of both artificially cultured and naturally grown aquatic products, including fish, shrimps, crabs and shellfish in sea and inland water as well as seaweed. Freshwater plants are not included.

Output of Pork, Beef, and Mutton refers to the meat of slaughtered hogs, cattle, sheep and goats with head, feet, and offal taken away.

Number of Livestock or Poultry in Stock at Beginning (or End) refers to the total number of large animals, pigs, sheep, fowls, etc. raised by rural cooperative organizations, state farms, rural individuals, government agencies, schools, industrial and mining enterprises, army, and urban residents at the beginning (or end) of the reference period.

Regularly Cultivated Land refers to farmland among the total land resources which is exclusively used for farming and is under regular cultivation with harvest in normal years. Included are currently cultivated land, land that has been abandoned or put in idle for less than 3 years and could be re-used for cultivation at any time, and new-claimed land that has been put into cultivation for more than 3 years. Excluded under this category are steep slope land over 25 degrees under temporary cultivation, land (large or small plots) that is claimed along river bends, lake sides or banks of reservoirs, as well as land that has been designated under the "Green for Grain" programmes of the state and provincial governments but is still temporarily under cultivation.

Sown Area of Crops refers to area of land sown or transplanted with crops regardless of being in cultivated area or non cultivated area. Area of land re-sown due to natural disasters is also included.

Irrigated Area refers to areas that are effectively irrigated, level land which has water source and complete sets of irrigation facilities to lift and move adequate water for irrigation purpose under normal conditions. Under normal conditions, irrigated area is the sum of watered fields and irrigated fields where irrigation systems or equipment have been installed for regular irrigation purpose.

Consumption of Chemical Fertilizers in Agriculture refers to the quantity of chemical fertilizers applied in agriculture in the year, including nitrogenous fertilizer, phosphate fertilizer, potash fertilizer, and compound fertilizer. The consumption of chemical fertilizers is required in calculation to convert the gross weight into weight containing 100% effective component (e. g. 100% nitrogen content in nitrogenous fertilizer, 100% phosphorous pentoxide contents in phosphate fertilizer, 100% potassium oxide contents in potash fertilizer). Compound fertilizer is converted with its major component.

Total Power of Farm Machinery refers to total mechanical power of machinery used in farming, forestry, animal husbandry, and fishery, including ploughing, irrigation and drainage, harvesting, transport, plant protection, stock breeding, forestry and fishery. The power of internal combustion engines is required to convert horsepower into watts and the power of electric motors is required to beconverted into watts. Machinery employed for non agricultural purposes, such as the machines used in township run and village-run industry, construction, non agricultural transport, scientific experiments and teaching, is excluded.

Labour Force Engaged in Farming, Forestry, Animal Husbandry and Fishery refers to the total laborers who are directly engaged in production of farming, forestry, animal husbandry and fishery.

工 业

Industry

简 要 说 明

一、本篇资料的主要内容

本篇资料反映我省工业经济方面的基本情况,包括:

1. 全省规模以上工业企业主要经济指标,以及按企业登记注册类型、轻重工业、企业规模、工业行业大类分组的主要经济指标和经济效益指标;

2. 国有及国有控股、私营、外商投资和港澳台商投资工业企业按工业行业大类分组的主要经济指标和经济效益指标;

3. 大中型工业企业按工业行业大类分组的主要经济指标和经济效益指标;

4. 主要工业产品产量等。

二、本篇资料的统计范围

本篇资料的统计范围1998年至2006年为全部国有及年主营业务收入在500万元以上非国有工业企业,2007至2010年为年主营业务收入在500万元以上工业企业,2011年起为年主营业务收入2000万元以上工业企业(即规模以上工业企业)。本篇资料中工业行业分类按2017年《国民经济行业分类》标准划分;企业大中小微型划分按2011年《统计上大中小微型企业划分办法》标准执行。

三、本篇的资料来源和统计调查方法

本篇工业企业统计数据主要是根据工业统计进度报表中有关年度资料整理汇总的。

Brief Introduction

I. Main Contents

Data in this chapter reflect the basic conditions of the industrial sector in Jiangsu:

(1) Main economic indicators of industrial enterprises above designated size; as well as their main economic indicators and efficiency indicators classified by type of registration, by light and heavy industries, by size of enterprise, by branch of industry .

(2) Main economic indicators and efficiency indicators of State-owned industrial enterprises and enterprises where the State holds the majority of shares; private industrial enterprises, foreign-funded industrial enterprises and enterprises funded by entrepreneurs from Hong Kong, Macao and Taiwan classified by branch of industry.

(3) Main economic indicators and efficiency indicators of large and medium-sized industrial enterprises classified by branch of industry.

(4) Output of key industrial products.

II. Scopes of Statistics

The scopes of industrial statistics are all State-owned industrial enterprises and non-State-owned industrial enterprises with revenue from principal business over 5 million yuan from 1998 to 2006. From 2007 to 2010, the scopes of industrial statistics are all industrial enterprises with revenue from principal business over 5 million yuan, since 2011, the scope is adjusted to all industrial enterprises with revenue from principal above 20 million. (or the industrial enterprises above designated size).

Data by branch of industry this chapter are based on the *2011's National Industrial Classification of all Economic Activities*, and data by size of enterprise are based on the *2011's Preliminary Standards of Enterprises by Size.*

III. Sources of Data and Methods of Survey

The data on enterprises statistics in this Chapter are collected mainly based on the annual relevant data in the month industrial statistics reporting forms.

11-1 1998—2018年规模以上工业企业主要经济指标

Main Indicators of Industrial Enterprises above Designated Size(1998—2018)

单位:亿元 (100 million yuan)

年份 Year 地区 Region	企业单位数(个) Number of Enterprises (unit)	主营业务收入 Revenue from Principal Business	利润总额 Total Profits	应收账款净额 Accounts Receivalble	产成品 Finished Goods
1998	17957	7375.45	151.51	1238.11	584.21
1999	18001	8256.12	234.07	1360.48	617.49
2000	18309	9971.01	370.03	1496.80	666.81
2001	19684	11247.52	419.85	1583.56	707.66
2002	21476	13534.77	554.21	1848.48	734.00
2003	23862	18019.97	793.98	2420.45	845.99
2004	27123	24492.28	1111.42	3025.34	1164.41
2005	32224	32098.48	1384.64	4056.66	1298.38
2006	36319	41015.28	1906.91	4954.52	1527.95
2007	41841	52594.30	2765.77	6287.46	1916.52
2008	45818	66481.84	3972.93	7239.07	2484.95
2009	60817	71724.90	4099.58	8316.41	2676.61
2010	64136	91077.41	5970.56	10261.18	3042.05
2011	43368	107030.09	7074.44	11885.97	3655.22
2012	45859	119286.78	7250.20	13577.65	3986.09
2013	48787	133605.91	8379.50	15212.05	4214.89

单位:亿元 (100 million yuan)

年份 Year 地区 Region	企业单位数(个) Number of Enterprises (unit)	主营业务收入 Revenue from Principal Business	利润总额 Total Profits	应收账款净额 Accounts Receivalble	产成品 Finished Goods
2014	48708	141955.99	9057.17	16341.30	4525.64
2015	48488	147074.45	9686.84	17500.33	4596.18
2016	47900	156591.04	10574.40	19022.03	4787.06
2017	45414	148996.61	10052.54	20704.09	5154.21
2018	45675	128085.59	8491.89	22059.92	5534.34
南京市 Nanjing	2352	11945.91	894.96	2227.98	444.54
无锡市 Wuxi	5258	16576.71	1204.94	3313.43	902.07
徐州市 Xuzhou	2461	5030.28	292.71	888.92	280.31
常州市 Changzhou	4248	11394.03	726.26	2090.64	536.11
苏州市 Suzhou	9851	33840.03	2034.08	7351.76	1670.83
南通市 Nantong	5220	14029.55	1165.55	1524.96	441.60
连云港市 Lianyungang	1508	2493.70	230.47	341.65	106.26
淮安市 Huaian	2192	3866.77	213.40	365.95	113.79
盐城市 Yancheng	2925	5815.97	298.31	777.91	211.62
扬州市 Yangzhou	2870	6803.15	424.88	930.25	195.79
镇江市 Zhenjiang	2044	4162.10	233.36	870.71	222.83
泰州市 Taizhou	3002	6979.70	455.51	1103.05	298.59
宿迁市 Suqian	1760	2188.65	271.83	293.57	119.79

11－2 规模以上工业企业主要经济指标(2018年)

单位:亿元

项目	Item	企业单位数(个) Number of Enterprises (unit)	资产总计 Total Assets	流动资产合计 Current Assets	应收账款 Accounts Receivalble
总计	**Total**	**45675**	**119590.94**	**66896.86**	**22059.92**
按登记注册类型分	**Grouped by Status of Registration**				
内资企业	Domestic Funded Enterprises	36097	77744.75	41884.47	12855.04
国有企业	State-owned Enterprises	67	4105.95	780.29	164.44
集体企业	Collective-owned Enterprises	150	191.91	125.43	29.94
股份合作企业	Cooperative Enterprises	50	49.41	31.00	11.01
联营企业	Joint Ownership Enterprises	10	12.83	8.02	2.14
有限责任公司	Limited Liability Corporations	5689	25960.83	13713.69	3970.97
#国有独资	State Sole Funded Corporatios	198	4968.53	2636.63	667.26
股份有限公司	Share-holding Corporations Ltd.	1342	12862.43	6752.57	1793.26
私营企业	Private Enterprises	28747	34479.66	20437.98	6873.38
其他企业	Other Enterprises	42	81.74	35.48	9.92
港、澳、台商投资企业	Enterprises with Funds from Hong Kong, Macao and Taiwan	3466	15185.53	8745.45	3196.21
外商投资企业	Foreign Funded Enterprises	6112	26660.66	16266.94	6008.67
按轻重工业分	**Grouped by Light & Heavy Industries**				
轻工业	Light Industry	17371	26879.91	15856.96	4308.78
重工业	Heavy Industry	28304	92711.03	51039.90	17751.14
按企业规模分	**Grouped by Size of Enterprises**				
大型企业	Large Enterprises	1145	50865.58	27067.64	8222.47
中型企业	Medium-sized Enterprises	5645	29371.14	16677.95	5539.08
小微型企业	Small Enterprises	38885	39354.22	23151.27	8298.37
按行业分	**Grouped by Sector**				
采矿业	**Mining**	**56**	**960.80**	**290.71**	**43.02**
煤炭开采和洗选业	Mining and Washing of Coal	7	673.69	211.54	29.68
石油和天然气开采业	Extraction of Petroleum and Natural Gas	2			
黑色金属矿采选业	Mining and Processing of Ferrous Metal Ores	8	41.15	23.90	2.82
有色金属矿采选业	Mining and Processing of Non-ferrous Metals Ores	3	7.93	2.16	0.18
非金属矿采选业	Mining and Processing of Non-metal Ores	35	107.85	39.26	6.77
开采专业及辅助性活动	Support Activities for Mining	1			
其他采矿业	Mining of Other Ores				
制造业	**Manufacturing**	**45002**	**108408.29**	**64526.27**	**21713.41**
农副食品加工业	Processing of Food from Agricultural Products	1453	1731.90	1051.18	190.76
食品制造业	Manufacture of Food	416	798.45	409.00	105.02

Main Economic Indicators of above Designated Size Industrial Enterprises (2018)

(100 million yuan)

存货 Inventory	#产成品 Finished Goods	负债合计 Total Liabilities	主营业务收入 Revenue from Principal Business	主营业务成本 Cost of Principle Business	销售费用 Selling Expenses	管理费用 Management Expenses	财务费用 Financial Expenses	利润总额 Total Profits	年平均用工人数(万人) The Average Number of Employment (10000 persons)
14426.68	**5534.34**	**62924.32**	**128085.59**	**108782.44**	**3755.29**	**5761.75**	**1047.17**	**8491.89**	**926.13**
9174.58	3574.45	42364.39	82309.88	69802.21	2333.15	3563.81	814.15	5340.54	578.26
47.38	3.57	2311.45	3585.84	3445.61	12.63	27.95	16.89	92.79	6.59
21.44	11.32	121.67	320.15	282.27	6.42	8.39	2.60	18.71	2.23
6.97	4.18	21.36	59.63	50.13	1.88	3.54	0.60	4.20	0.67
2.43	0.91	6.88	13.94	12.15	0.28	1.09	-0.01	0.43	0.11
3065.41	1141.40	15033.48	22097.31	17913.97	909.53	1067.86	273.28	1576.13	131.72
717.94	218.47	2834.25	3041.42	2132.11	95.67	156.29	45.42	208.67	14.66
1420.64	456.79	5680.32	10015.45	7902.64	396.09	563.96	88.64	937.29	57.31
4602.71	1952.33	19127.69	46154.87	40140.80	1004.43	1888.21	430.38	2708.98	379.18
7.63	3.94	61.54	62.69	54.65	1.89	2.82	1.75	2.01	0.46
1679.20	649.57	7393.14	15784.41	13519.55	413.50	694.91	75.06	1151.63	135.68
3572.90	1310.33	13166.79	29991.29	25460.68	1008.65	1503.03	157.96	1999.72	212.19
4108.62	1619.85	13505.48	31384.70	25193.67	1814.24	1588.00	239.24	2258.22	310.59
10318.06	3914.49	49418.84	96700.89	83588.77	1941.05	4173.75	807.93	6233.67	615.54
5599.14	2048.32	26585.79	52168.43	44189.06	1561.33	1983.97	363.84	3638.63	299.33
3799.76	1477.79	15178.66	28899.28	24032.00	1022.94	1550.13	243.74	2225.64	252.80
5027.79	2008.24	21159.86	47017.88	40561.38	1171.01	2227.65	439.59	2627.62	374.00
38.93	**14.67**	**612.96**	**432.48**	**309.34**	**8.53**	**57.44**	**9.06**	**23.45**	**6.37**
24.44	9.29	414.64	205.98	131.08	3.06	33.77	5.01	16.39	4.56
4.40	1.14	27.31	68.71	63.47	1.61	1.78	0.27	1.65	0.26
0.49	0.29	5.43	4.86	2.56	0.16	0.46	0.07	1.52	0.09
8.02	3.52	51.04	60.98	45.98	3.19	4.57	1.24	5.06	0.61
14257.96	**5515.26**	**56382.01**	**121781.69**	**103167.99**	**3695.13**	**5622.29**	**927.60**	**8049.71**	**905.61**
311.01	119.92	1055.30	3010.16	2747.22	63.80	61.57	18.34	118.30	14.36
90.91	36.88	367.03	859.06	609.91	111.08	47.01	6.51	77.86	8.05

11－2 续 表1

单位:亿元

项目	Item	企业单位数(个) Number of Enterprises (unit)	资产总计 Total Assets	流动资产合计 Current Assets	应收账款 Accounts Receivalble
酒、饮料和精制茶制造业	Manufacture of Liquor, Beverages and Refined Tea	166	1219.53	721.40	63.88
烟草制品业	Manufacture of Tobacco	6	733.66	587.80	16.90
纺织业	Manufacture of Textile	4188	3977.16	2383.88	657.57
纺织服装、服饰业	Manufacture of Textile, Wearing Apparel and Accessories	2109	1996.43	1178.38	306.33
皮革、毛皮、羽毛及其制品和制鞋业	Manufacture of Leather, Fur, Feather and Related Products and Footwear	530	284.56	189.78	69.15
木材加工和木、竹、藤、棕、草制品业	Processing of Timber, Manufacture of Wood, Bamboo, Rattan, Palm and Straw Products	1054	664.26	385.61	102.75
家具制造业	Manufacture of Furniture	303	277.31	151.92	45.49
造纸和纸制品业	Manufacture of Paper and Paper Products	544	1786.38	863.74	258.85
印刷和记录媒介复制业	Printing, Reproduction of Recording Media	601	639.17	363.81	142.38
文教、工美、体育和娱乐用品制造业	Manufacture of Articles for Culture, Education, Arts and Crafts, Sport and Entertainment Activities	1228	941.70	530.12	156.27
石油、煤炭及其他燃料加工业	Processing of Petroleum, Coking, Processing of Nuclear Fuel	141	1031.02	516.46	97.06
化学原料和化学制品制造业	Manufacture of Raw Chemical Materials and Chemical Products	3294	10960.15	5672.88	1502.61
医药制造业	Manufacture of Medicines	681	3166.88	1941.31	569.40
化学纤维制造业	Manufacture of Chemical Fibers	706	2352.12	1195.40	188.54
橡胶和塑料制品业	Manufacture of Rubber and Plastics Products	2139	2543.43	1491.03	589.02
非金属矿物制品业	Manufacture of Non-metallic Mineral Products	2596	3625.31	2258.87	905.85
黑色金属冶炼和压延加工业	Smelting and Pressing of Ferrous Metals	759	6468.78	3082.43	367.90
有色金属冶炼和压延加工业	Smelting and Pressing of Non-ferrous Metals	943	1978.91	1228.72	331.34
金属制品业	Manufacture of Metal Products	3460	4677.01	2890.70	1064.09
通用设备制造业	Manufacture of General Purpose Machinery	4094	7597.58	4961.94	1735.40
专用设备制造业	Manufacture of Special Purpose Machinery	3076	6578.88	4396.51	1641.63
汽车制造业	Manufacture of Automobiles	1896	6639.93	3972.10	1549.79
铁路、船舶、航空航天和其他运输设备制造业	Manufacture of Railway, Ship, Aerospace and Other Transport Equipments	840	3592.55	2186.52	657.26
电气机械和器材制造业	Manufacture of Electrical Machinery and Apparatus	4078	13281.18	8611.61	3524.21
计算机、通信和其他电子设备制造业	Manufacture of Computers, Communication and Other Electronic Equipment	2542	15465.03	9269.22	4248.48
仪器仪表制造业	Manufacture of Measuring Instruments and Machinery	884	3150.21	1890.61	583.21
其他制造业	Other Manufacture	136	94.60	54.67	16.64
废弃资源综合利用业	Utilization of Waste Resources	128	144.08	81.65	23.19

11－2　Continued 1

(100 million yuan)

存货 Inventory	#产成品 Finished Goods	负债合计 Total Liabilities	主营业务收入 Revenue from Principal Business	主营业务成本 Cost of Principle Business	销售费用 Selling Expenses	管理费用 Management Expenses	财务费用 Financial Expenses	利润总额 Total Profits	年平均用工人数(万人) The Average Number of Employment (10000 persons)
275.53	51.48	446.20	1118.49	747.35	60.19	50.64	14.13	204.84	7.06
284.32	17.26	131.28	594.24	115.79	8.00	23.48	-3.61	90.24	0.59
664.04	299.64	2350.94	4973.31	4453.49	83.33	168.43	53.11	225.21	60.50
325.95	147.71	1078.15	2639.13	2264.76	93.44	133.05	17.10	151.27	51.19
52.10	18.97	143.25	563.12	496.81	12.57	19.05	2.93	29.97	9.03
98.59	44.75	315.32	872.60	761.05	21.05	24.73	8.19	55.04	9.46
41.88	16.48	135.34	310.68	260.39	12.74	19.39	2.13	15.43	5.69
142.51	56.67	929.36	1416.56	1206.48	53.90	59.25	27.66	92.04	8.24
68.27	29.21	322.16	693.44	573.17	22.57	43.24	5.28	51.22	9.00
156.94	69.64	506.84	1815.49	1556.59	47.05	81.49	9.15	116.51	21.44
158.70	58.01	598.12	2178.62	1802.53	17.53	40.73	10.04	105.50	3.19
1258.96	512.50	5239.48	12318.14	10360.52	297.26	540.30	127.95	919.81	49.18
438.08	191.46	1165.94	3431.34	1725.62	913.42	359.15	8.79	446.12	21.54
347.24	160.55	1412.63	2678.21	2410.92	30.50	82.18	39.13	136.07	15.49
339.80	159.14	1086.26	2695.57	2261.38	87.34	164.34	20.18	162.79	31.33
326.65	140.19	2025.05	3784.29	3196.78	112.46	159.52	37.11	282.57	29.83
782.52	331.98	3569.85	8849.40	7901.33	65.68	182.09	69.49	595.12	23.44
302.23	127.08	1164.51	3739.29	3451.12	33.25	77.68	29.56	163.38	12.32
648.13	258.51	2511.05	5649.27	4952.61	124.95	249.33	49.12	302.89	47.05
1140.21	409.00	3746.19	7817.61	6436.78	243.90	487.37	41.93	640.20	69.30
1060.84	406.39	3502.75	5833.37	4689.19	234.93	383.35	49.10	451.36	51.12
747.92	312.22	3818.68	7023.03	5831.84	194.68	445.52	49.56	502.79	46.90
547.73	122.51	2048.38	2601.42	2199.15	50.19	150.60	19.27	226.75	23.77
1347.88	624.00	7246.46	13620.90	11685.12	388.49	652.15	107.43	812.43	90.84
1857.84	647.22	7971.56	17448.26	15796.98	207.04	734.19	88.63	766.91	162.18
408.38	131.46	1362.12	2971.00	2434.44	96.34	169.24	16.91	290.01	20.39
16.14	7.15	37.40	138.86	121.31	4.50	5.52	1.08	6.74	2.17
15.57	6.80	88.65	127.07	109.57	2.64	7.07	1.14	9.71	0.86

单位:亿元

项 目	Item	企业单位数（个）Number of Enterprises (unit)	资产总计 Total Assets	流动资产合计 Current Assets	应收账款 Accounts Receivalble
金属制品、机械和设备修理业	Repair Service of Metal Products, Machinery and Equipment	11	10.13	7.03	2.43
电力、热力、燃气及水生产和供应业	**Production and Supply of Electric Power, Heat Power, Gas and Water**	**617**	**10221.85**	**2079.88**	**303.48**
电力、热力生产和供应业	Production and Supply of Electric Power and Heat Power	364	8092.66	1166.55	249.94
燃气生产和供应	Production and Supply of Gas	111	690.68	290.56	34.13
水的生产和供应业	Production and Supply of Water	142	1438.51	622.78	19.42
按地区分	**by Region**				
南京市	Nanjing	2352	12632.89	7016.57	2227.98
无锡市	Wuxi	5258	17028.44	10495.11	3313.43
徐州市	Xuzhou	2461	6216.03	3046.28	888.92
常州市	Changzhou	4248	9670.52	6110.07	2090.64
苏州市	Suzhou	9851	32073.74	20044.48	7351.76
南通市	Nantong	5220	9812.43	4706.90	1524.96
连云港市	Liuyungang	1508	3481.03	1450.89	341.65
淮安市	Huaian	2192	2597.38	1334.33	365.95
盐城市	Yancheng	2925	5150.22	2418.92	777.91
扬州市	Yangzhou	2870	4898.00	2723.00	930.25
镇江市	Zhenjiang	2044	5019.13	2892.09	870.71
泰州市	Taizhou	3002	5948.08	3434.60	1103.05
宿迁市	Suqian	1760	2470.17	1325.39	293.57

(100 million yuan)

存货 Inventory	#产成品 Finished Goods	负债合计 Total Liabilities	主营业务收入 Revenue from Principal Business	主营业务成本 Cost of Principle Business	销售费用 Selling Expenses	管理费用 Management Expenses	财务费用 Financial Expenses	利润总额 Total Profits	年平均用工人数(万人) The Average Number of Employment (10000 persons)
1.07	0.46	5.76	9.76	7.80	0.31	0.65	0.25	0.61	0.12
129.79	**4.41**	**5929.35**	**5871.42**	**5305.11**	**51.63**	**82.02**	**110.50**	**418.73**	**14.16**
96.78	1.10	4687.09	5151.53	4760.72	1.93	44.92	100.89	296.65	9.37
15.39	2.49	333.73	540.98	427.10	19.13	17.29	3.55	89.95	1.63
17.62	0.82	908.53	178.91	117.29	30.57	19.81	6.06	32.13	3.15
1502.42	444.54	6680.30	11945.91	9645.12	396.22	610.52	88.52	894.96	61.45
2208.96	902.07	8827.90	16576.71	14194.75	425.23	806.01	148.60	1204.94	114.95
743.59	280.31	3288.97	5030.28	4095.55	173.80	208.12	72.08	292.71	45.19
1269.96	536.11	5424.17	11394.03	9810.25	252.79	503.97	92.99	726.26	80.29
4245.79	1670.83	16784.21	33840.03	29115.78	932.64	1731.24	223.72	2034.08	275.48
1085.55	441.60	4713.64	14029.55	12023.81	248.43	461.32	104.18	1165.55	88.40
304.41	106.26	1957.80	2493.70	1814.33	222.91	176.50	34.86	230.47	20.67
344.37	113.79	1270.08	3866.77	3268.32	98.66	147.86	34.64	213.40	28.67
507.24	211.62	3035.72	5815.97	5070.18	146.74	231.49	76.33	298.31	43.45
554.55	195.79	2531.34	6803.15	5896.95	164.89	272.17	48.41	424.88	52.54
517.74	222.83	2765.09	4162.10	3570.02	120.56	190.38	60.11	233.36	34.49
794.92	298.59	3122.21	6979.70	5636.39	521.92	329.64	47.83	455.51	47.77
419.61	119.79	1136.61	2188.65	1743.46	52.21	91.92	13.23	271.83	30.11

11－3 规模以上工业企业主要经济效益指标（2018 年）

单位：%

项 目	Item	企业亏损面 Percentage of Loss Making Enterprises
总 计	**Total**	**14.48**
按登记注册类型分	**Grouped by Status of Registration**	
内资企业	Domestic Funded Enterprises	12.59
国有企业	State-owned Enterprises	17.91
集体企业	Collective-owned Enterprises	14.00
股份合作企业	Cooperative Enterprises	10.00
联营企业	Joint Ownership Enterprises	30.00
有限责任公司	Limited Liability Corporations	16.10
#国有独资	State Sole Funded Corporatios	18.69
股份有限公司	Share-holding Corporations Ltd.	12.89
私营企业	Private Enterprises	11.86
其他企业	Other Enterprises	11.90
港、澳、台商投资企业	Enterprises with Funds from Hong Kong, Macao and Taiwan	20.86
外商投资企业	Foreign Funded Enterprises	22.01
按轻重工业分	**Grouped by Light & Heavy Industries**	
轻工业	Light Industry	14.15
重工业	Heavy Industry	14.68
按企业规模分	**Grouped by Size of Enterprises**	
大型企业	Large Enterprises	12.58
中型企业	Medium-sized Enterprises	14.79
小微型企业	Small Enterprises	14.49
按行业分	**Grouped by Sector**	
采矿业	**Mining**	**14.29**
煤炭开采和洗选业	Mining and Washing of Coal	28.57
石油和天然气开采业	Extraction of Petroleum and Natural Gas	
黑色金属矿采选业	Mining and Processing of Ferrous Metal Ores	37.50
有色金属矿采选业	Mining and Processing of Non-ferrous Metals Ores	33.33
非金属矿采选业	Mining and Processing of Non-metal Ores	2.86
开采专业及辅助性活动	Support Activities for Mining	
其他采矿业	Mining of Other Ores	
制造业	**Manufacturing**	**14.51**
农副食品加工业	Processing of Food from Agricultural Products	11.98

Main Indicators on Economic Benefit of above Designated Size Industrial Enterprises(2018)

(%)

资产负债率 Assets Liability Ratio	流动资产周转次数(次/年) Times of Turnover of Circulating Funds (times/year)	成本费用利润率 Ratio of Profits to Industrial Cost	产品销售率 Proportion of Products Sold	总资产贡献率 Ratio of Total Assets to Industrial Output Value
52.62	**2.00**	**6.91**	**98.81**	**12.11**
54.49	2.06	6.73	98.70	12.81
56.30	4.58	2.60	99.76	5.99
63.40	2.57	6.14	98.20	17.56
43.23	1.81	7.33	97.36	14.60
53.62	1.85	3.17	99.14	7.07
57.91	1.70	7.27	99.06	12.14
57.04	1.21	6.48	98.77	16.39
44.16	1.56	10.15	98.47	13.49
55.48	2.36	6.10	98.51	13.89
75.29	1.33	3.29	98.78	6.47
48.69	1.88	7.67	98.85	10.94
49.39	1.90	7.01	99.11	10.74
50.24	2.08	7.60	98.80	15.56
53.30	1.97	6.69	98.82	11.11
52.27	2.03	7.21	99.23	12.65
51.68	1.85	8.11	98.33	12.08
53.77	2.07	5.84	98.67	11.44
63.80	**1.59**	**3.96**	**96.21**	**8.31**
61.55	1.06	4.75	99.93	7.25
66.37	3.01	1.63	80.66	6.17
68.47	2.12	45.78	94.41	27.17
47.32	1.62	9.00	98.64	9.78
52.01	**1.97**	**6.90**	**98.78**	**12.58**
60.93	3.04	4.04	98.99	10.61

11－3 续 表1

单位:%

项　　目 Item		企业亏损面 Percentage of Loss Making Enterprises
食品制造业	Manufacture of Food	14.42
酒、饮料和精制茶制造业	Manufacture of Liquor, Beverages and Refined Tea	15.66
烟草制品业	Manufacture of Tobacco	0.00
纺织业	Manufacture of Textile	12.56
纺织服装、服饰业	Manufacture of Textile, Wearing Apparel and Accessories	14.98
皮革、毛皮、羽毛及其制品和制鞋业	Manufacture of Leather, Fur, Feather and Related Products and Footwear	13.40
木材加工和木、竹、藤、棕、草制品业	Processing of Timber, Manufacture of Wood, Bamboo, Rattan, Palm and Straw Products	5.98
家具制造业	Manufacture of Furniture	18.81
造纸和纸制品业	Manufacture of Paper and Paper Products	15.63
印刷和记录媒介复制业	Printing, Reproduction of Recording Media	14.31
文教、工美、体育和娱乐用品制造业	Manufacture of Articles for Culture, Education, Arts and Crafts, Sport and Entertainment Activities	10.50
石油、煤炭及其他燃料加工业	Processing of Petroleum, Coking, Processing of Nuclear Fuel	19.15
化学原料和化学制品制造业	Manufacture of Raw Chemical Materials and Chemical Products	15.94
医药制造业	Manufacture of Medicines	13.51
化学纤维制造业	Manufacture of Chemical Fibers	19.26
橡胶和塑料制品业	Manufacture of Rubber and Plastics Products	14.54
非金属矿物制品业	Manufacture of Non-metallic Mineral Products	13.98
黑色金属冶炼和压延加工业	Smelting and Pressing of Ferrous Metals	17.39
有色金属冶炼和压延加工业	Smelting and Pressing of Non-ferrous Metals	16.76
金属制品业	Manufacture of Metal Products	13.67
通用设备制造业	Manufacture of General Purpose Machinery	12.34
专用设备制造业	Manufacture of Special Purpose Machinery	13.91
汽车制造业	Manufacture of Automobiles	18.62

11－3 Continued 1

(%)

资产负债率 Assets Liability Ratio	流动资产周转次数(次/年) Times of Turnover of Circulating Funds (times/year)	成本费用利润率 Ratio of Profits to Industrial Cost	产品销售率 Proportion of Products Sold	总资产贡献率 Ratio of Total Assets to Industrial Output Value
45.97	2.22	9.97	97.01	15.29
36.59	1.70	22.90	100.29	30.14
17.89	1.08	26.79	97.81	76.90
59.11	2.22	4.59	98.72	10.71
54.00	2.32	5.67	98.63	13.55
50.34	3.02	5.63	97.94	19.26
47.47	2.37	6.70	97.63	13.76
48.80	2.20	5.22	99.05	10.30
52.02	1.65	6.69	99.82	9.13
50.40	1.97	7.89	98.79	12.74
53.82	3.56	6.82	98.74	21.16
58.01	4.34	5.42	99.42	38.85
47.80	2.23	7.99	98.96	13.44
36.82	1.87	14.70	97.69	22.64
60.06	2.35	5.07	102.02	9.90
42.71	1.87	6.37	98.84	10.48
55.86	1.81	7.87	98.85	13.55
55.19	2.96	6.74	99.86	13.99
58.85	3.10	4.39	98.94	14.39
53.69	2.01	5.42	98.76	11.38
49.31	1.56	8.80	98.81	12.09
53.24	1.52	7.77	97.75	11.90
57.51	1.86	7.56	98.79	12.72

单位:%

项 目 Item		企业亏损面 Percentage of Loss Making Enterprises
铁路、船舶、航空航天和其他运输设备制造业	Manufacture of Railway, Ship, Aerospace and Other Transport Equipments	20.48
电气机械和器材制造业	Manufacture of Electrical Machinery and Apparatus	15.62
计算机、通信和其他电子设备制造业	Manufacture of Computers, Communication and Other Electronic Equipment	19.28
仪器仪表制造业	Manufacture of Measuring Instruments and Machinery	9.84
其他制造业	Other Manufacture	12.50
废弃资源综合利用业	Utilization of Waste Resources	23.44
金属制品、机械和设备修理业	Repair Service of Metal Products, Machinery and Equipment	9.09
电力、热力、燃气及水生产和供应业	**Production and Supply of Electric Power, Heat Power, Gas and Water**	**11.99**
电力、热力生产和供应业	Production and Supply of Electric Power and Heat Power	12.91
燃气生产和供应	Production and Supply of Gas	7.21
水的生产和供应业	Production and Supply of Water	13.38
按地区分	**by Region**	
南京市	Nanjing	17.77
无锡市	Wuxi	16.15
徐州市	Xuzhou	12.39
常州市	Changzhou	13.77
苏州市	Suzhou	19.43
南通市	Nantong	8.14
连云港市	Lianyungang	19.76
淮安市	Huaian	11.72
盐城市	Yancheng	14.29
扬州市	Yangzhou	7.94
镇江市	Zhenjiang	18.93
泰州市	Taizhou	11.76
宿迁市	Suqian	10.17

11－3 Continued 2

(%)

资产负债率 Assets Liability Ratio	流动资产周转次数(次/年) Times of Turnover of Circulating Funds (times/year)	成本费用利润率 Ratio of Profits to Industrial Cost	产品销售率 Proportion of Products Sold	总资产贡献率 Ratio of Total Assets to Industrial Output Value
57.02	1.21	9.20	98.56	9.28
54.56	1.59	6.22	97.84	9.99
51.55	2.01	4.52	99.09	7.18
43.24	1.69	10.58	97.60	13.75
39.53	2.49	5.04	99.02	12.67
61.53	1.76	8.02	99.02	12.90
56.86	1.57	6.73	100.83	13.25
58.01	**2.88**	**7.40**	**99.73**	**7.53**
57.92	4.44	5.95	99.77	7.55
48.32	1.90	18.73	99.76	15.77
63.16	0.30	16.44	98.53	3.46
52.88	1.78	8.09	99.08	14.60
51.84	1.64	7.39	98.37	10.67
52.91	1.73	5.53	98.93	11.59
56.09	1.97	6.61	98.54	12.89
52.33	1.77	6.21	99.52	9.18
48.04	3.02	9.00	99.04	19.78
56.24	1.79	10.03	96.45	11.56
48.90	3.11	5.89	98.00	18.19
58.94	2.56	5.33	97.72	11.84
51.68	2.60	6.57	96.99	15.13
55.09	1.48	5.78	98.66	8.11
52.49	2.08	6.86	98.55	13.01
46.01	1.76	13.70	102.42	17.25

11－4　国有控股工业企业主要经济指标(2018 年)

单位:亿元

项　目	Item	企业单位数(个) Number of Enterprises (unit)	资产总计 Total Assets	流动资产合计 Current Assets	应收账款 Accounts Receivalble
总　计	**Total**	**1065**	**22054.68**	**9173.65**	**2372.54**
按登记注册类型分	**Grouped by Status of Registration**				
内资企业	Domestic Funded Enterprises	939	19840.66	8179.72	2151.57
国有企业	State-owned Enterprises	67	4105.95	780.29	164.44
集体企业	Collective-owned Enterprises				
股份合作企业	Cooperative Enterprises				
联营企业	Joint Ownership Enterprises	4	5.11	3.89	0.27
有限责任公司	Limited Liability Corporations	736	12010.77	5699.15	1627.08
#国有独资	State Sole Funded Corporatios	198	4968.53	2636.63	667.26
股份有限公司	Share-holding Corporations Ltd.	131	3701.92	1682.37	359.32
私营企业	Private Enterprises				
其他企业	Other Enterprises	1			
港、澳、台商投资企业	Enterprises with Funds from Hong Kong, Macao and Taiwan	47	519.89	182.01	39.65
外商投资企业	Foreign Funded Enterprises	79	1694.13	811.92	181.32
按轻重工业分	**Grouped by Light & Heavy Industries**				
轻工业	Light Industry	219	2292.36	1460.06	111.16
重工业	Heavy Industry	846	19762.32	7713.59	2261.38
按企业规模分	**Grouped by Size of Enterprises**				
大型企业	Large Enterprises	113	14161.28	5755.44	1412.69
中型企业	Medium-sized Enterprises	287	4416.65	1963.38	529.48
小微型企业	Small Enterprises	665	3476.75	1454.83	430.37
按行业分	**Grouped by Sector**				
采矿业	**Mining**	**18**	**911.27**	**268.56**	**36.26**
煤炭开采和洗选业	Mining and Washing of Coal	3	666.85	209.65	29.61
石油和天然气开采业	Extraction of Petroleum and Natural Gas	2			
黑色金属矿采选业	Mining and Processing of Ferrous Metal Ores	2			
有色金属矿采选业	Mining and Processing of Non - ferrous Metals Ores	2			
非金属矿采选业	Mining and Processing of Non-metal Ores	9	73.62	24.94	2.69
开采专业及辅助性活动	Support Activities for Mining				
其他采矿业	Mining of Other Ores				
制造业	**Manufacturing**	**802**	**13235.85**	**7586.83**	**2162.42**
农副食品加工业	Processing of Food from Agricultural Products	32	81.22	54.08	4.60
食品制造业	Manufacture of Food	17	84.25	32.72	8.24

Main Economic Indicators of State Shareholding Industrial Enterprises (2018)

(100 million yuan)

存货 Inventory	#产成品 Finished Goods	负债合计 Total Liabilities	主营业务收入 Revenue from Principal Business	主营业务成本 Cost of Principle Business	销售费用 Selling Expenses	管理费用 Management Expenses	财务费用 Financial Expenses	利润总额 Total Profits	平均用工人数(万人) The Average Number of Employment (10000 persons)
2088.22	**571.75**	**12305.73**	**17262.56**	**14194.54**	**325.55**	**637.21**	**176.93**	**1327.12**	**60.17**
1910.60	518.13	11215.84	15090.26	12466.11	282.87	550.35	157.56	1026.30	52.95
47.38	3.57	2311.45	3585.84	3445.61	12.63	27.95	16.89	92.79	6.59
1.57	0.61	1.61	3.56	2.85	0.15	0.36	-0.01	0.21	0.02
1378.10	428.15	7296.87	7837.93	6207.92	198.34	378.80	128.61	531.66	36.53
717.94	218.47	2834.25	3041.42	2132.11	95.67	156.29	45.42	208.67	14.66
481.06	83.37	1593.06	3641.63	2790.18	70.88	143.01	11.63	401.39	9.77
45.13	15.16	245.48	401.38	304.88	7.32	16.38	4.62	70.73	1.81
132.48	38.46	844.41	1770.92	1423.55	35.36	70.47	14.76	230.09	5.41
599.01	88.86	764.60	1769.68	911.62	69.74	105.24	1.93	291.98	9.73
1489.20	482.89	11541.13	15492.87	13282.92	255.81	531.98	174.99	1035.14	50.45
1442.40	369.53	7627.81	12052.36	9791.06	195.96	399.23	83.75	930.85	36.08
434.30	126.74	2517.03	3027.76	2548.66	87.18	149.96	44.71	232.87	15.09
211.52	75.49	2160.89	2182.43	1854.82	42.41	88.02	48.47	163.40	9.01
36.49	**13.24**	**584.75**	**367.10**	**253.03**	**7.20**	**54.25**	**8.63**	**20.15**	**5.90**
24.18	9.26	406.68	200.69	125.78	3.04	33.23	4.74	17.29	4.45
6.67	2.67	36.95	32.16	23.18	2.65	2.37	1.08	2.70	0.36
1955.54	**557.30**	**7138.70**	**12022.05**	**9446.81**	**279.31**	**535.04**	**93.54**	**1025.82**	**44.20**
26.05	5.13	61.16	134.44	125.24	3.31	2.31	0.34	4.19	0.29
7.76	2.48	40.84	99.02	70.70	8.62	5.34	1.67	13.00	0.66

单位:亿元

项 目 Item		企业单位数（个）Number of Enterprises (unit)	资产总计 Total Assets	流动资产合计 Current Assets	应收账款 Accounts Receivalble
酒、饮料和精制茶制造业	Manufacture of Liquor, Beverages and Refined Tea	13	624.87	406.81	9.36
烟草制品业	Manufacture of Tobacco	6	733.66	587.80	16.90
纺织业	Manufacture of Textile	21	71.27	32.86	7.48
纺织服装、服饰业	Manufacture of Textile, Wearing Apparel and Accessories	33	64.48	43.60	6.54
皮革、毛皮、羽毛及其制品和制鞋业	Manufacture of Leather, Fur, Feather and Related Products and Footwear				
木材加工和木、竹、藤、棕、草制品业	Processing of Timber, Manufacture of Wood, Bamboo, Rattan, Palm and Straw Products	1			
家具制造业	Manufacture of Furniture				
造纸和纸制品业	Manufacture of Paper and Paper Products	5	39.76	16.47	0.65
印刷和记录媒介复制业	Printing, Reproduction of Recording Media	19	29.39	14.47	3.80
文教、工美、体育和娱乐用品制造业	Manufacture of Articles for Culture, Education, Arts and Crafts, Sport and Entertainment Activities	4	7.08	4.28	1.65
石油、煤炭及其他燃料加工业	Processing of Petroleum, Coking, Processing of Nuclear Fuel	9	361.80	144.64	27.60
化学原料和化学制品制造业	Manufacture of Raw Chemical Materials and Chemical Products	78	1732.74	808.31	107.48
医药制造业	Manufacture of Medicines	21	114.85	55.55	13.99
化学纤维制造业	Manufacture of Chemical Fibers	14	209.06	90.26	7.55
橡胶和塑料制品业	Manufacture of Rubber and Plastics Products	9	34.99	15.64	2.55
非金属矿物制品业	Manufacture of Non-metallic Mineral Products	73	439.11	233.08	90.12
黑色金属冶炼和压延加工业	Smelting and Pressing of Ferrous Metals	11	487.30	132.30	26.46
有色金属冶炼和压延加工业	Smelting and Pressing of Non-ferrous Metals	19	86.90	48.08	7.01
金属制品业	Manufacture of Metal Products	39	289.00	182.59	64.52
通用设备制造业	Manufacture of General Purpose Machinery	58	679.93	402.75	114.31
专用设备制造业	Manufacture of Special Purpose Machinery	53	1363.25	910.28	399.85
汽车制造业	Manufacture of Automobiles	58	1441.08	943.46	332.37

11－4 Continued 1

(100 million yuan)

存货 Inventory	#产成品 Finished Goods	负债合计 Total Liabilities	主营业务收入 Revenue from Principal Business	主营业务成本 Cost of Principle Business	销售费用 Selling Expenses	管理费用 Management Expenses	财务费用 Financial Expenses	利润总额 Total Profits	年平均用工人数(万人) The Average Number of Employment (10000 persons)
190.08	24.26	201.12	330.05	109.61	25.31	22.89	0.43	140.55	2.18
284.32	17.26	131.28	594.24	115.79	8.00	23.48	-3.61	90.24	0.59
12.98	6.36	37.29	71.21	65.95	1.09	3.03	0.63	1.48	1.02
4.73	1.90	22.56	38.03	25.78	0.62	9.78	-0.37	2.33	1.34
4.64	0.95	19.52	26.89	22.42	0.35	2.82	0.65	1.47	0.24
3.09	1.15	7.91	17.48	15.11	0.56	1.92	0.01	0.52	0.30
1.29	0.26	3.91	5.81	5.25	0.20	0.48	0.01	-0.17	0.07
74.51	14.95	203.36	1300.46	1019.44	2.17	19.64	1.07	68.22	0.92
205.86	72.96	801.38	2051.68	1668.16	28.42	83.63	14.03	174.44	4.91
11.58	5.48	32.66	58.77	32.19	12.85	6.81	0.12	8.95	0.65
27.61	13.91	72.79	287.49	235.94	3.59	17.89	-0.32	28.24	1.16
7.05	4.46	24.74	37.10	34.60	0.70	1.95	0.67	-0.46	0.32
24.19	9.75	266.87	369.46	277.80	17.91	16.95	5.86	49.84	1.71
41.91	12.07	229.35	423.78	365.05	4.08	16.97	4.36	30.68	0.92
25.40	7.32	57.56	231.57	224.15	1.96	3.28	1.02	2.09	0.51
57.29	21.15	172.94	213.36	189.78	5.11	11.01	1.38	7.77	1.49
103.64	44.65	334.30	328.31	275.45	10.17	30.06	0.88	35.12	2.75
242.53	124.63	983.39	869.81	709.17	46.60	29.11	16.63	22.67	3.91
129.31	58.00	997.54	2112.00	1729.85	45.89	86.70	3.16	219.64	5.34

单位:亿元

项 目	Item	企业单位数（个）Number of Enterprises (unit)	资产总计 Total Assets	流动资产合计 Current Assets	应收账款 Accounts Receivalble
铁路、船舶、航空航天和其他运输设备制造业	Manufacture of Railway, Ship, Aerospace and Other Transport Equipments	47	835.27	524.33	191.82
电气机械和器材制造业	Manufacture of Electrical Machinery and Apparatus	76	1118.79	793.86	375.93
计算机、通信和其他电子设备制造业	Manufacture of Computers, Communication and Other Electronic Equipment	57	1629.78	736.78	229.87
仪器仪表制造业	Manufacture of Measuring Instruments and Machinery	24	645.24	348.29	108.79
其他制造业	Other Manufacture				
废弃资源综合利用业	Utilization of Waste Resources	4	13.15	8.87	1.95
金属制品、机械和设备修理业	Repair Service of Metal Products, Machinery and Equipment	1			
电力、热力、燃气及水生产和供应业	**Production and Supply of Electric Power, Heat Power, Gas and Water**	**245**	**7907.56**	**1318.25**	**173.86**
电力、热力生产和供应业	Production and Supply of Electric Power and Heat Power	148	6527.47	729.54	152.70
燃气生产和供应	Production and Supply of Gas	30	291.75	106.34	10.56
水的生产和供应业	Production and Supply of Water	67	1088.34	482.38	10.60
按地区分	**by Region**				
南京市	Nanjing	206	5957.53	3081.79	858.63
无锡市	Wuxi	110	1354.49	665.64	166.81
徐州市	Xuzhou	55	2526.58	1356.20	432.17
常州市	Changzhou	83	775.59	387.00	131.94
苏州市	Suzhou	133	1313.11	577.05	168.14
南通市	Nantong	94	1401.34	608.96	186.69
连云港市	Liuyungang	45	1157.22	229.06	55.93
淮安市	Huaian	50	592.90	309.28	28.12
盐城市	Yancheng	84	816.59	279.51	70.32
扬州市	Yangzhou	80	1250.76	643.53	178.42
镇江市	Zhenjiang	59	633.78	234.63	48.49
泰州市	Taizhou	45	596.63	227.19	32.40
宿迁市	Suqian	21	605.96	355.43	6.54

(100 million yuan)

存货 Inventory	#产成品 Finished Goods	负债合计 Total Liabilities	主营业务收入 Revenue from Principal Business	主营业务成本 Cost of Principle Business	销售费用 Selling Expenses	管理费用 Management Expenses	财务费用 Financial Expenses	利润总额 Total Profits	年平均用工人数(万人) The Average Number of Employment (10000 persons)
145.21	18.62	627.89	464.96	390.71	4.99	33.77	10.04	30.79	3.30
103.54	47.78	701.36	1019.44	914.85	22.94	39.04	9.87	46.26	3.43
175.50	35.60	820.00	673.74	586.05	14.68	53.55	23.90	23.40	5.31
42.04	3.55	262.90	234.53	211.83	8.25	12.03	0.55	24.16	0.80
0.94	0.26	10.49	5.11	4.44	0.06	0.31	0.14	0.13	0.04
96.19	**1.21**	**4582.28**	**4873.40**	**4494.70**	**39.04**	**47.92**	**74.75**	**281.15**	**10.07**
75.54	0.06	3770.33	4527.17	4251.11	0.68	26.16	70.50	213.61	7.12
7.62	0.51	123.19	227.74	168.37	11.45	8.10	0.43	47.68	0.67
13.03	0.64	688.76	118.49	75.22	26.91	13.67	3.83	19.87	2.27
676.41	148.68	3036.20	5527.76	4327.79	97.98	243.74	35.10	477.84	14.88
123.99	52.59	681.44	1020.91	853.73	31.16	48.87	5.99	118.14	4.89
358.72	134.51	1584.51	1392.41	973.40	54.07	68.69	26.52	70.99	8.76
94.15	31.94	475.64	613.53	519.77	20.41	32.62	9.20	34.38	3.32
121.22	33.43	715.45	957.20	831.71	24.99	46.63	12.19	61.82	4.38
119.65	48.58	875.30	840.50	649.37	13.34	39.86	16.98	127.42	4.22
56.08	9.58	837.95	263.38	203.38	6.03	14.34	15.53	28.96	1.78
102.62	14.57	260.99	393.02	220.94	12.23	16.33	4.48	45.66	1.74
41.37	16.55	553.97	353.99	296.36	7.82	11.30	13.80	27.90	1.64
127.91	34.13	717.82	1539.90	1353.69	21.49	61.51	13.35	85.59	5.43
41.93	9.31	421.37	399.82	346.00	10.74	15.62	11.47	13.44	2.06
57.19	16.87	378.71	469.92	416.07	6.04	8.76	8.76	21.78	1.36
171.02	21.65	226.61	316.89	121.55	19.77	22.43	0.87	127.89	2.16

11－5 国有控股工业企业主要经济效益指标（2018 年）

单位：%

项目	Item	企业亏损面 Percentage of Loss Making Enterprises
总　计	**Total**	**18.03**
按登记注册类型分	**Grouped by Status of Registration**	
内资企业	Domestic Funded Enterprises	18.21
国有企业	State-owned Enterprises	17.91
集体企业	Collective-owned Enterprises	
股份合作企业	Cooperative Enterprises	
联营企业	Joint Ownership Enterprises	50.00
有限责任公司	Limited Liability Corporations	18.89
#国有独资	State Sole Funded Corporatios	18.69
股份有限公司	Share-holding Corporations Ltd.	13.74
私营企业	Private Enterprises	
其他企业	Other Enterprises	
港、澳、台商投资企业	Enterprises with Funds from Hong Kong, Macao and Taiwan	19.15
外商投资企业	Foreign Funded Enterprises	15.19
按轻重工业分	**Grouped by Light & Heavy Industries**	
轻工业	Light Industry	20.09
重工业	Heavy Industry	17.49
按企业规模分	**Grouped by Size of Enterprises**	
大型企业	Large Enterprises	15.93
中型企业	Medium-sized Enterprises	14.98
小微型企业	Small Enterprises	19.70
按行业分	**Grouped by Sector**	
采矿业	**Mining**	**16.67**
煤炭开采和洗选业	Mining and Washing of Coal	33.33
石油和天然气开采业	Extraction of Petroleum and Natural Gas	
黑色金属矿采选业	Mining and Processing of Ferrous Metal Ores	
有色金属矿采选业	Mining and Processing of Non-ferrous Metals Ores	
非金属矿采选业	Mining and Processing of Non-metal Ores	0.00
开采专业及辅助性活动	Support Activities for Mining	
其他采矿业	Mining of Other Ores	
制造业	**Manufacturing**	**20.07**
农副食品加工业	Processing of Food from Agricultural Products	21.88
食品制造业	Manufacture of Food	17.65
酒、饮料和精制茶制造业	Manufacture of Liquor, Beverages and Refined Tea	7.69
烟草制品业	Manufacture of Tobacco	0.00
纺织业	Manufacture of Textile	23.81
纺织服装、服饰业	Manufacture of Textile, Wearing Apparel and Accessories	15.15

Main Indicators on Economic Benefit of State Shareholding Industrial Enterprises(2018)

(%)

资产负债率 Assets Liability Ratio	流动资产周转次数(次/年) Times of Turnover of Circulating Funds (times/year)	成本费用利润率 Ratio of Profits to Industrial Cost	产品销售率 Proportion of Products Sold	总资产贡献率 Ratio of Total Assets to Industrial Output Value
55.80	**2.01**	**8.07**	**98.99**	**13.69**
56.53	1.98	7.07	99.23	12.97
56.30	4.58	2.60	99.76	5.99
31.51	0.71	6.27	94.21	3.51
60.75	1.45	6.78	99.28	11.92
57.04	1.21	6.48	98.77	16.39
43.03	2.56	13.03	98.61	25.20
47.22	2.31	20.94	92.89	19.12
49.84	2.26	14.36	98.45	20.43
33.35	1.39	22.43	98.68	42.56
58.40	2.12	6.83	99.03	10.64
53.86	2.25	8.20	99.61	16.38
56.99	1.70	7.88	96.87	9.60
62.15	1.51	7.64	98.69	7.99
64.17	**1.47**	**3.86**	**95.57**	**8.09**
60.99	1.05	5.10	99.93	7.43
50.19	1.35	8.92	96.53	8.42
53.93	**1.71**	**9.18**	**98.78**	**18.22**
75.30	2.56	3.18	97.25	6.46
48.47	3.05	14.89	99.83	24.19
32.19	1.30	88.24	103.84	57.69
17.89	1.08	26.79	97.81	76.90
52.32	2.11	1.88	99.57	5.27
34.99	0.89	6.41	95.50	7.94

单位:%

项　目 Item		企业亏损面 Percentage of Loss Making Enterprises
皮革、毛皮、羽毛及其制品和制鞋业	Manufacture of Leather, Fur, Feather and Related Products and Footwear	
木材加工和木、竹、藤、棕、草制品业	Processing of Timber, Manufacture of Wood, Bamboo, Rattan, Palm and Straw Products	
家具制造业	Manufacture of Furniture	
造纸和纸制品业	Manufacture of Paper and Paper Products	60.00
印刷和记录媒介复制业	Printing, Reproduction of Recording Media	21.05
文教、工美、体育和娱乐用品制造业	Manufacture of Articles for Culture, Education, Arts and Crafts, Sport and Entertainment Activities	50.00
石油、煤炭及其他燃料加工业	Processing of Petroleum, Coking, Processing of Nuclear Fuel	11.11
化学原料和化学制品制造业	Manufacture of Raw Chemical Materials and Chemical Products	14.10
医药制造业	Manufacture of Medicines	14.29
化学纤维制造业	Manufacture of Chemical Fibers	28.57
橡胶和塑料制品业	Manufacture of Rubber and Plastics Products	33.33
非金属矿物制品业	Manufacture of Non-metallic Mineral Products	10.96
黑色金属冶炼和压延加工业	Smelting and Pressing of Ferrous Metals	18.18
有色金属冶炼和压延加工业	Smelting and Pressing of Non-ferrous Metals	26.32
金属制品业	Manufacture of Metal Products	17.95
通用设备制造业	Manufacture of General Purpose Machinery	24.14
专用设备制造业	Manufacture of Special Purpose Machinery	26.42
汽车制造业	Manufacture of Automobiles	17.24
铁路、船舶、航空航天和其他运输设备制造业	Manufacture of Railway, Ship, Aerospace and Other Transport Equipments	14.89
电气机械和器材制造业	Manufacture of Electrical Machinery and Apparatus	25.00
计算机、通信和其他电子设备制造业	Manufacture of Computers, Communication and Other Electronic Equipment	28.07
仪器仪表制造业	Manufacture of Measuring Instruments and Machinery	20.83
其他制造业	Other Manufacture	
废弃资源综合利用业	Utilization of Waste Resources	50.00

11－5 Continued 1

(%)

资产负债率 Assets Liability Ratio	流动资产周转次数(次/年) Times of Turnover of Circulating Funds (times/year)	成本费用利润率 Ratio of Profits to Industrial Cost	产品销售率 Proportion of Products Sold	总资产贡献率 Ratio of Total Assets to Industrial Output Value
49.09	1.45	5.59	101.57	7.60
26.91	1.30	2.86	100.00	4.06
55.23	0.95	-2.77	105.22	-1.04
56.21	9.18	6.36	99.48	84.23
46.25	2.82	9.62	99.74	20.03
28.44	0.97	17.09	99.02	11.39
34.82	3.27	10.92	99.16	18.82
70.71	2.21	-1.21	96.80	3.30
60.78	1.68	14.92	97.16	17.73
47.07	3.02	7.73	99.42	8.50
66.24	4.70	0.71	97.01	4.99
59.84	1.25	3.70	99.17	4.96
49.17	0.46	11.02	98.79	3.89
72.14	1.60	1.89	99.69	7.44
69.22	2.41	11.48	98.58	24.12
75.17	0.89	6.95	100.58	6.59
62.69	1.33	4.63	93.28	7.32
50.31	0.99	3.35	101.15	3.30
40.74	0.81	10.35	97.43	5.34
79.77	0.59	2.62	95.45	4.92

11－5 续 表2

项 目 Item		企业亏损面 Percentage of Loss Making Enterprises
金属制品、机械和设备修理业	Repair Service of Metal Products, Machinery and Equipment	
电力、热力、燃气及水生产和供应业	**Production and Supply of Electric Power, Heat Power, Gas and Water**	**11.43**
电力、热力生产和供应业	Production and Supply of Electric Power and Heat Power	10.81
燃气生产和供应	Production and Supply of Gas	6.67
水的生产和供应业	Production and Supply of Water	14.93
按地区分	**by Region**	
南京市	Nanjing	17.96
无锡市	Wuxi	14.55
徐州市	Xuzhou	27.27
常州市	Changzhou	18.07
苏州市	Suzhou	16.54
南通市	Nantong	8.51
连云港市	Liuyungang	35.56
淮安市	Huaian	20.00
盐城市	Yancheng	20.24
扬州市	Yangzhou	13.75
镇江市	Zhenjiang	22.03
泰州市	Taizhou	22.22
宿迁市	Suqian	9.52

(%)

资产负债率 Assets Liability Ratio	流动资产周转次数(次/年) Times of Turnover of Circulating Funds (times/year)	成本费用利润率 Ratio of Profits to Industrial Cost	产品销售率 Proportion of Products Sold	总资产贡献率 Ratio of Total Assets to Industrial Output Value
57.95	**3.75**	**5.92**	**99.79**	**7.10**
57.76	6.14	4.84	99.86	7.25
42.22	2.27	24.66	99.16	20.14
63.29	0.26	14.50	98.56	2.82
50.96	1.92	9.82	99.29	19.82
50.31	1.51	11.31	95.57	11.67
62.71	1.10	4.00	98.56	13.60
61.33	1.65	5.82	100.26	8.65
54.49	1.79	6.51	97.71	7.34
62.46	1.53	17.15	98.28	14.05
72.41	1.14	11.71	103.82	5.28
44.02	1.34	15.10	98.51	30.86
67.84	1.32	8.29	96.94	6.29
57.39	2.48	5.74	97.31	12.36
66.49	1.73	3.35	102.61	6.36
63.47	2.02	4.89	97.98	8.92
37.40	1.55	77.00	104.92	53.83

11－6 私营工业企业主要经济指标(2018 年)

单位:亿元

项 目	Item	企业单位数(个) Number of Enterprises (unit)	资产总计 Total Assets	流动资产合计 Current Assets	应收账款 Accounts Receivalble
总 计	**Total**	**28747**	**34479.66**	**20437.98**	**6873.38**
按登记注册类型分	**Grouped by Status of Registration**				
私营独资企业	Private Solely Funds Enterprises	1526	528.79	310.85	130.44
私营合伙企业	Private Partnership Enterprises	101	36.24	16.33	6.95
私营有限责任公司	Private Limited Liabieity Corporations	26040	30568.02	18170.89	6146.44
私营股份有限公司	Private Share Holding Co., Ltd.	1080	3346.61	1939.91	589.54
按轻重工业分	**Grouped by Light & Heavy Industries**				
轻工业	Light Industry	11537	9512.81	5420.56	1585.32
重工业	Heavy Industry	17210	24966.85	15017.41	5288.05
按企业规模分	**Grouped by Size of Enterprises**				
大型企业	Large Enterprises	254	7813.48	4366.76	1010.72
中型企业	Medium-sized Enterprises	2412	8097.00	4733.98	1490.68
小微型企业	Small Enterprises	26081	18569.18	11337.24	4371.98
按行业分	**Grouped by Sector**				
采矿业	**Mining**	**26**	**25.77**	**10.51**	**5.01**
煤炭开采和洗选业	Mining and Washing of Coal	3	3.33	0.76	0.07
石油和天然气开采业	Extraction of Petroleum and Natural Gas				
黑色金属矿采选业	Mining and Processing of Ferrous Metal Ores	3	1.69	1.19	0.19
有色金属矿采选业	Mining and Processing of Non-ferrous Metals Ores				
非金属矿采选业	Mining and Processing of Non-metal Ores	19	18.36	6.19	2.40
开采专业及辅助性活动	Support Activities for Mining	1			
其他采矿业	Mining of Other Ores				
制造业	**Manufacturing**	**28591**	**33996.99**	**20291.88**	**6831.91**
农副食品加工业	Processing of Food from Agricultural Products	1056	778.78	447.97	91.79
食品制造业	Manufacture of Food	220	210.96	108.83	22.23
酒、饮料和精制茶制造业	Manufacture of Liquor, Beverages and Refined Tea	73	101.97	45.64	9.89
烟草制品业	Manufacture of Tobacco				
纺织业	Manufacture of Textile	3178	1960.93	1170.53	336.09
纺织服装、服饰业	Manufacture of Textile, Wearing Apparel and Accessories	1291	1130.90	630.34	129.89
皮革、毛皮、羽毛及其制品和制鞋业	Manufacture of Leather, Fur, Feather and Related Products and Footwear	346	139.25	86.99	30.85
木材加工和木、竹、藤、棕、草制品业	Processing of Timber, Manufacture of Wood, Bamboo, Rattan, Palm and Straw Products	893	390.03	196.91	49.40
家具制造业	Manufacture of Furniture	200	148.87	80.59	19.02

Main Economic Indicators of Private Industrial Enterprises (2018)

(100 million yuan)

存货 Inventory	#产成品 Finished Goods	负债合计 Total Liabilities	主营业务收入 Revenue from Principal Business	主营业务成本 Cost of Principle Business	销售费用 Selling Expenses	管理费用 Management Expenses	财务费用 Financial Expenses	利润总额 Total Profits	年平均用工人数(万人) The Average Number of Employment (10000 persons)
4602.71	**1952.33**	**19127.69**	**46154.87**	**40140.80**	**1004.43**	**1888.21**	**430.38**	**2708.98**	**379.18**
64.68	28.95	289.98	1090.47	974.91	17.55	30.62	7.77	54.63	10.87
3.79	2.13	16.51	69.63	61.03	1.12	2.59	0.36	4.16	0.85
4143.26	1746.07	17272.88	42186.04	36744.57	899.46	1704.64	390.80	2464.73	344.72
390.98	175.18	1548.32	2808.73	2360.28	86.29	150.36	31.45	185.46	22.74
1508.93	673.21	5449.26	13517.96	11773.67	365.95	550.48	124.26	720.49	151.22
3093.78	1279.12	13678.43	32636.91	28367.13	638.47	1337.73	306.12	1988.49	227.96
1046.27	442.00	4485.28	9520.47	8394.45	163.50	273.29	110.01	615.27	53.29
1103.94	467.95	4395.65	9659.07	8213.77	243.53	456.85	86.84	689.85	94.69
2452.49	1042.37	10246.77	26975.33	23532.58	597.40	1158.06	233.53	1403.86	231.20
1.43	**1.07**	**15.22**	**50.09**	**46.00**	**1.03**	**1.17**	**0.18**	**1.32**	**0.15**
0.05	0.03	1.69	4.20	4.13	0.01	0.02		0.03	0.02
0.45	0.36	1.96	6.63	6.12	0.65	0.04	0.01	0.03	0.01
0.94	0.69	9.51	22.34	19.14	0.35	1.08	0.17	0.99	0.12
4593.12	**1949.23**	**18844.02**	**45928.72**	**39953.31**	**1001.56**	**1879.59**	**422.61**	**2686.43**	**378.02**
133.15	57.07	434.32	1434.58	1292.67	29.11	34.36	11.77	64.54	8.55
33.29	13.02	113.39	231.73	192.87	8.90	11.18	2.04	17.11	3.12
13.69	5.97	52.53	157.70	135.69	4.55	5.09	1.36	10.42	1.05
358.33	168.40	1238.02	2889.82	2601.48	42.68	95.57	28.25	118.30	36.73
202.55	89.76	651.99	1505.34	1296.29	57.39	63.17	12.95	98.02	25.94
24.18	8.51	77.82	331.67	292.02	7.90	11.52	2.24	15.90	4.90
56.66	24.11	161.91	617.58	548.32	11.64	12.85	5.12	37.07	6.98
20.95	9.55	85.19	170.62	142.28	6.07	10.22	1.33	10.11	3.28

单位:亿元

项 目 Item		企业单位数(个) Number of Enterprises (unit)	资产总计 Total Assets	流动资产合计 Current Assets	应收账款 Accounts Receivalble
造纸和纸制品业	Manufacture of Paper and Paper Products	358	344.76	167.97	61.57
印刷和记录媒介复制业	Printing, Reproduction of Recording Media	424	297.98	175.44	74.02
文教、工美、体育和娱乐用品制造业	Manufacture of Articles for Culture, Education, Arts and Crafts, Sport and Entertainment Activities	784	434.98	230.20	79.73
石油、煤炭及其他燃料加工业	Processing of Petroleum, Coking, Processing of Nuclear Fuel	83	194.32	114.67	29.54
化学原料和化学制品制造业	Manufacture of Raw Chemical Materials and Chemical Products	1747	3167.98	1703.92	462.13
医药制造业	Manufacture of Medicines	325	597.69	300.04	75.46
化学纤维制造业	Manufacture of Chemical Fibers	541	964.56	489.81	94.58
橡胶和塑料制品业	Manufacture of Rubber and Plastics Products	1340	882.28	559.84	254.31
非金属矿物制品业	Manufacture of Non-metallic Mineral Products	1849	1775.83	1169.02	517.42
黑色金属冶炼和压延加工业	Smelting and Pressing of Ferrous Metals	560	1869.49	1045.83	183.22
有色金属冶炼和压延加工业	Smelting and Pressing of Non-ferrous Metals	657	1116.06	717.06	172.81
金属制品业	Manufacture of Metal Products	2458	2537.07	1537.65	581.27
通用设备制造业	Manufacture of General Purpose Machinery	2582	2396.53	1486.45	566.63
专用设备制造业	Manufacture of Special Purpose Machinery	1951	2273.95	1461.24	522.32
汽车制造业	Manufacture of Automobiles	992	1295.91	830.57	330.59
铁路、船舶、航空航天和其他运输设备制造业	Manufacture of Railway, Ship, Aerospace and Other Transport Equipments	472	1102.25	583.65	175.51
电气机械和器材制造业	Manufacture of Electrical Machinery and Apparatus	2562	4607.86	3011.53	1239.45
计算机、通信和其他电子设备制造业	Manufacture of Computers, Communication and Other Electronic Equipment	990	2040.53	1208.85	489.19
仪器仪表制造业	Manufacture of Measuring Instruments and Machinery	491	1090.11	644.32	203.36
其他制造业	Other Manufacture	88	58.89	35.20	11.17
废弃资源综合利用业	Utilization of Waste Resources	73	80.82	47.21	17.07

(100 million yuan)

存货 Inventory	#产成品 Finished Goods	负债合计 Total Liabilities	主营业务收入 Revenue from Principal Business	主营业务成本 Cost of Principle Business	销售费用 Selling Expenses	管理费用 Management Expenses	财务费用 Financial Expenses	利润总额 Total Profits	年平均用工人数(万人) The Average Number of Employment (10000 persons)
40.68	14.85	210.23	448.35	400.77	11.23	15.38	6.49	15.20	3.61
36.31	16.56	178.30	386.09	330.22	10.03	20.63	4.16	21.73	4.85
65.99	27.20	233.70	971.36	836.61	23.26	40.81	5.42	61.73	10.77
23.45	11.85	121.23	294.32	267.78	5.30	7.05	2.12	8.14	0.90
365.92	139.05	1661.61	3922.52	3365.36	86.35	163.76	56.20	257.42	19.82
69.03	30.65	258.87	624.06	458.25	54.12	50.01	3.81	57.58	5.61
163.96	73.26	623.48	1258.08	1148.10	13.93	30.56	21.81	49.63	7.54
112.11	50.30	474.27	1211.46	1044.16	29.74	61.70	10.73	62.89	14.08
170.28	74.64	1090.41	2200.89	1901.49	56.64	79.96	22.73	142.47	17.68
295.99	130.96	1204.22	3593.21	3319.38	19.39	56.90	29.64	153.80	11.20
137.99	59.61	711.10	2388.71	2200.51	15.27	39.79	16.46	123.41	7.32
315.78	125.75	1497.98	3527.78	3126.09	63.25	137.75	35.25	183.40	28.16
364.56	140.26	1208.30	3179.43	2684.73	82.74	173.44	24.73	211.54	31.00
336.37	119.98	1159.50	2422.48	1970.50	85.91	163.92	22.74	180.09	24.42
178.17	76.60	743.45	1302.47	1082.21	36.22	90.50	15.29	83.24	15.29
157.43	56.28	648.68	1032.61	891.87	20.01	54.73	4.57	65.87	9.80
555.26	273.07	2374.21	6148.63	5343.60	134.73	248.47	44.77	354.27	40.77
209.29	89.92	1060.51	2142.39	1805.80	42.98	126.02	19.83	149.91	23.21
131.32	52.71	499.51	1366.03	1129.36	37.57	66.08	9.20	121.64	9.59
9.70	4.07	21.20	78.03	66.95	2.61	3.55	0.74	4.56	1.26
9.89	4.89	45.09	85.00	73.38	1.96	4.18	0.65	6.15	0.50

单位:亿元

项　目 Item		企业单位数(个) Number of Enterprises (unit)	资产总计 Total Assets	流动资产合计 Current Assets	应收账款 Accounts Receivalble
金属制品、机械和设备修理业	Repair Service of Metal Products, Machinery and Equipment	7	5.44	3.63	1.40
电力、热力、燃气及水生产和供应业	**Production and Supply of Electric Power, Heat Power, Gas and Water**	**130**	**456.90**	**135.59**	**36.46**
电力、热力生产和供应业	Production and Supply of Electric Power and Heat Power	98	404.62	114.02	33.79
燃气生产和供应	Production and Supply of Gas	18	17.92	10.21	1.36
水的生产和供应业	Production and Supply of Water	14	34.35	11.35	1.32
按地区分	**by Region**				
南京市	Nanjing	1138	1640.36	1050.90	352.10
无锡市	Wuxi	3429	5855.28	3926.22	1292.50
徐州市	Xuzhou	1905	1607.69	670.99	188.47
常州市	Changzhou	3136	4823.95	3162.80	1031.23
苏州市	Suzhou	4748	6069.14	3994.57	1446.55
南通市	Nantong	3336	3726.34	1844.32	634.25
连云港市	Liuyungang	1086	1072.78	463.29	86.95
淮安市	Huaian	1505	871.38	461.44	166.00
盐城市	Yancheng	1930	2181.18	1006.00	321.16
扬州市	Yangzhou	2045	2005.19	1163.50	452.97
镇江市	Zhenjiang	1334	1839.17	1164.70	364.02
泰州市	Taizhou	1871	1898.40	1084.11	423.75
宿迁市	Suqian	1287	906.37	457.40	117.34

11－6 Continued 2

(100 million yuan)

存货 Inventory	#产成品 Finished Goods	负债合计 Total Liabilities	主营业务收入 Revenue from Principal Business	主营业务成本 Cost of Principle Business	销售费用 Selling Expenses	管理费用 Management Expenses	财务费用 Financial Expenses	利润总额 Total Profits	年平均用工人数(万人) The Average Number of Employment (10000 persons)
0.84	0.38	3.04	5.79	4.58	0.10	0.45	0.22	0.29	0.09
8.15	**2.03**	**268.45**	**176.07**	**141.48**	**1.83**	**7.44**	**7.58**	**21.23**	**1.00**
6.72	0.89	240.94	144.13	114.87	0.79	6.03	7.55	17.98	0.77
1.11	0.98	9.55	22.53	20.00	0.74	0.62	0.00	1.34	0.09
0.33	0.16	17.95	9.41	6.61	0.30	0.80	0.03	1.91	0.14
192.54	80.00	912.00	1609.27	1306.99	70.83	106.85	14.11	123.77	15.17
935.14	376.14	3499.32	7034.32	6139.01	147.54	318.18	90.91	382.03	50.93
179.10	74.40	707.22	1861.27	1631.58	40.65	56.15	14.63	113.16	21.79
676.25	289.12	2763.04	6607.11	5782.53	118.77	257.73	57.40	381.41	44.59
886.57	396.88	3579.33	6209.07	5347.89	164.48	368.85	66.22	280.02	71.07
427.48	191.56	1719.15	7361.53	6364.96	113.84	213.01	36.94	599.73	45.78
122.87	41.79	581.67	1053.83	932.42	21.64	42.22	15.03	41.60	9.69
115.38	49.18	462.73	2088.68	1854.10	54.51	72.57	19.73	77.74	13.13
248.21	99.29	1270.90	3382.23	2980.64	66.79	109.33	36.47	209.16	24.50
233.80	89.88	1032.28	3247.73	2797.68	85.38	126.72	22.88	205.66	30.05
218.87	101.31	1062.52	1875.14	1647.83	39.95	78.59	26.21	82.50	17.25
250.38	114.08	1093.36	2801.03	2456.92	61.56	107.37	20.92	147.26	20.68
121.50	53.45	456.29	1029.68	903.64	18.55	30.83	9.31	65.12	14.65

11－7 私营工业企业主要经济效益指标（2018 年）

单位:%

项　　目	Item	企业亏损面 Percentage of Loss Making Enterprises
总　计	**Total**	**11.86**
按登记注册类型分	**Grouped by Status of Registration**	
私营独资企业	Private Solely Funds Enterprises	4.72
私营合伙企业	Private Partnership Enterprises	3.96
私营有限责任公司	Private Limited Liabieity Corporations	12.24
私营股份有限公司	Private Share Holding Co. , Ltd.	13.61
按轻重工业分	**Grouped by Light & Heavy Industries**	
轻工业	Light Industry	11.68
重工业	Heavy Industry	11.98
按企业规模分	**Grouped by Size of Enterprises**	
大型企业	Large Enterprises	9.06
中型企业	Medium-sized Enterprises	12.89
小微型企业	Small Enterprises	11.79
按行业分	**Grouped by Sector**	
采矿业	**Mining**	**7.69**
煤炭开采和洗选业	Mining and Washing of Coal	0.00
石油和天然气开采业	Extraction of Petroleum and Natural Gas	
黑色金属矿采选业	Mining and Processing of Ferrous Metal Ores	66.67
有色金属矿采选业	Mining and Processing of Non-ferrous Metals Ores	
非金属矿采选业	Mining and Processing of Non-metal Ores	0.00
开采专业及辅助性活动	Support Activities for Mining	
其他采矿业	Mining of Other Ores	
制造业	**Manufacturing**	**11.86**
农副食品加工业	Processing of Food from Agricultural Products	9.66
食品制造业	Manufacture of Food	13.64
酒、饮料和精制茶制造业	Manufacture of Liquor, Beverages and Refined Tea	13.70
烟草制品业	Manufacture of Tobacco	
纺织业	Manufacture of Textile	10.79
纺织服装、服饰业	Manufacture of Textile, Wearing Apparel and Accessories	12.01
皮革、毛皮、羽毛及其制品和制鞋业	Manufacture of Leather, Fur, Feather and Related Products and Footwear	10.98
木材加工和木、竹、藤、棕、草制品业	Processing of Timber, Manufacture of Wood, Bamboo, Rattan, Palm and Straw Products	4.48
家具制造业	Manufacture of Furniture	16.00
造纸和纸制品业	Manufacture of Paper and Paper Products	16.20

Main Indicators on Economic Benefit of Private Industrial Enterprises(2018)

(%)

资产负债率 Assets Liability Ratio	流动资产周转次数(次/年) Times of Turnover of Circulating Funds (times/year)	成本费用利润率 Ratio of Profits to Industrial Cost	产品销售率 Proportion of Products Sold	总资产贡献率 Ratio of Total Assets to Industrial Output Value
55.48	**2.36**	**6.10**	**98.51**	**13.89**
54.84	3.39	5.29	98.06	17.62
45.56	3.73	6.39	99.12	18.61
56.51	2.44	6.06	98.68	14.40
46.27	1.46	6.92	96.20	8.73
57.28	2.63	5.49	99.02	13.84
54.79	2.26	6.35	98.30	13.90
57.40	2.23	6.43	99.00	13.11
54.29	2.20	7.53	98.20	14.76
55.18	2.47	5.46	98.46	13.84
59.06	**4.94**	**2.30**	**99.74**	**10.84**
50.75	4.54	0.72	100.00	2.69
115.98	6.03	0.19	100.00	3.58
51.80	3.76	4.77	99.42	12.17
55.43	**2.36**	**6.08**	**98.51**	**13.98**
55.77	3.55	4.68	97.43	13.95
53.75	2.33	7.93	98.25	13.42
51.52	4.02	7.06	100.29	17.80
63.13	2.56	4.20	98.67	11.94
57.65	2.51	6.25	99.18	15.23
55.89	4.06	5.06	97.59	24.23
41.51	3.43	6.41	97.02	16.47
57.22	2.38	6.31	97.66	12.81
60.98	2.72	3.43	98.87	11.01

11－7 续 表1

单位:%

项 目 Item		企业亏损面 Percentage of Loss Making Enterprises
印刷和记录媒介复制业	Printing, Reproduction of Recording Media	13.44
文教、工美、体育和娱乐用品制造业	Manufacture of Articles for Culture, Education, Arts and Crafts, Sport and Entertainment Activities	8.67
石油、煤炭及其他燃料加工业	Processing of Petroleum, Coking, Processing of Nuclear Fuel	19.28
化学原料和化学制品制造业	Manufacture of Raw Chemical Materials and Chemical Products	12.65
医药制造业	Manufacture of Medicines	12.00
化学纤维制造业	Manufacture of Chemical Fibers	17.56
橡胶和塑料制品业	Manufacture of Rubber and Plastics Products	10.45
非金属矿物制品业	Manufacture of Non-metallic Mineral Products	12.22
黑色金属冶炼和压延加工业	Smelting and Pressing of Ferrous Metals	14.46
有色金属冶炼和压延加工业	Smelting and Pressing of Non-ferrous Metals	15.53
金属制品业	Manufacture of Metal Products	11.84
通用设备制造业	Manufacture of General Purpose Machinery	10.84
专用设备制造业	Manufacture of Special Purpose Machinery	11.23
汽车制造业	Manufacture of Automobiles	13.31
铁路、船舶、航空航天和其他运输设备制造业	Manufacture of Railway, Ship, Aerospace and Other Transport Equipments	18.01
电气机械和器材制造业	Manufacture of Electrical Machinery and Apparatus	13.08
计算机、通信和其他电子设备制造业	Manufacture of Computers, Communication and Other Electronic Equipment	14.24
仪器仪表制造业	Manufacture of Measuring Instruments and Machinery	6.92
其他制造业	Other Manufacture	10.23
废弃资源综合利用业	Utilization of Waste Resources	16.44
金属制品、机械和设备修理业	Repair Service of Metal Products, Machinery and Equipment	14.29

(%)

资产负债率 Assets Liability Ratio	流动资产周转次数(次/年) Times of Turnover of Circulating Funds (times/year)	成本费用利润率 Ratio of Profits to Industrial Cost	产品销售率 Proportion of Products Sold	总资产贡献率 Ratio of Total Assets to Industrial Output Value
59.84	2.31	5.91	98.31	13.51
53.73	4.30	6.78	98.60	24.83
62.39	2.99	2.80	100.73	11.60
52.45	2.38	6.89	98.83	13.87
43.31	2.12	10.13	98.54	15.52
64.64	2.71	3.86	105.37	10.33
53.76	2.28	5.46	98.68	12.99
61.40	2.06	6.72	98.74	14.93
64.41	3.61	4.28	99.04	14.46
63.72	3.48	5.39	97.98	18.77
59.04	2.35	5.18	98.61	13.14
50.42	2.31	7.09	98.85	15.81
50.99	1.73	7.91	97.30	13.64
57.37	1.64	6.71	97.21	11.52
58.85	1.87	6.72	98.23	10.38
51.53	2.03	6.08	97.95	13.45
51.97	1.87	7.46	97.55	12.57
45.82	2.24	9.70	97.37	17.59
36.00	2.18	6.08	99.80	13.26
55.79	2.14	7.67	98.99	15.74
55.88	1.86	5.40	101.60	18.01

单位:%

项目 Item		企业亏损面 Percentage of Loss Making Enterprises
电力、热力、燃气及水生产和供应业	**Production and Supply of Electric Power, Heat Power, Gas and Water**	**11.54**
电力、热力生产和供应业	Production and Supply of Electric Power and Heat Power	12.24
燃气生产和供应	Production and Supply of Gas	16.67
水的生产和供应业	Production and Supply of Water	0.00
按地区分	**by Region**	
南京市	Nanjing	13.53
无锡市	Wuxi	14.06
徐州市	Xuzhou	10.08
常州市	Changzhou	12.82
苏州市	Suzhou	16.62
南通市	Nantong	6.41
连云港市	Liuyungang	17.68
淮安市	Huaian	9.97
盐城市	Yancheng	9.07
扬州市	Yangzhou	6.60
镇江市	Zhenjiang	17.54
泰州市	Taizhou	9.83
宿迁市	Suqin	8.24

11－7 Continued 2

(%)

资产负债率 Assets Liability Ratio	流动资产周转次数(次/年) Times of Turnover of Circulating Funds (times/year)	成本费用利润率 Ratio of Profits to Industrial Cost	产品销售率 Proportion of Products Sold	总资产贡献率 Ratio of Total Assets to Industrial Output Value
58.75	**1.28**	**13.06**	**99.55**	**7.30**
59.55	1.24	13.48	98.96	7.17
53.29	2.44	6.23	103.63	10.53
52.26	0.79	24.71	99.05	7.46
55.60	1.60	8.19	98.33	12.84
59.76	1.86	5.39	98.38	11.41
43.99	2.86	6.44	98.66	11.17
57.28	2.21	5.90	98.68	14.32
58.98	1.64	4.61	99.13	8.33
46.14	3.87	8.89	99.12	26.85
54.22	2.40	4.04	97.88	7.65
53.10	4.96	3.87	97.71	17.72
58.27	3.76	6.48	97.37	18.63
51.48	2.96	6.76	96.69	19.08
57.77	1.68	4.55	97.52	8.75
57.59	2.58	5.53	98.10	13.83
50.34	2.38	6.47	104.86	12.06

11－8 外商投资和港澳台商投资工业企业主要经济指标(2018年)

单位:亿元

项　目	Item	企业单位数(个) Number of Enterprises (unit)	资产总计 Total Assets	流动资产合计 Current Assets	应收账款 Accounts Receivalble
总　计	**Total**	**9578**	**41846.19**	**25012.39**	**9204.88**
按登记注册类型分	**Grouped by Status of Registration**				
与港澳台商合资经营	Joint-venture Enterprises with Hong Kong, Macao and Taiwan	1231	5606.78	2745.91	769.38
与港澳台商合作经营	Cooperative Enterprises with Hong Kong, Macao and Taiwan	36	226.17	105.94	27.78
港澳台商独资	Enterprises with Sole Funds from Hong Kong, Macao and Taiwan	2105	8709.60	5491.82	2282.11
港澳台商投资股份有限公司	Share Holding with Hong Kong, Macao and Taiwan Investment	74	588.52	364.07	107.30
其他港澳台投资	Other Share Hold with Hong Kong, Macao and Taiwan Investment	20	54.46	37.71	9.65
中外合资经营	Joint-venture Enterprises with Foreign Funded	1651	8724.51	4869.86	1421.21
中外合作经营	Chinese-foreign Cooperative Enterprises	59	202.48	111.89	31.47
外资企业	Foreign Solely Funded	4281	16542.04	10613.10	4358.57
外商投资股份有限公司	Share Holding with Foreign Investment	81	1125.36	628.80	179.99
其他外商投资	Others	40	66.27	43.29	17.42
按轻重工业分	**Grouped by Light & Heavy Industries**				
轻工业	Light Industry	3402	8880.63	5340.38	1612.77
重工业	Heavy Industry	6176	32965.56	19672.01	7592.11
按企业规模分	**Grouped by Size of Enterprises**				
大型企业	Large Enterprises	584	19034.35	11302.00	4401.71
中型企业	Medium-sized Enterprises	2047	11783.43	7092.18	2547.21
小微型企业	Small Enterprises	6947	11028.42	6618.22	2255.96
按行业分	**Grouped by Sector**				
采矿业	**Mining**	**3**	**6.12**	**3.58**	**0.92**
煤炭开采和洗选业	Mining and Washing of Coal				
石油和天然气开采业	Extraction of Petroleum and Natural Gas				
黑色金属矿采选业	Mining and Processing of Ferrous Metal Ores	1			
有色金属矿采选业	Mining and Processing of Non-ferrous Metals Ores				
非金属矿采选业	Mining and Processing of Non-metal Ores	2			
开采专业及辅助性活动	Support Activities for Mining				
其他采矿业	Mining of Other Ores				
制造业	**Manufacturing**	**9427**	**40215.80**	**24573.26**	**9126.95**
农副食品加工业	Processing of Food from Agricultural Products	159	583.15	390.07	50.10
食品制造业	Manufacture of Food	101	417.45	216.24	63.05
酒、饮料和精制茶制造业	Manufacture of Liquor, Beverages and Refined Tea	52	197.70	90.02	21.21

Main Economic Indicators of Industrial Enterprises with HongKong, Macao, Taiwan and Foreign Funds (2018)

(100 million yuan)

存货 Inventory	#产成品 Finished Goods	负债合计 Total Liabilities	主营业务收入 Revenue from Principal Business	主营业务成本 Cost of Principle Business	销售费用 Selling Expenses	管理费用 Management Expenses	财务费用 Financial Expenses	利润总额 Total Profits	年平均用工人数(万人) The Average Number of Employment (10000 persons)
5252.10	**1959.90**	**20559.93**	**45775.71**	**38980.23**	**1422.14**	**2197.93**	**233.02**	**3151.35**	**347.87**
573.57	232.08	2813.84	5172.40	4391.83	131.79	226.74	48.56	411.22	36.48
20.97	7.77	79.58	249.04	176.11	28.00	13.11	0.74	33.51	1.26
1028.55	385.34	4245.34	9852.42	8551.94	234.61	427.06	27.50	629.56	92.32
49.94	21.41	227.78	465.45	362.48	18.08	24.40	-1.97	74.42	5.21
6.17	2.96	26.59	45.11	37.19	1.02	3.60	0.23	2.91	0.41
967.24	338.77	4464.49	8846.29	7429.53	269.49	438.69	65.84	685.11	48.65
39.55	17.80	72.24	208.71	172.70	15.99	8.61	0.56	16.97	1.32
2463.86	916.96	8122.12	20092.34	17248.02	640.12	1002.22	81.75	1201.74	155.24
89.95	31.33	476.70	780.98	558.02	81.01	48.67	9.13	93.19	6.12
12.30	5.47	31.23	62.97	52.41	2.03	4.85	0.68	2.70	0.86
1216.20	510.53	4249.58	9493.06	7499.10	675.86	539.62	57.78	759.03	95.07
4035.90	1449.37	16310.34	36282.65	31481.13	746.29	1658.32	175.24	2392.32	252.80
2084.45	756.21	9476.15	22276.82	19438.58	557.41	885.16	68.91	1443.16	161.53
1600.89	623.41	5746.17	12280.72	10045.50	529.07	682.41	69.97	1022.35	104.48
1566.76	580.27	5337.60	11218.16	9496.15	335.66	630.37	94.14	685.84	81.86
0.02	**0.00**	**1.21**	**5.47**	**4.55**	**0.02**	**0.26**	**0.02**	**0.35**	**0.01**
5225.17	**1958.87**	**19756.90**	**44940.22**	**38310.45**	**1405.75**	**2172.18**	**214.24**	**3012.51**	**345.11**
106.98	42.09	349.37	968.25	899.59	22.20	15.05	3.35	28.07	3.25
39.00	17.81	170.41	424.62	259.12	85.38	25.75	3.07	43.28	2.86
23.28	8.02	92.63	218.56	165.98	14.74	7.38	1.72	24.71	1.28

11－8 续 表1

单位:亿元

项 目 Item		企业单位数（个）Number of Enterprises (unit)	资产总计 Total Assets	流动资产合计 Current Assets	应收账款 Accounts Receivalble
烟草制品业	Manufacture of Tobacco				
纺织业	Manufacture of Textile	580	960.49	584.44	169.98
纺织服装、服饰业	Manufacture of Textile, Wearing Apparel and Accessories	529	518.89	347.21	118.93
皮革、毛皮、羽毛及其制品和制鞋业	Manufacture of Leather, Fur, Feather and Related Products and Footwear	110	115.75	84.75	31.33
木材加工和木、竹、藤、棕、草制品业	Processing of Timber, Manufacture of Wood, Bamboo, Rattan, Palm and Straw Products	50	106.36	71.99	24.19
家具制造业	Manufacture of Furniture	61	87.78	49.94	21.44
造纸和纸制品业	Manufacture of Paper and Paper Products	106	1244.26	619.06	169.63
印刷和记录媒介复制业	Printing, Reproduction of Recording Media	88	177.76	103.43	38.64
文教、工美、体育和娱乐用品制造业	Manufacture of Articles for Culture, Education, Arts and Crafts, Sport and Entertainment Activities	292	367.90	211.65	52.88
石油、煤炭及其他燃料加工业	Processing of Petroleum, Coking, Processing of Nuclear Fuel	20	185.08	89.01	16.38
化学原料和化学制品制造业	Manufacture of Raw Chemical Materials and Chemical Products	830	3975.02	2103.57	662.33
医药制造业	Manufacture of Medicines	146	1144.48	709.59	175.52
化学纤维制造业	Manufacture of Chemical Fibers	65	320.84	173.73	31.69
橡胶和塑料制品业	Manufacture of Rubber and Plastics Products	529	1128.48	628.58	234.63
非金属矿物制品业	Manufacture of Non-metallic Mineral Products	299	793.03	472.85	144.15
黑色金属冶炼和压延加工业	Smelting and Pressing of Ferrous Metals	103	1254.31	487.80	75.50
有色金属冶炼和压延加工业	Smelting and Pressing of Non-ferrous Metals	143	440.87	267.74	84.67
金属制品业	Manufacture of Metal Products	537	1206.46	774.89	273.26
通用设备制造业	Manufacture of General Purpose Machinery	884	2762.28	1910.27	689.00
专用设备制造业	Manufacture of Special Purpose Machinery	685	2212.38	1565.20	543.68
汽车制造业	Manufacture of Automobiles	630	3374.31	1901.41	706.96
铁路、船舶、航空航天和其他运输设备制造业	Manufacture of Railway, Ship, Aerospace and Other Transport Equipments	190	1332.43	902.69	237.05

(100 million yuan)

存货 Inventory	#产成品 Finished Goods	负债合计 Total Liabilities	主营业务收入 Revenue from Principal Business	主营业务成本 Cost of Principle Business	销售费用 Selling Expenses	管理费用 Management Expenses	财务费用 Financial Expenses	利润总额 Total Profits	年平均用工人数(万人) The Average Number of Employment (10000 persons)
184.86	79.22	475.41	1122.64	981.31	27.60	42.50	8.87	60.88	13.03
80.37	37.34	269.33	743.54	638.46	24.87	41.68	2.77	33.53	16.60
24.16	9.12	47.70	160.85	140.32	3.62	5.81	0.39	10.65	3.30
21.21	9.93	53.00	95.03	78.12	5.09	5.12	1.07	5.71	1.04
12.82	5.15	35.96	93.26	79.11	4.90	6.02	0.65	2.87	1.62
86.81	36.03	627.79	754.08	611.51	38.43	35.02	17.74	70.70	3.44
17.69	7.06	79.45	157.74	119.91	8.62	12.91	0.79	14.80	2.25
65.28	30.68	188.33	560.60	467.89	16.59	28.87	2.26	44.36	8.17
29.56	13.86	102.79	198.66	166.68	6.75	5.77	1.99	18.49	0.60
476.04	210.89	1714.14	4646.58	3934.22	139.50	180.50	34.09	359.89	13.57
161.95	70.77	466.86	1135.14	545.15	298.53	121.13	5.02	186.90	6.81
46.90	20.80	175.33	314.25	266.79	5.32	12.19	3.75	25.50	2.03
155.90	66.78	404.44	1044.97	851.19	42.12	73.76	6.28	69.88	12.73
74.85	30.32	332.77	617.33	508.45	20.45	35.21	3.40	52.52	5.59
132.92	44.69	664.30	1574.04	1422.86	12.49	41.50	7.94	75.47	3.95
85.79	33.22	218.82	621.84	566.94	10.19	21.69	6.22	20.02	2.49
175.26	64.82	526.40	1372.57	1185.79	41.50	69.36	6.06	77.18	11.86
432.23	138.09	1276.31	3149.84	2527.51	104.22	201.13	2.86	312.69	23.52
360.28	124.90	1038.39	1965.27	1561.27	75.63	140.29	4.28	195.51	16.68
370.55	137.85	1753.18	3686.63	2987.85	101.89	258.02	23.26	311.39	21.96
201.09	34.12	607.81	838.60	691.72	17.59	46.76	2.28	112.70	7.54

单位:亿元

项 目	Item	企业单位数(个) Number of Enterprises (unit)	资产总计 Total Assets	流动资产合计 Current Assets	应收账款 Accounts Receivalble
电气机械和器材制造业	Manufacture of Electrical Machinery and Apparatus	777	3922.45	2663.69	1042.09
计算机、通信和其他电子设备制造业	Manufacture of Computer Communications and other Electronic Equipment	1187	10698.91	6682.45	3287.46
仪器仪表制造业	Manufacture of Measuring Instruments and Machinery	209	620.55	433.78	152.24
其他制造业	Other Manufacture	34	30.26	16.13	4.34
废弃资源综合利用业	Utilization of Waste Resources	29	32.46	18.31	3.72
金属制品、机械和设备修理业	Repair Service of Metal Products, Machinery and Equipment	2			
电力、热力、燃气及水生产和供应业	**Production and Supply of Electric Power, Heat Power, Gas and Water**	**148**	**1624.27**	**435.55**	**77.01**
电力、热力生产和供应业	Production and Supply of Electric Power and Heat Power	60	896.90	186.63	45.32
燃气生产和供应	Production and Supply of Gas	56	504.55	199.48	26.85
水的生产和供应业	Production and Supply of Water	32	222.82	49.43	4.83
按地区分	**by Region**				
南京市	Nanjing	532	3904.81	2124.34	720.58
无锡市	Wuxi	1180	6749.36	4087.12	1402.68
徐州市	Xuzhou	159	924.97	363.09	107.22
常州市	Changzhou	741	2940.18	1764.12	637.40
苏州市	Suzhou	4116	18011.59	11768.24	4795.08
南通市	Nantong	1033	2795.66	1294.68	382.78
连云港市	Liuyungang	145	651.56	403.21	91.56
淮安市	Huaian	193	569.71	276.80	96.34
盐城市	Yancheng	345	1071.94	587.60	243.73
扬州市	Yangzhou	350	1054.72	568.54	172.61
镇江市	Zhenjiang	381	1518.69	844.25	250.00
泰州市	Taizhou	311	1696.51	1015.20	230.52
宿迁市	Suqian	103	431.87	232.95	103.35

11－8 Continued 2

(100 million yuan)

存货 Inventory	#产成品 Finished Goods	负债合计 Total Liabilities	主营业务收入 Revenue from Principal Business	主营业务成本 Cost of Principle Business	销售费用 Selling Expenses	管理费用 Management Expenses	财务费用 Financial Expenses	利润总额 Total Profits	年平均用工人数(万人) The Average Number of Employment (10000 persons)
391.17	171.41	2200.81	3969.14	3370.49	124.34	213.69	16.39	257.98	30.39
1341.45	476.96	5577.96	13601.44	12547.96	124.23	475.15	44.40	505.41	122.33
118.64	33.48	273.52	840.51	678.33	26.86	47.04	2.68	88.68	5.29
5.33	2.75	14.00	41.32	36.77	1.65	1.50	0.29	1.04	0.73
2.67	0.70	17.72	19.58	16.48	0.26	1.24	0.35	1.40	0.16
26.92	**1.02**	**801.82**	**830.02**	**665.23**	**16.38**	**25.49**	**18.76**	**138.48**	**2.75**
13.59	0.12	440.81	408.18	344.66	0.35	10.06	14.96	54.33	1.18
7.67	0.90	233.73	385.23	295.53	12.99	11.29	2.69	73.88	1.11
5.66		127.28	36.61	25.04	3.05	4.15	1.11	10.27	0.46
452.85	150.30	2087.28	4072.51	3361.26	179.34	203.85	37.02	294.23	23.44
811.13	315.04	3080.73	6259.28	5265.08	168.53	321.03	23.57	556.62	42.86
78.03	22.41	430.61	698.38	602.99	13.21	32.49	9.27	48.79	5.33
398.22	173.50	1535.42	3299.58	2764.21	91.39	161.52	13.31	262.96	25.23
2500.62	920.23	8942.95	21257.17	18427.50	609.63	1056.80	76.09	1183.23	168.26
329.22	124.51	1254.70	3738.43	3187.51	76.24	121.45	30.67	314.38	24.38
65.45	27.89	334.01	613.71	366.89	109.45	53.86	2.13	77.05	4.43
52.36	18.32	230.79	521.29	438.15	15.85	30.86	3.97	33.00	7.57
91.41	41.82	619.49	1098.52	970.04	46.83	45.47	11.56	13.76	7.96
108.74	38.00	480.20	1445.02	1252.90	32.39	49.85	5.15	126.98	10.59
161.60	67.17	677.05	1235.72	1039.84	40.61	54.72	14.01	99.83	9.19
222.39	54.31	842.34	1407.27	1204.71	36.64	55.48	8.45	127.83	12.31
47.22	10.62	196.86	342.65	282.77	3.55	16.02	－1.51	51.78	7.17

11-9 外商投资和港澳台商投资工业企业主要经济效益指标(2018年)

单位:%

项 目	Item	企业亏损面 Percentage of Loss Making Enterprises
总 计	**Total**	**21.59**
按登记注册类型分	**Grouped by Status of Registration**	
与港澳台商合资经营	Joint-venture Enterprises with Hong Kong, Macao and Taiwan	19.25
与港澳台商合作经营	Cooperative Enterprises with Hong Kong, Macao and Taiwan	13.89
港澳台商独资	Enterprises with Sole Funds from Hong Kong, Macao and Taiwan	22.04
港澳台商投资股份有限公司	Share Holding with Hong Kong, Macao and Taiwan Investment	16.22
其他港澳台投资	Other Share Hold with Hong Kong, Macao and Taiwan Investment	25.00
中外合资经营	Joint-venture Enterprises with Foreign Funded	19.20
中外合作经营	Chinese-foreign Cooperative Enterprises	16.95
外资企业	Foreign Solely Funded	23.24
外商投资股份有限公司	Share Holding with Foreign Investment	16.05
其他外商投资	Others	25.00
按轻重工业分	**Grouped by Light & Heavy Industries**	
轻工业	Light Industry	22.31
重工业	Heavy Industry	21.19
按企业规模分	**Grouped by Size of Enterprises**	
大型企业	Large Enterprises	14.21
中型企业	Medium-sized Enterprises	17.24
小微型企业	Small Enterprises	23.49
按行业分	**Grouped by Sector**	
采矿业	**Mining**	**33.33**
煤炭开采和洗选业	Mining and Washing of Coal	
石油和天然气开采业	Extraction of Petroleum and Natural Gas	
黑色金属矿采选业	Mining and Processing of Ferrous Metal Ores	
有色金属矿采选业	Mining and Processing of Non-ferrous Metals Ores	
非金属矿采选业	Mining and Processing of Non-metal Ores	
开采专业及辅助性活动	Support Activities for Mining	
其他采矿业	Mining of Other Ores	
制造业	**Manufacturing**	**21.77**
农副食品加工业	Processing of Food from Agricultural Products	22.01
食品制造业	Manufacture of Food	19.80
酒、饮料和精制茶制造业	Manufacture of Liquor, Beverages and Refined Tea	21.15
烟草制品业	Manufacture of Tobacco	
纺织业	Manufacture of Textile	20.69
纺织服装、服饰业	Manufacture of Textile, Wearing Apparel and Accessories	23.06

Main Indicators on Economic Benefit of Industrial Enterprises with Hong Kong, Macao, Taiwan and Foreign Funds (2018)

(%)

资产负债率 Assets Liability Ratio	流动资产周转次数(次/年) Times of Turnover of Circulating Funds (times/year)	成本费用利润率 Ratio of Profits to Industrial Cost	产品销售率 Proportion of Products Sold	总资产贡献率 Ratio of Total Assets to Industrial Output Value
49.13	**1.90**	**7.24**	**99.02**	**10.81**
50.19	1.91	8.28	98.71	11.34
35.19	2.41	15.28	99.19	22.03
48.74	1.90	6.71	98.98	10.12
38.70	1.35	18.37	97.69	15.08
48.82	1.23	6.89	96.99	8.16
51.17	1.86	8.16	98.63	12.05
35.68	1.71	8.54	95.24	11.30
49.10	1.96	6.27	99.47	9.91
42.36	1.29	13.19	96.29	12.79
47.13	1.72	4.47	99.01	7.39
47.85	1.84	8.48	98.91	12.98
49.48	1.91	6.92	99.05	10.23
49.78	2.08	6.78	99.07	10.74
48.76	1.82	8.88	98.70	12.28
48.40	1.68	6.38	99.27	9.42
19.77	**1.45**	**7.09**	**100.00**	**8.99**
49.13	**1.90**	**7.04**	**99.00**	**10.77**
59.91	2.56	2.94	102.03	6.82
40.82	2.06	11.49	95.36	15.91
46.85	2.31	12.52	96.31	19.46
49.50	1.89	5.56	98.81	10.38
51.91	2.24	4.66	97.74	11.88

单位:%

项　　目 Item		企业亏损面 Percentage of Loss Making Enterprises
皮革、毛皮、羽毛及其制品和制鞋业	Manufacture of Leather, Fur, Feather and Related Products and Footwear	23.64
木材加工和木、竹、藤、棕、草制品业	Processing of Timber, Manufacture of Wood, Bamboo, Rattan, Palm and Straw Products	22.00
家具制造业	Manufacture of Furniture	29.51
造纸和纸制品业	Manufacture of Paper and Paper Products	16.04
印刷和记录媒介复制业	Printing, Reproduction of Recording Media	21.59
文教、工美、体育和娱乐用品制造业	Manufacture of Articles for Culture, Education, Arts and Crafts, Sport and Entertainment Activities	13.36
石油、煤炭及其他燃料加工业	Processing of Petroleum, Coking, Processing of Nuclear Fuel	30.00
化学原料和化学制品制造业	Manufacture of Raw Chemical Materials and Chemical Products	21.81
医药制造业	Manufacture of Medicines	15.07
化学纤维制造业	Manufacture of Chemical Fibers	35.38
橡胶和塑料制品业	Manufacture of Rubber and Plastics Products	25.71
非金属矿物制品业	Manufacture of Non-metallic Mineral Products	22.74
黑色金属冶炼和压延加工业	Smelting and Pressing of Ferrous Metals	32.04
有色金属冶炼和压延加工业	Smelting and Pressing of Non-ferrous Metals	25.87
金属制品业	Manufacture of Metal Products	21.23
通用设备制造业	Manufacture of General Purpose Machinery	14.71
专用设备制造业	Manufacture of Special Purpose Machinery	20.29
汽车制造业	Manufacture of Automobiles	27.94
铁路、船舶、航空航天和其他运输设备制造业	Manufacture of Railway, Ship, Aerospace and Other Transport Equipments	26.84
电气机械和器材制造业	Manufacture of Electrical Machinery and Apparatus	22.39
计算机、通信和其他电子设备制造业	Manufacture of Computers, Communication and Other Electronic Equipment	23.76
仪器仪表制造业	Manufacture of Measuring Instruments and Machinery	11.96
其他制造业	Other Manufacture	20.59
废弃资源综合利用业	Utilization of Waste Resources	34.48
金属制品、机械和设备修理业	Repair Service of Metal Products, Machinery and Equipment	

11－9 Continued 1

(%)

资产负债率 Assets Liability Ratio	流动资产周转次数(次/年) Times of Turnover of Circulating Funds (times/year)	成本费用利润率 Ratio of Profits to Industrial Cost	产品销售率 Proportion of Products Sold	总资产贡献率 Ratio of Total Assets to Industrial Output Value
41.21	1.85	7.07	98.41	14.11
49.83	1.36	6.21	98.70	8.91
40.97	1.94	3.15	102.29	6.01
50.45	1.23	9.85	100.56	8.81
44.70	1.61	10.34	99.70	11.62
51.19	2.83	8.49	99.13	19.65
55.54	2.22	9.03	98.01	15.52
43.12	2.22	8.26	98.78	12.28
40.79	1.69	19.16	97.58	25.92
54.65	1.88	8.75	98.81	11.67
35.84	1.70	7.11	99.53	9.25
41.96	1.37	9.17	99.77	10.38
52.96	3.17	4.83	99.62	9.59
49.63	2.36	3.21	102.76	7.44
43.63	1.79	5.85	99.72	9.91
46.20	1.73	10.89	98.79	15.04
46.94	1.35	10.83	97.55	11.85
51.96	1.99	9.02	99.08	14.66
45.62	0.94	14.44	98.11	10.21
56.11	1.52	6.77	98.42	9.31
52.14	2.17	3.80	99.25	6.29
44.08	2.01	11.62	99.02	18.59
46.27	2.48	2.58	97.00	8.29
54.59	1.09	7.42	99.89	7.64

11－9 续 表2

单位:%

项 目 Item		企业亏损面 Percentage of Loss Making Enterprises
电力、热力、燃气及水生产和供应业	**Production and Supply of Electric Power, Heat Power, Gas and Water**	**10.14**
电力、热力生产和供应业	Production and Supply of Electric Power and Heat Power	16.67
燃气生产和供应	Production and Supply of Gas	3.57
水的生产和供应业	Production and Supply of Water	9.38
按地区分	**by Region**	
南京市	Nanjing	26.50
无锡市	Wuxi	22.88
徐州市	Xuzhou	18.24
常州市	Changhzou	18.22
苏州市	Suzhou	23.20
南通市	Nantong	13.07
连云港市	Liuyungang	26.21
淮安市	Huaian	19.69
盐城市	Yancheng	30.43
扬州市	Yangzhou	15.43
镇江市	Zhenjiang	22.31
泰州市	Taizhou	21.54
宿迁市	Suqian	19.42

11－9 Continued 2

(%)

资产负债率 Assets Liability Ratio	流动资产周转次数(次/年) Times of Turnover of Circulating Funds (times/year)	成本费用利润率 Ratio of Profits to Industrial Cost	产品销售率 Proportion of Products Sold	总资产贡献率 Ratio of Total Assets to Industrial Output Value
49.36	1.89	18.64	99.76	11.88
49.15	2.14	14.54	99.85	10.08
46.32	1.92	22.18	99.92	17.47
57.12	0.79	28.13	97.12	6.48
53.45	1.99	7.56	98.77	11.92
45.64	1.59	9.45	98.70	11.04
46.55	1.95	7.20	98.79	8.05
52.22	1.97	8.53	98.24	13.71
49.65	1.88	5.80	99.46	8.88
44.88	2.85	9.09	98.97	17.99
51.26	1.58	13.93	95.04	18.23
40.51	2.00	6.69	98.34	8.06
57.79	1.97	1.26	98.53	6.24
45.53	2.63	9.34	98.38	16.57
44.58	1.51	8.51	99.28	9.20
49.65	1.44	9.45	99.74	10.44
45.58	1.52	16.65	98.31	13.64

11－10 大中型工业企业主要经济指标(2018年)

单位:亿元

项 目 Item		企业单位数(个) Number of Enterprises (unit)	资产总计 Total Assets	流动资产合计 Current Assets	应收账款 Accounts Receivalble
总 计	**Total**	**6790**	**80236.72**	**43745.59**	**13761.55**
按登记注册类型分	**Grouped by Status of Registration**				
内资企业	Domestic Funded Enterprises	4159	49418.95	25351.41	6812.63
国有企业	State-owned Enterprises	21	3645.15	542.20	106.70
集体企业	Collective-owned Enterprises	20	127.18	74.52	12.55
股份合作企业	Cooperative Enterprises	4	20.21	10.57	3.10
联营企业	Joint Ownership Enterprises				
有限责任公司	Limited Liability Corporations	1014	18731.94	9954.82	2732.72
#国有独资	State Sole Funded Corporatios	85	4370.81	2387.14	604.28
股份有限公司	Share-holding Corporations Ltd.	430	10948.36	5646.31	1451.95
私营企业	Private Enterprises	2666	15910.48	9100.74	2501.40
其他企业	Other Enterprises	4	35.62	22.26	4.23
港、澳、台商投资企业	Enterprises with Funds from Hong Kong, Macao and Taiwan	991	11175.59	6455.25	2410.62
外商投资企业	Foreign Funded Enterprises	1640	19642.18	11938.93	4538.29
按轻重工业分	**Grouped by Light & Heavy Industries**				
轻工业	Light Industry	2514	16606.37	9804.95	2324.01
重工业	Heavy Industry	4276	63630.35	33940.64	11437.53
按行业分	**Grouped by Sector**				
采矿业	**Mining**	**14**	**903.84**	**270.16**	**34.85**
煤炭开采和洗选业	Mining and Washing of Coal	3	669.84	210.60	29.54
石油和天然气开采业	Extraction of Petroleum and Natural Gas	2			
黑色金属矿采选业	Mining and Processing of Ferrous Metal Ores	2			
有色金属矿采选业	Mining and Processing of Non-ferrous Metals Ores	1			
非金属矿采选业	Mining and Processing of Non-metal Ores	6	64.11	24.20	1.40
开采专业及辅助性活动	Support Activities for Mining				
其他采矿业	Mining of Other Ores				
制造业	**Manufacturing**	**6686**	**72510.58**	**42453.47**	**13610.86**
农副食品加工业	Processing of Food from Agricultural Products	115	629.74	386.52	57.20
食品制造业	Manufacture of Food	72	460.37	231.49	46.25
酒、饮料和精制茶制造业	Manufacture of Liquor, Beverages and Refined Tea	39	1016.32	630.76	48.16
烟草制品业	Manufacture of Tobacco	4	718.77	582.85	15.71
纺织业	Manufacture of Textile	474	1978.50	1192.65	271.44

Main Economic Indicators of Big and Medium Size Industrial Enterprises (2018)

(100 million yuan)

存货 Inventory	#产成品 Finished Goods	负债合计 Total Liabilities	主营业务收入 Revenue from Principal Business	主营业务成本 Cost of Principle Business	销售费用 Selling Expenses	管理费用 Management Expenses	财务费用 Financial Expenses	利润总额 Total Profits	年平均用工人数(万人) The Average Number of Employment (10000 persons)
9398.90	**3526.11**	**41764.45**	**81067.71**	**68221.06**	**2584.28**	**3534.10**	**607.58**	**5864.27**	**552.13**
5713.55	2146.48	26542.13	46510.17	38736.99	1497.80	1966.53	468.70	3398.76	286.12
33.40	1.72	1973.40	3374.93	3257.58	7.37	20.93	9.55	86.76	5.48
14.00	7.92	82.40	237.92	209.44	4.22	5.12	2.10	15.22	1.27
3.15	2.58	8.33	25.60	21.70	1.00	1.04	0.39	2.01	0.23
2309.37	844.20	10776.35	15175.80	11978.20	735.78	743.98	188.16	1155.35	84.69
681.22	204.42	2443.54	2772.81	1911.23	89.54	141.00	36.70	188.70	13.12
1198.54	376.84	4799.91	8485.39	6633.76	341.34	464.20	70.90	833.63	46.29
2150.21	909.96	8880.92	19179.54	16608.22	407.03	730.15	196.85	1305.13	147.98
4.88	3.27	20.80	30.98	28.08	1.06	1.11	0.74	0.68	0.18
1195.87	465.19	5461.60	12113.54	10374.23	320.32	500.77	39.72	933.78	106.51
2489.47	914.43	9760.72	22444.00	19109.85	766.15	1066.79	99.16	1531.73	159.50
2544.48	940.44	7847.75	17081.92	12768.47	1413.58	951.88	120.04	1550.86	165.01
6854.42	2585.66	33916.71	63985.78	55452.59	1170.70	2582.21	487.54	4313.41	387.12
36.80	**13.25**	**583.67**	**367.34**	**252.37**	**6.64**	**55.10**	**8.53**	**20.76**	**6.09**
24.29	9.16	412.38	201.01	126.18	2.99	33.72	5.00	16.46	4.54
6.61	2.68	31.77	29.68	21.73	2.11	2.48	0.79	2.40	0.42
9274.68	**3512.04**	**37273.96**	**76128.92**	**63695.95**	**2539.36**	**3438.06**	**540.96**	**5614.04**	**536.70**
104.70	40.62	393.13	986.45	902.08	24.51	17.52	2.87	40.61	4.91
45.31	17.92	205.70	519.93	334.02	94.91	27.76	3.86	53.12	4.54
242.21	38.31	346.87	927.11	586.56	52.55	41.66	12.10	193.96	5.69
283.81	17.14	127.51	590.74	113.98	7.98	22.37	-3.56	89.74	0.55
302.21	131.55	1129.43	1986.73	1761.05	39.12	69.22	25.36	109.06	26.45

单位:亿元

项 目 Item		企业单位数(个) Number of Enterprises (unit)	资产总计 Total Assets	流动资产合计 Current Assets	应收账款 Accounts Receivalble
纺织服装、服饰业	Manufacture of Textile, Wearing Apparel and Accessories	490	1411.07	835.13	199.68
皮革、毛皮、羽毛及其制品和制鞋业	Manufacture of Leather, Fur, Feather and Related Products and Footwear	94	122.05	86.16	32.37
木材加工和木、竹、藤、棕、草制品业	Processing of Timber, Manufacture of Wood, Bamboo, Rattan, Palm and Straw Products	105	289.63	186.96	46.42
家具制造业	Manufacture of Furniture	47	145.80	72.77	23.18
造纸和纸制品业	Manufacture of Paper and Paper Products	46	1331.69	622.09	151.28
印刷和记录媒介复制业	Printing, Reproduction of Recording Media	59	226.39	125.33	52.44
文教、工美、体育和娱乐用品制造业	Manufacture of Articles for Culture, Education, Arts and Crafts, Sport and Entertainment Activities	171	407.30	220.13	55.78
石油、煤炭及其他燃料加工业	Processing of Petroleum, Coking, Processing of Nuclear Fuel	29	810.96	379.37	66.48
化学原料和化学制品制造业	Manufacture of Raw Chemical Materials and Chemical Products	396	6504.72	3212.36	736.65
医药制造业	Manufacture of Medicines	148	2398.48	1509.17	443.55
化学纤维制造业	Manufacture of Chemical Fibers	99	1847.91	884.61	108.34
橡胶和塑料制品业	Manufacture of Rubber and Plastics Products	243	1189.49	634.14	234.93
非金属矿物制品业	Manufacture of Non-metallic Mineral Products	213	1379.62	802.00	214.69
黑色金属冶炼和压延加工业	Smelting and Pressing of Ferrous Metals	106	5693.03	2597.31	246.10
有色金属冶炼和压延加工业	Smelting and Pressing of Non-ferrous Metals	97	1062.96	567.09	133.34
金属制品业	Manufacture of Metal Products	334	2212.58	1376.75	445.97
通用设备制造业	Manufacture of General Purpose Machinery	505	4294.25	2865.21	942.55
专用设备制造业	Manufacture of Special Purpose Machinery	387	3904.19	2637.70	974.33
汽车制造业	Manufacture of Automobiles	407	4916.21	2944.93	1096.08
铁路、船舶、航空航天和其他运输设备制造业	Manufacture of Railway, Ship, Aerospace and Other Transport Equipments	166	2836.37	1730.37	506.81
电气机械和器材制造业	Manufacture of Electrical Machinery and Apparatus	740	9103.81	5899.74	2379.72
计算机、通信和其他电子设备制造业	Manufacture of Computers, Communication and Other Electronic Equipment	900	13323.86	7909.30	3705.49
仪器仪表制造业	Manufacture of Measuring Instruments and Machinery	174	2226.73	1293.51	364.81
其他制造业	Other Manufacture	20	52.34	28.51	9.59
废弃资源综合利用业	Utilization of Waste Resources	5	14.67	8.00	1.41
金属制品、机械和设备修理业	Repair Service of Metal Products, Machinery and Equipment	1			

(100 million yuan)

存货 Inventory	#产成品 Finished Goods	负债合计 Total Liabilities	主营业务收入 Revenue from Principal Business	主营业务成本 Cost of Principle Business	销售费用 Selling Expenses	管理费用 Management Expenses	财务费用 Financial Expenses	利润总额 Total Profits	年平均用工人数(万人) The Average Number of Employment (10000 persons)
234.30	107.16	766.73	1565.44	1316.92	70.75	83.87	10.30	109.18	31.78
20.36	7.13	52.14	206.64	177.49	4.44	7.49	1.05	15.68	4.35
44.32	23.95	148.83	282.74	235.82	10.83	11.48	3.09	21.13	2.79
17.41	7.07	72.81	140.28	115.37	6.87	9.45	0.72	7.67	2.84
93.65	40.04	675.25	776.61	635.62	35.92	34.87	20.94	70.42	3.60
24.95	10.42	101.80	219.09	171.46	10.15	16.44	1.02	21.93	3.38
76.16	34.50	209.21	684.15	579.96	19.36	32.78	3.53	48.44	10.23
123.97	43.74	495.98	1788.08	1447.70	11.69	33.13	7.72	88.36	2.44
728.13	277.81	3109.58	6973.02	5825.21	154.22	282.03	79.16	558.72	24.68
343.99	151.85	830.80	2702.18	1220.49	833.97	300.00	1.26	364.64	15.29
264.40	112.40	1072.90	1934.52	1730.11	21.33	60.28	30.59	112.52	10.71
162.19	78.44	412.08	1054.94	859.46	40.85	68.56	5.77	80.00	13.93
104.94	47.10	700.10	1077.83	849.97	38.07	57.97	13.72	128.41	10.55
648.51	262.75	3120.02	7661.15	6802.39	48.71	149.49	59.80	564.72	18.32
142.32	58.40	615.92	1385.63	1263.92	14.28	33.59	15.80	80.02	5.71
312.29	120.50	1207.15	2551.19	2242.70	54.65	103.63	18.08	160.84	19.02
625.83	227.50	2113.68	3822.42	3098.54	124.76	249.40	13.56	371.34	32.65
637.58	265.46	2182.66	3070.51	2449.20	137.58	182.49	25.19	252.15	24.36
541.04	229.13	2817.53	5327.83	4389.05	148.25	324.31	32.51	428.42	30.14
425.41	89.03	1627.14	1830.65	1539.79	32.74	107.93	13.41	180.89	16.58
894.43	442.38	4979.02	8884.06	7567.62	276.57	414.57	64.36	591.76	56.30
1551.93	539.18	6790.43	15221.66	13867.04	159.46	594.35	66.59	671.58	141.62
269.74	87.30	938.61	1895.31	1559.25	62.59	98.38	11.52	195.28	12.08
7.21	2.79	13.22	55.23	46.92	2.12	2.30	0.45	3.92	1.16
1.29	0.40	17.12	6.13	5.72	0.10	0.65	0.17	-0.46	0.05

11－10 续 表2

单位:亿元

项 目 Item		企业单位数(个) Number of Enterprises (unit)	资产总计 Total Assets	流动资产合计 Current Assets	应收账款 Accounts Receivalble
电力、热力、燃气及水生产和供应业	**Production and Supply of Electric Power, Heat Power, Gas and Water**	**90**	**6822.29**	**1021.96**	**115.83**
电力、热力生产和供应业	Production and Supply of Electric Power and Heat Power	44	5737.63	653.89	92.92
燃气生产和供应	Production and Supply of Gas	16	248.99	89.79	15.99
水的生产和供应业	Production and Supply of Water	30	835.67	278.28	6.92
按地区分	**by Region**				
南京市	Nanjing	388	9432.48	5109.95	1560.37
无锡市	Wuxi	723	11839.39	6902.74	1904.41
徐州市	Xuzhou	501	4747.15	2384.40	685.43
常州市	Changzhou	560	6187.52	3909.89	1280.32
苏州市	Suzhou	1978	22587.05	13769.79	5110.30
南通市	Nantong	610	5120.01	2442.74	783.19
连云港市	Liuyungang	120	2575.64	1007.92	193.39
淮安市	Huaian	225	1321.82	734.01	158.07
盐城市	Yancheng	354	2358.99	1170.26	338.61
扬州市	Yangzhou	501	2821.93	1536.92	447.34
镇江市	Zhenjiang	308	3373.72	1860.63	501.24
泰州市	Taizhou	341	3805.30	2169.36	651.57
宿迁市	Suqian	187	1443.50	830.24	162.02

(100 million yuan)

存货 Inventory	#产成品 Finished Goods	负债合计 Total Liabilities	主营业务收入 Revenue from Principal Business	主营业务成本 Cost of Principle Business	销售费用 Selling Expenses	管理费用 Management Expenses	财务费用 Financial Expenses	利润总额 Total Profits	年平均用工人数(万人) The Average Number of Employment (10000 persons)
87.42	**0.81**	**3906.82**	**4571.45**	**4272.75**	**38.28**	**40.93**	**58.10**	**229.47**	**9.34**
69.55		3284.68	4265.57	4050.42	0.45	21.33	54.82	176.58	6.61
7.37	0.22	131.29	207.00	160.71	11.69	7.66	0.28	35.73	0.81
10.50	0.59	490.85	98.88	61.62	26.15	11.95	3.00	17.17	1.92
1097.01	301.67	4839.90	9007.59	7170.79	295.34	427.23	59.50	727.34	39.57
1442.05	570.27	6030.75	10598.78	9014.41	286.93	485.34	97.83	899.51	68.54
580.32	214.80	2591.64	3465.77	2722.28	140.36	157.89	57.88	198.75	27.08
773.51	341.29	3453.70	7253.58	6261.91	152.07	274.59	52.71	501.04	45.71
2828.94	1116.48	11705.60	24026.57	20737.45	646.76	1128.47	140.48	1531.67	191.17
579.57	247.85	2416.59	6623.50	5619.02	119.23	228.56	47.99	606.90	42.78
201.70	62.76	1499.43	1827.59	1256.02	203.75	139.18	25.79	191.34	11.41
217.24	63.27	598.54	1318.51	1011.40	37.47	59.48	7.95	107.13	13.87
239.20	101.99	1442.16	2529.00	2232.48	67.21	97.58	26.96	123.69	18.11
337.11	111.13	1455.09	3788.03	3280.66	85.23	152.80	24.42	263.11	28.23
340.11	150.01	1819.12	2590.55	2211.01	74.90	109.66	43.27	164.79	18.89
529.89	186.51	1890.14	3880.72	2930.94	442.40	209.94	17.06	298.40	26.67
300.86	66.52	616.61	1174.77	854.37	33.95	61.51	3.60	204.17	17.30

11－11 大中型工业企业主要经济效益指标（2018 年）

单位:%

项　　目	Item	企业亏损面 Percentage of Loss Making Enterprises
总　计	**Total**	**14.42**
按登记注册类型分	**Grouped by Status of Registration**	
内资企业	Domestic Funded Enterprises	13.06
国有企业	State-owned Enterprises	28.57
集体企业	Collective-owned Enterprises	5.00
股份合作企业	Cooperative Enterprises	0.00
联营企业	Joint Ownership Enterprises	
有限责任公司	Limited Liability Corporations	15.58
#国有独资	State Sole Funded Corporatios	14.12
股份有限公司	Share-holding Corporations Ltd.	10.23
私营企业	Private Enterprises	12.53
其他企业	Other Enterprises	0.00
港、澳、台商投资企业	Enterprises with Funds from Hong Kong, Macao and Taiwan	16.25
外商投资企业	Foreign Funded Enterprises	16.77
按轻重工业分	**Grouped by Light & Heavy Industries**	
轻工业	Light Industry	15.27
重工业	Heavy Industry	13.91
按行业分	**Grouped by Sector**	
采矿业	**Mining**	**14.29**
煤炭开采和洗选业	Mining and Washing of Coal	33.33
石油和天然气开采业	Extraction of Petroleum and Natural Gas	
黑色金属矿采选业	Mining and Processing of Ferrous Metal Ores	
有色金属矿采选业	Mining and Processing of Non-ferrous Metals Ores	
非金属矿采选业	Mining and Processing of Non-metal Ores	0.00
开采专业及辅助性活动	Support Activities for Mining	
其他采矿业	Mining of Other Ores	
制造业	**Manufacturing**	**14.46**
农副食品加工业	Processing of Food from Agricultural Products	17.39
食品制造业	Manufacture of Food	12.50
酒、饮料和精制茶制造业	Manufacture of Liquor, Beverages and Refined Tea	12.82
烟草制品业	Manufacture of Tobacco	0.00
纺织业	Manufacture of Textile	15.40
纺织服装、服饰业	Manufacture of Textile, Wearing Apparel and Accessories	15.31
皮革、毛皮、羽毛及其制品和制鞋业	Manufacture of Leather, Fur, Feather and Related Products and Footwear	20.21
木材加工和木、竹、藤、棕、草制品业	Processing of Timber, Manufacture of Wood, Bamboo, Rattan, Palm and Straw Products	6.67
家具制造业	Manufacture of Furniture	21.28
造纸和纸制品业	Manufacture of Paper and Paper Products	21.74

Main Indicators on Economic Benefit of Big and Medium Size Industrial Enterprises (2018)

(%)

资产负债率 Assets Liability Ratio	流动资产周转次数(次/年) Times of Turnover of Circulating Funds (times/year)	成本费用利润率 Ratio of Profits to Industrial Cost	产品销售率 Proportion of Products Sold	总资产贡献率 Ratio of Total Assets to Industrial Output Value
52.05	**1.96**	**7.53**	**98.90**	**12.44**
53.71	1.94	7.54	98.87	13.13
54.14	5.75	2.62	99.93	6.18
64.79	3.25	6.79	98.32	21.49
41.22	2.18	8.31	97.64	16.54
57.53	1.62	7.69	99.19	12.93
55.91	1.21	6.36	99.16	17.74
43.84	1.62	10.74	98.58	14.74
55.82	2.22	6.97	98.58	13.94
58.39	1.47	2.19	99.75	5.41
48.87	2.00	8.13	98.79	11.80
49.69	1.97	7.19	99.01	11.07
47.26	1.86	9.69	98.89	17.61
53.30	1.99	6.97	98.91	11.10
64.58	**1.46**	**3.98**	**95.61**	**8.21**
61.56	1.05	4.84	99.86	7.30
49.56	1.29	8.51	97.88	8.25
51.40	**1.90**	**7.70**	**98.86**	**13.02**
62.43	2.60	4.23	100.73	8.77
44.68	2.38	11.41	95.95	17.69
34.13	1.62	27.26	100.65	34.18
17.74	1.08	26.90	97.79	78.40
57.09	1.89	5.42	98.23	10.20
54.34	2.09	6.69	98.48	13.72
42.72	2.33	8.20	98.27	20.04
51.39	1.57	7.93	95.50	11.29
49.94	2.16	5.78	99.80	8.94
50.71	1.23	9.37	100.62	8.58

单位:%

项　　目 Item		企业亏损面 Percentage of Loss Making Enterprises
印刷和记录媒介复制业	Printing, Reproduction of Recording Media	8.47
文教、工美、体育和娱乐用品制造业	Manufacture of Articles for Culture, Education, Arts and Crafts, Sport and Entertainment Activities	9.94
石油、煤炭及其他燃料加工业	Processing of Petroleum, Coking, Processing of Nuclear Fuel	13.79
化学原料和化学制品制造业	Manufacture of Raw Chemical Materials and Chemical Products	15.40
医药制造业	Manufacture of Medicines	8.11
化学纤维制造业	Manufacture of Chemical Fibers	20.20
橡胶和塑料制品业	Manufacture of Rubber and Plastics Products	14.40
非金属矿物制品业	Manufacture of Non-metallic Mineral Products	12.21
黑色金属冶炼和压延加工业	Smelting and Pressing of Ferrous Metals	11.32
有色金属冶炼和压延加工业	Smelting and Pressing of Non-ferrous Metals	11.34
金属制品业	Manufacture of Metal Products	14.07
通用设备制造业	Manufacture of General Purpose Machinery	11.49
专用设备制造业	Manufacture of Special Purpose Machinery	10.34
汽车制造业	Manufacture of Automobiles	14.00
铁路、船舶、航空航天和其他运输设备制造业	Manufacture of Railway, Ship, Aerospace and Other Transport Equipments	19.28
电气机械和器材制造业	Manufacture of Electrical Machinery and Apparatus	15.54
计算机、通信和其他电子设备制造业	Manufacture of Computers, Communication and Other Electronic Equipment	18.33
仪器仪表制造业	Manufacture of Measuring Instruments and Machinery	10.34
其他制造业	Other Manufacture	5.00
废弃资源综合利用业	Utilization of Waste Resources	60.00
金属制品、机械和设备修理业	Repair Service of Metal Products, Machinery and Equipment	

11－11 Continued 1

(%)

资产负债率 Assets Liability Ratio	流动资产周转次数(次/年) Times of Turnover of Circulating Funds (times/year)	成本费用利润率 Ratio of Profits to Industrial Cost	产品销售率 Proportion of Products Sold	总资产贡献率 Ratio of Total Assets to Industrial Output Value
44.97	1.78	10.95	98.99	13.22
51.37	3.16	7.52	98.80	19.71
61.16	4.89	5.69	99.48	46.19
47.80	2.24	8.66	99.10	13.95
34.64	1.87	15.31	97.18	24.35
58.06	2.35	5.77	103.32	10.10
34.64	1.73	8.14	98.66	10.13
50.75	1.44	12.40	98.57	14.61
54.80	3.06	7.40	99.95	14.94
57.94	2.49	5.77	99.24	13.46
54.56	1.91	6.19	99.22	11.63
49.22	1.27	10.53	99.15	10.86
55.91	1.44	7.81	97.57	11.26
57.31	1.98	8.56	98.51	14.84
57.37	1.08	10.43	99.02	9.05
54.69	1.53	6.97	97.44	10.19
50.96	2.10	4.53	99.26	7.16
42.15	1.58	11.16	96.96	12.71
25.26	1.81	7.40	100.53	12.41
116.70	0.64	-6.92	94.49	1.18

单位:%

项 目 Item		企业亏损面 Percentage of Loss Making Enterprises
电力、热力、燃气及水生产和供应业	**Production and Supply of Electric Power, Heat Power, Gas and Water**	**11.11**
电力、热力生产和供应业	Production and Supply of Electric Power and Heat Power	15.91
燃气生产和供应	Production and Supply of Gas	6.25
水的生产和供应业	Production and Supply of Water	6.67
按地区分	**by Region**	
南京市	Nanjing	14.95
无锡市	Wuxi	8.58
徐州市	Xuzhou	15.97
常州市	Changzhou	10.54
苏州市	Suzhou	15.87
南通市	Nantong	6.89
连云港市	Liuyungang	29.17
淮安市	Huaian	20.89
盐城市	Yancheng	23.45
扬州市	Yangzhou	8.98
镇江市	Zhenjing	23.70
泰州市	Taizhou	15.84
宿迁市	Suqian	14.97

11－11 Continued 2

(%)

资产负债率 Assets Liability Ratio	流动资产周转次数(次/年) Times of Turnover of Circulating Funds (times/year)	成本费用利润率 Ratio of Profits to Industrial Cost	产品销售率 Proportion of Products Sold	总资产贡献率 Ratio of Total Assets to Industrial Output Value
57.27	**4.59**	**5.12**	**99.86**	**7.06**
57.25	6.55	4.23	99.88	7.20
52.73	2.63	19.03	99.92	17.44
58.74	0.37	14.46	98.85	3.19
51.31	1.88	8.84	99.07	16.49
50.94	1.65	8.61	98.15	11.37
54.59	1.53	5.24	98.93	12.02
55.82	1.99	7.13	98.56	13.51
51.82	1.87	6.59	99.54	9.58
47.20	2.65	9.99	98.74	18.88
58.22	1.90	11.52	96.49	13.18
45.28	1.95	9.05	97.78	21.32
61.13	2.23	4.99	97.74	10.45
51.56	2.50	7.31	96.69	14.93
53.92	1.41	6.59	98.77	8.19
49.67	1.89	8.10	98.98	13.05
42.72	1.53	19.80	106.74	22.34

11－12 主要年份工业主要产品产量
Output of Main Industrial Products in Major Years

年份 Year	原煤 (万吨) Coal (10000 tons)	发电量 (亿千瓦时) Electricity (100 million kW·h)	钢材 (万吨) Rolled Steel (10000 tons)	水泥 (万吨) Cement (10000 tons)	农用化肥 (万吨) Chemical Fertilizer (10000 tons)	布 (亿米) Cloth (100 million m)	化学纤维 (万吨) Chemical Fiber (10000 tons)	汽车 (辆) Motor Vehicles (units)
1949	81.49	1.98	0.03	3.10	0.38	2.32		
1952	113.21	4.10	0.19	36.90	1.32	6.10		
1957	193.11	7.08	0.27	80.70	3.63	6.97		
1962	462.70	15.43	6.19	58.60	10.09	3.20		452
1965	485.66	25.78	18.48	103.00	20.25	6.76	0.54	2350
1970	699.17	49.96	18.36	163.12	28.21	9.60	0.52	7472
1975	1143.75	81.80	44.09	274.16	41.82	11.68	0.88	13932
1978	1707.02	126.42	60.31	444.10	72.18	14.06	2.11	15079
1980	1690.00	156.32	104.87	629.00	111.61	17.97	3.26	19624
1985	2193.85	234.48	145.18	1116.90	121.71	21.05	12.52	24474
1990	2407.79	404.47	203.01	1532.89	145.90	28.91	40.76	46291
1991	2470.55	441.20	247.76	1823.18	147.33	27.01	48.15	64045
1992	2457.76	481.15	387.51	2275.59	144.63	29.04	55.09	101009
1993	2505.53	536.84	466.02	2660.50	133.69	30.19	66.18	124334
1994	2503.44	631.90	674.19	3087.38	153.09	32.71	78.09	129957
1995	2650.72	700.41	787.89	3966.42	191.85	48.90	102.20	125197
1996	2606.52	756.87	795.58	4040.28	184.30	34.55	105.94	110157
1997	2506.01	777.00	856.79	4031.73	187.98	40.46	139.11	104801
1998	2378.53	754.27	933.63	3856.30	170.12	31.72	140.94	89828
1999	2291.97	787.06	1170.25	4378.32	171.27	31.76	170.06	91300
2000	2479.02	909.69	1401.83	4599.52	192.38	33.74	190.99	90636
2001	2451.14	986.64	1754.13	5135.59	187.62	32.91	219.75	97682
2002	2593.58	1116.56	2274.56	6035.29	205.02	37.28	261.22	168248
2003	2760.40	1277.88	2876.80	7225.14	190.90	37.61	303.76	212566
2004	2747.03	1539.49	3749.91	7993.22	227.22	42.74	377.81	243750
2005	2817.56	1789.53	4328.32	9579.15	284.63	53.97	458.49	305726
2006	3047.53	2216.40	5816.26	10880.77	254.66	64.95	665.14	274820
2007	2480.20	2674.43	7276.33	11787.42	259.93	64.20	803.35	269387
2008	2428.09	2776.85	7364.13	12683.21	255.83	74.55	790.67	330257
2009	2397.44	2928.21	7859.69	14434.14	317.34	78.97	894.50	506188
2010	2122.48	3358.98	9122.95	15647.46	241.96	88.46	1027.19	728700
2011	2100.27	3755.63	9994.01	14899.69	243.70	67.73	1123.80	803758
2012	2104.16	3928.35	10989.18	16777.87	267.15	80.34	1274.95	886959
2013	2011.18	4288.91	13038.96	18646.40	260.21	101.28	1372.89	1117137
2014	2019.20	4347.07	13255.21	19439.06	230.70	91.26	1312.17	1257161
2015	1918.90	4351.78	13560.81	18013.66	203.76	95.68	1430.62	1217487
2016	1367.91	4667.73	13469.72	17989.78	207.17	91.46	1458.19	1448947
2017	1278.47	4812.50	12295.44	17330.20	159.76	76.99	1425.33	1255244
2018	1245.78	4933.54	12146.72	14692.03	165.93	69.40	1370.47	1253838

11－13 规模以上工业企业主要产品生产、销售、库存（2018 年）
Main Indicators on Economic Benefit of above Designated Size Industrial Enterprises(2018)

单位:万吨 (10000 tons)

产品名称	Item	年初库存 Stock at Year-beginning	本年生产 Production This Year	本年销售 Sales This Year	年末库存 Stock at Year-end
原煤	Coal	22.4	1245.8	151.2	6.8
天然原油	Crude Petroleum Oil	1.5	151.4	221.1	1.4
铁矿石原矿	Iron Ore	0.0	70.6	0.0	0.0
原盐	Salt	15.5	939.1	938.3	16.3
精制食用植物油	Refined Edible Vegetable Oil	31.4	526.1	526.8	27.4
乳制品	Dairy products	3.4	158.0	158.4	3.0
白酒(折65度,商品量)(万千升)	Liquor (65 fold, Quantity) (Million Liters)	12.0	69.2	74.8	6.3
饮料	Soft Drink	27.6	641.6	632.3	36.9
卷烟(亿支)	Cigarettes (100 Million Pieces)	58.8	1031.0	1005.7	83.9
纱	Yarn	35.9	303.2	297.5	37.5
布(亿米)	Cloth (100 Million m)	4.0	69.4	69.6	3.5
服装(亿件)	Clothing (100 Million Units)	1.2	28.5	28.4	1.3
机制纸及纸板(外购原纸加工除外)	Machine Made Paper and Paperboard (except paper processing outsourcing)	72.0	1141.0	1158.5	52.7
汽油	Gasoline	7.8	809.5	811.0	6.5
煤油	Kerosene	5.9	484.5	485.3	7.2
燃料油	Fuel Oil	9.9	154.8	161.1	12.8
焦炭	Coke	83.4	1472.7	610.3	42.6
硫酸(折100%)	Sulfuric Acid (100%)	11.3	246.8	246.4	11.5
烧碱(折100%)	Sodium Hydroxide(100%)	9.0	320.5	288.4	11.0
纯碱(碳酸钠)	Sodium Carhonate(Soda Ash)	25.1	437.8	449.4	12.5
乙烯	Ethylene	0.6	161.2	11.2	0.4
合成氨(无水氨)	Synthetic Ammonia(anhydrous ammonia)	1.4	306.9	84.1	1.1
农用氮、磷、钾化学肥料总计	Chemical Fertilizers	8.4	165.9	158.5	6.2
氮肥(折含N100%)	Nitrogen(N100%)	8.2	160.4	152.9	6.1
磷肥(折五氧化二磷100%)	Phosphate(P_2O_5 100%)	0.2	5.5	5.5	0.2
化学农药原药(折有效成分100%	Chemical Pesticides(100% effectiveness)	5.5	80.2	75.6	6.4
涂料	Coating	15.1	192.1	193.5	13.2

单位:万吨 (10000 tons)

产品名称	Item	年初库存 Stock at Year-beginning	本年生产 Production This Year	本年销售 Sales This Year	年末库存 Stock at Year-end
初级形态的塑料	Primary Plastic	36.7	930.8	913.0	43.1
合成橡胶	Synthetic Rubber	4.4	139.1	133.0	5.4
合成洗涤剂	Synthetic Detergents	0.1	11.4	11.4	0.1
化学药品原药	Chemical Medicines	1.7	11.9	11.7	1.6
化学纤维	Chemical Fiber	78.5	1370.5	1324.6	93.8
橡胶轮胎外胎(万条)	Tires (10000 Tires)	783.4	9341.3	9370.9	735.5
塑料制品	Plastic Product	42.0	469.3	454.3	44.9
水泥	Cement	407.9	14692.0	14689.2	409.2
平板玻璃(万重量箱)	Plain Glass (10000 Weight Cases)	177.2	2274.6	2290.0	159.8
生铁	Pig Iron	9.1	6796.1	1747.3	9.5
粗钢	Crude Steel	162.6	10426.2	1794.4	155.9
钢材	Rolled Steel	479.2	12146.7	11888.5	505.8
十种有色金属	Ten Kinds of Nonferrous Metals	0.2	37.7	37.4	0.5
金属切削机床(万台)	Metal-cutting Machine Tools (10000 Units)	0.7	8.5	8.5	0.7
挖掘机(万台)	Excavating Machinery (10000 Units)	1.2	11.3	10.7	1.8
基本型乘用车(轿车)(万辆)	Basic Passenger Cars (Cars) (10000 Vehicles)	1.5	58.7	59.5	0.7
运动型多用途车(SUV)(万辆)	Sport Utility Vehicle (SUV) (10000 Vehicles)	1.4	43.0	43.1	1.3
载货汽车(万辆)	Truck (10000 Vehicles)	0.4	6.5	6.6	0.3
新能源汽车(万辆)	New Energy Vehicles (10000 Vehicles)	0.2	12.1	12.2	0.3
民用钢质船舶(万载重吨)	Civilian Steel Ships (10000 DWT)	13.0	1406.8	1392.4	27.4
发电机组(发电设备)(万千瓦)	Generator Sets (Power Generation Equipment) (10000 kw)	6.0	675.0	653.7	27.3
家用电冰箱(万台)	Home Refrigerators (10000 Sets)	25.6	839.8	836.5	28.4
房间空气调节器(万台)	Air Conditioners (10000 Sets)	40.6	512.4	521.4	31.6
家用洗衣机(万台)	Household Washing Machines (10000 Units)	162.4	1774.3	1843.6	93.0
电子计算机整机(万台)	Computer Complete Machine (10000 Units)	94.6	6240.1	6248.8	85.8
移动通信手持机(手机)(万台)	Mobile Telephones (10000 Sets)	318.6	4924.6	4999.7	243.5
彩色电视机(万台)	Color Television Sets (10000 Sets)	54.6	1668.0	1675.3	47.2
集成电路(亿块)	Integrated Circuits (100 Million Units)	14.2	564.2	557.8	20.5

11－14 规模以上工业主要产品生产能力(2018 年)
Production of above Designated Size Industrial Enterprises (2018)

产品名称 Item		计量单位 Units	生产能力 Production
天然原油	CrudePetroleum Oil (10000 tons)	万吨	155.22
卷烟	Cigarettes (100 Million Pieces)	亿支	1381.28
原油加工能力/原油加工量	Production of crude oil (10000 tons)	万吨	4320.00
焦炭	Coke (10000 tons)	万吨	2207.00
烧碱(折 100%)	Sodium Hydroxide(100%) (10000 tons)	万吨	406.40
农用氮、磷、钾化学肥料总计(折纯)	Chemical Fertilizers(100%) (10000 tons)	万吨	236.21
初级形态塑料	Primary Plastic (10000 tons)	万吨	1233.57
化学纤维	Chemical Fibe (10000 tons)	万吨	1791.76
水泥	Cement (10000 tons)	万吨	19897.43
平板玻璃	Plain Glass (10000 Weight Cases)	万重量箱	2599.85
粗钢	Crude Steel (10000 tons)	万吨	12090.00
钢材	Rolled Steel (10000 tons)	万吨	15495.02
金属切削机床	Metal-cutting Machine Tool (10000 Sets)	万台	14.79
汽车	Moter Vehicles (10000 Vehicles)	万辆	261.55
家用电冰箱	Home Refrigerators (10000 Sets)	万台	1258.12
房间空气调节器	Air Conditioners (10000 Sets)	万台	776.50
微型计算机设备	Computer (10000 Sets)	万台	7746.45
移动通信手持机(手机)	MobileTelephone (10000 Sets)	万台	13898.13
彩色电视机	Color Television Set (10000 Sets)	万台	3375.27
发电设备容量总计/发电量	Power GenerationEquipment Capacity / Electricity Production (10000 kW)	万千瓦	11379.27
其中:火电设备容量/发电量	Thermal Power EquipmentCapacity / Electricity Production (10000 kW)	万千瓦	9612.98
水电设备容量/发电量	Waterpower EquipmentCapacity / Electricity Production (10000 kW)	万千瓦	260.00
核电设备容量/发电量	Nuclear Power EquipmentCapacity / Electricity Production (10000 kW)	万千瓦	437.20
风电设备容量/发电量	Windpower EquipmentCapacity / Electricity Production (10000 kW)	万千瓦	657.74

主要统计指标解释

工业　工业 指从事自然资源的开采，对采掘品和农产品进行加工和再加工的物质生产部门。具体包括：(1)对自然资源的开采，如采矿、晒盐、森林采伐等(但不包括禽兽捕猎和水产捕捞)；(2)对农副产品的加工、再加工，如粮油加工、食品加工、缫丝、纺织、制革等；(3)对采掘品的加工、再加工，如炼铁、炼钢、化工生产、石油加工、机器制造、木材加工等，以及电力、自来水、煤气的生产和供应等；(4)对工业品的修理、翻新，如机器设备的修理、交通运输工具(包括小卧车)的修理等。

1984 年以前农村的村及村以下办工业归属农业，1984 年以后划归工业。

国有企业　指企业全部资产归国家所有，并按《中华人民共和国企业法人登记管理条例》规定登记注册的非公司制的经济组织。1957 年以前的公私合营和私营工业，后均改造为国营工业，1992 年改为国有工业，这部分工业的资料不单独分列时，均包括在国有企业内。

集体企业　指企业资产归集体所有，并按《中华人民共和国企业法人登记管理条例》规定登记注册的经济组织。是社会主义公有制经济的组成部分。包括城乡所有使用集体投资举办的企业，以及部分个人通过集资自愿放弃所有权并依法经工商行政管理机关认定为集体所有制的企业。

股份合作企业　指以合作制为基础，由企业职工共同出资入股，吸收一定比例的社会资产投资组建，实行自主经营，自负盈亏，共同劳动，民主管理，按劳分配与按股分红相结合的一种集体经济组织。

联营企业　指两个及两个以上相同或不同所有制性质的企业法人或事业单位法人，按自愿、平等、互利的原则，共同投资组成的经济组织。联营企业包括：国有联营企业指国有企业与国有企业间的联营；集体联营企业指集体企业与集体企业间的联营；国有与集体联营企业指国有企业与集体企业间的联营。

有限责任公司　指根据《中华人民共和国公司登记管理条例》规定登记注册，由两个以上，五十个以下的股东共同出资，每个股东以其所认缴的出资额对公司承担有限责任，公司以其全部资产对其债务承担责任的经济组织。

有限责任公司包括国有独资公司以及其他有限责任公司。

股份有限公司　指根据《中华人民共和国企业法人登记管理条例》规定登记注册，其全部注册资本由等额股份构成并通过发行股票筹集资本，股东以其认购的股份对公司承担有限责任，公司以其全部资产对其债务承担责任的经济组织。

私营企业　指由自然人投资设立或由自然人控股，以雇佣劳动为基础的营利性经济组织。包括按照《公司法》、《合伙企业法》、《私营企业暂行条例》规定登记注册的私营有限责任公司、私营股份有限公司、私营合伙企业和私营独资企业。

港、澳、台商投资企业　指企业注册登记类型中的港、澳、台资合资、合作、独资经营企业和股份有限公司之和。

外商投资企业　指企业注册登记类型中的中外合资、合作经营企业、外资企业和外商投资股份有限公司之和。

轻工业　指主要提供生活消费品和制作手工工具的工业。按其所使用的原料不同，可分为两大类：(1)以农产品为原料的轻工业，是指直接或间接以农产品为基本原料的轻工业。主要包括食品制造、饮料制造、烟草加工、纺织、缝纫、皮革和毛皮制作、造纸以及印刷等工业；(2)以非农产品为原料的轻工业，是指以工业品为原料的轻工业。主要包括文教体育用品、化学药品制造、合成纤维制造、日用化学制品、日用玻璃制品、日用金属制品、手工工具制造、医疗器械制造、文化和办公用机械制造等工业。

重工业　是指为国民经济各部门提供物质技术基础的主要生产资料的工业。按其生产性质和产品用途，可以分为下列三类：(1)采掘(伐)工业，是指对自然资源的开采，包括石油开采、煤炭开采、金属矿开采、非金属矿开采和木材采伐等工业；(2)原材料工业，指向国民经济各部门提供基本材料、动力和燃料的工业。包括金属冶炼及加工、炼焦及焦炭、化学、化工原料、水泥、人造板以及电力、石油和煤炭加工等工业；(3)加工工业，是指对工业原材料进行再加工制造的工业。包括装备国民经济各部门的机械设备制造工业、金属结构、水泥制品等工业，以及为农业提供的生产资料如化肥、农药等工业。

根据上述划分原则，修理业中以重工业产品为修理作业对象的划为重工业，反之划为轻工业。**资产总计**　指企业拥有或控制的能以货币计量的经济资源。包括各种财产、债权和其他权利。资产按其流动性划分为流动资产、长期投资、固定资产、无形及递延资产和其他资产。

(1)流动资产 指企业可以在一年内或者超过一年的一个生产周期内变现或耗用的资产合计。包括现金及各种存款、短期投资、应收及预付款项、存货等。

(2)固定资产 指企业固定资产净值、固定资产清理、在建工程、待处理固定资产损失所占用的资金合计。

(3)无形资产 指企业长期使用而没有实物形态的资产。包括专利权、非专利技术、商标权、著作权、土地使用权、商誉等。

负债合计　指企业承担的能以货币计量，将以资产或劳务偿付的债务。负债一般按偿还期长短分为流动负债和长期负债、递延税项等。

(1)流动负债 指企业在一年内或者超过一年的一个营业周期内需要偿还的债务合计，其中包括短期借款、应付及预收款项、应付工资、应交税金和应交利润等。

(2)长期负债 指企业在一年以上或者超过一年的一个营业周期以上需要偿还的债务合计，其中包括长期借款、应付债务、长期应付款项等。

所有者权益 指企业投资人对企业净资产的所有权。企业净资产等于企业全部资产减去全部负债后的余额，其中包括投资者对企业的最初投入，以及资本公积金、盈余公积金和未分配利润，对股份制企业即为股东权益。

国有控股企业 指这些企业的全部资产中国有资产（股份）相对其他所有者中的任何一个所有者占资（股）最多的企业。该分组反映了国有经济控股情况。

Explanatory Notes on Main Statistical Indicators

Industry refers to the material production sector which is engaged in extraction of natural resources and processing or reprocessing of minerals and agricultural products, including(1) extraction of natural resources, such as mining, salt production, logging(but not including hunting and fishing); (2) processing and reprocessing of farm and sideline produces, such as rice husking, flour milling, wine making, oil pressing, cotton ginning, silk reeling, spinning and weaving, and leather making; (3) manufacture of industrial products, such as steel making, iron smelting, chemicals manufacturing, petroleum processing, machine building, timber processing; water and gas production and electricity generation and supply; (4) repairing of industrial products such as the repairing of machinery and means of transport(including cars).

Prior to 1984, the rural industry runed by villages and cooperative organizations under village was classified into agriculture. Since 1984, it has been grouped into industry.

State-owned and State-share holding Enterprises State-owned enterprises refer to industrial enterprises where the means of production are all owned by the state. Joint state-private industries and private industries, which existed before 1957, have been transformed into state run industries. Statistics on these enterprises has been included in the state-owned industries since 1992 when separation of data was no longer necessary. State-share holding Enterprises refers to classification of "state-share holding" to the mixed-owned enterprises, which indicate that among the total assets of enterprises, the state assets(share) occupying the most part (share) than any other enterprises. Such group reflects the condition of share-holding of the state-owned economy.

Collective-owned Enterprises refer to industrial enterprises where the means of production are owned collectively. It is part of sociolist public economy. It including urban and rural enterprises invested by collectives and some enterprises which were formerly owned privately but have been registered in industrial and commercial administration agency as collective units through raising fund from the public.

Share-holding Cooperative Enterprises refer to economic units set up on cooperative basis, with funding partly from members of the enterprise and partly from outside investment, where the operation and management is decided by the members who also participate in the production. And the distribution of income is based both on work(labour input) and on shares(capital input).

Joint-operation enterprises refer to economic units that established by joint investment by two or more corporate enterprises or institutions of the same or different types of ownership on voluntary, equal and mutual-beneficial basis. They include:

a) state-owned joint-operation enterprises(joint operation between state-owned enterprises);

b) collective joint-operation enterprises(joint operation between collective enterprises);

c) state-collective joint-operation enterprises(joint operation between state and collective enterprises).

Limited Liability Corporations refer to economic units registered in accordance with the Regulation of the People's Republic of China on the Management of Registration of Corporations, with capitals from 2 to 49 investors, each investor bears limited liability to the corporation depending on the holding of shares, and the corporation bears liability to its debt to the maximum of its total assets. Limited Liability corporations State-owned Enterprises and othe limited liabliliy corporations.

Share-holding Corporations Ltd. refer to economic units registered in accordance with the Regulation of the People's Republic of China on the Management of Registration of Corporate Enterprises, with total registered capitals divided into equal shares and raised through issuing stocks. Each investor bears limited liability to the corporation depending on the holding of shares, and the corporation bears liability to its debt to the maximum of its total assets.

Private Enterprises refer to economic units invested or controlled(by holding the majority of the shares) by natural persons who hire labours for profit-making activities. Included in this category are private limited liability corporations, private share-holding corporations Ltd., private partnership enterprises and private sole investment enterprises registered in accordance with the Corporation Law, Partnership Enterprise Law and Tentative Regulation on Private Enterprises.

Enterprises with Funds form Hong Kong, Macao and Taiwan refers to all industrial enterprises registered as the joint-venture, cooperative, sole(exclusive) investment industrial enterprises and limited liability corporations with funds from Hong Kong, Macao and Taiwan.

Foreign Funded Enterprises refers to all industrial enterprises registered as the joint-venture, cooperative, sole(exclusive) investment industrial enterprises and limited liability corporations with foreign funds.

Light Industry refers to the industry that produces consumer goods and hand tools. It consists of two categories, depending on the materials used:

(1) Industries using farm products as raw materials. These are branches of light industry which directly or indirectly use farm products as basic raw materials, including the manufacture of food and beverages, tobacco processing, textile, clothing, fur and leather manufacturing, paper making, printing, etc.

(2) Industries using non farm products as raw materials. These are branches of light industry which use manufactured goods as raw-materials, including the manufacture of cultural, educational articles and sports goods, chemicals, synthetic fiber, chemical products for daily use, glass products for daily use, metal products for daily use, hand tools, medical apparatus and instruments, and the manufacture of cultural and clerical machinery.

Heavy Industry refers to the industry which produces capital goods, and provides various sectors of the national economy with necessary material and technical basis. It consists of the following three branches according to the purpose of production or the use of products:

(1) Mining, quarrying and logging industry refers to the industry that extracts natural resources. Including extraction of petroleum, coal, metal and non-metal ores and logging.

(2) Raw materials industry refers to the industry that provides various sectors of the national economy with raw materials, fuels and power. It includes smelting and processing of metals, coking and coke chemistry, chemical materials and building materials such as cement, plywood, and power, petroleum refining and coal dressing.

(3) Manufacturing industry refers to the industry that processes raw materials. It includes machine building industry which equips sectors of the national economy, industries of metal structure and cement products, industries producing means of agricultural production, such as chemical fertilizers and pesticides.

According to the above principle of classification, the repairing trades which are engaged primarily in repairing products of heavy industry are classified into heavy industry while these engaged in repairing products of light in-dustry are classified into light industry.

Gross Industrial Output Value is the total volume of industrial products sold or available for sale in value terms which reflects the total achievements and overall scale of industrial production during a given period. It includes the value of the finished products, which are not to be further processed in the enterprises and have been inspected, packed and put in storage, the value of industrial services rendered to other units, and the changes in the value of the semi-finished products and products in process between the be-ginning and closing of the period. The gross industrial output value is calculated with "factory method". No double calculations are to be made within the same enterprise. However, double counting does occur among different enterprises.

Output value of light and heavy industries is based on the "factory" method. If the major products of an industrial enterprise are classified as light industry products, the entire gross output value of that enterprise is classified into the light industry; the same principle applies to heavy industry.

Total Assets refer to all economic resources, owned or controlled by enterprises, that could be measured in monetary terms, including properties, creditors equity and other economic rights of all forms. Classified by the degree of equitability, total assets include current assets, long term investment, fixed assets, intangible assets and deferred assets, and other assets.

(1) Current assets (working capital) refer to assets which can be cashed in or spent or consumed in an operating cycle of one year or over one year, including cash, all kinds of deposits, short term investment, receivables, advance payment, stock, etc.

(2) Fixed assets refer to the net value of fixed assets, elearance of fixed assets, project under construction, fixed assets losses in suspense. These are corporations' fund holdings.

(3) Intangible assets refer to the assets without material form used by enterprises over a long time, such as patents, non-patent technologies, trade marks, copyright, land use right, business reputation, etc.

Total Liabilities refer to the debts, measured in monetary terms, that enterprises are responsible for repayment in the form of cash, assets or labour. Classified by terms of repayment, liability include liquid liabilities and long-term liabilities.

(1) Liquid liabilities (also called quick liabilities or immediate liabilities) refer to enterprises' total debt payable within an operating cycle of one year or over one year, including short term loans, payable and advance payments, wages payable, taxes payable and profit payable, etc.

(2) Long term liabilities refers to total debt payable within an operating cycle of one year or over one year, including long-term loans, payable liabilities, long-term payable, etc.

12

建筑业

Construction

简　要　说　明

一、本篇资料的主要内容

本篇资料反映我省建筑业概况和发展情况。包括建筑业企业基本情况和生产经营情况。主要指标有企业个数、从业人员数、建筑业总产值、房屋建筑面积、劳动生产率等。

二、本篇资料的统计范围

根据建筑业发展的实际情况，建筑业统计范围从 2002 年年报起由原具有建筑业资质等级四级及四级以上的独立核算的建筑业企业调整为具有总承包和专业承包建筑业资质的独立核算建筑业企业。

三、本篇的资料来源及统计调查方法

本篇建筑业企业统计数据是根据国家统计局制定的《建筑业统计报表制度》整理汇总的。建筑业统计报表是各级统计部门根据当地实际情况采取全面调查的方法布置、收集，由辖区内各资质内建筑业企业通过联网直报上报统计数据。

Brief Introduction

I. Main Contents

Data in this chapter show the general situation and the development of the construction industry in Jiangsu. They cover the situation of production and management of the construction enterprises, including the number of enterprises; number of employed persons; gross output value of the construction industry; floor space of buildings under construction and labour productivity etc.

II. Scope of Statistics

In view of the development of the construction industry, starting from 2002 the scope of construction statistics has been adjusted to include all the construction enterprises of various types of ownership with qualification certificates and independent accounting systems, replacing the previous criteria that required general contract and specilized construction enterprises of various types of ownership to have qualification certificates at or above Class 4 with independent accounting systems.

III. Sources of Data and Methods of Survey

Data on construction enterprises are collected in accordance with the *Reporting Form System of Construction Statistics* stipulated by the National Bureau of Statistics. The construction statistical reports are deployed and collected through comprehensive survey by each Bureau of statistics in accordance with real conditions of the enterprises, they are directly reported by qualified construction enterprises through internet.

12-1 建筑施工企业概况

Basic Statistics on Construction Enterprises

	总计 Total	国有经济 State-owned	地方 Local-owned	部属 Central-owned	集体及其他经济 Collective-owned and others
企业单位个数 (个) Number of Enterprises (unit)					
1985	2360	114	86	28	2246
1989	2408	175	144	31	2233
1990	2284	162	138	24	2122
1991	2316	173	147	26	2143
1992	2417	203	176	27	2214
1993	2810	308	273	35	2502
1994	3348	389	353	36	2959
1995	3426	406	370	36	3020
1996	3528	589	554	35	2939
1997	3546	564	525	39	2982
1998	3587	573	535	38	3014
1999	3994	550	514	36	3444
2000	3948	529	485	44	3419
2001	3872	469	424	45	3403
2002	4084	489	438	51	3595
2003	4267	358	322	36	3909
2004	5241	318	279	39	4923
2005	5909	556	524	32	5353
2006	6371	444	439	5	5927
2007	7017	453	449	4	6564
2008	8389	413	380	33	7976
2009	8664	391	362	29	8273
2010	8949	375	347	28	8574
2011	9164	392	359	33	8772
2012	9254	383	350	33	8871
2013	9560	383	348	35	9177
2014	9220	368	332	36	8852
2015	9149	361	327	34	8788
2016	9023	355	322	33	8668
2017	8920	355	322	33	8565
2018	9699	356	323	33	9343
从事主营业务活动的从业人员平均人数 (万人) The Average Number of Employees Engaged in Principal Business (10000 persons)					
1985	124.09	17.60	13.82	3.78	106.49
1989	128.55	22.08	15.10	6.98	106.47
1990	124.31	21.53	15.24	6.29	102.38
1991	126.44	22.06	15.83	6.23	104.38
1992	143.44	24.67	17.66	7.01	118.77
1993	175.06	34.58	27.50	7.08	140.48
1994	212.17	44.60	31.60	13.00	167.57
1995	232.94	45.42	38.58	6.84	187.52
1996	220.71	59.55	52.14	7.41	161.16
1997	215.69	51.20	44.57	6.63	164.48
1998	232.32	50.52	42.22	8.30	181.80
1999	222.80	46.30	38.85	7.45	176.50

12－1 续表1 Continued 1

	总 计 Total	国有经济 State-owned	地 方 Local-owned	部 属 Central-owned	集体及其他经 济 Collective-owned and others
2000	221.48	43.85	36.41	7.44	177.63
2001	239.52	41.74	35.33	6.41	197.78
2002	251.36	45.96	39.26	6.70	205.40
2003	277.91	30.37	23.85	6.52	247.54
2004	305.64	30.06	23.31	6.75	275.58
2005	342.24	60.77	53.98	6.79	281.47
2006	379.77	50.24	48.44	1.80	329.53
2007	437.10	54.50	52.81	1.69	382.60
2008	488.67	44.49	34.90	9.60	444.18
2009	540.52	40.43	28.30	12.13	500.09
2010	598.98	40.23	31.09	9.14	558.75
2011	607.55	38.41	29.09	9.33	569.14
2012	700.96	40.23	29.74	10.49	660.73
2013	782.36	62.79	47.54	15.25	719.57
2014	828.27	51.71	34.17	17.54	776.56
2015	833.31	51.82	34.67	17.15	781.49
2016	845.84	51.18	35.88	15.30	794.66
2017	894.95	63.30	46.94	16.36	831.65
2018	918.60	64.16	50.04	14.12	854.44
建筑业总产值 （亿元） Gross Output Value of Construction Enterprises (100 million yuan)					
1985	82.63	14.32	10.92	3.39	68.32
1989	142.05	30.94	9.52	11.42	111.11
1990	147.23	32.00	21.49	10.51	115.23
1991	176.21	37.84	26.04	11.80	138.37
1992	265.80	58.20	40.07	18.12	207.61
1993	449.99	104.73	82.40	22.33	345.27
1994	738.60	171.60	131.04	40.56	566.99
1995	998.11	257.36	207.39	49.97	740.74
1996	1049.42	377.92	318.79	59.13	671.51
1997	1102.12	352.86	294.21	58.65	749.26
1998	1224.42	335.16	272.55	62.61	889.26
1999	1338.46	343.12	282.03	61.09	995.34
2000	1546.17	376.59	308.3	68.29	1169.58
2001	1859.41	414.58	339.7	74.88	1444.83
2002	2199.52	492.90	414.84	78.06	1706.62
2003	2794.94	345.39	258.10	87.29	2449.55
2004	3656.66	436.40	299.08	137.32	3220.26
2005	4368.95	865.07	727.50	137.57	3503.88
2006	5424.85	812.35	770.02	42.33	4612.50
2007	7010.57	1075.79	1038.81	36.98	5934.78
2008	8547.94	917.82	620.31	297.51	7630.12
2009	10264.92	981.35	618.32	363.03	9283.57
2010	12405.90	1206.68	703.69	502.99	11199.22
2011	15122.74	1411.67	799.54	612.13	13711.06
2012	18423.55	1595.37	951.82	643.55	16828.18
2013	21990.84	1867.61	1036.00	831.61	20123.23
2014	24592.93	2070.42	1129.97	940.45	22522.51
2015	24785.81	2143.55	1186.93	956.62	22642.26
2016	25791.76	2238.45	1256.88	981.57	23553.31
2017	27956.71	2768.64	1610.18	1158.46	25188.07
2018	30846.66	3218.44	1967.30	1251.14	27628.22

12－1 续表 2 Continued 2

	总 计 Total	国有经济 State-owned	地 方 Local-owned	部 属 Central-owned	集体及其他经济 Collective-owned and others
房屋建筑施工面积 （万平方米） **Housing Construction Area （10000 sq. m）**					
1985	5570.32	619.94	536.58	83.36	4950.38
1989	5447.40	672.60	547.40	125.20	4774.80
1990	5240.98	699.10	580.30	118.80	4541.88
1991	5711.13	778.71	660.44	118.27	4932.42
1992	7780.32	1049.90	901.00	148.90	6730.42
1993	10229.96	1801.32	1573.13	228.19	8428.64
1994	13201.21	2356.00	2062.20	293.90	10845.21
1995	16646.14	3470.96	3135.28	335.68	13175.18
1996	15672.95	5032.00	4663.09	368.91	10640.95
1997	16191.85	4407.38	4031.04	376.34	11784.47
1998	17803.33	3831.67	3593.61	238.06	13971.66
1999	18748.25	3830.22	3633.96	196.26	14918.03
2000	21287.10	4096.75	3871.42	225.33	17190.35
2001	24319.01	3706.55	3380.84	325.71	20612.46
2002	27753.39	3669.91	3301.01	368.90	24083.48
2003	33949.95	1893.32	1503.56	389.76	32056.63
2004	43170.57	2815.09	2273.46	541.63	40355.48
2005	52242.23	7706.17	7383.99	322.18	44536.06
2006	63140.49	6553.90	6329.13	224.77	56586.59
2007	79901.63	9386.76	9092.19	294.57	70514.87
2008	90144.64	5437.75	4655.54	782.21	84706.89
2009	99659.92	3580.73	2684.79	895.94	96079.19
2010	119035.52	4465.90	3273.48	1192.42	114569.62
2011	145451.48	6273.08	4486.17	1786.91	139178.40
2012	166779.12	7006.79	5281.84	1724.95	159772.33
2013	196739.85	9070.57	6661.60	2408.97	187669.28
2014	213038.78	11454.23	8453.47	3100.76	201584.55
2015	215591.97	11763.27	8034.19	3729.08	203828.70
2016	221493.57	13235.38	8963.95	4271.43	208258.19
2017	232034.24	16918.65	12132.73	4785.92	215115.59
2018	249176.84	19117.10	13584.13	5532.97	230059.74
房屋建筑竣工面积 （万平方米） **Buildings Completed （10000 sq. m）**					
1985	3527.20	272.55	245.03	27.52	3254.65
1989	3446.50	284.50	246.40	38.10	3162.00
1990	3307.93	354.40	302.20	52.20	2953.53
1991	3422.75	361.35	322.27	39.08	3061.40
1992	4387.99	446.60	395.90	50.70	3941.39
1993	5767.78	772.59	705.11	67.48	4995.19
1994	9336.28	903.20	838.60	64.60	8433.08
1995	8739.38	1304.03	1243.04	60.99	7435.35
1996	8252.13	1946.38	1872.36	74.02	6305.75
1997	8787.36	1678.84	1601.39	77.46	7108.52
1998	9958.90	1748.46	1686.40	62.05	8210.45
1999	10558.22	1692.42	1636.92	55.50	8865.80
2000	12329.65	1961.86	1896.93	64.93	10367.79

12－1　续表 3　Continued 3

	总　计 Total	国有经济 State-owned	地　方 Local-owned	部　属 Central-owned	集体及其他经济 Collective-owned and others
2001	14268.89	1822.02	1718.15	103.87	12446.87
2002	15478.58	1877.94	1773.00	104.94	13600.64
2003	17730.02	879.14	786.81	92.33	16850.88
2004	21756.82	1246.57	1084.82	161.75	20510.25
2005	25391.86	3696.89	3526.71	170.18	21694.97
2006	28715.39	2517.69	2448.11	69.58	26197.70
2007	34992.20	3610.75	3505.88	104.87	31381.45
2008	40272.98	2182.40	1948.24	234.16	38090.58
2009	43307.52	1294.73	1063.59	231.15	42012.79
2010	48560.07	1388.19	1034.71	353.48	47171.88
2011	54650.20	1505.31	1291.08	214.23	53144.89
2012	61241.69	1788.25	1539.63	248.62	59453.44
2013	69010.15	2675.97	2238.06	437.91	66334.18
2014	76795.04	2962.05	2350.28	611.77	73832.99
2015	76823.92	3119.41	2580.11	539.30	73704.51
2016	74990.29	3816.67	3094.29	722.38	71173.62
2017	75454.29	4516.60	3891.85	624.75	70937.69
2018	74806.26	4501.01	4047.81	453.20	70305.25
房屋建筑面积竣工率（%）Rate of Buildings Completed（%）					
1985	66.2	44.0	45.7	33.0	65.7
1989	63.3	42.3	45.0	30.4	66.2
1990	63.1	50.7	52.1	43.9	65.0
1991	59.9	46.4	48.8	33.0	62.1
1992	56.4	42.5	43.9	34.0	58.6
1993	56.4	42.9	44.8	29.6	59.3
1994	70.7	38.3	40.7	22.0	77.8
1995	52.5	34.9	39.6	18.2	56.4
1996	52.7	38.7	40.2	20.1	59.3
1997	54.3	38.1	39.7	20.6	60.3
1998	55.9	45.6	46.9	26.1	58.8
1999	56.3	44.2	45.0	28.3	59.4
2000	57.9	47.9	49.0	28.8	60.3
2001	58.7	49.2	50.8	31.9	60.4
2002	55.8	51.2	53.7	28.4	56.5
2003	52.2	46.4	52.3	23.7	52.6
2004	50.4	44.3	47.7	29.9	50.8
2005	48.6	48.0	47.8	52.8	48.7
2006	45.5	38.4	38.7	31.0	46.3
2007	43.8	38.5	38.6	35.6	44.5
2008	44.7	40.1	41.8	29.9	45.0
2009	43.5	36.2	39.6	25.8	43.7
2010	40.8	31.1	31.6	29.6	41.2
2011	37.6	24.0	28.8	12.0	38.2
2012	36.7	25.5	29.1	14.4	37.2
2013	35.1	29.5	33.6	18.2	35.3
2014	36.0	25.9	27.8	19.7	36.6
2015	35.6	26.5	32.1	14.5	36.2
2016	33.9	28.8	34.5	16.9	34.2
2017	32.5	26.7	32.1	13.1	33.0
2018	30.0	23.5	29.8	8.2	30.6

12－2 建筑业企业主要经济指标
Main Economic Indicators on Construction Enterprises

指　　标 Item		2014	2015	2016	2017	2018
施工企业个数（个）	Number of Construction Enterprises (unit)	9220	9149	9023	8920	9699
建筑业总产值（亿元）	Gross Product of Construction Industry (100 million yuan)	24592.93	24785.81	25791.76	27956.71	30846.66
#建筑工程	Construction	23164.48	23278.24	24268.36	26227.46	28827.45
安装工程	Installation	1253.41	1321.50	1343.79	1522.97	1761.57
固定资产折旧（亿元）	Depreciation of Fixed Assets (100 million yuan)	112.10	117.76	118.42	120.16	144.23
本年应付职工薪酬（亿元）	Workers Salary Paid in this Year (100 million yuan)	3917.02	3986.74	4209.45	4484.40	5629.97
主营业务税金及附加（亿元）	Taxes and Other Charges on Principle Business (100 million yuan)	709.84	721.82	591.08	383.12	335.75
竣工产值（亿元）	Output Value of Completion (100 million yuan)	18917.21	20431.39	21270.41	21542.54	22551.69
房屋建筑施工面积（万平方米）	Floor Space of Buildings under Construction (10000 sq. m)	213038.78	215591.97	221493.57	232034.24	249176.84
#本年新开工	Newly Started Projects this Year	84670.18	75967.02	84035.71	91223.35	94694.86
房屋建筑竣工面积（万平方米）	Floor Space of Completed Buildings (10000 sq. m)	76795.04	76823.92	74990.29	75454.29	74806.26
从事主营业务活动的从业人员平均人数（万人）	The Average Number of Employees Engaged in Principal Business (10000 persons)	828.27	833.31	845.84	894.95	918.60
全员劳动生产率（元/人）	Overall Labor Productivity (yuan/person)	296918	297437	304925	312383	335803
利润总额（亿元）	Total Profits (100 million yuan)	980.82	985.46	992.63	1060.26	1162.89
利税总额（亿元）	Total Pre-tax Profits (100 million yuan)	1726.16	1749.99	1826.14	1983.59	2291.16
应交增值税（亿元）	Value added tax payable (100 million yuan)				544.61	786.70

12－3 按登记注册类型分建筑业企业主要经济指标(2018 年)

指 标	Item	合计 Total	内资企业 Domestic	国有 State-owned	集体 Collective-owned	股份合作 Cooperative
施工企业个数 (个)	Number of Construction Enterprises (unit)	9699	9627	90	67	13
#亏损企业个数	Number of Loss-making Enterprises	651	638	6	3	3
年末从业人员数 (万人)	Number of Employed Persons at Year-end (10000 persons)	813.36	811.47	5.05	2.68	0.30
建筑业总产值 (亿元)	Gross Output Value of Construction (100 million yuan)	30846.66	30644.43	231.90	83.97	6.49
#建筑工程	Construction	28827.45	28677.88	227.79	82.62	6.09
安装工程	Installation	1761.57	1709.24	2.53	0.81	0.36
竣工产值 (亿元)	Output Value of Completed Building (100 million yuan)	22551.69	22467.19	151.86	75.33	4.38
房屋建筑施工面积 (万平方米)	Floor Space of Building under Construction (10000 sq. m)	249176.84	248913.45	995.12	697.57	18.19
#本年新开工	Newly Started Projects in this Year	94694.86	94557.07	533.07	231.86	11.19
房屋建筑竣工面积 (万平方米)	Floor Space of Building Completed (10000 sq. m)	74806.26	74764.03	480.91	293.03	11.80
从事主营业务活动的从业人员平均人数 (万人)	(10000 persons)	918.60	914.96	6.15	3.01	0.33
全员劳动生产率 (元/人)	Overall Labor Productivity (yuan/person)	335803	334927	377226	278932	196483

Main Economic Indicators on Construction Enterprises by Registration Status (2018)

联营 Joint Ownership Enterprises	有限责任公司 Limited Liabilit Corporations	股份有限公司 Share-holding Corporations Limited	私营 Private Enterprises	其他 Others	港澳台商投资企业 Enterprises with Funds from Hong Kong, Macao and Taiwan	外商投资企业 Foreign Funded Enterprises
5	966	164	8322		32	40
	79	13	534		3	10
0.16	158.62	45.85	598.80		0.90	0.99
4.79	7336.56	2508.59	20472.13		42.10	160.13
4.54	6809.97	2383.48	19163.38		37.35	112.22
0.25	457.06	113.00	1135.23		4.44	47.89
5.19	4721.31	1738.25	15770.87		22.58	61.92
0.93	56451.57	21730.34	169019.73		89.14	174.26
0.26	20367.86	6698.60	66714.23		40.94	96.85
0.20	14026.36	4857.38	55094.35		16.29	25.93
0.19	166.76	53.63	684.89		0.95	2.69
250355	439936	467796	298912		443568	595869

12－4　按登记注册类型分建筑业企业财务状况(2018 年)

单位:亿元

指　标	Item	合　计 Total	内资企业 Domestic Funded	国有 State-owned	集体 Collective-owned	股份合作 Cooperative Enterprises
资本金合计	Total Capital Assets	3589.42	3554.53	46.17	11.98	2.90
流动资产合计	Circulating Funds	17482.40	17294.28	272.64	54.43	13.20
#存货	Stock	4132.25	4096.70	35.08	13.05	0.79
固定资产合计	Total Fixed Asstes	1388.66	1374.04	16.51	5.53	1.69
固定资产原价合计	Total Original Value of Fixed Assets	2385.04	2358.41	33.75	10.49	3.22
累计折旧	Accumulated Depreciation	994.75	982.73	16.97	4.96	1.53
#本年折旧	Depreciation this Year	144.23	142.77	1.44	0.51	0.14
在建工程	Project under Construction	145.05	142.08	3.84	0.33	0.22
资产总计	Total Assets	20919.28	20683.10	327.24	69.69	16.82
流动负债合计	Liquid Liability	11072.53	10945.63	167.94	37.15	8.68
非流动负债合计	Total Non-current Liabilities	661.89	650.88	56.98	1.18	0.10
负债合计	Total Liabilities	12010.21	11867.11	228.17	40.24	8.79
所有者权益合计	Owners Equity	8909.07	8815.99	99.07	29.44	8.03
主营业务收入	Revenue from Principal Business	25616.41	25405.65	196.40	73.82	16.77
主营业务成本	Cost of Principle Business	23105.50	22920.42	172.11	63.88	14.91
主营业务税金及附加	Taxes and Other Charges on Principle Business	335.75	334.94	3.17	2.13	0.34
其他业务利润	Profits from Other Businesses	20.13	20.05	0.35	0.04	0.01
销售费用	Selling Expenses	108.57	107.72	0.41	0.27	0.08
管理费用	Management Expenses	757.32	749.14	7.09	3.59	0.84
财务费用	Financial Cost	165.04	163.94	0.98	0.43	0.10
营业利润	Operating Profit	1160.34	1143.94	10.57	3.61	0.50
利润总额	Total Profits	1162.89	1146.58	11.23	3.59	0.50
应得税费用	Tax and fee	257.19	253.86	1.70	0.81	0.07
本年应付职工薪酬	Workers Salary Paid in this Year	5629.97	5616.57	36.70	22.68	3.55
应交增值税	VATshouid be paid	786.70	784.04	6.35	2.89	0.64

Financial Indicators on Construction Enterprises by Registration Status (2018)

(100 million yuan)

联营 Joint Ownership Enterprises	有限责任公司 Limited Liability Corporations	股份有限公司 Share-holding Corporations Limited	私营 Private Enterprises	其他 Others	港澳台商投资企业 Enterprises with Funds from Hong Kong, Macao and Taiwan	外商投资企业 Foreign Funded Enterprises
0.66	806.38	209.59	2476.74	0.12	10.95	23.94
0.67	6074.75	1762.17	9115.25	1.17	59.56	128.55
0.25	1414.75	348.28	2284.47	0.03	12.42	23.12
0.42	376.63	89.14	884.11	0.00	4.22	10.39
0.46	695.56	148.83	1466.12	0.00	7.32	19.31
0.04	320.09	59.58	579.57	0.00	3.10	8.92
0.01	45.77	7.89	87.02	0.00	0.38	1.07
0.02	30.70	12.81	94.18	0.00	0.74	2.23
1.29	6990.89	2159.38	11116.52	1.27	66.67	169.51
0.47	4234.43	1334.59	5161.25	1.12	40.14	86.76
0.00	267.08	146.23	179.31	0.00	4.11	6.90
0.47	4557.84	1481.26	5549.22	1.12	44.31	98.78
0.82	2433.05	678.12	5567.30	0.15	22.35	70.73
1.47	8455.78	2125.80	14533.88	1.74	33.33	177.44
1.36	7709.82	1938.04	13018.86	1.43	28.85	156.24
0.03	68.67	14.09	246.50	0.00	0.32	0.49
0.00	6.58	4.44	8.64	0.00	0.05	0.02
0.01	17.19	10.69	79.06	0.01	0.18	0.66
0.03	226.41	64.70	446.44	0.04	2.06	6.13
0.00	49.43	18.59	94.41	0.00	0.37	0.74
0.14	389.89	90.75	648.24	0.23	2.06	14.35
0.14	391.17	90.47	649.24	0.23	2.04	14.28
0.01	88.13	19.47	143.63	0.03	0.28	3.05
0.29	1580.03	451.93	3521.31	0.08	4.02	9.38
0.09	250.52	53.84	469.69	0.03	0.95	1.70

12－5 按行业分建筑业企业主要经济指标和财务状况(2018 年)
Main Economic Indicators on Construction Enterprises by Sector (2018)

单位:亿元　　(100 million yuan)

指标	Item	房屋建筑业 Housing Industry	土木工程建筑业 Civil Engineering	建筑安装业 Construction Installation	建筑装饰和其他建筑业 Building Decoration and Other Construction	建筑装饰业 Construction Decoration
企业个数　(个)	Number of Construction Enterprises　(unit)	4033	2350	1506	1810	1252
#亏损企业	Number of Loss-making Enterprises	228	141	120	162	109
建筑业总产值	Gross Output Value of Construction	22768.58	4331.95	1976.44	1769.70	1428.96
#建筑工程	Construction	22235.02	4085.80	826.48	1680.15	1386.95
安装工程	Installation	368.98	172.28	1141.57	78.73	37.37
竣工产值	Output Value of Completed Building	16986.84	2592.69	1514.68	1457.48	1222.73
房屋建筑施工面积(万平方米)	Floor Space of Building under Construction (10000 sq. m)	241398.86	4246.43	2696.01	835.53	72.49
#本年新开工	Newly Started Projects in this Year	91874.27	1476.91	1002.84	340.84	29.52
房屋建筑竣工面积(万平方米)	Floor Space of Building Completed (10000 sq. m)	71831.21	1981.40	852.81	140.83	25.85
从事主营业务活动的从业人员平均人数(万人)	the Average Number of Employees Engaged in Principal Business (10000 persons)	693.84	109.63	57.73	57.40	46.46
全员劳动生产率(元/人)	Overall Labor Productivity (yuan/person)	328151	395161	342368	308325	307557
资本金合计	Total Capital Assets	1948.34	1019.14	313.13	308.81	216.11
流动资产合计	Circulating Funds	10152.35	4495.64	1472.45	1361.95	1063.84
#存货	Stock	2834.35	831.75	275.57	190.59	145.83
固定资产合计	Total Fixed Asstes	795.94	385.64	108.08	99.01	65.54
固定资产原价合计	Total Original Value of Fixed Assets	1272.91	756.32	189.43	166.39	102.13
累计折旧	Accumulated Depreciation	474.77	371.69	81.21	67.09	36.44
#本年折旧	Depreciation this Year	69.97	50.97	12.71	10.58	6.17
在建工程	Project Under Construction	74.25	54.10	4.00	12.71	10.06
资产总计	Total Assets	11996.51	5573.42	1731.90	1617.44	1256.43
流动负债合计	Liquid Liability	6149.33	3062.49	998.34	862.36	677.59
非流动负债合计	Total Non-current Liabilities	355.68	278.38	6.24	21.59	12.89
负债合计	Total Liabilities	6664.97	3433.40	1018.11	893.73	698.34
所有者权益合计	Owners Equity	5331.54	2140.03	713.79	723.71	558.09
主营业务收入	Revenue from Principal Business	17663.40	4328.45	1950.67	1673.90	1329.39
主营业务成本	Cost of Principle Business	16116.59	3815.61	1734.72	1438.58	1139.34
主营业务税金及附加	Taxes and Other Charges on Principle Business	250.86	51.10	17.08	16.71	12.55
其他业务利润	Profits from Other Businesses	11.07	3.36	3.49	2.21	1.40
销售费用	Selling Expenses	52.77	21.81	12.01	21.98	18.91
管理费用	Management Expenses	384.45	188.78	91.65	92.45	69.58
财务费用	Financial Cost	114.45	35.44	5.79	9.36	7.01
营业利润	Operating Profit	752.60	221.91	88.70	97.13	80.60
利润总额	Total Profits	754.67	221.39	89.37	97.47	80.55
所得税费用	Income tax and fee	173.15	45.66	19.87	18.50	14.87
本年应付职工薪酬	Workers Salary Paid in this Year	4228.10	730.45	344.27	327.16	246.77
应交增值税	VAT should be paid	567.30	117.81	54.81	46.77	36.69

12－6 按地区分建筑业企业主要指标
Main Indicators on Construction Enterprises by Region

地区 Region		建筑施工企业个数(个) Number of Construction Enterprises (unit)					年末从业人员数(万人) Number of Employed Persons by the Final(10000 persons)				
		2014	2015	2016	2017	2018	2014	2015	2016	2017	2018
全　省	Total	9220	9149	9023	8920	9699	788.27	752.48	763.75	773.63	813.36
南京市	Nanjing	1487	1478	1458	1406	1624	90.82	83.96	83.77	75.06	88.59
无锡市	Wuxi	577	576	550	562	589	23.68	20.18	19.15	21.11	18.98
徐州市	Xuzhou	413	411	436	507	538	51.70	49.69	51.85	54.52	52.09
常州市	Changzhou	633	621	612	604	695	48.34	47.07	46.64	47.76	49.50
苏州市	Suzhou	1438	1424	1396	1359	1345	53.61	50.56	46.26	46.11	48.90
南通市	Nantong	892	895	900	884	1030	165.50	153.74	159.84	158.40	179.39
连云港市	Lianyungang	301	292	288	283	302	29.53	24.94	24.57	25.10	26.81
淮安市	Huaian	611	586	547	531	572	53.40	48.09	47.48	50.37	49.09
盐城市	Yancheng	751	771	776	747	808	48.26	48.78	46.50	47.86	52.00
扬州市	Yangzhou	735	717	686	657	670	83.65	83.22	87.80	92.69	89.63
镇江市	Zhenjiang	391	381	367	380	395	16.86	16.98	13.16	13.38	12.94
泰州市	Taizhou	634	635	633	632	747	88.12	92.68	106.33	113.24	116.94
宿迁市	Suqian	357	362	374	368	384	34.79	32.60	30.40	28.05	28.49
苏　南	Southern Jiangsu	4526	4480	4383	4311	4648	233.32	218.74	208.97	203.41	218.92
苏　中	Middle Jiangsu	2261	2247	2219	2173	2447	337.26	329.64	353.97	364.33	385.96
苏　北	Northern Jiangsu	2433	2422	2421	2436	2604	217.68	204.10	200.80	205.89	208.48

12－6 续表1 Continued 1

地 区 Region		建筑业总产值(亿元) Gross Output Value of Construction (100 million yuan)					房屋建筑施工面积(万平方米) Floor Space of Building under Construction (10000 sq. m)				
		2014	2015	2016	2017	2018	2014	2015	2016	2017	2018
全 省	Total	24592.93	24785.81	25791.76	27956.71	30846.66	213038.78	215591.97	221493.57	232034.24	249176.84
南京市	Nanjing	3217.80	3028.32	3094.65	3260.70	3833.69	19565.64	19496.84	19228.82	22313.61	27060.06
无锡市	Wuxi	650.48	601.62	633.52	742.62	874.63	4250.19	3530.38	3133.48	3194.19	3768.63
徐州市	Xuzhou	1321.04	1361.22	1387.79	1493.03	1554.63	11606.80	11718.43	11880.35	11642.81	10980.20
常州市	Changzhou	1284.03	1288.52	1273.35	1390.37	1607.55	10747.96	10050.99	9236.17	9572.69	11104.40
苏州市	Suzhou	2116.98	1955.62	1855.90	1954.82	2366.93	11803.55	10881.77	9681.78	9340.49	10395.37
南通市	Nantong	6281.21	6144.55	6619.39	7337.15	8259.18	68200.55	68382.30	71731.81	77232.63	87557.21
连云港市	Lianyungang	583.31	629.68	648.73	712.18	719.22	5341.67	5267.66	5309.08	5980.62	5945.08
淮安市	Huaian	1225.95	1323.70	1337.29	1396.61	1395.90	11969.79	13016.11	12889.05	14089.22	12687.71
盐城市	Yancheng	1286.63	1343.76	1422.73	1673.01	1750.65	10536.04	11785.75	12769.72	11687.31	11743.37
扬州市	Yangzhou	2944.71	3167.39	3346.48	3635.74	3914.96	24684.57	25288.31	26807.86	27495.20	28545.10
镇江市	Zhenjiang	555.46	541.46	530.67	495.05	550.83	2412.24	2362.29	2406.84	2077.88	1919.02
泰州市	Taizhou	2385.82	2662.55	2924.44	3173.02	3335.67	24851.81	26882.13	30128.84	31638.08	31552.33
宿迁市	Suqian	739.53	737.42	716.82	692.41	682.82	7067.96	6929.00	6289.76	5769.52	5918.36
苏 南	Southern Jiangsu	7824.74	7415.54	7388.10	7843.56	9233.64	48779.58	46322.28	43687.10	46498.86	54247.48
苏 中	Middle Jiangsu	11611.73	11974.50	12890.31	14145.91	15509.81	117736.94	120552.75	128668.51	136365.91	147654.64
苏 北	Northern Jiangsu	5156.46	5395.77	5513.35	5967.24	6103.22	46522.27	48716.95	49137.96	49169.47	47274.73

12－6　续表 2　Continued 2

地　区 Region		房屋建筑竣工面积(万平方米) Floor Space of Building Completed (10000 sq. m)				
		2014	2015	2016	2017	2018
全　省	Total	76795.04	76823.92	74990.29	75454.29	74806.26
南京市	Nanjing	6315.87	6850.05	5012.89	5525.07	5848.46
无锡市	Wuxi	1761.79	1471.09	1308.62	1154.70	1126.42
徐州市	Xuzhou	5274.97	4970.80	4613.18	4355.87	3982.97
常州市	Changzhou	3811.33	3448.59	3575.17	3441.80	3190.17
苏州市	Suzhou	4006.64	4014.44	3569.78	2918.66	2744.81
南通市	Nantong	20199.21	18345.14	19160.04	19901.58	21451.06
连云港市	Lianyungang	2608.14	2085.47	2306.10	2380.43	2418.96
淮安市	Huaian	4364.40	3968.49	3676.99	3680.75	3726.43
盐城市	Yancheng	4366.78	4299.72	4954.27	5143.07	4618.34
扬州市	Yangzhou	9332.67	10619.79	10094.65	10740.44	10649.86
镇江市	Zhenjiang	954.19	926.97	878.01	715.81	577.51
泰州市	Taizhou	10897.85	12308.02	12845.86	13046.67	11992.70
宿迁市	Suqian	2901.19	3515.33	2994.74	2449.44	2478.56
苏　南	Southern Jiangsu	16849.81	16711.15	14344.48	13756.04	13487.38
苏　中	Middle Jiangsu	40429.74	41272.96	42100.55	43688.69	44093.62
苏　北	Northern Jiangsu	19515.48	18839.81	18545.26	18009.56	17225.26

主要统计指标解释

建筑业统计单位 指从事房屋、构筑物建造、装饰装修、设备安装活动和工程准备、提供施工设备服务等其他建筑活动的具有建筑业资质的法人企业。建筑业法人企业应同时具备的条件是:①依法成立,有自己的名称、组织机构和场所,能够承担民事责任;②独立拥有和使用资产,承担负债,有权与其他单位签订合同;③独立核算盈亏,能够编制资产负债表。

建筑业总产值(即自行完成施工产值) 是以货币表现的建筑业企业在一定时期内生产的建筑业产品和服务的总和。建筑业总产值包括:

(1)建筑工程产值:指列入建筑工程预算内的各种工程价值。

(2)安装工程产值:指设备安装工程价值,不包括被安装设备本身价值。

(3)其他产值:指建筑业总产值中除建筑工程、安装工程以外的产值。包括房屋、构筑物修理所完成的产值(不包括被修理的房屋、构筑物本身的价值)、非标准设备制造产值、总包企业向分包企业收取的管理费和不能明确划分的施工活动所完成的产值。

房屋建筑施工面积 指在报告期内施过工的全部房屋建筑面积,包括本期新开工的房屋面积、上期跨入本期继续施工的房屋面积、上期停缓建在本期恢复施工的房屋面积、本期竣工的房屋面积及本期施工后又停缓建的房屋面积。

房屋建筑竣工面积 指在报告期内房屋建筑按照设计要求全部完工,达到了住人和使用条件,经检查验收鉴定合格的房屋建筑面积。

自有施工机械设备年末总台数 指归本企业(或单位)所有,属于本企业(或单位)固定资产的直接用于工程施工的各种机械设备年末总台数。但不包括附属辅助生产机械设备、运输机械设备、生产试验机械设备的台数。

自有施工机械设备年末总功率 指本企业(或单位)自有施工机械设备年末总功率,按设定能力或查定能力计算。包括机械本身的动力和为该机械服务的单独动力设备,如电动机等。计算单位用千瓦,动力换算可按 1 马力 =0.735 千瓦折合成千瓦数。电焊机、变压器、锅炉不计算动力。

营业收入 指企业经营主要业务和其他业务所确认的收入总额,包括主营业务收入和其他业务收入。计算公式为:

营业收入 = 主营业务收入 + 其他业务收入

主营业务收入 指企业确认的销售商品、提供劳务等主营业务的收入。对建筑业企业而言,主营业务收入指企业承包工程实现的工程价款结算收入,以及向发包单位收取的除工程价款以外按规定列作营业收入的各种款项,如临时设施费、劳动保险费、施工机械调迁费等以及向发包单位收取的各种索赔款。

营业利润 指企业从事生产经营活动所取得的利润。执行 2006 年《企业会计准则》的企业,营业利润为营业收入减去营业成本、营业税金及附加、销售费用、管理费用、财务费用、资产减值损失,再加上公允价值变动收益和投资收益。未执行 2006 年《企业会计准则》的企业,营业利润为主营业务收入减去主营业务成本、主营业务税金及附加,加上其他业务利润后,再减去销售费用、管理费用、财务费用后的金额。

利润总额 指企业在一定会计期间的经营成果,是生产经营过程中各种收入扣除各种耗费后的盈余,反映企业在报告期内实现的盈亏总额。执行 2006 年《企业会计准则》的企业,利润总额为营业利润加上营业外收入,减去营业外支出后的金额;未执行 2006 年《企业会计准则》的企业,利润总额为营业利润加上投资收益、补贴收入、营业外收入,再减去营业外支出后的金额。

从事主营业务活动的从业人员平均人数 指建筑业企业(或单位)报告期实际拥有的、与建筑施工活动有关的人员的平均人数,包括参加本企业(或单位)建筑施工活动的非本企业(或单位)人员,但不包括企业内部社会服务性机构的人员以及由本企业支付工资但所从事的工作与本企业生产基本无关的人员。

Explanatory Notes on Main Statistical Indicators

Statistical Unit in Construction refers to corporate enterprise engaged in the construction of buildings、structures in the installation of equipment and with constrution qualifications. A corporate constrnction enterprise should meet the following 3 requirements: ①being set up in line with relevant legal basis, having its full name, organization and location, and capable of taking civil liabilities; ② independently possessing and using its assets and assuming its liabilities, and entitled to sign contracts with other institutions; ③making independent accounts of its profits and losses, and capable of compiling its own balance sheet.

Gross Output Value of Construction (Output Value of Projects Under Construction) refers to total of construction products and services expressed in money terms, completed by construction enterprises during a given period of time. It includes:

(1) Output: value of construction projects, that is the value of projects covered by the project budgets;

(2) Output value of installation projects, that is the value of the installation of equipment (excluding the value of the equipment to be installed);

(3) Other Output Value refers to the total output of construction industry except the output value of constrution projects, output value of installation projects. It covered the output value of buildings and strucutres repairing (excluding the value of buildings and structures being repaired); output value of manufactured non-standard equipment; management expenses collected by general contracted enterprises from branch contracted enterprises, and the output value of const ruction activities which can't to be divided definitely.

Housing Construction area refers to floor space of buildings under construction during the reference period, including newly started buildings, buildings started earlier and continued during the reference period, and buildings suspended earlier but restarted during the reference period, buildings completed during the reference period, and buildings under construction and then suspended during the reference period.

Buildings Completed refers to the floor space of buildings that are completed in the reference period in accordance with the requirements of the design, up to the standard for putting them into use, and have been checked and accepted by concerned departments as qualified ones.

The total number construction machinery and equipment at the end of the year refers to the total number of various mechanical equipment at the end of the year that is owned by the enterprise (or unit) and belongs to the fixed assets of the enterprise (or unit). However, it does not include the number of auxiliary production machinery equipment, transportation machinery equipment, and production test machinery equipment.

The total power construction machinery and equipment at the end of the year refers to the total power construction machinery and equipment of the enterprise (or unit) at the end of the year, calulated according to the set capacity or the ability to check. This includes the power of the machine itself and the separate power equipment tha serves the machine, such as electric motors. The calculation unit is kilowatt. and the power conversion can be converted into kilwatts by 1 horsepower = 0.735 kilwatts. Electric welders, transformers, and boilers do not calculate power.

Operation Revenue refers to the sum of income from principal business and other business, including revenue from principal business and other business income. namely:

operating income = revenue from principle business + revenue from other business

Income from Principal Business refers to the revenue from principal business such as sales of products, service provided and so on. for construction enterprises, income from principal business refers to the income received by the construction enterprise from the contracted project through settlement procedures, and other charges to the contractors as operational costs in addition to the value of the project, such as temporary facility fee, labour insurance premium, moving cost of construction equipment, as well as various types of claims to the contractors.

Operating Profit refers to the profit from production and managing movement of the corporation. Enterprises in accordance with Accounting Criteria for Business Enterprises (2006), their operating profit is operating income which is subtracted operating cost, business tariff and annex, selling expense, administration expense , financial cost and devaluation lost of assets, then added changes in fair value of the proceeds and investment income. Enterprises which don't follow Criteria for Business Enterprises (2006), their operating profit is income from principal business which is subtracted main business cost, main business tariff and annex, selling expense, administration expense and financial cost, then added other business income.

Total Profit refers to the profits gained by the enterprises during a accounting period. It reflect profit and loss during report period. Enterprises in accordance with Accounting Criteria for Business Enterprises (2006), their total profit is operating profit which is added nonbusiness income, and subtracted nonbusiness expenditure; Enterprises which don't follow Criteria for Business Enterprises (2006), their total profit is operating profit which is added investment income, subsidize revenue, nonbusiness income, and subtracted nonbusiness expenditure.

The average number of employees engaged in principal Business refers to the average personnels actually held by construction enterprises (units) and related to construction activities in the reference period, including the personnels of other enterprises, who took part in the construction activities of these enterprises, but excluding the personnels of the inner social service institutions, and the personnels their wages were paid by the enterprises but did not take part in the construction activities basically.

13

运输、邮电和服务业

Transport,Postal and Telecommunication Services,Service Industry

简　要　说　明

本篇反映我省交通运输业和邮政、电信业发展情况。

一、交通运输邮政电信业部分的主要内容

1. 交通运输业资料主要包括：五种运输方式的线路里程、各种运输方式完成的货物运输量和旅客运输量，全社会港口码头泊位和通过能力，主要港口吞吐量以及民用车辆拥有量等资料。

2. 邮政电信业资料主要包括：邮电业务总量、业务收入情况，电信主要通信能力，邮电主要业务完成情况，邮政电信发展水平等资料。

3. 规模以上服务业资料主要内容包括：按企业登记注册类型、按行业门类和按省辖市分组的主要经济指标。

二、交通运输邮政电信业部分的资料来源和相关说明

1. 铁路资料：由上海铁路局提供。范围是江苏境内国家铁路（含控股合资）、地方铁路和非控股合资铁路运营情况，不含军用铁路及由厂矿企事业单位自建的铁路专用线和专用铁道。

2. 公路、水运、港口资料：由江苏省交通运输厅以及南京港、连云港、南通港、苏州港提供。（1）公路和水路线路里程为年末通车和通航里程数，不含未正式投入使用的公路和航道里程；（2）民用车辆拥有量及机动车和汽车驾驶员人数，根据江苏省公安厅交通管理局登记注册的车辆资料和驾驶员资料整理，不含军用车辆，不含拖拉机数量。（3）公路营运汽车拥有量，根据各省辖市道路运输主管部门登记注册的从事公路运输的营业性运输车辆资料整理，从2010年起，不含出租车数量；（4）营业性运输船舶拥有量，根据各省辖市交通运输主管部门登记注册的从事水上客、货运输的营业性船舶资料整理，不含非运输船舶及农业、渔业生产船舶；（5）公路、水路客货运输量资料，由省交通运输厅负责收集整理；（6）公路、水路运输量统计包括全面调查和非全面调查两种方式，统计范围是在各省辖市交通运输主管部门登记注册的从事公路、水路客、货运输的营业性的车辆和船舶所完成的运输量，由交通部门组织实施。（7）规模以上港口的统计范围为年通过能力在1000万吨以上的沿海港口和200万吨以上的内河港口，以及从事外贸、集装箱装卸的港口，具体范围由交通运输部划定。江苏港口数量为15个，沿海1个，内河港口14个。

3. 管道运输资料：由中国石油化工股份有限公司徐州管道储运分公司提供。包括输原油、输成品油、输天然气及输其他气体的运输量。

4. 民航运输资料：由中国民航江苏安全监督管理局提供。统计对象为在江苏省境内注册从事民用航空运输飞行和通用飞行的航空运输企业和民用航空机场。统计范围为民航运输企业及东航公司从事国内运输、港澳台运输、国际运输的定期航班航线条数及里程、运输量及运营情况，飞行完成情况等。

5. 邮政电信资料：由江苏省邮政管理局和江苏省通信管理局提供。包括邮政企业和年业务收入200万元以上快递企业，以及所有从事电信运营的企业（即中国电信、中国移动、中国联通三家基础电信企业），不含专用网业务资料。邮电业务量按业务种类分为邮政业务量和电信业务量；按业务范围分为国内业务量和国际及港澳业务量（对台业务量统计在港澳中）。

6. 规模以上服务业资料：根据规模以上服务业统计年度报表中有关资料汇总整理。统计范围为：（1）辖区内年营业收入1000万元及以上，或年末从业人员50人及以上服务业法人单位。包括：交通运输、仓储和邮政业，信息传输、软件和信息技术服务业，租赁和商务服务业，科学研究和技术服务业，水利、环境和公共设施管理业，教育，卫生和社会工作；以及物业管理、房地产中介服务等行业。（2）辖区内年营业收入500万元及以上，或年末从业人员50人及以上服务业法人单位。包括：居民服务、修理和其他服务业，文化、体育和娱乐业。

Brief Introduction

Data in this chapter present the development of transportation, post and telecommunications and above scale seruice industry in Jiangsu Province.

Ⅰ. Main Contents in This Article

1. Data on transport cover mainly the length of the routes of five means of transportation, freight traffic and passenger traffic accomplished by various means of transportation, number of berths and traffic capacity in all ports, volume of freight and passenger handled at major ports, and number of civil motor vehicles.

2. Data on business volume of post and telecommunication services, revenue from post and telecommunication services, telephone lines, telegraph lines and the possession of telecommunication facilities; business volume of postal and telecommunication services achieved; and the level of development of postal and telecommunication services.

3. Date of Above scale service industry include: index of Enterprise registration type、industry categorg and provincial cities.

Ⅱ. Scope of Statistics in This Article

1. Data on railway transportation: from Shanghai Railway Bureau. Including the operation and management of the national, local and joint-venture railways in Jiangsu Province but not including railways for military purpose, lines built by industrial and mining enterprises and special railways.

2. Data on highways, waterways and ports: from Jiangsu Provincial Communications Department and Nanjing, Lianyungang, Nantong. (1) The length of highways and waterways refer to the length open to traffic or navigation at the end of the year, but not including the highways and waterways under construction or not officially having been put into use. (2) Data on the possession of civil motor vehicles and the number of drivers are provided by the divisions of vehicle management under the provincial departments of public security, subordinate to the Traffic Management Bureau, Ministry of Public Security, but not including vehicles for military use. (3) Data on possession of highway vehicles are provided by the divisions of vehicle management under provincial departments of public security, which are subordinate to the Traffic Management Bureau, Ministry of Public Security, including vehicles for business use and non-business use. From 2010, possession of taxies are not included. (4) Data on possession of ships are provided by the divisions of navigation or ports management under municipal departments of communications, which are subordinate to the Ministry of Transport. However, fishing boats, boats for constructions in water and boats for military use are not included. (5) Data on passenger traffic and freight traffic by highways and waterways are collected and prepared by Jiangsu Provincial Communications Department. (6) Data on highway and waterway transportation are collected through both comprehensive reporting system and non-comprehensive reporting system. The statistical scope encompasses all the enterprises, institutional units and individuals (including joint-households) registered in municipal departments of communications and engaged in highway or waterway freight or passenger transport business. (7) Data on production capacity and handling capacity include the seaports handling cargo more than 1 million tons, inland river ports with turnover over 2 million tons and ports with operation in foreign trade and containing shipping. The specific scope are decided by the Administration of Transportation. There are 15ports in Jiangsu Province: 1

coastal port and 14 ports of inland rivers.

3. Data on pipeline transport: Data are from Xuzhou PSTC of China Petroleum & Chemical Corporation. The data on pipeline transport cover the volume transported of petroleum (crude oil) pipelines, petroleum products pipelines, natural gas pipelines and other gas pipelines.

4. Data on civil aviation transport: Data are from Jiangsu Provincial Bureau of Safety Administration of Civil Aviation. The targets of statistical collection are enterprises registered for engagement in civil aviation transport flights and flights for general purposes and civil airports in Jiangsu Province. The scope of statistics encompasses number of lines, mileage flown, transport volume, composition of the fleets operational situation of the airlines, performance of general purpose flights in respect of domestic transport, transport between China mainland and Hong Kong, Macao and Taiwan, and international transport.

5. Data on post and telecommunications: Data are from JiangSu Provincial Postal Administration and Jiangsu Communication Administration. Data in this category include postal enterprises express delivery company with revenue above 2 million yuan and all telecommunication enterprises (i. e. the three major enterprises of telecommunication China Telecom, China Mobile and China Unicom), but exclude services provided through dedicated networks. The business volume of post and telecommunications is classified by type of business into postal and telecommunication services, and by customers into domestic service, international service, and service between the Mainland and Hong Kong, Macao (business volume of the service to Taiwan is covered in that for Hong Kong and Macao).

6. Date of Above Scale service industry according to statistical annual report. (1) Within the jurisdiction of 10 million yuan or more, 50 people and above at the end of year. The scope conclude: Transport, Storage and post, Information Transmmission, Computer Service and Sofeware, Leasing and Business Services, Scientific Research. Technical Services and Geologic Prospecting, Management of Water Conservancy, Environment and Public Facilities, Education, Healtheare and Social work, Property, Real estate agency. (2) Within the jurisdiction of 5 million yuan or more, 50 people and above at the end of year. The scope conclude Resident service repair, Cluture、Sports and Entertainment.

13－1 交通运输基本情况
Basic Statistics of Transport

指　　标	Item	2014	2015	2016	2017	2018
运输线路长度（公里）	**Length of Transport Routes (km)**					
铁路营业里程	Railways in Operation	2632	2679	2722	2770.9	3033.0
铁路正线延展长度	Extended Raitways	4200	4570	4677	4735.9	5259.0
公路通车里程	Highways in Operation	157521	158805	157304	158475	158729
#等级公路里程	Expressway and ClassⅠ to Ⅳ Highway	149845	151459	154405	155803	156297
#高速公路	Expressways	4488	4539	4657	4688	4711
一级公路	ClassⅠ Highways	12015	12687	12955	14234	15081
二级公路	ClassⅡ Highways	22790	22945	23054	23084	23439
内河航道里程	Navigable Inland Waterways	24342	23559	24366	24366	24362
输油管道里程	Petroleum Pipelines	6116	6116	6338	6464	6319
公路桥梁（座）	Highway Bridges (unit)	68774	69925	69823	70679	71043
公路桥梁长度（米）	Length of Highway Bridges (m)	3204617	3376516	3438053	3578426	3693976
客运量总计（万人）	**Total Passenger Traffic (10000 persons)**	**156016**	**153943**	**134605**	**127952**	**121884**
铁路	Railways	15374	16116	17814	19786	21204
公路	Highways	137270	134553	113493	104566	97025
水运	Waterways	2563	2392	2272	2431	2383
民用航空	Civil Aviation	809	882	1025	1169	1272
旅客周转量(亿人公里)	**Total Passenger-kilometers (100 million person-km)**	**1550.60**	**1566.40**	**1591.93**	**1659.45**	**1692.14**
货运量总计（万吨）	**Total Freight Traffic (10000 tons)**	**208623**	**211648**	**215651**	**234092**	**247388**
铁路	Railways	6090	5066	5335	5720	5971
公路	Highways	114449	113351	117166	128915	139251
水运	Waterways	75328	80343	79314	85668	87735
民用航空	Civil Aviation	7.10	7.00	7.61	8.19	7.67
输油管道	Petroleum Pipelines	12749	12881	13828	13781	14423
货物周转量(亿吨公里)	**Total Freight Ton-kilometers (100 million ton-km)**	**11028.50**	**8887.71**	**8290.69**	**9726.51**	**9684.01**
民用车辆拥有量(万辆)	**Possession of Civil Motor Vehicles (10000 units)**	**1782.09**	**1699.46**	**1733.70**	**1884.23**	**1987.16**
#民用汽车拥有量	Civil Vehicles	1103.97	1247.86	1434.52	1619.46	1783.23
#载客汽车	Passenger Vehicles	991.13	1143.57	1326.73	1499.72	1652.10
载货汽车	Trucks	97.17	90.39	94.17	105.65	116.24
#营运汽车(含公交出租车辆)	Motor Vehicles in Operation(Include Bus and Taxi)	93.46	85.16	88.67	99.39	101.46
#私人汽车	Private Vehicles	935.71	1076.90	1252.20	1408.20	1537.62
民用运输船舶拥有量（万艘）	**Possession of Civil Transport Vessels (10000 units)**	**4.62**	**4.32**	**4.14**	**3.59**	**3.27**
机动船	Motor Vessels	3.84	3.63	3.49	3.07	2.86
驳船	Barges	0.78	0.69	0.65	0.51	0.41
港口货物吞吐量(万吨)	**Volume of Freight Handled at Ports (10000 tons)**	**226049**	**233289**	**241487**	**256976**	**258469**
#外贸	Foreign Trade	37991	39766	44780	48654	49045

注:1. 公路客运量2013年以来不包括公交车和出租车的运输量;2. 公路货运量2013年以来不包含农用车和拖拉机的运输量;3. 2014年民用车辆总数中包含拖拉机103.27万辆;4. 2015年民用车辆拥有量中不包含拖拉机数量。5. 根据2015年度全国公路水路运输量小样本抽样调查结果,对2015年公路、内河客货运输量、周转量统计值有所修正,与2014年值不具可比性。

a) From 2013, road passanger traffic volume doos not include transpotation by buses and taxis.
b) From 2013, road freight volume does not include transpotation by agricultraul vehiles and tractors.
c) In 2014, the total number of civilian vehicles including trators.
d) In 2015, the number of civil vehicles does not include trators.
e) Based on the Small sample sampling survey results of 2015 national highway water traffic, amend some statistics, cover highway water passenger traffic, highway water passenger-kilometers, highway water freight traffic, highway water freight ton-kilometers, it's can't compare with the 2014 figures.

13-2 客 运 量
Passenger Traffic

单位:万人 (10000 persons)

年 份 Year	总 计 Total	铁 路 Railway	公 路 Highway	水 运 Waterway	民用航空 Civil Aviation
1978	25621	2752	18694	4175	
1980	34002	3364	26463	4175	
1985	53935	4819	45751	3365	
1990	48339	4788	41850	1701	
1991	50264	4932	43764	1568	
1992	55400	5035	48748	1617	
1993	59666	5533	53331	797	5
1994	61104	5471	54930	677	26
1995	84803	5185	78947	623	48
1996	91870	4502	86801	499	68
1997	93684	4433	88826	341	84
1998	97033	4451	92215	273	94
1999	101000	4824	95564	504	108
2000	107244	4891	101713	514	126
2001	110713	5029	105105	430	149
2002	115889	5297	110139	284	170
2003	123462	5104	118046	147	165
2004	128516	5997	122218	91	210
2005	145204	6658	138287	37	222
2006	161425	7293	153824	27	280
2007	187241	7658	179206	27	350
2008	208237	8846	199008	32	351
2009	201262	9167	191001	686	408
2010	226627	9711	215850	590	476
2011	247405	10598	235673	579	555
2012	268371	11757	255358	594	662
2013	152172	13435	135555	2454	728
2014	156016	15374	137270	2563	809
2015	153943	16116	134553	2392	882
2016	134605	17814	113493	2272	1025
2017	127952	19786	104566	2431	1169
2018	121884	21204	97025	2383	1272

注:民用航空客运量仅指省内航空公司完成数。
a) The passenger traffic by civil aviation only referred to the fulfillment in our province.

13－3 旅客周转量
Turnover Volume of Passenger Traffic

单位：亿人公里 (100 million person-km)

年份 Year	总计 Total	铁路 Railway	公路 Highway	水运 Waterway	民用航空 Civil Aviation
1978	105.29	46.35	49.93	9.01	
1980	140.15	61.60	68.25	10.30	
1985	273.76	107.46	156.30	10.00	
1990	324.94	124.13	195.24	5.57	
1991	342.12	132.57	204.11	5.44	
1992	515.08	147.53	361.28	6.27	
1993	520.86	161.36	355.50	3.42	0.58
1994	541.09	166.94	367.98	3.28	2.89
1995	630.56	163.69	459.08	3.42	4.37
1996	647.73	143.85	495.70	2.51	5.67
1997	657.93	144.68	504.05	1.64	7.56
1998	680.02	141.15	527.62	1.12	10.13
1999	725.66	157.65	554.04	1.40	12.57
2000	776.25	165.87	594.48	1.45	14.45
2001	874.63	173.40	682.25	1.06	17.93
2002	924.31	183.80	719.08	0.70	20.71
2003	978.03	182.88	774.11	0.50	20.53
2004	1109.19	226.73	855.41	0.27	26.78
2005	1222.03	245.37	948.10	0.11	28.45
2006	1366.95	267.99	1062.61	0.10	36.25
2007	1596.06	309.83	1241.13	0.33	44.77
2008	1766.00	319.14	1400.80	0.37	45.69
2009	1423.33	311.29	1058.01	1.29	52.74
2010	1604.00	351.00	1196.59	1.50	54.00
2011	1777.80	398.10	1307.30	1.50	70.90
2012	1949.80	446.40	1418.40	1.40	83.60
2013	1451.14	505.88	847.28	3.97	94.01
2014	1550.64	589.60	852.00	3.04	106.00
2015	1566.40	613.50	835.00	2.70	115.20
2016	1591.93	672.65	779.98	2.39	136.91
2017	1659.45	750.03	746.89	3.22	159.31
2018	1692.14	803.14	716.64	3.47	168.90

13-4 货运量
Freight Traffic

单位:万吨 (10000 tons)

年份 Year	总计 Total	铁路 Railway	公路 Highway	水运 Waterway	内河 Inland Waterway	沿海、远洋 Seashipping	民用航空 Civil Aviation	输油管道 Petroleum Pipeline
1978	14626	3224	4488	6557	6557			357
1980	16527	3420	4427	6482	6452	30		2198
1985	46842	4037	23255	18117	18067	50		1433
1990	49399	4235	27904	15908	15809	99		1352
1991	49298	4078	27948	16064	15884	180		1208
1992	56953	4343	30730	20751	20533	218		1129
1993	66339	4344	35060	25915	25610	305		1020
1994	69470	4318	36899	27279	26920	359		974
1995	81830	4143	49578	27161	26728	433		948
1996	84666	4361	50571	28819	28429	390		915
1997	82290	4131	52441	24826	24424	402		892
1998	80429	3793	54328	21363	21059	304		945
1999	81529	3941	54803	21596	20045	1551		1188
2000	90436	4077	59056	25902	24275	1627		1395
2001	87505	4239	59058	22583	21030	1553		1622
2002	88588	4407	60299	22411	20681	1730		1468
2003	93511	4462	64321	23320	20845	2475		1405
2004	100093	4665	69058	24812	21239	3573		1554
2005	112909	5090	76301	29277	25061	4216		2236
2006	125114	5169	84319	32862	25779	7083		2759
2007	143805	5177	97473	37858	29567	8291	5.32	3292
2008	166322	5118	110302	42799	27154	15645	4.68	8098
2009	160967	6137	104002	42016	30221	11795	4.44	8807
2010	188558	6374	123500	48702	35713	12989	5.46	9977
2011	212594	7282	140803	54012	37783	16229	6.08	10491
2012	231295	7223	153696	58639	41007	17632	6.69	11730
2013	194048	6806	103709	70909	47559	23350	6.67	12617
2014	208623	6090	114449	75328	51603	23725	7.10	12749
2015	211648	5066	113351	80343	58065	22278	7.00	12881
2016	215651	5335	117166	79314	56656	22658	7.61	13828
2017	234092	5720	128915	85668	61514	24154	8.19	13781
2018	247388	5971	139251	87735	62805	24930	7.67	14423

注:1. 民用航空货运量仅指省内航空公司完成数。
2. 水运货物周转量数据为全社会、全口径数据。
3. 根据2015年度全国公路水路运输量小样本抽样调查结果,对2015年公路、内河客货运输量、周转量统计值有所修正,与2014年值不具可比性。

a) The turnover volume of freight traffic by civil aviation only referred to the fulfillment in our province.
b) The data coverage of highway freight ton-kilometers is comprehensive.
c) Based on the Small sample sampling survey results of 2015 national highway water traffic, amend some statistics, cover highway water passenger traffic, highway water passenger-kilometers, highway water freight traffic, highway water freight ton-kilometers, it's can't compare with the 2014 figures.

13－5 货物周转量
Turnover Volume of Freight Traffic

单位:亿吨公里 (100 million ton-km)

年份 Year	总计 Total	铁路 Railway	公路 Highway	水运 Waterway	内河 Inland Waterway	沿海、远洋 Seashipping	民用航空 Civil Aviation	输油管道 Petroleum Pipeline
1978	283.85	172.72	11.24	87.97	87.97			11.92
1980	382.77	186.31	11.45	93.56	91.51	2.05		91.45
1985	575.58	240.48	81.30	205.90	194.83	11.07		47.90
1990	730.22	297.44	154.01	233.65	209.53	24.12		45.12
1991	788.41	301.73	166.21	280.59	240.23	40.36		39.88
1992	963.94	333.85	179.92	400.78	361.87	38.91		49.39
1993	1193.87	346.49	235.07	578.01	520.51	57.50		34.30
1994	1246.12	372.13	243.33	598.02	523.21	74.81		32.64
1995	1376.88	393.51	281.04	670.75	585.84	84.91		31.58
1996	1412.56	380.09	289.44	712.33	635.20	77.13		30.70
1997	1370.63	355.73	303.40	681.42	617.18	64.24		30.08
1998	1353.23	343.41	316.14	661.85	579.51	82.34		31.71
1999	1400.55	342.65	319.75	704.01	436.89	267.12		33.91
2000	1505.57	371.32	340.72	746.39	463.17	283.22		46.84
2001	1524.96	371.97	340.73	757.58	489.01	268.57		54.37
2002	1549.12	377.17	351.95	770.03	395.05	374.98		49.63
2003	1817.44	408.69	365.01	995.34	444.98	550.36		47.97
2004	2398.64	434.72	386.91	1523.63	468.13	1055.50		52.87
2005	3068.88	480.49	459.18	2056.90	631.98	1424.92		71.73
2006	3644.79	497.42	542.09	2515.09	583.94	1931.15		89.54
2007	4099.16	424.00	638.59	2930.08	634.65	2295.43	0.74	105.75
2008	4707.74	346.50	723.60	3179.30	598.29	2581.01	0.67	457.67
2009	5154.46	323.90	971.13	3372.05	638.45	2733.60	0.64	486.74
2010	6111.57	336.86	1149.10	4095.70	694.11	3401.59	0.78	529.13
2011	7513.99	398.57	1315.27	5236.91	748.30	4488.61	0.84	562.40
2012	8474.64	391.53	1452.45	6052.95	823.60	5229.35	0.91	576.80
2013	10536.84	373.17	1790.40	7753.02	1336.55	6416.46	0.95	619.30
2014	11028.47	346.10	1978.50	8087.07	1505.20	6581.87	1.10	615.70
2015	7374.00	303.70	2072.96	5886.75	1871.18	4015.57	1.00	623.30
2016	8290.69	282.46	2140.33	5224.60	1863.70	3360.90	1.09	642.20
2017	9726.51	291.42	2377.90	6382.21	2026.43	4355.78	1.17	673.80
2018	9684.01	296.66	2544.35	6121.94	2063.13	4058.82	1.06	719.99

注:1. 民用航空货物周转量仅指省内航空公司完成数。
2. 水运货物周转量数据为全社会、全口径数据。
3. 根据2015年度全国公路水路运输量小样本抽样调查结果,对2015年公路、内河客货运输量、周转量统计值有所修正,与2014年值不具可比性。

a) The freight traffic by civil aviation only referred to the fulfillment in our province.

b) The data coverage of highway freight ton-kilometers is comprehensive.

c) Based on the Small sample sampling survey results of 2015 national highway water traffic, amend some statistics, cover highway water passenger traffic, highway water passenger-kilometers, highway water freight traffic, highway water freight ton-kilometers, it's can t compare with the 2014 figures.

13－6　全社会港口码头泊位和通过能力

指　　标	Item	2014 合　计 Total	2014 沿海港口 Coastal Ports	2014 内河港口 Ports of Inland Rivers	2015 合　计 Total	2015 沿海港口 Coastal Ports	2015 内河港口 Ports of Inland Rivers
生产用码头泊位	Number of Berths of Ports						
泊位个数（个）	Number of Berths (unit)	7474	152	7322	7279	158	7121
泊位长度（米）	Length of Ports Line (m)	478201	23735	454466	474881	25993	448888
泊位年通过能力	Comprehensive Traffic Capacity						
货物　（万吨）	Freight (10000 tons)	168987	17163	151824	171565	18969	152596
旅客　（万人）	Passenger (10000 persons)	639			630		
非生产用码头泊位	Ports for Nonproductive Use						
泊位个数（个）	Number of Berths (unit)	47			56		
泊位长度（米）	Length of Ports Line (m)	2967			3254		

13－7　主要港口吞吐量

港口名称	Ports	2014 旅客吞吐量（万人） Passenger (10000 persons)	2014 货物吞吐量（万吨） Freight (10000 tons)	2015 旅客吞吐量（万人） Passenger (10000 persons)	2015 货物吞吐量（万吨） Freight (10000 tons)
总　计	**Total**	**9.26**	**226049.20**	**7.00**	**233289.00**
沿海港口	Coastal Ports	9.26	28706.16	7.00	30181.55
#连云港	Lianyungang	9.26	21007.88	7.00	21074.95
内河港口	Ports of Inland Rivers		197343.04		203107.45
#长江干流水系	Yangtze River Mainstream System		142325.70		148746.23
长江支流水系	Yangtze River Tributary System		10739.97		12972.32
京杭运河水系	Jinghang Canal System		31461.59		28081.35
淮河水系	Huaihe River System		12140.17		13307.92

Number of Berths and Traffic Capacity in All Ports

2016			2017			2018		
合　计 Total	沿海港口 Coastal Ports	内河港口 Ports of Inland Rivers	合　计 Total	沿海港口 Coastal Ports	内河港口 Ports of Inland Rivers	合　计 Total	沿海港口 Coastal Ports	内河港口 Ports of Inland Rivers
7278	162	7116	6925	170	6755	5480	161	5319
482461	26935	455526	478043	27115	450928	435174	27847	407327
181389.1	19146	162243.1	184812	19207	165605	185896	20221	165675
602		602						
81			52			30		
4827			2879			3109		

Number of Freight and Passenger Handled at Major Ports

2016		2017		2018	
旅客吞吐量（万人）Passenger (10000 persons)	货物吞吐量（万吨）Freight (10000 tons)	旅客吞吐量（万人）Passenger (10000 persons)	货物吞吐量（万吨）Freight (10000 tons)	旅客吞吐量（万人）Passenger (10000 persons)	货物吞吐量（万吨）Freight (10000 tons)
4.92	**241486.92**	**14.18**	**256976.04**	**19.29**	**258469.15**
4.92	31630.25	14.18	33172.93	19.29	33368.71
4.92	22134.97	14.18	22840.53	19.29	23560.31
	209856.67		223803.11		225100.44
	156532.94		170603.60		177519.46
	11008.81		17899.70		14498.83
	28069.17		20065.03		20183.27
	14245.75		15234.77		12898.88

13－8　全省民用车辆拥有量(2018 年)
Number of Civil Motor Vehicles(2018 年)

单位:辆　　(unit)

指标	Item	总计 Total	#营运 Working	#进口 Import	#个人 Individual
合计	**Total**	**19871628**	**1410874**	**943605**	**17270788**
汽车	Civil Vehicles	17832288	1105937	935653	15376235
载客汽车	Passenger Vehicles	16521036	287556	932808	14749981
#大型	Large Scale	115282	85607	526	305
中型	Medium Scale	42482	5670	1587	8804
小型	Small Scale	16265741	195365	911779	14653060
#轿车	Cars	11661487	185693	484934	10668193
载货汽车	Trucks	1162403	774290	2512	534640
#重型	Heavy Scale	463355	430615	1578	165572
中型	Medium Scale	113678	81686	9	48461
轻型	Light Scale	584837	261930	924	320164
#普通载货	Ordinary Trucks	528667	269462	896	301633
其他汽车	Other Vehicles	148849	44091	333	91614
#三轮汽车	Tricycle Motors	50185	30935		47600
低速货车	Lowspeed Trucks	16375	7262		15062
摩托车	Motor	1886188	153176	7821	1847658
#普通	Ordinary Motor	1865337	153172	7813	1826874
轻便	Light Motors	20851	4	8	20784
挂车	Freight Trailers	153151	151761	131	46895
其他类型车	Other Motor Vehicles	1			
拖拉机	Tractors	839790			

注:合计数中不含拖拉机数量
a) Total do not include number of tractors.

13－9　个人车辆拥有量
Number of Private-owned Vehicles

单位:辆　　(unit)

指标	Item	2014	2015	2016	2017	2018
合计	**Total**	**14999357**	**15180121**	**15400764**	**16601661**	**17270788**
民用汽车	Civil Vehicles	9357126	10768671	12522020	14081982	15376235
载客汽车	Passenger Vehicles	8754968	10222220	11971733	13490993	14749981
#大型	Large Scale	987	613	419	374	305
轿车	Cars	6656432	7738857	8920721	9876012	10668193
载货汽车	Ordinary Trucks	496554	455539	462165	502067	534640
#重型	Large Scale	148377	142698	143165	157698	165572
其他汽车	Other	105604	90912	88122	88922	91614
摩托车	Motors	5611553	4378953	2842801	2477781	1847658
挂车	Freight Trailers	30691	32492	35941	41898	46895

13－10 全省公路运输汽车拥有量
Number of Transport Motor Vehicles

单位：辆 (unit)

指 标	Item	2014	2015	2016	2017	2018
合 计	**Total**	**791921**	**774189**	**807012**	**859247**	**908023**
载客汽车	Passenger Vehicles					
辆数	Number	45306	46685	48126	50778	52729
客位 （万客位）	Seats (10000 seats)	167	162	164	169	168
载货汽车	Trucks					
辆数	Number	746615	727504	758886	808469	855294
#普通载货汽车	Ordinary Trucks	584748	558814	571127	597866	623996
吨位 （万吨）	Tonnages (10000 tons)	614	622	686	764	837
#普通载货汽车	Ordinary Trucks	468	461	501	564	620

13－11 全社会运输船舶拥有量
Number of Transport Vessels

指 标	Item	2017			2018		
		数量（艘）Number (unit)	载客量（客位）Passenger Capacity	净载重量（万吨位）Dead Weight Tonnage (10000 tons)	数量（艘）Number (unit)	载客量（客位）Passenger Capacity (seat)	净载重量（万吨位）Dead Weight Tonnage (10000 tons)
总 计	**Total**	**35867**	**43001**	**4240.05**	**32703**	**50825**	**4020.01**
#内河船舶	Inland Waterway Vessels	34376	42901	2947.31	31235	50725	2698.61
沿海船舶	Coastal Vessels	1384	100	882.20	1354	100	865.54
远洋船舶	Oceanic Vessels	107		410.55	114		455.85
#机动船	Motor Vessels	30732	43001	3865.75	28631	50825	3697.05
客船	Passenger Ships	311	29744	1.10	346	33594	1.48
客货船	Passenger Cargo Ships	42	13257	1.57	75	17231	3.21
货船	Cargo Ships	29404		3863.08	27350		3692.36
拖轮	Tugboats	975			860		
驳船	Cargo Barges	5135		374.30	4072		322.95

13－12　分市交通运输基本情况（2018年）

指　　标	Item	南京市 Nanjing	无锡市 Wuxi	徐州市 Xuzhou	常州市 Changzhou
运输线路	**Transport Routes**				
公路通车里程（公里）	Highways in Operation (km)	10632	7576	16611	9331
#等级公路里程	Expressway and Class Ⅰ to Ⅳ Highway	10571	7576	15798	9331
#高速公路	Expressways	521	274	464	306
一级公路	Class Ⅰ Highways	1347	961	1291	1176
二级公路	Class Ⅱ Highways	1169	1702	1655	1554
内河航道里程（公里）	Navigable Inland Waterways (km)	630	1578	1033	1080
公路桥梁（座）	Highway Bridges (unit)	2173	3967	5098	3641
公路桥梁长度（米）	Length of Highway Bridges (m)	232951	275820	246823	240122
客运量	**Passenger Traffic**				
公路（万人）	Highways (10000 persons)	8278	5179	9960	4087
水运（万人）	Waterways (10000 persons)	23	500		379
民用航空（万人）	Civil Aviation (10000 persons)	2858	721	252	333
货运量	**Freight Traffic (10000 tons)**				
公路（万吨）	Highways (10000 tons)	14995	15761	21164	13068
水运（万吨）	Waterways (10000 tons)	14805	2791	6456	2463
民用航空（吨）	Civil Aviation (tons)	365044	123819	10066	28170
机动车拥有量（万辆）	**Number of Vehicles (10000 units)**	**275.06**	**211.92**	**168.99**	**141.33**
#机动汽车拥有量	Civil Vehicles	258.24	194.13	136.64	133.76
#载客汽车	Passenger Vehicles	243.86	183.24	119.31	125.03
载货汽车	Trucks	13.13	10.19	14.81	8.26
#营运汽车（含公交出租车辆）	Motor Vehicles in Operation	14.48	9.62	15.06	7.01
#私人汽车	Private Vehicles	207.25	161.42	125.53	113.41
全社会船舶拥有量（万艘）	**Number of Transport Vessels (10000 units)**	**0.150**	**0.130**	**0.347**	**0.173**
机动船	Motor Vessels	0.148	0.129	0.142	0.171
驳船	Barges	0.002	0.001	0.205	0.002
港口货物吞吐量（万吨）	**Volume of Freight Handled at Ports (10000 tons)**	**25404**	**23240**	**3140**	**10170**
#外贸	Foreign Trade	3103	4432	0	950

注：民用航空客、货运量所填报数据为各机场旅客、货邮吞吐量。

a) Passenger and cargo traffic data of civil aviation are passenger and cargo throughtput of airports.

Basic Statistics of Transport by Region (2018)

苏州市 Suzhou	南通市 Nantong	连云港市 Lianyungang	淮安市 Huaian	盐城市 Yancheng	扬州市 Yangzhou	镇江市 Zhenjiang	泰州市 Taizhou	宿迁市 Suqian
12173	19005	11909	13436	20550	9730	7255	9954	10565
12173	19005	11909	12845	20333	9363	7255	9953	10183
598	334	354	404	396	294	193	321	253
1791	2010	839	749	1628	602	961	1084	641
4149	1742	1742	1634	2779	1356	850	1449	1660
2786	3522	1111	1483	4346	2297	597	2550	980
9547	8366	2781	3884	15925	4419	1350	6713	3179
587886	368053	217763	213871	512227	202938	114424	320134	160965
29123	6807	4290	5995	6428	3094	2965	6057	4762
639	478	17	17		6		324	
	277	152	152	182	238			
14787	13746	9965	6671	5885	7634	8058	3041	4476
1372	9385	2024	7251	11967	6493	1583	18715	2430
	42990	2906	6286	6587	11137			
404.20	**199.15**	**83.80**	**83.10**	**128.94**	**98.02**	**71.11**	**94.98**	**99.98**
391.59	167.27	64.27	57.84	96.78	77.13	60.62	76.82	66.20
372.61	156.89	54.65	51.80	87.06	70.85	56.81	71.44	56.78
17.64	9.62	8.31	5.48	8.02	5.58	3.50	4.77	6.81
14.89	6.28	6.17	4.67	5.40	5.28	3.02	4.11	5.48
329.72	149.31	58.80	52.01	87.30	68.43	53.78	69.00	61.66
0.033	**0.136**	**0.103**	**0.292**	**0.722**	**0.238**	**0.035**	**0.745**	**0.168**
0.033	0.132	0.097	0.271	0.646	0.224	0.035	0.742	0.094
0.000	0.004	0.006	0.020	0.076	0.014	0.001	0.002	0.074
61295	**30764**	**24315**	**8769**	**14359**	**12571**	**16265**	**26960**	**1217**
13893	6063	11884	0	1801	972	3750	2196	0

13－13　邮电业务基本情况
Basic Conditions of Post and Telecommunication Services

指　　标	Item	2014	2015	2016	2017	2018
邮电业务总量　（亿元）	Business Volume of Postal & Telecommunication Services (100 million yuan)	1680.80	2280.60	1860.33	2948.63	5861.83
邮政行业业务总量	Postal Services	359.00	516.02	663.69	880.93	1050.23
电信业务总量	Telecommunicatoin Services	1321.80	1764.60	1196.64	2067.70	4811.60
邮电业务收入　（亿元）	Revenue from Post and Telecommunication Services (100 million yuan)	1153.40	1244.30	1345.35	1475.92	1622.11
邮政行业业务收入	Postal Revenue	299.50	407.22	463.33	560.72	647.01
电信业务收入	Telecommunication Revenue	853.90	837.08	882.02	915.20	975.10
函件　（亿件）	Letters (100 million pcs)	6.26	4.88	3.33	2.86	2.26
包件　（万件）	Parcels (10000 pcs)	273.90	220.30	165.30	150.49	139.53
快递　（亿件）	Special Express (100 million pcs)	14.84	22.90	28.38	35.96	43.89
报刊期发数　（万份）	Newspapers and Magazines Circulation (10000 pcs)	1192.00	1104.06	1062.97	1094.68	969.35
长途电话通话量（万分钟）	Long-distance Calls (10000 minutes)	350016	349125	325727	255071	
移动短信业务量　（亿条）	Short Message Services (100 million messages)	523.00	512.00	619.69	771.60	
年末固定电话用户（万户）	Fixed Telephone Subscribers at Year-end (10000 subscribers)	2133.61	1972.99	1708.33	1512.08	1364.00
#城市	Urban	1222.91	1217.98	1096.96	1003.19	945.90
乡村	Rural	910.70	755.01	611.37	508.89	418.10
年末移动电话用户（万户）	Mobile Telephone Subscribers at Year-end (10000 subscribers)	8070.35	8227.33	8198.75	8807.69	9794.00
固定宽带接入用户（万户）	Fixed Broadband Users (10000 subscribers)	1523.35	2183.06	2685.24	3106.15	3351.87
邮政局所（个）	Number of Post Offices (unit)	2399	2385	2381	2376	2371

13－13 续表 Continued

指 标	Item	2014	2015	2016	2017	2018
邮路及农村投递路线总长度 （万公里）	Length of Postal Routes and Rural Delivery Routes (10000 km)	34.90	35.15	37.17	40.20	48.43
#汽车邮路	Highway Routes	8.93	9.07	11.59	13.90	22.64
铁路邮路	Railway Routes	0.00	0.00	0.00	0.00	0.00
移动电话交换机容量 （万户）	Capacity of Mobile Telephone Exchanges (10000 subscribers)	10473	10633	10863	10644	19334
固定长途电话交换机容量 （万路端）	Capacity of Long-distance Fixed Telephone Exchanges (10000 circuits)	38	38	38	21	21
长途光缆线路长度 （公里）	Length of Long Distance Optical Cable Lines (km)	36249	38841	39083	43111	40366
每局所服务面积 （平方公里）	Per Bureau (Office) Service Area (sq. km)	42.77	44.95	45.02	45.12	45.21
人均邮电业务量 （元/人）	Per Capita Business Volume of Post (yuan/person)	2111.56	2859.22	579.26	698.34	1304.52
每百人平均函件量 （件/百人）	Number of Letters Mailed Per 100 Persons (unit/100 persons)	786.43	611.42	4.00	4.00	3.00
每百人平均订阅报刊量 （份/百人）	Number of Newspaper and Magazine Subscribed Per 100 Persons (unit/100 persons)	15.00	13.84	13.00	14.00	12.00
每百人平均包件（件/百人）	Number of Parcels Per 100 Persons (unit/100 persons)	4.11	2.76	2.00	1.87	1.73
每百人移动短信量 （条/百人）	Number of Short Messages Per 100 Persons (unit/person)	65873	5535	77692	96095	
电话普及率 （部/百人）	Popularization Rate of Telephones (unit/100 persons)	128.52	128.50	124.21	128.53	139.00
固定电话普及率	Popularization Rate of Fixed Telephones	26.87	24.80	21.42	18.83	16.94
移动电话普及率	Popularization Rate of Mobile Telephones	101.65	103.40	102.79	109.69	121.70

注：1. 2008 年起邮政行业业务总量、邮政行业业务收入及快递包含国有、民营、外资各类企业的快递业务活动。
2. 2017 年开始，工信部调整电信不变单价，电信业务总量口径发生变化。
3. 从 2018 年开始，工信部不再统计长途电话通话量。
4. 由于联通集团数据出问题，本年度移动短信业务量数据缺失。

a) Postal services, postal revenue and express services contain express state-owned, services of private and foreign enterprises from 2008.

b) Since 2017, the fixed unit price of telecom has been adjusted, and the total caliber of telecom service has changed.

c) Since 2018, the Ministry of Industry and Information Technology has stopped counting long-distance telephone calls.

d) Due to problems with Unicom Group data, this year's number of mobile short messages data is missing.

13－14 分市邮电业务基本情况(2018 年)

指 标	Item	南京市 Nanjing	无锡市 Wuxi	徐州市 Xuzhou	常州市 Changzhou
邮电业务总量 (亿元)	Business Volume of Postal & Telecommunication Services (100 million yuan)	847.75	613.43	446.90	391.74
邮政行业业务总量	Postal Services	161.41	117.65	65.72	61.80
电信业务总量	Telecommunicatoin Services	686.34	495.78	381.18	329.94
邮电业务收入 (亿元)	Revenue from Post and Telecommunication Services (100 million yuan)	254.53	179.59	101.58	118.04
邮政行业业务收入	Postal Revenue	110.28	74.07	34.03	47.68
电信业务收入	Telecommunication Revenue	144.25	105.52	67.55	70.36
函件 (亿件)	Letters (100 million pcs)	0.73	0.22	0.03	0.05
包件 (万件)	Parcels (10000 pcs)	25.29	15.42	10.15	9.94
快递 (万件)	Special Express (10000 pcs)	76634.53	51181.89	26250.88	22811.41
报刊期发数 (万份)	Newspapers and Magazines Circulation (10000 pcs)	102.62	105.78	61.39	70.55
年末固定电话用户 (万户)	Fixed Telephone Subscribers at Year-end (10000 subscribers)	201.17	137.82	94.55	102.50
年末移动电话用户 (万户)	Mobile Telephone Subscribers at Year-end (10000 subscribers)	1284.06	964.07	903.74	653.93
固定宽带接入用户 (万户)	Fixed Broadband Users (10000 subscribers)	451.98	333.18	290.45	236.76
邮政局所 (个)	Number of Post Offices (unit)	181	141	232	149
邮路及农村投递路线总长度 (万公里)	Length of Postal Routes and Rural Delivery Routes (10000 km)	5.80	2.55	5.74	3.96
#汽车邮路	Highway Routes	4.34	0.51	3.43	2.49
邮政通信水平	Level of Postal and Telecommunication				
每局所服务面积 (平方公里)	Per Bureau (Office) Service Area (sq. km)	36.39	32.82	48.53	29.43
人均邮电业务量(元/人)	Per Capita Business Volume of Post (yuan/person)	1913.32	1789.55	746.69	1306.95
每百人平均函件量 (件/百人)	Number of Letters Mailed Per 100 Persons (unit/100 persons)	9	3	0	1
每百人平均订阅报刊量 (份/百人)	Number of Newspaper and Magazine Subscribed Per 100 Persons (unit/100 persons)	12	16	7	15
每百人平均包件 (件/百人)	Number of Parcels Per 100 Persons (unit/100 persons)	3.00	2.35	1.15	2.10
电话普及率 (部/百人)	Popularization Rate of Telephones (unit/100 persons)	176.05	167.60	113.42	159.97
固定电话普及率	Popularization Rate of Fixed Telephones	23.85	20.96	10.74	21.68
移动电话普及率	Popularization Rate of Mobile Telephones	152.21	146.64	102.67	138.29

Basic Conditions of Post and Telecommunication Services by Region (2018)

苏州市 Suzhou	南通市 Nantong	连云港市 Lianyungang	淮安市 Huaian	盐城市 Yancheng	扬州市 Yangzhou	镇江市 Zhenjiang	泰州市 Taizhou	宿迁市 Suqian
1376.56	454.08	231.65	227.12	313.23	268.35	185.18	229.66	259.47
288.16	99.25	33.82	35.28	37.54	42.44	26.91	29.63	50.60
1088.40	354.83	197.83	191.84	275.69	225.91	158.27	200.03	208.87
396.93	128.26	52.14	56.98	76.58	73.46	50.26	62.76	56.50
181.57	55.17	17.36	21.79	21.20	27.61	17.23	19.92	19.10
215.36	73.09	34.78	35.19	55.38	45.85	33.03	42.84	37.40
0.94	0.07	0.01	0.01	0.03	0.04	0.07	0.04	0.01
36.57	7.61	5.36	2.32	4.16	8.71	3.60	5.29	5.11
124562.99	39361.96	13242.29	15093.44	14009.39	15459.53	9690.66	9836.04	20800.42
146.67	89.91	34.19	61.68	104.29	45.79	50.06	63.47	32.95
255.51	135.54	57.80	41.67	69.11	94.63	60.32	79.90	33.53
1783.19	813.49	447.53	458.63	685.78	508.49	355.61	470.90	464.57
588.15	292.05	150.90	151.61	228.56	181.10	133.31	166.11	147.71
240	310	127	169	226	182	106	174	134
7.25	7.62	1.62	2.08	3.77	2.36	1.60	2.31	1.77
3.27	3.64	0.42	0.73	1.17	0.77	0.61	0.51	0.76
35.37	27.56	59.95	59.60	75.10	36.25	36.25	33.26	63.84
2687.61	1357.76	748.15	716.44	521.35	936.65	842.01	639.25	1027.30
9	1	0	0	0	1	2	1	0
14	12	8	13	14	10	16	14	7
3.41	1.04	1.19	0.47	0.58	1.92	1.13	1.14	1.04
190.15	129.83	111.80	101.58	104.85	133.11	130.12	118.82	101.12
23.83	18.54	12.79	8.46	9.60	20.89	18.87	17.24	6.81
166.32	111.28	99.01	93.12	95.25	112.22	111.25	101.58	94.31

主要统计指标解释

铁路营业里程　又称营业长度(包括正式营业和临时营业里程),指办理客货运输业务的铁路正线总长度。凡是全线或部分建成双线及以上的线路,以第一线的实际长度计算;复线、站线、段管线、岔线和特殊用途线以及不计算运费的联络线都不计算营业里程。铁路营业里程是反映铁路运输业基础设施发展水平的重要指标,也是计算客货周转量、运输密度和机车车辆运用效率等指标的基础资料。

铁路正线延展里程　指正线第一线、第二线、第三线和其他正线建筑里程之和,不包括站线、段管线、岔线及特殊用途线的延展里程。它是作为计算铁路线上钢轨、枕木及路基砂石需要量的主要依据。

公路里程　指在一定时期内实际达到《公路工程[WTBZ]技术标准 JTJ01－88》规定的等级公路,并经公路主管部门正式验收交付使用的公路里程数。包括大中城市的郊区公路以及通过小城镇街道部分的公路里程和桥梁、渡口的长度,不包括大中城市的街道、厂矿、林区生产用道和农业生产用道的里程。两条或多条公路共同经由同一路段,只计算一次,不得重复计算里程长度。它是反映公路建设发展规模的重要指标,也是计算运输网密度等指标的基础资料。

内河航道里程　也称内河通航里程,指在一定时期内,能通航运输船舶及排筏的天然河流、湖泊水库、运河及通航渠道的长度。包括全年季节性通航累计三个月以上的航道,不包括仅供零散流放竹、木排的河道。它是反映内河水运网规模、水平和发展情况的主要指标。

输油(气)管道长度　也称输油(气)里程,指油品(或天然气)的实际输送距离,一般按输油(气)管道的单线长度计算。若包括复线和备用线长度则称为输油(气)管道延展长度,是指管道铺设的实际长度。我们通常使用的是不包括复线的"输油(气)管道里程",它是反映管道运输发展规模和水平的主要指标。

货(客)运量　指在一定时期内,各种运输工具实际运送的货物(旅客)数量。它是反映运输业为国民经济和人民生活服务的数量指标,也是制定和检查运输生产计划、研究运输发展规模和速度的重要指标。货运按吨计算,客运按人计算。货物不论运输距离长短、货物类别,均按实际重量统计。旅客不论行程远近或票价多少,均按一人一次客运量统计;半价票、小孩票也按一人统计。

货物(旅客)周转量　指在一定时期内,由各种运输工具运送的货物(旅客)数量与其相应运输距离的乘积之总和。它是反映运输业生产总成果的重要指标,也是编制和检查运输生产计划,计算运输效率、劳动生产率以及核算运输单位成本的主要基础资料。计算货物周转量通常按发出站与到达站之间的最短距离,也就是计费距离计算。计算公式为:

货物(旅客)周转量 = ∑货物(旅客)运输量 × 运输距离

沿海主要港口货物吞吐量　指经水运进出沿海主要港区范围,并经过装卸的货物数量,包括邮件及办理托运手续的行李、包裹以及补给运输船舶的燃、物料和淡水。货物吞吐量按货物流向分为进口、出口吞吐量,按货物交流性质分为外贸货物吞吐量和国内贸易货物吞吐量。货物吞吐量的货类构成及其流向,是衡量港口生产能力大小的重要指标。

邮电业务总量　指以价值量形式表现的邮电通信企业为社会提供各类邮电通信服务的总数量。邮电业务量按专业分类包括函件、包件、汇票、报刊发行、邮政快件、特快专递、邮政储蓄、集邮、公众电报、用户电报、传真、长途电话、出租电路、无线寻呼、移动电话、分组交换数据通信、出租代维等。计算方法为各类产品乘以相应的平均单价(不变价)之和,再加上出租电路和设备、代用户维护电话交换机和线路等的服务收入。它综合反映了一定时期邮电业务发展的总成果,是研究邮电业务量构成和发展趋势的重要指标。计算公式为:

邮电业务总量 = ∑(各类邮电业务量 × 不变单价) + 出租代维及其他业务收入

无线寻呼用户　无线寻呼是指电话用户通过无线寻呼中心,在规定范围内向携带小型寻呼机的用户发出声音、数字或文字显示信息。在寻呼台办理登记手续携带小型寻呼机的用户,称为无线寻呼用户。

移动电话用户　是指通过移动电话交换机进入移动电话网、占用移动电话号码的电话用户。用户数量以报告期末在移动电话营业部门实际办理登记手续进入移动电话网的户数进行计算,一部移动电话统计为一户。

电话用户　指接入国家公众固定电话网,并按固定电话业务进行经营管理的电话用户。1997 年以前,电话用户分为市内电话用户和农村电话用户。"市内电话用户"是指接入县城及县以上城市的电话网上的电话用户;"农村电话用户"是指接入县邮电局农话台及县以下农村电话交换点,以县城为中心(除市话用户外)联通县、乡(镇)、行政村、村民小组的用户。从 1997 年起,电话用户数分组调整为以用户所在区域划分为"城市电话用户"和"乡村电话用户",与过去的按市内电话和农村电话划分方法不同。而电话用户总数、电话机总部数统计范围不变。

城市电话用户　指直辖市、省辖市、地级市、县级市的市区、市郊区及县城(包括县人民政府所在地的县城关区或行政建制相当于县人民政府所在地的镇)范围内接入局用交换机的电话用户数,包括分布在农村地区的独立工矿区、林区、驻军等接入局用交换机的电话用户数。

乡村电话用户 指县城关区以下的集镇和农村接入局用交换机的电话用户数。

住宅电话用户 是指安装在居民住宅或农民家里并按照住宅电话用户登记注册和收费的电话用户。包括私人付费、单位付费和按规定免费安装的住宅电话用户。

局用交换机容量 是指安装在本地电信运营商内用于接续本地固定电话的电话交换机容量,有倍增设备按倍增后的数量计数。包括现用和备用的人工或自动交换机的全部容量。

Explanatory Notes on Main Statistical Indicators

Length of Railways in Operation refers to the total length of the trunk line under passenger and freight transportation(including both full operation and temporary operation). The calculation is based on the actual length of the first line even if this line has a full or partial double track or more tracks, excluding double tracks, station sidings, tracks under the charge of stations, branch lines, special-purpose lines and the non-payable connecting lines. The length of railways in operation is an important indicator to show the development of the infrastructure for the railway transport, and also the essential data to calculate volume of passenger freight transport, traffic density and utilization efficiency of the locomotives and carriages.

Extenuation Length of Trunk Lines refers to the sum of the first, the second, the third lines and other constructed length of the trunk railways, excluding the extenuation length of the station lines, lines under the jurisdiction depots, siding and lines for special purpose. It provides important information for the calculation of the needs for rails, sleepers, sand and stone for the construction ot railways.

Length of Highways refers to the length of highways which are built in conformity with the grades specified by the highway engineering standard formulated by the Ministry of Communications, and have been formally checked and accepted by the departments of highways and put into use. The length of highways includes that of the suburb highways at large and medium-sized cities, highways passing through streets at small cities and towns, and also the length of bridges and ferries. It does not include the length of streets in big and medium-sized cities and highways built for the production purpose at factories, mines, forest areas and agricultural areas. If two or more highways go the same section of the way, the length of the section is only calculated for once and no duplication is allowed. The length of highways is an important indicator to show the development of the highway construction and to provide essential information to calculate the transport network density.

Length of Navigable Inland Waterways an indicator reflecting the size and development of inland water network, it refers to the length of the natural rivers, lakes, reservoirs, canals, and ditches open to navigation during a given period, which enables the transport by ships and rafts. It includes the channels open to navigation for over an accumulative 3 months in a year, yet this does not include the river courses which are only used to float odd logs and bamboo rafts.

Length of Oil(Gas) Pipelines used as an indicator to show the development, scale and level of the pipeline transportation, it refers to the actual transport distance of oil (or gas) products, and is in general calculated in the length of single pipe line. If the length of the double pipelines and alternate pipeline are included, it is called the extension length of the oil (gas) pipelines, which indicates the actual length of the pipelines built, excluding double pipelines.

Freight(Passenger) Traffic refers to the volume of freight (passenger) transported with various means. Freight transport is calculated in tons and passenger traffic is calculated in the number of persons. Despite the type of freight and travelling distance, the freight transport is calculated in the actual weight of the goods; and despite the travelling distance and ticket price, the passenger traffic is calculated by the principle that one person can be counted only once in one travel. The passenger who travel with a half price ticket or a child ticket is also calculated as one person. The freight(passenger) traffic provides a quantitative measure to show how the transport industry serves the national economy and people, and is also an important indicator for planning the transport industry and for studying the development scale and speed of the transport industry.

Freight Ton-kilometers (Passenger-kilometers) refer to the sum of the products of the volume of transported cargo (passengers) multiplying by the transport distance, usually using ton-kilometer and passenger-kilometer as units for measurement. Normally, the shortest distance between the departure station and the destination station(i. e., the payable distance) is the basis to calculate the freight ton-kilometers. This is an important indicator to show the total results of the transport industry, to prepare and examine the transport plan and to measure the efficiency, the labour productivity and the unit cost of transport. The formula is as follows:

$$\text{Freight Ton-kilometers(Passenger-kilometers)} = \sum \text{Freight(Passenger) Traffic} \times \text{Distance of Transportation}$$

Volume of Freight Handled in Major Coastal Ports refers to the volume of cargo passing in and out the harbor area of the major coastal ports and having been loaded and unloaded. The volume includes that of the postal matters, registered luggage and fuels, materials and fresh water as supplies of the ships. The volume of freight handled may be classified by direction of flow as freight for import and freight for export, or by nature of cargo as freight for domestic trade and freight for foreign trade. As an important indicator, the volume of freight handled by type of cargo and by main flow direction reflects the production capacity of ports.

Business Volume of Post and Telecommunications refers to the total amount of post and telecommunications services, expressed in value terms, provided by the post and telecommunications departments for the society. Post and telecommunication services can be classified as letters, parcels, remittance, issue of newspapers and magazines, fast mail service, express mail service, savings deposits, stamps for collection, public and individual telegraph service, facsimiles, long-distance telephone service, leasing of telephone lines, urban paging service, mobile telephone service, data transfer and transmission, etc. The accounting approach is to multiply the service products of all types with their average unit price (constant price) to get sum of business value, plus income from other services such as leasing of telephone lines and equipment, maintenance of telephone switchboards and lines on behalf of customers. This indicator reflects the overall results of post and telecommunications service during a given period, and is important to study the composition of business service and the development of post and telecommunications service. The formula is as follows:

Business Volume of Post and Telecommunications = $\sum$ (Transaction of Post and Telecommunication Service × Constant Price) + Income from Leasing, Maintenance and other Services.

Mobile Telephone Subscribers refer to the persons who own mobile telephone numbers and are connected with the mobile telephone communication network through the mobile telephone switchboards. The number of subscribers is calculated by the subscribers who have completed registration at mobile communication business centers and entered into the mobile telephone network. One mobile telephone is taken as a subscriber.

Fixed Telephone Subscribers refer to subscribers that are connected to the public line telephone network provided with telephone services. Before 1997, telephone subscribers were classified as city subscribers and village subscribers. City subscribers referred to those connected to city telephone networks in county towns and cities, while village subscribers referred to those connected to village telephone stations at and below counties. Since 1997, the classification of telephone subscribers was modified on the basis of physical location of the subscribers as rban telephone subscribers and ural telephone subscribers, which is different from the previous classification of catgorizing local telephones and ural telephones, while the definition of total subscribers and total number of telephones remain unchanged.

Urban Telephone Subscribers refer to subscribers telephone subscribers, located at municipalities, cities under the jurisdiction of province, cities at prefectural level, downtown and suburb of city at county level town and county towns (including country towns where county government located, and towns of county level according to the administrative organizational system), that are connected to the public line telephone network, including rural mineral area, forest area, military area.

Rural Telephone Subscribers refer to telephone subscribers, located at towns under county town and country, that are connected to the public line telephone network.

Household Telephone Subscribers refer to telephone sets installed in the dwelling units of urban or rural residents, and registered as residence subscribers for payment, including 3 types of payment for the service: private payment, public payment and free service.

Capacity of Office Telephone Exchanges refers to the capacity (measured in gate) of telephone exchanges installed in the offices of local telecommunication service providers for communication between fixed telephones. It includes the capacity of both manual and automatic exchanges in use and for stand-by purpose. Equipment with expansion function is to be counted by the expanded capacity.

14

批发零售、住宿餐饮和旅游

Wholesale and Retail Trade, Hotels, Catering Services and Tourism

简要说明

一、本篇资料的主要内容

本篇资料主要反映江苏消费品市场、批发和零售业、住宿和餐饮业以及旅游业的发展状况。主要内容包括社会消费品零售总额；批发和零售业、住宿和餐饮业全行业经营情况；限额以上批发和零售业、住宿和餐饮业的基本情况、财务状况、连锁经营情况；亿元以上商品交易市场基本情况和成交情况；旅行社、星级饭店基本情况；入境旅游人数、国内居民旅游人数以及国际、国内旅游收入。

二、本篇资料的统计范围

社会消费品零售总额的统计范围为参与市场商品零售或餐饮经营活动的各行业法人企业、产业活动单位和个体经营户；批发和零售业、住宿和餐饮业全行业经营情况的统计范围为全部批发和零售业、住宿和餐饮业法人企业、产业活动单位和个体经营户；限额以上批发和零售业基本情况、财务状况和连锁经营情况的统计范围为年主营业务收入达到2000万元及以上的批发业、年主营业务收入达到500万元及以上的零售业法人企业、产业活动单位和个体经营户；限额以上住宿和餐饮业基本情况、财务状况和连锁经营情况的统计范围为年主营业务收入达到200万元及以上的住宿和餐饮业法人企业、产业活动单位和个体经营户；亿元以上商品交易市场基本情况和成交情况统计范围为年商品成交额达到亿元及以上的现货商品交易市场；旅行社和星级饭店基本情况、入境旅游人数、国内居民旅游人数以及国际、国内旅游收入的统计范围为全省范围内的旅行社、星级饭店和旅游者。

三、本篇资料的来源

本篇资料中社会消费品零售总额以及批发和零售业、住宿和餐饮业发展情况根据《批发和零售业统计报表制度》《住宿和餐饮业统计报表制度》规定的有关统计内容进行加工整理；旅游业发展情况根据旅游局提供的有关资料编制。

四、本篇资料的统计调查方法

本篇资料中社会消费品零售总额以及批发和零售业、住宿和餐饮业发展情况方面资料涉及限额以上法人企业、产业活动单位和个体经营户以及亿元及以上商品交易市场的采用全面调查方法；涉及限额以下法人企业、产业活动单位和个体经营户的采用抽样调查方法推算。旅游业发展情况数据中国际、国内旅游收入和国内居民旅游人数等指标采用抽样调查方法，其余数据均为全面调查统计取得。

Brief Introduction

Ⅰ. Main Contents

Data in this chapter reflect the development of markets of consumer goods, wholesale and retail trades, hotels and catering services and tourism. Main contents include the total sales of consumer goods, the operation of wholesale and retail trades and hotel and catering services, the basic conditions, financial status and chain operation of the wholesale and retail trades and hotel and catering services above designated size, the basic condition and turnover of large commodity transaction markets with transaction over 100 million yuan, the basic conditions of travel agencies and star-rated hotels, number of international tourists and Chinese residents going abroad, number of domestic tourists and income from international and domestic tourism.

Ⅱ. Scope of Statistics

The scope of statistics of the total sales of consumer goods include corporate enterprises, establishments, and self-employed individuals involved in wholesale and retail trades and hotels and catering services. The scope of statistics of the operation of wholesale and retail trades and hotel and catering services include all corporate enterprises, establishments, and self-employed individuals involved in wholesale and retail trades and hotels and catering services. The scope of statistics of the basic conditions, financial status and chain operation of the wholesale and retail trades above designated size include corporate enterprises, establishments, and self-employed individuals involved in wholesale trade with annual principal business sales over 20 million yuan, retail trade with annual principal business sales over 5 million yuan. The scope of statistics of the basic conditions, financial status and chain operation of the hotel and catering services above designated size include corporate enterprises, establishments, and self-employed individuals involved in the hotel and catering services with annual principal business sales over 2 million yuan. The scope of statistics of the basic condition and turnover of large commodity transaction markets with transaction over 100 million yuan include all transaction markets with the total sales value of commodities over 100 million yuan. The scope of statistics of the basic conditions of travel agencies and star-rated hotels, number of international tourists and Chinese residents going abroad, number of domestic tourists and income from international and domestic tourism include all travel agencies, star-rated hotels and tourists in Jiangsu Province.

Ⅲ. Sources of Data

The total sales of consumer goods and the development of wholesale and retail trades, hotels and catering services are collected and processed in accordance with The Statistical Reporting Form System on Wholesale and Retail Trades and The Satistical Reporting Form System on Hotels and Catering Services. The data on tourism are from the Ministry of Public Security and State Tourism Administration.

Ⅳ. Methods of Survey

Data on corporate enterprises above designated

size, establishments, self-employed individuals and commodity transaction markets with transaction over 100 million yuan are collected through comprehensive reporting system. Data on enterprises and self-employed individuals below the designated size are collected by sample surveys. Data on tourism are from the comprehensive reporting form system except those on the earnings from international and domestic tourism and number of domestic tourists going abroad from sample surveys.

14－1 国内贸易基本情况
Basic Conditions of Domestic Trade

指　标	Item	2014	2015	2016	2017	2018
限额以上法人企业　（个）	**Number of Corporation Enterprises above Designated Size （unit）**	**22683**	**22165**	**22514**	**22540**	**25225**
批发业	Wholesale Trade	11388	10753	10852	11209	13717
零售业	Retail Trade	8147	8290	8571	8425	8585
住宿业	Hotels	1026	1057	1061	1047	1074
餐饮业	Catering Services	2122	2065	2030	1859	1849
限额以上产业活动单位（个）	**Industry Activity Units （unit）**	**36544**	**36099**	**36611**	**37610**	**50016**
批发业	Wholesale Trade	13474	12734	12437	12724	17131
零售业	Retail Trade	18395	18635	19436	20195	27367
住宿业	Hotels	1156	1203	1203	1196	1260
餐饮业	Catering Services	3519	3527	3535	3495	4258
限额以上企业（单位）从业人数（人）	**Engaged Persons （person）**	**1372467**	**1316192**	**1288982**	**1272986**	**1330827**
批发业	Wholesale Trade	426460	414793	404339	421163	465668
零售业	Retail Trade	589719	573752	561763	536361	527603
住宿业	Hotels	127611	129100	126789	123237	121833
餐饮业	Catering Services	228677	198547	196091	192225	215723
限额以上批发和零售业	**Wholesale and Retail Trades**					
商品购进总额　（亿元）	Total Purchases （100 million yuan）	41554.17	40149.81	43797.28	51102.71	62082.56
商品销售总额　（亿元）	Total Sales （100 million yuan）	46152.51	42772.98	47801.39	55723.66	68386.83
商品库存总额　（亿元）	Total Stock （100 million yuan）	2582.84	2471.78	2928.76	5200.16	3430.54
社会消费品零售总额（亿元）	**Total Retail Sales of Consumer Goods （100 million yuan）**	**23458.07**	**25876.77**	**28707.12**	**31737.41**	**33230.35**
商品交易市场数　（个）	**Number of Commodity Exchange Markets （unit）**	**2826**	**2861**	**2817**	**2753**	**2795**
消费品市场	Markets of Consumer Goods	2438	2466	2448	2399	2383
生产资料市场	Markets of Production Material	388	395	369	354	412

14-2 按行业分社会消费品零售总额
Total Retail Sales of Consumer Goods by Sector

单位:亿元 (100 million yuan)

年 份 Year	社会消费品零售总额 Total Retail Sales of Consumer Goods	批发和零售业 Wholesale and Retail Sales Trade	住宿业 Hotel	餐饮业 Catering Services	其他行业 Others
1978	84.79	79.18		3.24	2.37
1979	99.16	91.61		3.90	3.65
1980	122.56	114.35		4.72	3.49
1981	134.79	125.16		5.17	4.46
1982	150.01	138.87		5.49	5.65
1983	169.12	156.28		6.14	6.70
1984	205.05	188.80		7.61	8.64
1985	262.57	240.69		10.45	11.43
1986	304.58	279.25		12.53	12.80
1987	360.74	329.31		15.84	15.59
1988	471.83	432.06		20.33	19.44
1989	509.56	467.11		22.47	19.98
1990	515.43	472.72		24.17	18.54
1991	578.12	529.94		27.86	20.32
1992	704.52	644.61		33.64	26.27
1993	967.77	888.24		44.74	34.79
1994	1359.61	1238.30		71.44	49.87
1995	1741.92	1573.01		95.21	73.70
1996	2080.44	1901.47		135.64	43.33
1997	2300.61	2082.71		167.92	49.99
1998	2453.84	2208.24		192.52	53.08
1999	2649.56	2367.59		227.58	54.39
2000	2908.46	2583.19		269.59	55.69
2001	3233.35	2845.89		326.71	60.76
2002	3656.57	3179.23		410.83	66.52
2003	4194.50	3613.67		510.94	69.88
2004	4892.18	4333.18	41.67	496.10	21.22
2005	5735.50	5051.70	49.81	583.09	50.91
2006	6706.19	5898.79	67.68	678.83	60.89
2007	7985.90	7023.48	82.48	810.56	69.38
2008	9905.10	8890.30	99.80	826.10	88.90
2009	11487.72	10312.81	107.66	957.23	110.02
2010	13606.34	12207.18	127.15	1147.99	124.02
2011	16058.31	14320.87	161.94	1359.27	216.23
2012	18411.11	16448.83	178.42	1588.08	195.78
2013	20878.20	18694.85	173.23	1788.44	221.68
2014	23458.07	21229.55	187.67	2040.85	
2015	25876.77	23414.30	198.91	2263.56	
2016	28707.12	25899.14	216.73	2591.25	
2017	31737.41	28610.25	235.80	2891.36	
2018	33230.35	29801.39	249.82	3179.14	

注:1. 2003 年前住宿业包括在餐饮业和其他行业中。
2. 2004 年为第一次经普数据,1993—2003 年原则根据原各年环比发展速度和 2004 年经济普查数据调整。
3. 2008 年为第二次经普数据,2005—2007 年根据趋势离差法和 2008 年经济普查数据调整。
4. 2013 年为第三次经普数据,2014 年为按经普口径统计数据,2009—2012 年根据趋势离差法和 2013 年经济普查数据调整。

a) Before 2003, the hotel includes in the catering industry and other industries.
b) In 2004, it was first Economic Census data, the data in 1993—2003 was accordance with the principles of the original development rate of the economy and 2004 Economic Census data adjustment.
c) In 2008, it was second Economic Census data, the data in 2005—2007 was according to the trend of the deviation from the law and 2008 Economic Census data adjustment.
d) In 2013, it was third Economic Census data, the data in 2014 Economic Census data adjustment, the data in 2009—2012 was according to the trend of the deviation from the law and the 2013 Economic Census data adjustment.

14－3 按地区分社会消费品零售总额(2018 年)
Total Retail Sales of Consumer Goods by Region (2018)

单位:亿元 (100 million yuan)

年份 Year		社会消费品零售总额 Total Retail Sales of Consumer Goods	批发和零售业 Wholesale and Retail Sales Trade	住宿业 Hotel	餐饮业 Catering Services
苏南	Southern Jiangsu	19226.16	17211.77	252.33	1762.05
苏中	Mid Jiangsu	5928.67	5289.66	55.55	583.46
苏北	Northern Jiangsu	8075.52	7216.72	136.17	722.63
南京市	Nanjing	5832.46	5262.20	106.37	463.88
无锡市	Wuxi	3672.70	3382.76	25.79	264.15
徐州市	Xuzhou	3102.00	2849.06	44.12	208.83
常州市	Changzhou	2613.19	2357.28	25.50	230.41
苏州市	Suzhou	5746.90	5034.59	75.55	636.75
南通市	Nantong	3088.77	2817.63	15.26	255.87
连云港市	Lianyungang	1121.31	958.07	31.22	132.02
淮安市	Huaian	1239.66	1116.28	15.86	107.52
盐城市	Yancheng	1778.74	1579.65	20.94	178.15
扬州市	Yangzhou	1557.03	1371.94	26.13	158.95
镇江市	Zhenjiang	1360.92	1174.93	19.12	166.86
泰州市	Taizhou	1282.87	1100.09	14.16	168.63
宿迁市	Suqian	833.82	713.67	24.03	96.12

注:因分行业计算方法问题,分行业零售额全省数与各市之和有所不等。
a) Because the method of calculation of industry, the province total retail sales by industry is not equal to 13 cities.

14－4 限额以上批发和零售业基本情况(2018 年)
Basic Conditions of Enterprises above Designated Size in Wholesale and Retail Trades(2018)

项　　目	Item	法人企业(个) Number of Corporation Enterprises (unit)	产业活动单位数(个) Number of Establishments (unit)	零售营业面积(平方米) Floor Space of Retail Business (sq. m)	从业人员(人) Persons Engaged (person)
总　　计	**Total**	**22302**	**44498**	**28416533**	**993271**
#国有控股	State-owned and State Share Holding	922	5087	3032819	100211
批发业	**Wholesale Trade**	**13717**	**17131**	**4080111**	**465668**
#国有控股	State-owned and State Share Holding	660	1653	918598	62153
按登记注册类型分	**Grouped by Status of Registration**				
内资企业	Domestic Funded Enterprises	13256	16439	3953957	398873
国有企业	State-owned Enterprises	193	357	94594	15921
集体企业	Collective-owned Enterprises	34	70	12430	748
股份合作企业	Cooperative Enterprises	3	16	591	211
联营企业	Joint Ownership Enterprises				
国有联营企业	State Joint Ownership Enterprises				
集体联营企业	Collective Joint Ownership Enterprise				
国有与集体联营企业	Joint State-collective Enterprises				
其他联营企业	Other Joint Ownership Enterprises				
有限责任公司	Limited Liability Corporations	2019	3201	1304011	129113
国有独资公司	State Solely Funded Corporations	94	269	590820	7017
其他有限责任公司	Other Limited Liability Corporations	1925	2932	713191	122096
股份有限公司	Share-holding Corporations Ltd.	184	508	91138	29473
私营企业	Private Enterprises	10629	12091	2347904	214035
私营独资企业	Private-funded Enterprises	71	80	59390	1537
私营合伙企业	Private Partnership Enterprises	7	7	214	113
私营有限责任公司	Private Limited Liability Corporations	10399	11837	2255453	207113
私营股份有限公司	Private Share-holding Corporations Ltd.	152	167	32847	5272
其他企业	Other Enterprises	194	196	103289	9372
港、澳、台商投资企业	Enterprises with Funds from Hong Kong, Macao and Taiwan	193	373	68366	23013
合资经营企业	Joint-venture Enterprises	26	32	7430	2356
合作经营企业	Cooperative Enterprises				
独资经营企业	Enterprises with Sole Fund	164	332	60886	19960
港、澳、台商投资股份有限公司	Share-holding Corporations Ltd.	3	9	50	697
其他港澳台投资	Other Funds from Hong Kong, Macao and Taiwan				
外商投资企业	Foreign Funded Enterprises	268	319	57788	43782
合资经营企业	Joint-venture Enterprises	48	56	10883	2480
合作经营企业	Cooperative Enterprises	3	4	50	235
独资经营企业	Enterprises with Sole Fund	212	252	38605	39494
外商投资股份有限公司	Share-holding Corporations Ltd.	1	3	310	
其他外商投资	Other Foreign Funds	4	4	8250	1263

项 目	Item	法人企业(个) Number of Corporation Enterprises (unit)	产业活动单位数(个) Number of Establishments (unit)	零售营业面积(平方米) Floor Space of Retail Business (sq. m)	从业人员(人) Persons Engaged (person)
按行业分	**Grouped by Sector**				
农、林、牧产品批发	Wholesale of Farm Products and Livestock Products	599	714	247032	20412
食品、饮料及烟草制品批发	Wholesale of Food, Beverages and Tobaccos	909	1211	396589	60806
纺织、服装及日用品批发	Wholesale of Textiles, Garments and Daily Consumer Articals	1986	2370	369189	111838
文化、体育用品及器材批发	Wholesale of Culture, Sports Appliances and Equipment	347	382	112754	14936
医药及医疗器材批发	Wholesale of Medicines and Medical Appliances	516	938	308226	70303
矿产品、建材及化工产品批发	Wholesale of Mineral Products, Building Material and Chemical Products	6835	8660	1984889	112828
机械设备、五金交电及电子产品批发	Wholesale of Machinery, Hardware and Electronic Equipment	1981	2208	530844	61958
贸易经纪与代理	Trade Broker and Agency	163	166	25472	3000
其他批发	Others	381	482	105116	9587
零售业	**Retail Trade**	**8585**	**27367**	**24336422**	**527603**
#国有控股	State-owned and State Share Holding	262	3434	2114221	38058
按登记注册类型分	**Grouped by Status of Registration**				
内资企业	Domestic Funded Enterprises	8349	25008	19927584	418601
国有企业	State-owned Enterprises	38	117	99208	3301
集体企业	Collective-owned Enterprises	85	236	158608	2760
股份合作企业	Cooperative Enterprises	10	10	9088	144
联营企业	Joint Ownership Enterprises	4	5	12745	429
国有联营企业	State Joint Ownership Enterprises	3	4	3234	426
集体联营企业	Collective Joint Ownership Enterprise	1	1	9511	3
国有与集体联营企业	Joint State-collective Enterprises				
其他联营企业	Other Joint Ownership Enterprises				
有限责任公司	Limited Liability Corporations	1562	8443	6606103	134720
国有独资公司	State Solely Funded Corporations	30	123	94649	2139
其他有限责任公司	Other Limited Liability Corporations	1532	8320	6511454	132581
股份有限公司	Share-holding Corporations Ltd.	172	1736	2223606	29347
私营企业	Private Enterprises	6301	14278	10672722	239767
私营独资企业	Private-funded Enterprises	282	390	267155	4592
私营合伙企业	Private Partnership Enterpises	45	48	26990	457
私营有限责任公司	Private Limited Liability Corporations	5846	13513	9918059	224564
私营股份有限公司	Private Share-holding Corporations Ltd.	128	327	460518	10154
其他企业	Other Enterprises	177	183	145504	8133

14-4 续 表 2 Continued 2

项　　目	Item	法人企业（个）Number of Corporation Enterprises (unit)	产业活动单位数（个）Number of Establishments (unit)	零售营业面积（平方米）Floor Space of Retail Business (sq. m)	从业人员（人）Persons Engaged (person)
港、澳、台商投资企业	Enterprises with Funds from Hong Kong, Macao and Taiwan	136	576	2476083	66923
合资经营企业	Joint-venture Enterprises	28	37	360917	6714
合作经营企业	Cooperative Enterprises				
独资经营企业	Enterprises with Sole Fund	108	533	2111066	60051
港、澳、台商投资股份有限公司	Share-holding Corporations Ltd.		3	1044	105
其他港澳台投资	Other Funds from Hong Kong, Macao and Taiwan		3	3056	53
外商投资企业	Foreign Funded Enterprises	100	1783	1932755	42079
合资经营企业	Joint-venture Enterprises	28	1143	1005879	21965
合作经营企业	Cooperative Enterprises	3	20100	229	
独资经营企业	Enterprises with Sole Fund	67	389	849992	18793
外商投资股份有限公司	Share-holding Corporations Ltd.	4	243	49293	957
其他外商投资	Other Foreign Funds	1	5	7491	135
按行业分	**Grouped by Sector**				
综合零售	Integrated Retail	737	4257	8987253	176861
食品、饮料及烟草制品专门零售	Retail of Food, Beverages and Tobaccos	923	3296	763469	36584
纺织、服装及日用品专门零售	Retail of Textiles, Garments and Daily Consumer Articles	545	1255	1134219	36977
文化、体育用品及器材专门零售	Retail of Culture, Sports Appliances and Equipment	544	1136	488126	23251
医药及医疗器材专门零售	Retail of Medicines and Medica Appliances	440	7927	731525	43593
汽车、摩托车、燃料及零配件专门零售	Retail of Motor Vehicles, Motorcycles, Fuel and Parts	3181	5872	8783511	133208
家用电器及电子产品专门零售	Special Retail of Household Electric Appliances and Electronic Products	1041	2109	2114474	44416
五金、家具及室内装饰材料专门零售	Special Retail of Hardware, Furniture and Decoration Materials	610	681	576614	12385
货摊无店铺及其他零售业	Non-shop and Other Retail	564	834	757231	20328
按经营方式分	**Grouped by Business Mode**				
独立商店	Independent Stores	7243	13089	17758060	326994
连锁商店总店	Chain Stores	250	10433	4110015	121293
连锁商店分店	Branches of Chain Stores	78	1795	972991	21428
其他	Others	1014	2050	1495356	57888
按零售业态分	**Grouped by Store Type**				
有店铺零售	Retail Store	7742	26376	23587248	495918
食杂店	Grocery Store	98	277	69105	3182
便利店	Convenience Store	210	2343	1115522	29338

14－4 续 表 3 Continued 3

项 目 Item		法人企业(个) Number of Corporation Enterprises (unit)	产业活动单位数(个) Number of Establishments (unit)	零售营业面积(平方米) Floor Space of Retail Business (sq. m)	从业人员(人) Persons Engaged (person)
折扣店	Discount Store	20	33	76862	647
超市	Supermarket	348	988	612808	35791
大型超市	Large Supermarket	182	1245	4008793	85758
仓储会员店	Store Member Store	43	116	85409	1540
百货店	Department Store	409	904	3148712	49966
专业店	Specialty Stores	3265	14140	6775479	143132
专卖店	Franchised Stores	2519	5504	5701474	118860
家具建材商店	Furniture Building Material Shop	179	203	304343	5090
购物中心	Shopping Mall	68	131	1114345	9793
厂家直销中心	Factory Direct Soles Center	401	486	572680	12336
无店铺零售	No Shop Retail	843	991	749174	31685
电视购物	TV Shopping	6	6	4126	1049
邮购	Mail Order Shopping	17	19	6662	1374
网上商店	Online Commodity	278	291	265478	13264
自动售货亭	Vending Machine	4	6	4333	110
电话购物	Telephone Shopping	20	21	15387	356
其他	Others	518	648	453188	15532
在总计中:	**In the Total**				
南京市	Nanjing	3085	8324	6287768	244720
无锡市	Wuxi	2542	4789	2835854	106217
徐州市	Xuzhou	2430	4412	2419895	74042
常州市	Changzhou	2554	4524	1754002	68350
苏州市	Suzhou	3622	7596	5623699	202817
南通市	Nantong	2415	4437	2616657	76650
连云港市	Lianyungang	447	858	633476	31331
淮安市	Huaian	930	1570	1252552	29424
盐城市	Yancheng	1261	2097	1108437	34971
扬州市	Yangzhou	927	1951	1323046	33741
镇江市	Zhenjiang	565	852	753687	26424
泰州市	Taizhou	1129	2072	1222812	43674
宿迁市	Suqian	395	1016	584648	20910

注:产业活动单位数包括本省限额上批零住餐法人所属的全部(包括在外省的)产业活动单位和其他行业及外省法人所属在本省的限额以上批发和零售业产业活动单位。营业面积、从业人数为法人在地口径。

a) The number of establishments include the number of enterprises above designated size in wholesale and retail trades of Jiangsu and other province eatablished in Jiangsu. The data of persons engaged and floor space of retail business base on the data of corporation enterprises.

14－5 批发和零售业商品购销存总额（2018年）
Total Value of Commodity Purchasing, Sales and Inventory of Enterprises above Designated Size in Wholesale and Retail Sale Trade (2018)

单位：亿元　　(100 million yuan)

项目	Item	商品购进总额 Total Purchaes Value	商品销售总额 Total Sales Value	批发 Wholesale Value	零售 Retail Sale Value	商品库存总额 Stock
总计	**Total**		**136424.59**	**106808.65**	**29615.93**	
限额以上企业和单位	**Above Designated Size Enterprises and Units**	**62083.69**	**68387.95**	**56024.87**	**12356.44**	**3430.56**
#国有控股	State-owned and State Share Holding	10878.66	12162.58	10481.56	1681.02	666.31
批发业	**Wholesale Trade**	**51979.86**	**56347.56**	**54971.31**	**1370.28**	**2499.32**
#国有控股	State-owned and State Share Holding	9577.49	10415.00	10090.62	324.38	524.60
按登记注册类型分	**Grouped by Status of Registration**					
内资企业	Domestic Funded Enterprises	46358.87	49746.62	48565.08	1181.48	2198.42
国有企业	State-owned Enterprises	1007.11	1329.01	1295.68	33.33	82.08
集体企业	Collective-owned Enterprises	91.26	92.90	92.71	0.19	2.19
股份合作企业	Cooperative Enterprises	201.12	200.84	200.67	0.17	2.25
联营企业	Joint Ownership Enterprises					
国有联营企业	State Joint Ownership Enterprises					
集体联营企业	Collective Joint Ownership Enterprise					
国有与集体联营企业	Joint State-collective Enterprises					
其他联营企业	Other Joint Ownership Enterprises					
有限责任公司	Limited Liability Corporations	16888.84	18314.76	17855.76	459.00	877.98
国有独资公司	State Solely Funded Corporations	1274.94	1322.93	1272.68	50.25	113.96
其他有限责任公司	Other Limited Liability Corporations	15613.90	16991.84	16583.08	408.75	764.03
股份有限公司	Share-holding Corporations Ltd.	4772.21	4521.50	4411.14	110.30	322.67
私营企业	Private Enterprises	23246.86	25115.93	24571.44	544.49	904.95
私营独资企业	Private-funded Enterprises	48.06	58.64	53.84	4.81	2.09
私营合伙企业	Private Partnership Enterpises	2.53	3.06	2.88	0.18	0.12
私营有限责任公司	Private Limited Liability Corporations	22777.02	24567.12	24035.40	531.72	878.79
私营股份有限公司	Private Share-holding Corporations Ltd.	419.24	487.11	479.33	7.78	23.95
其他企业	Other Enterprises	210.60	245.65	203.19	42.46	6.61
港、澳、台商投资企业	Enterprises with Funds from Hong Kong, Macao and Taiwan	1775.00	2081.50	2038.19	37.40	108.81
合资经营企业	Joint-venture Enterprises	425.46	451.10	447.30	3.80	8.44
合作经营企业	Cooperative Enterprises					
独资经营企业	Enterprises with Sole Fund	1319.91	1597.73	1561.12	33.60	99.72
港、澳、台商投资股份有限公司	Share-holding Corporations Ltd.	29.63	32.67	29.77	0.01	0.65
其他港澳台投资	Other Funds from Hong Kong, Macao and Taiwan					
外商投资企业	Foreign Funded Enterprises	3845.99	4519.44	4368.04	151.40	192.09

14－5 续 表 1 Continued 1

单位:亿元 (100 million yuan)

项 目	Item	商品购进总额 Total Purchaes Value	商品销售总额 Total Sales Value	批发 Whole-sale Value	零售 Retail Sale Value	商品库存总额 Stock
合资经营企业	Joint-venture Enterprises	1342.82	1380.16	1378.95	1.20	8.87
合作经营企业	Cooperative Enterprises	8.30	9.32	9.32	0.00	0.26
独资经营企业	Enterprises with Sole Fund	2475.37	3102.30	2954.95	147.36	167.37
外商投资股份有限公司	Share-holding Corporations Ltd.	7.77	8.71	8.71	0.62	
其他外商投资	Other Foreign Funds	11.73	18.95	16.11	2.83	14.97
按行业分	**Grouped by Sector**					
农、林、牧产品批发	Wholesale of Farm Products and Live-stock Products	1300.65	1360.80	1310.60	50.20	118.61
食品、饮料及烟草制品批发	Wholesale of Food, Beverages and Tobaccos	2289.91	2982.93	2858.14	124.79	161.42
纺织、服装及日用品批发	Wholesale of Textiles, Garments and Daily Consumer Articals	8734.18	9644.69	9335.62	309.07	671.53
文化、体育用品及器材批发	Wholesale of Culture, Sports Appliances and Equipment	610.55	689.60	650.73	38.88	48.68
医药及医疗器材批发	Wholesale of Medicines and Medical Appliances	2026.67	2403.24	2345.05	58.19	246.35
矿产品、建材及化工产品批发	Wholesale of Mineral Products, Building Material and Chemical Products	29912.28	31330.30	30751.92	578.38	904.19
机械设备、五金交电及电子产品批发	Wholesale of Machinery, Hardware and Electronic Equipment	5909.29	6578.76	6396.78	176.00	302.63
贸易经纪与代理	Trade Broker and Agency	444.21	508.90	503.25	5.66	16.65
其他批发	Others	752.14	848.33	819.22	29.11	29.26
零售业	**Retail Trade**	**10103.83**	**12040.39**	**1053.56**	**10986.16**	**931.24**
#国有控股	State-owned and State Share Holding	1301.17	1747.58	390.94	1356.64	141.71
按登记注册类型分	**Grouped by Status of Registration**					
内资企业	Domestic Funded Enterprises	8451.35	9897.08	649.57	9246.84	809.14
国有企业	State-owned Enterprises	51.54	59.89	6.44	53.45	3.94
集体企业	Collective-owned Enterprises	64.54	72.10	9.95	62.14	2.68
股份合作企业	Cooperative Enterprises	1.34	1.51	0.03	1.49	0.05
联营企业	Joint Ownership Enterprises	20.29	20.48	20.48	0.01	
国有联营企业	State Joint Ownership Enterprises	20.21	20.37	20.37	0.01	
集体联营企业	Collective Joint Ownership Enterprise	0.08	0.11	0.11	0.00	
国有与集体联营企业	Joint State-collective Enterprises					
其他联营企业	Other Joint Ownership Enterprises					
有限责任公司	Limited Liability Corporations	2971.54	3614.08	228.01	3386.07	290.68
国有独资公司	State Solely Funded Corporations	56.93	59.84	3.60	56.24	1.54
其他有限责任公司	Other Limited Liability Corporations	2914.62	3554.24	224.41	3329.83	289.14
股份有限公司	Share-holding Corporations Ltd.	1054.32	1272.52	203.21	1069.31	56.19

14－5 续 表 2 Continued 2

单位:亿元 (100 million yuan)

项目	Item	商品购进总额 Total Purchaes Value	商品销售总额 Total Sales Value	批发 Whole-sale Value	零售 Retail Sale Value	商品库存总额 Stock
私营企业	Private Enterprises	4236.13	4788.71	197.62	4590.43	453.56
私营独资企业	Private-funded Enterprises	67.69	78.36	3.98	74.38	3.18
私营合伙企业	Private Partnership Enterpises	10.78	11.93	0.49	11.44	0.45
私营有限责任公司	Private Limited Liability Corporations	4029.92	4552.79	189.65	4362.47	429.85
私营股份有限公司	Private Share-holding Corporations Ltd.	127.75	145.63	3.50	142.13	20.08
其他企业	Other Enterprises	51.64	67.79	4.31	63.47	2.02
港、澳、台商投资企业	Enterprises with Funds from Hong Kong, Macao and Taiwan	861.30	1015.55	203.37	812.18	57.18
合资经营企业	Joint-venture Enterprises	120.36	149.21	0.17	149.04	13.52
合作经营企业	Cooperative Enterprises					
独资经营企业	Enterprises with Sole Fund	737.56	861.72	203.17	658.54	43.52
港、澳、台商投资股份有限公司	Share-holding Corporations Ltd.	2.87	3.88	0.03	3.85	0.06
其他港澳台投资	Other Funds from Hong Kong, Macao and Taiwan	0.50	0.74	0.74	0.07	
外商投资企业	Foreign Funded Enterprises	791.19	1127.76	200.62	927.15	64.92
合资经营企业	Joint-venture Enterprises	381.26	604.84	169.88	434.96	36.63
合作经营企业	Cooperative Enterprises	5.78	7.07		7.07	0.46
独资经营企业	Enterprises with Sole Fund	293.59	399.28	6.62	392.66	23.50
外商投资股份有限公司	Share-holding Corporations Ltd.	109.59	114.81	24.12	90.70	4.08
其他外商投资	Other Foreign Funds	0.97	1.76		1.76	0.26
按行业分	**Grouped by Sector**					
综合零售	Integrated Retail	1909.21	2358.83	321.72	2037.11	129.98
食品、饮料及烟草制品专门零售	Retail of Food, Beverages and Tobaccos	394.49	480.81	38.27	442.54	31.41
纺织、服装及日用品专门零售	Retail of Textiles, Garments and Daily Consumer Articles	397.32	517.17	24.58	492.58	63.87
文化、体育用品及器材专门零售	Retail of Culture, Sports Appliances and Equipment	403.33	465.50	80.32	385.18	137.20
医药及医疗器材专门零售	Retail of Medicines and Medica Appliances	296.75	367.31	27.71	339.60	46.35
汽车、摩托车、燃料及零配件专门零售	Retail of Motor Vehicles, Motorcycles, Fuel and Parts	4707.95	5449.45	410.05	5039.40	426.63
家用电器及电子产品专门零售	Special Retail of Household Electric Appliances and Electronic Products	826.05	966.53	91.99	874.54	60.36
五金、家具及室内装修材料专门零售	Special Retail of Hardware, Furniture and Decoration Materials	248.03	336.45	36.11	299.67	12.11
货摊、无店铺及其他零售业	Non-shop and Other Retail	920.70	1098.33	22.80	1075.54	23.33

14－5 续 表 3 Continued 3

单位:亿元 (100 million yuan)

项 目 Item		商品购进总额 Total Purchaes Value	商品销售总额 Total Sales Value	批发 Whole-sale Value	零售 Retail Sale Value	商品库存总额 Stock
按经营方式分	**Grouped by Business Mode**					
独立商店	Independent Stores	6690.77	7905.10	396.34	7508.11	608.01
连锁商店总店	Chain Stores	1780.36	2131.78	470.61	1661.17	179.71
连锁商店分店	Branches of Chain Stores	265.34	398.49	34.86	363.63	24.37
其他	Others	1367.37	1605.01	151.75	1453.26	119.15
按零售业态分	**Grouped by Store Type**					
有店铺零售	Retail Store	8833.43	10483.53	978.61	9504.26	857.54
食杂店	Grocery Store	35.98	42.38	7.80	34.58	2.25
便利店	Convenience Store	455.08	473.12	143.32	329.79	37.97
折扣店	Discount Store	17.62	22.75	0.96	21.79	1.03
超市	Supermarket	253.08	301.88	14.49	287.39	33.06
大型超市	Large Supermarket	778.73	899.33	173.68	725.65	58.60
仓储会员店	Store Member Store	21.67	23.43	1.39	22.04	1.10
百货店	Department Store	622.17	901.40	36.82	864.58	34.91
专业店	Specialty Stores	3229.36	3946.16	473.74	3471.76	346.05
专卖店	Franchised Stores	2840.81	3182.69	103.88	3078.81	312.64
家具建材商店	Furniture Building Material Shop	83.63	97.88	3.93	93.95	5.23
购物中心	Shopping Mall	273.39	329.95	2.89	327.06	6.49
厂家直销中心	Factory Direct Soles Center	201.61	242.13	15.70	226.42	18.12
无店铺零售	No Shop Retail	1270.40	1556.85	74.95	1481.91	73.71
电视购物	TV Shopping	16.63	19.96		19.96	0.35
邮购	Mail Order Shopping	4.68	7.75	0.49	7.26	0.73
网上商店	Online Commodity	900.66	1068.95	11.44	1057.51	25.50
自动售货亭	Vending Machine	0.83	1.25	0.09	1.17	0.13
电话购物	Telephone Shopping	5.35	6.99	0.31	6.68	0.63
其他		342.25	451.96	62.63	389.33	46.36
限额以下企业(单位)和个体	**Enterprises (units) below Designated Size and Individuals**		68036.64	50783.78	17259.49	

14－6 限额以上批发和零售业企业财务状况(2018 年)

单位:亿元

项　　目	Item	资产总计 Total Assets	#流动资产 Crculating Assets	#固定资产净值 Net Fixed Assets
总　计	**Total**	**26642.58**	**20975.92**	**1477.96**
#国有控股	State-owned and State Share Holding	6640.36	4932.69	347.49
批发业	**Wholesale Trade**	**20219.29**	**16881.69**	**720.98**
#国有控股	State-owned and State Share Holding	5527.80	4159.97	239.78
按登记注册类型分	**Grouped by status of Registration**			
内资企业	Domestic Funded Enterprises	17689.40	14889.44	625.19
国有企业	State-owned Enterprises	884.56	784.85	50.00
集体企业	Collective-owned Enterprises	62.71	55.23	3.35
股份合作企业	Cooperative Enterprises	18.18	17.09	0.37
联营企业	Joint Ownership Enterprises			
国有联营企业	State Joint Ownership Enterprises			
集体联营企业	Collective Joint Ownership Enterprise			
国有与集体联营企业	Joint State-collective Enterprises			
其他联营企业	Other Joint Ownership Enterprises			
有限责任公司	Limited Liability Corporations	7170.66	5890.22	185.89
国有独资公司	State Solely Funded Corporations	1082.08	693.22	36.31
其他有限责任公司	Other Limited Liability Corporations	6088.58	5197.00	149.59
股份有限公司	Share-holding Corporations Ltd.	3125.64	2557.96	90.77
私营企业	Private Enterprises	6397.87	5562.91	290.13
私营独资企业	Private-funded Enterprises	19.48	17.02	1.57
私营合伙企业	Private Partnership Entepises	0.61	0.59	0.03
私营有限责任公司	Private Limited Liability Corporations	6211.29	5413.04	280.72
私营股份有限公司	Private Share-holding Corporations Ltd.	166.48	132.26	7.81
其他内资	Other Enterprises	29.78	21.18	4.68
港、澳、台商投资企业	Enterprises with Funds from Hong Kong, Macao and Taiwan	1011.57	813.05	52.89
合资经营企业	Joint-venture Enterprises	145.92	83.95	21.13
合作经营企业	Cooperative Enterprises			
独资经营企业	Enterprises with Sole Fund	862.12	726.24	31.14
港、澳、台商投资股份有限公司	Share-holding Corporations Ltd.	3.53	2.86	0.62
其他港澳台投资	Other Funds from Hong Kong, Macao and Taiwan			
外商投资企业	Foreign Funded Enterprises	1518.33	1179.20	42.91
合资经营企业	Joint-venture Enterprises	249.91	199.25	2.33
合作经营企业	Cooperative Enterprises	9.37	8.94	0.01
独资经营企业	Enterprises with Sole Fund	1219.79	936.63	39.88
外商投资股份有限公司	Share-holding Corporations Ltd.	1.38	1.35	0.01
其他外商投资	Other Foreign Funds	37.88	33.02	0.67

Financial Indicators of Enterprises above Designated Size in Wholesale and Retail Trade(2018)

(100 million yuan)

负债合计 Total Liabilities	所有者权益合计 Owner's Equities	主营业务收入 Revenue from Principal Business	主营业务成本 Cost of Principle Business	其他业务利润 Profits from Other Business	营业利润 Profit from Major Business	利润总额 Total Profits
19352.18	**7280.00**	**59703.51**	**54832.38**	**186.15**	**1909.62**	**1875.60**
4438.09	2194.13	10221.74	9330.00	12.90	377.36	382.02
15167.40	**5040.79**	**49323.99**	**45725.01**	**78.49**	**1541.65**	**1505.69**
3741.14	1778.52	8745.47	8008.09	4.44	323.48	328.21
13599.53	4079.27	43711.38	40943.38	71.13	1213.93	1176.68
301.94	582.62	1117.41	831.56	0.42	136.36	137.77
59.65	3.06	81.54	75.08	0.01	5.05	3.74
17.07	1.11	173.16	168.50	0.10	3.41	3.37
5709.67	1460.99	15771.86	14903.80	30.94	334.60	330.09
789.34	292.74	1156.27	1121.42	0.24	19.66	20.75
4920.33	1168.25	14615.59	13782.38	30.69	314.94	309.34
2469.09	647.96	4039.86	3749.16	12.73	91.61	92.00
5027.78	1368.08	22378.15	21089.02	26.93	629.35	596.24
10.48	9.01	52.30	43.31	0.08	5.37	5.40
0.49	0.13	2.74	2.38	0.01	0.23	0.24
4911.94	1297.35	21878.89	20641.27	26.70	600.32	568.11
104.88	61.60	444.23	402.06	0.14	23.42	22.49
14.32	15.46	149.40	126.27	0.00	13.56	13.47
631.73	379.84	1769.40	1467.78	1.48	115.31	115.82
77.14	68.78	387.61	372.58	0.03	10.27	10.30
553.29	308.83	1372.70	1087.91	1.45	104.10	104.58
1.31	2.22	9.10	7.29	0.00	0.94	0.94
936.14	581.69	3843.21	3313.86	5.89	212.40	213.19
159.51	89.90	1172.84	1142.03	0.41	19.83	19.94
7.00	2.36	6.57	5.96	0.01	0.15	0.15
758.88	460.91	2645.10	2152.54	5.47	190.85	191.54
1.06	0.32	2.37	2.04		0.18	0.19
9.69	28.19	16.33	11.28	0.00	1.39	1.37

单位:亿元

项　　目	Item	资产总计 Total Assets	#流动资产 Crculating Assets	#固定资产净值 Net Fixed Assets
按行业分	**Grouped by Sector**			
农、林、牧、渔产品批发	Wholesale of Farm Products and Livestock Products	542.61	440.05	48.37
食品、饮料及烟草制品批发	Wholesale of Food, Beverages and Tobaccos	1528.38	1292.78	102.51
纺织、服装及日用品批发	Wholesale of Textiles, Garments and Daily Consumer Articals	4423.84	3882.11	92.46
文化、体育用品及器材批发	Wholesale of Culture, Sports Appliances and Equipment	555.28	365.40	22.08
医药及医疗器材批发	Wholesale of Medicines and Medical Appliances	1237.37	1095.03	46.40
矿产品、建材及化工产品批发	Wholesale of Mineral Products, Building Material and Chemical Products	8357.89	6962.16	335.00
机械设备、五金交电及电子产品批发	Wholesale of Machinery, Hardware and Electronic Equipment	3118.46	2461.94	56.89
贸易经纪与代理	Trade Broker and Agency	191.26	162.63	3.60
其他批发	Others	264.22	219.57	13.68
零售业	**Retail Trade**	**6423.29**	**4094.24**	**756.98**
#国有控股	State-owned and State Share Holding	1112.57	772.72	107.71
按登记注册类型分	**Grouped by Status of Registration**			
内资企业	Domestic Funded Enterprises	5284.98	3386.87	621.07
国有企业	State-owned Enterprises	28.58	18.19	4.92
集体企业	Collective-owned Enterprises	27.76	14.29	6.78
股份合作企业	Cooperative Enterprises	5.60	5.49	0.06
联营企业	Joint Ownership Enterprises	0.17	0.10	0.05
国有联营企业	State Joint Ownership Enterprises	0.11	0.05	0.04
集体联营企业	Collective Joint Ownership Enterprise	0.06	0.05	0.01
国有与集体联营企业	Joint State-collective Enterprises			
其他联营企业	Other Joint Ownership Enterprises			
有限责任公司	Limited Liability Corporations	1624.66	1118.86	218.35
国有独资公司	State Solely Funded Corporations	261.81	158.46	7.21
其他有限责任公司	Other Limited Liability Corporations	1362.86	960.40	211.14
股份有限公司	Share-holding Corporations Ltd.	1561.06	790.95	115.49
私营企业	Private Enterprises	2018.73	1430.48	268.57
私营独资企业	Private-funded Enterprises	17.73	9.48	5.32
私营合伙企业	Private Partnership Enterpises	2.61	1.90	0.69
私营有限责任公司	Private Limited Liability Corporations	1897.18	1369.19	254.57
私营股份有限公司	Private Share-holding Corporations Ltd.	101.21	49.91	7.99
其他企业	Other Enterprises	18.43	8.51	6.83

(100 million yuan)

负债合计 Total Liabilities	所有者权益合计 Owner's Equities	主营业务收入 Revenue from Principal Business	主营业务成本 Cost of Principle Business	其他业务利润 Profits from Other Business	营业利润 Profit from Major Business	利润总额 Total Profits
410.42	132.19	1260.31	1196.04	0.83	16.21	17.88
761.50	766.06	2606.31	2049.51	2.32	235.26	237.72
3485.94	937.89	8450.85	7587.18	16.50	270.02	272.28
269.87	285.41	612.87	557.09	1.15	30.01	30.39
970.95	265.96	2105.83	1775.98	24.30	53.29	48.84
6640.91	1708.85	27170.94	25965.37	25.58	683.09	642.19
2295.55	821.20	5889.92	5473.03	6.79	217.63	219.10
152.94	38.32	459.51	406.39	0.73	14.91	14.92
179.32	84.90	767.45	714.43	0.30	21.23	22.35
4184.78	**2239.21**	**10379.52**	**9107.36**	**107.65**	**367.97**	**369.91**
696.96	415.61	1476.27	1321.92	8.46	53.88	53.81
3432.65	1853.03	8673.79	7614.83	81.42	336.27	337.07
20.98	7.60	51.01	46.59	0.21	0.96	1.24
12.59	15.16	59.99	50.37	0.21	5.10	5.10
4.92	0.67	1.37	1.15		0.06	0.07
0.04	0.13	1.30	1.20		0.05	0.05
0.04	0.07	1.21	1.12		0.04	0.04
0.00	0.06	0.10	0.08		0.01	0.01
1104.20	521.00	3171.37	2795.71	43.78	92.69	92.68
148.87	112.93	43.35	38.16	0.45	2.18	1.63
955.33	408.07	3128.02	2757.55	43.33	90.51	91.06
894.83	666.23	1035.27	936.22	9.13	37.54	37.49
1389.51	629.37	4287.35	3734.75	28.00	188.03	188.65
8.57	9.16	71.72	59.63	0.18	6.54	6.53
1.27	1.34	11.02	9.03		1.36	1.35
1339.44	557.89	4074.13	3556.00	26.95	171.93	172.40
40.23	60.98	130.48	110.08	0.87	8.20	8.37
5.58	12.85	66.12	48.84	0.10	11.84	11.80

单位:亿元

项 目	Item	资产总计 Total Assets	#流动资产 Crculating Assets	#固定资产净值 Net Fixed Assets
港、澳、台商投资企业	Enterprises with Funds from Hong Kong, Macao and Taiwan	538.63	317.16	77.05
合资经营企业	Joint-venture Enterprises	98.54	33.43	30.32
合作经营企业	Cooperative Enterprises			
独资经营企业	Enterprises with Sole Fund	440.09	283.73	46.74
港、澳、台商投资股份有限公司	Share-holding Corporations Ltd.			
其他港澳台投资	Other Funds from Hong Kong, Macao and Taiwan			
外商投资企业	Foreign Funded Enterprises	599.68	390.20	58.86
合资经营企业	Joint-venture Enterprises	353.51	260.39	23.75
合作经营企业	Cooperative Enterprises			
独资经营企业	Enterprises with Sole Fund	210.62	109.32	30.22
外商投资股份有限公司	Share-holding Corporations Ltd.	34.88	19.83	4.90
其他外商投资	Other Foreign Funds	0.66	0.66	0.00
按行业分	**Grouped by Sector**			
综合零售	Integrated Retail	1816.06	955.92	290.63
食品、饮料及烟草制品专门零售	Retail of Food, Beverages and Tobaccos	181.56	115.44	35.37
纺织、服装及日用品专门零售	Retail of Textiles, Garments and Daily Consumer Articles	242.67	168.13	23.69
文化、体育用品及器材专门零售	Retail of Culture, Sports Appliances and Equipment	346.37	259.55	31.22
医药及医疗器材专门零售	Retail of Medicines and Medica Appliances	161.22	132.55	13.12
汽车、摩托车、零配件和燃料及其他动力销售	Retail of Motor Vehicles, Motorcycles, Fuel and Parts	2115.08	1515.32	262.59
家用电器及电子产品专门零售	Special Retail of Household Electric Appliances and Electronic Products	1211.60	680.13	54.52
五金、家具及室内装修材料专门零售	Special Retail of Hardware, Furniture and Decoration Materials	98.04	66.73	20.85
货摊、无店铺及其他零售业	Non-shop and Other Retail	250.68	200.47	25.00
按经营方式分	**Grouped by Business Mode**			
独立门店	Independent Stores	3892.77	2517.41	558.57
连锁总店(总部)	Chain Stores	1673.55	938.50	114.08
连锁门店	Branches of Chain Stores	233.71	196.93	15.50
其他	Others	623.26	441.39	68.83
按零售业态分	**Grouped by Store Type**			
有店铺零售	Retail Store	5974.64	3723.45	735.46
食杂店	Grocery Store	14.02	7.57	4.46

14－6 Continued 2

(100 million yuan)

负债合计 Total Liabilities	所有者权益合计 Owner's Equities	主营业务收入 Revenue from Principal Business	主营业务成本 Cost of Principle Business	其他业务利润 Profits from Other Business	营业利润 Profit from Major Business	利润总额 Total Profits
378.73	159.90	886.26	753.96	17.48	19.46	20.62
55.49	43.05	114.36	99.87	5.11	3.41	4.46
323.24	116.85	771.91	654.09	12.37	16.05	16.17
373.40	226.28	819.47	738.57	8.75	12.24	12.22
258.50	95.01	493.07	455.88	0.96	-2.33	-2.60
116.36	94.27	231.12	193.79	7.79	11.94	11.88
-1.93	36.81	94.55	88.26		2.61	2.93
0.47	0.19	0.73	0.64		0.03	0.01
1195.50	621.11	1982.36	1691.43	40.61	46.70	46.15
96.73	84.84	386.28	312.29	0.45	31.24	31.26
175.83	66.84	422.72	334.38	6.43	18.24	18.60
198.88	147.49	422.59	345.25	3.39	30.21	31.90
116.90	44.32	323.87	258.81	2.03	13.23	13.33
1420.66	694.43	4792.64	4356.23	28.50	155.02	155.67
727.64	484.11	795.51	706.14	24.06	36.03	35.69
64.61	33.43	304.32	254.98	0.26	21.94	21.98
188.02	62.65	949.22	847.85	1.94	15.35	15.33
2464.49	1428.41	6884.83	6049.17	69.78	289.07	290.44
1130.89	543.09	1877.18	1669.52	10.25	31.84	30.71
184.27	49.43	253.17	217.65	21.82	4.17	4.14
405.13	218.27	1364.33	1171.02	5.81	42.89	44.62
3864.48	2110.71	9038.61	7919.29	105.60	331.24	330.90
6.67	7.35	38.84	31.65	0.02	3.45	3.46

单位:亿元

项 目 Item		资产总计 Total Assets	#流动资产 Crculating Assets	#固定资产净值 Net Fixed Assets
便利店	Convenience Store	236.66	153.81	21.58
折扣店	Discount Store	18.48	4.87	5.15
超市	Supermarket	130.12	70.32	24.24
大型超市	Large Supermarket	339.67	199.14	72.89
仓储会员店	Store Member Store	14.12	11.15	0.54
百货店	Department Store	1060.79	570.16	141.13
专业店	Specialty Stores	1735.95	1294.10	204.28
专卖店	Franchised Stores	2005.60	1205.37	177.09
家具建材商店	Furniture Building Material Shop	36.68	21.93	10.98
购物中心	Shopping Mall	287.24	117.99	56.72
厂家直销中心	Factory Direct Soles Center	95.32	67.04	16.39
无店铺零售	No Shop Retail	448.65	370.79	21.52
电视购物	TV Shopping	19.72	18.11	0.18
邮购	Mail Order Shopping	4.34	3.40	0.09
网上商店	Online Commodity	154.56	143.32	4.70
自动售货亭	Vending Machine	0.93	0.37	0.36
电话购物	Telephone Shopping	5.41	4.73	0.22
其他	Others			
在总计中:	**In the Total**			
南京市	Nanjing	8729.48	6640.18	351.43
无锡市	Wuxi	3345.29	2692.54	193.62
徐州市	Xuzhou	1043.16	801.89	137.51
常州市	Changzhou	1681.25	1427.07	77.85
苏州市	Suzhou	5828.98	4598.95	264.73
南通市	Nantong	1631.93	1316.10	119.42
连云港市	Lianyungang	444.56	364.59	29.94
淮安市	Huaian	337.15	246.94	48.06
盐城市	Yancheng	1033.19	767.97	78.00
扬州市	Yangzhou	447.62	358.12	45.58
镇江市	Zhenjiang	625.90	502.66	46.11
泰州市	Taizhou	992.78	829.29	61.79
宿迁市	Suqian	501.29	429.62	23.91

14－6 Continued 3

(100 million yuan)

负债合计 Total Liabilities	所有者权益合计 Owner's Equities	主营业务收入 Revenue from Principal Business	主营业务成本 Cost of Principle Business	其他业务利润 Profits from Other Business	营业利润 Profit from Major Business	利润总额 Total Profits
168.42	68.67	415.56	367.69	1.81	1.35	1.39
12.72	5.75	18.90	15.88	0.57	1.17	1.19
107.57	22.66	265.03	220.04	2.03	8.19	8.80
303.37	36.30	768.68	662.76	12.18	6.18	5.24
11.10	3.02	20.80	18.68	0.13	0.33	0.34
586.97	473.82	727.44	596.46	20.59	34.86	34.84
1110.30	625.66	3444.19	3039.21	16.83	134.68	134.24
1304.99	700.63	2750.03	2469.68	20.98	103.94	103.97
26.80	9.88	86.69	69.07	0.13	6.92	6.95
170.89	116.35	282.11	242.27	29.84	17.03	17.23
54.69	40.62	220.33	185.88	0.47	13.14	13.27
320.29	128.50	1340.91	1188.07	2.06	36.73	39.01
12.46	7.26	17.45	14.73	0.61	0.30	0.32
2.40	1.93	7.52	4.90	0.00	0.08	0.09
133.72	20.84	893.59	802.60	0.20	9.35	9.28
0.70	0.23	1.12	0.99		-0.12	-0.10
3.64	1.77	6.66	5.52	0.01	0.69	0.69
6365.24	2362.42	12439.08	11468.27	91.48	265.61	268.09
2576.45	768.84	10390.78	9553.28	23.25	480.40	436.45
713.62	320.94	3358.88	3019.29	2.51	145.36	145.99
1193.19	488.07	4181.52	3884.44	11.22	128.21	129.83
4316.55	1512.55	16115.96	14950.04	32.77	355.99	359.96
1101.23	530.70	4616.68	4317.07	6.49	147.57	149.66
351.78	92.78	967.75	898.69	1.09	11.85	12.69
193.61	143.54	828.48	700.98	3.71	69.47	69.97
747.05	286.14	1403.09	1278.57	2.97	52.63	54.37
240.90	206.60	1239.75	1089.98	2.65	83.39	83.84
452.75	173.16	1152.26	1049.92	4.17	41.92	38.57
744.49	248.29	2103.83	1900.28	2.89	53.32	49.66
355.33	145.97	905.45	721.56	0.95	73.91	76.53

14－7 限额以上住宿和餐饮业基本情况(2018 年)
Basic Conditions of Enterprises above Designated Size in Hotel and Catering Trade(2018)

项　　目	Item	法人企业(个) Number of Corporation Enterprises (unit)	产业活动单位数(个) Number of Establishments(unit)	餐饮营业面积(平方米) Floor Space of Catering Service (sq. m)	从业人员(人) Persons Engaged (person)
总　计	**Total**	**2923**	**5518**	**7323940**	**337556**
#国有控股	State-owned and State Share Holding	279	321	802267	41467
住宿业	**Hotel Service**	**1074**	**1260**	**2783283**	**121833**
#国有控股	State-owned and State Share Holding	195	212	545678	31342
按登记注册类型分组	**Grouped by Status of Registration**				
内资企业	Domestic Funded Enterprises	1014	1169	2527805	107480
国有企业	State-owned Enterprises	55	69	160745	10455
集体企业	Collective-owned Enterprises	11	13	22675	985
股份合作企业	Cooperative Enterprises		2	3930	563
联营企业	Joint Ownership Enterprises	2	2	2800	209
国有联营企业	State Joint Ownership Enterprises	1	1	2000	85
集体联营企业	Collective Joint Ownership Enterprise				
国有与集体联营企业	Joint State-collective Enterprises				
其他联营企业	Other Joint Ownership Enterprises	1		800	124
有限责任公司	Limited Liability Corporations	317	383	1064904	45946
国有独资公司	State Solely Funded Corporations	41	43	126888	7414
其他有限责任公司	Other Limited Liability Corporations	276	340	938016	38532
股份有限公司	Share-holding Corporations Ltd.	30	44	120576	6368
私营企业	Private Enterprises	597	650	1140275	42329
私营独资企业	Private-funded Enterprises	37	40	56911	1905
私营合伙企业	Private Partnership Enterprises	3	4	2410	117
私营有限责任公司	Private Limited Liability Corporations	541	588	1052692	38677
私营股份有限公司	Private Share-holding Corporations Ltd.	16	18	28262	1630
其他企业	Other Enterprises	2	6	11900	625
港、澳、台商投资企业	Enterprises with Funds from Hong Kong, Macao and Taiwan	35	46	134102	6935
合资经营企业	Joint-venture Enterprises	11	14	47414	3073
合作经营企业	Cooperative Enterprises				
独资经营企业	Enterprises with Sole Fund	21	27	69628	3285

项　　目	Item	法人企业（个）Number of Corporation Enterprises (unit)	产业活动单位数（个）Number of Establishments (unit)	餐饮营业面积（平方米）Floor Space of Catering Service (sq. m)	从业人员（人）Persons Engaged (person)
港、澳、台商投资股份有限公司	Share-holding Corporations Ltd.	2	3	16600	470
其他港澳台投资	Other Funds from Hong Kong, Macao and Taiwan	1	2	460	107
外商投资企业	Foreign Funded Enterprises	25	45	121376	7418
合资经营企业	Joint-venture Enterprises	7	13	48519	1968
合作经营企业	Cooperative Enterprises				
独资经营企业	Enterprises with Sole Fund	17	31	69757	5156
外商投资股份有限公司	Share-holding Corporations Ltd.	1	1	3100	294
其他外商投资	Other Foreign Funds				
按行业分组	**Grouped by Sector**				
旅游饭店	Tourist Restaurants	593	724	2126523	100035
一般旅馆	Ordinary Hotels	434	482	594824	18113
民宿服务	Other Hotel Service	5	5	4830	225
露营地服务	Other Hotel Service				
其他住宿服务	Other Hotel Service	42	49	57106	3460
按星级等级分组	**Grouped by Star Glass**				
一星	One-star Class	3	3	6200	194
二星	Two-star Class	26	28	40201	1127
三星	Three-star Class	150	165	358326	11596
四星	Four-star Class	144	161	503650	24858
五星	Five-star Class	82	113	482927	29109
其他	Others	669	790	1391979	54949
餐饮业	**Catering Service**	**1849**	**4258**	**4540657**	**215723**
#国有控股	State-owned and State Share Holding	84	109	256589	10125
按登记注册类型分组	**Grouped by Status of Registration**				
内资企业	Domestic Funded Enterprises	1784	2727	3913126	147711
国有企业	State-owned Enterprises	21	42	82748	3766
集体企业	Collective-owned Enterprises	9	10	8887	567
股份合作企业	Cooperative Enterprises	1	1	1700	1
联营企业	Joint Ownership Enterprises	2	2	1400	24
国有联营企业	State Joint Ownership Enterprises				

14-7 续 表 2 Continued 2

项 目	Item	法人企业(个) Number of Corporation Enterprises (unit)	产业活动单位数(个) Number of Establishments (unit)	餐饮营业面积(平方米) Floor Space of Catering Service (sq. m)	从业人员(人) Persons Engaged (person)
集体联营企业	Collective Joint Ownership Enterprise				
国有与集体联营企业	Joint State-collective Enterprises				
其他联营企业	Other Joint Ownership Enterprises	2	2	1400	24
有限责任公司	Limited Liability Corporations	328	625	1010678	43534
国有独资公司	State Solely Funded Corporations	22	22	71391	2259
其他有限责任公司	Other Limited Liability Corporations	306	603	939287	41275
股份有限公司	Share-holding Corporations Ltd.	29	83	158489	4097
私营企业	Private Enterprises	1389	1953	2626698	95041
私营独资企业	Private-funded Enterprises	198	241	298582	8224
私营合伙企业	Private Partnership Enterprises	13	16	27866	838
私营有限责任公司	Private Limited Liability Corporations	1152	1660	2255259	83886
私营股份有限公司	Private Share-holding Corporations Ltd.	26	36	44991	2093
其他企业	Other Enterprises	5	11	22526	681
港、澳、台商投资企业	Enterprises with Funds from Hong Kong, Macao and Taiwan	40	477	233300	24555
合资经营企业	Joint-venture Enterprises	12	131	62739	4554
合作经营企业	Cooperative Enterprises	1	1	3600	148
独资经营企业	Enterprises with Sole Fund	27	340	164236	19503
港、澳、台商投资股份有限公司	Share-holding Corporations Ltd.		2	333	56
其他港澳台投资	Other Funds from Hong Kong, Macao and Taiwan		3	2392	294
外商投资企业	Foreign Funded Enterprises	25	1054	394231	43457
合资经营企业	Joint-venture Enterprises	6	473	179767	28390
合作经营企业	Cooperative Enterprises		1	2200	60
独资经营企业	Enterprises with Sole Fund	18	574	209891	14830
外商投资股份有限公司	Share-holding Corporations Ltd.		3	473	47
其他外商投资	Other Foreign Funds	1	3	1900	130

项 目 Item		法人企业（个）Number of Corporation Enterprises (unit)	产业活动单位数（个）Number of Establishments(unit)	餐饮营业面积（平方米）Floor Space of Catering Service (sq. m)	从业人员（人）Persons Engaged (person)
按行业分组	**Grouped by Sector**				
正餐服务	Dinner Service	1656	2318	3825284	135968
快餐服务	Snack Service	101	1482	565990	65280
饮料及冷饮服务	Beverage and Cool Drink Service	16	166	41240	3857
其他餐饮服务	Other Catering Service	27	236	51067	5728
按经营方式分组	**Grouped by Business Mode**				
独立商店	Independent Stores	1651	2389	3518021	123685
连锁商店总店	Chain Stores	44	1409	592867	66086
连锁商店分店	Branches of Chain Stores	36	295	150158	10989
其他	Others	118	165	279611	14963
在总计中：	**In the Total**				
南京市	Nanjing	600	1772	1699633	84727
无锡市	Wuxi	292	597	913075	47861
徐州市	Xuzhou	207	288	396692	11382
常州市	Changzhou	186	373	606603	35590
苏州市	Suzhou	380	1014	1135782	72143
南通市	Nantong	162	228	426125	13585
连云港市	Lianyungang	78	90	195470	5702
淮安市	Huaian	244	258	377825	11330
盐城市	Yancheng	221	240	406882	13529
扬州市	Yangzhou	204	260	373661	15050
镇江市	Zhenjiang	102	120	248131	9470
泰州市	Taizhou	175	201	376664	12643
宿迁市	Suqian	72	77	167397	4544

14－8　住宿和餐饮业经营情况(2018 年)

单位:万元

项　　目	Item	营业额 Business Revenue	客房收入 Hotel Rooms
总　计	**Total**	**54277973**	
限额以上企业和单位	**Above Designated Size Enterprises and Units**	**8236686.9**	**1989284.7**
#国有控股	State-owned and State Share Holding	996982	350063
住宿业	**Hotel Service**	**3075126.9**	**1460635.7**
#国有控股	State-owned and State Share Holding	791431.8	299574.6
按登记注册类型分组	**Grouped by Status of Registration**		
内资企业	Domestic Funded Enterprises	2689095.8	1266033
国有企业	State-owned Enterprises	231805.6	98785
集体企业	Collective-owned Enterprises	26598.6	9857.1
股份合作企业	Cooperative Enterprises	23416.5	12283
联营企业	Joint Ownership Enterprises	5645.7	2571.8
国有联营企业	State Joint Ownership Enterprises	3557.3	1580.5
集体联营企业	Collective Joint Ownership Enterprise		
国有与集体联营企业	Joint State-collective Enterprises		
其他联营企业	Other Joint Ownership Enterprises	2088.4	991.3
有限责任公司	Limited Liability Corporations	1125221.5	518664.9
国有独资公司	State Solely Funded Corporations	139840.3	57919.5
其他有限责任公司	Other Limited Liability Corporations	985381.2	460745.4
股份有限公司	Share-holding Corporations Ltd.	250037.3	90674.5
私营企业	Private Enterprises	1015085.4	527612
私营独资企业	Private-funded Enterprises	52767.5	20552.8
私营合伙企业	Private Partnership Enterprises	4299.7	1619.1
私营有限责任公司	Private Limited Liability Corporations	921206.6	490723.7
私营股份有限公司	Private Share-holding Corporations Ltd.	36811.6	14716.4
其他企业	Other Enterprises	11285.2	5584.7
港、澳、台商投资企业	Enterprises with Funds from Hong Kong, Macao and Taiwan	167497.8	83099.2
合资经营企业	Joint-venture Enterprises	85152.5	39496.6
合作经营企业	Cooperative Enterprises		
独资经营企业	Enterprises with Sole Fund	71996.1	37852.5
港、澳、台商投资股份有限公司	Share-holding Corporations Ltd.	8997.7	4443.1
其他港澳台投资	Other Funds from Hong Kong, Macao and Taiwan	1351.5	1307
外商投资企业	Foreign Funded Enterprises	218533.3	111503.5
合资经营企业	Joint-venture Enterprises	45757.9	20181.3
合作经营企业	Cooperative Enterprises		
独资经营企业	Enterprises with Sole Fund	159469.4	85308.6
外商投资股份有限公司	Share-holding Corporations Ltd.	13306	6013.6
其他外商投资	Other Foreign Funds		
按行业分组	**Grouped by Sector**		
旅游饭店	Tourist Restaurants	2554291.2	1102846
一般旅馆	Ordinary Hotels	444903.1	311658.2
民宿服务	Ordinary Hotels	4629.9	3266.1
露营地服务	Ordinary Hotels		
其他住宿服务	Other Hotel Service	71302.7	42865.4
按星级等级分组	**Grouped by Star Glass**		
一星	One-star Class	3232.7	1571.5

Business of Enterprises of Hotels and Catering Services(2018)

(10000 yuan)

餐费收入 Catering Service	商品销售收入 Sales of Commodities	其他收入 Other Revenue	年末拥有床位数(个) Number of Bedsat Year-end (unit)	年末拥有餐位数(位) Number of Dining-seats at Year-end (unit)
5582079	**295387.4**	**369935.8**	**416181**	**1804766**
465465	58348	123107	68819	196287
1296447	**100319.1**	**217725.1**	**292711**	**514134**
330243.5	52268.2	109345.5	58267	139730
1127124.4	97323.2	198615.2	250743	464774
106925.6	4694.3	21400.7	18164	43865
15079.5	496.5	1165.5	2136	4310
10726.5		407	774	1091
2327.5	45.2	701.2	625	860
1557.2	41.2	378.4	372	500
770.3	4	322.8	253	360
485632.5	21985.5	98938.6	94633	193270
65874.5	2151	13895.3	12012	29850
78151.6	39788.2	41423	12851	26426
422883.7	30228.2	34361.5	120561	192144
26869.1	3578.1	1767.5	4624	11191
2116.5	564.1		622	598
373192	25486.7	31804.2	111650	172886
20706.1	599.3	789.8	3665	7469
5397.5	85.3	217.7	999	2808
73847.8	1178.4	9372.4	27864	28174
37738.1	661.8	7256	18516	12819
31578.2	497.4	2068	8283	12935
4487.2	19	48.4	805	2400
44.3	0.2	260	20	
95474.8	1817.5	9737.5	14104	21186
23271.2	205.9	2099.5	3809	8042
67184.7	1322.9	5653.2	9768	11844
5018.9	288.7	1984.8	527	1300
1165048.4	89099.9	197296.9	205239	438830
106236.4	9544.8	17463.7	76834	57741
1184	8.7	171.1	800	250
23978.2	1665.7	2793.4	9838	17313
1550.2	80.3	30.7	487	750

单位:万元

项 目 Item		营业额 Business Revenue	客房收入 Hotel Rooms
二星	Two-star Class	34336.8	13118.4
三星	Three-star Class	236107.9	93952.4
四星	Four-star Class	546112.5	216384.9
五星	Five-star Class	892565.3	366058.7
其他	Others	1362771.7	769549.8
餐饮业	**Catering Service**	**5161560**	**528649**
#国有控股	State-owned and State Share Holding	205550.2	50488.2
按登记注册类型分组	**Grouped by Status of Registration**		
内资企业	Domestic Funded Enterprises	3631377.7	484699.7
国有企业	State-owned Enterprises	101173.7	20209.9
集体企业	Collective-owned Enterprises	12234.7	2669.5
股份合作企业	Cooperative Enterprises	239.2	41.1
联营企业	Joint Ownership Enterprises	708.9	672.5
国有联营企业	State Joint Ownership Enterprises		
集体联营企业	Collective Joint Ownership Enterprise		
国有与集体联营企业	Joint State-collective Enterprises		
其他联营企业	Other Joint Ownership Enterprises	708.9	
有限责任公司	Limited Liability Corporations	1032661.3	177520.6
国有独资公司	State Solely Funded Corporations	47394.5	13089.7
其他有限责任公司	Other Limited Liability Corporations	985266.8	164430.9
股份有限公司	Share-holding Corporations Ltd.	120809.2	8443.1
私营企业	Private Enterprises	2345211.2	270182.3
私营独资企业	Private-funded Enterprises	226466.3	18941.3
私营合伙企业	Private Partnership Enterpises	32172.3	1041.6
私营有限责任公司	Private Limited Liability Corporations	2028757.5	243207.8
私营股份有限公司	Private Share-holding Corporations Ltd.	57815.1	6991.6
其他企业	Other Enterprises	18339.5	5633.2
港、澳、台商投资企业	Enterprises with Funds from Hong Kong, Macao and Taiwan	470323.4	31977.2
合资经营企业	Joint-venture Enterprises	123522.5	18786.5
合作经营企业	Cooperative Enterprises	2347.1	748.8
独资经营企业	Enterprises with Sole Fund	335565.4	8709.3
港、澳、台商投资股份有限公司	Share-holding Corporations Ltd.	1272.8	
其他港澳台投资	Other Funds from Hong Kong, Macao and Taiwan	7615.6	3732.6
外商投资企业	Foreign Funded Enterprises	1059858.9	11972.1
合资经营企业	Joint-venture Enterprises	414090.9	2826.3
合作经营企业	Cooperative Enterprises	1448.6	
独资经营企业	Enterprises with Sole Fund	639736.4	8346.1
外商投资股份有限公司	Share-holding Corporations Ltd.	1003.5	
其他外商投资	Other Foreign Funds	3579.5	799.7
按行业分组	**Grouped by Sector**		
正餐服务	Dinner Service	3442357.5	524202.2
快餐服务	Snack Service	1331034.5	511.2
饮料及冷饮服务	Beverage and Cool Drink Service	144510.8	126319.7
其他餐饮服务	Other Catering Service	132443.4	3935.6
按经营方式分组	**Grouped by Business Mode**		
独立商店	Independent Stores	3120954	482618.9
连锁商店总店	Chain Stores	1416117.5	4104.1
连锁商店分店	Branches of Chain Stores	277261.4	16624.1
其他	Others	347227.1	25301.9
限额以下企业(单位)和个体	**Enterprises(units) below Designated Size and Individuals**	**46041286**	

14－8 Continued

(10000 yuan)

餐费收入 Catering Service	商品销售收入 Sales of Commodities	其他收入 Other Revenue	年末拥有床位数(个) Number of Bedsat Year-end (unit)	年末拥有餐位数(位) Number of Dining-seats at Year-end (unit)
18083.3	1133.2	2001.9	3214	6561
117723	8845.2	15587.3	28197	73326
271476.3	10128.1	48123.2	45887	122515
403513.6	49360.3	73632.7	45388	118348
484100.6	30772	78349.3	169538	192634
4285632	**195068.3**	**152210.7**	**123470**	**1290632**
135221.6	6079.3	13761.1	10552	56557
2901862.9	141295.4	103519.7	115243	1102138
68726.2	3284.1	8953.5	4455	35752
8910.9	241.2	413.1	676	4030
185.1	13		60	300
36.4			185	
672.5	36.4			185
788277.3	24883.2	41980.2	38025	256938
28800.5	2813.2	2691.1	2498	11658
759476.8	22070	39289.1	35527	245280
93878.6	3787.9	14699.6	2115	38542
1928835.2	108979.7	37214	68327	761091
184630.2	19437.1	3457.7	6843	84346
28450.9	2230.4	449.4	366	7716
1669008.1	84073.5	32468.1	59142	652613
46746	3238.7	838.8	1976	16416
12377.1	69.9	259.3	1585	5300
398928.2	35116.2	4301.8	5746	55558
101447	960.4	2328.6	2893	19458
1434	82.2	82.1	500	1000
291085.2	34069.6	1701.3	1758	34337
1272.8				168
3689.2	4	189.8	595	595
984840.9	18656.7	44389.2	2481	132936
408726.6	2073.5	464.5	677	55423
1448.6				296
571477.2	16583.2	43329.9	1448	75324
1003.5				225
2185		594.8	356	1668
2704848.6	128174.2	85132.5	122653	1046834
1230347.5	39242.1	60933.7	156	184746
17120.1	1071		13219	
118300.1	9069.3	1138.4	661	11026
2455836.5	105947.6	76551	110827	928109
1289902.6	76211.9	45898.9	718	182231
250722.4	7348.7	2566.2	3163	50480
289170.5	5560.1	27194.6	8762	129812

14－9 限额以上住宿和餐饮业企业财务状况(2018 年)

单位:亿元

项　　目	Item	资产总计 Total Assets	#流动资产 Crculating Assets	#固定资产净值 Net Fixed Assets
总　计	**Total**	**1375.03**	**471.60**	**554.83**
#国有控股	State-owned and State Share Holding	410.89	111.49	189.48
住宿业	**Hotel Service**	**815.61**	**260.11**	**346.85**
#国有控股	State-owned and State Share Holding	364.35	93.02	172.71
按登记注册类型分组	**Grouped by Status of Registration**			
内资企业	Domestic Funded Enterprises	704.19	230.30	297.07
国有企业	State-owned Enterprises	54.36	15.61	28.39
集体企业	Collective-owned Enterprises	5.43	2.24	1.66
股份合作企业	Cooperative Enterprises			
联营企业	Joint Ownership Enterprises	0.17	0.13	0.01
国有联营企业	State Joint Ownership Enterprises	0.12	0.08	0.01
集体联营企业	Collective Joint Ownership Enterprise			
国有与集体联营企业	Joint State-collective Enterprises			
其他联营企业	Other Joint Ownership Enterprises	0.05	0.05	0.00
有限责任公司	Limited Liability Corporations	394.26	115.04	174.58
国有独资公司	State Solely Funded Corporations	56.47	15.54	26.31
其他有限责任公司	Other Limited Liability Corporations	337.78	99.50	148.26
股份有限公司	Share-holding Corporations Ltd.	59.18	21.81	24.88
私营企业	Private Enterprises	190.66	75.36	67.54
私营独资企业	Private-funded Enterprises	6.99	3.70	2.15
私营合伙企业	Private Partnership Enterpises	0.45	0.27	0.03
私营有限责任公司	Private Limited Liability Corporations	176.56	68.79	62.25
私营股份有限公司	Private Share-holding Corporations Ltd.	6.66	2.61	3.10
其他内资企业	Other Enterprises	0.13	0.11	0.02
港、澳、台商投资企业	En terprises with Funds from Hong Kong, Macao and Taiwan	63.90	21.09	17.68
合资经营企业	Joint-venture Enterprises	37.23	12.07	7.60
合作经营企业	Cooperative Enterprises			
独资经营企业	Enterprises with Sole Fund	24.65	7.21	10.05
港、澳、台商投资股份有限公司	Share-holding Corporations Ltd.	1.80	1.76	0.03
其他港澳台投资	Other Funds from Hong Kong, Macao and Taiwan	0.21	0.05	
外商投资企业	Foreign Funded Enterprises	47.52	8.71	32.09
合资经营企业	Joint-venture Enterprises	7.89	2.74	3.67
合作经营企业	Cooperative Enterprises			
独资经营企业	Enterprises with Sole Fund	36.89	5.56	27.25
外商投资股份有限公司	Share-holding Corporations Ltd.	2.73	0.41	1.17
其他外商投资	Other Foreign Funds			

Financial Indicators of Enterprises above Designated Size in Hotel and Catering Industry (2018)

(100 million yuan)

负债合计 Total Liabilities	所有者权益合计 Owner's Equities	主营业务收入 Revenue from Principal Business	主营业务成本 Cost of Principle Business	其他业务利润 Profits from Other Business	营业利润 Profit from Major Business	利润总额 Total Profits
941.12	**434.35**	**673.56**	**300.93**	**2.83**	**25.67**	**25.39**
226.15	185.51	93.71	31.57	0.28	-4.10	-3.74
570.05	**246.34**	**236.45**	**81.77**	**0.97**	**-5.03**	**-5.47**
193.38	171.75	74.22	23.92	0.22	-5.58	-5.31
473.99	230.98	212.41	74.56	0.80	-3.37	-3.27
22.70	31.66	13.47	4.81	0.07	-1.15	-1.07
3.25	2.18	2.34	0.83	0.05	0.14	0.14
0.15	0.02	0.53	0.12		0.07	0.06
0.10	0.02	0.34	0.08		0.06	0.06
0.05		0.20	0.04		0.00	0.00
258.93	136.11	91.28	28.01	0.24	-6.34	-5.81
30.29	26.18	12.74	3.91	0.05	-1.64	-1.68
228.64	109.93	78.54	24.11	0.19	-4.69	-4.13
25.74	33.45	20.70	7.46	0.04	2.12	1.71
163.13	27.54	83.97	33.29	0.40	1.80	1.68
6.34	0.65	3.36	1.78		0.40	0.40
0.06	0.39	0.34	0.21		0.05	0.05
153.28	23.28	76.70	29.79	0.40	1.24	1.11
3.45	3.21	3.57	1.52		0.12	0.13
0.10	0.03	0.12	0.03		0.00	0.00
61.80	2.10	12.94	3.29	0.00	-0.77	-0.84
42.72	-5.49	6.57	1.70		-0.33	-0.38
18.86	5.80	5.72	1.37	0.00	-0.50	-0.52
0.06	1.74	0.51	0.13		0.07	0.07
0.16	0.05	0.13	0.09		-0.01	-0.01
34.26	13.26	11.10	3.92	0.16	-0.89	-1.37
5.26	2.63	2.03	0.69	0.00	0.13	-0.40
27.68	9.22	7.82	3.03	0.16	-1.17	-1.12
1.32	1.41	1.25	0.20		0.15	0.15

14－9 续 表 1

单位:亿元

项 目	Item	资产总计 Total Assets	#流动资产 Crculating Assets	#固定资产净值 Net Fixed Assets
按行业分组	**Grouped by Sector**			
旅游饭店	Tourist Restaurants	734.57	230.20	318.14
一般旅馆	Ordinary Hotels	71.65	26.44	24.05
民宿服务	Ordinary Hotels	1.25	0.25	0.89
露营地服务	Ordinary Hotels			
其他住宿服务	Other Hotel Service	8.14	3.22	3.76
按星级等级分组	**Grouped by Star Glass**			
一星	One-star Class	0.26	0.07	0.05
二星	Two-star Class	4.26	1.39	0.97
三星	Three-star Class	51.83	24.90	14.99
四星	Four-star Class	182.47	48.54	62.65
五星	Five-star Class	282.26	80.43	133.83
其他	Others	294.51	104.78	134.36
餐饮业	**Catering Service**	**559.42**	**211.49**	**207.98**
#国有控股	State-owned and State Share Holding	46.54	18.47	16.77
按登记注册类型分组	**Grouped by Status of Registration**			
内资企业	Domestic Funded Enterprises	459.27	188.59	152.01
国有企业	State-owned Enterprises	10.46	3.38	5.71
集体企业	Collective-owned Enterprises	1.89	0.67	1.08
股份合作企业	Cooperative Enterprises	0.07	0.04	0.05
联营企业	Joint Ownership Enterprises	0.06	0.04	0.02
国有联营企业	State Joint Ownership Enterprises			
集体联营企业	Collective Joint Ownership Enterprise			
国有与集体联营企业	Joint State-collective Enterprises			
其他联营企业	Other Joint Ownership Enterprises	0.06	0.04	0.02
有限责任公司	Limited Liability Corporations	159.09	65.37	47.00
国有独资公司	State Solely Funded Corporations	4.63	1.62	2.23
其他有限责任公司	Other Limited Liability Corporations	154.46	63.75	44.77
股份有限公司	Share-holding Corporations Ltd.	14.62	5.93	2.70
私营企业	Private Enterprises	273.00	113.13	95.41
私营独资企业	Private-funded Enterprises	16.10	6.19	6.73
私营合伙企业	Private Partnership Enterpises	1.02	0.52	0.21
私营有限责任公司	Private Limited Liability Corporations	252.11	104.22	87.87
私营股份有限公司	Private Share-holding Corporations Ltd.	3.77	2.20	0.60
其他企业	Other Enterprises	0.08	0.04	0.04

14 - 9　Continued 1

(100 million yuan)

负债合计 Total Liabilities	所有者权益合计 Owner's Equities	主营业务收入 Revenue from Principal Business	主营业务成本 Cost of Principle Business	其他业务利润 Profits from Other Business	营业利润 Profit from Major Business	利润总额 Total Profits
512.29	223.06	192.18	64.62	0.79	-5.90	-6.48
51.96	19.67	38.41	14.59	0.17	0.88	1.01
0.51	0.73	0.45	0.10		-0.03	-0.03
5.28	2.87	5.41	2.46	0.00	0.03	0.02
0.24	0.03	0.32	0.21		0.00	0.00
2.45	1.82	3.08	1.74	0.00	0.48	0.49
40.66	11.17	21.98	10.22	0.11	0.58	0.66
89.49	93.77	47.80	18.16	0.39	0.51	0.29
218.57	63.69	65.89	19.60	0.25	-1.43	-1.98
218.64	75.87	97.39	31.84	0.22	-5.18	-4.93
371.07	**188.01**	**437.11**	**219.16**	**1.86**	**30.70**	**30.86**
32.78	13.76	19.48	7.65	0.07	1.47	1.58
336.87	122.06	316.11	161.86	1.73	19.78	19.99
10.71	-0.25	5.07	2.16	0.13	0.01	0.04
1.09	0.80	1.19	0.49		0.06	0.06
0.03	0.04	0.02	0.01	0.00	0.00	0.00
0.00	0.05	0.07	0.04		0.01	0.01
0.00	0.05	0.07	0.04		0.01	0.01
122.26	36.82	88.84	37.64	0.41	6.80	7.09
3.19	1.44	4.55	2.20	0.01	0.13	0.13
119.08	35.39	84.30	35.44	0.40	6.67	6.95
8.42	6.20	8.12	3.88	0.06	0.22	0.07
194.33	78.34	212.59	117.53	1.13	12.66	12.70
7.64	8.46	19.39	11.55	0.14	2.60	2.59
0.38	0.63	2.28	1.31	0.01	0.24	0.25
182.94	68.83	186.34	102.15	0.95	9.10	9.36
3.36	0.41	4.58	2.53	0.03	0.72	0.49
0.03	0.05	0.20	0.11		0.03	0.03

单位:亿元

项 目	Item	资产总计 Total Assets	#流动资产 Crculating Assets	#固定资产净值 Net Fixed Assets
港、澳、台商投资企业	Enterprises with Funds from Hong Kong, Macao and Taiwan	70.92	16.01	48.33
合资经营企业	Joint-venture Enterprises	45.65	4.21	39.61
合作经营企业	Cooperative Enterprises	0.69	0.64	0.01
独资经营企业	Enterprises with Sole Fund	24.59	11.17	8.72
港、澳、台商投资股份有限公司	Share-holding Corporations Ltd.			
其他港澳台投资	Other Funds from Hong Kong, Macao and Taiwan			
外商投资企业	Foreign Funded Enterprises	29.22	6.89	7.64
合资经营企业	Joint-venture Enterprises	9.71	1.57	2.75
合作经营企业	Cooperative Enterprises			
独资经营企业	Enterprises with Sole Fund	17.98	5.24	3.63
外商投资股份有限公司	Share-holding Corporations Ltd.			
其他外商投资	Other Foreign Funds	1.54	0.07	1.26
按行业分组	**Grouped by Sector**			
正餐服务	Dinner Service	503.05	186.83	194.77
快餐服务	Snack Service	41.51	15.86	10.18
饮料及冷饮服务	Beverage and Cool Drink Service	4.47	2.34	0.63
其他餐饮服务	Other Catering Service	10.39	6.45	2.40
按经营方式分组	**Grouped by Business Mode**			
独立门店	Independent Stores	451.48	160.05	179.14
连锁总部(总店)	Chain Stores	54.86	23.97	10.86
连锁门店	Branches of Chain Stores	15.25	11.04	2.00
其他	Others	37.82	16.44	15.98
在总计中:	**In the Total**			
南京市	Nanjing	289.01	114.15	107.22
无锡市	Wuxi	166.15	35.28	99.90
徐州市	Xuzhou	45.17	15.34	14.60
常州市	Changzhou	84.37	36.06	29.32
苏州市	Suzhou	368.76	111.46	150.98
南通市	Nantong	71.68	29.84	21.15
连云港市	Lianyungang	25.58	6.54	12.09
淮安市	Huaian	45.34	16.58	16.48
盐城市	Yancheng	78.10	31.34	25.00
扬州市	Yangzhou	67.34	25.17	28.89
镇江市	Zhenjiang	41.66	18.90	11.27
泰州市	Taizhou	53.99	20.67	22.34
宿迁市	Suqian	37.88	10.27	15.58

14－9 Continued 2

(100 million yuan)

负债合计 Total Liabilities	所有者权益合计 Owner's Equities	主营业务收入 Revenue from Principal Business	主营业务成本 Cost of Principle Business	其他业务利润 Profits from Other Business	营业利润 Profit from Major Business	利润总额 Total Profits
21.82	49.10	41.25	15.89	0.03	0.62	0.57
6.18	39.47	10.69	4.04	0.01	-0.50	-0.51
0.81	-0.13	0.22	0.07		0.02	0.02
14.83	9.75	30.34	11.78	0.02	1.10	1.06
12.38	16.85	79.74	41.41	0.11	10.30	10.31
4.37	5.34	38.23	19.48	-0.01	5.25	5.26
6.41	11.58	41.30	21.85	0.12	5.14	5.13
1.60	-0.07	0.21	0.07		-0.09	-0.09
340.71	162.01	291.00	143.90	1.75	18.31	18.54
23.56	17.95	119.45	59.25	-0.01	11.42	11.39
2.39	2.08	3.46	1.77	0.11	0.01	0.01
4.42	5.97	23.20	14.24	0.01	0.96	0.93
297.19	153.96	264.83	135.92	1.40	14.06	13.89
31.26	23.60	129.68	61.47	0.09	14.59	14.72
13.15	2.10	13.36	5.35	0.15	0.37	0.48
29.47	8.35	29.24	16.42	0.23	1.68	1.77
183.02	105.72	195.13	79.79	0.62	10.11	10.81
111.35	54.83	81.43	34.12	0.19	2.52	2.05
28.40	16.77	39.27	23.73	0.16	4.80	4.83
74.39	9.98	58.44	24.66	0.11	1.89	1.77
247.11	122.43	133.55	57.21	0.61	-2.84	-2.63
41.73	29.94	27.45	13.27	0.06	0.54	0.61
14.40	11.18	9.71	4.75	0.01	-0.14	-0.13
26.92	18.42	25.16	13.80	0.06	4.54	4.57
53.16	24.93	28.05	15.17	0.15	2.17	2.31
51.45	15.78	25.99	10.68	0.08	0.08	-0.11
36.47	5.19	17.93	7.92	0.62	-0.15	-0.18
41.81	12.18	25.41	12.97	0.13	2.39	1.69
30.90	6.98	6.02	2.86	0.01	-0.24	-0.20

14－10 批发和零售业、住宿和餐饮业连锁总店经营情况（2018 年）

项目	Item	连锁总店数（个）Number of Chain Shops (unit)	连锁门店数（个）Number of Chain Stores (unit)
总计	**Total**	**212**	**24064**
批发和零售业	**Retail Trade**	**191**	**22352**
#外商及港澳台投资	Enterprises Prisese with Funds from Hong Kong, Macao Taiwan and Foreign Fanded	19	2547
按零售业态分	Grouped by Store Type		
百货商店	Department Store	4	1050
超级市场	Supermarket	41	3652
专业店	Specialty Store	117	11343
专卖店	Franchised Store	14	2639
便利店	Convenience Store	7	347
家居建材店	Building Material Store	1	2
其他	Other Store	3	88
住宿业和餐饮业	**Hotel Service and Catering Service**	**21**	**1712**
#外商及港澳台投资	Enterprises Prisese with Funds from Hong Kong, Macao Taiwan and Foreign	10	1550
住宿业	**Hotel Service**	**1**	**5**
餐饮业	**Catering Service**	**20**	**1707**
按行业分	Grouped by Sector		
正餐	Dinner	7	105
快餐	Fast Food Snack	10	1545
其他	Others	3	57

Management Conditions of General Chain Stores of Wholesale and Retail Sale Trade, Hotel and Catering Trade Service (2018)

商品销售总额（或营业总收入）（亿元）Total Sales of Commodities (100 million yuan)	#商品零售额 Retail Sales	零售或餐饮营业面积（万平方米）Business Area for Retail and Catering Service (10000 sq. m)	从业人员（万人）Employees (10000 persons)
4743.85	**3444.80**	**1983.23**	**33.18**
4634.51	**3336.29**	**1931.64**	**27.57**
955.74	641.19	503.00	7.89
276.91	223.60	144.01	2.29
897.15	587.66	435.24	9.09
1433.83	1256.61	818.32	12.36
27.10	25.79	20.99	0.97
14.63	11.57	5.79	0.08
0.63	0.63	2.47	0.01
0.58	0.58	0.75	0.02
109.35	**108.51**	**51.59**	**5.61**
101.83	101.29	44.94	5.27
0.30	**0.01**	**0.02**	**0.01**
109.05	**108.51**	**51.57**	**5.60**
5.60	5.60	5.49	0.22
101.37	100.93	44.44	5.30
2.08	1.98	1.64	0.09

14－11 亿元以上商品交易市场基本情况（2018 年）

项　　目	Item	市场个数（个）Number of Markets (unit)	年末摊位数（个）Number of Booths at Year-end (unit)
总　计	**Total**	**469**	**389004**
按经营环境分	**Grouped by Business Environment**		
露天式	Open Air	43	14537
封闭式	Close	363	327610
其他	Others	63	46857
按经营方式分	**Grouped by Business Mode**		
以批发为主	Whole-sale	245	255919
以零售为主	Retail-sale	224	133085
按市场类别分	**Grouped by Catergary of Market**		
综合市场	Integrated Market	94	94501
综合贸易市场	Integrated Trade Market	94	94501
生产资料综合市场	Integrated Production Material Market	5	10110
工业消费品综合市场	Integrated Industrial Consumer Goods Market	14	26145
农产品综合市场	Integrated Farm Products Market	47	30518
其他综合市场	Others	28	27728
专业市场	Specialty Market	375	294503
生产资料市场	Production Goods Market	77	55471
农业生产用具市场	Agricultural Production Appliances Market	1	520
农用生产资料市场	Means of Agricultural Production	2	290
煤炭市场	Coal		
木材市场	Wood	5	1365
建材市场	Building Material	31	27021
化工材料及制品市场	Chemical Material and Products	4	3491
金属材料市场	Matel Materials	25	16693
机械设备市场	Machinery	7	4892
其他生产资料市场	Others	2	1199
农产品市场	Farm Products Market	118	5925
粮油市场	Grain and Oil	11	6168
肉禽蛋市场	Meat, Poultry and Eggs	26	9471
水产品市场	Aquatic Products	19	6722
蔬菜市场	Vegetables	11	4395
干鲜果品市场	Dried and Fresh Fruits	7	5060
棉麻土畜、烟叶市场	Cotton, Hemp, Livestock and Tobacco Leaf	2	2440

Basic Condition of Transaction Markets with Transaction Value over 100 Million Yuan (2018)

年末已出租摊位(个) Number of Rented Booths at Year-end (unit)	商品成交额(亿元) Transaction Value (100 million yuan)	营业面积(万平方米) Business Area (10000 sq. m)	交易业主从业人员(万人) Persons Engaged by Transaction Proprietor (10000 persons)
338172	**20770.72**	**3615.64**	**95.84**
11315	1247.87	167.31	2.65
288486	14417.19	2825.84	84.16
38371	5105.67	622.49	9.03
221761	18845.34	2671.73	73.67
116411	1925.39	943.91	22.17
81539	2785.18	786.00	20.73
81539	2785.18	786.00	20.73
9753	127.74	146.00	1.47
23645	613.06	197.02	6.68
25346	1519.54	214.71	6.13
22795	524.85	228.28	6.45
256633	17985.54	2829.64	75.12
44163	7963.55	723.26	12.50
461	5.34	5.27	0.10
241	29.83	11.05	0.15
1174	35.74	34.54	0.19
21619	432.28	340.26	5.02
2985	2083.16	32.10	0.90
13285	5086.77	246.63	4.78
3264	266.77	50.63	1.15
1134	23.66	2.78	0.20
52129	2533.73	372.70	15.04
5501	659.58	87.45	0.68
8043	363.53	47.48	1.94
6079	278.55	67.23	2.76
4097	183.95	34.42	1.08
4079	200.09	21.82	0.61
2410	267.36	43.05	1.26

项 目 Item		市场个数（个）Number of Markets (unit)	年末摊位数（个）Number of Booths at Year-end (unit)
其他农产品市场	Others	42	25000
食品、饮料及烟酒市场	Food, Beverage, Tobacco and Alcohol Market	14	4846
食品饮料市场	Food and Beverage	3	562
茶叶市场	Tea		
烟酒市场	Tobacco and Alcohol	1	200
其他食品、饮料及烟酒市场	Others	10	4084
纺织、服装、鞋帽市场	Textile Products, Garment, Footware and Headgear Market	33	85327
布料及纺织品市场	Cloth and Testile Products	8	22859
服装市场	Garment	11	38889
鞋帽市场	Footware and Headgear	3	2936
其他纺织服装鞋帽市场	Others	11	20643
日用品及文化用品市场	Commodity and Culture Articles Market	10	7915
小商品市场	Small Commodities	5	4975
箱包市场	Boxes and Bags		
玩具市场	Toyes		
文具市场	Stationeries		
图书、报刊杂志市场	Books, Newspapers and Magazines	1	66
音像制品及电子出版物市场	Audio and Video Products and E-journal	1	328
体育用品市场	Sports Goods		
其他日用品及文化用品市场	Others	3	2546
黄金、珠宝、玉器等首饰市场	Gold, Jewelry and Jade Article Market	2	5400
黄金、珠宝、玉器等首饰市场	Gold, Jewelry and Jade Article Market	2	5400
电器、通讯器材、电子设备市场	Electrical Appliances, Communications Equipments and Electronic Equipment Market	6	3135
家电市场	Electric Household Appliances	1	400
通讯器材市场	Communications Equipments	1	1604
照相、摄像器材市场	Photographic and Video Equipments		
计算机及辅助设备市场	Computers and Ancillary Equipments	4	1131
其他电器、通讯器材、电子设备市场	Others		
医药、医疗用品及器材市场	Medicine, Medical Articles and Appliances		
中药材市场	Chinese Traditional Medicine Material		

14－11 Continued 1

年末已出租摊位（个）Number of Rented Booths at Year-end (unit)	商品成交额（亿元）Transaction Value (100 million yuan)	营业面积（万平方米）Business Area (10000 sq. m)	交易业主从业人员（万人）Persons Engaged by Transaction Proprietor (10000 persons)
21920	580.68	71.26	6.71
3430	97.32	34.77	0.88
446	10.76	6.30	0.10
187	3.40	0.32	0.04
2797	83.16	28.15	0.74
79869	5016.15	676.51	27.11
21708	3018.14	266.05	9.72
37622	1647.97	343.37	12.55
1800	13.42	16.37	0.49
18739	336.62	50.73	4.35
6384	128.50	42.06	2.85
3763	91.49	13.81	1.15
65	1.35	0.50	0.01
326	3.05	1.10	0.12
2230	32.61	26.65	1.57
4524	155.38	18.84	3.01
4524	155.38	18.84	3.01
2838	25.60	8.04	0.73
376	5.10	1.10	0.05
1600	5.00	4.42	0.32
862	15.50	2.52	0.36

项目	Item	市场个数（个）Number of Markets (unit)	年末摊位数（个）Number of Booths at Year-end (unit)
其他医药、医疗用品及器材市场	Others		
家具、五金及装饰材料市场	Furniture, Hardware and Decorating Material Market	85	57587
家具市场	Furniture	25	14937
装饰材料市场	Decorating Material	35	21574
灯具市场	Lamps and Lanterns	1	3000
厨具、盥洗设备市场	Kitchenware and Toilet Facility		
五金材料市场	Hardware Material	13	12590
其他装修市场	Others	11	5486
汽车、摩托车及零配件市场	Motor Vehicles, Motorcycles and Spare Parts Market	19	8168
汽车市场	Motor Vehicles	14	4763
摩托车市场	Motorcycles		
机动车零配件市场	Spare Parts for Motor-driven Vehicles	5	3405
花、鸟、鱼、虫市场	Flowers, Birds, Fish and Insects Market	3	4562
花卉市场	Flowers	3	4562
鸟市场	Birds		
观赏鱼市场	Display Fish		
其他花鸟鱼虫市场	Others		
73旧货市场	Secondhand Goods	1	73
古玩、古董、字画市场	Antiques, Calligraphy and Painting		
邮票、硬币市场	Stamps and Coins		
其他旧货市场	Others	1	73
其他专业市场	Other Speciality Markets	7	2763
按地区分	**by City**		
南京市	Nanjing	42	41142
无锡市	Wuxi	51	49224
徐州市	Xuzhou	28	35113
常州市	Changzhou	54	40862
苏州市	Suzhou	71	78299
南通市	Nantong	82	48995
连云港市	Lianyungang	16	16821
淮安市	Huaian	17	11531
盐城市	Yancheng	21	10378
扬州市	Yangzhou	44	20133
镇江市	Zhenjiang	13	6943
泰州市	Taizhou	24	17597
宿迁市	Suqian	6	11966

年末已出租摊位（个）Number of Rented Booths at Year-end (unit)	商品成交额（亿元）Transaction Value (100 million yuan)	营业面积（万平方米）Business Area (10000 sq. m)	交易业主从业人员（万人）Persons Engaged by Transaction Proprietor (10000 persons)
49249	921.74	676.52	9.53
12120	221.62	185.55	1.80
18919	281.78	297.75	4.00
2985	103.20	41.10	0.82
10093	121.60	65.43	1.25
5132	193.54	86.70	1.66
7054	492.90	176.53	1.90
4230	422.78	142.78	1.19
2824	70.12	33.75	0.71
4372	408.40	83.90	0.87
4372	408.40	83.90	0.87
1.00	2.50	0.01	
73	1.00	2.50	0.01
2548	241.28	13.99	0.69
39243	1269.33	310.83	7.33
42906	4343.94	583.36	13.23
28477	649.53	230.70	8.04
33147	2194.43	495.96	10.86
73138	7986.33	858.74	24.07
44348	2222.96	321.76	11.69
15145	316.71	85.58	4.01
9275	80.98	73.89	2.92
8073	68.72	83.85	2.08
16362	616.47	169.85	3.60
6037	470.51	110.23	2.02
15017	344.39	177.59	2.51
7004	206.43	113.30	3.48

14-12 省外批发和零售业、住宿和餐饮业连锁总店在江苏分店经营情况(2018)

Management Conditions of Branch Stores of Wholesale and Retail Sale Trade Hotel and Catering Trade of General Chain Stores of Other Province in Jiangsu(2018)

项目	Item	连锁门店数(个) Number of Chain Stores (unit)	商品销售总额(或营业总收入)(亿元) Total Sales of Commodities (100 million yuan)	#商品零售额 Retail Sales	零售或餐饮营业面积(万平方米) Business Area for Retail and Catering Service (10000 sq. m)	从业人员(万人) Employees (10000 persons)
总计	**Total**	**108**	**64.99**	**57.45**	**29.46**	**0.54**
批发和零售业	**Retail Trade**	**47**	**55.17**	**48.21**	**26.16**	**0.27**
#外商及港澳台投资	Enterprisese with Funds from Hong Kong, Macao Taiwan and Foreign Fanded	28	46.32	39.15	15.60	0.18
按零售业态分	Grouped by Store Type					
百货商店	Department Store	2	0.15	0.15	0.13	0.00
超级市场	Supermarket	13	18.23	18.11	6.63	0.14
专业店	Specialty Store	8	4.78	4.78	2.12	0.03
专卖店	Franchised Store	19	12.68	5.98	1.48	0.07
便利店	Convenience Store					
家居建材店	Building Material Store					
其他	Other Store	5	19.34	19.34	15.79	0.03
住宿和餐饮业	**Hotel Service and Catering Service**	**61**	**9.82**	**9.24**	**3.31**	**0.27**
#外商及港澳台投资	Enterprisese with Funds from Hong Kong, Macao, Taiwan and Foreign Funded	33	6.98	6.65	1.90	0.19
住宿业	**Hotel Service**	**2**	**0.16**	**0.00**	**0.02**	**0.00**
餐饮业	**Catering Service**	**59**	**9.66**	**9.24**	**3.29**	**0.26**
按行业分	Grouped by Sector					
正餐	Dinner	35	4.56	4.35	2.12	0.14
快餐	Fast Food Snack	9	0.89	0.84	0.39	0.07
其他	Others	15	4.21	4.04	0.78	0.05

14－13 旅游业主要指标
Main Indicators of Tourism

项目	Item	2014	2015	2016	2017	2018
旅行社数 （个）	**Number of Travel Agencies (unit)**	**2251**	**2336**	**2469**	**2593**	**2779**
南京市	Nanjing	576	572	609	628	700
无锡市	Wuxi	165	171	186	207	221
徐州市	Xuzhou	191	196	200	207	210
常州市	Changzhou	129	139	145	161	175
苏州市	Suzhou	288	314	354	387	438
南通市	Nantong	140	150	162	175	188
连云港市	Lianyungang	113	109	110	112	116
淮安市	Huaian	103	110	110	110	110
盐城市	Yancheng	136	136	139	146	137
扬州市	Yangzhou	126	132	138	147	158
镇江市	Zhenjiang	103	109	109	110	112
泰州市	Taizhou	114	124	128	122	126
宿迁市	Suqian	67	74	79	81	88
星级饭店数 （个）	**Number of Star-rated Hotel (unit)**	**873**	**791**	**696**	**649**	**551**
南京市	Nanjing	102	96	91	83	76
无锡市	Wuxi	55	49	42	42	39
徐州市	Xuzhou	123	94	73	63	50
常州市	Changzhou	68	56	42	44	38
苏州市	Suzhou	132	124	116	112	95
南通市	Nantong	96	87	80	80	63
连云港市	Lianyungang	44	39	34	26	20
淮安市	Huaian	48	48	48	36	29
盐城市	Yancheng	49	50	36	34	32
扬州市	Yangzhou	63	60	48	43	37
镇江市	Zhenjiang	38	34	34	32	30
泰州市	Taizhou	29	29	28	30	22
宿迁市	Suqian	26	25	24	24	20
国内旅游接待人数 （万人次）	**Number of Domestic Visitors (10000 person-times)**	**57113.32**	**61933.65**	**67779.99**	**74287.31**	**81422.84**
南京市	Nanjing	9419.31	9992.66	10657.32	11383.32	12185.94
无锡市	Wuxi	7573.72	8043.33	8586.03	9179.34	9817.68
徐州市	Xuzhou	3566.61	4005.31	4515.48	5097.77	5758.44
常州市	Changzhou	4989.34	5443.00	5989.56	6582.71	7224.54
苏州市	Suzhou	10028.84	10605.45	11300.37	12046.42	12847.67
南通市	Nantong	3066.34	3387.24	3792.11	4247.00	4766.93
连云港市	Lianyungang	2415.03	2682.74	3011.08	3384.18	3802.19
淮安市	Huaian	2089.60	2323.79	2610.54	2931.74	3290.11
盐城市	Yancheng	2014.67	2266.34	2573.70	2926.83	3326.90
扬州市	Yangzhou	4545.88	5027.21	5622.02	6290.60	7036.59
镇江市	Zhenjiang	4385.48	4802.68	5348.34	5964.56	6546.70
泰州市	Taizhou	1848.68	2037.34	2282.32	2558.32	2868.39
宿迁市	Suqian	1169.82	1316.56	1491.12	1694.52	1950.76

项 目	Item	2014	2015	2016	2017	2018
国内旅游收入（亿元）	**Earnings from Domestic Tourism (100 million yuan)**	**7863.51**	**8769.31**	**9952.47**	**11307.51**	**12851.30**
南京市	Nanjing	1470.00	1612.15	1803.45	2020.43	2279.42
无锡市	Wuxi	1229.85	1356.25	1518.91	1702.64	1906.02
徐州市	Xuzhou	423.46	485.99	565.90	658.92	766.03
常州市	Changzhou	639.98	718.35	820.04	936.79	1070.25
苏州市	Suzhou	1574.81	1728.79	1932.50	2161.32	2416.48
南通市	Nantong	400.60	453.04	521.98	601.43	693.33
连云港市	Lianyungang	297.42	338.70	391.58	454.12	526.20
淮安市	Huaian	231.63	264.02	305.64	353.66	409.23
盐城市	Yancheng	195.21	226.27	265.56	311.75	365.89
扬州市	Yangzhou	525.21	592.00	681.91	785.29	904.76
镇江市	Zhenjiang	543.93	614.12	706.19	812.87	923.77
泰州市	Taizhou	213.63	241.54	278.22	321.39	371.23
宿迁市	Suqian	117.79	138.08	160.60	186.90	218.71
接待海外旅游者人数（人次）	**Number of Overseas Tourists Received (person-times)**	**2970956**	**3050104**	**3297735**	**3701038**	**4008509**
南京市	Nanjing	566202	588100	637846	745117	815615
无锡市	Wuxi	403116	391343	439185	495425	586016
徐州市	Xuzhou	29485	33776	34105	39884	44472
常州市	Changzhou	120423	126952	145896	177143	203697
苏州市	Suzhou	1453273	1512029	1612849	1756298	1827753
南通市	Nantong	187185	172999	180156	185745	195230
连云港市	Lianyungang	22972	20345	22624	26140	28936
淮安市	Huaian	13607	14675	18223	23977	26032
盐城市	Yancheng	42164	49110	53059	64635	70181
扬州市	Yangzhou	53539	51229	58561	67818	76358
镇江市	Zhenjiang	44986	52956	54934	69615	75747
泰州市	Taizhou	29979	31891	36068	40808	45707
宿迁市	Suqian	4025	4699	4229	8433	12765
旅游外汇收入（万美元）	**Foreign Exchange Earnings from International Tourism (USD 10000)**	**303271**	**352729**	**380362**	**419472**	**464836**
南京市	Nanjing	55293	63999	67617	79227	88281
无锡市	Wuxi	32994	35783	38954	42482	49514
徐州市	Xuzhou	2975	3861	3938	4963	5431
常州市	Changzhou	10160	12066	13147	15468	17725
苏州市	Suzhou	170463	200183	216708	230448	252200
南通市	Nantong	10792	11668	12482	12581	13743
连云港市	Lianyungang	1876	2064	2281	2716	2951
淮安市	Huaian	1313	1558	1705	2125	2357
盐城市	Yancheng	4511	5866	6419	8212	8822
扬州市	Yangzhou	4919	5588	6280	7506	8341
镇江市	Zhenjiang	4640	5992	6479	8539	9424
泰州市	Taizhou	2791	3255	3631	4161	4658
宿迁市	Suqian	546	846	721	1044	1389

14－14 接待海外旅游者人数和收入

Number of Overseas Tourists Received and Earnings

项　　目	Item	2014	2015	2016	2017	2018
接待人数（人次）	**Number of Received Tourists (person-times)**	**2970956**	**3050104**	**3297735**	**3701038**	**4008509**
外国人	Foreigners	1970417	2008386	2179954	2417538	2646909
#亚洲	Asia					
#日本	Japan	419280	397104	414889	461922	485023
菲律宾	Philippines	23584	23506	28284	26394	27100
新加坡	Singapore	68558	66501	68466	72914	80237
泰国	Thailand	21030	21403	25793	29216	39358
印度尼西亚	Indonesia	35002	32332	33158	44821	50404
马来西亚	Malaysia	98686	93550	91107	98742	110238
韩国	Korea	348682	358214	407723	403309	438699
北美洲	America					
#美国	United States	196864	209899	225373	249059	283482
加拿大	Canada	66324	75996	78812	83217	96223
欧洲	Europe					
#英国	United Kingdom	53943	54009	59919	60294	63952
法国	France	43588	44066	46447	50003	52513
德国	Germany	98626	98979	103154	108208	114272
意大利	Italy	31183	32146	34374	39906	44863
瑞士	Switzerland	8634	8026	8574	8784	9264
瑞典	Sweden	13397	11568	12112	11962	12076
俄罗斯	Russia Fed.	17380	17694	21253	15926	8183
西班牙	Spain	17974	16338	18927	22383	22815
大洋洲	Oceania					
#澳大利亚	Australia	53490	53500	60124	77192	93621
香港同胞	Chinese Compatriots from Hong Kong	144170	140427	153754	182295	210056
澳门同胞	Chinese Compatriots from Macao	6150	7071	8219	10749	13433
台湾同胞	Chinese Compatriots from Taiwan	850219	894220	955808	1090456	1138111
接待人天数（人天）	**Number of Received (person-days)**	**10964550**	**11415317**	**12338457**	**13888725**	**15239145**
外国人	Foreigners	6799370	6952408	7526609	8392001	9259953
香港同胞	Chinese Compatriots from Hong Kong	364773	351052	380831	451479	518138
澳门同胞	Chinese Compatriots from Macao	15136	17146	19760	25622	31849
台湾同胞	Chinese Compatriots from Taiwan	3785271	4094711	4411257	5019623	5429205
旅游外汇收入（万美元）	**Foreign Exchange Earnings From Tourism (USD 10000)**	**303271**	**352729**	**380362**	**419472**	**464836**

主要统计指标解释

社会消费品零售总额　指企业(单位、个体户)通过交易直接售给个人、社会集团非生产、非经营用的实物商品金额,以及提供餐饮服务所取得的收入金额。个人包括城乡居民和入境人员,社会集团包括机关、社会团体、部队、学校、企事业单位、居委会或村委会等。

批发和零售业商品购、销、存总额　指各种登记注册类型的批发和零售企业、产业活动单位、个体经营者以本单位为总体的商品购进、销售、库存总额。

商品购进总额　指从本单位以外的单位和个人购进(包括从境外直接进口)作为转卖或加工后转卖的商品总额。

商品销售总额　指对本单位以外的单位和个人出售(包括对境外直接出口)本单位经营的商品总额(含增值税)。

商品批发额　指商品零售额以外的一切商品销售额。包括售给生产经营单位用于生产或经营用的商品销售额;售给批发和零售业、餐饮业用于转卖或加工后转卖的商品销售额;直接向国(境)外出口和委托外贸部门代理出口的商品销售额。

商品零售额　指售给城乡居民用于生活消费、售给社会集团用公款购买用作非生产、非经营使用的商品销售额。

商品库存总额　指报告期末各种登记注册类型的批发和零售业企业、产业活动单位、个体经营者已取得所有权的商品。

商品交易市场　指有固定场所、设施,有若干经营者入场实行集中、公开交易各类实物商品的市场。

商品交易市场成交额　指商品交易市场内所有经营者所实现的商品销售金额。商品交易市场包括消费品市场和生产资料市场。

旅游者人数

(1)入境国际旅游者人数:指来中国参观、访问、旅行、探亲、访友、休养、考察、参加会议和从事经济、科技、文化、教育、宗教等活动的外国人、华侨、港澳同胞和台湾同胞的人数。不包括外国在我国的常驻机构,如使领馆、通讯社、企业办事处的工作人员;来我国常住的外国专家、留学生以及在岸逗留不过夜人员。

(2)出境居民人数:指大陆居民因公务活动或私人事务短期出境的人数。公务活动出境居民人数包括在国际交通工具上的中国服务员工,因私出境居民人数不包括在国际交通工具上的中国服务员工。

(3)国内旅游者人数:指我国大陆居民和在我国常住 1 年以上的外国人、华侨、港澳台同胞离开常住地在境内其他地方的旅游设施内至少停留一夜,最长不超过 6 个月的人数。

国际旅游(外汇)收入　指入境旅游的外国人、华侨、港澳同胞和台湾同胞在中国大陆旅游过程中发生的一切旅游支出,对于国家来说就是国际旅游(外汇)收入。

Explanatory Notes on Main Statistical Indicators

Wholesale Trade　refers to the activities of selling wholesale commodities for daily use and capital goods to enterprises of wholesale and retail trades (including self-employed individuals) and other enterprises, institutions and government organs and organizations, and the activities of engaging in import and export and acting as a trade agent. The wholesaler may have the ownership of the commodities for wholesale and trade in the name of its own (a company), and the wholesaler can act as commission agent or commodity broker without the ownership of commodities. Also included are the wholesale activities at the fixed stalls in wholesale market and the acquisition for sales purpose.

Purchase, Sales and Stock of Commodities by Wholesale and Retail Trade　refers to the purchase, sales and stock of commodities by wholesale and retail enterprises, industrial activity units and individual sellers of different status of registration.

Total Purchases of Commodities　refers to the total value of purchases of commodities by the establishments from other establishments or individuals (including direct import from abroad) for the purpose of re-selling.

Total Sales of Commodities　refers to the total value (included added tax) of commodities sold by the establishments to other establishments and individuals (including direct export).

Wholesale of Commodities　refers to all the total sales of commodities except the retail sales of consumer goods. Included the sales of commodities to production or operation units for the purpose of production and operation; the sales of commodities to wholesale and retail sale trade and catering industry for the purpose of re-selling or re-selling after further processing; the sales of commodities for direct export to abroad or export on a commission basis by entrusted the foreign trade department.

Retail Sale of Commodities　refers to the commodities sold to urban and rural residents for their daily use, to social groups for the use of non-production and non-operation and purchased by public money of the social groups.

Total Value of Commodity Stock refers to the total commodities owned by wholesale and retail sale enterprises, economic active units and individual sellers of various types of registration status at the end of the reference period.

Commodity Transaction Markets refers to the markets provided with fixed place and equipments, and there are some operators who engaged in transaction of various substantial commodities in the markets by public and concentrating transaction.

Value of Transaction at Transaction Markets refers to the total sales value of commodities realized by the operators in the transaction market. Commodity transaction markets include consumer good markets and means of production markets.

Number of Tourists

(1) International tourists refer to foreigners, overseas Chinese, Chinese compatriots from Hong Kong, Macao and Taiwan coming to China for sight-seeing, visits, tours, family reunions, vacations, study tours, conferences and other activities of a business, scientific and technological, cultural, educational and religious nature. It does not include representatives and employees of resident institutions of foreign countries in China such as embassies, consulates, news agencies and offices of foreign companies and organizations, nor does it include long-term foreign experts or students residing in China, or persons in transition without spending a night in China.

(2) Chinese residents going abroad refer to Chinese residents going abroad for short terms for either public business or private purposes. Chinese employees working on international transport carriers are included in those going abroad for public business purpose, not in those for private purpose.

(3) Domestic tourists refer to residents of the mainland of China who stay for one night at least but no more than 6 months at tourist facilities in other places than their permanent residence within the territory of the mainland China, including foreigners, overseas Chinese and Chinese compatriots from Hong Kong, Macao and Taiwan who have resided in China for over one year.

Foreign Exchange Earnings from International Tourism refer to the total expenditures of foreigners, overseas Chinese, Chinese compatriots from Hong Kong, Macao and Taiwan during their stay in the mainland of China, which are earnings of foreign exchange from international tourism from the point of view from China.

15

科技、教育

Science and Technology, Education

简 要 说 明

一、本篇资料的主要内容

本篇主要反映科技、专利、教育情况等内容。

科技部分主要包括科技活动、研究与发展课题情况，县级以上政府部门所属研究与开发机构情况，大中型工业企业、高等学校科技活动情况；人才部分包括工程、农业、科研、卫生等各类专业技术人员数；专利部分主要包括三种专利申请受理量，三种专利授权量；教育事业部分包括各级各类教育事业情况，各级各类学校招生、在校生、专任教师人数等情况。

二、本篇的资料来源

根据各部门制定的统计报表制度汇总加工整理而成。科技资料主要来自省科技厅、省教育厅、省统计局；人才资料来自省人力资源和社会保障厅；专利资料来自省知识产权局；教育事业资料来自省教育厅。

Brief Introduction

Ⅰ. Main Contents

Data in this chapter show statistics on science and technology, patents, education.

Data on technology mainly include: data on scientific and technical activities, research and development (R&D) projects, state-owned R&D institutions above county level, large and medium-sized industrial enterprises, scientific and technical activities of institutions of higher education; data on talents mainly include: number of scientific and technical personnel of engineering, agriculture, scientific research, health care and so on, all kinds of human resources; data on patents mainly include: application of three kinds of patents accepted, three kinds of patents granted; data on education consist of education by level and type, new student enrollment, student enrollment full-time teachers of all kinds of school.

Ⅱ. Sources of Data

Data are collected and tabulated in accordance with the statistic reporting schemes stipulated by the departments concerned. Data on scientific and technical are mainly from Provincial Science and Technology Department, Education Department and Statistics Bureau; data on talents are from Provincial Human Resources and Social Security Department; data on patents are provided by Provincial Intellectual Property Office, data on product quality supervision are from Provincial Pledges Inspect Bureau; data on education are from Provincial Education Department.

15－1 科技活动基本情况
Basic Statistics on Scientific and Technical Activities

指　　标　Item		2014	2015	2016	2017	2018
科技机构数（个）	Number of Scientific and Technical Institutions (unit)	21844	23101	25402	24112	24728
科研单位	Research Institutions	144	142	135	133	130
规模以上工业企业	Industrial Engineers above Designated Size	20411	21542	23564	22007	22469
高等院校	Institutions of Higher Education	854	971	1055	1133	1219
其他	Others	435	446	648	839	910
研究与试验发展人员（万人）	Research and Experimental Development Personnel (10000 persons)				75.42	79.41
研究与试验发展经费内部支出（亿元）	Internal Expenses of Research and Experimental Development (100 million yuan)	1652.82	1801.23	2026.87	2260.06	2504.43
研究与试验发展经费支出占地区生产总值比重（%）	Ratio of Internal Expenses of Research and Experimental Development to GDP (%)	2.50	2.53	2.62	2.63	2.70

注：1. 规模以上工业企业科技统计从 2011 年开始实施。2. 因研发支出计入 GDP，对 2013—2017 年研究与试验发展经费支出占地区生产总值比重进行调整。

a) Statistics of science and technology of industry enterprises above designated size is implemented from 2011.

b) As R&D is included in GDP, the ratio of R&D to GDP in 2013—2017 has been adjusted.

15－2 研究与试验发展课题情况
Research and Experimental Development Projects

单位：项　　(unit)

指　　标　Item		2014	2015	2016	2017	2018
研究与试验发展课题	Research and Experimental Development Projects	118467	122629	138251	150951	163052
#科研单位	Research Institutions	5657	6490	6817	7257	7455
高等院校	Institutes of Higher Education	55018	59887	67670	70982	77219
规上工业企业	Industrial Enterprises above Designated Size	53117	51720	59535	67205	72426
其他	Others	4675	4532	4229	5507	

注：2017 年开始研究与试验发展课题情况取消基础研究、应用研究、试验发展分组。

a) Since 2017, the research and experimental development projects cancelled the group of basic research, applied research and experimental development.

15－3 县级以上政府部门所属研究与开发机构(2018 年)

项　目	Item	机构数(个) Institutions (unit)
总　计	**Total**	**118**
按隶属关系分	by Administrative Relationship	
地方部门属	Local Departments	101
省级部门属	Provincial Departments	50
副省级部门属	Departments of Municipalities Directly under the Central Government in Plan	8
地市级部门属	Departments of City and Region Under Province	43
中央部门属	Central Departments	17
#中国科学院	Academy of Science of China	7
按国民经济行业分	by Sector	
农、林、牧、渔业	Agriculture, Forestry, Animal Husbandry and Fishery	29
农业	Farming	19
林业	Forestry	1
畜牧业	Animal Husbandry	2
渔业	Fishery	5
农、林、牧、渔服务业	Service in Support of Agriculture	2
制造业	Manufacturing	10
纺织服装、服饰业	Manufacture of Textile, Wearing Apparel and Accessories	
印刷业和记录媒介的复制业	Printing and Reproduction of Recording Media	1
化学原料和化学制品制造业	Manufacture of Raw Chemical Material and Chemical Products	1
医药制造业	Manufacture of Medicines	4
非金属矿物制品业	Mining and Processing of Nonmental Ores	
通用设备制造业	Manufacture of General Purpose Machinery	1
专用设备制造业	Manufacture of Special Purpose Machinery	1
电气机械和器材制造业	Manufacture of Electrical Machinery and Apparatus	
计算机、通信和其他电子设备制造业	Manufacture of Computers, Communication and Other Electronic Equipment	1
仪器仪表制造业	Manufacture of Measuring Instruments and Machinery	1
电力、热力、燃气及水生产和供应业	Production and Supply of Electricity, Gas and Water	2
电力、热力的生产和供应业	Production and Supply of Electric Power and Heat Power	2
建筑业	Construction	2
房屋建筑业	Housing Construction	2
土木工程建筑业	Civil Engineering Construction	
交通运输、仓储和邮政业	Transport, Storage and Post	1
道路运输业	Road Transport	1
信息传输、软件和信息技术服务业	Information Transfer、Software and IT Services	2
互联网和相关服务	Internet and Relatiue Services	1
软件和信息技术服务业	Software and IT Services	1
科学研究和技术服务业	Scientific Research and Technical Services	39
研究与试验发展	Research and Experimental Development	18
专业技术服务业	Professional Technology Service	17
科技推广和应用服务业	Promation and Application of Science	4
水利、环境和公共设施管理业	Water Conservancy, Environment and Public Facility Management	14
水利管理业	Water Conservancy Management	6
生态保护和环境治理业	Ecological Protection and Enviromental	7
公共设施管理业	Public Facility Management	1
教育	Education	3
教育	Education	3
卫生和社会工作	Healthcare and Social Work	13
卫生	Healthcare	13
文化、体育和娱乐业	Culture, Sports and Recreation	3
文化艺术业	Cultural and Artistic Industry	2
体育	Sports	1

State-owned Research and Development Institutions above County Level(2018)

从业人员总数(人) Employees (person)	#单位在职科技活动人员 Personnels Engaged in Scientific and Technical Activities	科技经费筹集额(万元) Total Funds Revenue (10000 yuan)	#政府资金 Government Appropriated	#科技经费内部支出 Expenditure for Science & Technology
22134	**19981**	**1050339**	**724924**	**954827**
16465	12932	601426	451572	596614
14523	11198	540154	402883	539913
384	316	14004	13867	13486
1558	1418	47269	34821	43215
5669	7049	448912	273352	358213
2377	3868	173559	138627	158931
3868	3248	200179	160595	181593
2664	2191	136085	108080	127840
62	63	6157	4557	5057
239	209	8517	6739	7896
488	431	34742	28842	26164
415	354	14679	12377	14636
4140	4360	159495	122174	155603
27	27	737	737	807
198	198	11937	9331	10276
251	279	3026	2453	4260
3181	3181	120227	95393	115771
329	527	11721	9860	15016
139	141	11846	4400	8988
15	7			485
52	67	236	236	413
52	67	236	236	413
97	57	1334	103	1087
97	57	1334	103	1087
381	369	43030	6405	16610
381	369	43030	6405	16610
395	383	6349	5384	6341
385	373	6201	5288	6193
10	10	148	97	148
7297	7392	455677	322945	402239
4192	4907	231297	187482	227593
3021	2401	221884	132982	172227
84	84	2496	2481	2419
1909	1895	122079	50394	104867
1455	1476	98210	40426	80988
424	395	23045	9144	22620
30	24	824	824	1260
291	253	6698	6698	14639
291	253	6698	6698	14639
3602	1851	49929	45005	67115
3602	1851	49929	45005	67115
102	106	5333	4986	4320
57	57	2943	2779	2438
45	49	2390	2207	1882

15－4 县级以上政府部门所属研究与开发机构课题情况(2018 年)

项　目	Item	课题数(个) Number of Projects (unit)	#R&D 课题 R&D Projects
总　计	**Total**	**8623**	**6818**
中央政府部门下达课题	Projects Assigned by Central Governmental Departments	3225	3000
国家重大科技专项	Major National Science and Technology and Special	388	363
自然科学基金课题	Natural Scientific Foundation	1176	1176
863 计划课题	863 Plan	17	17
国家科技支撑(攻关)计划课题	National S&T Support Plan	22	16
国家重点研发计划课题	National Torch Plan	202	155
国家发改委产业化示范工程	National Spark Plan	1	1
国家 973 计划课题	National 973 Plan	4	4
公益性行业科研专项	Public Welfare Industry Research Speical	29	15
国家社会科学基金课题	National Social Scientific Fundation	16	16
其它课题	Other Projects	1370	1237
地方政府部门下达课题	Projects Assigned by Local Governmental Depurtments	2901	2002
地方自然科学基金课题	Local Natural Scientific Fundation	341	336
地方科技支撑(攻关)计划课题	Local Science and Technology Support (Key Tackling) Plan Items	231	168
火炬计划地方级课题	Local Torch Plan	1	1
地方星火计划课题	Local Spark Plan		
地方社会科学基金课题	Local Social Scientific Fundation	40	34
其它课题	Other Projects	2288	1463
企业委托课题	Projects Entrusted by Enterprises	1168	632
自选课题	Optional	468	415
国际合作课题	International Coorperation	42	25
其它:不能归入前述各类的课题	Others: Can not be classified into the above Categories	819	744

Projects of State-owned Research and Development Institutions above County Level(2018)

课题经费内部支出(万元) Intramural Expenditures on Projects (10000 yuan)	#政府资金 Government Appropriation	#R&D 课题经费 Funds for R&D Projects	课题投入人员(人年) Project Personnels (person-years)	#R&D 人员 R&D Personnels
513290	**411784**	**398241**	**10864**	**8643**
229713	212244	196754	4715	4138
34615	34566	31709	544	489
55761	47948	55761	1437	1437
1943	1943	1943	56	56
3191	2826	2832	55	48
33708	28476	24090	676	507
184	175	184	3	3
135	135	135	10	10
6470	6171	3158	173	113
234	234	234	5	5
93472	89770	76708	1756	1470
189485	150394	133606	4194	2989
22001	17508	21660	523	512
18068	15388	14752	476	402
6	6	6		
919	721	851	29	24
148491	116771	96337	3166	2051
38314	2586	18761	607	340
16161	15827	14453	271	234
2150	1371	1139	61	23
37468	29360	33526	1015	920

15－5 县级以上政府部门所属研究与开发机构基本情况
Basic Statistics on State-owned Research and Development Institutions above County Level

指　　标	Item	2014	2015	2016	2017	2018
机构数　（个）	Number of Institutions　(unit)	132	130	124	121	118
职工总数　（人）	Employees　(person)	18342	18119	20678	21116	22134
#大学本科及以上学历	Bachelor Degree or Above	11758	11558	12439	14289	16302
科技经费筹集额（亿元）	Funds Revenue　(100 million yuan)	109.06	112.07	134.95	141.11	105.03
#政府拨款	Government Appropriations	57.76	54.94	72.06	73.33	72.49
科技经费内部支出(亿元)	Expenditures for Capital Construction (100 million yuan)	102.16	103.55	125.67	129.29	95.48

15－6 县级以上政府部门所属研究与开发机构成果
Achievements of State-owned Research and Development Institutions above County Level

年　份 Year	科学著作(种) Scientific Works (kind)	科学论文(篇) Scientific Papers (piece)
1978	2138(万字)	2532
1989	1717(万字)	3263
1990	2540(万字)	3728
1991	2454(万字)	3392
1992	2086(万字)	3962
1993	2273(万字)	4629
1994	2783(万字)	4049
1995	4196(万字)	4662
1996	107(部)	4378
1997	93	4906
1998	92	4798
1999	139	4782
2000	113	4774
2001	139	4872
2002	129	5502
2003	116	5463
2004	106	5214
2005	110	4306
2006	153	4920
2007	169	5396
2008	147	6259
2009	240	6779
2010	145	6919
2011	167	7020
2012	135	7877
2013	163	8021
2014	162	8443
2015	133	7970
2016	185	8520
2017	179	8437
2018	192	7914

15－7　规上工业企业研发情况
Basic Statistics on Scientific and Technical Research Activities of above Designated Size Industrial Enterprises

单位:亿元　　(100 million yuan)

指　标	Item	2014	2015	2016	2017	2018
企业数　(个)	Number of Enterprise　(unit)	48708	48488	47899	45413	46260
#有 R&D 活动的企业数	Quantity of R&D Enterprise	14150	18872	19186	19323	19669
企业办研发机构数　(个)	R&D Institutions of Enterprise　(unit)	20411	21542	23564	22007	22469
R&D 经费内部支出总额	R&D Internal Expenditure	1376.54	1506.51	1657.54	1833.88	2024.52
经常性支出	Recurrent Expenditure	1193.02	1328.54	1460.53	1619.95	1788.66
#R&D 人员劳务费	Service Fee of R&D	391.20	434.77	485.89	512.82	569.54
资产性支出	Capital Expenditure	183.52	177.96	197.01	213.93	235.86
#土建工程	Civil Engineering	4.61	4.01	3.62	3.57	3.98
仪器设备	Intruments and Apparatuses	178.91	173.96	193.39	210.36	231.88
R&D 经费来源	Sources of R&D Funds					
#政府资金	Loans from Firancial Institutions	24.33	24.96	25.53	25.94	26.18
企业资金	Seff-raised Funds by Enterprise	1328.79	1456.27	1610.06	1794.12	1970.67
境外资金	Offshore Funds	7.99	7.91	7.75	6.06	12.08
其它资金	Others Funds	15.43	17.38	14.20	7.76	15.59
R&D 经费外部支出经费	External Expenditure of R&D Funds	68.74	55.56	55.40	65.15	68.23
技术引进支出总额	Technological Introduction	45.46	36.21	33.27	29.43	30.02
用于消化吸收的经费	Funds for Digestion and Absorption	24.87	12.47	9.49	7.36	7.36
购买国内技术用款	Funds for Purchasing Domestic Fechnd-ogy	34.44	20.16	17.38	12.20	12.20
技术改造支出总额	Technological Fransformation	603.13	507.20	521.95	469.66	402.28
研发活动产出	R&D Output					
新产品销售收入	Sale Revenue of New Products	23540.93	24463.27	28084.67	28579.02	28425.04
企业专利申请数　(件)	Total Number of Owning Inventive Patents　(unit)	115616	102002	131284	124979	165096
#发明专利数	Number of Invention Patents	39858	37407	49229	45719	55944
企业拥有有效发明专利数　(件)	Total Number of Owning Effective Inventive Patents　(unit)	73252	85287	117912	140346	176120

15－8 规上工业企业研究与试验发展经费内部支出
Basic Statistics on Intramural R&D Expenditure of above Designated Size Industrial Enterprises

单位:亿元 (100 million yuan)

指 标	Item	2014	2015	2016	2017	2018
总计	**Total**	**1376.54**	**1506.51**	**1657.54**	**1833.88**	**2024.52**
按登记注册类型分	**Grouped by Statys of Registration**					
内资企业	Domestic Funded Enterprises	928.23	1030.27	1149.26	1295.50	1422.14
国有企业	State-owned Enterprises	12.58	16.29	10.24	5.80	1.65
集体企业	Collective-owned Enterprises	4.99	4.89	3.22	4.02	1.72
股份合作企业	Cooperative Enterprises	0.90	1.53	0.65	0.30	2.00
联营企业	Joint Ownership Enterprises	0.31	0.34	0.62	0.18	0.24
有限责任公司	Limited Liability Corporations	277.47	310.09	320.03	359.02	347.97
#国有独资	State Solely Funded Corporatios	34.32	34.05	33.44	30.84	32.63
股份有限公司	Share-holding Corporations Ltd.	141.55	141.54	168.25	193.88	207.38
私营企业	Private Enterprises	489.21	554.14	645.64	731.62	861.10
其他企业	Other Enterprises	1.22	1.45	0.62	0.67	0.06
港、澳、台商投资企业	Enterprises with Funds from Hong Kong, Macao and Taiwan	152.62	169.83	182.92	217.36	223.63
外商投资企业	Foreign Funded Enterprises	295.69	306.41	325.36	321.02	378.75
按企业规模分	**Grouped by Size of Enterprises**					0.00
大型企业	Large Enterprises	568.11	600.90	602.09	652.74	759.00
中型企业	Medium-sized Enterprises	401.08	431.89	489.49	544.02	548.12
小微型企业	Small Enterprises	407.35	473.71	565.96	637.13	717.39
按行业分	**Grouped by Sector**					0.00
采矿业	**Mining**	**6.48**	**9.14**	**6.19**	**4.36**	**5.10**
煤炭开采和洗选业	Mining and Washing of Coal	2.92	5.58	2.51	2.91	3.10
石油和天然气开采业	Extraction of Petroleum and Natural Gas	1.54	1.16	1.35	0.64	0.02
黑色金属矿采选业	Mining and Processing of Ferrous Metal Ores	0.10	0.20	0.53	0.06	
有色金属矿采选业	Mining and Processing of Non-ferrous Metals Ores	0.11	0.11	0.06	0.09	0.08
非金属矿采选业	Mining and Processing of Nonmetal Ores	1.80	2.08	1.73	0.66	1.02
制造业	**Manufacturing**	**1359.75**	**1483.41**	**1641.42**	**1818.56**	**2003.09**
农副食品加工业	Processing of Food from Agricultural Products	13.24	17.87	23.05	24.53	26.77
食品制造业	Manufacture of Food	8.05	9.71	9.74	10.78	11.92
酒、饮料和精制茶制造业	Manufacture of Liquor, Beverages and Refined Tea	8.76	7.14	7.61	8.06	7.91
烟草制品业	Manufacture of Tobacco	0.15	0.32	0.26	0.40	0.33
纺织业	Manufacture of Textile	47.12	54.12	59.28	57.31	72.36
纺织服装、服饰业	Manufacture of Textile, Wearing Apparel and Accessories	23.37	28.73	30.76	25.84	27.05
皮革、毛皮、羽毛及其制品和制鞋业	Manufacture of Textile, Fur, Feather and Footwear Products and Footwear	3.12	4.53	5.73	6.09	5.15
木材加工及木、竹、藤、棕、草制品业	Processing of Timber, Manufacture of Wood, Bamboo, Rattan, Palm and Straw Products	12.51	16.34	20.52	21.13	15.50

15－8 续表 Continued

单位:亿元 (100 million yuan)

指 标	Item	2014	2015	2016	2017	2018
家具制造业	Manufacture of Furniture	1.74	2.18	3.45	3.57	6.10
造纸和纸制品业	Manufacture of Paper and Paper Products	12.73	16.96	18.72	18.30	22.12
印刷业和记录媒介的复制	Printing, Reproduction of Recording Media	5.07	5.75	7.72	9.25	11.99
文教、工美、体育和娱乐用品制造业	Manufacture of Articles for Culture, Education, Arts and Crafts, Sport and Entertainment Activities	15.19	18.47	21.80	22.20	27.55
石油加工、炼焦及核燃料加工业	Processing of Petroleum, Coking, Processing of Nuclear Fuel	4.44	5.57	5.13	5.83	7.43
化学原料及化学制品制造业	Manufacture of Raw Chemical Materials and Chemical Products	161.17	162.20	176.21	193.40	165.93
医药制造业	Manufacture of Medicines	54.62	62.95	76.09	86.36	110.45
化学纤维制造业	Manufacture of Chemical Fibers	31.05	35.28	31.68	37.52	42.36
橡胶和塑料制品业	Manufacture of Rubber and Plastics	27.01	31.04	38.25	51.19	57.73
非金属矿物制品业	Manufacture of Non-metallic Mineral Products	32.38	35.43	41.31	51.78	55.07
黑色金属冶炼及压延加工业	Smelting and Pressing of Ferrous Metals	79.30	76.75	69.15	96.74	108.86
有色金属冶炼及压延加工业	Smelting and Pressing of Non-ferrous Metals	22.95	26.82	35.23	39.84	38.94
金属制品业	Manufacture of Metal Products	54.15	58.41	67.83	78.42	84.97
通用设备制造业	Manufacture of General Purpose Machinery	120.83	124.89	140.21	130.21	145.15
专用设备制造业	Manufacture of Special Purpose Machinery	92.11	98.06	113.16	132.89	149.80
汽车制造业	Manufacture of Automobiles	50.52	71.10	85.36	102.46	124.60
铁路、船舶、航空航天和其他运输设备制造业	Manufacture of Railway, Ship, Aerospace and Other Transport Equipment	35.81	51.13	51.48	54.15	54.04
电气机械及器材制造业	Manufacture of Electrical Machinery and Equipment	221.18	237.91	252.22	283.35	301.01
计算机、通信和其他电子设备制造业	Manufacture of Computers, Communication and Other Electronic Equipment	167.03	170.80	188.54	201.10	255.09
仪器仪表制造业	Manufacture of Measuring Instruments and Machinery	52.31	49.92	57.40	62.36	64.20
其他制造业	Other Manufacturing	0.80	2.08	2.15	2.22	1.41
废弃资源综合利用业	Utilization of Waste Resources	0.86	0.68	1.09	1.04	1.14
金属制品、机械和设备修理业	Repair Service of Metal Products, Machinery and Equipment	0.18	0.28	0.30	0.25	0.18
电力、热力、燃气及水的生产和供应业	**Production and Supply of Electric Power, Heat Power, Gas and Water**	**10.30**	**13.95**	**9.93**	**10.96**	**16.33**
电力、热力的生产和供应业	Production and Supply of Electric Power and Heat Power	8.87	12.57	7.69	7.96	13.20
燃气生产和供应	Production and Supply of Gas	0.45	0.37	0.87	1.46	1.95
水的生产和供应业	Production and Supply of Water	0.98	1.02	1.38	1.53	1.17

15－9　高等学校科技活动情况
Basic Statistics on Scientific and Technical Activities of Institutions of Higher Education

项　　目	Item	2014	2015	2016	2017	2018
参加科技统计的高校（所）	**Institutions of Higher Education in Statistics (unit)**	**117**	**142**	**146**	**146**	**149**
从事科技活动人数（人）	**Personnel in Scientific and Technical Activities (person)**	**68815**	**73204**	**75776**	**77290**	**73921**
教　师	Teachers	46645	48423	49622	50868	52654
其他技术人员	Other Technical Persons	22170	24781	26154	26422	21267
辅助人员	Assistants	1148	568	509	421	366
从事研究与发展活动人员（人）	**Perssonnel in Research and Development (person)**	**46645**	**48423**	**71468**	**74576**	**73055**
#正教授	Professors	7534	7929	8311	8988	9393
副教授	Vice-professors	15403	16321	17058	17768	18427
讲　师	Lecturers	20112	20759	20912	21054	21675
助　教	Assistants	3488	3353	3217	2853	2882
研究与发展机构（个）	**Institution of Research and Development (unit)**	**606**	**635**	**702**	**780**	**810**
机构中研究与发展人员（人）	Personnel (person)	18505	19034	21653	23319	25084
当年研究与开发经费收入（万元）	**Funds Revenue of Research and Development (10000 yuan)**	**1417795**	**1449858**	**1600660**	**1825727**	**1397090**
#科技事业费	Scientific and Technical Funds	57263	62760	71435	83811	76080
主管部门专项费	Speical Funds of Responsible Department for the Work	219284	241007	343371	351468	427216
国务院各部门专项费	Speical Funds of State Council Department	217147	212947	101067	57155	58403
省专项费	Provincial Special Foundation	99058	104529	110453	87567	105557
企事业单位委托经费	Entrusting Funds of Enterprises and Institutions	562054	549983	502037	673891	779897
国家自然科学基金	State Natural Sciences Foundation	152835	173960	204841	217544	219893
各种收入转入科研经费	Funds from Other Revenues	99524	97252	119620	125719	138995
研究与发展课题（项）	**Projects of Research and Development (unit)**	**40765**	**42988**	**48734**	**50899**	**57125**
#基础研究	Fundamental Research	13376	15509	18333	19920	19682
应用研究	Applied Research	13678	13567	16153	14100	15774
试验发展	Experimental Development	3673	3484	4548	3894	5972
研究与发展成果	**Achievements of Research and Development**					
出版科学专著（部）	Published Scientific Works (book)	267	370	418	461	379
发表学术论文（篇）	Published Papers (piece)	81844	86525	86037	92944	101418
#国外发表	Abroad	29247	34201	37319	43299	50799
科技成果转让（项）	**Scientific Achievements Transfered (unit)**	**1666**	**1432**	**2349**	**3442**	**2535**
获奖成果数（项）	**Prized Achievements (unit)**	**547**	**394**	**385**	**447**	**457**
#国家级	National Level	32	28	33	29	41
部省级	Provincial Level	346	279	218	270	277

15－10　各类专业技术人员数
Number of Scientific and Technical Personnels

单位:万人　　(10000 persons)

年份　地区 Year　Region	各类专业技术人员 Total	#工程技术人员 Engineering	#农业技术人员 Agriculture	#科学研究人员 Scientific Research	#卫生技术人员 Health Care	#教学人员 Teaching
1980	43.87	9.63	1.13	1.47	9.02	17.13
1985	83.41	20.70	1.76	1.59	13.35	35.90
1990	158.86	31.84	2.35	1.84	13.87	44.50
1995	184.97	28.38	2.65	0.60	15.48	50.72
2000	194.24	44.84	4.61	1.81	23.04	66.15
2001	186.05	40.11	4.18	1.75	23.19	66.95
2002	175.79	35.79	3.74	1.56	22.96	67.56
2003	163.20	29.19	3.74	1.82	22.07	68.01
2004	147.23	22.16	3.25	1.77	20.86	69.25
2005	148.67	20.96	3.18	1.83	23.45	69.33
2006	142.20	20.54	3.11	1.69	21.35	69.27
2007	142.18	20.03	2.92	1.64	21.86	69.00
2008	142.26	19.72	3.06	1.68	22.04	69.89
2009	141.61	19.67	2.99	1.64	21.88	69.48
2010	140.53	19.00	2.72	1.53	21.21	66.69
2011	140.51	19.82	2.85	1.71	22.04	69.09
2012	140.65	19.79	2.69	1.77	22.30	68.93
2013	117.11	10.99	2.58	0.82	22.37	66.95
2014	117.98	11.20	2.63	0.87	23.01	67.38
2015	118.43	11.46	2.59	1.21	23.01	67.43
2016	118.42	11.77	2.44	1.00	23.46	67.27
2017	119.34	11.78	2.60	1.04	23.75	67.74
2018	119.89	11.14	2.53	1.30	23.46	67.10
南京市 Nanjing	10.23	1.32	0.10	0.03	2.59	5.64
无锡市 Wuxi	8.49	0.83	0.07	0.02	2.09	4.95
徐州市 Xuzhou	10.66	0.88	0.21	0.06	2.01	7.36
常州市 Changzhou	6.06	0.41	0.09	0.05	1.78	3.48
苏州市 Suzhou	13.32	1.48	0.19	0.06	3.53	7.53
南通市 Nantong	8.89	0.97	0.21	0.03	1.96	5.58
连云港市 Lianyungang	6.60	0.67	0.17	0.02	1.12	4.32
淮安市 Huaian	5.74	0.41	0.17	0.02	1.08	3.96
盐城市 Yancheng	9.07	0.64	0.28	0.01	1.87	5.98
扬州市 Yangzhou	5.49	0.49	0.12	0.02	1.24	3.47
镇江市 Zhenjiang	4.15	0.43	0.12	0.02	1.05	2.44
泰州市 Taizhou	5.83	0.50	0.18	0.01	1.38	3.71
宿迁市 Suqian	4.77	0.23	0.44	0.05	0.24	3.79

注:本表数据含辖区内的全民所有制单位和集体所有制单位。

a) Figures in the table are the data of state-owned and collective-owned units.

15－11 三种专利申请受理量
Application for Three Kinds of Patents Accepted

单位:件 (unit)

项 目	Item	2000	2010	2014	2015	2016	2017	2018
申请受理量合计	**Applications Accepted**	**8210**	**235873**	**421907**	**428337**	**512429**	**514402**	**600306**
#发 明	Inventions	1159	50298	146660	154608	184632	187005	198801
实用新型	Utility Models	4590	51436	124980	154281	192636	219503	294090
外观设计	Designs	2461	134139	150267	119448	135161	107894	107415
#非职务	Non-official	4530	97222	125796		119677	96483	86597
职 务	Official	3680	138651	296111		392752	417919	513709
大专院校	Universities and Colleges	212	11290	26771	33550	42303	43232	58748
科研机构	Scientific Resarch Institutions	129	1743	4919	5148	5846	5635	5950
企业	Industrial and Mineral Enterprises	3296	125089	260501	275249	338726	360292	437601
机关团体	Government Agencies and Organizations	43	529	3920	4677	5877	8760	11410

15－12 三种专利授权量
Three Kinds of Patents Granted

单位:件 (unit)

项 目	Item	2000	2010	2014	2015	2016	2017	2018
授权量合计	**Patents Granted**	**6432**	**138382**	**200032**	**250290**	**231033**	**227187**	**306996**
#发 明	Inventions	341	7210	19671	36015	40952	41518	42019
实用新型	Utility Models	4095	41161	100810	119513	117827	126482	200333
外观设计	Designs	1996	90011	79551	94762	72254	59187	64644
#非职务	Non-official	3125	59588	52031		48082	39104	39649
职务	Official	3307	78794	148001		182951	188083	267347
大专院校	Universities and Colleges	139	6038	13003	19209	19848	21330	23930
科研机构	Scientific Resarch Institutions	106	688	1840	2377	2366	2339	2654
企业	Industrial and Mineral Enterprises	3022	71781	131966	166445	157887	161185	236629
机关团体	Government Agencies and Organizations	40	287	1192	3027	2850	3229	4134

15－13 全省产品质量监督检查情况（2018 年）
Results of Sampling Check on the Quality of Products under Provincial Supervision（2018）

产品名称	Item	监督检查批次数（批次）Batches of Supervision and Inspection（batch）	监督检查合格批次数（批次）Qualified Batches（batch）	批次合格率（%）Rate of Batch-times Qualified（%）
合　计	**Total**	**5122**	**4800**	**94**
食品相关产品	**Food Related Products**	**1014**	**1004**	**99**
餐具洗涤剂	Tableware Detergent	22	22	100
食品用塑料包装容器工具产品	Plastic Packaging Containers for Food Produ	896	886	99
日用消费品	**Consumer Goods**	**1655**	**1525**	**92**
电动自行车	Electric Bicycle	146	145	99
羽绒服	Doun Jaket	82	78	95
休闲服装	School nuiform	101	88	87
妇女用品	Wemen's Products	81	79	98
卫生纸	Living paper（Facial tissue、toilet paper）	60	56	93
洗衣液、洗衣粉、洗涤剂、洗手液	Washing Liquid, Washing Powder, Detergent Liquid Soap	53	47	89
建筑装饰装修材料	**Building Raw Materials**	**1068**	**973**	**91**
安全带	Safety Belt	35	35	100
木家具	Wood Furniture	179	167	93
地板	Floor	97	95	98
塑料管材	Plastic Pipe	88	74	84
水泥	Cement	128	128	100
管材	Pipe	20	14	70
工业生产资料	**Industrial Production**	**1240**	**1182**	**95**
低压成套设备	Valve	100	100	100
工业和商用电热食品加工设备	Power Cable	60	50	83
农业生产资料	**Aqricultural Production**	**145**	**116**	**80**
肥料	Manure	145	116	80

15－14　教育事业基本情况
Basic Statistics on Education

指　　标 Item		2014	2015	2016	2017	2018
学校数　（所）	**Number of Schools　(unit)**					
普通高等学校	Regular Institutions of Higher Education	134	137	141	142	167
普通中等学校	Secondary Schools	2875	2885	2908	2925	2970
中等专业学校	Specialized Schools	174	174	165	161	155
普通中学	Regular Secondary Schools	2644	2660	2692	2712	2765
#高　中	Senior Secondary Shools	567	569	571	564	578
职业高中	Vocational Senior Secondary Schools	57	51	51	52	50
小　学	Primary Schools	4023	4068	4036	4075	4103
特殊教育	Special Schools	106	106	101	101	102
专任教师　（万人）	**Number of Fulltime Teachers (10000 persons)**					
普通高等学校	Regular Institutions of Higher Education	10.45	10.72	10.98	11.29	11.64
普通中等学校	Secondary Schools	31.15	30.84	31.09	31.64	32.77
中等专业学校	Specialized Schools	3.03	3.04	2.98	3.03	3.18
普通中学	Regular Secondary Schools	27.13	26.88	27.17	27.66	28.64
#高　中	Senior Secondary Shools	9.65	9.54	9.51	9.47	9.56
职业高中	Vocational Senior Secondary Schools	0.99	0.92	0.95	0.96	0.95
小　学	Primary Schools	27.02	27.79	28.92	30.02	31.61
特殊教育	Special Schools	0.32	0.33	0.33	0.34	0.35
招生数　（万人）	**New Student Enrollment　(10000 persons)**					
普通高等教育	Regular Higher Education	49.40	49.96	50.58	59.83	62.74
研究生	Postgraduates	4.91	5.10	5.31	6.45	6.91
本专科生	University and College Students	44.49	44.86	45.27	53.39	55.83
普通中等学校	Secondary Schools	114.97	116.74	122.26	126.49	133.87
中等专业学校	Specialized Secondary Schools	17.40	17.72	17.55	13.59	16.01
普通中学	Regular Secondary Schools	93.75	95.38	101.98	107.23	115.44
#高　中	Senior Secondary Shools	31.98	31.95	31.82	31.46	35.21
职业高中	Vocational Senior Secondary Schools	3.82	3.64	2.73	5.67	2.42
小　学	Primary Schools	88.89	91.96	93.46	95.32	102.23
特殊教育	Special Schools	0.34	0.38	0.40	0.43	0.48
在校学生　（万人）	**Students Enrollment　(10000 persons)**					
普通高等教育	Regular Higher Education	184.93	187.13	190.74	194.46	200.08
研究生	Postgraduates	15.07	15.56	16.15	17.67	19.46
本专科生	University and College Students	169.86	171.57	174.58	176.79	180.63
普通中等学校	Secondary Schools	354.79	347.43	350.50	359.02	381.32
中等专业学校	Specialized Secondary Schools	54.00	51.89	51.13	40.52	49.76
普通中学	Regular Secondary Schools	288.62	284.52	290.10	303.03	323.84
#高　中	Senior Secondary Shools	103.42	97.80	95.15	94.34	98.08
职业高中	Vocational Senior Secondary Schools	12.17	11.02	9.27	15.47	7.72
小　学	Primary Schools	471.48	499.64	522.20	540.21	560.44
特殊教育	Special Schools	2.24	2.31	2.47	2.75	3.12
毕业生数　（万人）	**Graduates　(10000 persons)**					
普通高等教育	Regular Higher Education	52.04	52.69	52.52	53.53	53.87
研究生	Postgraduates	4.17	4.28	4.37	4.58	4.74
本专科生	University and College Students	47.87	48.41	48.16	48.95	49.13
普通中等学校	Secondary Schools	124.98	120.18	116.25	111.61	112.83
中等专业学校	Specialized Secondary Schools	18.40	18.06	17.06	13.28	16.43
普通中学	Regular Secondary Schools	101.12	98.09	95.47	93.01	93.60
#高　中	Senior Secondary Shools	39.67	36.88	33.87	31.76	31.24
职业高中	Vocational Senior Secondary Schools	5.46	4.03	3.72	5.32	2.80
小　学	Primary Schools	62.19	64.69	72.18	77.37	81.62
特殊教育	Special Schools	0.30	0.35	0.33	0.36	0.38

15－15 各级各类教育事业(2018 年)
Basic Statistics on Education by Level and Type (2018)

单位:人 (person)

指 标	Item	学校数(所) Number of Schools (unit)	毕业生数 Graduates	招生数 New Student Enrollment	在校学生数 Students Enrollment in schools	教职工数 Teachers and Staff	#专任教师 Full-time Teachers
普通高等教育	Regular Higher Education	167	538680	627444	2000840	170589	116350
研究生	Postgraduates		47412	69138	194563		
本专科学生	Undergraduate and Specialized Courses		491268	558306	1806277		
普通中等专业学校	Regular Specialized Secondary Schools	155	164296	160065	497649	35286	31783
普通中学	Regular Secondary Schools	2765	935977	1154426	3238377	366213	286386
高　中	Senior Secondary Schools	578	312440	352082	980758		95624
初　中	Junior Secondary Schools	2187	623537	802344	2257619		190762
职业高中	Vocational Senior Secondary Schools	50	27996	24240	77216	10611	9494
技工学校	Technical Schools	124	66226	96423	262193	18491	14373
小　学	Primary Schools	4103	816171	1022294	5604407	290109	316063
特殊教育学校	Special Education	102	2081	2655	16961	4104	3527
幼儿园	Kindergartens	7222	909487	893524	2555818	264681	151146
成人高等教育	Adult Higher Education	8	178980	232894	488053	1113	646
#广播电视大学	Radio and TV Universities	2	4248	20138	36155	570	250
管理干部学院	Colleges for Training Managerial Personnel	2	1121	1646	2719	328	262
职工高等学校	Schools of Higher Education for Staff	3	78	359	489	85	59
教育学院	Pedagogical College	1	1403	2258	3758	130	75
成人中等专业学校	Specialized Secondary Schools for Adults	13	20307	14899	51147	1605	824
成人中学	Secondary Schools for Adults	326	3912		5116	804	535
网络教育	Internet-based Education	2	27523	56359	114582		

15－16 全省研究生数
Number of Postgraduates

单位：人 (person)

指标	Item	2014	2015	2016	2017	2018
高等学校	**Institutions of Higher Education**					
招生数	New Student Enrollment	48937	50841	52885	64266	68960
在读人数	Student Enrollment	150135	155017	160978	176108	193963
#女　性	Female	69849	72285	76576	84443	94635
毕业生数	Graduates	41512	42601	43526	45627	47239
研究所(院)	**Research Institutions (Academies)**					
招生数	New Student Enrollment	168	174	169	189	178
在读人数	Student Enrollment	555	543	552	605	600
#女　性	Female	174	156	159	170	200
毕业生数	Graduates	167	162	157	172	173

15－17 各级各类学校女在校学生和女专任教师数
Number of Female Students Enrollment and Teachers by Level and Type of Schools

指标	Item	2014	2015	2016	2017	2018
女在校学生数（万人）	**Number of Female Students in Schools (10000 persons)**					
普通高等教育本、专科	Regular Institutions of Higher Education	84.45	85.28	86.66	87.25	89.02
普通中等专业学校	Regular Specialized Secondary Schools	26.35	25.00	24.22	23.99	22.95
普通中学	Regular Secondary Schools	134.89	132.81	135.50	141.13	150.61
职业高中	Vocational Senior Secondary Schools	5.44	5.03	4.39	3.97	3.28
小　学	Primary Schools	214.43	227.47	238.19	247.85	257.65
女在校学生占在校学生总数（%）	**Percentage of Female Students in Schools to Total Students (%)**					
普通高等教育本、专科	Regular Institutions of Higher Education	49.7	49.7	49.6	49.4	49.3
普通中等专业学校	Regular Specialized Secondary Schools	48.8	48.2	47.4	46.8	46.1
普通中学	Regular Secondary Schools	46.7	46.7	46.7	46.6	46.5
职业高中	Vocational Senior Secondary Schools	44.7	45.6	47.4	44.5	42.5
小　学	Primary Schools	45.5	45.5	45.6	45.9	46.0
女专任教师数（万人）	**Number of Full Time Female Teachers (10000 persons)**					
普通高等学校	Regular Institutions of Higher Education	4.74	4.87	5.00	5.20	5.39
普通中等专业学校	Regular Specialized Secondary Schools	1.62	1.64	1.63	1.66	1.75
普通中学	Regular Secondary Schools	13.39	13.46	13.76	14.23	14.98
职业高中	Vocational Senior Secondary Schools	0.49	0.47	0.48	0.50	0.50
小　学	Primary Schools	17.13	18.08	19.20	20.51	22.15
女专任教师占专任教师总数（%）	**Percentage of Full Time Female Teachers to Total Teachers (%)**					
普通高等学校	Regular Institutions of Higher Education	45.4	45.4	45.5	46.0	46.3
普通中等专业学校	Regular Specialized Secondary Schools	53.6	54.1	54.9	55.0	55.1
普通中学	Regular Secondary Schools	49.4	50.1	50.7	51.4	52.3
职业高中	Vocational Senior Secondary Schools	49.8	50.5	50.6	52.1	52.5
小　学	Primary Schools	63.4	65.1	66.4	68.3	70.1

15－18　普通高等教育分科学生数(2018年)
Number of Students for Regular Higher Education by Field of Study (2018)

单位:人　(person)

项　目	Item	毕业生数 Graduates	招生数 New Enrollment	在校生数 Total Enrollment
本科合计	**Undergraduate**	**260106**	**296250**	**1121239**
#女生	Female	136607	155443	574798
哲　学	Philosophy	133	151	719
经济学	Economics	15705	16918	65935
法　学	Law	7087	7421	28778
教育学	Education	7061	9600	34341
文　学	Literature	21374	23455	90156
#外语	Foreign Language	10566	12226	46617
历史学	History	608	757	2652
理　学	Science	15962	18641	71202
工　学	Engineering	107841	127710	470850
农　学	Agriculture	3196	3329	13448
医　学	Medicine	14100	15489	66380
管理学	Management	48922	49536	192868
艺术学	Art	18117	23243	83910
专科合计	**Specialist**	**231162**	**262056**	**685038**
#女生	Female	114026	120766	315367
农林牧渔大类	Farming, Forestry, Husbandry and Fishery	6054	7282	18780
交通运输大类	Transportation	1853	2084	5202
生化与药品大类	Biochemical and Drug	1377	1473	4057
资源开发与测绘大类	Resource Develpment and Mapping	1377	1473	4057
土建大类	Civil Construction	20862	19477	54455
水利大类	Water Conservation	73	59	238
装备制造大类	Manufacture	39171	41433	110639
生物与化工大类	Manufacture	2807	2155	6631
轻工纺织大类	Manufacture	1820	2329	6423
食品药品与粮食大类	Manufacture	5641	5259	15205
交通运输大类	Manufacture	10671	17676	43242
电子信息大类	Electronic Information	27074	39331	97587
医药卫生大类	Medicine and Health	16640	20179	51237
财经商贸大类	Tourism	50607	51677	143384
旅游大类	Tourism	7550	9874	25199
文化艺术大类	Public Education	16658	18358	46319
新闻传播大类	Art Design and Media	1939	2221	5468
教育与体育大类	Public Security	18019	17598	43179
公安与司法大类	Law	749	943	2186
公共管理与服务大类	Law	1597	2648	5607

注:招生数含五年制高职、专转本学生。

a) The enrollment number include five years higher vocational enducation and upgraded students.

15－19 分市教育事业基本情况(2018 年)

指　　标　　Item		南京市 Nanjing	无锡市 Wuxi	徐州市 Xuzhou	常州市 Changzhou
学校数　　(所)	**Number of Schools　　(unit)**				
普通高等学校	Regular Institutions of Higher Education	53	12	12	10
普通中等学校	Secondary Schools	259	206	375	175
中等专业学校	Specialized Schools	19	18	11	11
普通中学	Regular Secondary Schools	240	188	353	164
#高　中	Senior Secondary Shools	53	44	86	36
职业高中	Vocational Senior Secondary Schools	0	0	11	0
小　学	Primary Schools	360	203	924	216
特殊教育	Special Schools	12	7	13	5
专任教师　　(人)	**Number of Fulltime Teachers　　(persons)**				
普通高等学校	Regular Institutions of Higher Education	51765	6283	8569	5989
普通中等学校	Secondary Schools	28338	25480	40023	17759
中等专业学校	Specialized Schools	3870	4575	1902	2777
普通中学	Regular Secondary Schools	24468	20905	36253	14982
#高　中	Senior Secondary Shools	8196	7114	11187	4910
职业高中	Vocational Senior Secondary Schools	0	0	1868	0
小　学	Primary Schools	27542	21652	47692	15985
特殊教育	Special Schools	499	298	463	134
招生数　　(人)	**New Student Enrollment　　(persons)**				
普通高等教育	Regular Higher Education	269204	36728	42430	34387
研究生	Postgraduates	45624	2730	5255	1016
本专科生	University and College Students	223580	33998	37175	33371
普通中等学校	Secondary Schools	99911	95504	198041	71690
中等专业学校	Specialized Secondary Schools	15877	13735	15539	9247
普通中学	Regular Secondary Schools	84034	80872	173231	62443
#高　中	Senior Secondary Shools	28495	25744	37817	19450
职业高中	Vocational Senior Secondary Schools	0	897	9271	0
小　学	Primary Schools	83816	77928	153437	56773
特殊教育	Special Schools	509	282	1132	233
在校学生　　(人)	**Students Enrollment　　(persons)**				
普通高等教育	Regular Higher Education	856796	113879	145496	107695
研究生	Postgraduates	130068	7852	14797	2678
本专科生	University and College Students	726728	106027	130699	105017
普通中等学校	Secondary Schools	296980	279820	525851	209124
中等专业学校	Specialized Secondary Schools	51817	44028	40861	30079
普通中学	Regular Secondary Schools	245163	232861	455654	179045
#高　中	Senior Secondary Shools	79664	71549	111250	52629
职业高中	Vocational Senior Secondary Schools	0	2931	29336	0
小　学	Primary Schools	422149	398408	955761	304488
特殊教育	Special Schools	2881	1965	6058	1588
毕业生数　　(人)	**Graduates　　(persons)**				
普通高等教育	Regular Higher Education	238076	33871	37293	29555
研究生	Postgraduates	31693	1952	3671	652
本专科生	University and College Students	206383	31919	33622	28903
普通中等学校	Secondary Schools	88931	84131	140349	63032
中等专业学校	Specialized Secondary Schools	17209	14021	12149	11240
普通中学	Regular Secondary Schools	71722	68265	116010	51792
#高　中	Senior Secondary Shools	25103	21876	38714	16088
职业高中	Vocational Senior Secondary Schools	0	1845	12190	0
小　学	Primary Schools	55622	55808	138193	43280
特殊教育	Special Schools	364	234	505	218

Basic Statistics on Education by Region (2018)

苏州市 Suzhou	南通市 Nantong	连云港市 Lianyungang	淮安市 Huaian	盐城市 Yancheng	扬州市 Yanzhou	镇江市 Zhenjiang	泰州市 Taizhou	宿迁市 Suqian
26	9	5	7	6	9	8	7	3
328	219	194	211	302	181	122	195	203
20	5	9	13	6	9	10	9	15
304	206	180	196	286	168	111	181	188
73	43	36	32	56	34	22	35	28
4	8	5	2	10	4	1	5	0
420	324	451	245	333	208	113	138	168
12	7	7	7	10	7	5	5	5
12775	5064	2329	4133	3653	5473	5967	3279	1071
36563	28187	24526	24071	31553	18315	11751	20510	20587
4750	592	1644	2832	1527	1452	1618	1577	2667
31301	24484	21911	21193	27870	16215	10115	18769	17920
9978	8996	6993	6757	9124	6095	3471	6857	5946
512	3111	971	46	2156	648	18	164	0
41868	20793	26490	22563	27431	13369	9885	13867	26926
409	310	197	197	333	214	149	153	171
73405	31982	13465	22607	19867	28805	28850	18938	6776
5626	973	229	90		3281	4314		
67779	31009	13236	22517	19867	25524	24536	18938	6776
147454	98192	106697	100176	128030	69509	42186	64713	116628
18754	14386	11196	12284	9870	10611	6403	5379	16784
128206	82544	93564	86833	110892	58898	35754	57311	99844
36804	29025	26251	26128	34511	23431	12303	22301	29822
494	1262	1937	1059	7268	0	29	2023	0
156857	65496	76159	62122	77294	39692	29050	41775	101895
406	248	390	191	641	282	145	201	114
233372	97888	42069	72045	64053	87358	95933	63413	20843
15422	2582	459	211		8401	12093		
217950	95306	41610	71834	64053	78957	83840	63413	20843
419368	292685	301697	286672	356229	211808	121802	199529	311677
57480	46673	36239	39614	28385	36685	18808	19437	47543
360488	241086	258535	243444	305125	175123	102928	174791	264134
98064	77820	74973	74290	93075	64821	33523	63744	85356
1400	4926	6923	3614	22719	0	66	5301	0
781274	346196	452190	351593	454201	214547	153540	228918	541142
2930	2054	2728	1923	3492	2039	1036	1323	1134
58600	25642	10896	20341	17547	22886	22657	16602	4714
3884	728	61	32		1904	2835		
54716	24914	10835	20309	17547	20982	19822	16602	4714
118437	94506	86941	85200	105978	70648	35926	62264	91926
19019	16079	10925	13975	8605	12721	5357	6728	16268
98649	77007	73952	70267	89224	57927	30557	54947	75658
27365	25503	23960	23711	30467	21381	10254	20515	27503
769	1420	2064	958	8149	0	12	589	0
100096	53512	67881	61322	77164	35937	23385	34997	68974
526	312	179	294	514	306	109	150	119

15－20 每万人口在校学生数和中小学升学情况
Number of Students Per 10000 Population and Enrollment Rate of Secondary and Primary Schools

年份 Year	平均每万人口中 Number of Students per 10000 Population			小学学龄儿童入学率(%) Enrollment Rate of School-age Children (%)	小学毕业生升学率(%) Primary school Graduates Entering into Junior Secondary Schools (%)	初中毕业生升学率(%) Junior Secondary Graduates Entering into Senior Secondary Schools (%)
	大学生(人) University and College Students (person)	中学生(人) Secondary School Students (person)	小学生(人) Primary School Students (person)			
1978	10.4	667.9	1489.3	96.7	90.3	42.3
1980	14.2	553.8	1409.4	97.1	81.3	28.4
1985	19.2	492.3	1091.1	99.5	74.2	29.5
1989	23.0	426.4	980.9	98.8	79.8	38.2
1990	21.7	460.3	904.8	99.9	82.0	39.6
1991	21.1	467.4	869.1	99.3	84.2	40.0
1992	22.1	476.6	846.5	99.5	85.9	41.8
1993	25.9	481.3	853.9	99.4	88.0	45.4
1994	28.7	503.8	877.7	99.4	93.5	51.1
1995	29.5	530.5	912.5	99.8	96.6	56.8
1996	31.0	549.1	967.4	99.8	96.6	61.2
1997	33.4	547.9	1024.6	99.8	97.1	63.8
1998	38.0	550.3	1046.8	99.8	97.5	62.4
1999	49.8	565.8	1027.6	99.8	97.2	65.1
2000	61.7	592.3	980.7	99.8	97.2	68.5
2001	79.6	643.1	933.4	98.7	97.9	73.9
2002	94.9	710.7	860.6	99.6	98.2	78.6
2003	116.1	761.3	782.3	99.6	98.7	83.2
2004	133.8	795.3	710.7	99.7	98.8	84.8
2005	155.2	793.3	649.6	99.8	99.8	89.6
2006	173.0	775.1	603.7	99.9	100.0	93.5
2007	193.1	740.8	562.9	99.6	100.0	95.7
2008	204.9	697.7	531.6	99.9	100.0	96.0
2009	214.0	642.6	512.7	99.9	100.0	97.3
2010	209.6	588.1	506.8	99.9	100.0	97.5
2011	227.1	430.2	518.6	99.9	100.0	97.7
2012	228.6	401.4	533.8	100.0	100.0	98.0
2013	232.7	374.7	549.7	100.0	100.0	98.3
2014	232.3	362.6	592.3	100.0	100.0	100.0
2015	234.8	357.1	627.0	100.0	100.0	100.0
2016	238.4	362.6	652.9	100.0	100.0	100.0
2017	242.2	377.4	672.8	100.0	100.0	100.0
2018	248.5	402.3	696.1	100.0	100.0	100.0

15－21 各级学校教师负担学生数

Student-teacher Ratio by Level of School

年 份 Year	普通高等学校 Institutions of Regular Higher Education		普通中等学校 Regular Secondary Schools		小 学 Primary Schools	
	教师数（万人） Number of Teachers (10000 persons)	平均每个教师负担学生数（人） Student-teacher Ratio (person)	教师数（万人） Number of Teachers (10000 persons)	平均每个教师负担学生数（人） Student-teacher Ratio (person)	教师数（万人） Number of Teachers (10000 persons)	平均每个教师负担学生数（人） Student-teacher Ratio (person)
1978	1.34	4.5	16.75	23.3	27.07	32.10
1980	1.59	5.3	16.83	19.5	27.97	29.90
1985	2.30	5.2	16.53	18.5	25.91	26.20
1989	2.79	5.3	19.00	16.0	26.74	23.60
1990	2.76	5.3	19.63	15.9	26.95	22.70
1991	2.76	5.2	20.06	15.9	27.00	22.00
1992	2.70	5.7	20.32	16.2	26.66	21.90
1993	2.70	6.7	20.71	16.2	25.59	23.20
1994	2.73	7.4	21.28	16.6	26.95	22.90
1995	2.73	7.6	22.16	16.9	27.35	23.60
1996	2.74	8.1	22.82	17.1	27.96	24.60
1997	2.79	8.6	23.26	16.8	28.32	25.90
1998	2.86	9.6	23.57	16.8	28.20	26.70
1999	3.04	11.8	24.10	16.9	28.41	26.10
2000	3.31	13.7	25.02	17.3	28.90	24.90
2001	3.80	15.4	25.96	18.2	28.84	23.80
2002	4.43	15.8	27.38	19.2	27.95	22.70
2003	4.98	18.3	28.74	19.6	26.84	21.60
2004	5.90	18.0	30.19	19.6	29.22	19.94
2005	6.73	18.4	31.14	19.0	26.16	18.56
2006	7.84	17.8	31.92	18.3	26.05	17.49
2007	8.86	17.7	32.30	17.5	25.83	16.60
2008	9.63	17.4	32.51	16.5	25.47	16.02
2009	9.99	17.7	32.54	15.3	25.47	15.55
2010	10.20	17.4	32.36	14.3	24.96	15.98
2011	10.39	17.3	32.14	13.2	25.01	16.40
2012	10.60	17.1	31.94	12.5	25.26	16.70
2013	10.83	16.9	31.51	11.7	25.82	16.90
2014	10.45	17.7	31.15	11.4	27.02	17.40
2015	10.72	17.5	30.84	11.2	27.79	18.00
2016	10.98	17.4	31.48	11.3	28.92	18.10
2017	10.98	17.7	31.64	11.4	30.02	17.99
2018	11.64	17.2	32.89	11.75	31.61	17.73

主要统计指标解释

科技活动　指在自然科学、农业科学、医药科学、工程与技术科学、人文与社会科学领域（简称科学技术领域）中，与科技知识的产生、发展、传播和应用密切相关的有组织的活动。可分为研究与试验发展（R&D）、研究与试验发展成果应用及相关的科技服务三类活动。

科技活动人员　指直接从事科技活动、以及专门从事科技活动管理和为科技活动提供直接服务的人员。累计从事科技活动的实际工作时间占全年制度工作时间 10% 及以上的人员。（1）直接从事科技活动的人员包括：在独立核算的科学研究与技术开发机构、高等学校、各类企业及其他事业单位内设的研究室、实验室、技术开发中心及中试车间（基地）等机构中从事科技活动的研究人员、工程技术人员、技术工人及其它人员；虽不在上述机构工作，但编入科技活动项目（课题）组的人员；科技信息与文献机构中的专业技术人员；从事论文设计的研究生等。（2）专门从事科技活动管理和为科技活动提供直接服务的人员包括：独立核算的科学研究与技术开发机构、科技信息与文献机构、高等学校、各类企业及其他事业单位主管科技工作的负责人，专门从事科技活动的计划、行政、人事、财务、物资供应、设备维护、图书资料管理等工作的各类人员，但不包括保卫、医疗保健人员、司机、食堂人员、茶炉工、水暖工、清洁工等为科技活动提供间接服务的人员。

研究与试验发展（R&D）　指在科学技术领域，为增加知识总量、以及运用这些知识去创造新的应用而进行的系统的创造性的活动，包括基础研究、应用研究、试验发展三类活动。

基础研究　指为了获得关于现象和可观察事实的基本原理的新知识（揭示客观事物的本质、运动规律，获得新发现、新学说）而进行的实验性或理论性研究，它不以任何专门或特定的应用或使用为目的。其成果以科学论文和科学著作为主要形式。

应用研究　指为获得新知识而进行的创造性研究，主要针对某一特定的目的或目标。应用研究是为了确定基础研究成果可能的用途，或是为达到预定的目标探索应采取的新方法（原理性）或新途径。其成果形式以科学论文、专著、原理性模型或发明专利为主。

试验发展　指利用从基础研究、应用研究和实际经验所获得的现有知识，为产生新的产品、材料和装置，建立新的工艺、系统和服务，以及对已产生和建立的上述各项作实质性的改进而进行的系统性工作。其成果形式主要是专利、专有技术、具有新产品基本特征的产品原型或具有新装置基本特征的原始样机等。在社会科学领域，试验发展是指把通过基础研究、应用研究获得的知识转变成可以实施的计划（包括为进行检验和评估实施示范项目）的过程。人文科学领域没有对应的试验发展活动。

研究与试验发展人员　指参与研究与试验发展项目研究、管理和辅助工作的人员，包括项目（课题）组人员，企业科技行政管理人员和直接为项目（课题）活动提供服务的辅助人员。

研究与试验发展人员全时当量　指全时人员数加非全时人员按工作量折算为全时人员数的总和。例如：有两个全时人员和三个非全时人员（工作时间分别为 20%、30% 和 70%），则全时当量为 2 + 0.2 + 0.3 + 0.7 = 3.2 人年。

专业技术人员　指从事专业技术工作和专业技术管理工作的人员，即企事业单位中已经聘任专业技术职务从事专业技术工作和专业技术管理工作的人员，以及未聘任专业技术职务，现在专业技术岗位上工作的人员。包括工程技术人员，农业技术人员，科学研究人员，卫生技术人员，教学人员，经济人员，会计人员，统计人员，翻译人员，图书资料、档案、文博人员，新闻出版人员，律师、公证人员，广播电视播音人员，工艺美术人员，体育人员，艺术人员及企业政治思想工作人员，共十七个专业技术职务类别。

科技活动经费筹集　指从各种渠道筹集到的计划用于科技活动的经费，包括政府资金、企业资金、事业单位资金、金融机构贷款、国外资金和其他资金等。

政府资金　指从各级政府部门获得的计划用于科技活动的经费，包括科学事业费、科技三项费、科研基建费、科学基金、教育等部门事业费中计划用于科技活动的经费以及政府部门预算外资金中计划用于科技活动的经费等。

企业资金　指从自有资金中提取或接受其他企业委托的、科研院所和高校等事业单位接受企业委托获得的，计划用于科研和技术开发的经费。不包括来自政府、金融机构及国外的计划用于科技活动的资金。

金融机构贷款　指从各类金融机构获得的用于科技活动的贷款。

科技活动经费内部支出　指报告年内用于科技活动的实际支出包括劳务费、科研业务费、科研管理费，非基建投资购建的固定资产、科研基建支出以及其他用于科技活动的支出。不包括生产性活动支出、归还贷款支出及转拨外单位支出。

劳务费　指以货币或实物形式直接或间接支付给从事科技活动人员的劳动报酬及各种费用。包括各种形式的工资、津贴、奖金、福利、离退休人员费用、人民助学金等。

固定资产购建费　指报告年内使用非基建投资购建的固定资产和用于科研基建投资的实际支出额，即固定资产实际支出和科研基建投资实际完成额之和。固定资产是指长期使用而不改变原有实物形态的主要物资设备、图书资料、实验材料和标本以及其他设备和家具、房屋、建筑物。

新产品 指采用新技术原理、新设计构思研制、生产的全新产品，或在结构、材质、工艺等某一方面比原有产品有明显改进，从而显著提高了产品性能或扩大了使用功能的产品。既包括政府有关部门认定并在有效期内的新产品，也包括企业自行研制开发，未经政府有关部门认定，从投产之日起一年之内的新产品。

专利 是专利权的简称，是对发明人的发明创造经审查合格后，由专利局依据专利法授予发明人和设计人对该项发明创造享有的专有权。包括发明、实用新型和外观设计。

发明 指对产品、方法或者其改进所提出的新的技术方案。

实用新型 指对产品的形状、构造或者其结合所提出的适于实用的新的技术方案。

外观设计 指对产品的形状、图案、色彩或者其结合所作出的富有美感并适于工业上应用的新设计。

普通高等学校 指按照国家规定的设置标准和审批程序批准举办，通过国家统一招生考试，招收高中毕业生为主要培养对象，实施高等学历教育的全日制大学、独立设置的学院和高等专科学校、高等职业学校和其他机构。

成人高等学校 指按照国家规定的设置标准和审批程序举办的，通过全国成人高等教育统一招生考试，招收具有高中毕业或同等学历的人员为主要培养对象，利用脱产、业余或函授等多种形式对其实施高等学历教育的学校。包括广播电视大学、职工高等学校、农民高等学校、管理干部学院、教育学院、独立函授学院、其他机构。

小学学龄儿童入学率 指调查范围内已入小学学习的学龄儿童占校内外学龄儿童总数（包括弱智儿童，不包括盲聋哑儿童）的比重。计算公式为：

小学学龄儿童入学率 ＝ 已入学的小学学龄儿童数/校内外小学学龄儿童总数 × 100%

Explanatory Notes on Main Statistical Indicators

Scientific and Technological Activities(S&T Activities) refer to organized activities which are closely related to the creation, development, dissemination and application of the scientific and technical knowledge in the fields of natural sciences, agricultural science, medical science, engineering and technological science, humanities and social sciences (referred to as scientific and technological fields). S&T activities can be classified in to 3 categories: research and development(R&D) activities, application of R&D results, and related S&T services.

Personnel Engaged in S&T Activities refer to personnel directly engaged in S&T activities, in the management of S&T activ—ities, and in providing direct service to S&T activities, who spend over 10% of the total working hours in a year in S&T activities. (1) Personnel directly engaged in S&T activities include researchers, engineers, technicians and other related personnel engaged in S&T activities in independent—accounting R&D institutions, institutions of higher learning, and in research institutes, laboratories, technology development centers and central experiment workshops under enterprises and institutions. Also included are people working in S&T research project teams, professional and technical personnel working in S&T information archiving institutes, and graduate students working on the design of their thesis. (2) Personnel engaged in the management of S&T activities and in providing direct service to S&T activities include senior management people responsible for S&T activities in independent-accounting R&D institutions, S&T infor-mation archiving institutes, institutions of higher learning, and in enterprises and institutions where S&T activities are undertaken. Also included are people responsible for the planning, administration, personnel management, financial management, logistics supply, equipment maintenance, information and library management that are related with S&T activities. People providing indirect services are excluded, such as security, medical service, drivers, plumbers, cleaners and those providing catering and related service.

Scientists and Engineers refer to persons engaged in S&T activities who have obtained titles of senior and middle level professional positions, and those without such position but have completed university or higher education.

Research and Development(R&D) refers to systematic and creative activities in the field of science and technology aiming at increasing the knowledge and using the knowledge for new application. R&D includes 3 categories of activities: basic research, applied research and experiments and development.

Basic Research refers to empirical or theoretical research aiming at obtaining new knowledge on the fundamental principles of phenomena of observable facts to reveal the nature and law of movement of objects and to acquire new discoveries or new theories. Basic research takes no specific or designated application as the aim of the research. Results of basic research are mainly released or disseminated in the form of scientific papers or monographs.

Applied research refers to creative research aiming at obtaining new knowledge on a specific objective or target. Purpose of the applied research is to identify the possible use of results from basic research, or to explore new (fundamental) methods or new approaches. Results of applied research are expressed in the form of scientific papers, monographs, fundamental models or invention patents.

Experiments and Development refer to systematic activities aiming at using the knowledge from basic and applied researches or from practical experience to develop new products, materials and equipment, to establish new production process, systems and services, or to make substantial improvement on the existing products, process or services. Results of experiment and development activities are embodied in patents, exclusive technology, monotype of new products or equipment. In social sciences, experiment and development activities refer to the process of converting the knowledge from basic or applied researches into feasible programmes (including conduct of demonstration projects for assessment and evaluation). There is no experiment and development activities in the science of humani-ties. R&D Personnel refer to persons engaged in research, management and supporting activities of R&D, including persons in the project teams, persons engaged in the management of S&T activities of enterprises and supporting staff providing direct service to the research projects.

R&D Personnel refer to persons engaged in reasearch, management and supporting activities of R&D, including persons in project teams, persons engaged in management of S&T activities of enterprises and supporting staff providing direct service to the research projects.

Full-time Equivalent of R&D Personnel refers to the sum of the full-time persons and the full-time equivalent of part-time persons converted by workload. For instance, if there are 2 full-time persons and 3 part-time workers (20%, 30% and 70% of working hours respectively on R&D activities), the full-time equivalent is 2 + 0.2 + 0.3 + 0.7 = 3.2 person-years.

Professional and Technical Personnel refer to person engaged in professional and technical work or in the management of professional and technical activities, i. e., people with professional or technical positions who are engaged in professional and technical work or in the management of professional and technical activities, and people without professional or technical positions but are working on professional or technical posts. They include professionals and technicians working in 17 categories of technical occupations including engineering, agriculture, scientific researches, medical service, teaching, economic research and application, accounting, statistics, translation, libraries, archives, cultural and museum service, journalism and publication, lawyers, notarization service, radio and television broadcasting, handicraft and fine arts, sports, performing art, and political workers in enterprises.

Funding for S&T Activities refers to funds obtained from various sources for S&T activities, including government funds, self-raised funds by enterprises, self-raised funds by institutions, loans from financial institutions, foreign funds and other funds.

Government Funds refer to funds obtained from government agencies at all levels to be used for S&T activities, including fund for scientific undertakings, 3 kinds of fund for S&T activities, fund for capital construction for scientific researches, science fund, funds from education expenditures by education departments for S&T activities, and extra-budget fund from government agencies for S&T activities.

Self-raised Funds by Enterprises refers to self-raised funds by enterprises from their own expenditure or from other enterprises and funds received by universities or research institutions from enterprises for scientific research or technical development projects. Excluded in this category are funds from government agencies, financial institutions or from foreign institutions. Loans from Financial Institutions refer to loans from various financial institutions for S&T activities.

Loans from Financial Institutions refer to loans from various financial institutions for S&T activities.

Total Internal Expenditure of Funds on R&D refers to the real expenditure of surveyed units on their own R&D activities (basic research, application study, test and development) including direct expenditure on R&D activities, indirect expendure of management and services on R&D activities, expenditure on capital construction and material processing by others. Excluding the expenditure on production activities, return of loan, and fees transferred to cooperated and entrusted agencies on R&D activities.

Service Fees refer to direct or indirect payment, in cash or in kind, made to personnel engaged in S&T activities as remuneration and other fees. They include, in various forms, salaries, subsidies, bonus, benefits, retirement pension, stipend, etc.

Purchase or Construction of Fixed Assets refers to the fixed assets purchased or constructed using funds other than the investment in capital construction, and the actual expenditure on capital construction for scientific researches. In other words, it is the sum of the actual expenditure on fixed assets and the accomplished investment in capital construction for scientific researches. Fixed assets refer to main materials and equipment, literatures and documents in libraries, materials for experiments, specimen, instruments, furniture, buildings and constructions that can be used for a long time without changing the form and shape of those articles or constructions.

New Products refer to new products produced with new technology and new design, or products that represent noticeable improvement in terms of structure, material, or production process so as to improve significantly the character or function of the older versions. They include new products certified by relevant government agencies within the period of certification, as well as new products designed and produced by enterprises within a year without certification by government agencies.

Patent is an abbreviation for the patent right and refers to the exclusive right of ownership by the inventors or designers for the creation or inventions, given from the patent offices after due process of assessment and approval in accordance with the Patent Law.

Patents are granted for inventions, utility models and designs.

Inventions refer to the new technical proposals to the products or methods or their modifications.

Utility Models refer to the practical and new technical proposals on the shape and structure of the product or the combination of both.

Designs refer to the aesthetics and industrially applicable new designs for the shape, pattern and color of the product, or their combinations.

Regular Institutions of Higher Learning refer to educational establishments set up according to the government evaluation and approval procedures, enrolling graduates from senior secondary schools and providing higher education courses and training for senior professionals. They include full-time universities, colleges, high professional schools, high vocatoinal universities and other institutions.

Institutions of Higher Learning for Adults refer to educational establishments, set up in line with the government evalution and approval procedures, enrolling personnels with senior secondary school or equivalent education as main training objects, and providing higher education courses in many forms of full time, spare time, or correspondence for adults. Institutions of higher learning for adults include Radio and TV universities, schools of high education for staff and workers and peasants, colleges for management cadres, pedagogical colleges, independent correspondence colleges and other institutions.

Enrollment Rate of Primary School Age Children refers to the proportion of school age children enrolled at schools to the total number of school age children both in and outside schools (including retarded children, but excluding blind, deaf and mute children). The formula is:

Enrollment Rate of Primary School-age Children = (Total Primary School—age Children at Schools/Total Primary School age Children Both at and outside Schools) × 100%

16

文化、体育、卫生

Culture, Sports and Public Health

简 要 说 明

一、本篇资料的主要内容

本篇主要反映文化、新闻出版、广播电影电视、体育、卫生事业的发展情况。

文化部分主要包括文化艺术和文物机构人员情况，群众艺术馆、文化馆站、公共图书馆业务活动及经费情况，文化产业发展展情况；新闻出版部分包括报纸、期刊、图书出版情况；广播电影电视部分包括广播、电视事业发展情况，广播、电视节目制作时间；体育部分主要内容包括体育系统职工人数，等级运动员、裁判员人数，运动员在各级比赛中获奖牌情况；卫生部分主要内容有卫生机构、人员、床位数，医院诊疗人次及入院人数，传染病的发病及死亡等情况。

二、本篇的资料来源

根据各部门制定的统计报表制度汇总加工整理而成。文化艺术业、文物业、图书馆业、群众文化服务业的资料主要来自省文化和旅游厅；文化产业的资料来自省统计局；新闻出版资料来自省新闻出版局；广播、电视资料来自省广播电视局；体育资料来自省体育局；卫生部分的资料来自省卫生健康委员会。

Brief Introduction

I. Main Contents

Data in this chapter mainly reflect the development of culture; news and publication; radio broadcasting; films and television; sports; and public health.

Data on culture cover mainly information on institution and personnel of cultural and cultural relics; mass art centers; cultural centers (stations); facilities, services and expenditures of public libraries; Cultural industry development. Press and Publication section includes newspaper, periodicals and books published; Part of Radio, Film and TV includes broadcasting and television stations; production of broadcasting and TV programs.

Data on sports cover number of staff and workers in sports commissions, athletes and referees in grades and awards for athletes in competitions of all levels.

Data on public health include mainly the number of institutions; personnel, hospital beds; number of patients treated and in-patients; the incidence of and the deaths caused by infections diseases.

II. Sources of Data

Data are collected and tabulated in accordance with the statistic reporting schemes stipulated by the departments concerned. Data on cultural and arts, Cultural relics, libraries and mass culture are mainly from Jiangsu Provincial Department of Culture and Tourism; data on culture industry are from Jiangsu Bureau of Statistics; data on journalism are from Provincial Press and Publication Bureau; data on broadcasting and television are from Provincial Radio and Television Bureau; data on sports are from Province Sports Bureau; data on public heath are from Jiangsu Provincial Commission of Health and Wellness.

16－1 文化艺术和文物事业机构、人员情况
Number of Cultural Institution and Personnel

项　　　目	Item	机构数(个) Institution (unit)		从业人数(人) Engaged Persons (person)	
		2017	2018	2017	2018
总计	**Total**	**24541**	**24928**	**185426**	**159814**
艺术业	Art	962	999	19784	19407
#艺术展览、创作机构	Art Exhibition and Creation Mechanism	80	88	762	871
#艺术表演团体	Art Performance Troupes	628	662	13353	14069
话剧、儿童剧、滑稽剧类	Drama, Plays for Children and Comedy Troupes	121	133	1776	1992
歌舞、音乐类	Song and Dance	91	82	3270	2912
京剧、昆曲类	Peking Opera and Kunqu	16	15	359	346
地方戏曲类	Local Drama	153	160	3469	3877
杂技、魔术、马戏类	Acrobatics, Magic and Circus	52	45	886	991
曲艺类	Art Class	25	25	483	417
综合性艺术表演团体	Compenhensive Art Performing Groups	170	202	3110	3534
#艺术表演场馆	Art Centers	254	249	5669	4467
#剧场、影剧院	Theaters and Music Halls	174	178	3242	2796
图书馆业	Libraries	115	116	3473	3529
#少儿图书馆	Children's Libraries	7	7	108	105
群众文化服务业	Mass Culture	1394	1379	7302	7498
群众艺术馆、文化馆	Mass Art Centers	115	115	2180	2161
文化站	Cultural Stations	1279	1264	5122	5337
#乡镇文化站	Township Cultural Stations	910	877	3163	3698
艺术教育业	Art Education	13	13	789	757
中等专业学校	Secondary Art Schools		7		498
其他教育机构	Others		6		259
文化市场经营单位	Business Units Deding in Cultural Market	21850	21581	119452	95285
文艺科研	Art Research Institutions	7	7	90	93
其他文化类	Others	292	281	33824	22267
文物业	Cultural Relic Industry	432	439	7823	8087
文物保护管理机构	Agencies of Historical Relics Preservation	51	50	380	393
文物科研及其他文物机构	Research and Other Historical Relics Agencies	51	52	630	599
博物馆	Museums	322	329	6633	6923
综合性	Comprehensive	78	81	2911	2989
历史类	History	143	144	2743	2906
艺术类	Arts	65	65	680	679
自然科技类	Natural Science and Technology	9	8	67	84
其他	Other	27	31	232	265
文物商店	Cultural Relics Shops	8	8	180	172

16－2 群众艺术馆、文化馆站业务活动及经费情况（2018年）
Basic Statistics on Activities and Expenditures of Mass Art Centers and Cultural Centers（2018）

项 目	Item	总计 Total	群众艺术馆、文化馆 Mass Art Centers	文化站 Cultural Stations
单位数 （个）	Number of Units （unit）	1379	115	1264
举办展览 （个）	Number of Exhibitions （unit）	9104	1580	7524
组织文艺活动 （次）	Number of Cultural Activities （times）	67509	13201	54308
举办训练班班次 （次）	Number of Training Classes （times）	38214	15437	22777
举办训练班结业人次 （万人次）	Number of Persons Completing Courses （10000 person-times）	265.02	89.91	175.11
由群众艺术馆、文化馆（站）指导的单位	Units Responsible for Guiding Mass Art Center and Cultural Centers	20517	4622	15895
馆办文艺团体 （个）	Art Groups Run by Cultural Centers （unit）	410	410	
馆办老年大学 （个）	Colleges for Senior Citizens Run by Cultural Centers （unit）	41	41	
群众业余文艺团队 （个）	Part-time Art Groups （unit）	20066	4171	15895
总支出 （万元）	Total Expenditures （10000 yuan）	176511.4	72148.3	104363.1

注：本表仅为文化系统内。

a）Data in this table only refer to those under the administration of the cultural departments.

16－3 公共图书馆业务活动及经费情况（2018年）
Facilities, Services and Expenditures of Public Libraries（2018）

项 目	Item	总计 Total	#省级公共图书馆 Public Libraries at Provincial Level	#县(市、区)级公共图书馆 Public Libraries at County Level
总藏量 （万册、件）	Total Collections （10000 volumes）	9322.72	1211.56	5540.53
书架单层总长度 （万米）	Total Length of Bookshelves （10000 m）	138.25	26.00	50.87
累计发放有效借书证数 （万个）	Number of Library Cards Distributed Accumulately （10000 units）	1423.10	79.49	478.40
书刊文献外借人次 （万人次）	Total Number of Circulation Borrowed by the Readers （10000 person-times）	2939.00	156.14	1568.33
书刊文献外借册次 （万册次）	Number of Books Borrowed by the Readers （10000 volume-times）	5956.21	229.09	3754.83
组织各类讲座次数 （次）	Number of Activities Provided for Readers （times）	4460.00	104.00	3074.00
参加人数 （万人次）	Number of Readers Involved in Activities （10000 person-times）	68.43	2.96	44.83
举办展览 （个）	Number of Exhibition （unit）	1886	92	1202
参观人次 （万人次）	Visitors （10000 person-times）	376.30	47.76	218.07
举办培训班 （个）	Number of Training Classes （unit）	3050	314	1890
培训人次 （万人次）	Training Persons （10000 person-times）	12.79	0.18	10.24
总支出 （万元）	Total Expenditures （10000 yuan）	136249.50	21806.00	57459.70
#新增藏量购置费	Purchase Expenses	15099.10	2284.50	6702.60
本年新购藏量 （万册、件）	Number of Books Purchased During the Year （10000 volumes）	622.45	32.91	417.48
公用房屋建筑面积 （万平方米）	Floor Space of Public Buildings （10000 sq. m）	134.41	10.30	90.33
#书库	Stack Rooms	19.47	1.03	11.98
阅览室座席 （个）	Seating Capacity of Reading Rooms （seats）	70332	1840	48738

16－4 报纸、期刊出版情况（2018 年）

Basic Statistics on Newspaper and Periodicals Published（2018）

指 标	Item	种 数（种）Number of Publications（kind）	总印数（万册、万份）Printed Copies（10000 volumes）	总印张（万印张）Printed Sheets（10000 sheets）
报 纸	**Newspapers**	**81**	**214170.66**	**534958.47**
期 刊	**Periodicals**	**446**	**11272.44**	**49317.14**
综 合	Comprehensiveness	17	25.26	251.73
哲学、社会科学	Philosophy and Social Sciences	90	4282.99	19006.26
自然科学、技术	Natural Sciences and Technology	251	1954.12	8794.01
文化、教育	Culture and Education	60	4158.21	17551.54
文学、艺术	Literature and Art	28	851.86	3713.6
画 刊	**Pictorials**	**1**	**75.1**	**256.09**
少年儿童读物	**Children' s Reading Material**	**12**	**4697.39**	**15896.91**

16－5 图书出版情况(2018 年)

Basic Statistics on Books Published（2018）

指 标	Item	出版图书种数（种）Number of Publications（kind）	总印数（万册）Printed Copies（10000 volumes）	总印张（万印张）Printed Sheets（10000 sheets）
总 计	**Total**	**30747**	**68319.82**	**506386.73**
马列主义、毛泽东思想	Marxism-leninism, Mao Zedong Thought	54	22.32	266.91
哲学	Philosophy	428	432.03	5080.51
社会科学总论	General Social Sciences	179	83.78	1085.5
政治、法律	Politics and Law	368	214.18	2332.67
军事	Military Affairs	36	56.83	564.64
经济	Economics	687	214.46	2850.15
文化、科学、教育、体育	Culture, Science, Education and Sports	19041	58917.19	403455.15
语言、文字	Languages	657	374.4	5037.8
文学	Literature	4048	4807.5	53609.1
艺术	Arts	1485	1275.4	7754.8
历史、地理	History and Geography	866	657.84	8733.91
自然科学总论	General Natural Sciences	19	8.25	93.21
数理科学、化学	Mathematics and Chemistry	323	94.56	1296.98
天文学、地理科学	Astronomy and Geology	85	48.12	473.45
生物科学	Biology	97	81.78	891.66
医药、卫生	Medicine and Health Care	685	454.38	5518.07
农业科学	Agricultural Science	125	85.12	508.48
工业技术	Industrial Technology	1302	363.42	5469.94
交通运输	Transportation	70	13.96	221.76
航空、航天	Aeronautics and Aerospace	1	0.25	1.12
环境科技	Environmental Science	68	39.57	374.84
综合性图书	General Books	123	74.48	766.08

注：该表为使用中国标准书刊号部分。

a）In this table, the data were used according to the standard serial number of China.

16－6 分地区公共图书馆基本情况（2018 年）

指　　标	Item	南京市 Nanjing	无锡市 Wuxi	徐州市 Xuzhou	常州市 Changzhou
公共图书馆（个）	Number of Public Library (unit)	14	8	8	7
总藏量（万册件）	Total Collections (10000 copies)	752.84	852.66	386.49	533.46
人均拥有公共图书馆藏量（册）	Collections of Public Libraries Owned Per Person (copy)	0.89	1.3	0.44	1.13
有效借书证数（个）	Accumulative Number of Library Cards Distributed (unit)	398808	595741	200329	260861
总流通人次（万人次）	Number of Circulation (10000 person-times)	871.21	666.72	229.44	285.14
#书刊文献外借人次	Borrowing from Libraries	257.49	129.57	152.12	116.53
书刊文献外借册次（万册次）	Books and Periodicals Lent to Readers (10000 copies-times)	503.00	721.12	234.44	224.97
阅览室座席数（个）	Seats of Reading Room (unit)	7395	6585	5134	6838
每万人拥有公共图书馆建筑面积（平方米）	Floor Space of Buildings of Public Libraries Owned per 10000 Population (sq. m)	155.05	149.06	97.89	174.58
组织各类讲座次数（次）	Number of Lectures (time)	648	343	254	299
参加讲座人次（万人次）	Attending Lectures (10000person-times)	8.98	4.99	3.7	3.33
举办展览（个）	Exhibitions Held (unit)	319	196	108	78
参观展览人次（万人次）	Visiting Exhibitions (10000 person-times)	82.76	47.78	11.56	9.07
举办培训班（个）	Training Classes Held (unit)	390	184	187	321
参加培训人次（万人次）	Attending Training (10000 person-times)	1.47	0.6	0.53	1.23
计算机（台）	Computers (set)	1217	1070	527	563
#电子阅览室终端数	Terminals in Electronic Media Reading Rooms	808	638	393	248

Statistics on Public Libraries by Region (2018)

苏州市 Suzhou	南通市 Nantong	连云港市 Lianyungang	淮安市 Huaian	盐城市 Yancheng	扬州市 Yangzhou	镇江市 Zhenjiang	泰州市 Taizhou	宿迁市 Suqian
11	10	8	9	11	7	9	7	6
2373.46	679.57	317.41	383.9	461.52	467.46	391.24	340.66	170.5
2.21	0.93	0.7	0.78	0.64	1.03	1.22	0.73	0.35
9741792	609674	180571	192556	254101	484223	188980	167857	160600
3333.08	396.89	377.35	188.7	409.27	498.39	120.42	280.71	129.93
896.66	177.69	215.93	88.89	138.53	223.65	85.84	199.99	99.98
1764.52	420.3	367.48	197.96	248.27	345.7	207.86	322.74	168.76
11846	4613	3647	3347	4507	6512	3082	3208	1778
186.78	145.92	116.19	246.03	138.39	153.67	137.62	132.39	179.42
978	256	384	186	317	141	262	112	176
10.6	3.49	4.75	2.43	7.7	2.66	1.64	3.09	8.12
265	101	111	68	184	166	45	53	100
35.74	15.52	12.23	8.36	38.16	25.43	4.02	31.54	6.38
450	96	132	260	330	215	29	95	47
1.72	0.61	0.67	0.97	2.64	0.77	0.29	0.67	0.44
2327	801	486	722	892	708	695	433	426
1321	476	267	544	683	440	423	292	286

16－7　广播、电视事业发展情况
Basic Statistics on Broadcasting and Television Stations

项　　目	Item	2014	2015	2016	2017	2018
职工人数　（人）	Number of Staff and Workers　(person)	53699	52664	53531	73417	59604
中短波发射台及转播台（座）	Number of Transmission and Relaying Stations of Medium and Short Ware Broadcast　(set)	21	21	21	21	21
中短波发射机功率（千瓦）	Power of Transmitters of Medium and Short Ware Broadcast　(kW)	734	735	735	735	735
广播人口覆盖率　（%）	Radio Coverage of Population　(%)	99.99	100.00	100.00	100.00	100.00
广播电台　（座）	Radio　(set)		8	8	8	8
电视台（座）	Television Station　(set)		8	8	8	8
广播电视台（座）	Radio and Television　(set)		71	71	71	74
调频电视发射及转播台（座）	Launch and FM TV Station　(set)		98	104	106	106
调频发射机功率（千瓦）	FM Transmitter Power　(kW)		168.2	175.8	173.4	173.8
电视发射机功率（千瓦）	TV Transmitter Power　(kW)		510.15	512.95	535.70	533.70
电视人口覆盖率　（%）	TV Coverage of Population　(%)	99.88	100.00	100.00	100.00	100.00
有线电视用户数（万户）	Users of Cable TV　(10000 households)	2291	2226	2069	1606	1641
数字电视用户数（万户）	Users of Digital TV　(10000 households)	1787	1761	1754	1479	1567
有线电视入户率　（%）	Cable TV Coverage of Households　(%)	94.6	91.4	84.8	65.8	63.2

16－8　广播、电视节目制作时间
Time of Production of Broadcasting and TV Programs

单位：小时　　(hour)

项　　目	Item	2014	2015	2016	2017	2018
广播节目制作	**Production of Broadcasting Programs**	**603551**	**589282**	**608779**	**577970**	**565828**
#新闻	News Programs	106702	101840	104118	99103	95897
专题	Special Subject Programs	156862	136748	151160	135877	134736
文艺（综艺）	General Entertainment Programs	148263	158768	155311	147033	142494
广告	Advertising Programs	81997	76548	73031	69555	64168
电视节目制作	**Production of TV Programs**	**193135**	**189429**	**195036**	**195865**	**209004**
#新闻	News Programs	58391	58367	59534	53275	53466
专题	Special Subject Programs	46047	44822	43939	47159	54032
文艺（综艺）	General Entertainment Programs	20557	20610	19597	18017	32964
广告	Advertising Programs	36617	32668	33796	32047	30642

16－9 分地区规模以上文化及相关产业法人单位数（2017 年底）
Number of Legal Persons of Culture and Relavant Industry above Ddesignated Size by Region at Year-end（2017）

地　　区	Region	法人单位数(个) Legal Persons (unit)	文化制造业 Cultual Manufacturing	文化批发和零售业 Wholesale and Retail of Culture	文化服务业 Services of Culture
全　省	Province	7884	2494	1136	4254
南京市	Nanjing	1636	141	254	1241
无锡市	Wuxi	597	275	66	256
徐州市	Xuzhou	365	77	118	170
常州市	Changzhou	862	281	98	483
苏州市	Suzhou	992	438	120	434
南通市	Nantong	872	358	117	397
连云港市	Lianyungang	240	128	58	54
淮安市	Huaian	457	133	41	283
盐城市	Yancheng	513	149	99	265
扬州市	Yangzhou	405	160	46	199
镇江市	Zhenjiang	308	87	45	176
泰州市	Taizhou	334	110	48	176
宿迁市	Suqian	303	157	26	120

16－10 分地区规模以上文化制造业企业基本情况（2017年）

Basic Conditions of Cultural Manufacturing Enterprises above Designated Size by Region（2017）

单位：万元 （10000 yuan）

地区	Region	企业单位数（个）Number of Enterprises（unit）	年末从业人员（人）Engaged Persons at Year-end（person）	资产总计 Total Assets	营业收入 Business Revenue	营业税金及附加 Taxes and Extra Charges on Business	营业利润 Operating Profit	应交增值税 Value-added Tax Payable
全省	Province	2494	654622	56236601	75202464	360136	5079873	1721102
南京市	Nanjing	141	25986	3289412	4015860	10987	128556	10766
无锡市	Wuxi	275	65389	5840720	8961220	31022	477101	158627
徐州市	Xuzhou	77	14901	879297	2084563	12533	164380	85416
常州市	Changzhou	281	78680	5301488	7220114	30020	520999	182300
苏州市	Suzhou	438	221646	23294422	23515428	93278	1666230	350931
南通市	Nantong	358	68659	4441336	7373186	33667	628501	215881
连云港市	Lianyungang	128	20662	1345222	2919893	26896	220711	88134
淮安市	Huaian	133	22488	1013731	3362881	22795	191305	82263
盐城市	Yancheng	149	33779	2808072	4372011	29245	294532	155347
扬州市	Yangzhou	160	37004	1592774	3508866	15086	207164	99814
镇江市	Zhenjiang	87	20858	3976355	2850191	15111	227606	95751
泰州市	Taizhou	110	19911	1263220	3339365	29356	258837	156366
宿迁市	Suqian	157	24659	1190553	1678886	10141	93952	39506

16－11 分地区限额以上文化批发和零售业企业基本情况（2017年）
Basic Conditions of Enterprises of Wholesale and Retail of Culture above Designated Size by Region (2017)

单位:万元 (10000 yuan)

地区	Region	企业单位数（个）Number of Enterprises (unit)	年末从业人员(人) Engaged Persons at Year-end (person)	资产总计 Total Assets	营业收入 Business Revenue	营业税金及附加 Taxes and Extra Charges on Business	营业利润 Operating Profit	应交增值税 Value-added Tax Payable
全省	Province	1136	62713	23732260	32730964	61248	741654	258543
南京市	Nanjing	254	33481	19314864	23090802	23610	310471	137632
无锡市	Wuxi	66	3005	681833	1851291	3218	15616	18298
徐州市	Xuzhou	118	3093	200163	602333	4779	54124	15535
常州市	Changzhou	98	3716	607986	1237284	3044	28038	12281
苏州市	Suzhou	120	7462	1254915	3073209	9334	67186	35714
南通市	Nantong	117	3826	282594	667443	3474	43691	10761
连云港市	Lianyungang	58	1148	109879	285594	1546	10042	5544
淮安市	Huaian	41	888	59158	178971	1455	10528	2415
盐城市	Yancheng	99	1999	201995	424921	2683	35187	5839
扬州市	Yangzhou	46	1131	97200	149933	1788	6990	1996
镇江市	Zhenjiang	45	1084	202385	374664	4839	50816	8701
泰州市	Taizhou	48	1492	161879	282871	1035	12119	2767
宿迁市	Suqian	26	388	557408	511649	445	96847	1062

16－12 分地区重点文化服务业企业基本情况（2017 年）

Basic Conditions of Major Enterprises of Services of Culture by Region（2017）

单位:万元 （10000 yuan）

地 区	Region	企业单位数（个）Number of Enterprises (unit)	年末从业人员(人) Engaged Persons at Year-end (person)	资产总计 Total Assets	营业收入 Business Revenue	营业税金及附加 Taxes and Extra Charges on Business	营业利润 Operating Profit	应交增值税 Value-added Tax Payable
全省	Province	4254	458796	74892344	33164735	244211	3019378	745869
南京市	Nanjing	1241	182838	36346813	18098482	99400	1337948	416656
无锡市	Wuxi	256	31800	8415506	2487322	13168	264224	45941
徐州市	Xuzhou	170	10311	866599	485447	5891	60132	14288
常州市	Changzhou	483	64815	7459510	3785687	40608	581896	77975
苏州市	Suzhou	434	71538	8090144	3295049	21561	293003	93384
南通市	Nantong	397	22372	3602751	1561107	12477	158994	28149
连云港市	Lianyungang	54	5370	1779221	168842	1795	4027	3404
淮安市	Huaian	283	11021	783859	675574	12470	76140	12768
盐城市	Yancheng	265	12640	904697	518377	9298	66248	8955
扬州市	Yangzhou	199	13448	1239416	450151	6367	16468	10605
镇江市	Zhenjiang	176	10754	3368360	616394	7502	77277	13836
泰州市	Taizhou	176	13332	1316733	569789	11201	48136	13201
宿迁市	Suqian	120	8557	718737	452515	2474	34886	6708

16－13 体育系统职工人数（2018 年）

Number of Staff and Workers in Sports Commissions（2018）

单位：人 (person)

项目	Item	总计 Total	体育行政机关 Sports Administration	优秀运动队 Excellent Sports Teams	体育运动学校 Physical Education and Sports Schools	业余体校 Spare-time Sports Schools	体育场馆 Public Stadiums and Gymnasiums	其他 Others
总计	**Total**	**8917**	**972**	**1454**	**991**	**1140**	**1127**	**3274**
公务员	Civil Servant	931	931					
教练员	Coaches	1520		181	468	556	84	231
运动员	Athletes	1560		1065				495
科研人员	Scientific and Technical Personnel	104			10	2		92
医务人员	Medical Personnel	58		12	9	2	4	31
文化教师	Teachers	998			237	178	16	557
管理人员	Administrative Staff	1451		119	123	183	363	663
其他人员	Others	2295	41	1377	144	219	660	105

16－14 等级运动员、裁判员人数

Number of Athletes and Referees in Grades

单位：人 (person)

项目	Item	2014	2015	2016	2017	2018
等级运动员发展人数	**Number of Athletes in Grades**					
运动健将	Master of Sports	189	152	159	165	
一级	First Grade	825	581	515	587	622
二级	Second Grade	1568	1230	1583	1913	1689
等级裁判员发展人数	**Number of Referees in Grades**					
国家(际)级	National (International) Referees	40		17	16	
一级	First Grade	632	792	1327	749	622
二级	Second Grade	4848	4491	5298	4522	1689

注：2011 年始运动健将包含国际运动健将。

a) From the 2011, Athlete inculdes World-Class.

16－15 运动员在各级比赛中获奖牌情况(2018 年)

Awards for Athletes in Competitions of All Levels（2018）

单位：个 (unit)

项目	Item	冠军 Champion	亚军 Second Place	季军 Third Place
世界最高比赛	World Highest Competition	9	7	7
亚洲最高比赛	Asian Highest Competition	19	1	2
全国最高比赛	National Highest Competition	71	58	84

16－16 卫生事业基本情况（2018 年）

Basic Statistics on Health Care（2018）

项　　　目	Item	机构数（个）Institutions（unit）	床位数（张）Hospital Beds（bed）	卫生工作人员（人）Personnel（person）	#卫生技术人员 Medical Technical Personnel	#医师 Doctors
总　计	**Total**	**33253**	**491522**	**739294**	**590044**	**233250**
医　院	**Total Hospitals**	**1853**	**387981**	**442590**	**367057**	**124482**
综合医院	General Hospitals	1028	232691	278278	237272	80624
中医医院	Hospitals Specialized in Traditional Chinese Medicine	138	47756	60369	51919	19245
中西结合医院	Hospitals of Integrated Traditional Chinese and Western Medicine	37	7151	9797	8149	3074
专科医院	Specialized Hospitals	474	70344	78886	62073	19787
护理院	Nursing Hospitals	176	30039	15260	7644	1752
基层医疗卫生机构	**Primary Health Care Institutions**	**30294**	**93539**	**253847**	**193503**	**97255**
社区卫生服务中心(站)	Health Service Center for Community	2769	22349	53801	45934	19990
卫生院	Township Hospitals	1057	70814	95179	80800	35858
村卫生室	Village Health Stations	15311		44612	17612	15948
门诊部	Outpatient Departments	1932	184	28810	21677	10189
诊所、卫生所、医务室	County（District）Chinics, Sanitation Offices and Medical Matter Centers Sanitation Service Station	9225	192	31445	27480	15270
专业公共卫生机构	**Professional Public Health Agencies**	**808**	**7450**	**35699**	**25763**	**10266**
疾病预防控制中心	Disease Prevention and Controlling Centers	117		8146	6269	3837
专科疾病防治院(所、站)	Specilized Disease Prevention and Treatment Institutes	41	1334	1496	1138	510
健康教育所(站、中心)	Health Education Centers	6		100	41	20
妇幼保健院(所、站)	Maternity and Child Care Centers	114	6035	15284	12316	5061
急救中心(站)	Emergency Treatment Centers（Stations）	48	81	1753	768	406
采供血机构	Blood Collection and Supply Institutions	30		2235	1580	108
卫生监督所(中心)	Sanitation Supervision Agenicies	104		3380	2972	
计划生育技术服务机构	Family Planning Technical Services Institutions	348		3305	679	324
其他卫生机构	**Other Health Care Institutions**	**298**	**2552**	**7158**	**3721**	**1247**
疗养院	Sanatoriums	14	2552	1336	727	303
医学科学研究机构	Institutions of Medical Sciences Research	9		397	202	126
医学在职培训机构	In-service Training of Medical Science	26		885	210	91
临床检验中心(所、站)	Clinical Laboratory Center and Stations	58		2626	1354	128
统计信息中心	Statistical Information Center	10		93	6	1
其他	Other	181		1821	1222	598

16－17　卫生机构数
Number of Health Care Institutions

单位：个　　　　(unit)

年份　地区 Year　Region	总　计 Total	#医　院 Hospitals	#卫生院 Township Hospitals	#门诊部 Clinics	#妇幼保健院（所、站） Maternity and Child Care Conters	#专科疾病防治院（所、站） Specialized Disease Prevention and Treatment Institutes	#疾病预防控制中心（防疫站） Disease Prevention and Controlling Centers
1978	9277	2428			84	9	107
1980	9943	2457			99	17	119
1985	11515	2460			105	84	127
1990	12366	2491			114	108	135
1995	12039	2534			117	122	141
2000	12813	634	1877	106	112	118	142
2001	13208	662	1771	119	112	113	147
2002	12368	891	1625	293	111	80	145
2003	12733	920	1602	313	106	59	136
2004	14447	995	1493	371	107	45	143
2005	15324	1014	1472	372	107	49	154
2006	17143	1061	1407	395	107	48	153
2007	19129	1087	1384	458	106	49	166
2008	13451	1093	1448	474	104	49	170
2009	13388	1112	1440	484	105	47	170
2010	30961	1157	1276	535	103	46	130
2011	31680	1283	1223	708	106	53	129
2012	31054	1426	1117	813	110	48	128
2013	31005	1490	1066	921	109	45	124
2014	32000	1524	1046	992	110	43	123
2015	31925	1581	1035	1100	109	44	120
2016	32135	1679	1041	1300	110	42	117
2017	32037	1727	1058	1481	110	43	116
2018	33253	1853	1057	1932	114	41	117
南京市 Nanjing	2801	222	16	258	14	5	17
无锡市 Wuxi	2480	185	37	273	7	6	8
徐州市 Xuzhou	4599	161	161	117	14	2	11
常州市 Changzhou	1401	78	57	194	7	2	7
苏州市 Suzhou	3380	206	96	385	8	4	11
南通市 Nantong	3276	246	99	98	8	2	9
连云港市 Lianyungang	2700	89	91	113	9	1	9
淮安市 Huaian	2229	64	129	35	8	4	8
盐城市 Yancheng	3211	164	137	90	11	3	10
扬州市 Yangzhou	1813	80	69	169	8	4	7
镇江市 Zhenjiang	972	50	49	77	7	4	7
泰州市 Taizhou	1997	79	116	94	7	3	7
宿迁市 Suqian	2394	229	0	29	6	1	6

注：从2010年起卫生机构数包括村卫生室的数字（以下表同）。

a) From 2010, the number of health care institutions have involved the figure of village health stations (the same below).

16－18 卫生机构人员数

Number of Persons Engaged in Health Care Institutions

单位:万人 (10000 persons)

年份 地区 Year Region	卫生工作人员 Medical Personnel	卫生技术人员 Medical Technical Personnel	#执业(助理)医师 Doctors	#注册护士 Registered Nurses	每万人拥有医师数(人) Number of Doctors per 10000 Population (person)
1978	17.45	14.00	5.70	1.79	9.7
1980	19.03	15.04	6.10	2.08	10.2
1985	23.68	18.28	7.65	3.61	12.3
1990	27.58	21.35	9.94	5.34	14.6
1995	31.57	24.55	11.22	6.44	15.9
2000	32.18	25.36	11.44	7.39	15.6
2001	32.08	25.36	11.46	7.54	16.2
2002	30.08	24.00	10.22	7.25	14.3
2003	30.37	24.37	10.40	7.37	14.5
2004	30.95	25.01	10.60	7.70	14.7
2005	31.61	25.97	11.13	8.05	15.0
2006	33.45	27.54	11.46	8.59	15.7
2007	35.53	28.62	11.87	9.45	16.1
2008	36.13	29.16	11.97	10.09	15.6
2009	37.76	30.65	12.32	11.06	15.9
2010	45.93	32.84	12.90	12.26	16.4
2011	48.18	35.05	13.47	13.56	17.1
2012	52.02	39.61	15.80	15.53	19.9
2013	55.12	42.90	16.97	17.42	21.4
2014	58.96	45.85	17.86	18.88	22.4
2015	61.89	48.70	18.92	20.40	23.7
2016	65.42	51.71	20.47	22.12	25.6
2017	69.28	54.80	21.72	23.72	27.1
2018	73.93	59.00	23.33	26.04	29.0
南京市 Nanjing	10.37	8.41	3.16	3.83	37.4
无锡市 Wuxi	6.72	5.47	2.10	2.44	32.0
徐州市 Xuzhou	8.76	6.74	2.58	3.17	29.3
常州市 Changzhou	4.27	3.49	1.41	1.54	29.8
苏州市 Suzhou	10.66	8.52	3.29	3.76	30.6
南通市 Nantong	5.98	4.80	1.99	2.04	27.2
连云港市 Lianyungang	3.72	2.88	1.21	1.26	26.8
淮安市 Huaian	4.29	3.44	1.34	1.55	27.3
盐城市 Yancheng	5.33	4.28	1.88	1.67	26.1
扬州市 Yangzhou	3.43	2.75	1.12	1.17	24.7
镇江市 Zhenjiang	2.62	2.11	0.82	0.92	25.7
泰州市 Taizhou	3.69	2.94	1.23	1.25	26.4
宿迁市 Suqian	4.11	3.17	1.22	1.46	24.7

16－19 卫生机构床位数

Number of Beds in Health Care Institutions

单位:万张 (10000 beds)

年份 地区 Year Region	总计 Total	#医院 Hospitals	#卫生院 Township Hospitals	#社区卫生服务中心 Health Service Center for Community	#专科疾病防治院(所、站) Specialized Disease Prevention and Treatment Institutes	每万人拥有医院、卫生院床位数(张) Number of Hospital Beds per 10000 Population (bed)
1978	12.29	11.07				19.0
1980	12.75	11.62				19.6
1985	14.29	12.65				20.4
1990	16.45	14.54				21.5
1995	17.46	15.48				21.9
2000	17.31	10.01	6.18		0.13	22.1
2001	17.32	10.14	6.13		0.09	22.9
2002	17.45	11.38	5.58		0.10	23.8
2003	17.99	11.54	5.63		0.08	24.0
2004	18.90	12.31	5.42		0.14	24.6
2005	20.01	13.18	5.41		0.10	25.6
2006	21.16	14.27	5.31		0.10	26.8
2007	22.00	15.15	5.30	0.92	0.10	27.8
2008	23.51	16.39	5.70	0.82	0.07	28.8
2009	25.15	17.76	5.71	1.07	0.07	30.4
2010	26.97	19.55	5.20	1.58	0.09	31.5
2011	29.64	22.17	5.13	1.57	0.11	34.6
2012	33.31	25.59	5.18	1.67	0.13	38.8
2013	36.83	28.62	5.51	1.81	0.12	43.0
2014	39.23	30.93	5.56	1.85	0.11	45.8
2015	41.36	32.85	5.64	1.90	0.11	48.3
2016	44.31	35.62	5.88	1.82	0.11	51.9
2017	46.98	37.03	6.80	2.11	0.17	54.6
2018	49.15	38.80	7.07	2.23	0.13	59.7
南京市 Nanjing	54992	49448	471	3748	182	63.6
无锡市 Wuxi	46970	39743	1859	4201	60	69.7
徐州市 Xuzhou	58588	41553	12712	2948	339	65.0
常州市 Changzhou	26649	20927	3790	1112	40	54.6
苏州市 Suzhou	68921	58022	8604	2275	20	64.3
南通市 Nantong	44126	35425	7822	799	80	60.2
连云港市 Lianyungang	26197	18215	6051	627	200	55.3
淮安市 Huaian	29417	18597	8372	1159	62	57.1
盐城市 Yancheng	39879	29155	9042	1058	200	54.4
扬州市 Yangzhou	23355	17119	3626	1650	128	49.5
镇江市 Zhenjiang	15623	11416	1747	1511	0	45.9
泰州市 Taizhou	28275	20253	6559	951	23	59.9
宿迁市 Suqian	28530	28108	0	310	0	57.7

注:分市数计量单位为张。 a) The units of measurement is bed by region.

16－20　医疗机构门诊情况（2018 年）
Service of Health Institutions（2018）

指　　标　　Item		诊疗人次(万人次) Total Number of Patients Treated (10000 person-times)	#门　诊 Out-patients Service	#急　诊 Emergency Patients
总　计	**Total**	**59442**	**53593**	**4162**
医　院	**Hospitals**	**26426**	**23038**	**2896**
综合医院	General Hospitals	17526	15116	2105
中医医院	Hospitals Specialized in Traditional Chinese Medicine	4592	4065	411
中西医结合医院	Hospitals of Integrated Traditional Chinese and Western Medicine	612	530	75
专科医院	Specialized Hospitals	3662	3295	304
基层医疗卫生机构	**Primary Health Care Institutions**	**31644**	**29374**	**1125**
社区卫生服务中心(站)	Health Service Center for Commnunity	8996	8056	493
卫生院	Township Hospitals	9518	8672	631
#乡镇卫生院	Rural Township Hospitals	9501	8657	631
村卫生室	Village Health Stations	8954	8702	0
门诊部	Outpatient Departments	1193	1060	0
诊所、卫生所、医务室	County(District) Chinics, Sanitation Offices and Medical Matter Centers Sanitation Service Station	2983	2885	0
专业公共卫生机构	**Professional Public Health Agencies**	**1348**	**1164**	**141**
专科疾病防治院(所、站)	Specialized Disease Prevention and Treatment Institutes	119	118	0
妇幼保健院(所、站)	Maternity and Child Care Centers	1154	1046	65
急救中心(站)	Emergency Treatment Centers (Stations)	75	0	75
其他机构	**Other Health Care Institutions**	**25**	**18**	**1**
疗养院	Sanatoriums	25	18	1

16－21 医疗机构住院服务、病床使用情况（2018年）
Situation of Hospitalization Service and Beds Utilization of Health Institutions (2018)

指标	Item	病床使用率（%） Utilization Rate of Beds (%)			入院人数（万人） Hospital Admissions (10000 persons)			每百门急诊人次的入院人数（人） Hospital Admissions per 100 Patient-times (person)
		合计 Total	非营利 Non-profit	营利 Profit	合计 Total	非营利 Non-profit	营利 Profit	
总计	**Total**	**82**	**84**	**62**	**1449**	**1350**	**99**	**3**
医院	**Hospitals**	**86**	**90**	**62**	**1173**	**1076**	**98**	**5**
综合医院	General Hospitals	89	91	69	830	764	66	5
中医医院	Hospitals Specialized in Traditional Chinese Medicine	88	90	55	159	154	5	4
中西医结合医院	Hospitals of Integrated Traditional Chinese and Western Medicine	78	82	63	22	18	4	4
专科医院	Specialized Hospitals	84	90	47	154	133	21	4
基层医疗卫生机构	**Primary Health Care Institutions**	**62**	**62**	**18**	**246**	**246**	**0**	**1**
社区卫生服务中心	Health Service Center for Community	55	55	18	45	45	0	1
卫生院	Township Hospitals	65	65	0	201	201	0	2
乡镇卫生院	Rural Township Hospitals	65	65	0	201	201	0	2
专业公共卫生机构	**Professional Public Health Agencies**	**77**	**77**	**75**	**25**	**24**	**1**	**2**
专科疾病防治院（所、站）	Specialized Disease Prevention and Treatment Institutes	75	75		1	1	0	1
妇幼保健院（所、站）	Maternity and Child Care Centers	77	77	75	24	23	1	2
其他机构	**Other Health Care Institutions**	**50**	**53**	**17**	**5**	**5**	**1**	**28**
疗养院	Sanatoriums	50	53	17	5	5	1	28

16－22 法定报告传染病发病及死亡情况（2018 年）
Legal Report on Infection Disease Incidence and Death（2018）

病 名	Item	发病率（1/10 万）Incidence（1/100 thousand）	死亡率（1/10 万）Rate of Death（1/100 thousand）	病死率（%）Rate of Death from illness（%）
鼠疫	Pestilence			
霍乱	Cholera	0.0012		
传染性非典型肺炎	SARS			
艾滋病	AIDS	1.9304	0.3276	16.9677
病毒性肝炎	Viral Hepatitis	25.8864	0.0025	0.0096
脊髓灰质炎	Polio			
人感染高致病性禽流感	Highly Pathogenic Avian Influenza to Humans			
麻疹	Measles	0.1245		
流行性出血热	Hemorrhage Fever	0.3363	0.0037	1.1111
狂犬病	Hydrophobia	0.0274	0.0274	100
流行性乙型脑炎	Epidemic Encephalitis B	0.0062	0.0012	20
登 革 热	Pengue	0.081		
炭疽	Anthrax			
细菌性和阿米巴性痢疾	Dysentery	3.0762		
肺结核	Pulmonary Tuberculosis	31.0189	0.0971	0.3132
伤寒、副伤寒	Typhoid and Paralyphoid Fever	0.1843		
流行性脑脊髓膜炎	Epidemic Cerebrospinal Meningitis	0.005	0.0012	25
百日咳	Pertussis	0.1694		
白喉	Diphtheria			
新生儿破伤风	Newborn Tetanus	0.0042		
猩红热	Scarlet Fever	5.0141		
布鲁氏菌病	Brucellosis	0.2018		
淋病	Gonorrhea	11.1828		
梅毒	Syphilis	33.9456	0.0012	0.0037
钩端螺旋体病	Leptospirosis			
血吸虫病	Bilharziasis	0.0062		
疟疾	Malaria	0.2964		
人感染 H7N9 禽流感	Avian Influenza H7N9 Infection			

16－23 孕产妇及婴儿死亡率
Death Rate of Pregnant Women and Babies

指 标	Item	2014	2015	2016	2017	2018
孕产妇死亡率（1/10 万）	Death Rate of Pregnant Women（1/100 thousand）	4.65	4.64	4.47	10.42	9.83
婴儿死亡率（‰）	Death Rate of Babies（‰）	3.36	3.30	3.05	2.61	2.71
5 岁以下儿童死亡率（‰）	Death Rate of Children Aged 5 and Below（‰）	4.39	4.33	4.13	3.67	3.99

主要统计指标解释

文化事业机构 指从事专业文化工作和为专业文化工作服务的独立建制的单位。不包括这些单位另外举办独立核算的其他机构和各部门的业余文化组织。

艺术表演团体 指从事戏曲、音乐、舞蹈、杂技等专业艺术表演,有独立帐户的单位,不包括半工半艺、半农半艺和民间职业剧团。

等级运动员人数 指经考核正式批准授予等级运动员称号的人数。运动员等级分为国际级运动健将、运动健将、一级运动员、二级运动员、三级运动员、少年级运动员。

等级裁判员人数 指经考核正式批准授予等级裁判员称号的人数。裁判员等级分为国际裁判、国家级裁判、一级裁判、二级裁判、三级裁判。

卫生机构 指从卫生计生行政部门取得《医疗机构执业许可证》,或从民政、工商行政、机构编制管理部门取得法人单位登记证书,为社会提供医疗保障、疾病控制、卫生监督服务或从事医学科研和教育等工作的单位。

卫生技术人员 指卫生事业机构支付工资的全部职工中现任职务为卫生技术工作的专业人员,包括执业医师、执业助理医师、注册护士、药剂人员、检验人员和其他卫生技术人员。

执业(助理)医师和注册护士 指领取医师执业证书和注册护士证书的人员。

Explanatory Notes on Main Statistical Indicators

Cultural Institutions refer to units which have their own organizational system and independent accounting system and specilize in or serve cultural development. They exclude other establishment runed by these cultural institutions and amateur groups established by various departments.

Art Troupe refer to the troupe which is engaged in drama, opera, music, dance, acrobatics or other art performance, opens independent accounts with banks and has self-accounting system; excluding the troupes which are engaged partly in industrial or agricultural activities, partly in art performance and the professional troupes organized by the people.

Number of Athletes in Grades refers to the number of athletes who have been given titles through examination. The titles of athlets include international masters of sports, masters of sports, first grade, second grade and third grade sportsmen and young athletes.

Number of Referees in Grades refers to the number of referees who have been given titles after examination. They are classified as international referees, national referees and referees of the first, second and third grades.

Health Care Institutions refers to the units which have received the "Practitioner Licence Certification of Medical and Health Institutions" from health administration, or the registered certification of corporation units from the civil, industrial and commercial, and establishment administration. They provide the services of medical security, disease controlling, health supervision, or engaged in medical scientific research and education.

Medical Technical Personnel refer to all medical staff and workers employed by medical institutions, including doctor of Chinese and Western medicine, senior doctors who integrated traditional Chinese therapeutics with Western therapeutics in practice, senior nurses, pharmacists of Chinese and Western medicine, laboratory specialists, other specialists, paramedics of Chinese and Western medicine, nurses, midwives, druggists in Chinese and Western medicine, laboratory technicians, other technicians, other practitioners of Chinese medicine, nursing attendants, pharmacological workers of Chinese and Western medicine, laboratory workers and other primary medical personnel.

Practitioner(Assistant) Doctor and Registered Nurse refer to the doctors and nurses who have received the practitioner doctor certification and registered nurse certification respectively.

17

公共管理、社会保障和社会组织

Public Management, Social Services and Social Organizations

简 要 说 明

一、本篇资料的主要内容

本篇主要反映档案、民政、残疾人、社会保障、工会妇联、公检法司情况等内容。

档案部分主要包括档案机构人员，档案馆档案资料馆藏和利用情况；民政事业部分主要包括民政行业单位情况，民政事业经费情况，收养类单位情况，办理结婚、离婚情况；社会保障部分主要包括社会保险基本情况，社会保险基金收支及累计结余情况；公检法监司部分主要包括公安机关的刑事案件立案情况和治安案件查处情况，交通、火灾事故情况，人民检察院的办案情况，人民法院审理案件和收结案情况，监察委立案、结案情况，以及律师、公证、调解工作等情况。

二、本篇的资料来源

根据各部门制定的统计报表制度汇总加工整理而成。档案资料来自省委办公厅档案管理处；民政事业资料来自省民政厅；残疾人事业资料来自省残疾人联合会；社会保障资料来自省人力资源和社会保障厅；工会妇联资料分别来自省妇女联合会和省总工会；公检法监司资料分别来自省公安厅、省人民检察院、省高级人民法院、省监察委、省司法厅。

Brief Introduction

I. Main Contents

Data in this chapter show statistics on archives, civil affairs, disabled persons, social security, labour union, woman's federation, public security, procuratorial, legal and judicial affairs and so on.

Data on archives cover mainly information on persons and institutions of archives, conditions of files stored and used in archives; data on civil affairs include: basic conditions of affairs agencies, expenses for civil administration, statistics on adoptive homes, marriages and divorces; data on social security cover information such as basic statistics of social insurance, revenue, expenses and balance of social insurance fund; data on public security, procuratorial, legal, supervise and judicial affairs covering information on criminal cases registered and offense cases handled by the public security agencies, traffic or fire accidents, cases handled by procuratorate's offices, cases accepted and settled by the people's courts, data on the supervisory committee filing and closing the case, and statistics on lawyers, notarization and mediation.

II. Sources of Data

Data are collected and tabulated in accordance with the statistic reporting schemes stipulated by the departments concerned; data on archives are provided by the office of the Provincial Party Committee; data on civil affairs are from Provincial Department of Civil Affairs; data on disabled persons are from Province Disabled Persons' Federation; data on social security are from Provincial Department of Human Resources and Social Security; data on labour union and woman's federation are respectively from Province Women's Federation and Federation of Trade Unions; data on public security, procuratorial, legal, supervise and judicial affairs are respectively from Provincial Public Security Bureau, People's Procuratorate, Higher people's court Provincial Supervisory Committee and Justice Department.

17－1 档案事业机构人员数（2018 年）
Number of Persons and Institutions of Archives（2018）

项　　目	Item	机构数（个）Number of Institutions（unit）	专职人员数（人）Full-time Personnel（person）	#女　性 Female	#大专以上文化程度 College and Higher Level
总　计	**Total**	4990	6492	4356	6192
档案行政管理部门	Administrative Department of Archives	109	1288	615	1258
档案馆	Archives	156	1089	634	1086
档案室（处、科）	Archives Offices（Sections）	4725	4115	3107	3848

17－2 档案馆档案资料馆藏和利用情况
Conditions of Files Stored and Used in Archives

项　　目	Item	2014	2015	2016	2017	2018
馆藏档案	**Archives Stored**					
全　宗　（个）	Whole Volume　（unit）	22019	22427	20724	20836	21237
案　卷　（万卷）	Files　（10000 volumes）	2433	4298	1975	2159	2482
以件为保管单位档案（万件）	Take a piece as a storage unit file　（copy）			1716	1972	2649
录音录像影片档案　（盘）	Records, Films of Videotape Files　（copy）	93002	102026	80109	82241	87823
照片档案　（万张）	Photos　（10000 pieces）	297	330	175	178	172
馆藏资料　（万册）	**Number of Material Stored　（10000 volumes）**	**163**	**166**	**155**	**160**	**161**
档案馆面积　（平方米）	**Areas of Archives　（sq. m）**	**746920**	**800936**	**769284**	**851688**	**911137**
#库房面积	Areas of Storerooms	281333	301124	282623	315798	336597
档案资料利用	**Use of Material**					
利用档案人次　（万人次）	Number of Person-times Using Files Material　（10000 person-times）	68	71	44	50	61
利用档案卷次　（万卷件次）	Number of Archives Used　（10000 volume-times）	115	151	72	91	138
利用资料人次　（万人次）	Number of Archives Used　（10000 person-times）			1	1	2
利用资料　（册次）	Number of Data Used　（volumes-times）	36000	21200	21303	25009	29461
开放档案	**Opening archives**					
案　卷　（万卷/万件）	Files　（10000 volumes）	229	218	227	259	249
以件为保管单位档案　（万件）	Take a piece as a storage unit file　（10000 volumes）			44	59	74

注：本表档案馆指综合档案馆。
a) Archives in this table refer to comprehensive archives.

17－3 律师、公证及调解工作基本情况
Basic Statistics on Lawyers, Notarization and Mediation

项目	Item	2010	2014	2015	2016	2017	2018
律师工作	**Lawyers**						
律师事务所 （个）	Number of Lawyer Offices (unit)	1112	1385	1512	1612	1786	1882
律师所工作人员 （人）	Number of Lawyers (person)	11903	16708	18235	19140	21816	26570
担任法律顾问 （家）	Number of Units with Legal Advisors (unit)	57670	105755	90137	94244	77830	82623
民事案件诉讼代理 （件）	Agent of Civil Cases (case)	180151	248517	289806	367380	410173	493375
刑事诉讼辩护及代理 （件）	Defender and Agent of Criminal Cases (case)	28472	35135	37765	40995	49549	62453
非诉讼法律事务 （件）	Agent of Non-litigious Legal Affairs (case)	31780	73217	80327	86381	70793	85362
解答法律咨询 （人次）	Agent of Legal Advisory Services (person-times)	317252	256990	331423	377846	352949	388100
代写法律事务文书 （件）	Agent of Legal Document Written on Behalf of Clients (case)	29612	32459	33265	37052	35951	37689
行政诉讼 （件）	Administrative Lawsuit (case)	2703	3169	4650	6762	13261	10793
公证工作	**Notarization**						
公证处 （个）	Number of Notary Offices (unit)	110	104	104	104	104	107
公证人员 （人）	Notarial Personnel (person)	1230	1445	1504	1549	1598	1441
#公证员	Notaries	574	632	666	643	691	710
助理公证员	Assistant Notaries	343	462	487	570	605	731
办理国内公证文书 （件）	Number of Domestic Notarized Documents (case)	570380	477759	520165	643237	664324	551923
人民调解工作	**People's Mediation**						
人民调解委员会 （个）	Number of People's Mediation Committees (unit)	32189	34533	29566	33412	37467	25593
调解人员 （人）	Number of Mediators (person)	226714	154560	150618	138361	154506	116951

17－4　国内公证文书分类

Domestic Notarial Documents by Type

单位:件　(case)

指　标	Item	2017	2018
总　计	**Total**	**716810**	**551923**
合同(协议)	Contract (Agreement)	85210	54602
继承	Inheritance	68818	94130
单方法律行为	Unilateral Legal Act	292194	66815
现场监督	Field Supervision	12490	22982
保全证据	Preservation of Evidence	34257	34100
公司章程	Articles of Association of the Company	22	225
组织资格	Organization Qualification	236	3
财产权	Property	38	15
身份	Identity	6396	29070
收养关系	Child Adoption	82	33
婚姻状况	Marital Status	906	12917
亲属关系	Kinship Confirmation	3030	27357
有无违法犯罪记录	No Criminal Record	3444	22364
其他有法律意义事实	Other Legal Facts	2643	30621
证书(执照)	Certificate (License)	6346	20531
签名(印鉴)	Signature (Seal)	70312	57293
文本相符	Confirmation of Copies and Photo-offset Copies to Orignals	40484	47236
赋予执行效力	Give Effect to Execution	20835	20157
执行证书	Execution Certificate	1008	976
抵押登记	Mortgage Registration	382	107
提存	Drawing	73	60
保管	Safekeeping	2	3
其他	Others	67602	10326

17－5　涉外公证文书分类

Foreign-related Notarial Documents by Type

单位:件　(case)

指　标	Item	2014	2015	2016	2017	2018
总　计	**Total**	**231881**	**246455**	**240234**	**255136**	**212699**
出　生	Births	31466	35320	29586	29166	30818
学　历	Schooling	17568	19879	17404	14020	9356
经　历	Personal Histories	1314	802	1025	862	240
生存、居住	Survival and Residence	1550	1583	1811	1954	308
死　亡	Deaths	211	206	286	326	281
收　养	Child Adoption	277	248	148	240	15
亲属关系	Kinship Confirmation	20466	24381	21537	26820	22374
婚姻状况	Marital Status	6562	6626	5137	5438	8191
继 承 权	Rights of Inheritance	20	9	28	18	60
遗　嘱	Testaments	2	1	3	2	2
委 托 书	Proxy	2315	2362	2920	3900	3342
声 明 书	Announcement	3756	3168	4172	3968	2816
受、未受刑事处分	Criminal Records		28152	26881	26212	27167
文本相符	Confirmation of Copies and Photo-offset Copies to Originals	39654	33084	36959	35144	44737
其　他	Others	22494	47470	52229	63674	62992

17－6 民政行业单位基本情况
Basic Conditions of Affairs Agencies

指标	Item	单位数(个) Number of Institutions (unit)		职工人数(人) Number of Staff and Workers(person)	
		2017	2018	2017	2018
民政行业单位	**Civil Affairs Agencies**	**115063**	**121298**	**799697**	**988541**
民政行政机关	Civil Affairs Administrative Departments	118	117	3479	3322
民政事业单位	Civil Affairs Institutions	6258	6380	74290	73973
社区服务中心	Community Service Centers	3133	3621	27574	28302
婚姻登记服务类单位	Marriage Registration Institutions	79	78	531	532
提供住宿的社会服务机构	Soual Service Institutions Providing Accommodation	2384	2308	38001	39260
殡仪类单位	Funeral and Interment Institutions	244	230	4439	4374
福利彩票发行单位	Welfare Lottery Issuing Institutions	76	74	937	959
其他事业单位	Other Institutions	67	69	581	546
社会组织	Non-governmental Organizations	87024	93061	608498	795741
社会团体	Social Organization	35139	37261	208474	223108
基金会	Fund Organization	660	710	1554	2160
民办非企业单位	Non-enterprise Units Run by NGO	51225	55090	398470	570473
基层群众自治组织	Grass Roots Autonomy Organizations	21663	21740	112800	115505
社区居委会	Neighborhood Committee	7201	7330	72758	41294
村委会	Village Committee	14462	14410	40042	74211

17－7 民政事业费支出情况
Operating Expenses for Civil Administration

单位:万元 (10000 yuan)

年份 Year	民政事业费实际支出 Actual Operating Expenses for Civil Administration	#抚恤事业费 Commiserate	#社会救济福利事业费 Subsidies of Social Welfare	#自然灾害救济费 Subsidies of Natural Calamity
1980	15208	5138	7188	2882
1985	24095	11115	10976	2004
1989	27647	9098	7396	4203
1990	46657	20676	20333	5648
1991	69567	20530	27005	22032
1992	60808	22548	23267	14993
1993	60972	25920	27448	7605
1994	72276	31933	34078	6265
1995	87470	38966	39544	8961
1996	104278	48874	46470	8935
1997	119396	57247	52304	9846
1998	141192	67183	63207	10803
1999	157082	78084	69053	9945
2000	175738	86088	78046	11604
2001	187786	89952	87732	10102
2002	205763	54223	72244	8918
2003	255690	58221	91748	27724
2004	309196	72157	117935	13954
2005	419996	103882	178157	14999
2006	502744	118955	229594	17130
2007	632560	137177	274117	17801
2008	811832	161662	372348	13468
2009	996449	200052	450462	8037
2010	1265312	238040	559834	15339
2011	1726189	290324	926602	14140
2012	1970956	346611	748848	23477
2013	2335260	400631	966893	21365
2014	2460508	423763	1022106	16524
2015	2672006	463209	1142715	24696
2016	2872253	484847	1481146	60224
2017	3252263	516102	1815085	14024
2018	2541720		1914338	

注:社会救济福利事业费包含:城乡低保、农村社会救济、其他城镇社会救济、社会福利。

a) Subsidies of social welfare consists of urban and rural low, sucial relief of country, other town social relief and social welfare.

17－8 提供住宿的社会服务机构基本情况（2018 年）

Basic Statistics of Provide Accommodation Social service Agencies(2018)

项目	Item	机构数（个）Institutions (unit)	工作人员（人）Personnel (person)	床位（张）Beds (bed)	年末收养人员（人）Adoptions (person)
总计	**Total**	**2308**	**39260**	**412652**	**196208**
养老服务机构	Urban Pension Service Institutions	2191	36330	398617	188823
社会福利院	Social Welfare Centers	62	2939	26132	11618
为智障与精神病人提供服务的机构	**Institutions Providing Services for Retarded Pepole and Psychiatric Patients**	**10**	**1474**	**4783**	**4179**
社会福利医院	Social Welfare Hospitals	10	1474	4783	4179
为儿童提供收养救助服务的机构	**Adoptive Institutions Providing Services for children**	**33**	**634**	**3835**	**1841**
儿童福利机构	Children Welfare Institutions	13	551	2824	1837
未成年人救助保护中心	M inors Rescue and Protection Centers	20	83	1011	1250
其他提供住宿的社会服务机构	**Other Social Service Institutions Providing Accommodation**	**74**	**822**	**5417**	**1365**
生活无着人员救助站	Rescue Stations for Helpless Pepole	69	763	4767	1140
其他收留抚养机构	Other Adoptive Institutions	5	59	650	225

17－9　残疾人事业基本情况
Basic Statistics of People with Disabilities

项　　目	Item	2016	2017	2018
康复	**Rehabilitation**			
得到基本康复服务残疾人数	Basic rehabilitation services for disabled persons		383743	357783
视力残疾人数	Visual disability		41761	35484
听力残疾人数	Hearing handicapped		15958	12959
言语残疾人数	Speech handicapped		112	80
肢体残疾人数	Limb disabled		196944	176784
智力残疾人数	Intellectual handicapped		35227	30580
精神残疾人数	Psychopath		71846	76066
多重残疾人数	Multiple disabled		8897	8054
0－17岁未持证残疾儿童	0－17 year old children with no evidence of disability		12998	17776
残疾人康复机构(个)	Rehabilitation institution for the disabled (unit)		421	435
辅助器具服务机构(个)	Auxiliary equipment service (unit)		71	74
教育	**Education**			
新入园残疾儿童(彩票公益金助学项目)	New Admission Disabled Children (Lottery Public Welfare Scholarship Program)	186	165	162
特殊教育普通高中在校生	Students at Special Education Senior High Schools	521	762	588
残疾人中等职业教育在校生	Disabled Secondary Vocational Education Students	1225	1164	1544
普通高等院校录取残疾考生	Disable Students Admitted to Higher Education Instiutions	415	375	368
就业	**Employment**			
残疾人就业人数	Total Employment of Disabled Persons	366019	366632	380469
务农及种养大户	Farmer and Breeding Large Family	121367	117993	110872
灵活就业及居家就业	Flexible Employment and Home Employment	68192	70399	13425
按比例就业	Proportional Employment	66426	70151	72912
集中就业	Centralized Employment	50403	50431	50774
自主创业	Self-employed	8115	8565	9929

17－9 续表 Continued

项目	Item	2016	2017	2018
社区基层就业及公益性岗位	Community Employment at the Basic Level and Public Welfare Posts	3387	3545	68500
辅助性就业	Auxiliary Employment	7111	8449	12057
农村劳动力转移	Rural Labor Transfer	5278	5451	5538
基地就业	Base Employment	3085	3181	3177
其他	Ohter	32655	28467	33285
社会保障	**Social Security**			
残疾居民实际参加城乡社会养老保险人数	The number of people with disabilities participating in social pension in surance in urban and rura		1404165	1147338
60周岁以下参保残疾居民	Under 60 years of age Insured Disabled Residents	641310	780717	667431
#重度残疾人	Severely Disabled	208706	241854	299541
非重度残疾人	Non-severely Disabled	432604	538863	367890
扶贫	**Poverty Alleviation**			
残疾人实用技术培训	Practical Technical Training for Disabled Person (person-times)			
实用技术培训（人次）	Practical Technical Training (person-time)	14335	10233	8411
#扫盲教育	Anti-illiteracy Education	2740	2576	2178
农村贫困残疾人危房改造	Dilapidated House Renovation for Poor PWDs			
危房改造(户)	Dilapidated House Renovation (households)	921	847	839
受益残疾人	PWDs Benefited	1000	992	930
维权	**Legal rights protection**			
残疾人法律救助工作站(个)	Legal aid workstation for the disabled (unit)		89	93
残疾人法律救助工作站办理的案件(件)	Deal with the number of cases (unit)		140	182
残疾人机动轮椅车燃油补贴	Fuel allowance for motorized wheelchair		22356	20641
残联组织建设	**Federation of Disabled Persons Organization Development**			
残疾人专职委员(人)	Full-time member of the disabled		21993	20418
省市县乡残联实有人员(人)	Actual Personnel of Province-City-County-Township Federation of Disabled Persons	4973	4951	4605
残疾人人口库持证残疾人(万人)	Disabled people's population base for the disabled (10000 persons)		151	160

17－10 婚姻登记和离婚情况
Number of Marriages and Divorces

年份 Year 地区 Region	结婚登记对数(万对) Total Number of Registered Marriages (10000 couples)	内地居民登记结婚(万人) Registered Marriages in the Mainland (10000 persons)	涉外及港澳台居民登记结婚(万人) Registered Marriages with Foreigner or the Citizen of Hong Kong, Macao, Taiwan (10000 persons)	初婚(万人) First Marriages (10000 persons)	再婚(万人) Re-marriages (10000 persons)	离婚(万对) Divorces (10000 couples)
1985	43.01	86.01	0.01	84.51	1.51	2.11
1990	52.72	105.40	0.04	102.88	2.56	4.63
1995	57.51	114.93	0.10	112.00	3.03	6.76
2000	49.81	99.50	0.12	94.43	4.95	8.19
2001	44.42	88.60	0.13	83.25	5.35	8.62
2002	48.14	96.15	0.13	89.41	6.60	9.70
2003	46.15	92.17	0.13	85.84	6.20	9.65
2004	51.64	103.13	0.14	93.98	9.00	11.74
2005	47.20	94.26	0.14	84.94	9.66	12.38
2006	59.23	118.30	0.16	105.70	12.76	13.80
2007	57.14	114.11	0.17	99.93	14.36	16.04
2008	62.47	123.64	0.17	110.60	14.30	13.55
2009	73.09	145.99	0.17	129.51	16.66	14.37
2010	75.71	151.42	0.16	137.41	14.02	16.02
2011	86.75	173.34	0.17	152.53	20.97	16.68
2012	88.76	177.18	0.17	159.03	18.50	18.12
2013	90.38	180.42	0.33	158.20	22.55	21.66
2014	83.45	166.58	0.32	141.84	25.06	21.84
2015	78.60	156.88	0.32	132.21	25.00	22.93
2016	71.61	143.22	0.28	116.28	26.94	26.13
2017	67.55	135.10	0.14	106.29	28.81	24.62
2018	63.77	127.25	0.14	97.30	30.24	24.57
南京市 Nanjing	7.72	15.45		9.27	6.18	4.83
无锡市 Wuxi	3.17	6.35		5.12	1.23	1.40
徐州市 Xuzhou	8.24	16.48		12.90	3.58	2.87
常州市 Changzhou	2.69	5.38		4.18	1.20	1.19
苏州市 Suzhou	4.60	9.19		6.70	2.49	2.27
南通市 Nantong	5.46	10.92		8.59	2.32	1.50
连云港市 Lianyungang	4.56	9.12		7.11	2.01	1.59
淮安市 Huaian	5.21	10.42		8.35	2.07	1.77
盐城市 Yancheng	6.08	12.16		9.54	2.61	2.09
扬州市 Yangzhou	3.46	6.93		5.56	1.37	1.15
镇江市 Zhenjiang	2.04	4.07		3.08	0.99	0.85
泰州市 Taizhou	4.08	8.17		6.65	1.52	1.13
宿迁市 Suqian	6.31	12.62		10.06	2.57	1.90

17－11　社会保险基本情况
Basic Statistics of Social Insurance

单位:万人　　　　(10000 persons)

年份 Year 地区 Region	失业保险 Unemployment Insurance			城镇职工基本医疗保险 Basic Medical Care Insurance		工伤保险 Work Injury Insurance		年末参加生育保险人数 Maternity Insurance Contributors at Year-end
	年末参保人数 Contributors at Year-end	全年发放失业保险金人数 Beneficiaries of Unemployment Insurance Fund	全年发放失业保险金(亿元) Unemployment Relief (100 million yuan)	年末参保职工人数 Contributors at Year-end	年末参保退休人员 Retirees Contributors at Year-end	年末参保人数 Contributors at Year-end	年末享受工伤待遇的人数 Beneficiaries at Year-end	
2001	750.90	53.70	9.16	367.64	122.65	473.94	0.79	483.46
2002	733.87	76.71	13.00	507.69	183.24	480.00	1.44	486.06
2003	761.62	88.25	13.92	608.41	226.67	503.02	1.68	504.06
2004	797.09	85.98	14.73	715.11	261.62	577.20	2.28	552.68
2005	838.48	67.02	12.03	821.07	303.02	680.21	3.22	630.92
2006	901.08	51.63	9.36	935.77	338.51	812.69	5.06	711.49
2007	968.48	48.65	9.37	1070.34	365.45	920.98	5.84	794.11
2008	1052.24	48.83	11.57	1213.90	390.35	1055.71	7.90	907.23
2009	1079.14	49.98	14.17	1282.50	418.63	1118.10	9.34	962.46
2010	1153.78	46.51	13.95	1405.06	443.20	1205.52	9.79	1086.44
2011	1238.16	57.70	19.83	1541.55	470.89	1327.46	10.66	1199.21
2012	1332.18	64.14	28.73	1646.53	508.94	1420.74	12.29	1276.25
2013	1389.34	68.70	31.69	1731.09	543.64	1487.27	13.57	1355.62
2014	1441.56	67.93	35.71	1784.86	576.95	1540.11	14.28	1374.56
2015	1490.91	68.30	40.63	1818.20	610.80	1594.14	14.66	1471.68
2016	1538.22	70.54	47.17	1849.36	641.16	1633.93	15.08	1510.32
2017	1582.95	65.36	48.96	1921.36	679.77	1690.19	14.33	1582.01
2018	1671.27	61.46	48.66			1777.50	14.79	
南 京 市 Nanjing	289.12	16.10	13.94			286.50	1.95	
无 锡 市 Wuxi	221.00	7.09	5.60			224.02	2.18	
徐 州 市 Xuzhou	90.61	3.31	3.24			91.61	1.03	
常 州 市 Changzhou	121.59	4.56	3.56			131.61	1.17	
苏 州 市 Suzhou	424.50	13.73	10.32			431.21	2.90	
南 通 市 Nantong	111.91	5.00	3.75			131.20	1.32	
连云港市 Lianyungang	42.30	1.28	0.89			53.15	0.32	
淮 安 市 Huaian	66.80	1.01	0.69			56.26	0.36	
盐 城 市 Yancheng	78.56	2.10	1.51			89.27	0.71	
扬 州 市 Yangzhou	67.03	2.92	2.01			80.61	0.93	
镇 江 市 Zhenjiang	53.95	2.07	1.56			61.35	0.70	
泰 州 市 Taizhou	68.80	1.86	1.31			83.80	0.89	
宿 迁 市 Suqian	35.10	0.44	0.26			49.09	0.33	

17－12 社会保险基金收支及累计结余

Revenue, Expenses and Balance of Social Insurance Fund

单位:亿元 (100 million yuan)

年 份 Year	合 计 Total	企业职工基本养老保险 Enterprise Basic Pension Insurance	失业保险 Unemployment Insurance	城镇职工基本医疗保险 Urban Workers Basic Medical Care Insurance	工伤保险 Work Injury Insurance	生育保险 Maternity Insurance
基金收入 Revenue						
2001	205.03	148.53	18.28	33.43	2.18	2.61
2002	271.46	194.12	20.10	51.27	2.67	3.30
2003	344.49	238.86	24.97	73.32	3.32	4.01
2004	413.75	283.40	26.69	94.40	4.25	5.01
2005	519.83	356.23	31.63	117.99	6.66	7.32
2006	667.93	456.36	39.23	154.62	9.05	8.67
2007	874.11	598.45	48.71	203.65	12.12	11.19
2008	1107.35	749.30	62.88	264.07	16.12	14.98
2009	1251.93	865.28	63.00	291.67	15.74	16.24
2010	1450.34	999.80	72.46	339.90	18.77	19.41
2011	1854.94	1269.20	105.71	421.94	32.29	25.80
2012	2295.10	1566.17	121.63	531.60	43.70	32.00
2013	2513.41	1674.81	134.20	611.10	57.00	36.30
2014	2815.97	1889.12	114.86	698.60	73.35	40.04
2015	3141.11	2114.01	130.07	783.16	79.06	34.81
2016	3358.18	2259.27	112.44	869.39	78.13	38.95
2017	3719.86	2509.03	88.03	980.82	85.31	56.67
2018		2989.31	94.21		78.03	
基金支出 Expenses						
2001	187.12	145.79	16.50	21.60	1.48	1.75
2002	251.47	192.36	20.09	35.42	1.68	1.92
2003	289.96	207.41	22.05	55.55	2.80	2.15
2004	339.98	243.75	21.13	69.35	2.82	2.92
2005	401.03	281.85	20.22	90.60	4.01	4.34
2006	493.45	355.28	20.06	107.73	5.41	4.96
2007	586.98	419.36	19.81	133.83	7.05	6.93
2008	751.91	524.33	31.00	178.56	9.85	8.17
2009	913.13	617.65	40.77	231.80	11.92	10.99
2010	1075.78	737.91	41.37	270.26	13.94	12.29
2011	1337.14	884.20	74.92	338.01	24.19	15.82
2012	1615.07	1078.06	57.35	418.74	38.70	22.22
2013	1943.66	1309.63	62.85	496.12	48.12	26.94
2014	2305.80	1553.78	70.16	586.60	61.08	34.18
2015	2640.03	1792.82	76.13	666.98	61.08	43.02
2016	2967.09	2006.70	109.77	735.25	55.24	60.13
2017	3257.07	2213.72	99.95	812.22	58.87	72.31
2018		2705.27	98.22		65.39	
累计结余 Balance at Year-end						
2001	104.48	56.99	18.46	18.37	6.08	4.59
2002	124.37	58.74	18.37	34.22	7.07	5.97
2003	178.03	90.25	20.37	52.00	7.59	7.83
2004	249.39	127.58	25.83	77.05	9.02	9.91
2005	368.71	201.96	37.76	104.44	11.66	12.89
2006	550.51	305.40	58.26	154.95	15.31	16.59
2007	837.51	484.54	87.16	224.57	20.38	20.85
2008	1192.97	709.52	119.04	310.08	26.67	27.66
2009	1531.68	957.14	141.18	369.95	30.50	32.91
2010	1906.24	1219.03	172.27	439.60	35.32	40.03
2011	2424.02	1604.03	203.03	523.52	43.42	50.02
2012	3104.13	2092.14	267.30	636.40	48.50	59.79
2013	3667.81	2457.32	332.57	751.42	57.35	69.15
2014	4184.06	2792.66	383.36	863.42	69.61	75.01
2015	4685.13	3113.84	437.31	979.59	87.59	66.80
2016	5074.29	3366.42	439.97	1111.79	110.49	45.61
2017	5537.07	3661.73	428.05	1282.95	136.93	27.42
2018		3945.76	424.04		149.57	

17-13 工会、妇联基本情况

Basic Statistics on Labour Union and Women's Federation

单位:个 (unit)

项目	Item	2014	2015	2016	2017	2018
工会基本情况	**Basic Condition of Labour Union**					
基层工会组织数	Number of Grassroot Labour Unions	491172	517723	168000	172000	175600
职工人数 (万人)	Number of Staff and Workers (10000 persons)	2192.56	2390.29	2439.19	2477.71	2531.07
#女职工人数	Women Workers	918.76	978.58	1009.84	1009.83	1034.42
会员人数 (万人)	Number of Members (10000 persons)	2122.68	2265.32	2352.60	2397.43	2446.65
#女会员人数	Women Members	897.07	956.25	987.79	987.48	1011.15
女职工工作委员会	Number of Women Workers Working Committees	114188	118775	151102	169489	173175
建立工会经费审查组织	Number of Units Established with Funds Examing by Labour Union	112003	111587	123978	120437	122615
建立职工代表大会制度的单位	Number of Units Established with Workers Delegating Congress System	130714	138554	342643	365876	362531
实行厂务公开的单位	Number of Units Carried Out the Factory Business to Public	123285	127829	326637	319082	314180
建立工会劳动保护监督检查委员会	Number of Units Established with Labour Protection, Supervisting and Examing Committees	103690	108013	111130	116679	118175
建立工会劳动法律监督组织	Number of Organizations Established with Law of Labour Supervising Committees by Labour Union	104568	110347	115432	114662	116227
建立劳动争议调解委员会的单位	Number of Units Established with Mediating Committee of Labour Disputes	98139	102907	105841	101502	103482
建有职工技协组织	Number of Organizations Established with Technical Association of Staff and Workers	5028	6966	9014	7270	7084
职工董事人数 (人)	Staff Sensible (person)	8609	8162	7931	4449	4431
#女性	Female	3388	2900	2777	1396	1355
职工监事人数 (人)	Staff Supervisor (person)	6389	7010	6520	4228	3654
#女性	Female	2551	2660	2483	1703	1514
妇联基本情况	**Basic Condition of Women's Federation**					
基层妇代会数	Number of Grassroot Dlegating Congress	20920	20631	14477	14553	14707
妇联干部数 (人)	Number of Cadres of Women's Federation (person)	2565	2636	2673	2620	2645
按年龄分	Grouped by Age					
35 岁以下	Aged 35 and Below	1018	986	1004	782	788
36—45 岁	Aged 36—45	1005	1071	1086	1016	1100
46—55 岁	Aged 46—55	510	543	546	783	706
56 岁以上	Aged 56 and Above	32	36	37	39	51
按文化程度分	Grouped by Educational Attainment					
研究生	Postgraduates	294	355	392	401	493
大学本科、大专学历	University or College	2184	2189	2200	2179	2087
高中、中专及以下	Senior Middle School, Specialized Secondary School and Below	87	92	81	40	65

注:2011 年起,基层妇代会包括乡镇街道、村社区;干部人数统计到县、乡镇街道,含行政、事业和其他。

a) From 2011, Grassroots Women's Congress inluding township and village communities; the number of cadres statistics to country, township, including administrative, institution and others.

17－14 公安机关立案的刑事案件情况
Criminal Cases Registered in Public Security Organs

案件类别	Category of Cases	立案（起） Number of Cases Registered(case)		构成（%） Composition(%)	
		2017	2018	2017	2018
合计	**Total**	**383644**	**369646**	**100**	**100**
杀人	Homicide	316	267	0.08	0.07
伤害	Injury	4312	4037	1.12	1.09
抢劫	Robbery	700	517	0.18	0.14
强奸	Rape	1348	1408	0.35	0.38
拐卖妇女儿童	Bduction	24	116	0.01	0.03
盗窃	Larceny	269412	237344	70.22	64.21
诈骗	Fraud	58622	77408	15.28	20.94
走私	Smuggle	0	0	0.00	0.00
伪造、变造货币，出售、购买、运输、持有、使用假币	Holding and Using Counterfeit Money	125	70	0.03	0.02
毒品刑事犯罪	Criminal offense of drugs	4327	3910	1.13	1.06
抢夺	Rob	853	700	0.22	0.19
信用卡诈骗	Fraud on credit card	1523	1182	0.40	0.32
其他	Others	42082	42687	10.98	11.55

17－15 公安机关受理、查处治安案件情况
Offense Cases Against Public Order Handled by Public Security Organs

单位：件 (case)

案件类别	Category of Cases	2017		2018	
		受理 Number of Cases Accepted to be Treated	查处 Number of Cases Investigated and Treated	受理 Number of Cases Accepted to be Treated	查处 Number of Cases Investigated and Treated
合计	**Total**	**764971**	**748374**	**804239**	**781762**
扰乱公共场所秩序	Disturbing the Orders in Public Places	2336	2340	13307	13052
寻衅滋事	Causing Quarrels and Making Troubles	4873	4826	5755	5630
非法携带枪支、弹药、管制刀具	Violation of Firearms Control Regulations	1722	1724	1663	1670
违反危险物质管理规定	Violation of Provisions of Risk Material Management	2816	2830	4022	3979
殴打他人	Battering Other Persons	252186	249228	270636	265788
盗窃	Stealing Property	219099	211666	219296	210110
诈骗、抢夺、敲诈勒索	Swindling, Robbery and Racketeering	24804	23525	29641	28587
伪造、变造、倒卖有价票证、凭证	Forge, Alter, Scalp Valuable Coupons or Certificates	409	378	406	366
利用迷信活动危害社会	Endangering the Society through Superstition	180	163	300	288
卖淫、嫖娼	Prostitution or Soliciting Prostitutes	5288	5513	6243	6336
赌博	Gambling	15928	17282	16980	17404
其他	Others	235330	228899	235990	228552

17－16 交通事故情况(2018 年)
Basic Statistics on Traffic Accidents (2018)

类别	Type	发生数(起) Number of Traffic Accidents (case)	死亡人数(人) Number of Deaths (person)	受伤人数(人) Number of Injuries (person)	直接经济损失(万元) Losses Coverted into Cash (10000 yuan)
总计	**Total**	**13194**	**4567**	**11482**	**6903.07**
特别重大事故	Accident with More Than Three Persons' Death at one Time	0	0	0	0.00
重大事故	Accident with More Than Three Persons' Death at one Time	0	0	0	0.00
较大事故	Accident with More Than Three Persons' Death at one Time	19	77	26	279.95
机动车	Vehicles	9806	3729	8129	5941.34
#汽车	Motor Vehicles	8149	3239	6469	5521.05
摩托车	Motorcycles	1178	296	1255	302.99
拖拉机	Non-motor-driven Vehicles	148	84	104	43.03
#电动自行车	Bicycles	2428	502	2567	631.2

17－17 火灾事故情况(2018 年)
Basic Statistics on Fire Accidents (2018)

项目	Item	合计 Total	按事故发生程度分 By Degree			
			特大 Extraordinary	重大 Serious	较大 Larger	一般 Ordinary
发生数 (起)	Number of Fire Accidents (case)	14621	0	0	7	14614
死亡人数 (人)	Number of Deaths (person)	75	0	0	27	48
受伤人数 (人)	Number of Injuries (person)	68	0	0	25	43
直接财产损失 (万元)	Direct Property Losses (10000 yuan)	28578	0	0	126	28451
人口火灾发生率 (1/10 万人)	Incidence of Fire Accidents (per 100000 persons)	18.16	0.00	0.00		18.15
平均每起事故损失 (万元)	Average Loss per Fire (10000 yuan)	19546	0	0	180660	19469

17－18 监察委立案情况(2018 年)

Filing Situation by Committee of Supervisory (2018)

案件分类	Category of Coses	立案件数(件) Number of Cases Registered (case)	立案人数(人) Person of Case Registered (person)	结案件数(件) Number of Cases Settled (case)	移送检查机关起诉人数(人) Number of Person transferred to the prosecution (person)
合计	**Total**	**2693**	**2775**	**1854**	**461**
厅局级	Office Level	18	18	9	7
县处级	County Level	144	154	75	29
乡科级	Township Level	473	492	336	72
一般干部	General Cadre	866	896	669	96
其他人员	Other Personnel	1192	1215	765	257
按职务违法犯罪行为分类	Classification of Crimes by Duty			871	407
贪污贿赂	Corruption and Bribery			466	391
滥用职权	Abuse of Power			145	33
玩忽职守	Dereliction of Duty			264	8
徇私舞弊	Fraudulent Practice			5	3
重大责任事故	Major Liability Accident			7	0
其他	Others			47	21

17－19 人民检察院审查批准、决定逮捕犯罪嫌疑人和提起公诉被告人情况(2018 年)

Arrests of Criminal Suspects and Defendants under Public Prosecution Approved by People's Procuratorate(2018)

案件分类	Category of Cases	批捕、决定逮捕 Total of Arrests		决定起诉 Total of Public Prosecutions	
		件 (case)	人 (person)	件 (case)	人 (person)
合计	**Total**	**30946**	**43894**	**79595**	**114633**
公安、安全、监狱机关提请	**Sub-total of Requests by Departments of State and Public Security and Prisons**	**30946**	**43894**	**79595**	**114633**
危害国家安全案	Offences Against State Security	4	4	5	7
危害公共安全案	Offences Against Public Security	1752	1824	23440	24050
破坏社会主义市场经济秩序案	Offences Against Socialist Economic Order	2659	4321	5985	12961
侵犯公民人身、民主权利案	Offences Against Citizens' Personal and Democratic Rights	4679	5966	7744	11007
侵犯财产案	Offences Against Properties	12939	17592	26448	35870
妨害社会管理秩序案	Offences Against Social Management of Order	8902	14174	15959	30720
危害国防利益案	Offences Against National Defense	11	13	14	18
监察委移交案件	**Case Transferred by Committee of Supervisory**	**201**	**219**	**609**	**761**
贪污贿赂案	Offences on Corruption and Bribery	192	209	545	681
渎职案	Offences on Abuse and Dereliction of Duty	9	10	64	80

17－20 人民检察院处理申诉案件情况（2018年）
Appeals Handled by People's Procuratorate(2018)

单位:件 (case)

案件分类	Category of Cases	受案 Cases Accepted	立案复查 Cases Registered for Reinvestigation	结案 Cases Settled	#改变原决定 Original Decision Changed
合计	**Total**	**363**	**198**	**195**	**25**
不服检察机关处理决定	Appeals against Decision of Procurator's Offices	187	100	99	13
不服不批捕	Appeals against Rejection of Arrest	3	1	1	0
不服不起诉	Appeals against Rejection of Prosecuting	172	97	95	12
不服撤案	Appeals against Withdrawal of the Case	1	0	0	0
不服原免予起诉	Appeals against Original Exemption of Lawsuit	0	0	0	0
其他	Others	11	2	3	1
不服法院刑事判决裁定	Appeals against Judgment of Criminal Case	1144	192	0	0
刑罚执行中被害人申诉	Appeals of the Victim at the Punishment	318	62	0	0
刑罚执行中被告人申诉	Appeals of the Defendant at the Punishment	312	82	0	0
刑罚执行完毕后被害人申诉	Appeals of the Victim after the Punishment	78	14	0	0
刑罚执行完毕后被告人申诉	Appeals of the Defendant after the Punishment	337	31	0	0

17－21 人民法院审理刑事一审案件收结案情况
First Trial Criminal Cases Accepted and Settled by Courts

单位:件 (case)

项目	Item	2016		2017		2018	
		收案 Cases Accepted	结案 Cases Settled	收案 Cases Accepted	结案 Cases Settled	收案 Cases Accepted	结案 Cases Settled
合计	**Total**	**75289**	**75801**	**78846**	**79222**	**80328**	**79139**
危害公共安全罪	Offences Against Public Security	22082	22270	23016	23226	23403	23313
破坏社会主义市场经济秩序罪	Offences Against Socialist Economic Order	4399	4285	5295	5356	5987	5691
侵犯公民人身权利民主权利罪	Offences Against Citizens's Personal and Democratic Rights	7989	8008	8108	8132	8093	7992
侵犯财产罪	Offences Against Properties	25233	25568	26199	26209	26285	25813
妨害社会管理秩序罪	Offences Against Social Management of Order	14308	14109	14884	14976	15761	15197
危害国防利益罪	Offences Against National Defense	10	10	21	22	16	16
贪污贿赂罪	Offences on Corruption and Bribery	1036	1309	1133	1088	663	943
渎职罪	Offences on Dereliction of Duty	229	235	188	212	109	169
其他	Others	3	7	2	1	11	5
合计中含自诉案件	Private Prosecution Among the Total	683	696	554	485	551	475

注:结案含上年旧存(下同)。
a) Data of cases settled include cases turned over from previous year (The same as the following tables).

17－22 人民法院审理婚姻家庭、继承一审案件收结案情况（2018 年）

First Trial Civil Cases of Marriages, Family Affairs and Inheritance Accepted and Settled by Courts(2018)

单位:件 (case)

项	目 Item	收 案 Cases Accepted	结 案 Cases Settled	调 解 Mediation	判 决 Judgement	驳 回 Reject	撤 诉 With-drawal	其 他 Other
合 计	**Total**	**121785**	**121544**	**48073**	**41753**	**779**	**29737**	**1202**
婚姻家庭	Marriages and Family Affairs	115286	115288	44420	40223	692	28810	1143
离婚	Divorce	93277	93483	34535	33572	482	24072	822
赡养纠纷	Support Disputes	2003	1997	716	706	12	539	24
抚养、扶养关系纠纷	Upbringing Disputes	8558	8480	4318	2308	43	1713	98
抚育费纠纷	Upbringing Fee Disputes	0	0	0	0	0	0	0
其他	Others	11448	11328	4851	3637	155	2486	199
继承	Inheritance	6499	6256	3653	1530	87	927	59
法定继承	Legal Inheritance	2053	2008	1323	394	16	268	7
遗嘱继承	Testament Inheritance	404	400	182	147	13	54	4
其他	Others	4042	3848	2148	989	58	605	48

17－23 人民法院审理合同纠纷一审案件收结案情况（2018 年）

First Trial Cases of Contracts Disputes Accepted and Settled by Courts (2018)

单位:件 (case)

项	目 Item	收 案 Cases Accepted	结 案 Cases Settled	调 解 Mediation	判 决 Judgement	驳 回 Reject	撤 诉 With-drawal	其 他 Other
合计	**Total**	**616523**	**607854**	**154576**	**295866**	**9811**	**139676**	**7925**
借款合同	Loan Contracts	236921	235294	54988	137066	3448	37991	1801
买卖合同	Trade Contracts	88745	86010	26019	35496	996	22082	1417
电信合同	Telecom Contracts	466	463	58	40	4	358	3
租赁合同	Lease Contracts	29441	28204	7438	13034	436	6972	324
劳动争议	Work Disputes	20327	19866	6273	9269	537	3144	643
劳务合同	Service contracts	20026	19922	8809	7446	227	3155	285
房地产合同	Real Estate Contracts	38982	40688	13804	16638	723	9197	326
供用动力合同	Labor Contracts	418	498	88	109	11	288	2
建设工程合同	Construction Contracts	21120	19926	4930	9463	619	4420	494
农村承包合同	Rural Contracts	1573	1589	381	526	141	528	13
承揽合同	Contracts for Work	13354	13066	4250	4924	100	3481	311
保险合同	Insurance Contracts	11043	10696	3027	5501	130	1945	93
服务合同	Service Contracts	45221	44767	6637	9092	332	28526	180
信用卡纠纷	Credit Card Dispute	16311	16480	1415	13245	74	1662	84
经营合同	Work Disputes	1227	1172	255	563	30	259	65
其他	Others	71348	69213	16204	33454	2003	15668	1884

17－24 人民法院审理权属、侵权纠纷及其他民事一审收结案情况（2018 年）
First Trial Cases of Disputes of Right, Infringement of Right and Other Civil Affairs Accepted and Settled by Courts(2018)

单位:件 (case)

项目	Item	收案 Cases Accepted	结案 Cases Settled	调解 Mediation	判决 Judgement	驳回 Reject	撤诉 With-drawal	其他 Other
合计	**Total**	**159056**	**158865**	**47860**	**69470**	**2710**	**37520**	**1305**
所有权及其相关权利	Ownership and Related Rights	20084	20186	3850	8323	1250	6313	450
票据、证券权益纠纷	Disputes of Bill, Securities and Stocks	2552	1770	417	811	14	514	14
股东权纠纷	Stockholder's Right Disputes	4317	4146	627	1905	334	1086	194
知识产权案件	Intellectual Rights	14533	13909	1793	3404	59	8532	121
人身权纠纷	Personal Rights	100196	102344	37864	47516	325	16453	186
特殊侵权纠纷	Disputes of Special Infringement of Right	9475	9238	2628	3775	190	2466	179
不当得利	Unjustified Enrichment	3498	3402	570	1524	204	1016	88
特别程序	Special Proceedings	3132	2768	8	1581	327	801	51
其他	Others	1269	1102	103	631	7	339	22

17－25 人民法院行政一审案件收结案情况（2018 年）
First Trial Administrative Cases Accepted and Settled by Courts(2018)

单位:件 (case)

项目	Item	收案 Cases Accepted	结案 Cases Settled	维持 Affirmation of Original Judgement	撤销 Cancel	驳回 Reject	撤诉 With-drawal	单独赔偿 Separate Compen-sation	其他 Other
合计	**Total**	**16849**	**16248**			**4472**	**4107**		**1697**
土地等资源	Land	1169	1195			496	253		125
公安	Public Security	1263	1283			217	356		141
城建	City Construction	2790	2684			852	650		296
交通运输	Traffic and Transport	52	47			12	25		2
工商	Industry and Commerce	431	395			80	134		19
环保	Environment Protection	160	80			23	24		6
计划生育	Family Planning	10	16			6	1		2
税务	Tax	33	35			5	12		3
卫生	Health	23	25			8	8		2
乡政府	Townships Government	394	352			100	112		35
劳动和社会保障	Labour and Social Security	1315	1315			138	426		53
其他	Other	9209	8821			2535	2106		1013

主要统计指标解释

民政事业费支出 指报告期内本辖区各项民政事业费实际支出的总数额。包括抚恤事业费、军队移交地方安置的离退休人员费用、社会救济福利事业费、救灾支出以及其它民政事业费。

城镇居民最低生活保障人数 指在报告期末家庭平均收入在当地规定的最低生活保障线以下的城镇居民数。包括"三无"对象、失业人员和在职、下岗、退休人员等。

农村居民最低生活保障人数 指报告期末在建立农村最低生活保障制度的地区,得到当地政府或集体给予最低生活保障的农业人口数。

农村传统救济人数 指未开展最低生活保障制度的农村地区,仍沿用传统救济制度救济贫困人口数。

收养性福利单位 指荣誉军人康复医院、复员军人疗养院、复退军人精神病院、光荣院、社会福利院、儿童福利院、精神病福利院、城镇老年福利机构、农村老年福利机构以及其它收养性单位的总称。

社会福利企业 指以集中安置有一定劳动能力的残疾人就业为目的(残疾职工占生产人员10%以上)、带有社会福利性质的特殊企业的总称。

律师 指受聘参加法律顾问处工作,担任法律顾问、刑(民)事代理人、刑事辩护人,办理非诉讼事件、解答法律询问,代写法律事务文书等主要从事律师业务的专职法律工作者和兼职律师。

公证人员 指在国家公证机关依法办理公证事务的司法人员,包括公证员、助理公证员和在公证处工作的其他人员。

办理公证文书 指公证处在一定时期内办结的公证文书件数。公证文书按司法部规定或批准的格式制作,包括国内公证和涉外公证两部分。国内公证分为经济合同公证和民事法律关系公证两大类。

调解人员 指在人民调解委员会担负调解民间一般民事纠纷和轻微违法行为引起纠纷的工作人员,包括调解委员会的委员和调解小组的调解员。

调解民间纠纷 指调解委员会依照法律规定,根据自愿原则,用说服教育的方法调解民间发生的有关民事权利和义务的争执,促成当事双方达到协议和谅解,解决纠纷。包括婚姻家庭纠纷,财产权益纠纷等,不包括法院受理调解的民事案件数。

受理劳动争议案件数 指劳动争议仲裁委员会根据国家有关规定,对劳动争议当事人的申请予以审查,符合受理条件而正式立案、准备处理的劳动争议案件数。

决定逮捕 指检察机关对直接受理、自行侦查的案件,认为需要逮捕犯罪嫌疑人时,依据法律作出的逮捕决定。

批准逮捕 指检察机关对公安机关、国家安全机关、监狱管理机关提出逮捕的犯罪嫌疑人进行审查,根据事实,依法作出逮捕决定。

决定起诉 指检察机关对公安机关、国家安全机关、监狱管理机关和检察机关内设机构反贪污贿赂部门移送起诉的刑事犯罪嫌疑人进行审查,根据事实,依法向人民法院提起公诉。

Explanatory Notes on Main Statistical Indicators

Operation Expenses for Civil Adiministration refer to the total actual expenditures for all the operating expenses of civil administration in this jurisdiction district at reference period, including pensions, settlement allowance for the retirees who are transfered from P. L. A. units to the local government to be settled down, social welfare, disaster relief and other civil administration expenses.

Number of Persons Receiving Lowest-Cost-Living in Urban Area refer to the number of urban residents their family average income is below the lowest living standard insurance line at the year end, according to the local regulation; including "three proverty-striken people", unemployment, employees, laid off and retired personnels.

Number of Persons Receiving Lowest-Cost-Living in Rural Area refer the number of rural population in rural area with the system of lowest living standard insurance has been established, they are being insured by the local government and collective units.

Number of Traditional Relief Persons in Rural Areas refer to the rural areas which has not been established the system of lowest living standard insurance, the poor people are still succoured according to the traditional relief system.

Adopting Social Welfare Institutions refer to the all names of social welfare homes and adopting social welfare institutions, including homes for disabled soldiers, convalescent homes for demobilized soldiers, psychopathy welfare homes for demobilized soldiers, homes for disabled veterancs, social welfare homes, children welfare homes, urban eldery welfare units, rural elderly welfare units.

Social Welfare Enterprises refer the all names of special enterprises with the social welfare character, for the aim of employment of the disabled persons who still provide certain labor capacity, and are settled down concentratively(10% above are disabled staff and workers).

Lawyers are legal workers who are employed full time by legal counseling firms to act as a legal adivisers, agents in criminal civil lawsuits or defenders in criminal lawsuits, or to handle non-liligious legal affairs, to advise on matters of law or to write legal papers for others. Both full time and part time lawyers are included.

Notary Personnel refer to judicial workers of the state notary offices handling notarization work according to law. They include notaries and other people working for notary offices.

Notarized Documents refer to documents settled by notary offices in a year. The notary documents are drawn up in accordance with the regulations of the Ministry of Justice, including domestic documents and foreign-related documents. Domestic documents are divided into two major categories, documents on economic contracts and documents on civil legal relation.

Mediators refer to workers on peoples mediation committees responsible for mediating in civil disputes and cases of slight infraction of the law. They include members of the mediation committees and mediators of mediation groups.

Mediatoin of Civil Disputes refers to mediation committees work in mediating in civil disputes concerning civil rights and duties through persuasion and education in accordance with the provisions of law on a voluntary basis, so as to solve disputes by helping the parties involved come to an agreement and understanding. These disputes include divora cases and disputes over property ownership, but exclude the civil cases to be handled by the court.

Number of Labour Dispute Cases Accepted refer to the number of cases of labour dispute submitted that, after being reviewed by the labour dispute arbitraction committees in line with relevant state regulations, are accepted and registered for treatment.

Decision on Arrest refers to decision made by procurators office, in accordance:e with laws, to arrest the suspect(s) in the cases that are accepted and to be investigated by procurators office.

Approval for Arrest refers to the decision made b procurators office, in accordance with laws and relevant facts, to approve the arrest of the suspect(s) that is proposed by the public security departments or authority of prisons.

Decision on Prosecution refers to the decision made by procurators office, in accordance with laws and relevent facts, to institute proeedings to the people court against the suspect(s) of criminal cases handed by the public security departments, state security departments or authority of prisons, or by the anti-corruption departments within the procurators office.

18

城市经济与建设

Urban Economy and Construction

简 要 说 明

一、本篇资料的主要内容

本篇资料反映城市建设基本情况、城市经济社会发展情况。

二、资料来源

城市建设数据来自住房与城乡建设部门及交通运输部门;城市经济社会发展统计数据来自市县社会经济基本情况统计年报,部分数据为初步统计数。

Brief Introduction

I. Main Contents

Data in this chapter reflect the basic situation of cities construction, cities economic and social development.

Ⅱ. Date Source

Data of city construction provided by Ministry of Housing and Urban-rural Development, Ministry of communications. Data of City economic and social development come from cities and counties in basic socio-economic statistics annual report, and part of the data are preliminary statistics.

18-1 城市公用事业基本情况

Basic Statisics on Urban Public Utilities

指标	Item	2014	2015	2016	2017	2018
城市基本情况	**Basic Condition of City**					
建成区面积 (平方公里)	Areas of Built Districts (sq. km)	4020	4189	4299	4427	4558
城市人口密度 (人/平方公里)	Population Density of City Districts (person/sq. km)	2038	2034	2057	2092	2176
供水、供气	**Water Supply and Gas Supply**					
自来水年供水量 (亿吨)	Annual Supply of Tap Water (100million tons)	48.81	50.68	53.31	54.00	56.02
#生活用水量	Residential Consumption	22.73	23.09	24.67	25.21	26.32
平均每人日生活用水 (升)	Daily Per Capita Residential Tap Water Comsuption (litre)	209.62	210.74	215.39	215.20	214.01
用水普及率 (%)	Coverage Rate of Urban Population with Access to Tap Water (%)	99.8	99.8	99.9	100.0	100.0
煤气(天燃气)供气量 (亿立方米)	Gaswork Gas and Natural Gas Supply (100 million cu. m)	84.27	96.98	96.25	108.75	123.87
#家庭用量	Residential Use	14.84	17.32	19.33	20.16	24.41
煤气(天燃气)管道长度 (公里)	Length of Gas Pipelines (km)	55864	61125	66599	71881	81809
液化气家庭用量 (万吨)	Residential Consumption of Liquefied Gas (10000 tons)	64.98	59.12	31.45	39.13	34.43
燃气普及率 (%)	Population with Access to Gas (%)	99.5	99.6	99.5	99.7	99.8
市政工程	**Municipal Engineering**					
年末实有道路长度 (公里)	Length of Paved Roads at Year-end (km)	39070	40749	44999	47112	47973
平均每万人拥有道路长度 (公里)	Length of Paved Roads Per 10000 Persons (km)	13.12	13.26	14.32	14.65	14.19
年末实有道路面积 (万平方米)	Area of Paved Roads at Year-end (10000 sq. m)	71151	75052	79733	82379	85212
人均拥有道路面积 (平方米)	Per Capita Area of Paved Roads (sq. m)	23.89	24.42	25.37	25.62	25.20
排水管道长度 (公里)	Length of Sewer Pipelines (km)	66256	70048	72823	76886	80649
建成区排水管道密度 (公里/平方公里)	Density of Drainage Pipelines (km/sq. km)	16.48	16.72	16.94	13.59	14.20
公共交通	**Public Traffic**					
公共汽(电)车总数 (辆)	Operating Public Transportation Vehicles (unit)	36665	39729	39855	41558	44186
平均每万人拥有公共汽(电)车 (辆)	Number of Public Transportation Vehicles Per 10000 Persons (unit)	14.1	15.1	15.5	16.0	16.6
出租汽车 (万辆)	Taxis (10000 units)	6.07	6.11	5.45	5.35	5.26
城市绿化	**Landscaping in Cities**					
公园绿地面积 (公顷)	Area of Parks and Green Land (hectare)	42901	44713	46476	48060	49580
人均公园绿地面积 (平方米)	Per Capita Area of Parks and Green Land (sq. m)	14.40	14.55	14.79	14.95	14.66
公园面积 (公顷)	Area of Parks (hectare)	21879	25935	29076	30141	30546
环境卫生	**Sanitation and Hygiene**					
清运生活垃圾 (万吨)	Garbage Disposal (10000 tons)	1352.44	1456.07	1562.31	1731.64	1718.02
每万人拥有公厕 (座)	Public Restrooms Per 10000 Persons (unit)	3.75	3.82	3.86	4.00	4.13

注:1. 2011 年起,煤气、天燃气供气量统计口径调整。

2. 2017 年起,建成区排水管道密度(公里/平方公里)统计口径调整。

a) From 2011, gaswork gas, natural gas supply statistical adjustment.

b) From 2017, drarnage pipe density in built-up area statical adjustment.

18－2　城市自来水情况

Basic Statistics on Tap Water Supply in Cities

年份 Year 城市 City	综合生产能力（万吨/日）General Production Capacity (10000 tons/day)	全年供水总量（万吨）Total Aunual Supply of Tap Water (10000 tons)	#生产用水量 Productive Use	#生活用水量 Residential Use	用水人口（万人）Residents with Access to Tap Water (10000 persons)	人均日生活用水量（升）Daily Per Capita Residential Tap Water Comsuption (liter)	城市人口用水普及率（%）Population with Access to Tap Water (%)
1978	112.3	35056	20073	12013	347.2	94.8	83.6
1980	142.6	45221	26005	16323	463.0	89.0	92.2
1985	218.9	76609	40908	29280	585.4	137.0	89.0
1989	856.3	233848	167472	54326	896.6	166.0	88.3
1990	941.7	256664	181543	62369	968.0	176.4	91.3
1991	1056.1	282691	201088	68287	1049.2	178.3	93.8
1992	1191.4	317812	224575	77010	1158.6	182.1	96.0
1993	1299.5	342780	239520	83041	1238.6	183.7	97.1
1994	1368.9	358696	243332	93030	1212.3	210.2	98.7
1995	1388.7	382325	190471	105192	1277.5	225.6	98.9
1996	1424.4	349423	192948	135429	1300.7	285.3	99.0
1997	1457.1	343106	189889	131650	1346.1	267.9	99.3
1998	1543.6	358999	199055	137663	1388.0	271.8	99.2
1999	1585.5	339066	173487	138264	1425.4	265.8	99.1
2000	1641.6	353366	172552	145707	1503.1	265.6	99.2
2001	1698.5	332155	156019	156717	1745.2	246.0	91.0
2002	1803.7	380991	182591	168929	2048.7	225.9	89.0
2003	1835.0	380395	174834	171830	2167.7	217.2	91.9
2004	1871.4	392462	179602	179068	2273.7	215.8	94.0
2005	1977.6	390460	161320	185906	2408.5	211.5	96.3
2006	2166.8	472128	225805	164928	2209.1	204.6	99.2
2007	2334.7	452628	198647	167341	2300.9	199.5	99.5
2008	2356.9	436597	187915	173506	2331.5	205.0	99.9
2009	2534.1	449037	185461	183641	2443.9	207.2	99.7
2010	2714.7	482821	204878	197408	2515.6	220.4	99.6
2011	2757.2	477044	198830	206120	2660.5	212.3	99.6
2012	2749.8	492791	200532	219008	2785.1	215.4	99.7
2013	2902.6	489286	194884	220130	2875.2	209.8	99.7
2014	2961.6	488062	184371	227293	2970.7	209.6	99.8
2015	3104.1	506807	193679	236039	3068.6	210.7	99.8
2016	3369.7	533098	201351	246698	3138.0	215.4	99.9
2017	3445.2	540034	202144	252031	3214.9	215.2	100.0
2018	3491.2	560242	203467	263207	3380.9	214.0	100.0
南京市区 Nanjing	647.9	133978	47507	67053	657.2	279.5	100.0
无锡市区 Wuxi	219.0	45822	16614	22067	258.8	233.6	100.0
徐州市区 Xuzhou	142.5	31805	11217	11968	206.7	167.4	100.0
常州市区 Changzhou	238.2	36090	11285	19088	234.1	223.4	100.0
苏州市区 Suzhou	414.9	78082	33259	37156	357.3	285.1	100.0
南通市区 Nantong	372.3	29768	12136	11891	163.4	199.7	100.0
连云港市区 Lianyungang	57.5	12182	3181	6996	110.2	173.9	100.0
淮安市区 Huaian	145.0	22218	10270	8339	160.5	142.4	100.0
盐城市区 Yancheng	84.0	11672	1655	6918	134.3	141.3	100.0
扬州市区 Yangzhou	121.1	20563	5322	8830	121.9	198.4	100.0
镇江市区 Zhenjiang	60.0	16327	7117	6746	88.9	208.0	100.0
泰州市区 Taizhou	56.0	10669	3510	5502	96.8	159.0	100.0
宿迁市区 Suqian	45.0	8846	3650	4035	82.4	135.0	100.0

18－3 城市煤气、液化石油气情况

Basic Statistics on Supply of Gas and Liquefied Petroleum Gas in Cities

年 份 Year 城 市 City	全年供气总量 Total Gas Supply			家庭用气量 Residential Use			用气人口(万人) Population with Access to Gas (10000 persons)			燃气普及率(%)
	煤气(万立方米) Gaswork Gas (10000 cu. m)	天然气(万立方米) Natural Gas (10000 cu. m)	液化石油气(吨) Liquefied Petroleum Gas(ton)	煤气(万立方米) Gaswork Gas (10000 cu. m)	天然气(万立方米) Natural Gas (10000 cu. m)	液化石油气(吨) Liquefied Petroleum Gas(ton)	煤气 Gaswork Gas	天然气 Natural Gas	液化石油气 Liquefied Petroleum Gas	Percentage of Population Using Gas for Household Use (%)
1978	11756		23666	1592		22043	15.7		48.4	15.7
1980	11401		32591	2215		31350	20.0		69.6	17.8
1985	13155		42495	3851		38834	39.9		76.2	17.9
1989	140497		190471	13429		105671	93.0		186.1	32.5
1990	142681		216936	15902		122691	101.2		219.3	36.8
1991	142665		252342	17750		137780	116.3		261.2	41.9
1992	147625		337456	20943		190861	131.0		373.1	53.3
1993	153994		442089	23774		258003	150.6		498.0	63.5
1994	184552		574191	26281		337126	180.3		558.8	74.1
1995	282227		436131	30877		361990	213.4		637.3	81.8
1996	271852		543989	35837		468838	243.3		701.2	86.6
1997	274853		468106	34055		392574	244.1		746.2	87.8
1998	331580		620344	34797		430131	271.1		798.3	93.0
1999	350299		667556	41206		427971	323.9		814.1	94.9
2000	362606		705010	39141		492377	324.7		882.9	95.8
2001	376025		780527	44685		523600	373.2		1200.3	82.0
2002	788537		1252001	38761		632199	361.1		1600.0	85.2
2003	802430		1357710	47369		687358	405.8		1673.5	88.6
2004	1027886		1226675	40926		708033	333.8		1712.1	92.0
2005	1290834		1110300	27831		649936	234.1		1720.0	93.3
2006	1420015	155940	1042278	18120	22710	591415	177.1	574.9	1408.8	97.1
2007	1633281	254507	999243	13228	39383	548113	146.1	699.8	1407.3	97.4
2008	1554953	299726	931734	12518	62207	578762	123.2	841.7	1328.2	98.2
2009	1728890	343544	865663	11741	53244	531023	135.5	1029.6	1248.1	98.4
2010	1931995	472309	766586	9664	79160	471731	89.8	1299.7	1115.0	99.1
2011	10310	591493	766635	9270	99133	464117	45.8	1557.5	1042.6	99.0
2012	4889	691763	735757	3883	121988	502258	27.5	1743.6	1006.5	99.4
2013	3940	765869	700765	2270	140471	458823	9.0	1906.6	956.6	99.6
2014	612	842071	651779	470	147899	390403	9.0	2125.0	828.9	99.5
2015		969799	593577		173196	358045		2345.7	714.6	99.6
2016		962542	515611		193326	314482		2505.6	622.3	99.5
2017		1087514	577137		201551	391296		2625.7	581.4	99.7
2018		1238706	575121		244109	344335		2918.0	457.1	99.8
南京市区 Nanjing		129494	68475		49350	24062		555.1	72.1	99.5
无锡市区 Wuxi		135471	33881		21839	15925		244.6	14.2	100.0
徐州市区 Xuzhou		32755	18474		11808	17961		175.8	30.9	100.0
常州市区 Changzhou		119390	19191		19264	3781		228.3	5.8	100.0
苏州市区 Suzhou		103299	85125		20473	53173		304.5	52.7	100.0
南通市区 Nantong		33946	19133		7814	7877		150.0	13.4	100.0
连云港市区 Lianyungang		35584	16702		8159	12918		85.7	24.5	100.0
淮安市区 Huaian		21366	26669		9058	17210		132.4	28.0	100.0
盐城市区 Yancheng		19574	31589		9608	26192		121.0	13.3	100.0
扬州市区 Yangzhou		25286	15622		8723	12834		110.7	11.0	99.8
镇江市区 Zhenjiang		47341	18201		6601	9761		73.0	15.9	100.0
泰州市区 Taizhou		40916	11421		5641	9028		72.7	24.0	100.0
宿迁市区 Suqian		20737	5866		3014	5816		76.4	6.0	100.0

18－4 城市市政工程情况

Basic Statistics on Municipal Engineering in Cities

年份 Year 城市 City	年末实有道路长度（公里）Length of Paved Roads at Year-end (km)	年末实有道路面积（万平方米）Area of Paved Roads at Year-end (10000 sq. m)	排水管道长度（公里）Length of Drainage Pipelines (km)	城市污水日处理能力（万吨）Day Capacity of Sewerage Disposal (10000 tons)	城市路灯盏数（千盏）Number of Street Light (1000 units)	人均拥有道路面积（平方米）Per Capita Area of Paved Roads (sq. m)	建成区排水管道密度（公里/平方公里）Density of Drainage Pipelines (km/sq. km)	污水处理率（%）Rate of Sewerage Disposal (%)
1978	1893	1154	1503					
1980	1881	1160	1650	0.1	48	2.3		0.2
1985	2437	1623	2277	1.8	71	2.5	5.3	0.6
1989	5272	6607	3782	91.3	122	7.7	5.7	23.0
1990	5812	5672	4099	103.5	129	6.3	5.7	16.4
1991	5658	5216	4872	133.2	144	5.8	5.4	13.4
1992	6781	6587	5721	155.5	165	7.0	5.6	16.7
1993	7090	7581	6653	160.7	194	7.4	4.7	22.9
1994	6150	7094	7019	236.7	194	7.1	6.0	31.8
1995	8163	8669	8262	273.5	215	8.3	7.5	38.7
1996	8552	9711	8860	390.3	256	8.9	7.5	42.7
1997	9440	10438	8812	434.3	290	9.3	7.1	47.5
1998	9618	11336	9574	589.3	328	9.8	7.6	49.3
1999	10066	12283	10382	632.9	381	10.2	8.0	58.1
2000	11011	13357	11097	712.9	437	10.6	8.0	61.8
2001	16702	20309	13974	736.7	549	10.6	9.0	65.3
2002	22656	26987	16744	800.4	753	11.7	8.6	66.0
2003	25541	31859	20343	906.6	971	13.5	9.6	69.9
2004	26598	35596	25537	1017.8	1169	14.7	11.3	76.1
2005	28674	40830	28568	1084.7	1296	16.3	12.0	77.7
2006	27058	41623	31215	1224.9	1501	18.7	12.1	81.8
2007	28456	44595	34050	1184.1	1701	19.3	12.6	84.4
2008	28761	47330	38062	1432.2	1660	20.3	13.1	84.1
2009	30003	50075	42826	1411.2	1982	20.4	14.1	85.4
2010	31899	53723	46867	1590.0	2174	21.3	14.3	87.6
2011	32491	58405	51735	1555.5	2331	21.9	14.8	89.9
2012	34966	62438	56887	1564.5	2727	22.4	15.6	90.7
2013	36975	66970	62194	1606.5	2877	23.2	16.3	92.1
2014	39070	71151	66256	1622.4	3198	23.9	19.5	93.5
2015	40749	75052	70048	1673.2	3391	24.4	16.7	93.9
2016	44999	79733	72823	1742.9	3510	25.4	16.9	94.6
2017	47112	82379	76886	1761.6	3538	25.6	13.6	95.3
2018	47973	85212	80649	1870.9	3443	25.2	14.2	95.6
南京市区 Nanjing	8469	15904	10096	529.9	509	24.2	12.1	96.5
无锡市区 Wuxi	3891	7145	13419	153.8	282	27.6	24.6	98.1
徐州市区 Xuzhou	2607	4644	2073	66.5	110	22.5	6.9	94.7
常州市区 Changzhou	2611	4881	6435	101.8	277	20.9	17.5	97.2
苏州市区 Suzhou	7350	11250	11105	277.1	441	31.5	16.6	95.1
南通市区 Nantong	2862	5074	4868	82.2	253	31.0	20.9	95.5
连云港市区 Lianyungang	1711	2524	2030	38.0	71	22.9	6.7	91.0
淮安市区 Huaian	2088	3752	3360	76.9	135	23.4	15.5	94.2
盐城市区 Yancheng	1501	3420	1518	41.2	235	25.5	4.6	92.9
扬州市区 Yangzhou	1683	2794	2797	53.3	123	22.9	16.2	95.6
镇江市区 Zhenjiang	1471	2496	2087	53.0	101	28.1	10.4	95.9
泰州市区 Taizhou	1322	2796	1966	39.1	142	28.9	15.2	95.4
宿迁市区 Suqian	931	2060	1795	36.7	72	25.0	14.0	95.6

注:2017 年起,建成区排水管道密度(公里/平方公里)统计口径调整。

a) From 2017, drainage pipe density in built-up area statical adjustment.

18－5 城市园林绿化情况

Basic Statistics on Parks, Gardens and Green Areas in Cities

年份 Year 城市 City	园林绿地面积（公顷）Total Area of Parks, Gardens and Green Areas in Cities (hectare)	#公园绿地 Parks and Green Land	建成区绿化覆盖面积（公顷）Coverage Space of Green Areas Developed (hectare)	公园 Park 个数（个）Number (unit)	公园 Park 面积（公顷）Area (hectare)	人均公园绿地面积（平方米）Per Capita Area of Parks and Green Land (sq. m)	建成区面积（平方公里）Areas of Built Districts (sq. km)	建成区绿化覆盖率（%）Coverage Rate of Green Area Developed (%)
1978	7303			59	786			
1980	6582	1341		72	944	2.7		19.3
1985	7998	1450		83	1030	2.3		20.6
1989	18148	3214	12804	172	2725	3.7		19.2
1990	20337	3447	14112	184	2991	3.8		19.5
1991	19096	3841	16423	201	3071	4.3		18.4
1992	20898	4283	21726	217	2958	4.5		21.4
1993	30174	5882	31133	242	5179	5.8		22.1
1994	33089	6124	34728	241	5396	6.1		29.6
1995	48564	7226	34093	264	5648	6.9		30.8
1996	50558	7528	35964	283	5263	6.9		30.3
1997	52349	8175	38356	287	4831	7.3		30.9
1998	54756	8891	40513	295	4920	7.7		32.3
1999	57386	9581	43725	303	5027	8.0		33.7
2000	60064	10248	45925	313	5159	8.1		33.2
2001	94175	12724	49456	374	5549	6.6	1549	31.9
2002	137702	16252	68413	403	6374	7.1	1939	35.3
2003	145956	18743	74929	446	7317	7.9	2120	35.4
2004	172563	21617	85367	489	9098	8.9	2253	37.9
2005	189070	25687	94778	539	9924	10.3	2379	39.8
2006	152885	25868	107752	492	10608	11.6	2583	41.7
2007	180784	29125	116157	601	11787	12.6	2714	42.8
2008	195460	30645	123801	628	13026	13.1	2904	42.6
2009	214989	32403	127930	590	13740	13.2	3046	42.0
2010	227584	33585	137623	584	12433	13.3	3271	44.1
2011	237486	35634	147157	701	15687	13.3	3494	42.1
2012	247001	38069	154135	783	16465	13.6	3655	42.2
2013	256263	40413	161671	842	18707	14.0	3810	42.4
2014	265543	42901	171265	883	21879	14.4	4020	42.6
2015	274071	44713	179411	942	25935	14.6	4189	42.8
2016	281855	46476	184591	1074	29076	14.8	4299	42.9
2017	285981	48060	190194	1107	30141	15.0	4427	43.0
2018	293765	49580	196610	1133	30546	14.7	4558	43.1
南京市区 Nanjing	92202	10168	36833	140	7243	15.5	817	45.1
无锡市区 Wuxi	19316	3859	14746	56	3814	14.9	343	43.0
徐州市区 Xuzhou	16363	2954	11817	75	1822	14.3	271	43.6
常州市区 Changzhou	11619	2853	11548	42	1340	12.2	268	43.1
苏州市区 Suzhou	22518	4646	19722	169	2124	13.0	476	41.4
南通市区 Nantong	10411	3103	10230	45	734	19.0	233	44.0
连云港市区 Lianyungang	22865	1583	9143	23	632	14.4	223	41.0
淮安市区 Huaian	8620	2284	8013	20	1176	14.2	190	42.2
盐城市区 Yancheng	7710	1900	7008	61	1244	14.2	164	42.7
扬州市区 Yangzhou	8540	2318	7569	108	1774	19.0	172	44.0
镇江市区 Zhenjiang	8885	1700	6157	28	627	19.1	143	43.1
泰州市区 Taizhou	6002	1446	5490	34	888	14.9	129	42.6
宿迁市区 Suqian	9638	1277	4099	27	1193	15.5	94	43.5

18－6 城市环境卫生情况
Basic Statistics on Urban Environmental Sanitation

年份 Year 城市 City	清扫面积（万平方米）Sweeping Areas (10000 sq. m)	生活垃圾清运量（万吨）Residential Garbages Disposal Cleared (10000 tons)	粪便清运量（万吨）Night Soil Disposal Cleared (10000 tons)	无害化处理厂日处理能力（吨）Day Disposal Capacities of No Harmful Disposal Factory (ton)	垃圾粪便年处理量（万吨）Annual Garbages and Night Soil Disposal Cleared (10000 tons)	环卫机械（辆）Machines of Environment Sanitation (unit)	公共厕所（座）Public Toilet (unit)
1978	503	79	229			223	3545
1980	601	158	232			296	3712
1985	1078	159	147	20		734	4700
1989	2136	262	260	162		1735	7910
1990	2445	288	221	385		1322	8072
1991	3068	341	271	1588	357.3	1604	9974
1992	3432	409	419	7622	531.7	1785	9265
1993	4095	408	441	14014	654.1	1998	9162
1994	4240	360	388	16442	658.8	1736	7095
1995	5429	398	209	13810	532.5	2072	7263
1996	6252	426	198	13125	523.9	2144	6932
1997	7085	479	196	15813	606.0	2351	7675
1998	7589	486	302	18570	721.4	2407	7486
1999	8221	505	310	43419	756.0	2458	7337
2000	8773	515	309	17392	762.9	2569	7393
2001	10971	634	338	17324	868.1	3800	9532
2002	16101	723	400	19997	985.9	4573	11016
2003	20874	775	406	20728	1060.9	4456	10660
2004	22505	808	389	23569	1106.6	4494	10260
2005	27101	835	388	24000	1030.5	5094	10591
2006	29409	851	126.9	24545	915.7	5447	9165
2007	31072	898	140.2	24192	942.8	5589	8520
2008	35418	934	159.9	27985	1024.8	5939	9050
2009	36160	957	116.1	34570	1048.4	6923	9654
2010	44088	1017	84.9	37637	1064.3	7481	9475
2011	46162	1120	95.2	42170	1142.0	7984	10134
2012	48098	1210	72.9	43113	1258.4	8709	10035
2013	52029	1203	81.7	40723	1250.3	9865	10438
2014	55132	1352	82.4	50574	1400.7	11227	11178
2015	57992	1456	72.5	52816	1518.2	12175	11739
2016	62827	1562	65.9	55403	1634.3	13482	12136
2017	67319	1735		60267	1734.6	16820	12934
2018	63905	1718		60665	1718.0	17757	13965
南京市区 Nanjing	8985	311		7500	311.2	2323	1099
无锡市区 Wuxi	4562	165		5000	164.9	1083	2274
徐州市区 Xuzhou	2933	119		2600	119.3	1001	891
常州市区 Changzhou	3204	111		4780	111.1	858	1092
苏州市区 Suzhou	9739	248		8280	247.8	3346	979
南通市区 Nantong	4299	85		200	85.3	1603	411
连云港市区 Lianyungang	3409	65		2690	65.1	606	900
淮安市区 Huaian	2670	68		2400	68.4	370	484
盐城市区 Yancheng	3280	50		1600	50.0	341	737
扬州市区 Yangzhou	2039	68		2510	68.1	432	520
镇江市区 Zhenjiang	1844	45		1450	44.9	306	259
泰州市区 Taizhou	2233	43		1000	43.2	921	371
宿迁市区 Suqian	2038	35		1600	34.9	480	440

18－7 城市公共汽(电)车、出租汽车情况

Basic Statistics on Buses (Trolley Buses) and Taxis in Cities

年份 Year 城市 City	年末实有公共汽(电)车营运车辆(辆) Operating Public Transit Vehicles at Year-end (unit)	实有公共汽(电)车营运标准车台(标台) Operating Standard Public Transit Vehicles (Standardized) (unit)	公共汽(电)车营运线路长度(公里) Length of Public Transit Route (km)	公共汽(电)车客运总量(万人次) Passengers Carried by Transit (10000 person-times)	每万人拥有公共交通车辆(标台) Public Transit Vehicales Per 10000 Population (Standard sets)	出租汽车营运车数(辆) Operating Taxis (unit)
1978	1407		1772			
1980	1605		1920	100671		150
1985	2237		2904	143146		605
1989	2826	3167	4603	135947	3.7	4555
1990	2827	3210	3991	130641	3.6	5775
1991	2968	3727	4229	124409	4.1	5005
1992	4578	4855	6939	120282	5.1	8133
1993	6384	5954	7570	109248	5.8	9838
1994	7367	6808	10127	110921	6.8	12307
1995	8019	7215	13642	95362	7.1	18073
1996	7962	7144	3544	104583	6.6	25403
1997	9665	7916	5684	124805	7.0	32493
1998	12411	10080	5198	157600	8.9	34661
1999	14136	11625	5858	191831	9.7	36613
2000	14838	13341	6896	246314	10.6	36603
2001	16244	14871	7296	224582	7.8	41480
2002	16902	15874	12397	245227	6.9	41933
2003	17822	17015	14696	233586	7.2	40073
2004	19079	19098	15888	263088	7.9	40746
2005	22197	22484	18077	283760	9.1	41476
2006	22002	22898	12121	304669	10.4	42032
2007	23874	26419	16133	322230	11.6	44993
2008	25369	28664	14657	352597	12.4	44708
2009	30432	34335	18881	389293	11.7	52282
2010	28687	32927	44941	391856	11.9	52957
2011	30867	35715	50971	424699	12.0	53409
2012	32105	37743	52887	444148	11.7	54464
2013	34176	40463	53903	453366	12.7	56785
2014	36665	43815	57734	461348	14.1	60712
2015	39729	47138	63623	474984	15.1	61120
2016	39855	48090	63982	448734	15.5	54521
2017	41558	49877	69100	449242	16.0	53465
2018	44186	52850	79773	442020	16.6	52559
南京市区 Nanjing	9246	11197	12028	88985	23.0	13354
无锡市区 Wuxi	4826	5742	9114	53381	18.5	5152
徐州市区 Xuzhou	2998	3597	5950	34020	15.7	5311
常州市区 Changzhou	2970	3658	5106	30845	18.3	3680
苏州市区 Suzhou	8780	10476	14596	84609	25.9	8833
南通市区 Nantong	3103	3570	9056	20675	15.2	2387
连云港市区 Lianyungang	1325	1648	2452	12468	15.0	1736
淮安市区 Huaian	2015	2470	2116	30806	18.2	1473
盐城市区 Yancheng	1526	1872	2664	18189	12.4	1756
扬州市区 Yangzhou	2614	3065	6894	20425	22.2	3399
镇江市区 Zhenjiang	2002	2362	3960	18998	19.7	2631
泰州市区 Taizhou	1697	1892	3655	14464	13.6	2077
宿迁市区 Suqian	1084	1301	2182	14155	16.7	770

18－8 主要城市土地面积、人口情况（2018年）
Land Area and Population of Major Cities(2018)

城市 City		土地面积（平方公里）Land Area (sq. km)	年末户籍人口（万人）Registered Population at Year-end (10000 persons)	#女 Female	当年出生人口（万人）Births (10000 persons)	当年死亡人口（万人）Deaths (10000 persons)	年末常住人口（万人）Permanent Population at Year-end (10000 persons)
南京市区	Nanjing	6587	696.94	350.09	7.88	4.15	843.62
无锡市区	Wuxi	1644	263.13	134.01	2.36	1.87	366.66
徐州市区	Xuzhou	3063	341.81	167.47	4.34	1.49	335.07
常州市区	Changzhou	2838	303.16	155.06	2.73	2.13	396.53
苏州市区	Suzhou	4653	364.09	185.32	3.84	2.38	556.02
南通市区	Nantong	2140	215.11	110.28	1.69	1.80	237.06
连云港市区	Lianyungang	3012	224.06	108.32	3.18	1.46	210.35
淮安市区	Huaian	4476	333.34	162.52	3.14	2.28	308.53
盐城市区	Yancheng	5131	244.11	119.66	2.36	1.68	237.42
扬州市区	Yangzhou	2306	233.22	117.82	1.76	1.60	245.84
镇江市区	Zhenjiang	1088	103.00	52.04	0.80	0.80	123.52
泰州市区	Taizhou	1567	163.95	81.98	1.33	1.45	163.49
宿迁市区	Suqian	2153	176.61	85.86	2.33	1.72	161.24

18－9 主要城市就业情况(2018年)
Employment of Major Cities(2018)

单位:万人 (10000 persons)

城市 City		年末就业人员 Employment at Year-end	#私营企业就业人员 Number of Employed Persons Private Enterprises	#个体就业人员 Number of Self-employed Individuals	就业人员按三次产业分 Employment Grouped by Type of Industry		
					第一产业 Primary Industry	第二产业 Secondary Industry	第三产业 Tertiary Industry
南京市区	Nanjing	500.80	396.75	123.93	24.56	171.54	304.70
无锡市区	Wuxi	214.74	155.11	45.99	3.16	112.75	98.83
徐州市区	Xuzhou	160.07	59.88	45.26	27.70	52.04	80.32
常州市区	Changzhou	232.30	158.89	63.31	17.84	113.09	101.37
苏州市区	Suzhou	348.01	258.40	85.69	9.96	197.21	140.84
南通市区	Nantong	135.98	90.63	43.73	14.87	58.34	62.77
连云港市区	Lianyungang	109.62	34.40	19.52	25.96	39.50	44.18
淮安市区	Huaian	178.52	47.99	39.20	42.92	58.81	76.79
盐城市区	Yancheng	136.97	57.94	25.59	23.11	52.01	61.85
扬州市区	Yangzhou	139.21	86.50	36.62	11.30	61.68	66.23
镇江市区	Zhenjiang	69.91	38.19	24.07	5.42	25.55	38.94
泰州市区	Taizhou	97.40	61.68	23.55	13.10	39.70	44.60
宿迁市区	Suqian	90.41	27.92	26.96	22.46	31.99	35.96

18－10 主要城市地区生产总值及指数(2018 年)
Gross Domestic Product of Major Cities(2018)

城市 City		地区生产总值(亿元) Gross Domestic Product (100 million yuan)	第一产业 Primary Industry	第二产业 Secondary Industry	第三产业 Tertiary Industry	人均地区生产总值(元) Per Capita GDP (yuan)	地区生产总值指数(上年=100) GDP Index (preceding year =100)
南京市区	Nanjing	12820.40	273.42	4721.61	7825.37	152886	108.0
无锡市区	Wuxi	5919.16	37.48	2501.79	3379.89	161843	107.0
徐州市区	Xuzhou	3527.26	124.73	1523.81	1878.71	105956	104.5
常州市区	Changzhou	6123.93	105.73	2820.41	3197.79	154641	106.9
苏州市区	Suzhou	8779.59	76.85	4151.22	4551.52	158309	106.9
南通市区	Nantong	3048.89	60.91	1392.14	1595.85	129064	105.2
连云港市区	Lianyungang	1549.29	125.72	678.43	745.14	73695	105.1
淮安市区	Huaian	2387.00	199.88	1038.89	1148.58	77472	106.5
盐城市区	Yancheng	2202.00	171.38	1066.61	964.01	92646	105.3
扬州市区	Yangzhou	3475.94	100.01	1630.54	1745.38	142020	107.0
镇江市区	Zhenjiang	1965.79	28.60	916.36	1020.83	159276	103.8
泰州市区	Taizhou	2150.11	70.34	1110.95	968.82	131678	107.0
宿迁市区	Suqian	967.11	70.78	467.61	428.72	60112	106.6

18－11 主要城市房地产开发投资(2018 年)
Investment in Fixed Assets of Major Cities(2018)

单位:亿元 (100 million yuan)

城市 City		房地产开发投资 Investment in Fixed Assers	#住宅 Resdential Building	商品房销售面积(万平方米) Floor Space of Commercial House Sold (10000 sq. m)	#住宅 Resdential Building	商品房待售面积(万平方米) Floor Sapace of commercial House for sales	#住宅 Resdential Building
南京市区	Nanjing	2354.17	1574.64	1220.73	982.65	352.49	196.92
无锡市区	Wuxi	990.74	725.80	911.81	846.41	436.30	157.14
徐州市区	Xuzhou	455.44	372.79	591.38	552.37	80.17	48.34
常州市区	Changzhou	535.04	406.74	697.80	560.91	366.04	81.83
苏州市区	Suzhou	1567.82	1287.37	1018.81	919.71	448.23	180.10
南通市区	Nantong	469.77	331.97	849.00	769.00	513.00	304.00
连云港市区	Lianyungang	273.04	225.01	343.15	326.61	101.82	61.70
淮安市区	Huaian	254.42	180.10	651.00	585.00	714.75	376.31
盐城市区	Yancheng	267.88	211.80	506.59	448.34	159.89	96.32
扬州市区	Yangzhou	444.45	321.49	474.91	419.35	155.00	50.00
镇江市区	Zhenjiang	167.18	135.26	199.76	186.86	96.55	52.23
泰州市区	Taizhou	150.27	119.01	353.42	316.36	181.37	105.49
宿迁市区	Suqian	107.08	81.09	277.77	260.19	87.81	39.79

18－12 主要城市工业基本情况(2018 年)
Basic Statistics on Industry of Major Cities(2018)

单位:亿元 (100 million yuan)

城　　市	City	工业企业单位数(个) Number of Industrial Enterprises (unit)	#大中型企业 Enterprises of Large and Medium Size	资产总计 Total Assets	负债合计 Total Liabilities	主营业务收入 Major Business Income	利润总额 Total Profits
南京市区	Nanjing	2556	395	12900.78	6839.18	12171.02	909.84
无锡市区	Wuxi	3092	400	7707.07	3590.07	7837.07	632.32
徐州市区	Xuzhou	735	181	4673.29	2589.93	3300.64	188.96
常州市区	Changzhou	3863	510	8496.98	4619.98	10134.76	638.40
苏州市区	Suzhou	4721	918	13974.04	7109.58	14488.15	948.32
南通市区	Nantong	1450	188	3230.42	1545.03	3969.89	275.20
连云港市区	Lianyungang	499	63	2815.07	1658.21	2000.57	225.30
淮安市区	Huaian	1137	95	1923.73	907.35	2674.82	171.59
盐城市区	Yancheng	1167	178	2298.07	1338.72	2382.66	78.64
扬州市区	Yangzhou	1520	303	2938.66	1544.51	3571.74	270.66
镇江市区	Zhenjiang	728	81	2062.23	1070.33	1850.36	142.59
泰州市区	Taizhou	1118	103	2493.99	1314.65	3409.11	200.09
宿迁市区	Suqian	530	72	1519.77	495.56	1160.52	191.66

18－13 主要城市财政、金融(2018 年)
Government Revenue and Expenditures of Major Cities(2018)

单位:亿元 (100 million yuan)

城　　市	City	一般公共预算收入 General Public Budget Revenue	#税收收入 Taxes	一般公共预算支出 General Public Budget Expenditure	存款余额 Deposits Balance	#住户存款 Household Deposits	贷款余款 Loans Balance
南京市区	Nanjing	1470.02	1242.49	1532.72	33740.63	6914.84	28402.34
无锡市区	Wuxi	638.23	535.45	684.75	9905.48	3175.10	7377.08
徐州市区	Xuzhou	289.01	228.80	400.07	4438.32	1921.56	3207.23
常州市区	Changzhou	494.04	431.38	507.65	8677.30	3299.18	6633.49
苏州市区	Suzhou	1132.56	1039.69	1106.52	18070.12	4763.92	17579.20
南通市区	Nantong	273.60	228.62	339.89	5437.23	2260.41	4225.72
连云港市区	Lianyungang	166.48	134.64	242.84	2218.14	838.63	2128.73
淮安市区	Huaian	185.73	151.33	486.77	2332.08	900.09	2296.40
盐城市区	Yancheng	187.63	150.20	323.22	3536.97	1232.61	2994.02
扬州市区	Yangzhou	224.72	174.21	351.59	4142.92	1800.85	3370.46
镇江市区	Zhenjiang	157.33	115.74	204.93	2488.56	844.94	1985.56
泰州市区	Taizhou	187.00	145.88	249.37	3136.52	1231.02	2506.70
宿迁市区	Suqian	107.71	94.14	181.83	1363.69	463.39	1221.63

18－14 主要城市贸易、外经(2018 年)
Domestic Trade and Foreign Economy of Major Cities(2018)

城 市 City		社会消费品零售总额(亿元) Total Retail Sales of Consumer Goods (100 million yuan)	进出口总额(亿美元) Total Imports and Exports (USD 100 million)	出口 Exports	进口 Imports	实际使用外资(亿美元) Actual Use of Foreign Capital (USD 100 million)	星级饭店数(个) Star Class Hotel (unit)
南京市区	Nanjing	5832.46	654.91	378.79	276.12	38.53	76
无锡市区	Wuxi	2056.14	649.64	390.84	258.80	23.01	22
徐州市区	Xuzhou	1898.40	66.96	54.34	12.62	16.50	35
常州市区	Changzhou	2256.37	332.39	240.74	91.66	23.10	27
苏州市区	Suzhou	2955.90	1886.78	1072.32	814.46	24.77	47
南通市区	Nantong	1205.60	209.13	138.46	70.67	11.29	20
连云港市区	Lianyungang	653.85	86.74	34.38	52.36	4.00	14
淮安市区	Huaian	857.32	37.13	23.27	13.86	0.83	21
盐城市区	Yancheng	798.16	61.46	31.37	30.09	5.76	11
扬州市区	Yangzhou	1054.59	86.66	65.54	21.11	9.18	26
镇江市区	Zhenjiang	668.12	72.30	39.73	32.57	4.93	6
泰州市区	Taizhou	638.13	59.62	36.82	22.80	9.37	10
宿迁市区	Suqian	356.60	21.03	13.73	7.30	1.73	10

18－15 主要城市邮电、电力(2018 年)
Post and Telecommunication Service and Power Consumption of Major Cities(2018)

城 市 City		邮电业务收入(亿元) Revenue from Posts and Telecommunication Services (100 million yuan)	固定电话用户(万户) Telephones (10000 Subscribers)	年末移动电话用户(万户) Mobile Telephones (10000 Subscribers)	互联网宽带接入用户(万户) Internet Service (10000 Subscribers)	全年用电量(亿千瓦时) Power Consumption (100 million kW·h)	#城乡居民生活用电 Urban and Rural Residents Power Consumption
南京市区	Nanjing	251.48	213.19	1294.07	427.63	606.40	92.94
无锡市区	Wuxi	120.28	82.31	541.05	193.69	349.91	43.32
徐州市区	Xuzhou	52.41	48.42	434.42	130.07	117.66	17.88
常州市区	Changzhou	98.42	86.42	492.36	234.11	395.41	43.60
苏州市区	Suzhou	235.80	137.34	1057.94	320.43	696.19	72.68
南通市区	Nantong	55.81	61.07	345.97	105.33	169.72	25.69
连云港市区	Lianyungang	33.44	36.19	266.49	85.66	109.93	18.61
淮安市区	Huaian	13.88	12.56	135.17	40.08	135.27	22.96
盐城市区	Yancheng	35.76	38.75	297.31	93.81	127.47	19.58
扬州市区	Yangzhou	70.12	63.95	311.28	108.73	139.30	24.95
镇江市区	Zhenjiang	23.50	29.15	159.81	74.51	120.27	12.95
泰州市区	Taizhou	30.06	36.09	211.52	78.44	106.25	15.43
宿迁市区	Suqian	22.39	11.31	177.03	49.05	84.54	11.15

18－16 主要城市文教、科技、卫生(2018 年)

Culture, Education, Science and Technology and Public Health of Major Cities(2018)

城市	City	普通本专科在校学生数(万人) Number of Students Enrollement in Regular Institutions of High Education (10000 persons)	专利申请受理量(件) Applications Accepted (unit)	公共图书馆图书藏量(千册) Total Volume of Collections of Public Libraries (1000 volumes)	医疗卫生机构数(个) Number of Health Care Institutions (unit)	卫生机构床位数(万张) Number of Beds in Health Care Institutions (10000 units)	执业(助理)医师(万人) Practitioner Doctors (Assistant) (10000 persons)
南京市区	Nanjing	85.68	99020	19644	2801	5.50	3.16
无锡市区	Wuxi	10.34	45429	4973	1447	3.16	1.33
徐州市区	Xuzhou	13.07	16821	1733	1592	3.32	1.33
常州市区	Changzhou	12.47	39801	4866	1128	2.29	1.20
苏州市区	Suzhou	17.45	83746	14520	1636	3.91	1.78
南通市区	Nantong	10.68	25701	2130	1054	1.91	0.84
连云港市区	Lianyungang	4.21	5881	1754	1383	1.40	0.66
淮安市区	Huaian	7.18	13561	1501	1269	1.93	0.90
盐城市区	Yancheng	6.26	19656	3031	1050	1.50	0.71
扬州市区	Yangzhou	7.90	22466	3287	1065	1.45	0.69
镇江市区	Zhenjiang	8.38	12110	2218	414	0.88	0.41
泰州市区	Taizhou	6.34	18441	1964	651	1.31	0.51
宿迁市区	Suqian	2.25	6728	711	672	1.00	0.41

18－17 主要城市居民收支情况(2018 年)

Household Income and Expenditure of Major Cities(2018)

单位:元 (yuan)

城市	City	城市常住居民人均可支配收入 Per Capita Disposable Income of Urban Residents	城市常住居民人均消费性支出 Per Capita Living Expenditure of Urban Residents	食品烟酒 Food, Tobacco and Wine	衣着 Clothing Articles	居住 Residence	生活用品及服务 Articles for Daily Use and Services
南京市区	Nanjing	59308	33537	8489	2379	7411	1992
无锡市区	Wuxi	55113	32614	9041	2598	6765	1765
徐州市区	Xuzhou	37398	23436	6520	1728	4010	1884
常州市区	Changzhou	54000	30351	8121	2298	6144	1734
苏州市区	Suzhou	63481	37403	9406	2120	9306	1965
南通市区	Nantong	43298	25070	6897	1708	5730	1473
连云港市区	Lianyungang	35379	20931	5870	1790	4685	1539
淮安市区	Huaian	29341	16295	4752	1204	3324	991
盐城市区	Yancheng	40060	21583	5407	1841	5051	1307
扬州市区	Yangzhou	38924	25966	7865	2126	5288	1432
镇江市区	Zhenjiang	48325	28823	7800	2108	5995	1635
泰州市区	Taizhou	44384	25740	7360	2121	5935	1366
宿迁市区	Suqian	29483	17361	5714	1356	3171	1125

18－17 续表 Continued

单位:元 (yuan)

城市 City		交通通信 Transport and Communication	教育文化娱乐 Education, Culture and Recreation	医疗保健 Healthcare and Medical Services	其他用品和服务 Other Goods and Services	人均住房建筑面积(平方米) Per Capita Construction Floor Space of Residential Building (sq. m)	居民消费价格指数(上年=100) Consumer Price Index (preceding year=100)
南京市区	Nanjing	4151	6136	1962	1018	40.1	102.4
无锡市区	Wuxi	4815	4538	2071	1021	43.2	102.3
徐州市区	Xuzhou	3418	2655	2512	710	44.8	102.3
常州市区	Changzhou	4592	4610	2121	731	48.6	102.2
苏州市区	Suzhou	6153	5703	1776	975	45.8	102.6
南通市区	Nantong	3935	2932	1620	775	52.7	102.3
连云港市区	Lianyungang	2252	2714	1487	593	48.2	102.3
淮安市区	Huaian	1647	2950	1011	416	51.0	102.1
盐城市区	Yancheng	2670	3069	1616	621	39.6	101.9
扬州市区	Yangzhou	2901	4143	1396	815	49.2	102.2
镇江市区	Zhenjiang	4537	4595	1250	903	47.4	102.0
泰州市区	Taizhou	3451	3213	1536	757	49.2	102.0
宿迁市区	Suqian	1733	2926	1084	251	45.2	102.1

18－18 市辖区主要指标(2018 年)

市辖区	Municipal District	年末户籍人口(万人) Registered Population at Year-end (10000 persons)	土地面积(平方公里) Land Area (sq. m)	地区生产总值(亿元) Gross Domestic Product (100 million yuan)	#第二产业 Secondary Industry	#第三产业 Tertiary Industry
南京市	**Nanjing City**					
玄武区	Xuanwu District	47.32	75	895.37	1.38	894.00
秦淮区	Qinhuai District	69.05	49	1043.03	45.05	998.00
建邺区	Jianye District	37.89	83	746.87	299.21	448.00
鼓楼区	Gulou District	92.42	53	1478.37	77.67	1401.00
浦口区	Pukou District	74.32	910	1050.11	489.71	518.00
栖霞区	Qixia District	51.24	395	1394.62	919.23	468.00
雨花台区	Yuhuatai District	29.79	132	651.05	158.56	492.00
江宁区	Jiangning District	112.33	1563	2163.60	1126.59	971.00
六合区	Luhe District	93.27	1471	1227.90	735.24	425.00
溧水区	Lishui District	44.38	1064	789.09	411.76	333.00
高淳区	Gaochun District	44.93	790	682.59	328.37	310.00
无锡市	**Wuxi City**					
锡山区	Xishan District	46.17	399	883.31	454.37	412.81
惠山区	Huishan District	48.91	325	907.38	530.30	360.71
滨湖区	Binhu District	52.58	628	1050.35	458.50	588.20
梁溪区	Liangxi District	78.34	72	1269.34	192.40	1076.94
新吴区	Xinwu District	37.13	220	1800.80	1169.94	629.52
徐州市	**Xuzhou City**					
鼓楼区	Gulou District	31.57	66	261.43	55.85	205.49
云龙区	Yunlong District	36.86	120	330.92	39.92	289.62
贾汪区	Jiawang District	52.27	612	330.57	150.98	153.71
泉山区	Quanshan District	56.85	100	624.56	82.23	541.82
铜山区	Tongshan District	133.15	1871	1090.66	519.60	482.19
常州市	**Changzhou City**					
天宁区	Tianning District	47.67	155	802.47	220.88	573.77
钟楼区	Zhonglou District	43.45	133	741.43	238.81	500.17
新北区	Xinbei District	60.13	509	1458.33	745.60	693.46
武进区	Wujin District	97.04	1065	2380.13	1292.04	1048.42
金坛区	Jintan District	54.87	976	801.93	403.46	362.45
苏州市	**Suzhou City**					
虎丘区	Huqiu District	40.70	332	1256.27	758.82	496.00
吴中区	Wuzhong District	68.29	2231	1124.73	525.89	577.00

Major Indicators of Municipal Districts(2018)

一般公共预算收入(亿元) General Public Budget Revenues (100 million yuan)	房地产开发投资(亿元) Investment in Real Estate Development (100 million yuan)	#住宅 Resdential Building	社会消费品零售总额(亿元) Total Retail Sales of Consumer Goods (100 million yuan)	进出口总额(亿美元) Total Imports and Exports (USD 100 million)	#出口 Exports	实际使用外资(万美元) Actual Use of Foreign Capital (USD 10000)
81.16	116.51	68.88	804.60	85.29	29.78	20100
90.28	115.88	43.42	1082.40	98.29	63.99	22571
117.01	340.06	207.99	240.90	13.15	10.25	26110
117.70	166.24	83.16	1003.00	57.36	38.76	26100
135.63	484.58	354.66	338.10	10.90	5.46	33873
133.64	323.05	225.36	327.40	130.26	50.77	75215
82.74	188.18	135.77	417.30	40.94	28.03	21093
255.06	310.93	217.67	756.50	152.26	105.21	84161
127.55	160.63	122.49	402.50	7.57	4.43	13461
63.09	102.07	72.39	235.20	9.41	7.88	20506
31.32	41.99	38.85	224.60	9.62	7.27	14394
86.69	169.00	132.90	203.37	52.35	39.74	40612
92.35	147.94	134.87	216.15	33.51	28.82	22620
103.69	368.37	241.87	308.97	29.74	22.83	26651
53.88	176.39	125.53	989.03	25.97	23.64	10204
198.64	129.04	90.63	338.62	508.07	275.80	130032
19.50	38.47	27.71	455.49	1.74	1.70	17407
28.06	58.70	38.97	462.32	4.15	3.98	11500
22.57	66.83	59.16	84.15	5.07	4.84	21423
37.21	159.11	138.73	604.42	5.31	4.92	8064
65.13	102.96	85.26	290.04	14.23	13.53	36301
54.78	105.16	79.62	566.30	32.95	27.52	20085
43.63	101.09	67.78	379.35	25.93	23.24	19162
120.87	98.67	85.51	359.59	127.93	84.77	77027
178.48	158.51	123.73	645.43	120.46	85.25	77003
56.55	71.59	50.11	305.70	23.80	19.05	30015
159.00	295.84	262.79	290.34	455.58	288.27	43501
160.61	307.30	276.89	441.24	88.34	61.44	37285

市辖区 Municipal District		年末户籍人口（万人）Registered Population at Year-end (10000 persons)	土地面积（平方公里）Land Area (sq. m)	地区生产总值（亿元）Gross Domestic Product (100 million yuan)	#第二产业 Secondary Industry	#第三产业 Tertiary Industry
相城区	Xiangcheng District	43.49	490	771.06	380.10	382.00
姑苏区	Gushu District	73.48	83	709.35	66.67	643.00
吴江区	Wujiang District	84.08	1237	1925.03	986.79	895.00
南通市	**Nantong City**					
崇川区	Chongchuan District	53.86	160	819.51	195.26	624.19
港闸区	Gangzha District	19.77	152	405.01	221.37	182.28
通州区	Tongzhou District	125.70	1562	1269.00	622.47	588.18
连云港市	**Lianyungang City**					
连云区	Lianyun District	13.38	798	145.65	52.69	87.58
海州区	Haizhou Distric	68.29	701	364.04	97.50	248.28
赣榆区	Ganyu Distric	119.97	1514	608.26	280.79	236.21
淮安市	**Huaian City**					
淮安区	Huaian District	23.00	111	547.00	207.86	266.44
淮阴区	Huaiyin District	29.00	106	535.00	224.85	234.40
清江浦区	Qingjiangpu District	26.00	109	480.00	109.49	358.49
洪泽区	Hongze District	21.00	109	313.00	126.20	149.70
盐城市	**Yancheng City**					
亭湖区	Tinghu District	69.52	800	478.95	173.41	269.97
盐都区	Yandu District	71.13	1015	546.72	261.83	238.13
大丰区	Dafeng District	71.09	3008	699.93	273.77	343.07
扬州市	**Yangzhou City**					
广陵区	Guangling District	49.40	335	795.75	351.07	435.00
邗江区	Hanjiang District	62.16	553	955.16	365.02	569.00
江都区	Jiangdu District	104.47	1330	1070.05	494.44	509.00
镇江市	**Zhenjiang City**					
京口区	Jingkou District	31.31	125	475.00	124.85	349.13
润州区	Runzhou District	21.26	124	218.39	42.60	175.15
丹徒区	Dantu District	29.05	617	417.02	216.52	180.58
泰州市	**Taizhou City**					
海陵区	Hailing District	42.92	237	622.02	299.21	314.34
高港区	Gaogang District	26.27	287	549.99	327.10	209.63
姜堰区	Jiangyan District	77.81	928	715.58	327.91	340.20
宿迁市	**Suqian City**					
宿城区	Sucheng District	95.35	926	339.11	131.21	184.34
宿豫区	Suyu District	65.87	1108	302.82	167.87	105.95

一般公共预算收入（亿元）General Public Budget Revenues (100 million yuan)	房地产开发投资（亿元）Investment in Real Estate Development (100 million yuan)	#住宅 Resdential Building	社会消费品零售总额（亿元）Total Retail Sales of Consumer Goods (100 million yuan)	进出口总额（亿美元）Total Imports and Exports (USD 100 million)	#出口 Exports	实际使用外资（万美元）Actual Use of Foreign Capital (USD 10000)
108.50	244.27	214.11	225.89	54.76	41.54	23039
62.30	209.10	140.47	968.84	23.47	20.64	610
202.90	321.59	262.96	535.86	228.93	160.88	45084
70.00	160.62	106.15	462.97	71.07	41.85	7677
42.04	126.91	75.24	157.72	26.91	21.45	13196
72.25	104.87	84.04	405.04	37.71	31.01	31667
		0.00				
12.26	27.70	17.16	86.75	20.48	6.29	7199
34.79	102.15	81.60	297.56	10.26	8.75	8227
25.81	28.97	25.13	206.41	6.23	4.99	9509
24.50	27.23	22.37	205.38	3.90	3.73	9572
26.27	32.16	22.50	123.60	6.01	2.32	20014
30.07	110.80	71.81	346.07	5.18	4.13	9664
19.30	6.52	4.84	112.01	1.92	1.72	13902
33.93	68.49	48.95	291.33	8.75	6.23	5605
34.56	33.06	30.73	196.92	10.56	4.88	10370
55.13	38.49	30.19	187.89	23.07	11.55	15003
35.12	110.90	77.39	341.31	16.11	13.96	10100
60.02	242.69	166.04	328.62	23.43	20.17	22705
52.89	54.23	47.90	294.45	22.37	14.74	22011
21.21	38.73	31.85	313.75	19.12	9.40	3752
13.58	69.00	52.00	124.33	2.86	2.29	1154
23.11	25.12	22.17	72.04	7.76	7.14	1758
37.73	36.49	28.55	252.86	17.13	14.54	18413
40.95	9.79	7.95	61.46	14.53	4.58	26879
37.79	43.49	31.93	180.55	13.93	12.35	16122
19.00	44.86	34.20	209.10	5.10	3.89	2837
19.46	19.44	12.97	66.97	6.51	5.07	9605

18－19 市辖区人口、面积(2018 年)
Population and Land Area of Municipal District(2018)

市辖区	Municipal District	年末户籍人口(万人) Registered Population at Year-end (10000 persons)	出生人口(人) Births (person)	死亡人口(人) Deaths (person)	年末总户数(万户) Total Households at Year-end (10000 household)	土地面积(平方公里) Land Area (sq. m)	人口密度(人/平方公里) Population Density (person/sq. m)
南京市浦口区	Nanjing Pukou District	74.32	11719	3494	26.01	910	922
南京市江宁区	Nanjing Jiangning District	112.33	16996	5755	41.59	1563	824
南京市六合区	Nanjing Luhe District	93.27	9773	6335	31.97	1471	677
南京市溧水区	Nanjing Lishui District	44.38	5873	2957	15.75	1064	445
南京市高淳区	Nanjing Gaochun District	44.93	5090	3352	15.92	790	576
徐州市贾汪区	Xuzhou Jiawang District	52.27	6925	2978	13.64	612	705
徐州市铜山区	Xuzhou Tongshan District	133.15	17016	5321	35.40	1871	562
常州市武进区	Changzhou Wujin District	97.04	8989	6994	34.33	1065	1362
常州市金坛区	Changzhou Jintan District	54.87	4144	4329	19.94	976	576
苏州市吴江区	Suzhou Wujiang District	84.08	8103	6572	26.43	1237	1059
南通市通州区	Nantong Tongzhou District	125.70	8889	11627	50.94	1562	731
连云港市赣榆区	Lianyungang Ganyu District	119.97	18570	8182	34.67	1514	640
淮安市淮安区	Huaian Huaian District	23.00	10500	7600	32.48	111	8531
淮安市淮阴区	Huaian Huaiyin District	29.00	8600	6000	28.33	106	7406
淮安市洪泽区	Huaian Hongze District	21.00	2900	2300	11.61	109	3047
盐城市盐都区	Yancheng Yandu District	71.13	7058	5355	23.73	1015	627
盐城市大丰区	Yancheng Dafeng District	71.09	4999	5925	26.87	3008	233
扬州市邗江区	Yangzhou Hanjiang District	62.16	5223	4071	19.71	553	1278
扬州市江都区	Yangzhou Jiangdu District	104.47	7536	9000	34.57	1330	765
镇江市丹徒区	Zhenjiang Dantu District	29.05	2310	2530	10.35	617	513
泰州市姜堰区	Taizhou Jiangyan District	77.81	5199	7687	26.59	928	787
宿迁市宿豫区	Suqian Suyu District	65.87	8569	7033	16.65	1108	569

18－20 市辖区就业人员(2018 年)
Employment of Municipal District(2018)

单位:万人 (10000 persons)

市辖区 Municipal District		就业人员 Employment	第一产业 Primary Industry	第二产业 Secondary Industry	第三产业 Tertiary Industry	私营企业就业人员 Employment in Private Enterprises	个体就业人员 Employment in Self-employed Individuals
南京市浦口区	Nanjing Pukou District	19.90	1.64	7.75	10.51	11.32	6.88
南京市江宁区	Nanjing Jiangning District	76.85	6.40	35.67	34.78	43.57	29.31
南京市六合区	Nanjing Luhe District	31.40	5.21	13.43	12.76	11.64	8.82
南京市溧水区	Nanjing Lishui District	32.58	3.68	19.15	9.75	15.38	6.85
南京市高淳区	Nanjing Gaochun District	31.05	5.70	15.70	9.65	19.97	4.52
徐州市贾汪区	Xuzhou Jiawang District	22.42	6.98	7.36	8.09	6.75	3.38
徐州市铜山区	Xuzhou Tongshan District	55.19	17.53	18.51	19.15	14.00	11.44
常州市武进区	Changzhou Wujin District	89.23	7.76	51.30	30.17	67.83	21.76
常州市金坛区	Changzhou Jintan District	37.23	5.40	18.28	13.55	19.96	8.20
苏州市吴江区	Suzhou Wujiang District	86.19	3.45	52.81	29.93	51.73	17.71
南通市通州区	Nantong Tongzhou District	69.35	14.26	33.20	22.00	24.58	16.32
连云港市赣榆区	Lianyungang Ganyu District	57.47	18.31	22.36	16.80	9.53	6.37
淮安市淮安区	Huaian Huaian District	54.46	18.68	16.89	18.89	13.18	6.15
淮安市淮阴区	Huaian Huaiyin District	45.73	14.95	14.36	16.42	11.41	8.28
淮安市洪泽区	Huaian Hongze District	19.79	5.68	6.79	7.32	8.85	4.76
盐城市盐都区	Yancheng Yandu District	38.80	7.32	15.13	16.35	11.71	6.05
盐城市大丰区	Yancheng Dafeng District	44.77	10.17	15.76	18.84	1.60	0.78
扬州市邗江区	Yangzhou Hanjiang District	37.87	0.62	15.18	22.00	22.50	10.33
扬州市江都区	Yangzhou Jiangdu District	59.86	9.35	27.02	23.00	33.89	10.97
镇江市丹徒区	Zhenjiang Dantu District	19.98	3.66	8.07	8.25	10.06	6.45
泰州市姜堰区	Taizhou Jiangyan District	43.10	10.00	17.00	16.10	21.86	7.52
宿迁市宿豫区	Suqian Suyu District	36.12	9.75	12.60	13.77	8.84	6.28

18－21　市辖区地区生产总值(2018年)

Gross Domestic Product of Municipal District(2018)

市辖区	Municipal District	地区生产总值(亿元) Gross Domestic Product (100 million yuan)	第一产业 Primary Industry	第二产业 Secondary Industry	第三产业 Tertiary Industry	#工业 Industry	地区生产总值指数(上年=100) GDP Index (preceding year=100)
南京市浦口区	Nanjing Pukou District	1050.11	42.28	489.71	518.00	421.54	110.5
南京市江宁区	Nanjing Jiangning District	2163.60	65.80	1126.59	971.00	961.05	108.3
南京市六合区	Nanjing Luhe District	1227.90	67.47	735.24	425.00	652.91	109.3
南京市溧水区	Nanjing Lishui District	789.09	44.16	411.76	333.00	356.99	108.1
南京市高淳区	Nanjing Gaochun District	682.59	44.05	328.37	310.00	261.10	107.2
徐州市贾汪区	Xuzhou Jiawang District	330.57	25.88	150.98	153.71	142.76	104.2
徐州市铜山区	Xuzhou Tongshan District	1090.66	88.88	519.60	482.19	475.91	103.5
常州市武进区	Changzhou Wujin District	2380.13	39.67	1292.04	1048.42	1237.70	106.8
常州市金坛区	Changzhou Jintan District	801.93	36.02	403.46	362.45	340.62	111.1
苏州市吴江区	Suzhou Wujiang District	1925.03	43.10	986.79	895.00	924.33	107.0
南通市崇川区	Nantong Chongchuan District	1269.00	58.35	622.47	588.18	518.35	107.8
连云港市赣榆区	Lianyungang Ganyu District	608.26	91.26	280.79	236.21	206.44	104.8
淮安市淮安区	Huaian Huaian District	547.00	72.62	207.86	266.44	141.10	106.8
淮安市淮阴区	Huaian Huaiyin District	535.00	75.25	224.85	234.40	193.26	106.4
淮安市洪泽区	Huaian Hongze District	313.00	36.91	126.20	149.70	108.49	106.6
盐城市盐都区	Yancheng Yandu District	546.72	46.76	261.83	238.13	224.74	107.1
盐城市大丰区	Yancheng Dafeng District	699.93	83.09	273.77	343.07	239.96	105.2
扬州市邗江区	Yangzhou Hanjiang District	955.16	21.10	365.02	569.00	296.37	108.0
扬州市江都区	Yangzhou Jiangdu District	1070.05	66.95	494.44	509.00	407.85	105.0
镇江市丹徒区	Zhenjiang Dantu District	417.02	19.92	216.52	180.58	202.29	102.8
泰州市姜堰区	Taizhou Jiangyan District	715.58	47.47	327.91	340.20	267.77	106.8
宿迁市宿豫区	Suqian Suyu District	302.82	29.01	167.87	105.95	147.74	107.1

18－22 市辖区投资、财政收支(2018年)
Investment, Government Revenue and Expenditure of Municipal District (2018)

单位:亿元 (100 million yuan)

市辖区 Municipal District		房地产开发投资 Investment in Real Estate Development	#住宅 Resdential Building	商品房销售面积(万平方米) Floor Space of Commercial House Sold (10000 sq. m)	一般公共预算收入 General Public Budget Revenue	#税收收入 Taxes	一般公共预算支出 General Public Budget Expenditure
南京市浦口区	Nanjing Pukou District	484.58	354.66	312.79	135.63	47.66	112.89
南京市江宁区	Nanjing Jiangning District	310.93	217.67	108.06	255.06	226.19	242.22
南京市六合区	Nanjing Luhe District	160.63	122.49	171.43	127.55	31.10	118.12
南京市溧水区	Nanjing Lishui District	102.07	72.39	156.86	63.09	50.68	95.33
南京市高淳区	Nanjing Gaochun District	41.99	38.85	53.35	31.32	28.25	67.84
徐州市贾汪区	Xuzhou Jiawang District	66.83	59.16	107.15	22.57	17.60	37.82
徐州市铜山区	Xuzhou Tongshan District	102.96	85.26	140.91	65.13	50.85	119.81
常州市武进区	Changzhou Wujin District	158.51	123.73	249.62	178.48	157.80	171.06
常州市金坛区	Changzhou Jintan District	71.59	50.11	78.07	56.55	49.46	73.66
苏州市吴江区	Suzhou Wujiang District	321.59	262.96	316.85	202.90	183.60	193.06
南通市通州区	Nantong Tongzhou District	104.87	84.04	169.00	72.25	58.50	116.16
连云港市赣榆区	Lianyungang Ganyu District	28.97	25.13	82.39	25.81	22.10	69.59
淮安市淮安区	Huaian Huaian District	27.23	22.37	100.32	24.50	20.97	75.89
淮安市淮阴区	Huaian Huaiyin District	32.16	22.50	119.54	26.27	21.14	67.60
淮安市洪泽区	Huaian Hongze District	6.52	4.84	52.95	19.30	17.09	38.77
盐城市盐都区	Yancheng Yandu District	33.06	30.73	11.53	34.56	28.18	64.65
盐城市大丰区	Yancheng Dafeng District	38.49	30.19	38.16	55.13	44.95	91.06
扬州市邗江区	Yangzhou Hanjiang District	242.69	166.04	252.03	60.02	48.91	67.39
扬州市江都区	Yangzhou Jiangdu District	54.23	47.90	79.47	52.89	41.30	112.19
镇江市丹徒区	Zhenjiang Dantu District	25.12	22.17	36.93	23.11	19.49	32.70
泰州市姜堰区	Taizhou Jiangyan District	43.49	31.93	106.23	37.79	31.66	71.61
宿迁市宿豫区	Suqian Suyu District	19.44	12.97	46.93	19.46	17.78	37.90

18－23 市辖区规模以上工业效益（2018 年）
Economic Benefit of above Designated Size Industry of Municipal District (2018)

市辖区 Municipal District		资产合计（亿元）Total Assets (100 million yuan)	负债合计（亿元）Total Liabilities (100 million yuan)	主营业务收入（亿元）Revenue from principal Business (100 million yuan)	利润总额（亿元）Total Profits (100 million yuan)	年平均用工人数（万人）The Average Number of Employment (10000 persons)
南京市浦口区	Nanjing Pukou District	1299.01	813.21	1025.13	35.40	6.53
南京市江宁区	Nanjing Jiangning District	3648.39	1939.64	2820.67	285.50	20.39
南京市六合区	Nanjing Luhe District	2380.74	1101.26	2749.01	228.03	9.28
南京市溧水区	Nanjing Lishui District	758.81	471.17	901.75	106.80	6.91
南京市高淳区	Nanjing Gaochun District	609.54	361.22	690.12	40.71	4.76
徐州市贾汪区	Xuzhou Jiawang District	351.31	194.84	250.34	11.64	2.41
徐州市铜山区	Xuzhou Tongshan District	1319.35	542.49	1303.43	99.63	8.42
常州市武进区	Changzhou Wujin District	3663.97	1908.28	4678.27	282.91	33.91
常州市金坛区	Changzhou Jintan District	1305.03	832.71	1595.10	126.04	9.71
苏州市吴江区	Suzhou Wujiang District	3743.54	2104.53	3700.21	220.96	39.80
南通市通州区	Nantong Tongzhou District	949.93	457.76	1992.18	132.62	14.28
连云港市赣榆区	Lianyungang Ganyu District	317.95	211.75	516.49	24.35	3.03
淮安市淮安区	Huaian Huaian District	231.53	119.46	618.13	28.27	3.71
淮安市淮阴区	Huaian Huaiyin District	347.73	176.01	586.79	25.62	3.23
淮安市洪泽区	Huaian Hongze District	241.56	141.33	404.75	18.68	3.01
盐城市盐都区	Yancheng Yandu District	448.93	174.27	638.77	44.28	0.57
盐城市大丰区	Yancheng Dafeng District	833.16	520.52	811.72	34.14	0.68
扬州市邗江区	Yangzhou Hanjiang District	915.79	481.32	914.70	62.74	11.13
扬州市江都区	Yangzhou Jiangdu District	872.00	496.15	1290.60	104.97	12.07
镇江市丹徒区	Zhenjiang Dantu District	418.38	228.22	347.19	39.02	2.91
泰州市姜堰区	Taizhou Jiangyan District	525.72	268.62	759.60	43.00	5.57
宿迁市宿豫区	Suqian Suyu District	288.98	154.28	297.60	16.73	3.23

18－24　市辖区贸易、外资(2018 年)

Trade and Foreign Economy of Municipal District(2018)

市辖区 Municipal District		社会消费品零售总额(亿元) Total Retail Sales of Consumer Goods (100 million yuan)	进出口总额(亿美元) Total Imports and Exports (USD 100 million)	出口总额(亿美元) Total Exports (USD 100 million)	协议注册外资(亿美元) Agreement Registered Foreign (USD 100 million)	实际使用外资(亿美元) Actual Use of Foreign Capital (USD 100 million)
南京市浦口区	Nanjing Pukou District	338.10	10.90	5.46	5.26	3.39
南京市江宁区	Nanjing Jiangning District	756.50	152.26	105.21	29.38	8.42
南京市六合区	Nanjing Luhe District	402.50	7.57	4.43	1.57	1.35
南京市溧水区	Nanjing Lishui District	235.20	9.41	7.88	3.51	2.05
南京市高淳区	Nanjing Gaochun District	224.60	9.62	7.27	5.14	1.44
徐州市贾汪区	Xuzhou Jiawang District	84.15	5.07	4.84	4.52	2.14
徐州市铜山区	Xuzhou Tongshan District	290.04	14.23	13.53	10.73	3.63
常州市武进区	Changzhou Wujin District	645.43	120.46	85.25	11.33	7.70
常州市金坛区	Changzhou Jintan District	305.70	23.80	19.05	11.68	3.00
苏州市吴江区	Suzhou Wujiang District	535.86	228.93	160.88	6.28	4.51
南通市通州区	Nantong Tongzhou District	405.04	37.71	31.01	11.49	3.17
连云港市赣榆区	Lianyungang Ganyu District	206.41	6.23	4.99	1.63	0.95
淮安市淮安区	Huaian Huaian District	205.38	3.90	3.73	2.18	0.96
淮安市淮阴区	Huaian Huaiyin District	123.60	6.01	2.32	3.41	2.00
淮安市洪泽区	Huaian Hongze District	112.01	1.92	1.72	4.29	1.39
盐城市盐都区	Yancheng Yandu District	196.92	10.56	4.88	2.26	1.04
盐城市大丰区	Yancheng Dafeng District	187.89	23.07	11.55	3.00	1.50
扬州市邗江区	Yangzhou Hanjiang District	328.62	23.43	20.17	3.69	2.27
扬州市江都区	Yangzhou Jiangdu District	294.45	22.37	14.74	2.69	2.20
镇江市丹徒区	Zhenjiang Dantu District	72.04	7.76	7.14	-0.27	0.18
泰州市姜堰区	Taizhou Jiangyan District	180.55	13.93	12.35	3.56	1.61
宿迁市宿豫区	Suqian Suyu District	66.97	6.51	5.07	2.92	0.96

18－25　市辖区教育、卫生、收入(2018 年)
Education, Public Health and Income of Municipal District(2018)

市 辖 区 Municipal District		普通中学在校学生(万人) Regular Secondary School Students Enrollment (10000 persons)	小学在校学生(万人) Primary School Student Enrollment (10000 persons)	医院个数(个) Number of Hospitals (unit)	医院床位数(张) Number of Beds in Hospitals (unit)	执业(助理)医师(人) Practitioner (Assistant) Doctors (person)	城镇常住居民人均可支配收入(元) Per Capita Annual Disposable Income of Urban Residents (yuan)
南京市浦口区	Nanjing Pukou District	2.07	4.85	4	1146	945	55005
南京市江宁区	Nanjing Jiangning District	4.19	8.05	30	6112	3976	57474
南京市六合区	Nanjing Luhe District	3.03	4.45	10	1424	1495	53427
南京市溧水区	Nanjing Lishui District	1.55	2.53	8	1803	1070	52393
南京市高淳区	Nanjing Gaochun District	1.49	2.22	14	1742	1090	53332
徐州市贾汪区	Xuzhou Jiawang District	1.85	4.64	6	1545	1138	33144
徐州市铜山区	Xuzhou Tongshan District	5.70	13.00	17	3392	2909	37818
常州市武进区	Changzhou Wujin District	5.39	10.61	19	4269	3012	56610
常州市金坛区	Changzhou Jintan District	1.87	2.76	10	2157	1392	50770
苏州市吴江区	Suzhou Wujiang District	4.56	9.74	13	5207	2933	63425
南通市通州区	Nantong Tongzhou District	3.25	5.30	12	4022	2625	48138
连云港市赣榆区	Lianyungang Ganyu District	6.25	10.52	13	3202	2182	31954
淮安市淮安区	Huaian Huaian District	5.15	6.65	7	2383	2589	30936
淮安市淮阴区	Huaian Huaiyin District	3.64	6.17	7	4161	2864	33458
淮安市洪泽区	Huaian Hongze District	1.37	1.72	2	965	721	35824
盐城市盐都区	Yancheng Yandu District	2.71	3.71	3	1668	1848	38755
盐城市大丰区	Yancheng Dafeng District	2.16	2.76	24	2852	1804	36462
扬州市邗江区	Yangzhou Hanjiang District	2.14	3.67	20	2074	1993	47262
扬州市江都区	Yangzhou Jiangdu District	3.61	4.04	13	3355	1975	43118
镇江市丹徒区	Zhenjiang Dantu District	0.97	1.50	2	380	524	48151
泰州市姜堰区	Taizhou Jiangyan District	3.23	3.21	12	2931	1765	43637
宿迁市宿豫区	Suqian Suyu District	1.50	5.32	28	3166	1205	27755

主要统计指标解释

供水综合生产能力 指按供水设施取水、净化、送水、出厂输水干管等环节实际测定计算的综合生产能力。

供水管道长度 指从送水泵到用户水表之间所有管道的长度。在同一条街道埋设两条或两条以上管道时，应按每条管道的长度计算。

供水总量 指报告期供水企业(单位)供出的全部水量。包括有效供水量及损失水量。

生活用水量 指居民日常生活与公共福利设施的用水量，包括居民、饮食店、旅馆、医院、理发店、浴池、洗衣店、游泳池、商店、学校、机关、部队等单位的用水量。

城市人口用水普及率 指城市用水人口数与城市人口总数之比。计算公式为：

用水普及率 = 城市用水人口数/城市人口总数 × 100%

燃气综合生产能力 指报告期末燃气生产厂制气、净化、输送等环节的综合生产能力，不包括备用设备能力。一般按设计能力计算，如果实际生产能力大于设计能力时，应按实际测定的生产能力计算。测定时应以制气、净化、输送三个环节中最薄弱的环节为主。

燃气供气管道长度 指报告期末从气源厂压缩机的出口或门站出口到各类用户引入管之间的全部已经通气投入使用的管道长度。不包括煤气生产厂、输配站、液化气储存站、灌瓶站、储配站、气化站、混气站、供应站等厂(站)内的管道。按不同的材质、压力级别、管径分别统计。

燃气供应总量 指报告期燃气企业(单位)向用户供应的燃气数量。包括销售量及损失量。

燃气普及率 指报告期末使用燃气的城市人口数与城市人口总数的比率。计算公式为：

燃气普及率 = 用气人口数/城市人口总数 × 100%

道路长度 指道路长度和与道路相通的桥梁、隧道的长度，按车行道中心线计算。

排水管道长度 指所有排水总管、干管、支管、检查井及连接井进出口等长度之和。

计算时应按单管计算，即在同一条街道上如有两条或两条以上并排的排水管道时，应按每条排水管道的长度相加计算。

城市污水处理能力 指污水处理厂(或处理装置)每昼夜处理污水量的设计能力。

营运车数 指报告期末公交企业(单位)用于运营业务的全部车辆数。以企业(单位)固定资产台帐中已投入运营的车辆数为准；新购、新制和调入的运营车辆，自投入之日起开始计算；调出、报废和调作他用的运营车辆，自上级主管机关批准之日起不再计入。

园林绿地面积 指报告期末用于园林和绿化的各种绿地面积。包括公共绿地、居住区绿地、单位附属绿地、防护绿地、生产绿地、道路绿地和风景林地面积。不包括：

1. 屋顶绿化、垂直绿化、阳台绿化和室内绿化。
2. 以物质生产为主的林地、耕地、牧草地、果园和竹园等。
3. 城市总体规划中不列入绿地的水域。

公园绿地 指城市中向公众开放的以游憩为主要功能，有一定的游憩设施和服务设施，同时兼有健全生态、美化景观，防灾减灾等综合作用的绿化用地。包括综合公园、社区公园、专类公园、带状公园和街旁绿地。其中综合公园、专类公园和带状公园面积之和为公园面积。

Explanatory Notes on Main Statistical Indicators

Comprehensive Production Capacity of Tap Water refers to the actual comprehensive production capacity of the waterworks, taking the capacity of the main links such as waterflow, purification, conveyance and outflow of the trunk pilelines into account.

Length of Water Pipelines refers to the total length of all the pipelines between the water pumps and the user's water meters. If there are two or more than two pipelies buried in a same street, the length of every pipeline should be taken into account.

Volume of Water Supply refers to the total volume of water supply by the water supply enterprises (units) during the reference period, including both the effective water supply and loss.

Consumption of Water for Residential Use refers to the water consumption of households for daily life and the water consumption of public welfare facilities, including the consumption of restaurants, hotels, hospitals, barber shops, public bathhouses, laundries, swimming pools, shops, schools, institutions, army units and other units.

Percentage of Urban Population with Access to Tap Water refers to the ratio of the urban population with access to tap water to the total urban population. The formula is:

Percentage of Population with Access to Tap Water = (Urban Population with Access to Tap Water)/(Urban Population) × 100%

Comprehensive Production Capacity of Burning Gas refers to the comprehensive production capacity of the burning gas—works in burning gas generation, purification and delivering, excluding the reserve capacity of the equipment. In general, the capacity is counted in accordance with the designed requirement. If the actual production capacity is larger than designed requirement, it should be counted according to the actual capacity through determination. In determination, the most weak link should be determined as the main one among the three links of burning gas generation, purification and delivering.

Length of Burning Gas Pipelines refers to the total length of pipelines between the outlet of the compressor, blower or burning gas tank of the source factory and the burning gas meters of users, which are all put in use, excluding the pipelines in burning gas—works (stations) and the pipelines of transportation and distribution station, liquefied petroluem gas storage station, pipeline and bottle station, storage and distribution station, gasification station, gas mixed station, supply station. They are counted respectively according to the different quality of materials, level of preasure and the size of bores.

Volume of Burning Gas Supply refers to the volume of burning gas supplied by the burning gas enterprises, including both the sales volume and loss.

Percentage of Urban Population with Access to Burning Gas refers to the ratio of the urban population with access to burning gas to the urban population at the reference period. The formula is:

Percentage of Urban Population with Access to Burning Gas = (Urban Population with Access to Burning Gas)/Urban Population) ×100%

Length of Roads refers to the length of roads, as well as the length of bridges and tunnels, the same as the roads, and taking the middle line of traffic lane into account.

Length of Sewage Pipes refers to the total length of general drainage, trunks, branch and blind drainages, inspection wells, connection wells, inlets and outlets, ete., taking the single pipe into account. Namely if there are two or more than two pipes standing side by side in a street, the length of every pipe should put into account.

Daily Disposal Capacity of Urban Sewage refers to the designed 24 hour capacity of sewage disposal at the sewage treatment works.

Number of Vehicles (Public Transit) in Working refers to the total of operatoinal vehicles (buses and trolley buses) available at the end of the reference period, taking them as the fixed assets registered in account book of the enterprises and put in operation as the accounting standard. Vehicles, newly bought, newly manufactured and transfered in from other units, should be put into account since the day of putting into operation, while the vehicles, transfered to other units, being scrapped and turned to other use, should not be put into account since the day of permission made by higher responsible department.

Area of Gardens and Green Areas refers to the various green land used for gardening and afforestation at the end of reference period, including public green land, residential area green land, subsidiary green land of the units, protection green land, production green land, roadside green land and scenic forest land, excluding:

1. Roof, perpendicular, balcony and indoor green area.
2. Areas taking the material production as the main aim, such as forest land, cultivated land, pasture, orchard and bamboo forest.
3. Water areas which are not listed in the urban general plan.

Park Green Area refers to green areas open to the public for amusement and rest with the facilities of amusement, rest and services. Its function includes perfecting ecology, beautifying landscape, and preventing and reducing disaster. Park green areas include comprehensive park, community park, topic park, belt-shaped park and green area nearby street. Total areas of comprehensive park, topic park and belt-shaped is the area of park.

19

区域经济

Regional Economy

简 要 说 明

一、本篇资料的主要内容

本篇资料反映苏南苏中苏北、沿江、沿海、沿东陇海线及长江三角洲地区经济社会发展情况。

二、资料来源

本篇资料主要根据市县社会经济基本情况统计年报加工整理，部分数据为初步统计数。

Brief Introduction

I. Main Contents

Data in this chapter reflect economic and social development of the Southern, Mid and Northern Jiangsu; zone along the Yangtze rive; Coastal region; region along the Long－hai rarlway; Yangtze River Delta.

Ⅱ. Date Source

Data in this chapter mainly based on the basic socio－economic situation annual report, and part of the data are preliminary statistics.

19－1 三大区域主要经济指标(2018 年)

Major Economic Indicators of Three Regions (2018)

指标	Item	苏南 Southern Jiangsu	苏中 Mid Jiangsu	苏北 Northern Jiangsu
年末常住人口 (万人)	Permanent Resident Population at Year-end (10000 persons)	3365.74	1647.67	3037.29
土地面积 (平方公里)	Land Area (sq. km)	28084	22928	54865
地区生产总值 (亿元)	Gross Domestic Product (100 million yuan)	53956.76	19000.80	21365.98
第一产业	Primary Industry	907.13	951.16	2189.90
第二产业	Secondary Industry	24358.79	9005.13	9243.51
第三产业	Tertiary Industry	28690.84	9044.51	9932.57
#工业	Industry	22060.19	7685.83	7729.90
人均地区生产总值 (元)	Per Capita GDP (yuan)	160747	115360	70369
地区生产总值指数 (上年=100)	Indices of GDP (preceding year=100)	106.9	106.9	105.3
粮食产量 (万吨)	Grain (10000 tons)	437.10	911.37	2436.09
油料产量 (万吨)	Oil-bearing Crops (10000 tons)	9.23	33.50	43.31
棉花产量 (万吨)	Cotton (10000 tons)	0.24	0.84	1.17
规模以上工业利润总额 (亿元)	Profits and Taxes of above Designated Size Industrial Enterprises (100 million yuan)	5093.60	2045.94	1306.72
社会消费品零售总额(亿元)	Total Retail Sale of Consumer Goods (100 million yuan)	19226.16	5928.67	8075.52
进出口总额 (亿美元)	Total Imports and Exports (USD 100 million)	5592.74	653.14	394.51
#出口	Exports	3345.43	435.26	259.82
实际使用外资 (亿美元)	Actual Use of Foreign Capital (USD 100 million)	153.59	53.09	49.74
一般公共预算收入 (亿元)	General Public Budget Revenue (100 million yuan)	5464.12	1303.37	1595.00
一般公共预算支出 (亿元)	General Public Budget Expenditure (100 million yuan)	5544.59	1972.93	3060.82
金融机构存款余额 (亿元)	Deposits Balance of Banking Institution (100 million yuan)	92711.27	24118.54	22888.16
#住户存款	Household Deposits	27597.85	12024.54	11146.22
金融机构贷款余额 (亿元)	Loans Balance of Banking Institution (100 million yuan)	78904.14	18226.24	18588.62
居民人均可支配收入 (元)	Per Capita Disposable Income of Residents (100 million yuan)	51065	35573	26997
城镇常住居民人均可支配收入 (元)	Per Capita Annual Disposable Income of Urban Permanent Residents (yuan)	58564	44330	33607
农村常住居民人均可支配收入 (元)	Per Capita Annual Disposable Income of Rural Permanent Residents (yuan)	29030	21815	17982

19－2 三大区域经济社会基本情况(2018 年)

指 标	Item	苏南合计 Southern Jiangsu	南京 Nanjing	无锡 Wuxi	常州 Changzhou	苏州 Suzhou
人口、就业	**Population and Employment**					
土地面积 (平方公里)	Land Area (sq. km)	28084	6587	4627	4372	8657
年末户籍人口 (万人)	Population (Registered) (year-end) (10000 persons)	2550.68	696.94	497.21	382.20	703.55
男	Male	1257.26	346.85	244.73	187.83	344.17
女	Female	1293.42	350.09	252.48	194.37	359.38
年均户籍人口 (万人)	Yearly Average Population(Registered) (10000 persons)	2532.60	688.80	495.13	380.52	697.31
年末常住人口 (万人)	Population(Permanent) (10000 persons)	3365.74	843.62	657.45	472.86	1072.17
城镇化率 (%)	Rate of Urbanization (%)	76.8	82.5	76.3	72.5	76.1
年末总户数 (万户)	Households(year-end) (10000 subs)	883.12	246.44	169.20	134.91	230.92
#乡村户数	Rural Households	338.06	62.68	59.57	71.29	87.34
出生人口 (万人)	Births (10000 persons)	24.56	7.88	4.21	3.40	6.85
死亡人口 (万人)	Deaths (10000 persons)	17.69	4.15	3.69	2.74	4.90
人口密度 (人/平方公里)	Density of Population (person/sq. km)	1198	1281	1421	1082	1238
就业人员 (万人)	Employed Persons (10000 persons)	2020.1	462.6	388.2	282.2	692.3
第一产业	Primary Industry	131.4	42.6	15.8	29.4	21.7
第二产业	Secondary Industry	988.1	146.2	213.6	137.4	405.8
第三产业	Tertiary Industry	900.6	273.8	158.8	115.4	264.8
私营企业就业人员 (万人)	Number of Employed Persons in Private Enterprises (10000 persons)	1474.40	396.75	291.99	184.19	489.84
个体就业人员 (万人)	Number of Self-employed Individuals (10000 persons)	503.25	123.93	79.31	72.94	171.59
年末城镇登记失业人员 (万人)	Registered Unemployed Persons in Urban Areas at Year-end (10000 persons)	18.30	6.18	3.82	3.17	3.77
年末城镇登记失业率 (%)	Registered Unemployed Rate in Urban Areas at Year-end (%)		1.80	1.78	1.80	1.80
国民经济核算	**National Accounting**					
地区生产总值 (亿元)	Gross Domestic Product (100 million yuan)	53956.76	12820.40	11438.62	7050.27	18597.47
第一产业	Primary Industry	907.13	273.42	125.07	156.25	213.99
第二产业	Secondary Industry	24358.79	4721.61	5464.01	3263.29	8933.28

Basic Statistics on Economy and Society of Three Regions (2018)

镇江 Zhenjiang	苏中合计 Mid Jiangsu	南通 Nantong	扬州 Yangzhou	泰州 Taizhou	苏北合计 Northern Jiangsu	徐州 Xuzhou	连云港 Lianyungang	淮安 Huaian	盐城 Yancheng	宿迁 Suqian
3840	22928	10549	6591	5787	54865	11765	7615	10030	16931	8524
270.78	1724.74	762.52	458.83	503.39	3556.43	1044.77	534.34	561.33	824.73	591.26
133.68	859.60	374.64	228.70	256.26	2104.87	540.64	278.76	553.33	425.46	306.68
137.10	865.14	387.88	230.13	247.13	1451.56	504.13	255.58	8.00	399.27	284.58
270.84	1726.77	763.07	459.41	504.29	3553.24	1042.10	533.44	561.12	825.44	591.14
319.64	1647.67	731.00	453.10	463.57	3037.29	880.20	452.00	492.50	720.00	492.59
71.2	66.8	67.1	67.1	66.0	63.2	65.1	62.6	62.4	64.0	60.0
101.65	599.46	285.34	147.82	166.30	1014.76	280.98	145.92	166.64	269.69	151.52
57.18	416.81	197.17	100.22	119.42	655.76	174.69	94.01	99.58	181.11	106.37
2.23	12.88	5.29	3.37	4.23	42.20	13.95	7.50	5.02	8.16	7.57
2.20	14.64	6.99	3.39	4.26	22.56	5.34	3.47	3.69	5.33	4.73
832	719	693	687	801	554	748	594	491	425	578
194.8	997.6	455.0	267.1	275.5	1733.2	483.1	250.5	285.1	431.8	282.7
21.9	178.8	83.7	39.4	55.7	454.7	119.9	77.7	76.9	95.9	84.3
85.1	443.9	211.6	120.4	111.9	601.4	170.2	81.7	89.9	158.5	101.1
87.8	374.9	159.7	107.3	107.9	677.1	193.0	91.1	118.3	177.4	97.3
111.63	250.79	227.89	140.08	110.71	542.57	143.21	54.39	90.57	156.79	97.60
55.48	128.24	101.74	61.87	66.37	339.06	105.97	43.96	58.15	63.57	67.41
1.36	7.70	3.72	2.31	1.66	9.11	3.11	1.21	1.92	1.75	1.12
1.80		2.00	2.00	1.80		1.78	1.80	1.80	1.80	1.80
4050.00	19000.80	8427.00	5466.17	5107.63	21365.98	6755.23	2771.70	3601.25	5487.08	2750.72
138.40	951.16	397.77	273.34	280.05	2189.90	631.39	325.57	358.70	573.40	300.84
1976.60	9005.13	3947.88	2623.24	2434.01	9243.51	2812.02	1207.39	1508.11	2436.45	1279.54

19－2 续 表1

指 标	Item	苏南合计 Southern Jiangsu	南 京 Nanjing	无 锡 Wuxi	常 州 Changzhou	苏 州 Suzhou
第三产业	Tertiary Industry	28690.84	7825.37	5849.54	3630.73	9450.20
#工业	Industry	22060.19	4055.14	5009.33	2951.35	8240.37
人均地区生产总值（按常住人口计算，元）	Per Capita GDP(Permanent) (yuan)	160747	152886	174270	149277	173765
人均地区生产总值（按户籍人口计算，元）	Per Capita GDP(Registered) (yuan)	213049	186127	231023	185280	266703
地区生产总值指数（上年＝100）	Indices of GDP (preceding year＝100)	106.9	108.0	107.4	107.0	106.8
第一产业	Primary Industry	98.1	100.6	99.7	99.0	95.4
第二产业	Secondary Industry	106.1	106.5	108.0	106.2	105.6
第三产业	Tertiary Industry	107.8	109.1	107.1	108.1	108.1
#工业	Industry	106.6	107.3	108.6	106.7	106.0
地区生产总值构成（％）	Composition of GDP (％)					
第一产业	Primary Industry	1.7	2.1	1.1	2.2	1.2
第二产业	Secondary Industry	45.1	36.8	47.8	46.3	48.0
第三产业	Tertiary Industry	53.2	61.0	51.1	51.5	50.8
#工业	Industry	40.9	31.6	43.8	41.9	44.3
固定资产投资	**Investment in Fixed Assets**					
房地产开发投资（亿元）	Investment in Real Estate Development (100 million yuan)	7178.82	2354.17	1314.86	595.89	2557.91
#住宅	Residencial Buildings	5432.08	1574.64	1004.57	460.05	2111.60
商品房销售建筑面积（万平方米）	Floor Space of Selling Commercial Houses (10000 sq. m)	5921.0	1220.73	1378.35	815.01	1994.13
#住宅	Residencial Buildings	5171.5	982.65	1255.54	673.23	1788.30
财政、金融、保险	**Finance, Banking and Insurance**					
财政总收入（新口径）（亿元）	Total Financial Budgetary Revenue (New Statistical Scale) (100 million yuan)	9742.08	2783.84	1752.76	959.61	3758.90

镇 江 Zhenjiang	苏中合计 Mid Jiangsu	南 通 Nantong	扬 州 Yangzhou	泰 州 Taizhou	苏北合计 Northern Jiangsu	徐 州 Xuzhou	连云港 Lianyungang	淮 安 Huaian	盐 城 Yancheng	宿 迁 Suqian
1935.00	9044.51	4081.35	2569.59	2393.57	9932.57	3311.82	1238.74	1734.44	2477.23	1170.34
1804.00	7685.83	3283.23	2283.60	2119.00	7729.90	2329.18	961.89	1268.00	2090.05	1080.78
126906	115360	115320	120944	109988	70369	76915	61332	73204	75987	55906
149535	110037	110435	118982	101284	60131	64823	51959	64180	66475	46532
103.1	106.9	107.2	106.7	106.7	105.3	104.2	104.7	106.5	105.5	106.8
95.8	102.6	102.2	103.0	102.7	102.9	102.4	102.6	103.2	103.2	103.0
103.0	106.4	106.5	105.8	106.8	103.4	101.5	101.9	104.9	103.7	107.4
103.7	108.0	108.4	108.2	107.1	107.8	107.0	108.2	108.8	108.1	107.3
102.8	107.2	107.4	106.4	107.6	103.5	101.3	101.7	104.9	104.1	107.7
3.4	5.0	4.7	5.0	5.5	10.2	9.3	11.7	10.0	10.5	10.9
48.8	47.4	46.8	48.0	47.7	43.3	41.6	43.6	41.9	44.4	46.5
47.8	47.6	48.4	47.0	46.9	46.5	49.0	44.7	48.2	45.1	42.5
44.5	40.5	39.0	41.8	41.5	36.2	34.5	34.7	35.2	38.1	39.3
355.99	1725.56	759.52	620.98	345.07	2077.95	716.43	341.52	312.02	454.94	253.04
281.22	1271.29	540.05	455.87	275.37	1662.81	585.31	283.64	226.69	360.56	206.61
512.74	3172.0	1731.53	746.17	694.26	4391.3	1253.45	562.62	937.25	915.09	722.88
471.75	2865.0	1570.45	665.41	629.12	4004.2	1160.67	532.47	830.94	811.45	668.70
486.96	2148.44	983.36	566.37	598.72	2753.19	916.87	391.38	476.58	593.62	374.74

指 标	Item	苏南合计 Southern Jiangsu	南京 Nanjing	无锡 Wuxi	常州 Changzhou	苏州 Suzhou
上划中央收入	Turn Over Revenue to the Central Government	4277.96	1313.83	740.48	399.28	1638.91
一般公共预算收入	General Public Budget Revenue	5464.12	1470.02	1012.28	560.33	2119.99
#税收收入	Taxes	4763.16	1242.49	860.51	489.38	1929.54
一般公共预算支出（亿元）	General Public Budget Expenditure (100 million yuan)	5544.59	1532.72	1055.94	594.82	1952.71
人均一般公共预算收入（元）	Per Capita General Public Budget Revenue (yuan)	16279	17530	15422	11864	19808
一般公共预算收入占GDP比重（%）	Percentage of General Public Budget Revenue to GDP (%)	10.1	11.5	8.8	7.9	11.4
金融机构存款余额（亿元）	Deposits Balance of Banking Institutions (100 million yuan)	92711.27	33740.63	15568.68	9798.55	28560.45
#住户存款	Household Deposits	27597.85	6914.84	5511.59	3841.90	9168.45
金融机构贷款余额（亿元）	Loans Balance of Banking Institutions (100 million yuan)	78904.14	28402.34	11971.55	7533.42	26546.23
农业	**Agriculture**					
乡村就业人员（万人）	Rural Employees (10000 persons)	624.03	112.68	112.16	127.37	171.58
#农林牧渔业	Farming, Forestry, Animal Husbandry and Fishery	100.09	21.46	15.20	22.54	21.02
工业	Industry	320.53	35.57	69.78	60.05	104.35
建筑业	Construction	67.46	23.37	6.11	16.73	9.65
农林牧渔业总产值（亿元）	Gross Output Value of Farming, Forestry, Animal Husbandry and Fishery (100 million yuan)	1665.49	489.47	226.19	293.80	410.09
农业	Farming	891.93	277.28	138.87	162.49	177.64
林业	Forestry	84.79	29.15	18.84	2.13	24.57
牧业	Animal Husbandry	124.60	33.37	8.19	27.01	24.10
渔业	Fishery	410.15	123.04	35.57	81.02	134.41
农林牧渔服务业	Service Industry of FFAF	154.03	26.63	24.73	21.15	49.37

镇 江 Zhenjiang	苏中合计 Mid Jiangsu	南 通 Nantong	扬 州 Yangzhou	泰 州 Taizhou	苏北合计 Northern Jiangsu	徐 州 Xuzhou	连云港 Lianyungang	淮 安 Huaian	盐 城 Yancheng	宿 迁 Suqian
185.46	845.07	377.17	226.34	241.57	1158.19	390.66	157.08	229.31	212.62	168.54
301.50	1303.37	606.19	340.03	357.15	1595.00	526.21	234.31	247.27	381.00	206.20
241.24	1061.89	503.98	272.11	285.80	1285.97	416.77	187.45	203.49	305.06	173.20
408.41	1972.93	877.18	563.39	532.36	3060.82	880.86	419.57	486.77	840.08	433.54
9447	7913	8295	7524	7691	5253	5991	5185	5026	5276	4191
7.4	6.9	7.2	6.2	7.0	7.5	7.8	8.5	6.9	6.9	7.5
5042.97	24118.54	12001.61	5997.55	6119.38	22888.16	7107.39	3218.79	3638.01	6177.28	2746.69
2161.07	12024.54	6287.26	2860.65	2876.63	11146.22	3604.84	1420.02	1605.25	3171.33	1344.78
4450.60	18226.24	8811.69	4630.51	4784.04	18588.62	4912.47	2921.36	3303.44	4887.74	2563.61
100.24	693.38	297.53	180.59	215.26	1265.93	356.40	177.46	211.87	298.13	222.07
19.87	133.89	60.23	32.15	41.51	474.05	126.28	74.93	84.60	104.61	83.63
50.78	221.36	88.85	66.12	66.39	304.75	104.61	32.33	43.37	61.25	63.19
11.60	132.93	62.84	34.24	35.85	181.75	51.81	32.27	31.08	37.20	29.39
245.94	1759.61	761.23	514.02	484.36	4254.46	1211.96	636.65	662.58	1183.89	559.37
135.64	837.81	324.55	243.36	269.90	2333.33	760.86	304.65	413.70	519.46	334.65
10.10	22.48	4.89	13.98	3.61	103.35	21.58	16.00	15.11	30.80	19.86
31.94	300.34	167.67	61.87	70.80	1001.64	337.49	115.89	147.12	311.93	89.21
36.11	460.28	178.57	166.05	115.67	613.64	48.01	155.49	73.56	237.80	98.78
32.15	138.70	85.56	28.75	24.39	202.49	44.03	44.62	13.09	83.90	16.85

指标	Item	苏南合计 Southern Jiangsu	南京 Nanjing	无锡 Wuxi	常州 Changzhou	苏州 Suzhou
农业机械总动力（万千瓦）	Total Power of Agricultural Machinery (10000 kw)	769.24	231.62	96.33	143.71	148.07
化肥施用量（万吨）	Consumption of Chemical Fertilizer (10000 tons)	28.53	6.71	4.89	5.54	6.44
农村用电量（亿千瓦时）	Electricity Consumed in Rural Areas (100 million kw·h)	1299.55	32.08	422.58	169.43	599.54
农作物总播种面积（千公顷）	Total Sown Area (1000 hectares)	1015.33	270.05	145.37	181.19	217.79
#粮食	Grain	623.00	151.38	84.34	109.51	124.47
主要产品产量（万吨）	Total Output of Major Products (10000 tons)					
粮食	Grain	437.10	106.92	56.80	78.15	87.92
油料	Oil-bearing Crops	9.23	3.34	0.48	1.57	0.59
棉花（吨）	Cotton (ton)	2366	1418		166	139
肉类	Meat	25.80	4.86	2.00	8.28	3.85
#猪牛羊肉	Pork Beef Mutton	15.42	2.69	1.46	4.14	2.62
水产品	Aquatic Products	71.98	16.60	12.23	14.01	19.56
工业（规模以上）	**Industry (above Designated Size)**					
工业企业单位数（个）	Number of Industrial Enterprises (unit)	23753	2352	5258	4248	9851
资产总计（亿元）	Total Industrial Assets (100 million yuan)	76424.72	12632.89	17028.44	9670.52	32073.74
负债合计（亿元）	Total Liabilities (100 million yuan)	40481.67	6680.30	8827.90	5424.17	16784.21
主营业务收入（亿元）	Major Business Revenue (100 million yuan)	77918.78	11945.91	16576.71	11394.03	33840.03

镇 江 Zhenjiang	苏中合计 Mid Jiangsu	南 通 Nantong	扬 州 Yangzhou	泰 州 Taizhou	苏北合计 Northern Jiangsu	徐 州 Xuzhou	连云港 Lianyungang	淮 安 Huaian	盐 城 Yancheng	宿 迁 Suqian
149.50	976.26	413.93	278.31	284.02	3296.77	736.85	616.02	634.92	703.79	605.18
4.94	54.81	21.16	18.35	15.30	208.80	56.59	32.43	34.28	48.91	36.58
75.92	381.01	185.65	60.79	134.58	252.27	69.96	33.01	17.26	83.13	48.91
200.93	1791.39	784.63	476.54	530.22	4713.77	1178.48	623.95	804.08	1365.78	741.48
153.30	1317.44	535.36	396.09	385.99	3534.40	765.66	505.77	681.06	983.15	598.76
107.30	911.37	336.90	287.36	287.11	2436.09	484.48	364.03	482.26	704.31	401.02
3.25	33.50	20.89	3.88	8.73	43.31	12.32	8.35	5.57	13.10	3.96
643	8394	7860	62	472	11742	10317	80	68	800	477
6.80	85.56	45.61	16.07	23.88	218.60	69.90	22.85	24.05	73.80	27.99
4.50	56.16	27.34	8.95	19.87	142.85	38.77	17.87	14.16	54.05	18.00
9.57	159.66	81.13	39.61	38.92	261.72	16.87	72.85	26.10	119.75	26.16
2044	11092	5220	2870	3002	10846	2461	1508	2192	2925	1760
5019.13	20658.51	9812.43	4898.00	5948.08	19914.83	6216.03	3481.03	2597.38	5150.22	2470.17
2765.09	10367.19	4713.64	2531.34	3122.21	10689.18	3288.97	1957.80	1270.08	3035.72	1136.61
4162.10	27812.40	14029.55	6803.15	6979.70	19395.37	5030.28	2493.70	3866.77	5815.97	2188.65

指 标	Item	苏南合计 Southern Jiangsu	南京 Nanjing	无锡 Wuxi	常州 Changzhou	苏州 Suzhou
主营业务成本 （亿元）	Cost of Principle Business (100 million yuan)	66335.92	9645.12	14194.75	9810.25	29115.78
利润总额 （亿元）	Total Profits (100 million yuan)	5093.60	894.96	1204.94	726.26	2034.08
年平均用工人数(万人)	The Average Number of Employment (10000 persons)		61.45	114.95	80.29	275.48
建筑业	**Construction**					
建筑企业单位数 （个）	Number of Construction Enterprise (unit)	4648	1624	589	695	1345
建筑业总产值 （亿元）	Gross Output Value of Construction (100 million yuan)	9233.64	3833.69	874.63	1607.55	2366.93
房屋建筑施工面积 （万平方米）	Floor Space of Building under Construction (10000 sq. m)	54247.48	27060.06	3768.63	11104.40	10395.37
房屋建筑竣工面积 （万平方米）	Floor Space of Buildings Completed (10000 sq. m)	13487.37	5848.46	1126.42	3190.17	2744.81
交通运输、邮电业	**Transport, Postal and Telecommunication Services**					
公路里程 （公里）	Total Length of Highways (km)	46967	10632	7576	9331	12173
#等级公路	Expressway and Class Ⅰ to Ⅳ Highways	46906	10571	7576	9331	12173
#高速公路	Expressway	1892	521	274	306	598
公路客运量 （万人）	Passenger Traffic of Highways (10000 persons)	49632	8278	5179	4087	29123
公路货运量 （万吨）	Freight Traffic of Highways (10000 tons)	66669	14995	15761	13068	14787
民用汽车拥有量(万辆)	Number of Civil Motor Vehicles Owned (10000 units)	1032.37	258.24	192.17	133.76	387.02
#私人汽车拥有量	Number of Private-owned Vehicles	865.57	207.25	161.42	113.41	329.72
邮政业务总量 （亿元）	Total Post Services (100 million yuan)	655.94	161.41	117.65	61.80	288.16
电信业务总量 （亿元）	Total Telecommunication Revenue (100 million yuan)	2758.74	686.34	495.78	329.94	1088.40
固定电话用户 （万户）	Number of Fixed Telephone Subscribers (10000 subscribers)	757.31	201.17	137.82	102.50	255.51
移动电话用户 （万户）	Number of Mobile Telephone Subscribers (10000 subscribers)	5040.87	1284.06	964.07	653.93	1783.19
互联网宽带接入用户 （万户）	Number of Subscribers of Internet Service (10000 subscriber)	1743.37	451.98	333.18	236.76	588.15
全年用电量(亿千瓦时)	Total Consumption of Electricity (100 million kw·h)	3646.66	606.40	732.81	489.72	1562.49
#工业用电	Consumption of Electricity for Industrial Use	2667.00	331.27	551.49	373.05	1227.77
居民生活用电	Consumption of Electricity for Living Use by Residents	384.91	92.94	73.78	50.27	136.60

镇 江 Zhenjiang	苏中合计 Mid Jiangsu	南 通 Nantong	扬 州 Yangzhou	泰 州 Taizhou	苏北合计 Northern Jiangsu	徐 州 Xuzhou	连云港 Lianyungang	淮 安 Huaian	盐 城 Yancheng	宿 迁 Suqian
3570.02	23557.15	12023.81	5896.95	5636.39	15991.84	4095.55	1814.33	3268.32	5070.18	1743.46
233.36	2045.94	1165.55	424.88	455.51	1306.72	292.71	230.47	213.40	298.31	271.83
34.49		88.40	52.54	47.77		45.19	20.67	28.67	43.45	30.11
395	2447	1030	670	747	2604	538	302	572	808	384
550.83	15509.81	8259.18	3914.96	3335.67	6103.22	1554.63	719.22	1395.90	1750.65	682.82
1919.02	147654.64	87557.21	28545.10	31552.33	47274.72	10980.20	5945.08	12687.71	11743.37	5918.36
577.51	44093.62	21451.06	10649.86	11992.70	17225.26	3982.97	2418.96	3726.43	4618.34	2478.56
7255	38689	19005	9730	9954	73071	16611	11909	13436	20550	10565
7255	38321	19005	9363	9953	71068	15798	11909	12845	20333	10183
193	949	334	294	321	1871	464	354	404	396	253
2965	15958	6807	3094	6057	31435	9960	4290	5995	6428	4762
8058	24421	13746	7634	3041	48161	21164	9965	6671	5885	4476
61.18	321.20	167.27	77.10	76.82	416.26	136.64	63.58	57.80	96.58	61.66
53.78	286.75	149.31	68.43	69.00	385.30	125.53	58.80	52.01	87.30	61.66
26.91	171.33	99.25	42.44	29.63	222.97	65.72	33.82	35.28	37.54	50.60
158.27	780.78	354.83	225.91	200.03	1255.40	381.18	197.83	191.84	275.69	208.87
60.32	310.07	135.54	94.63	79.90	296.65	94.55	57.80	41.67	69.11	33.53
355.61	1792.89	813.49	508.49	470.90	2960.25	903.74	447.53	458.63	685.78	464.57
133.31	639.26	292.05	181.10	166.11	969.24	290.45	150.90	151.61	228.56	147.71
255.24	968.43	433.31	248.99	286.14	1230.12	352.05	178.51	186.59	320.93	192.05
183.42	667.23	295.86	165.64	205.74	778.78	219.91	106.52	115.97	212.54	123.84
31.31	148.94	68.40	40.70	39.84	224.42	65.58	34.93	35.54	54.38	34.00

指 标	Item	苏南合计 Southern Jiangsu	南京 Nanjing	无锡 Wuxi	常州 Changzhou	苏州 Suzhou
批发零售贸易、餐饮业	**Wholesale and Retail Trade and Catering Services**					
社会消费品零售总额（亿元）	Total Retail Sale of Consumer Goods (100 million yuan)	19226.16	5832.46	3672.70	2613.19	5746.90
#批发和零售业	Wholesale and Retail Trade	17211.77	5262.20	3382.76	2357.28	5034.59
住宿和餐饮业	Catering Services	2014.39	570.25	289.94	255.91	712.30
对外经济贸易、旅游	**Foreign Economy, Trade and Tourism**					
进出口总额（亿美元）	Total Imports and Exports (USD 100 million)	5592.74	654.91	934.44	343.86	3541.14
出口	Exports	3345.43	378.79	567.81	250.72	2068.31
进口	Imports	2247.31	276.12	366.63	93.14	1472.83
外贸依存度（%）	Interdependent Level to Foreign Trade (%)	68.4	33.7	53.9	32.1	125.7
实际使用外资（亿美元）	Actual Use of Foreign Capital (USD 100 million)	153.59	38.53	36.91	24.22	45.25
接待境外旅游者人数（万人次）	Number of Overseas Recieved Tourists (10000 person-times)	350.88	81.56	58.60	20.37	182.78
星级饭店数（个）	Star Class Hotels (unit)	278	76	39	38	95
旅游外汇收入（亿美元）	Foreign Exchange Earnings from Tourism (USD 100 million)	41.71	8.83	4.95	1.77	25.22
教育	**Education**					
学校数（所）	Total Number of School (unit)					
#普通高校	Institutions of Regular Higher Education	109	53	12	10	26
普通中等专业学校	Regular Specialized Secondary Schools	134	46	33	19	25
普通中学	Regular Secondary Schools	1007	240	188	164	304
小学	Primary Schools	1312	360	203	216	420
在校学生数（万人）	Total Number of Students Enrollment (10000 persons)					
#普通高校	Institutions of Regular Higher Education	123.96	72.67	10.60	10.50	21.80
普通中等专业学校	Regular Specialized Secondary Schools	29.58	9.07	6.67	6.06	5.89
普通中学	Regular Secondary Schools	112.05	24.52	23.29	17.90	36.05

19 - 2　Continued 5

镇 江 Zhenjiang	苏中合计 Mid Jiangsu	南 通 Nantong	扬 州 Yangzhou	泰 州 Taizhou	苏北合计 Northern Jiangsu	徐 州 Xuzhou	连云港 Lianyungang	淮 安 Huaian	盐 城 Yancheng	宿 迁 Suqian
1360.92	5928.67	3088.77	1557.03	1282.87	8075.52	3102.00	1121.31	1239.66	1778.74	833.82
1174.93	5289.66	2817.63	1371.94	1100.09	7216.72	2849.06	958.07	1116.28	1579.65	713.67
185.98	639.01	271.13	185.09	182.79	858.80	252.95	163.24	123.38	199.09	120.15
118.39	653.14	385.91	119.93	147.30	394.51	117.44	95.47	50.10	95.49	36.01
79.80	435.26	254.53	85.42	95.31	259.82	97.08	41.59	33.67	60.31	27.17
38.59	217.89	131.38	34.51	51.99	134.69	20.36	53.88	16.43	35.19	8.84
19.2	22.6	30.2	14.4	19.0	12.2	11.5	22.7	9.2	11.5	8.6
8.68	53.09	25.81	12.20	15.07	49.74	18.98	6.03	11.82	9.13	3.77
7.57	31.73	19.52	7.64	4.57	18.24	4.45	2.89	2.60	7.02	1.28
30	122	63	37	22	151	50	20	29	32	20
0.94	2.67	1.37	0.83	0.47	2.10	0.54	0.30	0.24	0.88	0.14
8	25	9	9	7	33	12	5	7	6	3
11	49	28	7	14	88	24	14	15	18	17
111	555	206	168	181	1203	353	180	196	286	188
113	670	324	208	138	2121	924	451	245	333	168
8.38	23.77	9.53	7.90	6.34	32.90	13.07	4.16	7.18	6.41	2.08
1.89	12.58	7.48	2.35	2.75	28.81	8.18	5.05	5.56	5.25	4.78
10.29	59.10	24.11	17.51	17.48	152.69	45.57	25.85	24.34	30.51	26.41

指 标	Item	苏南合计 Southern Jiangsu	南京 Nanjing	无锡 Wuxi	常州 Changzhou	苏州 Suzhou
小学	Primary Schools	205.99	42.21	39.84	30.45	78.13
专任教师数 (万人)	Total Number of Full-time Teachers (10000 persons)					
#普通高校	Institutions of Regular Higher Education	8.28	5.18	0.63	0.60	1.28
普通中等专业学校	Regular Specialized Secondary Schools	2.34	0.63	0.66	0.37	0.52
普通中学	Regular Secondary Schools	10.18	2.45	2.09	1.50	3.13
小学	Primary Schools	11.69	2.75	2.17	1.60	4.19
成人高等学校在校学生数 (万人)	Total Number of Adult Students in Institutions of Higher Education (10000 persons)	33.85	19.80	2.22	5.28	3.61
科技、文化、卫生	**Science, Culture and Public Health**					
专利申请受理量 (件)	Applications Accepted (unit)	369056	99020	62681	41858	135862
#发 明	Inventions	136572	40640	19702	13648	50116
专利申请授权量 (件)	Patents Granted (unit)	193855	44081	35255	23334	75837
#发 明	Inventions	32447	11090	4963	2759	10845
公共图书馆 (个)	Public Libraries (unit)	49	14	8	7	11
公共图书馆藏书量 (千册、件)	Total Collections of Public Libraries (1000 volumes)	49037	7528	8527	5335	23735
卫生机构数 (个)	Number of Health Institutions (unit)	11034	2801	2480	1401	3380
#医院	Hospitals	741	222	185	78	206
卫生院	Commune Hospitals	255	16	37	57	96
卫生机构床位数 (万张)	Number of Beds in Health Institutions (10000 units)	21.32	5.50	4.70	2.66	6.89
#医院	Hospital	17.96	4.94	3.97	2.09	5.80
卫生院	Commune Hospitals	1.65	0.05	0.19	0.38	0.86
卫生技术人员 (万人)	Number of Medical and Technical Personnel (10000 persons)	28.00	8.41	5.47	3.49	8.52

镇 江 Zhenjiang	苏中合计 Mid Jiangsu	南 通 Nantong	扬 州 Yangzhou	泰 州 Taizhou	苏北合计 Northern Jiangsu	徐 州 Xuzhou	连云港 Lianyungang	淮 安 Huaian	盐 城 Yancheng	宿 迁 Suqian
15.35	78.97	34.62	21.45	22.89	275.49	95.58	45.22	35.16	45.42	54.11
0.60	1.38	0.51	0.55	0.33	1.98	0.86	0.23	0.41	0.37	0.11
0.16	0.80	0.48	0.15	0.17	1.64	0.39	0.27	0.28	0.40	0.31
1.01	5.95	2.45	1.62	1.88	12.51	3.63	2.19	2.12	2.79	1.79
0.99	4.80	2.08	1.34	1.39	15.11	4.77	2.65	2.26	2.74	2.69
2.94	6.24	2.12	3.02	1.10	7.76	4.43	1.53	1.79		
29635	130722	52799	42792	35131	102742	25951	9538	17644	34078	15531
12466	29957	9837	9717	10403	33301	12388	1851	4851	10547	3664
15348	63015	24578	22804	15633	50507	11247	5790	9050	15932	8488
2790	4854	2240	1346	1268	4738	2097	472	429	1490	250
9	24	10	7	7	42	8	8	9	11	6
3912	14877	6796	4675	3407	17198	3865	3174	3839	4615	1705
972	7086	3276	1813	1997	15133	4599	2700	2229	3211	2394
50	405	246	80	79	707	161	89	64	164	229
49	284	99	69	116	518	161	91	129	137	
1.56	9.58	4.41	2.34	2.83	18.26	5.86	2.62	2.94	3.99	2.85
1.14	7.28	3.54	1.71	2.03	13.56	4.16	1.82	1.86	2.92	2.81
0.17	1.80	0.78	0.36	0.66	3.62	1.27	0.61	0.84	0.90	
2.11	10.49	4.80	2.75	2.94	20.52	6.74	2.88	3.44	4.28	3.17

19－2 续 表7

指 标	Item	苏南合计 Southern Jiangsu	南京 Nanjing	无锡 Wuxi	常州 Changzhou	苏州 Suzhou
#执业(助理)医师	Practitioner (Assistant) Doctors	10.77	3.16	2.10	1.41	3.29
注册护士	Registered Nurses	12.48	3.83	2.44	1.54	3.76
人民生活	**People's Livelihood**					
居民人均可支配收入 (元)	Per Capita Disposable Income of Residents (yuan)	51065	52916	50373	45933	55476
城镇常住居民人均可支配收入 (元)	Per Capita Disposable Income of Urban Permanent Residents (yuan)	58564	59308	56989	54000	63481
城镇常住居民人均生活消费支出 (元)	Per Capita Consumption Expanditure of Urban Permanent Residents (yuan)	34078	33537	35016	30351	37403
#食品烟酒	Food, Tobacco and Wine	8855	8489	9559	8121	9406
恩格尔系数(城镇)(%)	Engle Coefficient(Urban) (%)	26.0	25.3	27.3	26.8	25.1
农村常住居民人均可支配收入 (元)	Per Capita Disposable Income of Rural Permanent Residents (yuan)	29030	25263	30787	28014	32420
农村常住居民人均生活消费支出 (元)	Per Capita Consumption Expanditure of Rural Permanent Residents (yuan)	20190	18457	21460	19116	21587
#食品烟酒	Food, Tobacco and Wine	5581	5365	6222	5686	5443
恩格尔系数(农村)(%)	Engle Coefficient(Rural) (%)	27.6	29.1	29.0	29.7	25.2
城镇人均住房建筑面积 (平方米)	Per Capita Existing Residential Building Space in Urban Areas (sq. m)	45.2	40.1	47.8	48.6	45.9
农村人均住房建筑面积 (平方米)	Per Capita Existing Residential Building Space in Rural Areas (sq. m)	62.1	57.4	58.1	69.1	67.5
居民消费价格指数 (上年=100)	Consumer Price Indices (preceding year=100)		102.4	102.3	102.2	102.6

19－2 Continued 7

镇江 Zhenjiang	苏中合计 Mid Jiangsu	南通 Nantong	扬州 Yangzhou	泰州 Taizhou	苏北合计 Northern Jiangsu	徐州 Xuzhou	连云港 Lianyungang	淮安 Huaian	盐城 Yancheng	宿迁 Suqian
0.82	4.33	1.99	1.12	1.23	8.22	2.58	1.21	1.34	1.88	1.22
0.92	4.45	2.04	1.17	1.25	9.11	3.17	1.26	1.55	1.67	1.46
40883	35573	37071	34076	34642	26997	27385	25864	27696	29488	22918
48903	44330	46321	41999	43452	33607	33586	32749	35828	35896	28281
27278	26236	28259	23718	25488	19264	19463	20445	19015	19731	17255
7537	7521	7923	7282	7114	5761	5754	6453	5450	5534	5791
27.6	28.7	28.0	30.7	27.9	29.9	29.6	31.6	28.7	28.0	33.6
24687	21815	22369	21457	21219	17982	18206	16607	17058	20357	16639
18463	15671	15624	15848	15576	12449	12902	11545	11210	14515	10948
5075	4619	4468	4776	4701	3837	3978	3639	3393	4164	3771
27.5	29.5	28.6	30.1	30.2	30.8	30.8	31.5	30.3	28.7	34.4
48.6	49.6	48.6	46.0	54.7	48.6	49.5	48.8	48.0	43.7	45.5
57.3	59.6	62.0	55.6	61.9	52.5	52.8	51.9	50.1	49.0	47.6
102.0		102.3	102.2	102.0		102.3	102.3	102.1	101.9	102.1

19－3 江苏主要指标占长江三角洲比重(2018年)

Proportion of Main Indicators of Jiangsu in Yangtze River Delta (2018)

指标	Item	长江三角洲三省市合计 Yangtze River Delta	长江三角洲占全国比重(%) Proportion of Yangtze River Delta in the Country(%)	江苏占长江三角洲比重(%) Proportion of Jiangsu in Yangtze River Delta (%)
土地面积 (万平方公里)	Land Area (10000 sq. km)	21.9	2.3	48.9
年末总人口 (万人)	Year-end Total Population (10000 persons)	16211.5	11.6	49.7
地区生产总值 (亿元)	Gross Domestic Product (100 million yuan)	181472.4	20.2	51.0
第一产业	Primary Industry	6213.1	9.6	66.7
第二产业	Secondary Industry	74486.9	20.4	55.4
第三产业	Tertiary Industry	100772.4	21.5	46.8
#工业	Industry	65306.2	21.4	55.3
房地产开发投资 (亿元)	Investment in Real Estate Development (100 million yuan)	24960.5	20.8	44.0
一般公共预算收入 (亿元)	General Public Budget Revenue (100 million yuan)	22336.4	22.8	38.6
金融机构本外币存款余额 (亿元)	Deposits Balance of Banking Institutions (100 million yuan)	381852.7	20.9	37.8
金融机构本外币贷款余额 (亿元)	Loans Balance of Banking Institutions (100 million yuan)	296855.3	20.9	39.7
社会消费品零售总额 (亿元)	Total Rtail Sales of Consumer Goods (100 million yuan)	70907.0	18.6	46.9
进出口总额 (亿美元)	Total Imports and Exports (USD 100 million)	16121.6	34.9	41.2
出口	Exports	9323.7	37.5	43.3
进口	Imports	6797.9	31.8	38.2
实际使用外资 (亿美元)	Actual Use of Foreign Capital (USD 100 million)	615.3	45.6	41.6
旅游外汇收入 (亿美元)	Foreign Exchange Earnings from Tourism (USD 100 million)	146.2	11.5	31.8
普通高等学校数 (所)	University and College Students (unit)	340	12.8	49.1
专利申请受理量 (万件)	Applications Accepted (10000 units)	120.7	27.9	49.8
专利申请授权量 (万件)	Patents Granted (10000 units)	68.4	28.0	44.9
医疗卫生机构数 (万个)	Health Care Institutions (10000 units)	7.2	7.2	46.5
执业(助理)医师数 (万人)	Doctors (10000 persons)	49.9	13.8	46.7

19－4 沿江开发区域主要指标占全省比重(2018 年)

Proportion of Main Indicators of Development Zones along the Yangtze River in Jiangsu Province (2018)

指　　标	Item	全　省 Province	沿江开发区域 Development Zones along the Yangtze River	沿江开发区域占全省比重(%) Proportion of Development Zones along the Yangtze River in Jiangsu Province (%)
年末户籍人口　(万人)	Registered Population at Year-end (10000 persons)	7831.66	2850.64	36.4
土地面积　(万平方公里)	Land Area (10000 sq. km)	10.72	3.05	28.5
地区生产总值　(亿元)	Gross Domestic Product (100 million yuan)	92595.40	48364.86	52.2
第一产业	Primary Industry	4141.72	1203.76	29.1
第二产业	Secondary Industry	41248.52	22141.42	53.7
第三产业	Tertiary Industry	47205.16	25019.24	53.0
#工业	Industry	36111.64	19772.62	54.8
规模以上工业主营业务收入　(亿元)	Gross Industrial Output Revenue from Principal Business of Over Scale Enterprises (100 million yuan)	128085.59	63497.31	49.6
规模以上工业利润总额(亿元)	Total Profits of above Designated Size Industry (100 million yuan)	8491.89	4705.81	55.4
房地产开发投资　(亿元)	Investment in Real Estate Dvelopment (100 million yuan)	10982.34	5576.21	50.8
社会消费品零售总额　(亿元)	Total Retail Sales of Consumer Goods (100 million yuan)	33230.40	16817.89	50.6
进出口总额　(亿美元)	Total Imports and Exports (USD 100 million)	6640.39	2661.18	40.1
#出口	Exports	4040.50	1636.40	40.5
实际使用外资　(亿美元)	Actual Use of Foreign Cpaital (USD 100 million)	255.92	139.77	54.6
一般公共预算收入　(亿元)	General Public Budget Revenue (100 million yuan)	8630.16	4199.44	48.7
一般公共预算支出　(亿元)	General Public Budget Expenditure (100 million yuan)	11658.22	4696.95	40.3
金融机构存款余额　(亿元)	Deposits Balance of Banking Institutions (100 million yuan)	139717.98	78515.58	56.2
#住户存款	Household Deposits	50768.61	25938.06	51.1
金融机构贷款余额　(亿元)	Loans Balance of Banking Institutions (100 million yuan)	115719.00	64081.40	55.4

19－5 沿江地区主要指标(2018 年)

Main Indicators of the Region along the Yangtze River (2018)

地区	Region	年末户籍人口(万人) Registered Population at Year-end (10000 persons)	土地面积(平方公里) Land Area (sq. km)	人口密度(人/平方公里) Density of Population (person/sq. km)	就业人员(万人) Employed Persons (10000 persons)	#第二产业 Secondary Industry	#第三产业 Tertiary Industry
沿江八市	**Eight Cities**	**4275.42**	**51012**	**983**	**3017.70**	**1432.00**	**1275.50**
沿江开发区域	**Development Regions**	**2850.64**	**30500**	**1070**	**1974.85**	**884.58**	**896.34**
南京市区	Nanjing	696.94	6587	1281	500.80	171.54	304.70
江 阴 市	Jiangyin	125.95	987	1674	99.33	60.68	33.96
常州市区	Changzhou	303.16	2838	1397	232.30	113.09	101.37
常 熟 市	Changshu	106.80	1276	1188	104.42	63.06	37.72
张家港市	Zhangjiagang	92.94	987	1277	77.15	45.70	27.38
太 仓 市	Taicang	49.40	810	888	45.82	26.41	16.97
南通市区	Nantong	215.11	2140	1108	135.98	58.34	62.77
启 东 市	Qidong	111.04	1715	554	66.38	29.06	22.00
如 皋 市	Rugao	141.97	1576	788	73.35	34.30	22.00
海 门 市	Haimen	99.59	1144	791	64.04	30.99	19.00
扬州市区	Yangzhou	233.22	2306	1066	139.21	61.68	66.23
仪 征 市	Yizheng	56.03	902	633	39.65	18.41	13.00
镇江市区	Zhenjiang	103.00	1088	1135	69.91	25.55	38.94
丹 阳 市	Danyang	80.63	1047	945	63.75	32.95	25.09
扬 中 市	Yangzhong	28.25	327	1052	21.76	11.40	9.05
句 容 市	Jurong	58.90	1378	455	39.40	15.22	14.76
泰州市区	Taizhou	163.95	1567	1043	97.40	39.70	44.60
靖 江 市	Jingjiang	65.88	656	1045	40.70	20.60	13.90
泰 兴 市	Taixing	117.88	1170	917	63.50	25.90	22.90

19－5　续　表1　Continued 1

地　　区	Region	地区生产总　　值（亿元）Gross Domestic Product（100 million yuan）	第一产业 Primary Industry	第二产业 Seconary Industry	第三产业 Tertiary Industry	#工　业 Industry	人均地区生产总值（元）Per Capita GDP（yuan）
沿江八市	**Eight Cities**	**72957.56**	**1858.29**	**33363.92**	**37735.35**	**29746.02**	**145807**
沿江开发区域	**Development Regions**	**48364.86**	**1203.76**	**22141.42**	**25019.24**	**19772.62**	**148566**
南京市区	Nanjing	12820.40	273.42	4721.61	7825.00	4055.14	152886
江 阴 市	Jiangyin	3806.18	36.98	2071.91	1697.29	1990.78	230538
常州市区	Changzhou	6123.93	105.73	2820.41	3197.79	2578.80	154643
常 熟 市	Changshu	2400.23	39.90	1230.01	1130.00	1161.97	158332
张家港市	Zhangjiagang	2720.18	30.63	1423.68	1266.00	1352.35	216024
太 仓 市	Taicang	1330.72	34.98	675.47	620.00	631.33	185466
南通市区	Nantong	3048.89	60.91	1392.14	1595.85	1167.41	129064
启 东 市	Qidong	1063.33	72.04	505.34	485.95	400.55	111824
如 皋 市	Rugao	1120.48	69.39	534.36	516.73	447.12	90031
海 门 市	Haimen	1249.00	58.80	609.51	580.69	506.51	137958
扬州市区	Yangzhou	3475.94	100.01	1630.54	1745.38	1433.18	142020
仪 征 市	Yizheng	673.94	23.84	347.49	303.00	306.19	118401
镇江市区	Zhenjiang	1965.79	28.60	916.36	1020.83	813.85	159276
丹 阳 市	Danyang	1250.25	48.56	631.07	570.62	605.88	126736
扬 中 市	Yangzhong	542.00	18.36	273.24	250.40	261.17	157742
句 容 市	Jurong	571.10	46.41	264.19	260.50	233.10	91077
泰州市区	Taizhou	2150.11	70.34	1110.95	968.82	954.33	131678
靖 江 市	Jingjiang	1002.05	24.44	492.51	485.10	442.32	146061
泰 兴 市	Taixing	1050.34	60.42	490.63	499.29	430.64	97697

19－5 续 表2 Continued 2

单位:% (%)

地 区	Region	三次产业占GDP比重 Percentage of Three Industries to GDP 第一产业 Primary Industry	第二产业 Seconary Industry	第三产业 Tertiary Industry	#工 业 Industry	一般公共预算收入占GDP比重 Percentage of General Public Budget Revenue to GDP	外贸依存度 Interdependent Level to Foreign Trade
沿江八市	**Eight Cities**	**2.5**	**45.7**	**51.7**	**40.8**	**9.3**	**56.5**
沿江开发区域	**Development Regions**	**2.5**	**45.8**	**51.7**	**40.9**	**8.7**	**36.2**
南京市区	Nanjing	2.1	36.8	61.0	31.6	11.5	33.7
江 阴 市	Jiangyin	1.0	54.4	44.6	52.3	6.7	41.9
常州市区	Changzhou	1.7	46.1	52.2	42.1	8.1	35.8
常 熟 市	Changshu	1.7	51.2	47.1	48.4	8.8	69.5
张家港市	Zhangjiagang	1.1	52.3	46.5	49.7	8.6	88.3
太 仓 市	Taicang	2.6	50.8	46.6	47.4	11.7	72.2
南通市区	Nantong	2.0	45.7	52.3	38.3	9.0	45.1
启 东 市	Qidong	6.8	47.5	45.7	37.7	6.8	18.3
如 皋 市	Rugao	6.2	47.7	46.1	39.9	6.2	21.8
海 门 市	Haimen	4.7	48.8	46.5	40.6	5.7	16.2
扬州市区	Yangzhou	2.9	46.9	50.2	41.2	6.5	16.4
仪 征 市	Yizheng	3.5	51.6	45.0	45.4	7.6	16.7
镇江市区	Zhenjiang	1.5	46.6	51.9	41.4	8.0	24.2
丹 阳 市	Danyang	3.9	50.5	45.6	48.5	4.9	16.9
扬 中 市	Yangzhong	3.4	50.4	46.2	48.2	6.0	8.7
句 容 市	Jurong	8.1	46.3	45.6	40.8	8.8	8.0
泰州市区	Taizhou	3.3	51.7	45.1	44.4	8.7	18.3
靖 江 市	Jingjiang	2.4	49.2	48.4	44.1	5.6	18.6
泰 兴 市	Taixing	5.8	46.7	47.5	41.0	7.1	32.5

地区 Region		规模以上工业企业个数（个）Number of Over Scale Industrial Enterprises (unit)	#高技术产业企业 High-tech Industrial Enterprises	#国有控股企业 State Shareholding Enterprises	资产合计（亿元）Total Assets (100 million yuan)	主营业务收入（亿元）Revenue from Principal Business (100 million yuan)	利润总额（亿元）Total Profits (100 million yuan)
沿江八市	**Eight Cities**	**34845**	**3927**	**829**	**97083.23**	**105731.18**	**7139.54**
沿江开发区域	**Development Regions**	**21450**	**1976**	**598**	**60382.01**	**63497.31**	**4705.81**
南京市区	Nanjing	2556	403	216	12900.78	12171.02	909.84
江 阴 市	Jiangyin	1730	89	16	6532.84	5735.76	458.88
常州市区	Changzhou	3863	510	70	8496.98	10134.76	638.40
常 熟 市	Changshu	1373	111	20	4245.12	3826.12	220.36
张家港市	Zhangjiagang	1197	66	10	5126.75	4987.55	378.63
太 仓 市	Taicang	1002	82	23	2211.48	2312.67	157.30
南通市区	Nantong	1450	137	47	3230.42	3969.89	275.20
启 东 市	Qidong	501	56	9	1544.08	1774.64	184.87
如 皋 市	Rugao	870	63	8	1120.17	1751.06	110.42
海 门 市	Haimen	683	48	11	1103.23	2109.24	262.11
扬州市区	Yangzhou	1520	58	50	2938.66	3571.74	270.66
仪 征 市	Yizheng	437	7	20	772.44	1061.81	113.02
镇江市区	Zhenjiang	728	114	41	2062.23	1850.36	142.59
丹 阳 市	Danyang	703	41	4	1326.54	1056.11	102.46
扬 中 市	Yangzhong	343	27	2	947.64	657.80	37.79
句 容 市	Jurong	246	22	10	706.86	551.40	35.98
泰州市区	Taizhou	1118	105	19	2493.99	3409.11	200.09
靖 江 市	Jingjiang	492	10	12	1457.74	1238.59	99.29
泰 兴 市	Taixing	638	27	10	1164.05	1327.69	107.91

地 区	Region	房地产开发投资（亿元）Investment in Real Estate Development (100 million yuan)	#住宅 Residential Buildings	社会消费品零售总额（亿元）Total Retail Sales of Consumer Goods (100 million yuan)	进出口总额（亿美元）Total Imports and Exports (USD 100 million)	#出 口 Exports	实际使用外资（亿美元）Actual Use of Foreign Capital (USD 100 million)
沿江八市	**Eight Cities**	**8904.39**	**6703.37**	**25154.83**	**6245.88**	**3780.69**	**206.68**
沿江开发区域	**Development Regions**	**5576.21**	**4080.40**	**16817.89**	**2661.18**	**1636.40**	**139.77**
南京市区	Nanjing	2354.17	1574.64	5832.50	654.91	378.79	38.53
江 阴 市	Jiangyin	223.90	194.62	949.29	242.46	142.64	9.51
常州市区	Changzhou	535.04	406.74	2256.37	332.39	240.74	23.10
常 熟 市	Changshu	220.66	182.86	824.92	252.59	172.98	4.87
张家港市	Zhangjiagang	211.70	183.41	605.87	364.67	175.18	3.95
太 仓 市	Taicang	160.72	136.16	338.44	145.70	67.31	4.40
南通市区	Nantong	469.77	331.97	1205.60	209.13	138.46	11.29
启 东 市	Qidong	86.79	71.52	376.94	29.57	23.09	3.08
如 皋 市	Rugao	50.01	31.47	404.27	37.15	30.26	4.57
海 门 市	Haimen	67.19	47.32	399.36	30.50	26.78	3.26
扬州市区	Yangzhou	444.45	321.49	1054.59	86.66	65.54	9.18
仪 征 市	Yizheng	74.25	54.47	129.57	17.08	6.56	1.40
镇江市区	Zhenjiang	167.18	135.26	668.12	72.30	39.73	4.93
丹 阳 市	Danyang	75.50	51.72	358.74	32.06	27.83	1.62
扬 中 市	Yangzhong	20.32	18.64	166.52	7.15	6.23	1.03
句 容 市	Jurong	92.99	75.59	167.54	6.88	6.00	1.10
泰州市区	Taizhou	150.27	119.01	638.13	59.62	36.82	9.37
靖 江 市	Jingjiang	57.11	46.22	204.07	28.31	20.11	0.90
泰 兴 市	Taixing	114.21	97.26	237.05	52.06	31.35	3.69

19－5 续 表5 Continued 5

单位:亿元 (100 million yuan)

地 区	Region	一般公共预算收入 General Public Budget Revenue	#税收收入 Taxes	一般公共预算支出 General Public Budget Expenditure	年末金融机构存款余额 Deposits Balance of Banking Institutions (year-end)	#住户存款 Household Deposits	年末金融机构贷款余额 Loans Balance of Banking Institutions (year-end)
沿江八市	**Eight Cities**	**6767.49**	**5825.05**	**7517.52**	**116829.82**	**39622.39**	**97130.38**
沿江开发区域	**Development Regions**	**4199.44**	**3548.06**	**4696.95**	**78515.58**	**25938.06**	**64081.40**
南京市区	Nanjing	1470.02	1242.49	1532.72	33740.63	6914.84	28402.34
江 阴 市	Jiangyin	254.04	223.01	230.48	3594.67	1250.90	3007.56
常州市区	Changzhou	494.04	431.38	507.65	8677.30	3299.18	6633.49
常 熟 市	Changshu	211.06	184.32	183.12	3279.58	1341.80	2552.14
张家港市	Zhangjiagang	233.43	210.00	211.99	2928.72	1113.37	2368.85
太 仓 市	Taicang	155.06	139.52	132.59	1570.01	593.31	1499.35
南通市区	Nantong	273.60	228.62	339.89	5437.23	2260.41	4225.72
启 东 市	Qidong	72.31	59.64	95.23	1386.69	874.19	943.68
如 皋 市	Rugao	70.01	59.20	107.69	1292.72	826.76	883.68
海 门 市	Haimen	71.01	56.82	102.71	1515.63	883.29	1066.98
扬州市区	Yangzhou	224.72	174.21	351.59	4142.92	1800.85	3370.46
仪 征 市	Yizheng	50.92	44.04	66.03	655.11	331.46	452.44
镇江市区	Zhenjiang	157.33	115.74	204.93	2488.56	844.94	1985.56
丹 阳 市	Danyang	61.40	52.80	91.65	1112.43	659.05	1069.03
扬 中 市	Yangzhong	32.77	28.00	42.03	624.92	303.70	489.97
句 容 市	Jurong	50.00	44.70	69.80	817.07	353.38	906.04
泰州市区	Taizhou	187.00	145.88	249.37	3136.52	1231.02	2506.70
靖 江 市	Jingjiang	56.22	44.98	81.15	1023.73	536.82	876.49
泰 兴 市	Taixing	74.51	62.69	96.34	1091.14	518.81	840.93

地 区	Region	公路里程（公里）Total Length of Highways (km)	民用汽车拥有量（万辆）Number of Civil Motor Vehicles Owned (10000 units)	公路客运量（万人）Passenger Traffic (10000 persons)	公路货运量（万吨）Freight Traffic (10000 tons)	全社会用电量（亿千瓦时）Total Consumption of Electricity (100 million kW·h)	#工业用电 Consumption of Electricity for Industrial Use
沿江八市	**Eight Cities**	**85656**	**1353.57**	**65590**	**91090**	**4615.09**	**3334.23**
沿江开发区域	**Development Regions**	**58801**	**851.57**	**37498**	**63219**	**2864.36**	**2059.80**
南京市区	Nanjing	10636	258.24	9146	15751	606.40	331.27
江阴市	Jiangyin	2433	48.34	406	3228	277.96	240.84
常州市区	Changzhou	6707	117.60	3602	12546	395.41	293.93
常熟市	Changshu	2501	47.27	3253	1536	191.76	157.24
张家港市	Zhangjiagang	1619	40.16	2886	1917	313.83	284.66
太仓市	Taicang	1341	23.97	2578	1562	107.24	86.84
南通市区	Nantong	3999	65.71	3939	5906	169.72	112.27
启东市	Qidong	3652	19.80	1002	647	37.73	22.61
如皋市	Rugao	3458	26.59	453	2545	60.32	40.32
海门市	Haimen	2563	20.44	402	923	45.06	29.44
扬州市区	Yangzhou	3993	50.08	1726	4906	139.30	85.33
仪征市	Yizheng	1578	9.52	282	1131	45.74	37.57
镇江市区	Zhenjiang	1595	28.19	1507	4524	120.27	87.69
丹阳市	Danyang	2267	19.66	631	1835	84.92	65.88
扬中市	Yangzhong	837	6.67	299	490	19.30	12.85
句容市	Jurong	2557	6.66	528	1209	30.76	16.99
泰州市区	Taizhou	3470	32.59	2250	1540	106.25	71.72
靖江市	Jingjiang	1359	14.41	968	363	43.58	30.28
泰兴市	Taixing	2236	15.67	1640	660	68.83	52.07

19－6 沿海地区主要指标(2018 年)

Main Indicators of the Coastal Regions(2018)

地　　区	Region	年末户籍人口(万人) Registered Population at Year-end (10000 persons)	土地面积(平方公里) Land Area (sq. km)	人口密度(人/平方公里) Density of Population (person/sq. km)	就业人员(万人) Employed Persons (10000 persons)	#第二产业 Secondary Industry	#第三产业 Tertiary Industry
沿海三市合计	**Three Cities**	**2121.59**	**35096**	**542**	**1137.30**	**451.8**	**428.2**
沿海地带合计	**Coastal Regions**	**1664.30**	**28887**	**529**	**914.45**	**364.95**	**350.57**
南通市区	Nantong	215.11	2140	1108	135.98	58.34	62.77
海 安 市	Haian	92.73	1183	731	53.85	28.40	15.00
如 东 县	Rudong	102.08	2791	351	61.40	30.51	19.00
启 东 市	Qidong	111.04	1715	554	66.38	29.06	22.00
海 门 市	Haimen	99.59	1144	791	64.04	30.99	19.00
连云港市区	Lianyungang	224.06	3012	698	109.62	39.50	44.18
灌 云 县	Guanyun	103.74	1538	525	47.85	13.08	16.39
灌 南 县	Guannan	81.92	1028	620	36.44	11.09	10.39
盐城市区	Yancheng	244.11	5131	463	136.97	52.01	61.85
响 水 县	Xiangshui	62.36	1474	337	27.45	9.88	10.54
滨 海 县	Binhai	122.57	1950	477	55.10	19.12	21.27
射 阳 县	Sheyang	95.18	2606	337	55.67	19.71	21.89
东 台 市	Dongtai	109.81	3176	306	63.70	23.26	26.29

地　区	Region	地区生产总值（亿元）Gross Domestic Product (100 million yuan)	第一产业 Primary Industry	第二产业 Seconary Industry	第三产业 Tertiary Industry	#工　业 Industry	人均地区生产总值（元）Per Capita GDP (yuan)
沿海三市合计	**Three Cities**	**16685.78**	**1296.74**	**7591.72**	**7797.32**	**6335.17**	**87600**
沿海地带合计	**Coastal Regions**	**14026.36**	**1044.84**	**6400.23**	**6581.30**	**5337.31**	**91871**
南通市区	Nantong	3048.89	60.91	1392.14	1595.85	1167.41	129064
海安市	Haian	993.00	61.41	467.40	464.19	388.17	114798
如东县	Rudong	952.29	75.22	439.13	437.94	373.47	97232
启东市	Qidong	1063.33	72.04	505.34	485.95	400.55	111824
海门市	Haimen	1249.00	58.80	609.51	580.69	506.51	137958
连云港市区	Lianyungang	1549.29	125.72	678.43	745.14	525.44	73695
灌云县	Guanyun	375.00	69.15	159.06	146.79	119.46	46374
灌南县	Guannan	352.99	57.24	162.12	133.63	140.07	55397
盐城市区	Yancheng	2202.00	171.38	1066.61	964.01	903.21	92646
响水县	Xiangshui	349.86	42.82	173.91	133.13	158.20	70112
滨海县	Binhai	475.42	63.45	193.75	218.22	161.54	50997
射阳县	Sheyang	536.61	87.67	196.71	252.23	179.63	60875
东台市	Dongtai	878.68	99.03	356.12	423.53	313.65	90084

19－6 续 表2 Continued 2

单位:% (%)

地 区	Region	三次产业占GDP比重 Percentage of Three Industries to GDP 第一产业 Primary Industry	第二产业 Seconary Industry	第三产业 Tertiary Industry	#工 业 Industry	一般公共预算收入占GDP比重 Percentage of General Public Budget Revenue to GDP	外贸依存度 Interdependent Level to Foreign Trade
沿海三市合计	**Three Cities**	**7.8**	**45.5**	**46.7**	**38.0**	**7.3**	**22.8**
沿海地带合计	**Coastal Regions**	**7.4**	**45.6**	**46.9**	**38.1**	**7.6**	**20.7**
南通市区	Nantong	2.0	45.7	52.3	38.3	9.0	45.1
海 安 市	Haian	6.2	47.1	46.7	39.1	6.2	12.3
如 东 县	Rudong	7.9	46.1	46.0	39.2	6.0	42.4
启 东 市	Qidong	6.8	47.5	45.7	37.7	6.8	18.3
海 门 市	Haimen	4.7	48.8	46.5	40.6	5.7	16.2
连云港市区	Lianyungang	8.1	43.8	48.1	33.9	10.7	36.9
灌 云 县	Guanyun	18.4	42.4	39.1	31.9	6.0	3.6
灌 南 县	Guannan	16.2	45.9	37.9	39.7	6.4	3.6
盐城市区	Yancheng	7.8	48.4	43.8	41.0	8.5	18.5
响 水 县	Xiangshui	12.2	49.7	38.1	45.2	7.2	12.5
滨 海 县	Binhai	13.3	40.8	45.9	34.0	6.1	7.6
射 阳 县	Sheyang	16.3	36.7	47.0	33.5	4.9	5.8
东 台 市	Dongtai	11.3	40.5	48.2	35.7	6.5	7.2

19－6 续 表3 Continued 3

地区 Region		规模以上工业企业个数（个）Number of Over Scale Industria Enterprises (unit)	#高技术产业企业 High-tech industrial Enterprises	#国有控股企业 State Shareholding Enterprises	资产合计（亿元）Total Assets (100 million yuan)	主营业务收入（亿元）Revenue from Principal Business (100 million yuan)	利润总额（亿元）Total Profits (100 million yuan)
沿海三市合计	**Three Cities**	**9653**	**722**	**226**	**18443.68**	**22339.22**	**1694.33**
沿海地带合计	**Coastal Regions**	**7520**	**643**	**206**	**16319.16**	**19497.92**	**1531.70**
南通市区	Nantong	1450	137	47	3230.42	3969.89	275.20
海安市	Haian	983	87	2	1552.42	2432.85	173.62
如东县	Rudong	733	31	17	1262.10	1991.87	159.34
启东市	Qidong	501	56	9	1544.08	1774.64	184.87
海门市	Haimen	683	48	11	1103.23	2109.24	262.11
连云港市区	Lianyungang	499	33	34	2815.07	2000.57	225.30
灌云县	Guanyun	96	23	2	111.24	64.86	－2.06
灌南县	Guannan	137	6	3	242.41	281.18	8.94
盐城市区	Yancheng	1228	124	41	2298.07	2382.66	78.64
响水县	Xiangshui	163	10	8	637.50	751.97	68.12
滨海县	Binhai	207	33	6	493.56	341.98	25.59
射阳县	Sheyang	317	12	15	372.48	515.21	23.78
东台市	Dongtai	523	43	11	656.56	881.00	48.25

19－6 续 表4 Continued 4

地 区	Region	房地产开发投资 Investment in Real Estate Development (100 million yuan)	#住宅 Residential Buildings	社会消费品零售总额（亿元） Total Retail Sales of Consumer Goods (100 million yuan)	进出口总额（亿美元） Total Imports and Exports (USD 100 million)	#出口 Exports	实际使用外资（亿美元） Actual Use of Foreign Capital (USD 100 million)
沿海三市合计	**Three Cities**	**1555.98**	**1184.25**	**5988.81**	**576.87**	**356.42**	**40.98**
沿海地带合计	**Coastal Regions**	**1426.80**	**1086.92**	**5080.82**	**527.30**	**315.45**	**37.46**
南通市区	Nantong	469.77	331.97	1205.60	209.13	138.46	11.29
海安市	Haian	53.81	31.57	324.93	18.56	15.31	3.38
如东县	Rudong	31.95	26.18	377.66	61.00	20.63	3.01
启东市	Qidong	86.79	71.52	376.94	29.57	23.09	3.08
海门市	Haimen	67.19	47.32	399.36	30.50	26.78	3.26
连云港市区	Lianyungang	273.04	225.01	653.85	86.74	34.38	4.00
灌云县	Guanyun	19.21	14.67	143.49	2.04	1.84	0.21
灌南县	Guannan	24.04	20.93	112.08	1.96	1.48	0.83
盐城市区	Yancheng	267.88	211.80	798.16	61.46	31.37	5.76
响水县	Xiangshui	9.95	9.20	77.69	6.62	6.01	0.58
滨海县	Binhai	25.73	21.90	130.93	5.46	4.70	0.55
射阳县	Sheyang	43.26	40.34	190.02	4.73	2.73	0.61
东台市	Dongtai	54.18	34.49	290.10	9.52	8.68	0.90

19－6 续 表5 Continued 5

单位:亿元 (100 million yuan)

地 区	Region	一般公共预算收入 General Public Budget Revenue	#税收收入 Taxes	一般公共预算支出 General Public Budget Expenditure	年末金融机构存款余额 Deposits Balance of Banking Institutions (year-end)	#住户存款 Household Deposits	年末金融机构贷款余额 Loans Balance of Banking Institutions (year-end)
沿海三市合计	**Three Cities**	**1221.50**	**996.49**	**2136.83**	**21397.69**	**10878.60**	**16620.79**
沿海地带合计	**Coastal Regions**	**1072.46**	**875.25**	**1788.53**	**18952.51**	**9168.06**	**14852.84**
南通市区	Nantong	273.60	228.62	339.89	5437.23	2260.41	4225.72
海 安 市	Haian	61.71	51.64	112.49	1386.21	785.50	1059.14
如 东 县	Rudong	57.55	48.05	119.18	1192.69	698.07	698.82
启 东 市	Qidong	72.31	59.64	95.23	1386.69	874.19	943.68
海 门 市	Haimen	71.01	56.82	102.71	1515.63	883.29	1066.98
连云港市区	Lianyungang	166.48	134.64	242.84	2218.14	838.63	2128.73
灌 云 县	Guanyun	22.33	16.42	56.57	320.06	177.02	244.12
灌 南 县	Guannan	22.50	18.63	53.41	270.20	133.24	215.51
盐城市区	Yancheng	187.63	150.20	323.22	3306.32	1228.87	2884.29
响 水 县	Xiangshui	25.35	20.54	61.54	229.27	128.56	195.76
滨 海 县	Binhai	28.94	22.58	81.00	376.67	227.90	334.95
射 阳 县	Sheyang	26.36	21.76	85.11	485.94	339.10	346.07
东 台 市	Dongtai	56.70	45.70	115.34	827.46	593.29	509.08

地 区	Region	公路里程（公里） Total Length of Highways（km）	民用汽车拥有量（万辆） Number of Civil Motor Vehicles Owned（10000 units）	公路客运量（万人） Passenger Traffic（10000 persons）	公路货运量（万吨） Freight Traffic（10000 tons）	全社会用电量（亿千瓦时） Total Consumption of Electricity（100 million kW·h）	#工业用电 Consumption of Electricity for Industrial Use
沿海三市合计	**Three Cities**	**51464**	**327.43**	**17525**	**29596**	**932.75**	**614.92**
沿海地带合计	**Coastal Regions**	**41351**	**270.28**	**15126**	**24445**	**786.78**	**521.31**
南通市区	Nantong	3999	65.71	3939	5906	169.72	112.27
海安市	Haian	2466	15.81	447	2139	52.85	39.40
如东县	Rudong	2867	18.93	564	1587	59.08	43.27
启东市	Qidong	3652	19.80	1002	647	37.73	22.61
海门市	Haimen	2563	20.44	402	923	45.06	29.44
连云港市区	Lianyungang	4622	33.75	2473	6086	109.93	67.11
灌云县	Guanyun	2607	9.29	378	1252	13.56	5.00
灌南县	Guannan	1823	6.20	560	547	28.19	20.07
盐城市区	Yancheng	6755	41.49	2965	2056	127.47	81.45
响水县	Xiangshui	1804	5.53	302	275	46.14	38.84
滨海县	Binhai	2272	10.04	812	1128	29.16	18.60
射阳县	Sheyang	2605	10.71	641	825	25.62	14.47
东台市	Dongtai	3316	12.58	641	1074	42.28	28.77

19－7 沿东陇海线地区主要指标(2018 年)

Main Indicators of the East Region along the Long-hai Railway(2018)

地区	Region	年末户籍人口(万人) Registered Population at Year-end (10000 persons)	土地面积(平方公里) Land Area (sq. km)	人口密度(人/平方公里) Density of Population (person/sq. km)	就业人员(万人) Employed Persons (10000 persons)	#第二产业 Secondary Industry	#第三产业 Tertiary Industry
东陇海合计	**Total**	**998.06**	**11789**	**745**	**468.26**	**161.35**	**195.83**
徐州市区	Xuzhou	341.81	3063	1094	160.07	52.04	80.32
新 沂 市	Xinyi	113.21	1592	573	54.98	20.09	20.09
邳 州 市	Pizhou	194.36	2085	692	87.00	31.69	31.10
连云港市区	Lianyungang	224.06	3012	698	109.62	39.50	44.18
东 海 县	Donghai	124.62	2037	477	56.59	18.03	20.14

19－7 续 表 1 Continued 1

地区	Region	地区生产总值(亿元) Gross Domestic Product (100 million yuan)	第一产业 Primary Industry	第二产业 Seconary Industry	第三产业 Tertiary Industry	#工业 Industry	人均地区生产总值(元) Per Capita GDP (yuan)
东陇海合计	**Total**	**7144.95**	**530.05**	**3036.37**	**3578.52**	**2549.35**	**81616**
徐州市区	Xuzhou	3527.26	124.73	1523.81	1878.71	1322.00	105955
新 沂 市	Xinyi	653.32	73.82	261.91	317.59	219.41	71719
邳 州 市	Pizhou	920.66	132.32	364.44	423.90	305.58	63888
连云港市区	Lianyungang	1549.29	125.72	678.43	745.14	525.44	73695
东 海 县	Donghai	494.42	73.46	207.78	213.18	176.92	50916

19－7 续 表2 Continued 2

地 区 Region		规模以上工业企业个数（个）Number of Over Scale Industrial Enterprises (unit)	#高技术产业企业 High-tech Industrial Enterprises	#国有控股企业 State Shareholding Enterprises	资产合计（亿元）Total Assets (100 million yuan)	主营业务收入（亿元）Revenue from Principal Business (100 million yuan)	利润总额（亿元）Total Profits (100 million yuan)
东陇海合计	**Total**	**2285**	**150**	**93**	**8645.02**	**6307.25**	**482.08**
徐州市区	Xuzhou	735	71	45	4673.29	3300.64	188.96
新 沂 市	Xinyi	310	11	2	374.03	388.85	27.80
邳 州 市	Pizhou	451	33	5	546.37	438.29	30.01
连云港市区	Lianyungang	499	33	34	2815.07	2000.57	225.30
东 海 县	Donghai	290	2	7	236.26	178.90	10.01

19－7 续 表3 Continued 3

地 区 Region		房地产开发投资（亿元）Investment in Real Estate Development (100 million yuan)	#住宅 Residential Buildings	社会消费品零售总额（亿元）Total Retail Sales of Consumer Goods (100 million yuan)	进出口总额（亿美元）Total Imports and Exports (USD 100 million)	#出 口 Export	实际使用外资（亿美元）Actual Use of Foreign Capital (USD 100 million)
东陇海合计	**Total**	**873.33**	**724.66**	**3277.18**	**186.10**	**118.11**	**26.54**
徐州市区	Xuzhou	455.44	372.79	1898.40	66.96	54.34	16.50
新 沂 市	Xinyi	46.27	41.20	209.48	12.38	11.09	2.72
邳 州 市	Pizhou	73.35	62.64	303.56	15.30	14.41	2.34
连云港市区	Lianyungang	273.04	225.01	653.85	86.74	34.38	4.00
东 海 县	Donghai	25.23	23.02	211.88	4.73	3.89	0.99

19－7 续 表4 Continued 4

单位:亿元 (100 million yuan)

地 区	Region	一般公共预算收入 General Public Budget Revenue	#税收收入 Taxes	一般公共预算支出 General Public Budget Expenditure	年末金融机构存款余额 Deposits Balance of Banking Institutions (year-end)	#住户存款 Household Deposits	年末金融机构贷款余额 Loans Balance of Banking Institutions (year-end)
东陇海合计	**Total**	**589.66**	**468.83**	**929.92**	**8181.88**	**3715.90**	**6489.98**
徐州市区	Xuzhou	289.01	228.80	400.07	4438.32	1921.56	3207.23
新 沂 市	Xinyi	52.38	41.75	99.50	470.98	267.35	332.88
邳 州 市	Pizhou	58.78	45.89	120.77	644.04	417.24	488.14
连云港市区	Lianyungang	166.48	134.64	242.84	2218.14	838.63	2128.73
东 海 县	Donghai	23.00	17.76	66.75	410.40	271.13	333.00

19－7 续 表5 Continued 5

地 区	Region	公路里程(公里) Total Length of Highways (km)	民用汽车拥用量(万辆) Number of Civil Motor Vehicles Owned (10000 units)	公路客运量(万人) Passenger Traffic (10000 persons)	公路货运量(万吨) Freight Traffic (10000 tons)	全社会用电量(亿千瓦时) Total Consumption of Electricity (100 million kW·h)	#工业用电 Consumption of Electricity for Industrial Use
东陇海合计	**Total**	**17311**	**146.23**	**11610**	**22480**	**319.46**	**191.43**
徐州市区	Xuzhou	3910	74.49	6917	10023	117.66	71.78
新 沂 市	Xinyi	2711	8.76	699	1444	34.49	23.78
邳 州 市	Pizhou	3210	14.90	641	2847	30.56	14.42
连云港市区	Lianyungang	4622	33.75	2473	6086	109.93	67.11
东 海 县	Donghai	2858	14.34	880	2080	26.83	14.33

20

市县社会经济

Social Economy of Cities and Counties

简 要 说 明

一、本篇资料的主要内容

本篇资料反映市县经济社会发展情况。

二、资料来源

本篇资料主要根据市县社会经济基本情况统计年报加工整理，部分数据为初步统计数。

Brief Introduction

I. Main Contents

Data in this chapter reflect the economic and social development of cities and counties.

Ⅱ. Date Source

Data in this chapter mainly based on the basic socio-economic situation annual report, and part of the data are preliminary statistics.

20－1 人　口（2018 年）
Population（2018）

市　县 City and County		年末户籍人口（万人）Registered Population at Year-end (10000 persons)	#女 Female	年末常住人口（万人）Permanent Population at Year-end (10000 persons)	出生人数（人）Birth (person)	死亡人数（人）Death (person)	人口密度（人/平方公里）Density of Population (person/sq. km)
南京市	**Nanjing City**	**696.94**	**350.09**	**843.62**	**78750**	**41507**	**1281**
无锡市	**Wuxi City**	**497.21**	**252.48**	**657.45**	**42117**	**36939**	**1421**
江阴市	Jiangyin City	125.95	63.60	165.18	9990	9227	1674
宜兴市	Yixing City	108.13	54.88	125.61	8508	8987	629
徐州市	**Xuzhou City**	**1044.77**	**504.13**	**880.20**	**139514**	**53436**	**748**
丰县	Fengxian County	121.48	58.03	95.05	15883	5563	655
沛县	Peixian County	129.81	62.16	111.88	17096	8044	620
睢宁县	Suining County	144.10	68.79	102.80	19975	7762	581
新沂市	Xinyi City	113.21	54.53	91.19	16713	7270	573
邳州市	Pizhou City	194.36	93.13	144.21	26413	9931	692
常州市	**Changzhou City**	**382.20**	**194.37**	**472.86**	**33964**	**27437**	**1082**
溧阳市	Liyang City	79.04	39.31	76.33	6709	6112	497
苏州市	**Suzhou City**	**703.55**	**359.38**	**1072.17**	**68487**	**49004**	**1238**
常熟市	Changshu City	106.80	55.04	151.58	6932	9259	1188
张家港市	Zhangjiagang City	92.94	47.51	126.06	7077	7047	1277
昆山市	Kunshan City	90.32	45.97	166.59	12524	4836	1787
太仓市	Taicang City	49.40	25.55	71.92	3516	4092	888
南通市	**Nantong City**	**762.52**	**387.88**	**731.00**	**52870**	**69915**	**693**
如东县	Rudong County	102.08	51.95	97.85	5622	10099	351
启东市	Qidong City	111.04	56.74	95.00	6588	10353	554
如皋市	Rugao City	141.97	71.24	124.17	11144	12866	788
海门市	Haimen City	99.59	50.73	90.47	6682	9599	791
海安市	Haian City	92.73	46.94	86.45	5966	8994	731
连云港市	**Lianyungang City**	**534.34**	**255.58**	**452.00**	**75031**	**34690**	**594**
东海县	Donghai County	124.62	59.64	97.10	21043	7972	477
灌云县	Guanyun County	103.74	49.02	80.83	12450	6519	525
灌南县	Guannan County	81.92	38.60	63.72	9729	5602	620

市 县	City and County	年末户籍人口（万人） Registered Population at Year-end (10000 persons)	#女 Female	年末常住人口（万人） Permanent Population at Year-end (10000 persons)	出生人数（人） Birth (person)	死亡人数（人） Death (person)	人口密度（人/平方公里） Density of Population (person/sq. km)
淮安市	**Huaian City**	**561.33**	**273.45**	**492.50**	**50200**	**36900**	**491**
涟水县	Lianshui County	113.28	54.33	84.98	9400	6700	506
盱眙县	Xuyi County	79.82	39.13	65.70	6600	5000	263
金湖县	Jinhu County	34.90	17.47	33.29	2800	2400	242
盐城市	**Yancheng City**	**824.73**	**399.27**	**720.00**	**81607**	**53253**	**425**
响水县	Xiangshui County	62.36	29.50	49.70	7341	3541	337
滨海县	Binhai County	122.57	58.08	93.00	13702	5929	477
阜宁县	Funing County	112.28	53.47	82.54	11831	7456	574
射阳县	Sheyang County	95.18	46.32	87.85	8134	6582	337
建湖县	Jianhu County	78.42	37.80	72.45	8328	3901	626
东台市	Dongtai City	109.81	54.44	97.04	8684	9043	306
扬州市	**Yangzhou City**	**458.83**	**230.13**	**453.10**	**33665**	**33886**	**687**
宝应县	Baoying County	88.76	43.76	75.90	5601	6482	519
仪征市	Yizheng City	56.03	27.93	57.06	4188	4188	633
高邮市	Gaoyou City	80.82	40.62	74.30	6249	7244	387
镇江市	**Zhenjiang City**	**270.78**	**137.10**	**319.64**	**22326**	**21966**	**832**
丹阳市	Danyang City	80.63	40.84	98.97	6038	6572	945
扬中市	Yangzhong City	28.25	14.43	34.39	3346	2302	1052
句容市	Jurong City	58.90	29.79	62.76	4963	5078	455
泰州市	**Taizhou City**	**503.39**	**247.13**	**463.57**	**42299**	**42578**	**801**
兴化市	Xinghua City	155.67	73.98	124.38	14053	12660	519
靖江市	Jingjiang City	65.88	33.32	68.48	6128	5187	1045
泰兴市	Taixing City	117.88	57.85	107.22	8836	10276	917
宿迁市	**Suqian City**	**591.26**	**284.58**	**492.59**	**75666**	**47307**	**578**
沭阳县	Shuyang County	198.28	94.71	156.72	27646	12468	682
泗阳县	Siyang County	106.79	50.94	84.75	10993	7601	615
泗洪县	Sihong County	109.58	53.06	89.88	13688	10029	334

20－2 户数及土地面积(2018 年)
Number of Households and Land Area (2018)

市 县	City and County	年末总户数(万户) Number of Households at Year-end (10000 households)	#乡村户数 Rural Household	土地面积(平方公里) Land Area (sq. km)	建成区面积(平方公里) Developed Areas (sq. km)	建成区绿化覆盖面积(公顷) Coverage Space of Green Areas Developed (hectare)
南京市	**Nanjing City**	**246.44**	**62.68**	**6587**	**817**	**36833**
无锡市	**Wuxi City**	**169.20**	**59.57**	**4627**	**552**	**23780**
江阴市	Jiangyin City	38.19	18.12	987	125	5399
宜兴市	Yixing City	37.46	20.96	1997	84	3636
徐州市	**Xuzhou City**	**280.98**	**174.69**	**11765**	**476**	**20383**
丰县	Fengxian County	32.65	25.48	1450	32	1286
沛县	Peixian County	37.41	24.25	1806	52	2160
睢宁县	Suining County	33.44	25.05	1769	34	1415
新沂市	Xinyi City	31.36	20.71	1592	37	1582
邳州市	Pizhou City	46.52	33.04	2085	49	2122
常州市	**Changzhou City**	**134.91**	**71.29**	**4372**	**300**	**12905**
溧阳市	Liyang City	26.45	20.11	1535	32	1357
苏州市	**Suzhou City**	**230.92**	**87.34**	**8657**	**756**	**31967**
常熟市	Changshu City	32.25	17.72	1276	98	4497
张家港市	Zhangjiagang City	32.33	20.06	987	59	2416
昆山市	Kunshan City	30.92	10.42	932	72	3236
太仓市	Taicang City	15.80	6.57	810	52	2095
南通市	**Nantong City**	**285.34**	**197.17**	**10549**	**395**	**17011**
如东县	Rudong County	36.63	30.15	2791	25	1071
启东市	Qidong City	46.02	37.89	1715	33	1399
如皋市	Rugao City	44.57	35.36	1576	41	1702
海门市	Haimen City	38.70	29.69	1144	30	1257
海安市	Haian City	34.09	24.87	1183	32	1351
连云港市	**Lianyungang City**	**145.92**	**94.01**	**7615**	**309**	**12680**
东海县	Donghai County	29.73	22.18	2037	31	1272
灌云县	Guanyun County	26.45	19.68	1538	28	1144
灌南县	Guannan County	22.21	14.90	1028	28	1122

市　县 City and County		年末总户数（万户）Number of Households at Year-end (10000 households)	#乡村户数 Rural Household	土地面积（平方公里）Land Area (sq. km)	建成区面积（平方公里）Developed Areas (sq. km)	建成区绿化覆盖面积（公顷）Coverage Space of Green Areas Developed (hectare)
淮安市	**Huaian City**	**166.64**	**99.58**	**10030**	**292**	**12289**
涟水县	Lianshui County	30.68	22.34	1678	37	1533
盱眙县	Xuyi County	21.61	16.27	2497	40	1637
金湖县	Jinhu County	12.44	7.92	1378	26	1106
盐城市	**Yancheng City**	**269.69**	**181.11**	**16931**	**358**	**15116**
响水县	Xiangshui County	16.90	11.79	1474	22	928
滨海县	Binhai County	34.66	23.87	1950	35	1484
阜宁县	Funing County	35.25	21.65	1439	46	1906
射阳县	Sheyang County	30.99	20.88	2606	25	1054
建湖县	Jianhu County	28.70	18.65	1157	29	1163
东台市	Dongtai City	38.48	32.14	3176	37	1573
扬州市	**Yangzhou City**	**147.82**	**100.22**	**6591**	**273**	**11859**
宝应县	Baoying County	26.97	20.79	1462	35	1460
仪征市	Yizheng City	18.39	11.91	902	39	1695
高邮市	Gaoyou City	25.23	19.22	1922	27	1134
镇江市	**Zhenjiang City**	**101.65**	**57.18**	**3840**	**223**	**9441**
丹阳市	Danyang City	27.86	19.73	1047	36	1483
扬中市	Yangzhong City	10.63	7.85	327	15	601
句容市	Jurong City	22.86	16.26	1378	29	1200
泰州市	**Taizhou City**	**166.30**	**119.42**	**5787**	**237**	**10041**
兴化市	Xinghua City	50.66	37.11	2395	40	1714
靖江市	Jingjiang City	21.05	15.75	656	34	1442
泰兴市	Taixing City	39.29	30.98	1170	34	1395
宿迁市	**Suqian City**	**151.52**	**106.37**	**8524**	**237**	**10194**
沭阳县	Shuyang County	49.74	36.06	2299	65	2782
泗阳县	Siyang County	27.08	19.80	1378	40	1706
泗洪县	Sihong County	29.32	19.10	2694	38	1606

20－3 年末就业人员(2018年)

Number of Employed Persons (Year-end) (2018)

单位:万人 (10000 persons)

市　县	City and County	就业人员 Total Employed Persons	第一产业 Primary Industry	第二产业 Secondary Industry	第三产业 Tertiary Industry	私营企业就业人员 Employed Persons in Private Enterprises	个体就业人员 Self-employed Individuals
南京市	**Nanjing City**	**462.60**	**42.60**	**146.20**	**273.80**	**396.75**	**123.93**
无锡市	**Wuxi City**	**388.20**	**15.80**	**213.60**	**158.80**	**291.99**	**79.31**
江阴市	Jiangyin City	99.33	4.69	60.68	33.96	72.03	23.53
宜兴市	Yixing City	74.13	7.95	40.17	26.01	64.84	9.79
徐州市	**Xuzhou City**	**483.10**	**119.90**	**170.20**	**193.00**	**143.21**	**105.97**
丰县	Fengxian County	55.02	16.27	20.25	18.50	9.31	10.24
沛县	Peixian County	64.05	18.35	23.51	22.19	17.05	7.73
睢宁县	Suining County	61.98	18.55	22.63	20.80	19.83	12.75
新沂市	Xinyi City	54.98	14.81	20.09	20.09	21.48	10.26
邳州市	Pizhou City	87.00	24.21	31.69	31.10	15.66	19.72
常州市	**Changzhou City**	**282.20**	**29.40**	**137.40**	**115.40**	**184.19**	**72.94**
溧阳市	Liyang City	49.90	11.56	24.31	14.03	25.30	9.64
苏州市	**Suzhou City**	**692.30**	**21.70**	**405.80**	**264.80**	**489.84**	**171.59**
常熟市	Changshu City	104.42	3.64	63.06	37.72	55.19	23.23
张家港市	Zhangjiagang City	77.15	4.07	45.70	27.38	63.95	19.88
昆山市	Kunshan City	116.90	1.59	73.42	41.89	81.94	34.46
太仓市	Taicang City	45.82	2.44	26.41	16.97	30.36	8.33
南通市	**Nantong City**	**455.00**	**83.70**	**211.60**	**159.70**	**227.89**	**101.74**
如东县	Rudong County	61.40	12.31	30.51	19.00	19.56	9.91
启东市	Qidong City	66.38	15.42	29.06	22.00	22.92	7.42
如皋市	Rugao City	73.35	16.66	34.30	22.00	32.91	16.05
海门市	Haimen City	64.04	14.08	30.99	19.00	26.01	13.20
海安市	Haian City	53.85	10.36	28.40	15.00	35.85	11.43
连云港市	**Lianyungang City**	**250.50**	**77.70**	**81.70**	**91.10**	**54.39**	**43.96**
东海县	Donghai County	56.59	18.41	18.03	20.14	9.59	11.13
灌云县	Guanyun County	47.85	18.37	13.08	16.39	5.80	7.59
灌南县	Guannan County	36.44	14.96	11.09	10.39	4.61	5.73

单位:万人 (10000 persons)

市 县	City and County	就业人员 Total Employed Persons	第一产业 Primary Industry	第二产业 Secondary Industry	第三产业 Tertiary Industry	私营企业就业人员 Employed Persons in Private Enterprises	个 体 就业人员 Self-employed Individuals
淮 安 市	**Huaian City**	**285.10**	**76.90**	**89.90**	**118.30**	**90.57**	**58.15**
涟 水 县	Lianshui County	48.68	16.93	11.67	20.07	12.09	8.21
盱 眙 县	Xuyi County	38.60	11.60	12.78	14.22	11.13	7.81
金 湖 县	Jinhu County	19.30	5.44	6.64	7.22	8.73	2.93
盐 城 市	**Yancheng City**	**431.80**	**95.90**	**158.50**	**177.40**	**156.79**	**63.57**
响 水 县	Xiangshui County	27.45	7.03	9.88	10.54	6.57	4.41
滨 海 县	Binhai County	55.10	14.71	19.12	21.27	13.76	5.94
阜 宁 县	Funing County	50.07	13.47	17.56	19.04	20.32	7.69
射 阳 县	Sheyang County	55.67	14.07	19.71	21.89	11.38	5.99
建 湖 县	Jianhu County	42.84	9.36	16.96	16.52	12.04	5.51
东 台 市	Dongtai City	63.70	14.15	23.26	26.29	34.77	8.43
扬 州 市	**Yangzhou City**	**267.10**	**39.40**	**120.40**	**107.30**	**140.08**	**61.87**
宝 应 县	Baoying County	42.12	10.28	18.82	13.00	16.29	7.99
仪 征 市	Yizheng City	39.65	7.77	18.41	13.00	13.64	7.79
高 邮 市	Gaoyou City	46.12	10.05	21.49	15.00	23.65	9.48
镇 江 市	**Zhenjiang City**	**194.80**	**21.90**	**85.10**	**87.80**	**111.63**	**55.48**
丹 阳 市	Danyang City	63.75	5.71	32.95	25.09	42.27	16.41
扬 中 市	Yangzhong City	21.76	1.31	11.40	9.05	18.55	3.75
句 容 市	Jurong City	39.40	9.42	15.22	14.76	12.62	11.26
泰 州 市	**Taizhou City**	**275.50**	**55.70**	**111.90**	**107.90**	**127.36**	**63.89**
兴 化 市	Xinghua City	73.90	21.70	25.70	26.50	19.19	15.39
靖 江 市	Jingjiang City	40.70	6.20	20.60	13.90	21.21	8.20
泰 兴 市	Taixing City	63.50	14.70	25.90	22.90	25.28	16.75
宿 迁 市	**Suqian City**	**282.70**	**84.30**	**101.10**	**97.30**	**97.60**	**67.41**
沭 阳 县	Shuyang County	94.23	26.86	36.63	30.74	44.65	16.98
泗 阳 县	Siyang County	49.40	18.18	16.06	15.16	12.76	11.88
泗 洪 县	Sihong County	48.66	16.80	16.42	15.44	12.27	11.59

20-4 乡村就业人员(2018年)
Rural Employment (2018)

单位:万人 (10000 persons)

市 县	City and County	乡村就业人员 Total Employment	#农林牧渔业 Farming, Forestry, Animal Husbandry and Fishery	#工业 Industry	#建筑业 Construction	#交通运输、仓储及邮政业 Transportation, Storage, and Postal Services	#批发和零售业 Wholesale and Retail Trade
南京市	**Nanjing City**	**112.68**	**21.46**	**35.57**	**23.37**	**6.71**	**7.90**
无锡市	**Wuxi City**	**112.16**	**15.20**	**69.78**	**6.11**	**3.05**	**5.12**
江阴市	Jiangyin City	36.02	3.95	24.55	1.57	1.04	1.44
宜兴市	Yixing City	36.14	7.89	18.90	3.10	0.99	1.58
徐州市	**Xuzhou City**	**356.40**	**126.28**	**104.61**	**51.81**	**16.11**	**22.92**
丰县	Fengxian County	52.85	21.47	15.61	7.27	1.83	2.70
沛县	Peixian County	50.70	16.47	14.90	10.17	1.85	2.47
睢宁县	Suining County	59.60	22.92	17.54	8.61	1.52	2.93
新沂市	Xinyi City	44.52	17.75	10.06	8.45	1.38	2.70
邳州市	Pizhou City	62.94	19.61	20.03	6.17	4.21	5.70
常州市	**Changzhou City**	**127.37**	**22.54**	**60.05**	**16.73**	**4.85**	**6.67**
溧阳市	Liyang City	32.14	7.64	8.97	9.31	1.84	1.86
苏州市	**Suzhou City**	**171.58**	**21.02**	**104.35**	**9.65**	**5.45**	**10.43**
常熟市	Changshu City	38.38	3.42	24.05	2.07	1.16	2.36
张家港市	Zhangjiagang City	31.77	3.12	21.00	1.54	1.30	1.71
昆山市	Kunshan City	20.92	1.60	12.94	1.08	0.60	1.34
太仓市	Taicang City	15.19	2.69	9.86	0.57	0.37	0.31
南通市	**Nantong City**	**297.53**	**60.23**	**88.85**	**62.84**	**15.42**	**26.70**
如东县	Rudong County	47.44	7.62	18.13	9.89	2.44	2.73
启东市	Qidong City	47.99	10.51	12.87	10.62	2.09	4.52
如皋市	Rugao City	60.75	12.96	18.82	10.68	2.23	3.63
海门市	Haimen City	48.73	11.10	11.66	11.33	2.29	6.72
海安市	Haian City	37.18	6.63	11.34	8.63	2.98	3.09
连云港市	**Lianyungang City**	**177.46**	**74.93**	**32.33**	**32.27**	**8.61**	**8.95**
东海县	Donghai County	43.48	18.68	7.84	8.63	2.27	2.02
灌云县	Guanyun County	38.76	19.71	5.61	4.16	1.15	1.48
灌南县	Guannan County	31.08	14.05	5.19	5.03	2.28	1.65

单位:万人 (10000 persons)

市 县 City and County		乡村就业人员 Total Employment	#农林牧渔业 Farming, Forestry, Animal Husbandry and Fishery	#工业 Industry	#建筑业 Construction	#交通运输、仓储及邮政业 Transportation, Storage, and Postal Services	#批发和零售业 Wholesale and Retail Trade
淮安市	**Huaian City**	**211.87**	**84.60**	**43.37**	**31.08**	**7.17**	**9.02**
涟水县	Lianshui County	49.82	20.29	6.84	5.39	1.20	1.77
盱眙县	Xuyi County	34.25	13.48	7.10	3.94	1.15	1.31
金湖县	Jinhu County	13.18	4.45	3.69	2.50	0.42	0.53
盐城市	**Yancheng City**	**298.13**	**104.61**	**61.25**	**37.20**	**13.99**	**14.28**
响水县	Xiangshui County	21.73	8.79	5.65	1.38	0.75	0.86
滨海县	Binhai County	43.36	15.53	5.80	4.88	2.50	1.87
阜宁县	Funing County	36.28	14.03	5.15	5.83	1.71	1.59
射阳县	Sheyang County	34.56	12.04	5.50	3.87	1.69	2.02
建湖县	Jianhu County	30.07	9.01	9.30	3.55	1.30	1.67
东台市	Dongtai City	48.50	18.70	10.30	6.78	2.02	2.20
扬州市	**Yangzhou City**	**180.59**	**32.15**	**66.12**	**34.24**	**7.39**	**11.65**
宝应县	Baoying County	40.87	10.05	12.03	9.75	1.84	2.80
仪征市	Yizheng City	23.08	3.13	7.72	5.28	0.87	1.31
高邮市	Gaoyou City	36.83	8.80	14.29	6.60	1.24	1.97
镇江市	**Zhenjiang City**	**100.24**	**19.87**	**50.78**	**11.60**	**3.48**	**3.41**
丹阳市	Danyang City	36.58	6.29	21.81	3.01	1.06	1.15
扬中市	Yangzhong City	13.64	1.90	8.82	0.66	0.36	0.51
句容市	Jurong City	26.58	7.13	8.53	5.90	1.13	0.86
泰州市	**Taizhou City**	**215.26**	**41.51**	**66.39**	**35.85**	**13.11**	**17.29**
兴化市	Xinghua City	60.65	19.33	10.40	5.98	4.34	5.67
靖江市	Jingjiang City	31.03	4.93	15.86	2.80	1.55	1.70
泰兴市	Taixing City	56.91	8.34	16.95	11.57	3.45	5.84
宿迁市	**Suqian City**	**222.07**	**83.63**	**63.19**	**29.39**	**7.86**	**12.98**
沭阳县	Shuyang County	78.89	26.80	27.93	8.33	3.20	4.32
泗阳县	Siyang County	40.60	13.99	12.52	5.25	1.20	2.25
泗洪县	Sihong County	38.31	20.29	6.32	4.63	1.09	2.13

20－5 地区生产总值(2018年)
Gross Domestic Product (2018)

单位:亿元 (100 million yuan)

市 县 City and County		地区生产总值 Gross Domestic Product	第一产业 Primary Industry	第二产业 Secondary Industry	第三产业 Tertiary Industry	#工 业 Industry	人均地区生产总值(元) Per Capita GDP(yuan)
南 京 市	**Nanjing City**	**12820.40**	**273.42**	**4721.61**	**7825.37**	**4055.14**	**152886**
无 锡 市	**Wuxi City**	**11438.62**	**125.07**	**5464.01**	**5849.54**	**5009.33**	**174270**
江 阴 市	Jiangyin City	3806.18	36.98	2071.91	1697.29	1990.78	230538
宜 兴 市	Yixing City	1713.28	50.61	890.31	772.36	764.41	136473
徐 州 市	**Xuzhou City**	**6755.23**	**631.39**	**2812.02**	**3311.82**	**2329.18**	**76915**
丰 县	Fengxian County	460.14	86.85	182.69	190.60	138.16	48380
沛 县	Peixian County	762.62	104.11	332.87	325.64	222.25	68137
睢 宁 县	Suining County	577.30	96.40	235.56	245.34	172.48	56149
新 沂 市	Xinyi City	653.32	73.82	261.91	317.59	219.41	71577
邳 州 市	Pizhou City	920.66	132.32	364.44	423.90	305.58	63824
常 州 市	**Changzhou City**	**7050.27**	**156.25**	**3263.29**	**3630.73**	**2951.35**	**149275**
溧 阳 市	Liyang City	935.51	51.06	453.97	430.48	379.67	122626
苏 州 市	**Suzhou City**	**18597.47**	**213.99**	**8933.28**	**9450.20**	**8240.37**	**173765**
常 熟 市	Changshu City	2400.23	39.90	1230.01	1130.00	1161.97	158332
张家港市	Zhangjiagang City	2720.18	30.63	1423.68	1266.00	1352.35	216027
昆 山 市	Kunshan City	3832.06	31.62	2074.53	1726.00	1951.17	230270
太 仓 市	Taicang City	1330.72	34.98	675.47	620.00	631.33	185470
南 通 市	**Nantong City**	**8427.00**	**397.77**	**3947.88**	**4081.35**	**3283.23**	**115320**
如 东 县	Rudong County	952.29	75.22	439.13	437.94	373.47	97232
启 东 市	Qidong City	1063.33	72.04	505.34	485.95	400.55	111824
如 皋 市	Rugao City	1120.48	69.39	534.36	516.73	447.12	90031
海 门 市	Haimen City	1249.00	58.80	609.51	580.69	506.51	137958
海 安 市	Haian City	993.00	61.41	467.40	464.19	388.17	114798
连云港市	**Lianyungang City**	**2771.70**	**325.57**	**1207.39**	**1238.74**	**961.89**	**61332**
东 海 县	Donghai County	494.42	73.46	207.78	213.18	176.92	50916
灌 云 县	Guanyun County	375.00	69.15	159.06	146.79	119.46	46373
灌 南 县	Guannan County	352.99	57.24	162.12	133.63	140.07	55397

20-5 续 表 Continued

单位:亿元 (100 million yuan)

市 县	City and County	地区生产总值 Gross Domestic Product	第一产业 Primary Industry	第二产业 Secondary Industry	第三产业 Tertiary Industry	#工业 Industry	人均地区生产总值(元) Per Capita GDP(yuan)
淮安市	**Huaian City**	**3601.25**	**358.70**	**1508.11**	**1734.44**	**1268.00**	**73204**
涟水县	Lianshui County	476.00	62.39	183.93	229.95	152.51	56033
盱眙县	Xuyi County	441.00	59.39	173.78	208.17	140.95	67185
金湖县	Jinhu County	296.00	37.04	111.51	147.74	98.61	89023
盐城市	**Yancheng City**	**5487.08**	**573.40**	**2436.45**	**2477.23**	**2090.05**	**75987**
响水县	Xiangshui County	349.86	42.82	173.91	133.13	158.20	70112
滨海县	Binhai County	475.42	63.45	193.75	218.22	161.54	50997
阜宁县	Funing County	482.83	58.88	210.42	213.53	154.39	58274
射阳县	Sheyang County	536.61	87.67	196.71	252.23	179.63	60875
建湖县	Jianhu County	561.68	50.17	238.93	272.58	202.84	77196
东台市	Dongtai City	878.68	99.03	356.12	423.53	313.65	90084
扬州市	**Yangzhou City**	**5466.17**	**273.34**	**2623.24**	**2569.59**	**2283.60**	**120944**
宝应县	Baoying County	630.46	71.79	282.24	276.00	230.35	83032
仪征市	Yizheng City	673.94	23.84	347.49	303.00	306.19	118400
高邮市	Gaoyou City	669.02	77.71	291.33	300.00	232.32	89972
镇江市	**Zhenjiang City**	**4050.00**	**138.40**	**1976.60**	**1935.00**	**1804.00**	**126906**
丹阳市	Danyang City	1250.25	48.56	631.07	570.62	605.88	126736
扬中市	Yangzhong City	542.00	18.36	273.24	250.40	261.17	157742
句容市	Jurong City	571.10	46.41	264.19	260.50	233.10	91077
泰州市	**Taizhou City**	**5107.63**	**280.05**	**2434.01**	**2393.57**	**2119.00**	**109988**
兴化市	Xinghua City	905.13	124.85	339.92	440.36	291.71	72422
靖江市	Jingjiang City	1002.05	24.44	492.51	485.10	442.32	146061
泰兴市	Taixing City	1050.34	60.42	490.63	499.29	430.64	97697
宿迁市	**Suqian City**	**2750.72**	**300.84**	**1279.54**	**1170.34**	**1080.78**	**55906**
沭阳县	Shuyang County	825.45	97.35	373.98	354.11	332.51	52704
泗阳县	Siyang County	479.22	61.22	236.25	181.75	196.39	56602
泗洪县	Sihong County	478.95	69.99	203.20	205.76	170.70	53303

20－6 地区生产总值构成(2018 年)
Composition and Indices of Gross Domestic Product (2018)

市 县 City and County		地区生产总值指数(上年=100) GDP Index (preceding year=100)	三次产业占 GDP 比重(%) Percentage of Three Industries to GDP			一般公共预算收入占 GDP 比重(%) General Public Budget Revenue to GDP	外贸依存度(%) Interdependent Level to Foreign Trade(%)
			第一产业 Primary Industry	第二产业 Secondary Industry	第三产业 Tertiary Industry		
南 京 市	**Nanjing City**	**108.0**	**2.1**	**36.9**	**61.0**	**11.5**	**33.7**
无 锡 市	**Wuxi City**	**107.4**	**1.1**	**47.8**	**51.1**	**8.8**	**53.9**
江 阴 市	Jiangyin City	107.0	1.0	54.4	44.6	6.7	41.9
宜 兴 市	Yixing City	108.0	2.9	52.0	45.1	7.0	16.3
徐 州 市	**Xuzhou City**	**104.2**	**9.3**	**41.6**	**49.0**	**7.8**	**11.5**
丰 县	Fengxian County	103.0	18.9	39.7	41.4	6.1	11.7
沛 县	Peixian County	103.6	13.7	43.6	42.7	7.4	5.9
睢 宁 县	Suining County	104.4	16.7	40.8	42.5	7.2	8.8
新 沂 市	Xinyi City	104.3	11.3	40.1	48.6	8.0	12.5
邳 州 市	Pizhou City	103.5	14.4	39.6	46.0	6.4	11.0
常 州 市	**Changzhou City**	**107.0**	**2.2**	**46.3**	**51.5**	**7.9**	**32.1**
溧 阳 市	Liyang City	108.0	5.5	48.5	46.0	7.1	8.1
苏 州 市	**Suzhou City**	**106.8**	**1.2**	**48.0**	**50.8**	**11.4**	**125.7**
常 熟 市	Changshu City	106.8	1.7	51.2	47.1	8.8	69.5
张家港市	Zhangjiagang City	106.7	1.1	52.3	46.5	8.6	88.3
昆 山 市	Kunshan City	107.2	0.8	54.1	45.0	10.1	153.9
太 仓 市	Taicang City	106.8	2.6	50.8	46.6	11.7	72.2
南 通 市	**Nantong City**	**107.2**	**4.7**	**46.8**	**48.4**	**7.2**	**30.2**
如 东 县	Rudong County	107.5	7.9	46.1	46.0	6.0	42.4
启 东 市	Qidong City	107.4	6.8	47.5	45.7	6.8	18.3
如 皋 市	Rugao City	107.3	6.2	47.7	46.1	6.2	21.8
海 门 市	Haimen City	108.0	4.7	48.8	46.5	5.7	16.2
海 安 市	Haian City	108.1	6.2	47.1	46.7	6.2	12.3
连云港市	**Lianyungang City**	**104.7**	**11.7**	**43.6**	**44.7**	**8.5**	**22.7**
东 海 县	Donghai County	104.9	14.9	42.0	43.1	4.7	6.3
灌 云 县	Guanyun County	104.0	18.4	42.4	39.1	6.0	3.6
灌 南 县	Guannan County	104.0	16.2	45.9	37.9	6.4	3.6

市 县	City and County	地区生产总值指数（上年＝100）GDP Index (preceding year＝100)	三次产业占 GDP 比重(%) Percentage of Three Industries to GDP			一般公共预算收入占 GDP 比重(%) General Public Budget Revenue to GDP	外贸依存度(%) Interdependent Level to Foreign Trade(%)
			第一产业 Primary Industry	第二产业 Secondary Industry	第三产业 Tertiary Industry		
淮安市	**Huaian City**	**106.5**	**10.0**	**41.9**	**48.2**	**6.9**	**9.2**
涟水县	Lianshui County	106.6	13.1	38.6	48.3	4.5	4.6
盱眙县	Xuyi County	106.5	13.5	39.4	47.2	4.1	2.4
金湖县	Jinhu County	106.5	12.5	37.7	49.9	7.4	12.1
盐城市	**Yancheng City**	**105.5**	**10.5**	**44.4**	**45.1**	**6.9**	**11.5**
响水县	Xiangshui County	108.1	12.2	49.7	38.1	7.2	12.5
滨海县	Binhai County	105.3	13.3	40.8	45.9	6.1	7.6
阜宁县	Funing County	105.3	12.2	43.6	44.2	5.7	5.2
射阳县	Sheyang County	105.6	16.3	36.7	47.0	4.9	5.8
建湖县	Jianhu County	105.6	8.9	42.5	48.5	5.0	4.6
东台市	Dongtai City	105.6	11.3	40.5	48.2	6.5	7.2
扬州市	**Yangzhou City**	**106.7**	**5.0**	**48.0**	**47.0**	**6.2**	**14.4**
宝应县	Baoying County	107.0	11.4	44.8	43.8	4.4	11.8
仪征市	Yizheng City	107.0	3.5	51.6	45.0	7.6	16.7
高邮市	Gaoyou City	108.0	11.6	43.5	44.8	5.5	4.9
镇江市	**Zhenjiang City**	**103.1**	**3.4**	**48.8**	**47.8**	**7.4**	**19.2**
丹阳市	Danyang City	102.8	3.9	50.5	45.6	4.9	16.9
扬中市	Yangzhong City	105.0	3.4	50.4	46.2	6.0	8.7
句容市	Jurong City	105.5	8.1	46.3	45.6	8.8	8.0
泰州市	**Taizhou City**	**106.7**	**5.5**	**47.6**	**46.9**	**7.0**	**19.0**
兴化市	Xinghua City	104.5	13.7	37.6	48.7	4.4	5.3
靖江市	Jingjiang City	107.1	2.4	49.2	48.4	6.6	18.6
泰兴市	Taixing City	107.2	5.8	46.7	47.5	7.1	32.5
宿迁市	**Suqian City**	**106.8**	**10.9**	**46.5**	**42.5**	**7.5**	**8.6**
沭阳县	Shuyang County	106.8	11.8	45.3	42.9	5.7	6.3
泗阳县	Siyang County	106.9	12.8	49.3	37.9	5.3	6.7
泗洪县	Sihong County	106.9	14.6	42.4	43.0	5.4	3.0

20－7 农林牧渔业总产值(2018年)

Gross Output Value of Agriculture, Forestry, Animal Husbandry and Fishery (2018)

单位:亿元 (100 million yuan)

市　县	City and County	农林牧渔业总产值 Total Output Value of Agriculture, Forestry, Animal Husbandry and Fishery	农　业 Farming	林　业 Forestry	畜牧业 Animal Husbandry	渔　业 Fishery	农林牧渔服务业 Service in Support of Agriculture
南京市	**Nanjing City**	**489.47**	**277.28**	**29.15**	**33.37**	**123.04**	**26.63**
无锡市	**Wuxi City**	**226.19**	**138.87**	**18.84**	**8.19**	**35.57**	**24.73**
江阴市	Jiangyin City	67.57	39.00	8.31	2.79	9.31	8.17
宜兴市	Yixing City	89.36	54.84	4.13	3.62	19.01	7.77
徐州市	**Xuzhou City**	**1211.96**	**760.86**	**21.58**	**337.49**	**48.01**	**44.03**
丰　县	Fengxian County	171.33	124.33	1.26	38.59	1.24	5.91
沛　县	Peixian County	203.14	128.02	1.17	53.84	7.69	12.41
睢宁县	Suining County	184.61	104.60	4.76	61.37	6.37	7.50
新沂市	Xinyi City	153.92	77.58	5.75	42.27	20.88	7.43
邳州市	Pizhou City	267.19	173.89	4.71	65.12	9.88	13.59
常州市	**Changzhou City**	**293.80**	**162.49**	**2.13**	**27.01**	**81.02**	**21.15**
溧阳市	Liyang City	94.71	51.22	1.21	6.35	31.73	4.18
苏州市	**Suzhou City**	**410.09**	**177.64**	**24.57**	**24.10**	**134.41**	**49.37**
常熟市	Changshu City	75.09	44.41	2.78	3.60	14.68	9.63
张家港市	Zhangjiagang City	59.78	34.86	7.68	4.12	4.49	8.61
昆山市	Kunshan City	56.87	17.38	4.92	0.66	30.43	3.48
太仓市	Taicang City	66.97	29.55	3.86	8.86	16.75	7.96
南通市	**Nantong City**	**761.23**	**324.55**	**4.89**	**167.67**	**178.57**	**85.56**
如东县	Rudong County	156.71	50.87	1.12	36.70	57.08	10.95
启东市	Qidong City	144.81	46.47	0.82	14.24	65.59	17.69
如皋市	Rugao City	120.57	65.57	0.25	39.07	7.12	8.56
海门市	Haimen City	106.35	52.58	1.13	13.88	23.18	15.57
海安市	Haian City	125.32	49.46	0.35	51.47	11.34	12.70
连云港市	**Lianyungang City**	**636.65**	**304.65**	**16.00**	**115.89**	**155.49**	**44.62**
东海县	Donghai County	144.43	83.81	4.45	26.54	12.94	16.70
灌云县	Guanyun County	138.70	68.78	2.97	35.66	17.93	13.35
灌南县	Guannan County	106.69	71.29	2.41	19.51	8.56	4.92

20－7 续 表 Continued

单位:亿元 (100 million yuan)

市 县 City and County		农林牧渔业总产值 Total Output Value of Agriculture, Forestry, Animal Husbandry and Fishery	农 业 Farming	林 业 Forestry	畜牧业 Animal Husbandry	渔 业 Fishery	农林牧渔服务业 Service in Support of Agriculture
淮 安 市	**Huaian City**	**662.58**	**413.70**	**15.11**	**147.12**	**73.56**	**13.09**
涟 水 县	Lianshui County	123.22	86.53	3.37	26.68	3.78	2.85
盱 眙 县	Xuyi County	108.87	63.93	1.86	19.30	21.87	1.90
金 湖 县	Jinhu County	69.55	40.09	2.06	7.74	17.60	2.06
盐 城 市	**Yancheng City**	**1183.89**	**519.46**	**30.80**	**311.93**	**237.80**	**83.90**
响 水 县	Xiangshui County	80.23	36.49	1.71	19.62	15.27	7.15
滨 海 县	Binhai County	120.66	61.48	4.99	26.70	23.85	3.64
阜 宁 县	Funing County	120.25	45.68	4.12	40.40	19.59	10.46
射 阳 县	Sheyang County	196.81	77.57	5.18	44.36	53.48	16.23
建 湖 县	Jianhu County	100.27	38.19	2.33	25.81	25.10	8.83
东 台 市	Dongtai City	219.54	101.67	4.68	63.59	32.80	16.79
扬 州 市	**Yangzhou City**	**514.02**	**243.36**	**13.98**	**61.87**	**166.05**	**28.75**
宝 应 县	Baoying County	132.73	51.13	2.86	13.20	58.58	6.95
仪 征 市	Yizheng City	47.22	28.79	2.60	9.06	2.23	4.54
高 邮 市	Gaoyou City	148.83	55.74	2.31	18.79	63.93	8.06
镇 江 市	**Zhenjiang City**	**245.94**	**135.64**	**10.10**	**31.94**	**36.11**	**32.15**
丹 阳 市	Danyang City	83.85	47.06	2.08	10.84	12.46	11.41
扬 中 市	Yangzhong City	28.93	14.01	1.09	3.67	5.06	5.10
句 容 市	Jurong City	78.81	46.62	5.32	8.40	8.59	9.88
泰 州 市	**Taizhou City**	**484.36**	**269.90**	**3.61**	**70.80**	**115.67**	**24.39**
兴 化 市	Xinghua City	221.02	96.94	1.56	17.35	93.88	11.29
靖 江 市	Jingjiang City	42.73	26.02	0.50	8.56	3.55	4.09
泰 兴 市	Taixing City	101.55	66.75	1.02	24.81	5.66	3.30
宿 迁 市	**Suqian City**	**559.37**	**334.65**	**19.86**	**89.21**	**98.78**	**16.85**
沭 阳 县	Shuyang County	184.80	145.55	5.69	26.39	3.35	3.83
泗 阳 县	Siyang County	117.18	61.94	7.90	17.13	25.53	4.68
泗 洪 县	Sihong County	138.72	58.75	2.01	21.39	53.18	3.40

20－8 农业生产情况(2018年)

Basic Conditions of Agricultural Production (2018)

市 县 City and County		农作物总播种面积(千公顷) Total Sown Area (1000 hectares)	#粮食作物 Grain Grops	农业机械总动力(万千瓦) Total Power of Agricultural Machinery (10000 kW)	农用化肥施用量(万吨) Consumption of Chemical Fertilizer (10000 tons)	农村用电量(亿千瓦时) Electricity Consumed in Rural Area (100 million kW·h)
南京市	**Nanjing City**	**270.05**	**151.38**	**231.62**	**6.71**	**32.08**
无锡市	**Wuxi City**	**145.37**	**84.34**	**96.33**	**4.89**	**422.58**
江阴市	Jiangyin City	34.75	19.94	26.66	1.28	182.26
宜兴市	Yixing City	82.26	55.17	48.26	2.26	87.30
徐州市	**Xuzhou City**	**1178.48**	**765.66**	**736.85**	**56.59**	**69.96**
丰县	Fengxian County	153.44	98.43	83.93	8.02	5.69
沛县	Peixian County	157.75	99.27	104.60	6.97	7.16
睢宁县	Suining County	186.78	146.42	120.65	11.32	9.42
新沂市	Xinyi City	192.73	104.50	124.03	7.60	4.37
邳州市	Pizhou City	229.08	123.69	128.44	10.71	16.49
常州市	**Changzhou City**	**181.19**	**109.51**	**143.71**	**5.54**	**169.43**
溧阳市	Liyang City	80.19	61.96	55.91	1.91	59.52
苏州市	**Suzhou City**	**217.79**	**124.47**	**148.07**	**6.44**	**599.54**
常熟市	Changshu City	58.93	33.06	31.70	2.18	79.89
张家港市	Zhangjiagang City	52.32	33.56	30.15	1.06	123.77
昆山市	Kunshan City	19.55	12.62	17.93	0.69	109.73
太仓市	Taicang City	37.25	18.94	21.12	0.83	59.58
南通市	**Nantong City**	**784.63**	**535.36**	**413.93**	**21.16**	**185.65**
如东县	Rudong County	167.16	140.86	94.56	3.97	22.83
启东市	Qidong City	132.12	81.24	63.36	3.14	12.34
如皋市	Rugao City	144.14	101.46	87.54	2.96	45.25
海门市	Haimen City	110.65	50.94	39.48	3.98	27.67
海安市	Haian City	102.15	79.39	69.96	4.23	26.84
连云港市	**Lianyungang City**	**623.95**	**505.77**	**616.02**	**32.43**	**33.01**
东海县	Donghai County	204.15	163.08	163.82	6.55	10.83
灌云县	Guanyun County	143.44	120.03	128.95	9.56	6.45
灌南县	Guannan County	108.03	86.70	132.21	4.38	2.87

市 县 City and County		农作物总播种面积（千公顷）Total Sown Area (1000 hectares)	#粮食作物 Grain Grops	农业机械总动力（万千瓦）Total Power of Agricultural Machinery (10000 kW)	农用化肥施用量（万吨）Consumption of Chemical Fertilizer (10000 tons)	农村用电量（亿千瓦时）Electricity Consumed in Rural Area (100 million kW·h)
淮 安 市	**Huaian City**	**804.08**	**681.06**	**634.92**	**34.28**	**17.26**
涟 水 县	Lianshui County	170.22	138.78	126.15	5.72	2.35
盱 眙 县	Xuyi County	165.47	149.98	127.10	5.36	3.96
金 湖 县	Jinhu County	81.85	75.41	80.50	2.59	2.49
盐 城 市	**Yancheng City**	**1365.78**	**983.15**	**703.79**	**48.91**	**83.13**
响 水 县	Xiangshui County	114.71	85.20	76.86	4.54	2.83
滨 海 县	Binhai County	161.71	129.12	89.36	6.77	9.98
阜 宁 县	Funing County	166.64	125.65	85.77	3.64	6.89
射 阳 县	Sheyang County	195.57	155.53	106.83	9.07	9.80
建 湖 县	Jianhu County	110.58	96.55	65.76	3.20	10.31
东 台 市	Dongtai City	243.89	146.64	97.86	4.98	17.01
扬 州 市	**Yangzhou City**	**476.54**	**396.09**	**278.31**	**18.35**	**60.79**
宝 应 县	Baoying County	132.53	114.75	60.96	3.53	12.02
仪 征 市	Yizheng City	49.00	39.22	41.72	1.17	7.80
高 邮 市	Gaoyou City	136.34	116.50	73.52	4.44	11.89
镇 江 市	**Zhenjiang City**	**200.93**	**153.30**	**149.50**	**4.94**	**75.92**
丹 阳 市	Danyang City	76.18	65.01	38.25	1.42	48.01
扬 中 市	Yangzhong City	15.99	10.73	14.03	0.34	10.92
句 容 市	Jurong City	62.84	42.65	57.61	1.98	7.00
泰 州 市	**Taizhou City**	**530.22**	**385.99**	**284.02**	**15.30**	**134.58**
兴 化 市	Xinghua City	206.16	166.36	124.58	6.19	41.82
靖 江 市	Jingjiang City	50.27	40.09	27.93	1.82	14.29
泰 兴 市	Taixing City	131.35	85.76	62.95	2.72	44.46
宿 迁 市	**Suqian City**	**741.48**	**598.76**	**605.18**	**36.58**	**48.91**
沭 阳 县	Shuyang County	253.25	184.69	214.30	14.35	24.89
泗 阳 县	Siyang County	118.46	95.43	106.19	3.60	5.94
泗 洪 县	Sihong County	198.49	175.55	162.40	9.68	4.47

20－9 农产品产量(2018年)
Output of Agricultural Products (2018)

单位:万吨 (10000 tons)

市 县	City and County	粮食产量 Grain	油料产量 Oil-bearing Crops	棉花产量(吨) Cotton (ton)	肉类总产量 Meat	#猪牛羊肉 Pork, Beef and Mutton	水产品产量 Aquatic Products
南京市	**Nanjing City**	**106.92**	**3.34**	**1418**	**4.86**	**2.69**	**16.60**
无锡市	**Wuxi City**	**56.80**	**0.48**		**2.00**	**1.46**	**12.23**
江阴市	Jiangyin City	13.06	0.12		0.47	0.35	2.59
宜兴市	Yixing City	37.71	0.33		1.25	0.88	8.18
徐州市	**Xuzhou City**	**484.48**	**12.32**	**10317**	**69.90**	**38.77**	**16.87**
丰县	Fengxian County	55.18	0.42	5616	6.52	4.83	0.29
沛县	Peixian County	63.12	0.29	2176	13.54	4.98	1.82
睢宁县	Suining County	93.74	3.03	502	8.83	5.88	2.23
新沂市	Xinyi City	70.44	6.90		10.87	6.99	5.88
邳州市	Pizhou City	80.69	1.02	408	15.78	6.72	2.53
常州市	**Changzhou City**	**78.15**	**1.57**	**166**	**8.28**	**4.14**	**14.01**
溧阳市	Liyang City	45.57	1.13	166	2.13	1.11	4.61
苏州市	**Suzhou City**	**87.92**	**0.59**	**139**	**3.85**	**2.62**	**19.56**
常熟市	Changshu City	22.96	0.19	50	0.65	0.59	2.51
张家港市	Zhangjiagang City	22.60	0.21	17	0.56	0.44	1.33
昆山市	Kunshan City	9.25	0.05	22	0.04	0.02	2.94
太仓市	Taicang City	13.19	0.13	50	1.55	0.70	1.19
南通市	**Nantong City**	**336.90**	**20.89**	**7860**	**45.61**	**27.34**	**81.13**
如东县	Rudong County	97.92	2.42	1312	10.81	6.34	30.24
启东市	Qidong City	32.10	5.50	1402	5.40	2.64	33.12
如皋市	Rugao City	67.26	2.36	41	12.47	7.36	2.59
海门市	Haimen City	24.62	5.07	4752	3.97	1.51	5.08
海安市	Haian City	61.85	0.99		7.77	5.72	4.59
连云港市	**Lianyungang City**	**364.03**	**8.35**	**80**	**22.85**	**17.87**	**72.85**
东海县	Donghai County	116.32	3.53		5.91	4.68	6.84
灌云县	Guanyun County	86.87	0.06		4.87	4.27	5.62
灌南县	Guannan County	63.59	0.10		3.35	3.21	3.89

20－9 续 表 Continued

单位:万吨 (10000 tons)

市 县 City and County		粮食产量 Grain	油料产量 Oil-bearing Crops	棉花产量（吨） Cotton (ton)	肉类总产量 Meat	#猪牛羊肉 Pork, Beef and Mutton	水产品产量 Aquatic Products
淮安市	**Huaian City**	**482.26**	**5.57**	**68**	**24.05**	**14.16**	**26.10**
涟水县	Lianshui County	93.25	2.62		4.29	3.05	1.70
盱眙县	Xuyi County	103.82	0.68	68	5.97	3.39	8.12
金湖县	Jinhu County	56.48	0.43		1.09	0.47	4.49
盐城市	**Yancheng City**	**704.31**	**13.10**	**800**	**73.80**	**54.05**	**119.75**
响水县	Xiangshui County	60.17	1.12		5.12	4.52	6.73
滨海县	Binhai County	96.46	1.67	140	8.72	8.15	9.92
阜宁县	Funing County	94.26	1.08		15.43	11.71	7.45
射阳县	Sheyang County	112.61	0.76	460	7.92	5.50	22.49
建湖县	Jianhu County	71.50	1.13	50	5.38	3.56	10.34
东台市	Dongtai City	100.05	3.23	150	14.10	8.93	18.51
扬州市	**Yangzhou City**	**287.36**	**3.88**	**62**	**16.07**	**8.95**	**39.61**
宝应县	Baoying County	86.88	0.82		3.79	2.51	14.80
仪征市	Yizheng City	27.49	0.41	18	1.92	0.99	0.75
高邮市	Gaoyou City	84.88	1.20		5.00	2.63	16.90
镇江市	**Zhenjiang City**	**107.30**	**3.25**	**643**	**6.80**	**4.50**	**9.57**
丹阳市	Danyang City	46.13	0.60		2.76	1.53	4.12
扬中市	Yangzhong City	7.86	0.10		0.64	0.52	0.80
句容市	Jurong City	29.30	1.95	619	1.28	0.96	2.65
泰州市	**Taizhou City**	**287.11**	**8.73**	**472**	**23.88**	**19.87**	**38.92**
兴化市	Xinghua City	126.79	2.43	314	5.20	3.77	29.80
靖江市	Jingjiang City	29.05	0.35		3.05	2.75	1.00
泰兴市	Taixing City	63.17	3.30		8.35	7.60	2.44
宿迁市	**Suqian City**	**401.02**	**3.96**	**477**	**27.99**	**18.00**	**26.16**
沭阳县	Shuyang County	127.12	1.49		8.60	6.55	1.82
泗阳县	Siyang County	62.69	0.69	12	4.45	3.60	8.38
泗洪县	Sihong County	113.53	1.44	444	5.59	4.18	9.80

20－10　规模以上工业企业主要经济指标(2018 年)

Major Economic Indicators of above Designated Size Industrial Enterprises (2018)

单位:亿元　　(100 million yuan)

市　县	City and County	资产合计 Total Assets	负债合计 Total Liabilities	主营业务收入 Major Business Revenue	主营业务成本 Cost of Principle Business	利润总额 Total Profits	年平均用工人数(万人) The Average Number of Employment (10000 persons)
南京市	**Nanjing City**	**12632.89**	**6680.30**	**11945.91**	**9645.12**	**894.96**	**61.45**
无锡市	**Wuxi City**	**17028.44**	**8827.90**	**16576.71**	**14194.75**	**1204.94**	**114.95**
江阴市	Jiangyin City	6532.84	3728.33	5735.76	4963.84	458.88	38.69
宜兴市	Yixing City	2461.21	1417.89	2920.50	2470.64	240.53	14.97
徐州市	**Xuzhou City**	**6216.03**	**3288.97**	**5030.28**	**4095.55**	**292.71**	**45.19**
丰县	Fengxian County	192.23	119.06	325.46	294.37	12.49	3.25
沛县	Peixian County	237.13	135.61	284.60	258.82	11.26	4.20
睢宁县	Suining County	192.98	92.48	292.45	251.30	22.20	3.92
新沂市	Xinyi City	374.03	166.84	388.85	337.43	27.80	4.37
邳州市	Pizhou City	546.37	185.05	438.29	394.11	30.01	5.64
常州市	**Changzhou City**	**9670.52**	**5424.17**	**11394.03**	**9810.25**	**726.26**	**80.29**
溧阳市	Liyang City	1173.55	804.19	1259.27	1074.44	87.86	7.02
苏州市	**Suzhou City**	**32073.74**	**16784.21**	**33840.03**	**29115.78**	**2034.08**	**275.48**
常熟市	Changshu City	4245.12	2340.18	3826.12	3288.94	220.36	29.63
张家港市	Zhangjiagang City	5126.75	2826.10	4987.55	4295.87	378.63	25.33
昆山市	Kunshan City	6666.05	3480.80	8493.91	7545.74	389.44	78.43
太仓市	Taicang City	2211.48	1166.43	2312.67	1935.40	157.30	18.56
南通市	**Nantong City**	**9812.43**	**4713.64**	**14029.55**	**12023.81**	**1165.55**	**88.40**
如东县	Rudong County	1262.10	561.50	1991.87	1724.32	159.34	10.23
启东市	Qidong City	1544.08	738.58	1774.64	1462.08	184.87	12.60
如皋市	Rugao City	1120.17	609.42	1751.06	1548.29	110.42	14.56
海门市	Haimen City	1103.23	539.11	2109.24	1750.32	262.11	10.87
海安市	Haian City	1552.42	720.00	2432.85	2118.03	173.62	13.14
连云港市	**Lianyungang City**	**3481.03**	**1957.80**	**2493.70**	**1814.33**	**230.47**	**20.67**
东海县	Donghai County	236.26	96.36	178.90	156.79	10.01	3.01
灌云县	Guanyun County	111.24	67.80	64.86	56.01	-2.06	1.09
灌南县	Guannan County	242.41	144.64	281.18	247.02	8.94	2.51

单位:亿元 (100 million yuan)

市 县	City and County	资产合计 Total Assets	负债合计 Total Liabilities	主营业务收入 Major Business Revenue	主营业务成本 Cost of Principle Business	利润总额 Total Profits	年平均用工人数(万人) The Average Number of Employment (10000 persons)
淮安市	**Huaian City**	**2597.38**	**1270.08**	**3866.77**	**3268.32**	**213.40**	**28.67**
涟水县	Lianshui County	265.17	111.46	427.99	351.85	47.42	4.86
盱眙县	Xuyi County	225.60	140.63	527.01	473.34	24.28	3.59
金湖县	Jinhu County	264.36	166.36	268.95	229.31	14.92	2.88
盐城市	**Yancheng City**	**5150.22**	**3035.72**	**5815.97**	**5070.18**	**298.31**	**43.45**
响水县	Xiangshui County	637.50	439.00	751.97	685.36	68.12	1.94
滨海县	Binhai County	493.56	301.17	341.98	273.80	25.59	4.21
阜宁县	Funing County	350.94	202.78	437.61	392.57	21.18	6.08
射阳县	Sheyang County	372.48	205.15	515.21	433.25	23.78	2.88
建湖县	Jianhu County	341.10	151.50	505.54	422.70	32.74	5.08
东台市	Dongtai City	656.56	397.40	881.00	790.30	48.25	5.78
扬州市	**Yangzhou City**	**4898.00**	**2531.34**	**6803.15**	**5896.95**	**424.88**	**52.54**
宝应县	Baoying County	824.56	485.78	1510.65	1327.06	81.81	10.10
仪征市	Yizheng City	772.44	387.70	1061.81	905.18	113.02	6.11
高邮市	Gaoyou City	635.92	293.60	1084.80	939.66	68.05	9.20
镇江市	**Zhenjiang City**	**5019.13**	**2765.09**	**4162.10**	**3570.02**	**233.36**	**34.49**
丹阳市	Danyang City	1326.54	783.47	1056.11	858.05	102.46	14.44
扬中市	Yangzhong City	947.64	528.28	657.80	548.79	37.79	5.64
句容市	Jurong City	706.86	385.63	551.40	472.45	35.98	5.11
泰州市	**Taizhou City**	**5948.08**	**3122.21**	**6979.70**	**5636.39**	**455.51**	**47.77**
兴化市	Xinghua City	522.27	256.27	723.12	632.99	33.66	5.34
靖江市	Jingjiang City	1457.74	704.01	1238.59	1074.89	99.29	9.21
泰兴市	Taixing City	1164.05	623.72	1327.69	1076.83	107.91	10.30
宿迁市	**Suqian City**	**2470.17**	**1136.61**	**2188.65**	**1743.46**	**271.83**	**30.11**
沭阳县	Shuyang County	505.96	207.47	670.46	556.09	79.25	8.25
泗阳县	Siyang County	213.77	112.66	252.36	215.81	21.78	3.96
泗洪县	Sihong County	252.41	150.20	213.97	177.76	24.81	3.69

20-11 交 通 运 输（2018 年）
Transportation（2018）

市 县 City and County		公路里程（公里） Total Length of Highway (km)	#等级公路 Grade Highway	公路客运量（万人） Passenger Traffic of Highways (10000 persons)	公路货运量（万吨） Freight Traffic of Highways (10000 tons)	民用汽车拥有量（万辆） Civil Vehicles Owned (10000 units)	#私人汽车 Private Vehicles
南京市	**Nanjing City**	**10632**	**10571**	**8278**	**14995**	**258.24**	**207.25**
无锡市	**Wuxi City**	**7576**	**7576**	**5179**	**15761**	**192.17**	**161.42**
江阴市	Jiangyin City	2433	2433	406	3228	48.34	42.47
宜兴市	Yixing City	2402	2402	602	1627	29.95	26.22
徐州市	**Xuzhou City**	**16611**	**15798**	**9960**	**21164**	**136.64**	**125.53**
丰县	Fengxian County	1858	1850	453	1904	12.03	11.55
沛县	Peixian County	2410	2410	374	2715	12.64	11.85
睢宁县	Suining County	2511	2407	877	2232	13.83	12.97
新沂市	Xinyi City	2711	2388	699	1444	8.76	8.10
邳州市	Pizhou City	3210	2907	641	2847	14.90	14.25
常州市	**Changzhou City**	**9331**	**9331**	**4087**	**13068**	**133.76**	**113.41**
溧阳市	Liyang City	2624	2624	771	2985	16.16	14.46
苏州市	**Suzhou City**	**12173**	**12173**	**29123**	**14787**	**387.02**	**329.72**
常熟市	Changshu City	2501	2501	3253	1536	47.27	41.69
张家港市	Zhangjiagang City	1619	1619	2886	1917	40.16	34.57
昆山市	Kunshan City	1692	1692	3733	1615	64.32	52.95
太仓市	Taicang City	1341	1341	2578	1562	23.97	20.15
南通市	**Nantong City**	**19005**	**19005**	**6807**	**13746**	**167.27**	**149.31**
如东县	Rudong County	2867	2867	564	1587	18.93	17.67
启东市	Qidong City	3652	3652	1002	647	19.80	18.58
如皋市	Rugao City	3458	3458	453	2545	26.59	24.46
海门市	Haimen City	2563	2563	402	923	20.44	19.00
海安市	Haian City	2466	2466	447	2139	15.81	14.25
连云港市	**Lianyungang City**	**11909**	**11909**	**4290**	**9965**	**63.58**	**58.80**
东海县	Donghai County	2858	2858	880	2080	14.34	13.67
灌云县	Guanyun County	2607	2607	378	1252	9.29	8.84
灌南县	Guannan County	1823	1823	560	547	6.20	5.85

市 县 City and County		公路里程（公里） Total Length of Highway (km)	#等级公路 Grade Highway	公路客运量（万人） Passenger Traffic of Highways (10000 persons)	公路货运量（万吨） Freight Traffic of Highways (10000 tons)	民用汽车拥有量（万辆） Civil Vehicles Owned (10000 units)	#私人汽车 Private Vehicles
淮 安 市	**Huaian City**	**13436**	**12845**	**5995**	**6671**	**57.80**	**52.01**
涟 水 县	Lianshui County	2586	2356	1352	594	9.66	8.94
盱 眙 县	Xuyi County	2733	2732	1429	1769	6.02	5.34
金 湖 县	Jinhu County	1506	1410	1162	1487	3.41	3.01
盐 城 市	**Yancheng City**	**20550**	**20333**	**6428**	**5885**	**96.58**	**87.30**
响 水 县	Xiangshui County	1804	1804	302	275	5.53	5.08
滨 海 县	Binhai County	2272	2264	812	1128	10.04	9.18
阜 宁 县	Funing County	1972	1970	401	255	8.73	8.15
射 阳 县	Sheyang County	2605	2411	641	825	10.71	10.03
建 湖 县	Jianhu County	1826	1816	666	272	7.49	6.79
东 台 市	Dongtai City	3316	3316	641	1074	12.58	11.61
扬 州 市	**Yangzhou City**	**9730**	**9363**	**3094**	**7634**	**77.10**	**68.43**
宝 应 县	Baoying County	1971	1863	394	608	7.92	7.32
仪 征 市	Yizheng City	1578	1578	282	1131	9.52	8.60
高 邮 市	Gaoyou City	2188	2154	692	989	9.57	8.60
镇 江 市	**Zhenjiang City**	**7255**	**7255**	**2965**	**8058**	**61.18**	**53.78**
丹 阳 市	Danyang City	2267	2267	631	1835	19.66	17.71
扬 中 市	Yangzhong City	837	837	299	490	6.67	5.91
句 容 市	Jurong City	2557	2557	528	1209	6.66	6.02
泰 州 市	**Taizhou City**	**9954**	**9953**	**6057**	**3041**	**76.82**	**69.00**
兴 化 市	Xinghua City	2890	2889	1246	478	14.15	13.32
靖 江 市	Jingjiang City	1359	1359	968	363	14.41	12.85
泰 兴 市	Taixing City	2236	2236	1640	660	15.67	14.27
宿 迁 市	**Suqian City**	**10565**	**10183**	**4762**	**4476**	**61.66**	**61.66**
沭 阳 县	Shuyang County	2878	2625			18.28	10.31
泗 阳 县	Siyang County	1751	1726			9.75	5.89
泗 洪 县	Sihong County	2388	2388			8.38	5.00

20－12 邮电、电力（2018年）

Postal and Telecommunications, Power Services (2018)

市县 City and County		邮电业务总量（亿元）Post & Telecommunication Services (100 million yuan)	固定电话用户（万户）Telephone Subscribers (10000 subscribers)	移动电话用户（万户）Number of Mobile Telephones Subscribers at Year-end (10000 subscribers)	互联网宽带接入用户（万户）International Exchange Network Users (10000 subscribers)	全年用电量（亿千瓦时）Total Consumption of Electricity of the Year (100 million kW·h)	#工业用电 Consumption of Electricity for Industrial Use
南京市	**Nanjing City**	**847.75**	**201.17**	**1284.06**	**451.98**	**606.40**	**331.27**
无锡市	**Wuxi City**	**613.43**	**137.82**	**964.07**	**333.18**	**732.81**	**551.49**
江阴市	Jiangyin City	74.35	26.48	216.29	69.67	277.96	240.84
宜兴市	Yixing City	36.26	20.95	151.60	49.67	104.94	78.00
徐州市	**Xuzhou City**	**446.90**	**94.55**	**903.74**	**290.45**	**352.05**	**219.91**
丰县	Fengxian County	33.89	6.55	81.57	24.78	24.10	13.38
沛县	Peixian County	39.85	7.54	99.81	29.15	40.86	27.97
睢宁县	Suining County	48.09	9.10	97.30	29.59	23.27	9.79
新沂市	Xinyi City	50.31	7.59	88.43	27.65	34.49	23.78
邳州市	Pizhou City	49.17	9.18	123.42	36.24	30.56	14.42
常州市	**Changzhou City**	**391.74**	**102.50**	**653.93**	**236.76**	**489.72**	**373.05**
溧阳市	Liyang City	10.75	15.91	87.47	18.52	94.31	79.13
苏州市	**Suzhou City**	**1376.56**	**255.51**	**1783.19**	**588.15**	**1562.49**	**1227.77**
常熟市	Changshu City	67.00	31.84	206.31	75.70	191.76	157.24
张家港市	Zhangjiagang City	14.00	23.55	175.72	70.93	313.83	284.66
昆山市	Kunshan City	48.00	40.66	309.14	116.49	253.47	194.47
太仓市	Taicang City	11.00	15.48	106.53	39.39	107.24	86.84
南通市	**Nantong City**	**454.08**	**135.54**	**813.49**	**292.05**	**433.31**	**295.86**
如东县	Rudong County	15.69	17.28	91.80	31.37	59.08	43.27
启东市	Qidong City	15.53	25.44	101.05	36.83	37.73	22.61
如皋市	Rugao City	19.49	22.37	128.48	43.53	60.32	40.32
海门市	Haimen City	32.97	20.89	105.98	38.34	45.06	29.44
海安市	Haian City	17.66	21.17	88.22	36.01	52.85	39.40
连云港市	**Lianyungang City**	**231.65**	**57.80**	**447.53**	**150.90**	**178.51**	**106.52**
东海县	Donghai County	8.52	8.11	94.66	31.29	26.83	14.33
灌云县	Guanyun County	5.55	7.09	68.00	20.63	13.56	5.00
灌南县	Guannan County	2.14	5.58	54.58	16.68	28.19	20.07

市 县 City and County		邮电业务总量（亿元）Post & Telecommunication Services (100 million yuan)	固定电话用户（万户）Telephone Subscribers (10000 subscribers)	移动电话年末用户（万户）Number of Mobile Telephones Subscribers at Year-end (10000 subscribers)	互联网宽带接入用户（万户）International Exchange Network Users (10000 subscribers)	全年用电量（亿千瓦时）Total Consumption of Electricity of the Year (100 million kW·h)	#工业用电 Consumption of Electricity for Industrial Use
淮安市	**Huaian City**	**227.12**	**41.67**	**458.63**	**151.61**	**186.59**	**115.97**
涟水县	Lianshui County	1.05	4.45	74.44	20.78	18.69	9.26
盱眙县	Xuyi County	0.67	3.18	58.00	18.47	19.49	10.23
金湖县	Jinhu County	0.56	2.88	23.68	11.14	13.14	8.37
盐城市	**Yancheng City**	**313.23**	**69.11**	**685.78**	**228.56**	**320.93**	**212.54**
响水县	Xiangshui County	4.39	2.75	43.61	14.51	46.14	38.84
滨海县	Binhai County	8.39	6.60	70.19	21.18	29.16	18.60
阜宁县	Funing County	7.61	5.21	70.08	21.78	26.16	15.82
射阳县	Sheyang County	8.16	6.11	78.68	22.28	25.62	14.47
建湖县	Jianhu County	7.50	5.30	65.18	20.81	24.11	14.59
东台市	Dongtai City	11.09	9.98	90.62	29.98	42.28	28.77
扬州市	**Yangzhou City**	**268.35**	**94.63**	**508.49**	**181.10**	**248.99**	**165.64**
宝应县	Baoying County	30.25	12.41	64.65	20.82	23.21	13.63
仪征市	Yizheng City	30.34	12.43	62.43	20.24	45.74	37.57
高邮市	Gaoyou City	34.83	14.50	73.90	24.70	40.74	29.11
镇江市	**Zhenjiang City**	**185.18**	**60.32**	**355.61**	**133.31**	**255.24**	**183.42**
丹阳市	Danyang City	53.83	14.64	100.81	35.15	84.92	65.88
扬中市	Yangzhong City	18.77	7.18	38.84	14.52	19.30	12.85
句容市	Jurong City	27.67	9.34	56.15	20.55	30.76	16.99
泰州市	**Taizhou City**	**229.66**	**79.90**	**470.90**	**166.11**	**286.14**	**205.74**
兴化市	Xinghua City	59.22	15.19	104.02	37.55	67.48	51.65
靖江市	Jingjiang City	43.80	15.73	76.86	29.45	43.58	30.28
泰兴市	Taixing City	55.64	20.03	103.16	40.22	68.83	52.07
宿迁市	**Suqian City**	**259.47**	**33.53**	**464.57**	**147.71**	**192.05**	**123.84**
沭阳县	Shuyang County	94.86	10.87	148.04	44.04	54.51	35.19
泗阳县	Siyang County	36.11	6.59	79.78	24.19	28.88	17.02
泗洪县	Sihong County	35.94	4.15	85.00	24.53	24.12	12.20

20－13 房地产开发投资主要指标（2018年）
Major Indicaotrs of Real Estate Investment (2018)

单位：亿元 (100 million yuan)

市 县 City and County		房地产开发投资 Investment in Fixed Assers	#住宅 Resdential Building	商品房销售面积（万平方米） Floor Space of Commercial House Sold (10000 sq. m)	#住宅 Resdential Building	商品房待售面积（万平方米） Floor Space of Commercial House for Sales (10000 sq. m)	#住宅 Resdential Building
南京市	**Nanjing City**	**2354.17**	**1574.64**	**1220.73**	**982.65**	**352.49**	**196.92**
无锡市	**Wuxi City**	**1314.86**	**1004.57**	**1378.35**	**1255.54**	**758.02**	**342.54**
江阴市	Jiangyin City	223.90	194.62	330.19	288.27	160.48	104.53
宜兴市	Yixing City	100.22	84.15	136.36	120.86	161.25	80.87
徐州市	**Xuzhou City**	**716.43**	**585.31**	**1253.45**	**1160.67**	**135.07**	**90.93**
丰 县	Fengxian County	32.09	29.62	88.58	84.32	24.11	17.90
沛 县	Peixian County	61.83	41.62	120.82	109.08	2.10	1.03
睢宁县	Suining County	47.44	37.45	142.23	127.42	6.47	3.78
新沂市	Xinyi City	46.27	41.20	135.57	130.56	4.70	3.99
邳州市	Pizhou City	73.35	62.64	174.88	156.92	17.51	15.89
常州市	**Changzhou City**	**595.89**	**460.05**	**815.01**	**673.23**	**412.91**	**104.60**
溧阳市	Liyang City	60.86	53.31	117.21	112.32	46.87	22.77
苏州市	**Suzhou City**	**2557.91**	**2111.60**	**1994.13**	**1788.30**	**789.03**	**320.95**
常熟市	Changshu City	220.66	182.86	169.31	147.05	48.42	10.01
张家港市	Zhangjiagang City	211.70	183.41	280.75	252.60	84.72	21.60
昆山市	Kunshan City	397.01	321.80	397.40	359.14	155.86	80.18
太仓市	Taicang City	160.72	136.16	127.86	109.79	51.79	29.06
南通市	**Nantong City**	**759.52**	**540.05**	**1731.53**	**1570.45**	**809.00**	**447.00**
如东县	Rudong County	31.95	26.18	105.00	100.00	13.00	10.00
启东市	Qidong City	86.79	71.52	285.00	277.00	18.00	8.00
如皋市	Rugao City	50.01	31.47	157.00	129.00	127.00	49.00
海门市	Haimen City	67.19	47.32	152.00	140.00	70.00	44.00
海安市	Haian City	53.81	31.57	184.00	156.00	66.00	32.00
连云港市	**Lianyungang City**	341.52	283.64	562.62	532.47	135.77	87.96
东海县	Donghai County	25.23	23.02	73.90	64.85	4.29	2.03
灌云县	Guanyun County	19.21	14.67	40.66	39.31	9.14	8.13
灌南县	Guannan County	24.04	20.93	104.91	101.70	20.52	16.10

单位:亿元 (100 million yuan)

市 县 City and County		房地产开发投资 Investment in Fixed Assers	#住宅 Resdential Building	商品销售面积(万平方米) Floor Space of Commercial House Sold (10000 sq. m)	#住宅 Resdential Building	商品房待售面积(万平方米) Floor Space of Commercial House for Sales (10000 sq. m)	#住宅 Resdential Building
淮安市	**Huaian City**	**312.02**	**226.69**	**937.25**	**830.94**	**932.97**	**490.31**
涟水县	Lianshui County	17.69	14.94	134.50	111.20	75.87	36.18
盱眙县	Xuyi County	30.01	24.03	109.50	100.40	89.71	40.91
金湖县	Jinhu County	9.90	7.62	42.50	34.52	52.64	36.92
盐城市	**Yancheng City**	**454.94**	**360.56**	**915.09**	**811.45**	**351.98**	**226.99**
响水县	Xiangshui County	9.95	9.20	30.74	29.71	1.85	0.50
滨海县	Binhai County	25.73	21.90	61.33	55.13	3.84	3.63
阜宁县	Funing County	37.14	30.90	92.67	87.47	42.94	36.72
射阳县	Sheyang County	43.26	40.34	56.34	52.83	57.36	42.71
建湖县	Jianhu County	16.80	11.93	58.38	50.89	52.39	26.32
东台市	Dongtai City	54.18	34.49	109.06	87.07	33.71	20.79
扬州市	**Yangzhou City**	**620.98**	**455.87**	**746.17**	**665.41**	**196.00**	**73.00**
宝应县	Baoying County	33.39	27.30	78.67	77.83	8.00	2.00
仪征市	Yizheng City	74.25	54.47	76.29	68.02	6.00	3.00
高邮市	Gaoyou City	68.90	52.60	118.81	102.67	28.00	18.00
镇江市	**Zhenjiang City**	**355.99**	**281.22**	**512.74**	**471.75**	**294.81**	**170.20**
丹阳市	Danyang City	75.50	51.72	110.54	91.24	120.18	66.87
扬中市	Yangzhong City	20.32	18.64	46.99	44.07	45.71	26.80
句容市	Jurong City	92.99	75.59	160.20	154.32	32.37	24.30
泰州市	**Taizhou City**	**345.07**	**275.37**	**694.26**	**629.12**	**283.36**	**158.88**
兴化市	Xinghua City	32.12	19.10	67.60	58.91	15.05	10.32
靖江市	Jingjiang City	57.11	46.22	89.35	80.11	30.91	5.24
泰兴市	Taixing City	114.21	97.26	194.40	183.24	56.03	37.84
宿迁市	**Suqian City**	**253.04**	**206.61**	**722.88**	**668.70**	**226.84**	**102.28**
沭阳县	Shuyang County	55.06	46.09	182.24	161.91	97.26	35.09
泗阳县	Siyang County	52.82	48.86	149.92	143.86	25.66	14.64
泗洪县	Sihong County	37.75	30.33	112.95	102.73	16.12	12.76

20－14 国内贸易、对外经济(2018 年)

Domestic and Foreign Trade, Foreign Economy (2018)

市 县 City and County		社会消费品零售总额(亿元) Total Retail of Consumer Goods (100 million Yuan)	#批发和零售业 Wholesale and Retail Trade	进出口总额(亿美元) Total Imports and Exports (USD 100 million)	出 口 Exports	进口 Imports	实际使用外资(亿美元) Actual Use of Foreign Capital (USD 100 million)
南 京 市	**Nanjing City**	**5832.46**	**5262.20**	**654.91**	**378.79**	**276.12**	**38.53**
无 锡 市	**Wuxi City**	**3672.70**	**3382.76**	**934.44**	**567.81**	**366.63**	**36.91**
江 阴 市	Jiangyin City	949.29	895.18	242.46	142.64	99.82	9.51
宜 兴 市	Yixing City	667.27	636.63	42.34	34.33	8.01	4.63
徐 州 市	**Xuzhou City**	**3102.00**	**2849.06**	**117.44**	**97.08**	**20.36**	**18.98**
丰 县	Fengxian County	180.78	166.86	8.14	3.73	4.40	0.80
沛 县	Peixian County	294.46	270.23	6.83	6.52	0.31	1.94
睢 宁 县	Suining County	215.32	199.84	7.71	6.78	0.93	1.37
新 沂 市	Xinyi City	209.48	189.37	12.38	11.09	1.28	2.72
邳 州 市	Pizhou City	303.56	281.86	15.30	14.41	0.88	2.34
常 州 市	**Changzhou City**	**2613.19**	**2357.28**	**343.86**	**250.72**	**93.14**	**24.22**
溧 阳 市	Liyang City	356.82	318.48	11.47	9.98	1.49	3.01
苏 州 市	**Suzhou City**	**5746.90**	**5034.59**	**3541.14**	**2068.31**	**1472.83**	**45.25**
常 熟 市	Changshu City	824.92	750.07	252.59	172.98	79.61	4.87
张家港市	Zhangjiagang City	605.87	508.60	364.67	175.18	189.49	3.95
昆 山 市	Kunshan City	1021.77	832.07	891.40	580.52	310.87	7.27
太 仓 市	Taicang City	338.44	290.51	145.70	67.31	78.39	4.40
南 通 市	**Nantong City**	**3088.77**	**2817.63**	**385.91**	**254.53**	**131.38**	**25.81**
如 东 县	Rudong County	377.66	357.34	61.00	20.63	40.37	3.01
启 东 市	Qidong City	376.94	342.36	29.57	23.09	6.48	3.08
如 皋 市	Rugao City	404.27	358.01	37.15	30.26	6.88	4.57
海 门 市	Haimen City	399.36	365.78	30.50	26.78	3.72	3.26
海 安 市	Haian City	324.93	280.18	18.56	15.31	3.25	3.38
连云港市	**Lianyungang City**	**1121.31**	**958.07**	**95.47**	**41.59**	**53.88**	**6.03**
东 海 县	Donghai County	211.88	177.46	4.73	3.89	0.84	0.99
灌 云 县	Guanyun County	143.49	121.02	2.04	1.84	0.20	0.21
灌 南 县	Guannan County	112.08	93.78	1.96	1.48	0.48	0.83

市 县 City and County		社会消费品零售总额（亿元）Total Retail of Consumer Goods (100 million Yuan)	#批发和零售业 Wholesale and Retail Trade	进出口总额（亿美元）Total Imports and Exports (USD 100 million)	出 口 Exports	进口 Imports	实际使用外资（亿美元）Actual Use of Foreign Capital (USD 100 million)
淮 安 市	**Huaian City**	**1239.66**	**1116.28**	**50.10**	**33.67**	**16.43**	**11.82**
涟 水 县	Lianshui County	143.48	131.77	3.33	2.97	0.36	1.30
盱 眙 县	Xuyi County	134.41	118.47	1.63	1.40	0.23	1.24
金 湖 县	Jinhu County	104.44	92.94	5.44	5.17	0.26	1.35
盐 城 市	**Yancheng City**	**1778.74**	**1579.65**	**95.49**	**60.31**	**35.19**	**9.13**
响 水 县	Xiangshui County	77.69	71.80	6.62	6.01	0.61	0.58
滨 海 县	Binhai County	130.93	117.80	5.46	4.70	0.76	0.55
阜 宁 县	Funing County	134.70	125.44	3.81	3.13	0.69	0.35
射 阳 县	Sheyang County	190.02	168.36	4.73	2.73	2.00	0.61
建 湖 县	Jianhu County	157.14	122.24	3.88	3.69	0.19	0.38
东 台 市	Dongtai City	290.10	258.77	9.52	8.68	0.85	0.90
扬 州 市	**Yangzhou City**	**1557.03**	**1371.94**	**119.93**	**85.42**	**34.51**	**12.20**
宝 应 县	Baoying County	181.72	163.48	11.25	8.83	2.42	0.70
仪 征 市	Yizheng City	129.57	113.54	17.08	6.56	10.52	1.40
高 邮 市	Gaoyou City	191.15	161.57	4.94	4.48	0.46	0.93
镇 江 市	**Zhenjiang City**	**1360.92**	**1174.93**	**118.39**	**79.80**	**38.59**	**8.68**
丹 阳 市	Danyang City	358.74	318.29	32.06	27.83	4.23	1.62
扬 中 市	Yangzhong City	166.52	133.14	7.15	6.23	0.92	1.03
句 容 市	Jurong City	167.54	148.15	6.88	6.00	0.88	1.10
泰 州 市	**Taizhou City**	**1282.87**	**1100.09**	**147.30**	**95.31**	**51.99**	**15.07**
兴 化 市	Xinghua City	203.63	42.42	7.31	7.04	0.27	1.12
靖 江 市	Jingjiang City	204.07	48.31	28.31	20.11	8.21	0.90
泰 兴 市	Taixing City	237.05	65.87	52.06	31.35	20.71	3.69
宿 迁 市	**Suqian City**	**833.82**	**713.67**	**36.01**	**27.17**	**8.84**	**3.77**
沭 阳 县	Shuyang County	233.54	159.42	7.92	7.04	0.88	0.92
泗 阳 县	Siyang County	119.00	106.79	4.88	4.69	0.19	0.56
泗 洪 县	Sihong County	124.67	116.07	2.18	1.71	0.47	0.56

20－15 财政、金融（2018年）

Government Finance, Financial Intermediation (2018)

单位:亿元 (100 million yuan)

市县 City and County		一般公共预算收入 General Public Budget Revenue	#税收收入 Taxes	一般公共预算支出 General Public Budget Expenditure	年末金融机构存款余额 Deposits Balance of Banking Institutions (Year-end)	#住户存款 Household Deposits	年末金融机构贷款余额 Loans Balance of Banking Institutions (Year-end)
南京市	**Nanjing City**	**1470.02**	**1242.49**	**1532.72**	**33740.63**	**6914.84**	**28402.34**
无锡市	**Wuxi City**	**1012.28**	**860.51**	**1055.94**	**15568.68**	**5511.59**	**11971.55**
江阴市	Jiangyin City	254.04	223.01	230.48	3594.67	1250.90	3007.56
宜兴市	Yixing City	120.01	102.05	140.70	2068.53	1085.59	1586.91
徐州市	**Xuzhou City**	**526.21**	**416.77**	**880.86**	**7107.39**	**3604.84**	**4912.47**
丰县	Fengxian County	28.10	23.57	70.00	440.97	292.42	240.44
沛县	Peixian County	56.21	43.99	103.34	554.51	368.13	315.57
睢宁县	Suining County	41.74	32.78	87.19	558.57	338.15	328.21
新沂市	Xinyi City	52.38	41.75	99.50	470.98	267.35	332.88
邳州市	Pizhou City	58.78	45.89	120.77	644.04	417.24	488.14
常州市	**Changzhou City**	**560.33**	**489.38**	**594.82**	**9798.55**	**3841.90**	**7533.42**
溧阳市	Liyang City	66.29	57.99	87.17	1121.24	542.72	899.92
苏州市	**Suzhou City**	**2119.99**	**1929.54**	**1952.71**	**28560.45**	**9168.45**	**26546.23**
常熟市	Changshu City	211.06	184.32	183.12	3279.58	1341.80	2552.14
张家港市	Zhangjiagang City	233.43	210.00	211.99	2928.72	1113.37	2368.85
昆山市	Kunshan City	387.89	356.01	318.49	4674.94	1356.05	3441.40
太仓市	Taicang City	155.06	139.52	132.59	1570.01	593.31	1499.35
南通市	**Nantong City**	**606.19**	**503.98**	**877.18**	**12001.61**	**6287.26**	**8811.69**
如东县	Rudong County	57.55	48.05	119.18	1192.69	698.07	698.82
启东市	Qidong City	72.31	59.64	95.23	1386.69	874.19	943.68
如皋市	Rugao City	70.01	59.20	107.69	1292.72	826.76	883.68
海门市	Haimen City	71.01	56.82	102.71	1515.63	883.29	1066.98
海安市	Haian City	61.71	51.64	112.49	1386.21	785.50	1059.14
连云港市	**Lianyungang City**	**234.31**	**187.45**	**419.57**	**3218.79**	**1420.02**	**2921.36**
东海县	Donghai County	23.00	17.76	66.75	410.40	271.13	333.00
灌云县	Guanyun County	22.33	16.42	56.57	320.06	177.02	244.12
灌南县	Guannan County	22.50	18.63	53.41	270.20	133.24	215.51

20－15 续 表 Continued

单位:亿元 (100 million yuan)

市 县 City and County		一般公共预算收入 General Public Budget Revenue	#税收收入 Taxes	一般公共预算支出 General Public Budget Expenditure	年末金融机构存款余额 Deposits Balance of Banking Institutions (Year-end)	#住户存款 Household Deposits	年末金融机构贷款余额 Loans Balance of Banking Institutions (Year-end)
淮安市	**Huaian City**	**247.27**	**203.49**	**486.77**	**3638.01**	**1605.25**	**3303.44**
涟水县	Lianshui County	21.50	18.46	62.98	392.51	215.31	257.17
盱眙县	Xuyi County	18.01	14.50	54.97	391.86	212.71	319.79
金湖县	Jinhu County	22.03	19.19	40.78	280.71	157.04	236.07
盐城市	**Yancheng City**	**381.00**	**305.06**	**840.08**	**6177.28**	**3171.33**	**4887.74**
响水县	Xiangshui County	25.35	20.54	61.54	229.27	128.56	195.76
滨海县	Binhai County	28.94	22.58	81.00	376.67	227.90	334.95
阜宁县	Funing County	27.70	21.62	86.52	470.49	323.39	278.50
射阳县	Sheyang County	26.36	21.76	85.11	485.94	339.10	346.07
建湖县	Jianhu County	28.32	22.67	87.34	481.12	332.80	339.09
东台市	Dongtai City	56.70	45.70	115.34	827.46	593.29	509.08
扬州市	**Yangzhou City**	**340.03**	**272.11**	**563.39**	**5997.55**	**2860.65**	**4630.51**
宝应县	Baoying County	27.59	22.06	71.76	561.85	328.52	378.10
仪征市	Yizheng City	50.92	44.04	66.03	655.11	331.46	452.44
高邮市	Gaoyou City	36.80	31.80	74.19	637.67	399.83	429.51
镇江市	**Zhenjiang City**	**301.50**	**241.24**	**408.41**	**5042.97**	**2161.07**	**4450.60**
丹阳市	Danyang City	61.40	52.80	91.65	1112.43	659.05	1069.03
扬中市	Yangzhong City	32.77	28.00	42.03	624.92	303.70	489.97
句容市	Jurong City	50.00	44.70	69.80	817.07	353.38	906.04
泰州市	**Taizhou City**	**357.15**	**285.80**	**532.36**	**6119.38**	**2876.63**	**4784.04**
兴化市	Xinghua City	39.41	32.24	105.50	867.99	589.98	559.92
靖江市	Jingjiang City	65.71	54.05	81.15	1023.73	536.82	876.49
泰兴市	Taixing City	74.51	62.69	96.34	1091.14	518.81	840.93
宿迁市	**Suqian City**	**206.20**	**173.20**	**433.54**	**2746.69**	**1344.78**	**2563.61**
沭阳县	Shuyang County	47.00	37.64	109.80	632.53	393.75	552.63
泗阳县	Siyang County	25.46	20.46	67.13	396.36	243.74	426.35
泗洪县	Sihong County	26.03	20.96	74.97	354.11	243.90	363.01

20－16 科技、教育（2018年）
Science, Technology and Education (2018)

市县 City and County		专利申请受理量（件） Applications Accepted (unit)	专利申请受权量（件） Patents Granted (unit)	普通中学在校学生（万人） Regular Secondary Schools Student Enrollment (10000 persons)	小学在校学生（万人） Primary Schools Student Enrollment (10000 persons)	普通中学专任教师（人） Full-time Teachers in Regular Secondary Schools (person)	小学专任教师（人） Full-time Teachers in Primary Schools (person)
南京市	**Nanjing City**	**99020**	**44081**	**24.52**	**42.21**	**24468**	**27542**
无锡市	**Wuxi City**	**62681**	**35255**	**23.29**	**39.84**	**20905**	**21652**
江阴市	Jiangyin City	10065	4881	5.94	9.79	5572	4625
宜兴市	Yixing City	7187	3830	4.19	6.37	4249	3850
徐州市	**Xuzhou City**	**25951**	**11247**	**45.57**	**95.58**	**36253**	**47692**
丰县	Fengxian County	1703	944	4.69	9.50	4576	4645
沛县	Peixian County	1279	431	4.92	11.52	3959	5533
睢宁县	Suining County	2241	1270	5.17	11.31	4206	6210
新沂市	Xinyi City	2433	763	5.73	12.07	3790	4621
邳州市	Pizhou City	1474	720	9.91	19.08	7059	10742
常州市	**Changzhou City**	**41858**	**23334**	**17.90**	**30.45**	**14982**	**15985**
溧阳市	Liyang City	2050	1285	2.75	3.95	2760	2441
苏州市	**Suzhou City**	**135862**	**75837**	**36.05**	**78.13**	**31301**	**41868**
常熟市	Changshu City	8037	4373	4.82	8.21	3947	4867
张家港市	Zhangjiagang City	10958	5658	4.74	8.81	3889	4974
昆山市	Kunshan City	24685	16703	5.74	14.80	4136	7008
太仓市	Taicang City	8399	4182	2.35	4.89	1977	2566
南通市	**Nantong City**	**52799**	**24578**	**24.11**	**34.62**	**24484**	**20793**
如东县	Rudong County	3349	1032	2.39	3.03	2772	2266
启东市	Qidong City	3926	1906	2.84	3.83	3124	2612
如皋市	Rugao City	6776	3707	4.88	6.38	4653	3656
海门市	Haimen City	4804	2965	3.51	4.86	3559	2875
海安市	Haian City	8243	4552	2.68	3.25	3334	2342
连云港市	**Lianyungang City**	**9538**	**5790**	**25.85**	**45.22**	**21911**	**26490**
东海县	Donghai County	1514	1017	6.61	12.37	5671	7370
灌云县	Guanyun County	1090	631	4.28	7.06	3020	3361
灌南县	Guannan County	1053	700	3.57	6.48	3102	4030

市 县 City and County		专利申请受理量（件）Applications Accepted (unit)	专利申请受权量（件）Patents Granted (unit)	普通中学在校学生（万人）Regular Secondary Schools Student Enrollment (10000 persons)	小学在校学生（万人）Primary Schools Student Enrollment (10000 persons)	普通中学专任教师（人）Full-time Teachers in Regular Secondary Schools (person)	小学专任教师（人）Full-time Teachers in Primary Schools (person)
淮 安 市	**Huaian City**	**17644**	**9050**	**24.34**	**35.16**	**21193**	**22563**
涟 水 县	Lianshui County	1364	697	5.25	7.55	4657	3766
盱 眙 县	Xuyi County	1321	754	3.58	5.37	2990	3243
金 湖 县	Jinhu County	1398	802	0.93	1.25	913	979
盐 城 市	**Yancheng City**	**34078**	**15932**	**30.51**	**45.42**	**27870**	**27431**
响 水 县	Xiangshui County	2287	1363	2.86	4.76	2488	3030
滨 海 县	Binhai County	1366	777	4.90	8.00	3645	4515
阜 宁 县	Funing County	3382	1820	3.83	6.91	3227	3904
射 阳 县	Sheyang County	1766	735	3.61	4.60	3034	3006
建 湖 县	Jianhu County	2312	983	2.93	3.76	2831	2464
东 台 市	Dongtai City	3309	1299	2.95	3.61	3524	2527
扬 州 市	**Yangzhou City**	**42792**	**22804**	**17.51**	**21.45**	**16215**	**13369**
宝 应 县	Baoying County	6013	3171	3.17	3.37	2993	2125
仪 征 市	Yizheng City	5258	3350	1.90	2.36	1825	1593
高 邮 市	Gaoyou City	9055	4953	2.45	2.72	2639	1904
镇 江 市	**Zhenjiang City**	**29635**	**15348**	**10.29**	**15.35**	**10115**	**9885**
丹 阳 市	Danyang City	7109	3722	3.53	5.22	3362	3407
扬 中 市	Yangzhong City	5021	2476	1.04	1.49	1078	1045
句 容 市	Jurong City	5395	2022	1.76	2.67	2006	1736
泰 州 市	**Taizhou City**	**35131**	**15633**	**17.48**	**22.89**	**18769**	**13867**
兴 化 市	Xinghua City	4091	1807	4.04	6.93	4175	4055
靖 江 市	Jingjiang City	4290	3761	2.44	2.82	2881	1913
泰 兴 市	Taixing City	8309	1666	4.24	4.83	4935	2955
宿 迁 市	**Suqian City**	**15531**	**8488**	**26.41**	**54.11**	**17920**	**26926**
沭 阳 县	Shuyang County	5183	3420	8.93	18.71	5634	8869
泗 阳 县	Siyang County	2625	893	5.65	9.61	3317	4784
泗 洪 县	Sihong County	995	479	5.03	10.64	3770	5464

20－17 文化、卫生（2018年）
Culture and Public Health（2018）

市县 City and County		公共图书馆（个）Public Libraries (unit)	公共图书馆图书藏量（千册）Total Collections of Public Libraries (1000 volumes)	卫生机构数（个）Number of Health Institutions (unit)	卫生机构床位数（张）Number of Hospital Beds (unit)	卫生技术人员（人）Medical Technical Personnel (person)	#执业(助理)医师 Practitioner (Assistant) Doctors
南京市	**Nanjing City**	**14**	**7528**	**2801**	**54992**	**84097**	**31560**
无锡市	**Wuxi City**	**8**	**8527**	**2480**	**46970**	**54733**	**21004**
江阴市	Jiangyin City	1	2796	625	8952	10851	4402
宜兴市	Yixing City	1	758	408	6402	8528	3278
徐州市	**Xuzhou City**	**8**	**3865**	**4599**	**58588**	**67412**	**25776**
丰县	Fengxian County	1	230	551	3927	5017	2233
沛县	Peixian County	1	387	624	5632	5941	2607
睢宁县	Suining County	1	440	594	4471	4860	1922
新沂市	Xinyi City	1	492	459	3817	5443	2347
邳州市	Pizhou City	1	584	779	7493	10064	3411
常州市	**Changzhou City**	**7**	**5335**	**1401**	**26649**	**34856**	**14087**
溧阳市	Liyang City	1	469	273	3780	4772	2053
苏州市	**Suzhou City**	**11**	**23735**	**3380**	**68921**	**85188**	**32852**
常熟市	Changshu City	1	2669	493	8497	9984	4202
张家港市	Zhangjiagang City	1	2405	425	9721	9753	3914
昆山市	Kunshan City	1	2839	558	7522	12601	5027
太仓市	Taicang City	1	1301	268	4070	4789	1947

市县 City and County		公共图书馆（个） Public Libraries (unit)	公共图书馆图书藏量（千册） Total Collections of Public Libraries (1000 volumes)	卫生机构数（个） Number of Health Institutions (unit)	卫生机构床位数（张） Number of Hospital Beds (unit)	卫生技术人员（人） Medical Technical Personnel (person)	#执业(助理)医师 Practitioner (Assistant) Doctors
南通市	**Nantong City**	**10**	**6796**	**3276**	**44126**	**48041**	**19852**
如东县	Rudong County	1	415	471	4145	4814	2155
启东市	Qidong City	1	542	405	4544	4758	1996
如皋市	Rugao City	2	964	557	6849	6776	3087
海门市	Haimen City	1	1645	395	3910	4631	2006
海安市	Haian City	1	392	394	5530	4962	2164
连云港市	**Lianyungang City**	**8**	**3174**	**2700**	**26197**	**28847**	**12102**
东海县	Donghai County	1	702	535	4734	4601	2105
灌云县	Guanyun County	1	260	416	3623	4012	1759
灌南县	Guannan County	1	194	366	3851	3709	1615
淮安市	**Huaian City**	**9**	**3839**	**2229**	**29417**	**34383**	**13435**
涟水县	Lianshui County	1	323	472	4538	4664	1935
盱眙县	Xuyi County	1	376	357	4029	4299	1776
金湖县	Jinhu County	1	339	131	1512	1700	703
盐城市	**Yancheng City**	**11**	**4615**	**3211**	**39879**	**42822**	**18753**
响水县	Xiangshui County	1	87	230	2756	2821	1104
滨海县	Binhai County	1	223	421	4995	4379	1929
阜宁县	Funing County	2	398	387	4334	4405	2265

市　县 City and County		公共图书馆（个） Public Libraries (unit)	公共图书馆图书藏量（千册） Total Collections of Public Libraries (1000 volumes)	卫生机构数（个） Number of Health Institutions (unit)	卫生机构床位数（张） Number of Hospital Beds (unit)	卫生技术人员（人） Medical Technical Personnel (person)	#执业（助理）医师 Practitioner (Assistant) Doctors
射阳县	Sheyang County	1	281	341	4242	4689	2240
建湖县	Jianhu County	1	295	317	3336	3579	1708
东台市	Dongtai City	1	300	465	5231	5170	2405
扬州市	**Yangzhou City**	**7**	**4675**	**1813**	**23355**	**27508**	**11209**
宝应县	Baoying County	1	205	337	2833	4091	1591
仪征市	Yizheng City	1	452	159	2690	3289	1244
高邮市	Gaoyou City	1	303	252	3315	4002	1505
镇江市	**Zhenjiang City**	**9**	**3912**	**972**	**15623**	**21080**	**8200**
丹阳市	Danyang City	2	868	248	3548	4880	1998
扬中市	Yangzhong City	1	463	102	1426	2013	790
句容市	Jurong City	1	364	208	1884	3141	1264
泰州市	**Taizhou City**	**7**	**3407**	**1997**	**28275**	**29390**	**12251**
兴化市	Xinghua City	1	273	671	5437	6394	2883
靖江市	Jingjiang City	1	823	306	4830	4897	2130
泰兴市	Taixing City	1	346	369	4954	5135	2115
宿迁市	**Suqian City**	**6**	**1705**	**2394**	**28530**	**31687**	**12169**
沭阳县	Shuyang County	1	200	768	8117	9020	3750
泗阳县	Siyang County	1	360	447	5313	5499	2004
泗洪县	Sihong County	1	99	507	5106	6080	2321

20－18 人民生活（2018年）

市　县 City and County		居民人均可支配收入（元） Per Capita Disposable Income of Residents (yuan)	居民人均生活消费支出（元） Per Capita Consumption Expanditure of Residents (yuan)	#食品烟酒 Food, Tobacco and Wine	居民恩格尔系数（%） Engle Coefficient of Residents (%)	居民人均住房建筑面积（平方米） Per Capital Construction Floor Space of Residential Building (sq. m)	城镇常住居民人均可支配收入（元） Per Capita Annual Disposable Income of Urban Residents (yuan)	城镇常住居民人均生活消费支出（元） Per Capita Annual Consumption Expanditure of Urban Residents (yuan)
南京市	**Nanjing City**	**52916**	**30706**	**7902**	**25.7**	**43.4**	**59308**	**33537**
无锡市	**Wuxi City**	**50373**	**31593**	**8716**	**27.6**	**50.5**	**56989**	**35016**
江阴市	Jiangyin City	54281	28873	8008	27.7	64.0	63957	32187
宜兴市	Yixing City	44518	27551	7895	28.7	56.7	53891	32119
徐州市	**Xuzhou City**	**27385**	**16818**	**5038**	**30.0**	**50.9**	**33586**	**19463**
丰　县	Fengxian County	21748	14472	4416	30.5	51.4	27277	18629
沛　县	Peixian County	25513	15712	4427	28.2	45.6	32336	19216
睢宁县	Suining County	21878	12683	4041	31.9	65.0	27718	14936
新沂市	Xinyi City	23482	15072	4952	32.9	50.6	29633	18360
邳州市	Pizhou City	25965	14422	4332	30.0	42.7	33796	17521
常州市	**Changzhou City**	**45933**	**26863**	**7324**	**27.3**	**57.1**	**54000**	**30351**
溧阳市	Liyang City	39425	22164	6694	30.2	50.1	49489	24221
苏州市	**Suzhou City**	**55476**	**33327**	**8385**	**25.2**	**51.3**	**63481**	**37403**
常熟市	Changshu City	53296	31979	8771	27.4	64.0	63712	35848
张家港市	Zhangjiagang City	53456	30816	8687	28.2	58.4	64055	35491
昆山市	Kunshan City	55081	32248	8896	27.6	44.9	63926	36396
太仓市	Taicang City	52538	32034	9427	29.4	61.3	63076	37187
南通市	**Nantong City**	**37071**	**23379**	**6589**	**28.2**	**54.5**	**46321**	**28259**
如东县	Rudong County	32760	19987	5958	29.8	59.9	43811	24061
启东市	Qidong City	34766	25341	7587	29.9	55.7	44248	32750
如皋市	Rugao City	32580	19625	5592	28.5	61.6	43255	23825
海门市	Haimen City	37620	23956	6803	28.4	55.6	47877	29362
海安市	Haian City	33659	21938	6403	29.2	57.1	44112	25681
连云港市	**Lianyungang City**	**25864**	**16649**	**5253**	**31.6**	**50.2**	**32749**	**20445**
东海县	Donghai County	24513	15646	5368	34.3	51.0	32228	20263
灌云县	Guanyun County	20802	12795	4300	33.6	47.2	27086	15493
灌南县	Guannan County	21227	13715	4822	35.2	59.8	28819	17843

#食品烟酒 Food, Tobacco and Wine	城镇常住居民恩格尔系数(%) Engle Coefficient of Urban Residents (%)	城镇常住居民人均住房建筑面积(平方米) Per Capital Construction Floor Space of Urban Residential Building (sq. m)	农村常住居民人均可支配收入(元) Per Capita Annual Disposable Income of Rural Residents (yuan)	农村常住居民人均生活消费支出(元) Per Capita Annual Consumption Expanditure of Rural Residents (yuan)	#食品烟酒 Food, Tobacco and Wine	农村常住居民恩格尔系数(%) Engle Coefficient of Rural Residents (%)	农村常住居民人均住房建筑面积(平方米) Per Capital Construction Floor Space of Rural Residential Building (sq. m)
8489	**25.3**	**40.1**	**25263**	**18457**	**5365**	**29.1**	**57.6**
9559	**27.3**	**47.8**	**30787**	**21460**	**6222**	**29.0**	**58.1**
8842	27.5	65.0	33136	21632	6187	28.6	63.0
9090	28.3	49.1	27860	19432	5771	29.7	70.3
5754	**29.6**	**49.5**	**18206**	**12902**	**3978**	**30.4**	**52.8**
5465	29.3	49.4	16725	10696	3462	32.4	54.2
5326	27.7	42.9	18799	12263	3542	28.9	48.4
4726	31.6	71.0	16546	10625	3415	32.1	58.0
5933	32.3	53.5	17325	11781	3968	33.7	47.5
5276	30.1	43.0	18207	11353	3396	29.9	42.0
8121	**26.8**	**48.6**	**28014**	**19116**	**5686**	**29.8**	**69.1**
7823	32.3	41.9	25908	19403	6523	33.6	62.4
9406	**25.2**	**45.9**	**32420**	**21587**	**5443**	**25.2**	**67.5**
9867	27.5	58.7	32820	24374	6618	27.2	74.2
10029	28.3	50.8	32664	21645	6055	28.0	73.3
9947	27.3	38.6	32916	21851	6261	28.7	63.5
10841	29.2	53.7	32458	22216	6731	30.3	74.9
7923	**28.0**	**48.6**	**22369**	**15624**	**4468**	**28.6**	**62.0**
7325	30.4	56.5	20387	15426	4427	28.7	63.2
9745	29.8	47.5	23687	16683	5066	30.4	65.3
6636	27.9	28.8	20166	14741	4378	29.7	64.8
8309	28.3	50.0	24654	17121	4899	28.6	66.7
7275	28.3	54.2	21473	17575	5386	30.6	61.8
6453	**31.6**	**48.8**	**16607**	**11545**	**3639**	**31.5**	**51.9**
6947	34.5	48.1	17291	11324	3889	34.3	58.0
5334	34.4	47.2	15493	10515	3427	32.6	47.2
6099	34.2	53.7	14826	10235	3745	36.6	66.3

市 县 City and County		居民人均可支配收入(元) Per Capita Disposable Income of Residents (yuan)	居民人均生活消费支出(元) Per Capita Consumption Expanditure of Residents (yuan)	#食品烟酒 Food, Tobacco and Wine	居民恩格尔系数(%) Engle Coefficient of Residents (%)	居民人均住房建筑面积(平方米) Per Capital Construction Floor Space of Residential Building (sq. m)	城镇常住居民人均可支配收入(元) Per Capita Annual Disposable Income of Urban Residents (yuan)	城镇常住居民人均生活消费支出(元) Per Capita Annual Consumption Expanditure of Urban Residents (yuan)
淮安市	**Huaian City**	**27696**	**15634**	**4559**	**29.2**	**49.0**	**35828**	**19015**
涟水县	Lianshui County	22569	13569	4249	31.3	52.7	29781	17557
盱眙县	Xuyi County	26469	13724	4240	30.9	53.1	36179	18306
金湖县	Jinhu County	27400	18580	5701	30.7	52.2	36391	21835
盐城市	**Yancheng City**	**29488**	**17580**	**4969**	**28.3**	**45.8**	**35896**	**19731**
响水县	Xiangshui County	23741	11997	3644	30.4	49.5	30086	12813
滨海县	Binhai County	24581	14915	5024	33.7	44.9	31234	17131
阜宁县	Funing County	24401	16102	5457	33.9	40.8	30074	22453
射阳县	Sheyang County	25953	17503	5701	32.6	46.1	31254	24315
建湖县	Jianhu County	28258	15405	4948	32.1	44.1	34873	17831
东台市	Dongtai City	31817	17387	5518	31.7	59.4	38351	19504
扬州市	**Yangzhou City**	**34076**	**20683**	**6315**	**30.5**	**49.7**	**41999**	**23718**
宝应县	Baoying County	25864	16153	5318	32.9	45.0	31773	18332
仪征市	Yizheng City	32362	19442	6118	31.5	57.0	42900	23163
高邮市	Gaoyou City	28597	19233	5881	30.6	52.0	37071	23169
镇江市	**Zhenjiang City**	**40883**	**24359**	**6722**	**27.6**	**51.7**	**48903**	**27278**
丹阳市	Danyang City	38859	23685	7449	31.5	52.0	48791	25007
扬中市	Yangzhong City	43291	23774	6998	29.4	62.5	53675	26824
句容市	Jurong City	35907	21654	6355	29.4	51.9	47431	25468
泰州市	**Taizhou City**	**34642**	**21560**	**6158**	**28.6**	**57.3**	**43452**	**25488**
兴化市	Xinghua City	29991	17552	5461	31.1	43.3	39499	21189
靖江市	Jingjiang City	37597	26256	7649	29.1	69.5	46777	30329
泰兴市	Taixing City	33520	20616	5725	27.8	66.3	43104	25746
宿迁市	**Suqian City**	**22918**	**14350**	**4860**	**33.9**	**46.5**	**28281**	**17255**
沭阳县	Shuyang County	22664	14675	5332	36.3	47.6	27993	17499
泗阳县	Siyang County	22364	14712	4967	33.8	47.0	27681	16775
泗洪县	Sihong County	21815	13094	4579	35.0	45.6	27046	16856

#食品烟酒 Food, Tobacco and Wine	城镇常住居民恩格尔系数(%) Engle Coefficient of Urban Residents (%)	城镇常住居民人均住房建筑面积(平方米) Per Capital Construction Floor Space of Urban Residential Building (sq. m)	农村常住居民人均可支配收入(元) Per Capita Annual Disposable Income of Rural Residents (yuan)	农村常住居民人均生活消费支出(元) Per Capita Annual Consumption Expanditure of Rural Residents (yuan)	#食品烟酒 Food, Tobacco and Wine	农村常住居民恩格尔系数(%) Engle Coefficient of Rural Residents (%)	农村常住居民人均住房建筑面积(平方米) Per Capital Construction Floor Space of Rural Residential Building (sq. m)
5450	**28.7**	**48.0**	**17058**	**11210**	**3393**	**30.3**	**50.1**
5489	31.3	48.9	15939	9902	3108	31.4	56.2
5634	30.8	50.7	17206	9354	2910	31.1	54.2
6623	30.3	47.0	18718	15577	4850	31.1	63.0
5534	**28.1**	**43.7**	**20357**	**14515**	**4164**	**28.7**	**49.0**
3833	29.9	44.1	17020	11132	3145	28.3	55.2
5516	32.2	40.3	17746	12637	4517	35.7	49.3
7761	34.6	36.2	18282	9608	3167	33.0	45.1
7728	31.8	43.9	19653	9405	3292	35.0	48.8
5597	31.4	44.4	20184	12443	4155	33.4	43.4
6150	31.5	51.5	23317	14632	4695	32.1	68.7
7282	**30.7**	**46.0**	**21457**	**15848**	**4776**	**30.1**	**55.6**
6086	33.2	43.0	20119	14036	4571	32.6	47.0
7373	31.8	49.0	20688	15321	4727	30.9	64.0
7021	30.3	46.0	20140	15306	4744	31.0	58.0
7537	**27.6**	**48.6**	**24687**	**18463**	**5075**	**27.5**	**57.3**
8107	32.4	49.0	25633	21925	6534	29.8	56.0
7886	29.4	58.9	28199	19342	5706	29.5	68.6
7424	29.2	49.8	22313	17155	5093	29.7	53.5
7114	**27.9**	**54.7**	**21219**	**15576**	**4701**	**30.2**	**61.9**
6275	29.6	43.8	20066	13756	4610	33.5	42.8
8674	28.6	63.5	23220	19877	6043	30.4	80.7
7455	29.0	68.7	21268	14059	3515	25.0	63.2
5791	**33.6**	**45.5**	**16639**	**10948**	**3771**	**34.4**	**47.6**
6463	36.9	45.7	16877	11608	4102	35.3	49.7
5626	33.5	47.9	16648	12494	4246	34.0	46.0
5849	34.7	45.0	16274	9109	3234	35.5	46.2

21

县（市）社会经济发展序列

Social Economy Development Alignment of Counties (Cities)

简 要 说 明

一、本篇资料的主要内容

本篇资料反映县（市）经济社会发展水平序列情况。

二、资料来源

本篇资料主要根据市县社会经济基本情况统计年报加工整理，部分数据为初步统计数。

Brief Introduction

I. Main Contents

Data in this chapter reflects the counties (cities) rankings of economic and social development

Ⅱ. Date Source

Data in this chapter mainly based on the basic socio-economic situation annual report, and part of the data are preliminary statistics.

21－1 年末户籍人口(2018年)
Total Registered Population at Year-end (2018)

位 次 No.	县（市）名 称 County (City)		绝 对 数 (万人) Absolute Figure (10000 persons)	位 次 No.	县（市）名 称 County (City)		绝 对 数 (万人) Absolute Figure (10000 persons)
1	沭阳县	Shuyang County	198.28	22	海门市	Haimen City	99.59
2	邳州市	Pizhou City	194.36	23	射阳县	Sheyang County	95.18
3	兴化市	Xinghua City	155.67	24	张家港市	Zhangjiagang City	92.94
4	睢宁县	Suining County	144.10	25	海安市	Haian City	92.73
5	如皋市	Rugao City	141.97	26	昆山市	Kunshan City	90.32
6	沛县	Peixian County	129.81	27	宝应县	Baoying County	88.76
7	江阴市	Jiangyin City	125.95	28	灌南县	Guannan County	81.92
8	东海县	Donghai County	124.62	29	高邮市	Gaoyou City	80.82
9	滨海县	Binhai County	122.57	30	丹阳市	Danyang City	80.63
10	丰县	Fengxian County	121.48	31	盱眙县	Xuyi County	79.82
11	泰兴市	Taixing City	117.88	32	溧阳市	Liyang City	79.04
12	新沂市	Xinyi City	113.21	33	建湖县	Jianhu County	78.42
13	阜宁县	Funing County	112.28	34	靖江市	Jingjiang City	65.88
14	启东市	Qidong City	111.04	35	响水县	Xiangshui County	62.36
15	东台市	Dongtai City	109.81	36	句容市	Jurong City	58.90
16	泗洪县	Sihong County	109.58	37	仪征市	Yizheng City	56.03
17	宜兴市	Yixing City	108.13	38	太仓市	Taicang City	49.40
18	常熟市	Changshu City	106.80	39	金湖县	Jinhu County	34.90
19	泗阳县	Siyang County	106.79	40	扬中市	Yangzhong City	28.25
20	灌云县	Guanyun County	103.74	41	涟水县	Lianshui County	16.00
21	如东县	Rudong County	102.08				

21－2 地区生产总值（2018 年）
Gross Domestic Product（2018）

位次 No.	县（市）名称	County（City）	绝对数（亿元）Absolute Figure（100 million yuan）	位次 No.	县（市）名称	County（City）	绝对数（亿元）Absolute Figure（100 million yuan）
1	昆山市	Kunshan City	3832.06	22	高邮市	Gaoyou City	669.02
2	江阴市	Jiangyin City	3806.18	23	新沂市	Xinyi City	653.32
3	张家港市	Zhangjiagang City	2720.18	24	宝应县	Baoying County	630.46
4	常熟市	Changshu City	2400.23	25	睢宁县	Suining County	577.30
5	宜兴市	Yixing City	1713.28	26	句容市	Jurong City	571.10
6	太仓市	Taicang City	1330.72	27	建湖县	Jianhu County	561.68
7	丹阳市	Danyang City	1250.25	28	扬中市	Yangzhong City	542.00
8	海门市	Haimen City	1249.00	29	射阳县	Sheyang County	536.61
9	如皋市	Rugao City	1120.48	30	东海县	Donghai County	494.42
10	启东市	Qidong City	1063.33	31	阜宁县	Funing County	482.83
11	泰兴市	Taixing City	1050.34	32	泗阳县	Siyang County	479.22
12	靖江市	Jingjiang City	1002.05	33	泗洪县	Sihong County	478.95
13	海安市	Haian City	993.00	34	涟水县	Lianshui County	476.00
14	如东县	Rudong County	952.29	35	滨海县	Binhai County	475.42
15	溧阳市	Liyang City	935.51	36	丰县	Fengxian County	460.14
16	邳州市	Pizhou City	920.66	37	盱眙县	Xuyi County	441.00
17	兴化市	Xinghua City	905.13	38	灌云县	Guanyun County	375.00
18	东台市	Dongtai City	878.68	39	灌南县	Guannan County	352.99
19	沭阳县	Shuyang County	825.45	40	响水县	Xiangshui County	349.86
20	沛县	Peixian County	762.62	41	金湖县	Jinhu County	296.00
21	仪征市	Yizheng City	673.94				

21－3 第一产业增加值（2018年）
Value-added of the Primary Industry（2018）

位次 No.	县（市）名称 County（City）		绝对数（亿元）Absolute Figure（100 million yuan）	位次 No.	县（市）名称 County（City）		绝对数（亿元）Absolute Figure（100 million yuan）
1	邳州市	Pizhou City	132.32	22	泰兴市	Taixing City	60.42
2	兴化市	Xinghua City	124.85	23	盱眙县	Xuyi County	59.39
3	沛县	Peixian County	104.11	24	阜宁县	Funing County	58.88
4	东台市	Dongtai City	99.03	25	海门市	Haimen City	58.80
5	沭阳县	Shuyang County	97.35	26	灌南县	Guannan County	57.24
6	睢宁县	Suining County	96.40	27	溧阳市	Liyang City	51.06
7	射阳县	Sheyang County	87.67	28	宜兴市	Yixing City	50.61
8	丰县	Fengxian County	86.85	29	建湖县	Jianhu County	50.17
9	高邮市	Gaoyou City	77.71	30	丹阳市	Danyang City	48.56
10	如东县	Rudong County	75.22	31	句容市	Jurong City	46.41
11	新沂市	Xinyi City	73.82	32	响水县	Xiangshui County	42.82
12	东海县	Donghai County	73.46	33	常熟市	Changshu City	39.90
13	启东市	Qidong City	72.04	34	金湖县	Jinhu County	37.04
14	宝应县	Baoying County	71.79	35	江阴市	Jiangyin City	36.98
15	泗洪县	Sihong County	69.99	36	太仓市	Taicang City	34.98
16	如皋市	Rugao City	69.39	37	昆山市	Kunshan City	31.62
17	灌云县	Guanyun County	69.15	38	张家港市	Zhangjiagang City	30.63
18	滨海县	Binhai County	63.45	39	靖江市	Jingjiang City	24.44
19	涟水县	Lianshui County	62.39	40	仪征市	Yizheng City	23.84
20	海安市	Haian City	61.41	41	扬中市	Yangzhong City	18.36
21	泗阳县	Siyang County	61.22				

21－4 第二产业增加值（2018 年）
Value-added of the Secondary Industry (2018)

位 次 No.	县（市）名称 County (City)		绝对数（亿元）Absolute Figure (100 million yuan)	位 次 No.	县（市）名称 County (City)		绝对数（亿元）Absolute Figure (100 million yuan)
1	昆 山 市	Kunshan City	2074.53	22	高 邮 市	Gaoyou City	291.33
2	江 阴 市	Jiangyin City	2071.91	23	宝 应 县	Baoying County	282.24
3	张家港市	Zhangjiagang City	1423.68	24	扬 中 市	Yangzhong City	273.24
4	常 熟 市	Changshu City	1230.01	25	句 容 市	Jurong City	264.19
5	宜 兴 市	Yixing City	890.31	26	新 沂 市	Xinyi City	261.91
6	太 仓 市	Taicang City	675.47	27	建 湖 县	Jianhu County	238.93
7	丹 阳 市	Danyang City	631.07	28	泗 阳 县	Siyang County	236.25
8	海 门 市	Haimen City	609.51	29	睢 宁 县	Suining County	235.56
9	如 皋 市	Rugao City	534.36	30	阜 宁 县	Funing County	210.42
10	启 东 市	Qidong City	505.34	31	东 海 县	Donghai County	207.78
11	靖 江 市	Jingjiang City	492.51	32	泗 洪 县	Sihong County	203.20
12	泰 兴 市	Taixing City	490.63	33	射 阳 县	Sheyang County	196.71
13	海 安 市	Haian City	467.40	34	滨 海 县	Binhai County	193.75
14	溧 阳 市	Liyang City	453.97	35	涟 水 县	Lianshui County	183.93
15	如 东 县	Rudong County	439.13	36	丰 县	Fengxian County	182.69
16	沭 阳 县	Shuyang County	373.98	37	响 水 县	Xiangshui County	173.91
17	邳 州 市	Pizhou City	364.44	38	盱 眙 县	Xuyi County	173.78
18	东 台 市	Dongtai City	356.12	39	灌 南 县	Guannan County	162.12
19	仪 征 市	Yizheng City	347.49	40	灌 云 县	Guanyun County	159.06
20	兴 化 市	Xinghua City	339.92	41	金 湖 县	Jinhu County	111.51
21	沛 县	Peixian County	332.87				

21－5 第三产业增加值（2018 年）
Value-added of the Tertiary Industry（2018）

位 次 No.	县（市）名称	County（City）	绝对数（亿元） Absolute Figure（100 million yuan）	位 次 No.	县（市）名称	County（City）	绝对数（亿元） Absolute Figure（100 million yuan）
1	昆山市	Kunshan City	1726.00	22	仪征市	Yizheng City	303.00
2	江阴市	Jiangyin City	1697.29	23	高邮市	Gaoyou City	300.00
3	张家港市	Zhangjiagang City	1266.00	24	宝应县	Baoying County	276.00
4	常熟市	Changshu City	1130.00	25	建湖县	Jianhu County	272.58
5	宜兴市	Yixing City	772.36	26	句容市	Jurong City	260.50
6	太仓市	Taicang City	620.00	27	射阳县	Sheyang County	252.23
7	海门市	Haimen City	580.69	28	扬中市	Yangzhong City	250.40
8	丹阳市	Danyang City	570.62	29	睢宁县	Suining County	245.34
9	如皋市	Rugao City	516.73	30	涟水县	Lianshui County	229.95
10	泰兴市	Taixing City	499.29	31	滨海县	Binhai County	218.22
11	启东市	Qidong City	485.95	32	阜宁县	Funing County	213.53
12	靖江市	Jingjiang City	485.10	33	东海县	Donghai County	213.18
13	海安市	Haian City	464.19	34	盱眙县	Xuyi County	208.17
14	兴化市	Xinghua City	440.36	35	泗洪县	Sihong County	205.76
15	如东县	Rudong County	437.94	36	丰县	Fengxian County	190.60
16	溧阳市	Liyang City	430.48	37	泗阳县	Siyang County	181.75
17	邳州市	Pizhou City	423.90	38	金湖县	Jinhu County	147.74
18	东台市	Dongtai City	423.53	39	灌云县	Guanyun County	146.79
19	沭阳县	Shuyang County	354.11	40	灌南县	Guannan County	133.63
20	沛县	Peixian County	325.64	41	响水县	Xiangshui County	133.13
21	新沂市	Xinyi City	317.59				

21－6 全部工业增加值(2018 年)
Value-added of All Industries (2018)

位次 No.	县(市)名称 County (City)		绝对数(亿元) Absolute Figure (100 million yuan)	位次 No.	县(市)名称 County (City)		绝对数(亿元) Absolute Figure (100 million yuan)
1	江阴市	Jiangyin City	1990.78	22	句容市	Jurong City	233.10
2	昆山市	Kunshan City	1951.17	23	高邮市	Gaoyou City	232.32
3	张家港市	Zhangjiagang City	1352.35	24	宝应县	Baoying County	230.35
4	常熟市	Changshu City	1161.97	25	沛县	Peixian County	222.25
5	宜兴市	Yixing City	764.41	26	新沂市	Xinyi City	219.41
6	太仓市	Taicang City	631.33	27	建湖县	Jianhu County	203.14
7	丹阳市	Danyang City	605.88	28	泗阳县	Siyang County	196.39
8	海门市	Haimen City	506.51	29	射阳县	Sheyang County	184.60
9	如皋市	Rugao City	447.12	30	东海县	Donghai County	176.92
10	靖江市	Jingjiang City	442.32	31	睢宁县	Suining County	172.48
11	泰兴市	Taixing City	430.64	32	泗洪县	Sihong County	170.70
12	启东市	Qidong City	400.55	33	滨海县	Binhai County	164.14
13	海安市	Haian City	388.17	34	响水县	Xiangshui County	158.20
14	溧阳市	Liyang City	379.67	35	阜宁县	Funing County	154.39
15	如东县	Rudong County	373.47	36	涟水县	Lianshui County	153.00
16	沭阳县	Shuyang County	332.51	37	盱眙县	Xuyi County	141.00
17	东台市	Dongtai City	313.84	38	灌南县	Guannan County	140.07
18	仪征市	Yizheng City	306.19	39	丰县	Fengxian County	138.16
19	邳州市	Pizhou City	305.58	40	灌云县	Guanyun County	119.46
20	兴化市	Xinghua City	291.71	41	金湖县	Jinhu County	99.00
21	扬中市	Yangzhong City	261.17				

21－7 人均地区生产总值（2018 年）
Per Capita Gross Domestic Product (2018)

位次 No.	县（市）名称 County (City)		绝对数（元） Absolute Figure (yuan)	位次 No.	县（市）名称 County (City)		绝对数（元） Absolute Figure (yuan)
1	江阴市	Jiangyin City	230538	22	宝应县	Baoying County	83032
2	昆山市	Kunshan City	230270	23	建湖县	Jianhu County	77196
3	张家港市	Zhangjiagang City	216023	24	兴化市	Xinghua City	72422
4	太仓市	Taicang City	185465	25	新沂市	Xinyi City	71577
5	常熟市	Changshu City	158334	26	响水县	Xiangshui County	70112
6	扬中市	Yangzhong City	157742	27	沛县	Peixian County	68137
7	靖江市	Jingjiang City	146061	28	盱眙县	Xuyi County	67236
8	海门市	Haimen City	137958	29	邳州市	Pizhou City	63824
9	宜兴市	Yixing City	136473	30	射阳县	Sheyang County	60875
10	丹阳市	Danyang City	126736	31	阜宁县	Funing County	58271
11	溧阳市	Liyang City	122626	32	泗阳县	Siyang County	56545
12	仪征市	Yizheng City	118401	33	睢宁县	Suining County	56149
13	海安市	Haian City	114798	34	涟水县	Lianshui County	56065
14	启东市	Qidong City	111823	35	灌南县	Guannan County	55397
15	泰兴市	Taixing City	97697	36	泗洪县	Sihong County	53288
16	如东县	Rudong County	97232	37	沭阳县	Shuyang County	52670
17	句容市	Jurong City	91077	38	滨海县	Binhai County	50994
18	东台市	Dongtai City	90084	39	东海县	Donghai County	50916
19	如皋市	Rugao City	90031	40	丰县	Fengxian County	48380
20	高邮市	Gaoyou City	89970	41	灌云县	Guanyun County	46374
21	金湖县	Jinhu County	89109				

21-8 一般公共预算收入（2018年）
General Public Budget Revenue(2018)

位次 No.	县（市）名称 County (City)		绝对数（亿元）Absolute Figure (100 million yuan)	位次 No.	县（市）名称 County (City)		绝对数（亿元）Absolute Figure (100 million yuan)
1	昆 山 市	Kunshan City	387.89	22	沭 阳 县	Shuyang County	47.00
2	江 阴 市	Jiangyin City	254.04	23	睢 宁 县	Suining County	41.74
3	张家港市	Zhangjiagang City	233.43	24	兴 化 市	Xinghua City	39.41
4	常 熟 市	Changshu City	211.06	25	高 邮 市	Gaoyou City	36.80
5	太 仓 市	Taicang City	155.06	26	扬 中 市	Yangzhong City	32.77
6	宜 兴 市	Yixing City	120.01	27	滨 海 县	Binhai County	28.94
7	泰 兴 市	Taixing City	74.51	28	建 湖 县	Jianhu County	28.32
8	启 东 市	Qidong City	72.31	29	丰 县	Fengxian County	28.10
9	海 门 市	Haimen City	71.01	30	阜 宁 县	Funing County	27.70
10	如 皋 市	Rugao City	70.01	31	宝 应 县	Baoying County	27.59
11	溧 阳 市	Liyang City	66.29	32	射 阳 县	Sheyang County	26.36
12	海 安 市	Haian City	61.71	33	泗 洪 县	Sihong County	26.03
13	丹 阳 市	Danyang City	61.40	34	泗 阳 县	Siyang County	25.46
14	邳 州 市	Pizhou City	58.78	35	响 水 县	Xiangshui County	25.35
15	如 东 县	Rudong County	57.55	36	东 海 县	Donghai County	23.00
16	东 台 市	Dongtai City	56.70	37	灌 南 县	Guannan County	22.50
17	靖 江 市	Jingjiang City	56.22	38	灌 云 县	Guanyun County	22.33
18	沛 县	Peixian County	56.21	39	金 湖 县	Jinhu County	22.03
19	新 沂 市	Xinyi City	52.38	40	涟 水 县	Lianshui County	21.50
20	仪 征 市	Yizheng City	50.92	41	盱 眙 县	Xuyi County	18.01
21	句 容 市	Jurong City	50.00				

21－9 人均一般公共预算收入（2018 年）

Per Capita General Public Budget Revenue(2018)

位次 No.	县（市）名称 County (City)		绝对数（元） Absolute Figure (yuan)	位次 No.	县（市）名称 County (City)		绝对数（元） Absolute Figure (yuan)
1	昆山市	Kunshan City	23308	22	响水县	Xiangshui Coun	5080
2	太仓市	Taicang City	21611	23	沛县	Peixian County	5021
3	张家港市	Zhangjiagang City	18538	24	高邮市	Gaoyou City	4949
4	江阴市	Jiangyin City	15387	25	邳州市	Pizhou City	4079
5	常熟市	Changshu City	13923	26	睢宁县	Suining County	4056
6	靖江市	Jingjiang City	9578	31	兴化市	Xinghua City	9878
7	宜兴市	Yixing City	9559	27	建湖县	Jianhu County	3892
8	扬中市	Yangzhong City	9536	28	宝应县	Baoying County	3634
9	仪征市	Yizheng City	8945	29	灌南县	Guannan County	3531
10	溧阳市	Liyang City	8689	30	阜宁县	Funing County	3343
11	句容市	Jurong City	7974	32	滨海县	Binhai County	3104
12	海门市	Haimen City	7843	33	泗阳县	Siyang County	3007
13	启东市	Qidong City	7604	34	沭阳县	Shuyang County	3001
14	海安市	Haian City	7135	35	射阳县	Sheyang County	2990
15	泰兴市	Taixing City	6931	36	丰县	Fengxian County	2957
16	金湖县	Jinhu County	6626	37	泗洪县	Sihong County	2897
17	丹阳市	Danyang City	6224	38	灌云县	Guanyun County	2761
18	如东县	Rudong County	5876	39	盱眙县	Xuyi County	2743
19	东台市	Dongtai City	5813	40	涟水县	Lianshui County	2531
20	新沂市	Xinyi City	5750	41	东海县	Donghai County	2369
21	如皋市	Rugao City	5625				

21－10 粮食产量（2018年）
Output of Grain（2018）

位次 No.	县（市）名称 County（City）		绝对数（万吨） Absolute Figure（10000 tons）	位次 No.	县（市）名称 County（City）		绝对数（万吨） Absolute Figure（10000 tons）
1	沭阳县	Shuyang County	127.12	22	沛县	Peixian County	63.12
2	兴化市	Xinghua City	126.79	23	泗阳县	Siyang County	62.69
3	东海县	Donghai County	116.32	24	海安市	Haian City	61.85
4	泗洪县	Sihong County	113.53	25	响水县	Xiangshui County	60.17
5	射阳县	Sheyang County	112.61	26	金湖县	Jinhu County	56.48
6	盱眙县	Xuyi County	103.82	27	丰县	Fengxian County	55.18
7	东台市	Dongtai City	100.05	28	丹阳市	Danyang City	46.13
8	如东县	Rudong County	97.92	29	溧阳市	Liyang City	45.57
9	滨海县	Binhai County	96.46	30	宜兴市	Yixing City	37.71
10	阜宁县	Funing County	94.26	31	启东市	Qidong City	32.10
11	睢宁县	Suining County	93.74	32	句容市	Jurong City	29.30
12	涟水县	Lianshui County	93.25	33	靖江市	Jingjiang City	29.05
13	宝应县	Baoying County	86.88	34	仪征市	Yizheng City	27.49
14	灌云县	Guanyun County	86.87	35	海门市	Haimen City	24.62
15	高邮市	Gaoyou City	84.88	36	常熟市	Changshu City	22.96
16	邳州市	Pizhou City	80.69	37	张家港市	Zhangjiagang City	22.60
17	建湖县	Jianhu County	71.50	38	太仓市	Taicang City	13.19
18	新沂市	Xinyi City	70.44	39	江阴市	Jiangyin City	13.06
19	如皋市	Rugao City	67.26	40	昆山市	Kunshan City	9.25
20	灌南县	Guannan County	63.59	41	扬中市	Yangzhong City	7.86
21	泰兴市	Taixing City	63.17				

21－11 油料产量（2018年）
Output of Oil-bearing Crops（2018）

位次 No.	县（市）名称 County（City）		绝对数（万吨）Absolute Figure（10000 tons）	位次 No.	县（市）名称 County（City）		绝对数（万吨）Absolute Figure（10000 tons）
1	新沂市	Xinyi City	6.90	22	海安市	Haian City	0.99
2	启东市	Qidong City	5.50	23	宝应县	Baoying County	0.82
3	海门市	Haimen City	5.07	24	射阳县	Sheyang County	0.76
4	东海县	Donghai County	3.53	25	泗阳县	Siyang County	0.69
5	泰兴市	Taixing City	3.30	26	盱眙县	Xuyi County	0.68
6	东台市	Dongtai City	3.23	27	丹阳市	Danyang City	0.60
7	睢宁县	Suining County	3.03	28	金湖县	Jinhu County	0.43
8	涟水县	Lianshui County	2.62	29	丰县	Fengxian County	0.42
9	兴化市	Xinghua City	2.43	30	仪征市	Yizheng City	0.41
10	如东县	Rudong County	2.42	31	靖江市	Jingjiang City	0.35
11	如皋市	Rugao City	2.36	32	宜兴市	Yixing City	0.33
12	句容市	Jurong City	1.95	33	沛县	Peixian County	0.29
13	滨海县	Binhai County	1.67	34	张家港市	Zhangjiagang City	0.21
14	沭阳县	Shuyang County	1.49	35	常熟市	Changshu City	0.19
15	泗洪县	Sihong County	1.44	36	太仓市	Taicang City	0.13
16	高邮市	Gaoyou City	1.20	37	江阴市	Jiangyin City	0.12
17	溧阳市	Liyang City	1.13	38	灌南县	Guannan County	0.10
18	建湖县	Jianhu County	1.13	39	扬中市	Yangzhong City	0.10
19	响水县	Xiangshui County	1.12	40	灌云县	Guanyun County	0.06
20	阜宁县	Funing County	1.08	41	昆山市	Kunshan City	0.05
21	邳州市	Pizhou City	1.02				

21－12　规模以上工业企业利润总额（2018年）
Profits of above Designated Size Industrial Enterprises（2018）

位次 No.	县（市）名称 County（City）		绝对数（亿元） Absolute Figure（100 million yuan）	位次 No.	县（市）名称 County（City）		绝对数（亿元） Absolute Figure（100 million yuan）
1	江阴市	Jiangyin City	458.88	22	涟水县	Lianshui County	47.42
2	昆山市	Kunshan City	389.44	23	扬中市	Yangzhong City	37.79
3	张家港市	Zhangjiagang City	378.63	24	句容市	Jurong City	35.98
4	海门市	Haimen City	262.11	25	兴化市	Xinghua City	33.66
5	宜兴市	Yixing City	240.53	26	建湖县	Jianhu County	32.74
6	常熟市	Changshu City	220.36	27	邳州市	Pizhou City	30.01
7	启东市	Qidong City	184.87	28	新沂市	Xinyi City	27.80
8	海安市	Haian City	173.62	29	滨海县	Binhai County	25.59
9	如东县	Rudong County	159.34	30	泗洪县	Sihong County	24.81
10	太仓市	Taicang City	157.30	31	盱眙县	Xuyi County	24.28
11	仪征市	Yizheng City	113.02	32	射阳县	Sheyang County	23.78
12	如皋市	Rugao City	110.42	33	睢宁县	Suining County	22.20
13	泰兴市	Taixing City	107.91	34	泗阳县	Siyang County	21.78
14	丹阳市	Danyang City	102.46	35	阜宁县	Funing County	21.18
15	靖江市	Jingjiang City	99.29	36	金湖县	Jinhu County	14.92
16	溧阳市	Liyang City	87.86	37	丰县	Fengxian County	12.49
17	宝应县	Baoying County	81.81	38	沛县	Peixian County	11.26
18	沭阳县	Shuyang County	79.25	39	东海县	Donghai County	10.01
19	响水县	Xiangshui County	68.12	40	灌南县	Guannan County	8.94
20	高邮市	Gaoyou City	68.05	41	灌云县	Guanyun County	-2.06
21	东台市	Dongtai City	48.25				

21－13 社会消费品零售总额（2018 年）
Total Retail Sale of Consumer Goods（2018）

位次 No.	县（市）名称 County（City）		绝对数（亿元）Absolute Figure（100 million yuan）	位次 No.	县（市）名称 County（City）		绝对数（亿元）Absolute Figure（100 million yuan）
1	昆山市	Kunshan City	1021.77	22	靖江市	Jingjiang City	204.07
2	江阴市	Jiangyin City	949.29	23	兴化市	Xinghua City	203.63
3	常熟市	Changshu City	824.92	24	高邮市	Gaoyou City	191.15
4	宜兴市	Yixing City	667.27	25	射阳县	Sheyang County	190.02
5	张家港市	Zhangjiagang City	605.87	26	宝应县	Baoying County	181.72
6	如皋市	Rugao City	404.27	27	丰县	Fengxian County	180.78
7	海门市	Haimen City	399.36	28	句容市	Jurong City	167.54
8	如东县	Rudong County	377.66	29	扬中市	Yangzhong City	166.52
9	启东市	Qidong City	376.94	30	建湖县	Jianhu County	157.14
10	丹阳市	Danyang City	358.74	31	灌云县	Guanyun County	143.49
11	溧阳市	Liyang City	356.82	32	涟水县	Lianshui County	143.48
12	太仓市	Taicang City	338.44	33	阜宁县	Funing County	134.70
13	海安市	Haian City	324.93	34	盱眙县	Xuyi County	134.41
14	邳州市	Pizhou City	303.56	35	滨海县	Binhai County	130.93
15	沛县	Peixian County	294.46	36	仪征市	Yizheng City	129.57
16	东台市	Dongtai City	290.10	37	泗洪县	Sihong County	124.67
17	泰兴市	Taixing City	237.05	38	泗阳县	Siyang County	119.00
18	沭阳县	Shuyang County	233.54	39	灌南县	Guannan County	112.08
19	睢宁县	Suining County	215.32	40	金湖县	Jinhu County	104.44
20	东海县	Donghai County	211.88	41	响水县	Xiangshui County	77.69
21	新沂市	Xinyi City	209.48				

21－14 出口总额(2018 年)
Total Exports (2018)

位次 No.	县(市)名称 County (City)		绝对数(亿美元) Absolute Figure (100 million USD)	位次 No.	县(市)名称 County (City)		绝对数(亿美元) Absolute Figure (100 million USD)
1	昆山市	Kunshan City	580.52	22	睢宁县	Suining County	6.78
2	张家港市	Zhangjiagang City	175.18	23	仪征市	Yizheng City	6.56
3	常熟市	Changshu City	172.98	24	沛县	Peixian County	6.52
4	江阴市	Jiangyin City	142.64	25	扬中市	Yangzhong City	6.23
5	太仓市	Taicang City	67.31	26	响水县	Xiangshui County	6.01
6	宜兴市	Yixing City	34.33	27	句容市	Jurong City	6.00
7	泰兴市	Taixing City	31.35	28	金湖县	Jinhu County	5.17
8	如皋市	Rugao City	30.26	29	滨海县	Binhai County	4.70
9	丹阳市	Danyang City	27.83	30	泗阳县	Siyang County	4.69
10	海门市	Haimen City	26.78	31	高邮市	Gaoyou City	4.48
11	启东市	Qidong City	23.09	32	东海县	Donghai County	3.89
12	如东县	Rudong County	20.63	33	丰县	Fengxian County	3.73
13	靖江市	Jingjiang City	20.11	34	建湖县	Jianhu County	3.69
14	海安市	Haian City	15.31	35	阜宁县	Funing County	3.13
15	邳州市	Pizhou City	14.41	36	涟水县	Lianshui County	2.97
16	新沂市	Xinyi City	11.09	37	射阳县	Sheyang County	2.73
17	溧阳市	Liyang City	9.98	38	灌云县	Guanyun County	1.84
18	宝应县	Baoying County	8.83	39	泗洪县	Sihong County	1.71
19	东台市	Dongtai City	8.68	40	灌南县	Guannan County	1.48
20	沭阳县	Shuyang County	7.04	41	盱眙县	Xuyi County	1.40
21	兴化市	Xinghua City	7.04				

21－15　实际使用外资（2018 年）
Actual Use of Foreign Capital(2018)

位次 No.	县（市）名称	County (City)	绝对数（亿美元）Absolute Figure (100 million USD)	位次 No.	县（市）名称	County (City)	绝对数（亿美元）Absolute Figure (100 million USD)
1	江阴市	Jiangyin City	9.51	22	盱眙县	Xuyi County	1.24
2	昆山市	Kunshan City	7.27	23	兴化市	Xinghua City	1.12
3	常熟市	Changshu City	4.87	24	句容市	Jurong City	1.10
4	宜兴市	Yixing City	4.63	25	扬中市	Yangzhong City	1.03
5	如皋市	Rugao City	4.57	26	东海县	Donghai County	0.99
6	太仓市	Taicang City	4.40	27	高邮市	Gaoyou City	0.93
7	张家港市	Zhangjiagang City	3.95	28	沭阳县	Shuyang County	0.92
8	泰兴市	Taixing City	3.69	29	靖江市	Jingjiang City	0.90
9	海安市	Haian City	3.38	30	东台市	Dongtai City	0.90
10	海门市	Haimen City	3.26	31	灌南县	Guannan County	0.83
11	启东市	Qidong City	3.08	32	丰县	Fengxian County	0.80
12	如东县	Rudong County	3.01	33	宝应县	Baoying County	0.70
13	溧阳市	Liyang City	3.01	34	射阳县	Sheyang County	0.61
14	新沂市	Xinyi City	2.72	35	响水县	Xiangshui County	0.58
15	邳州市	Pizhou City	2.34	36	泗阳县	Siyang County	0.56
16	沛县	Peixian County	1.94	37	泗洪县	Sihong County	0.56
17	丹阳市	Danyang City	1.62	38	滨海县	Binhai County	0.55
18	仪征市	Yizheng City	1.40	39	建湖县	Jianhu County	0.38
19	睢宁县	Suining County	1.37	40	阜宁县	Funing County	0.35
20	金湖县	Jinhu County	1.35	41	灌云县	Guanyun County	0.21
21	涟水县	Lianshui County	1.30				

21－16 金融机构各项存款余额(人民币)(2018年)

The Balance of Deposits of Financial Institutions (RMB)(2018)

位次 No.	县(市)名称 County (City)		绝对数(亿元) Absolute Figure (100 million yuan)	位次 No.	县(市)名称 County (City)		绝对数(亿元) Absolute Figure (100 million yuan)
1	昆山市	Kunshan City	4674.94	22	沭阳县	Shuyang County	632.53
2	江阴市	Jiangyin City	3594.67	23	扬中市	Yangzhong City	624.92
3	常熟市	Changshu City	3279.58	24	宝应县	Baoying County	561.85
4	张家港市	Zhangjiagang City	2928.72	25	睢宁县	Suining County	558.57
5	宜兴市	Yixing City	2068.53	26	沛县	Peixian County	554.51
6	太仓市	Taicang City	1570.01	27	射阳县	Sheyang County	485.94
7	海门市	Haimen City	1515.63	28	建湖县	Jianhu County	481.12
8	启东市	Qidong City	1386.69	29	新沂市	Xinyi City	470.98
9	海安市	Haian City	1386.21	30	阜宁县	Funing County	470.49
10	如皋市	Rugao City	1292.72	31	丰县	Fengxian County	440.97
11	如东县	Rudong County	1192.69	32	东海县	Donghai County	410.40
12	溧阳市	Liyang City	1121.24	33	泗阳县	Siyang County	396.36
13	丹阳市	Danyang City	1112.43	34	涟水县	Lianshui County	392.51
14	泰兴市	Taixing City	1091.14	35	盱眙县	Xuyi County	391.86
15	靖江市	Jingjiang City	1023.73	36	滨海县	Binhai County	376.67
16	兴化市	Xinghua City	867.99	37	泗洪县	Sihong County	354.11
17	东台市	Dongtai City	827.46	38	灌云县	Guanyun County	320.06
18	句容市	Jurong City	817.07	39	金湖县	Jinhu County	280.71
19	仪征市	Yizheng City	655.11	40	灌南县	Guannan County	270.20
20	邳州市	Pizhou City	644.04	41	响水县	Xiangshui County	229.27
21	高邮市	Gaoyou City	637.67				

21－17 金融机构各项贷款余额(人民币)(2018 年)
The Balance of Loans of Financial Institutions (RMB) (2018)

位次 No.	县(市)名称 County (City)		绝对数(亿元) Absolute Figure (100 million yuan)	位次 No.	县(市)名称 County (City)		绝对数(亿元) Absolute Figure (100 million yuan)
1	昆山市	Kunshan City	3441.40	22	仪征市	Yizheng City	452.44
2	江阴市	Jiangyin City	3007.56	23	高邮市	Gaoyou City	429.51
3	常熟市	Changshu City	2552.14	24	泗阳县	Siyang County	426.35
4	张家港市	Zhangjiagang City	2368.85	25	宝应县	Baoying County	378.10
5	宜兴市	Yixing City	1586.91	26	泗洪县	Sihong County	363.01
6	太仓市	Taicang City	1499.35	27	射阳县	Sheyang County	346.07
7	丹阳市	Danyang City	1069.03	28	建湖县	Jianhu County	339.09
8	海门市	Haimen City	1066.98	29	滨海县	Binhai County	334.95
9	海安市	Haian City	1059.14	30	东海县	Donghai County	333.00
10	启东市	Qidong City	943.68	31	新沂市	Xinyi City	332.88
11	句容市	Jurong City	906.04	32	睢宁县	Suining County	328.21
12	溧阳市	Liyang City	899.92	33	盱眙县	Xuyi County	319.79
13	如皋市	Rugao City	883.68	34	沛县	Peixian County	315.57
14	靖江市	Jingjiang City	876.49	35	阜宁县	Funing County	278.50
15	泰兴市	Taixing City	840.93	36	涟水县	Lianshui County	257.17
16	如东县	Rudong County	698.82	37	灌云县	Guanyun County	244.12
17	兴化市	Xinghua City	559.92	38	丰县	Fengxian County	240.44
18	沭阳县	Shuyang County	552.63	39	金湖县	Jinhu County	236.07
19	东台市	Dongtai City	509.08	40	灌南县	Guannan County	215.51
20	扬中市	Yangzhong City	489.97	41	响水县	Xiangshui County	195.76
21	邳州市	Pizhou City	488.14				

21-18　居民人均可支配收入（2018 年）
Per Capita Disposable Income of Residents(2018)

位　次 No.	县（市）名称	County (City)	绝对数（元） Absolute Figure (yuan)	位　次 No.	县（市）名称	County (City)	绝对数（元） Absolute Figure (yuan)
1	昆山市	Kunshan City	55081	22	建湖县	Jianhu County	28258
2	江阴市	Jiangyin City	54281	23	金湖县	Jinhu County	27400
3	张家港市	Zhangjiagang City	53456	24	盱眙县	Xuyi County	26469
4	常熟市	Changshu City	53296	25	邳州市	Pizhou City	25965
5	太仓市	Taicang City	52538	26	射阳县	Sheyang County	25953
6	宜兴市	Yixing City	44517	27	宝应县	Baoying County	25864
7	扬中市	Yangzhong City	43291	28	沛县	Peixian County	25513
8	溧阳市	Liyang City	39425	29	滨海县	Binhai County	24581
9	丹阳市	Danyang City	38859	30	东海县	Donghai County	24513
10	海门市	Haimen City	37620	31	阜宁县	Funing County	24401
11	靖江市	Jingjiang City	37597	32	响水县	Xiangshui County	23741
12	句容市	Jurong City	35907	33	新沂市	Xinyi City	23482
13	启东市	Qidong City	34766	34	沭阳县	Shuyang County	22664
14	海安市	Haian City	33659	35	涟水县	Lianshui County	22569
15	泰兴市	Taixing City	33520	36	泗阳县	Siyang County	22363
16	如东县	Rudong County	32760	37	睢宁县	Suining County	21878
17	如皋市	Rugao City	32580	38	泗洪县	Sihong County	21815
18	仪征市	Yizheng City	32362	39	丰县	Fengxian County	21748
19	东台市	Dongtai City	31817	40	灌南县	Guannan County	21227
20	兴化市	Xinghua City	29991	41	灌云县	Guanyun County	20802
21	高邮市	Gaoyou City	28597				

21-19 城镇常住居民人均可支配收入（2018年）
Per Capita Disposable Income of Urban Permanent Residents(2018)

位次 No.	县（市）名称 County (City)		绝对数（元） Absolute Figure (yuan)	位次 No.	县（市）名称 County (City)		绝对数（元） Absolute Figure (yuan)
1	张家港市	Zhangjiagang City	64055	22	金湖县	Jinhu County	36391
2	江阴市	Jiangyin City	63957	23	盱眙县	Xuyi County	36178
3	昆山市	Kunshan City	63926	24	建湖县	Jianhu County	34873
4	常熟市	Changshu City	63712	25	邳州市	Pizhou City	33796
5	太仓市	Taicang City	63076	26	沛县	Peixian County	32336
6	宜兴市	Yixing City	53891	27	东海县	Donghai County	32228
7	扬中市	Yangzhong City	53675	28	宝应县	Baoying County	31773
8	溧阳市	Liyang City	49489	29	射阳县	Sheyang County	31254
9	丹阳市	Danyang City	48791	30	滨海县	Binhai County	31234
10	海门市	Haimen City	47877	31	响水县	Xiangshui County	30086
11	句容市	Jurong City	47431	32	阜宁县	Funing County	30074
12	靖江市	Jingjiang City	46777	33	涟水县	Lianshui County	29781
13	启东市	Qidong City	44248	34	新沂市	Xinyi City	29633
14	海安市	Haian City	44112	35	灌南县	Guannan County	28819
15	如东县	Rudong County	43811	36	沭阳县	Shuyang County	27993
16	如皋市	Rugao City	43255	37	睢宁县	Suining County	27718
17	泰兴市	Taixing City	43104	38	泗阳县	Siyang County	27681
18	仪征市	Yizheng City	42900	39	丰县	Fengxian County	27277
19	兴化市	Xinghua City	39499	40	灌云县	Guanyun County	27086
20	东台市	Dongtai City	38351	41	泗洪县	Sihong County	27046
21	高邮市	Gaoyou City	37071				

21－20 农村常住居民人均可支配收入(2018年)

Per Capita Disposable Income of Rural Permanent Residents(2018)

位次 No.	县(市)名称 County (City)		绝对数(元) Absolute Figure (yuan)	位次 No.	县(市)名称 County (City)		绝对数(元) Absolute Figure (yuan)
1	江阴市	Jiangyin City	33136	22	宝应县	Baoying County	20119
2	昆山市	Kunshan City	32916	23	兴化市	Xinghua City	20066
3	常熟市	Changshu City	32820	24	射阳县	Sheyang County	19653
4	张家港市	Zhangjiagang City	32664	25	沛县	Peixian County	18799
5	太仓市	Taicang City	32458	26	金湖县	Jinhu County	18718
6	扬中市	Yangzhong City	28199	27	阜宁县	Funing County	18282
7	宜兴市	Yixing City	27860	28	邳州市	Pizhou City	18207
8	溧阳市	Liyang City	25908	29	滨海县	Binhai County	17746
9	丹阳市	Danyang City	25633	30	新沂市	Xinyi City	17325
10	海门市	Haimen City	24654	31	东海县	Donghai County	17291
11	启东市	Qidong City	23687	32	盱眙县	Xuyi County	17206
12	东台市	Dongtai City	23317	33	响水县	Xiangshui County	17020
13	靖江市	Jingjiang City	23220	34	沭阳县	Shuyang County	16877
14	句容市	Jurong City	22313	35	丰县	Fengxian County	16725
15	海安市	Haian City	21473	36	泗阳县	Siyang County	16648
16	泰兴市	Taixing City	21268	37	睢宁县	Suining County	16546
17	仪征市	Yizheng City	20688	38	泗洪县	Sihong County	16274
18	如东县	Rudong County	20387	39	涟水县	Lianshui County	15939
19	建湖县	Jianhu County	20184	40	灌云县	Guanyun County	15493
20	如皋市	Rugao City	20166	41	灌南县	Guannan County	14826
21	高邮市	Gaoyou City	20140				

22

乡镇基本情况

Basic Conditions of Villages and Towns

简 要 说 明

一、本篇资料的主要内容

本篇资料反映乡镇经济社会基本情况。

二、资料来源

本篇资料根据乡镇社会经济基本情况统计年报加工整理。

Brief Introduction

I. Main Contents

Data in this chapter reflect economic and social basic conditions of villages and Towns

Ⅱ. Date Source

Data in this chapter mainly based on the basic conditions of villages and Towns annual report.

22-1 乡镇基本情况(2018年)
Basic Conditions of Villages and Towns(2018)

名称 Name		总人口(人) Total Population (person)	从业人员(人) Employment (person)	土地面积(公顷) Land Area (hectare)	耕地面积(公顷) Cultivated Area (hectare)	财政收入(万元) Financial Revenue (10000 yuan)	粮食产量(吨) Output of Grain (ton)
南 京 市	**Nanjing City**						
市 辖 区	**Municipal District**						
竹 镇 镇	Zhuzhen Town	51595	28897	21104	9639	21882	60321
白 马 镇	Baima Town	38342	23132	14588	4948	23350	30888
晶 桥 镇	Jingqiao Town	36861	22452	14260	4470	27798	33033
和 凤 镇	Hefeng Town	50922	26862	19000	4230	35061	33964
阳 江 镇	Yangjiang Town	71219	41632	13113	6027	14308	1584
砖 墙 镇	Zhuanqiang Town	35266	21141	7585	3463	22584	410
漆 桥 镇	Qiqiao Town	26525	15153	5363	1988	23168	8274
固 城 镇	Gucheng Town	41929	24060	9556	3463	22752	5916
东 坝 镇	Dongba Town	43156	27843	10432	3902	27074	33212
桠 溪 镇	Yaxi Town	60780	33574	15106	5267	12874	41350
无 锡 市	**Wuxi City**						
市 辖 区	**Municipal District**						
羊 尖 镇	Yangjian Town	56682	35822	5046	2122	53069	14777
鹅 湖 镇	Ehu Town	74858	42710	5457	1314	71665	3591
锡 北 镇	Xibei Town	100221	54226	6238	2328	98120	6597
东 港 镇	Donggang Town	136816	87580	8505	3539	220237	14713
洛 社 镇	Luoshe Town	183325	111120	7742	1297	313124	1106
阳 山 镇	Yangshan Town	58517	33522	4212	570	69581	
胡 埭 镇	Hudai Town	68530	34125	3608	428	98000	396
江 阴 市	**Jiangyin City**						
璜 土 镇	Huangtu Town	76478	49654	6449	2300	80510	10789
月 城 镇	Yuecheng Town	47275	31269	3853	1200	38205	4124
青 阳 镇	Qingyang Town	86219	44441	6757	3285	77388	13309
徐霞客镇	Xuxiake Town	135629	69760	11017	4494	139783	16866
华 士 镇	Huashi Town	134230	86927	7456	1966	282271	6960

名称 Name		总人口（人）Total Population (person)	从业人员（人）Employment (person)	土地面积（公顷）Land Area (hectare)	耕地面积（公顷）Cultivated Area (hectare)	财政收入（万元）Financial Revenue (10000 yuan)	粮食产量（吨）Output of Grain (ton)
周庄镇	Zhouzhuang Town	139465	88298	7596	2346	247837	9423
新桥镇	Xinqiao Town	39838	26646	2000	307	317811	720
长泾镇	Changjing Town	73652	47873	5330	1950	72900	16388
顾山镇	Gushan Town	76163	57884	4971	1341	118864	7230
祝塘镇	Zhutang Town	88497	57377	5959	2589	144430	16102
宜兴市	**Yixing City**						
张渚镇	Zhangzhu Town	85848	49278	18894	3210	72244	12963
西渚镇	Xizhu Town	27723	16110	6661	3123	12106	14740
太华镇	Taihua Town	21795	14425	9157	664	16672	1781
徐舍镇	Xushe Town	100043	56732	17991	9511	41915	76759
官林镇	Guanlin Town	92628	40885	12400	4103	158499	18147
杨巷镇	Yangxiang Town	43426	24332	8642	4020	25987	22959
新建镇	Xinjian Town	26203	14745	4436	2298	21027	2490
和桥镇	Heqiao Town	81066	50369	10134	3654	77205	37119
高塍镇	Gaocheng Town	62022	36075	11267	3192	131062	35422
万石镇	Wanshi Town	32972	17655	4382	2321	55977	24072
周铁镇	Zhoutie Town	61087	25642	7135	3796	66675	26471
丁蜀镇	Dingshu Town	216466	94578	19218	4659	161049	23013
湖父镇	Hufu Town	23845	12632	9802	1192	17555	3653
徐州市	**Xuzhou City**						
市辖区	**Municipal District**						
青山泉镇	Qingshanquan Town	47712	28436	6647	2855	30529	23356
紫庄镇	Zizhuang Town	61007	35442	6668	3200	6612	45427
塔山镇	Tashan Town	74423	30256	9468	5497	12333	40258
汴塘镇	Biantang Town	51886	19994	10080	4185	1229	38111
江庄镇	Jiangzhuang Town	35260	17766	7496	4389	13415	41591
何桥镇	Heqiao Town	50376	29750	7400	5326	6036	37252
黄集镇	Huangji Town	62521	34576	8340	4566	12078	51384
马坡镇	Mapo Town	44764	24584	6900	3670	5285	62194
郑集镇	Zhengji Town	48161	29121	6710	5065	10672	55360

名称 Name		总人口（人）Total Population (person)	从业人员（人）Employment (person)	土地面积（公顷）Land Area (hectare)	耕地面积（公顷）Cultivated Area (hectare)	财政收入（万元）Financial Revenue (10000 yuan)	粮食产量（吨）Output of Grain (ton)
柳新镇	Liuxin Town	76506	37184	9606	3753	46900	50484
刘集镇	Liuji Town	67432	30165	8360	4143	11745	48797
大彭镇	Dapeng Town	67567	42981	7600	3427	16000	42287
汉王镇	Hanwang Town	43975	18741	6393	2075	18623	23961
棠张镇	Tangzhang Town	55091	36221	8060	4316	9871	25076
张集镇	Zhangji Town	93148	37862	14800	7720	14104	72263
房村镇	Fangcun Town	76155	39884	13600	7987	6244	74645
伊庄镇	Yizhuang Town	45450	21875	8565	3260	4580	42044
单集镇	Shanji Town	59108	28001	13210	7384	4210	76521
利国镇	Liguo Town	58921	22214	7769	2733	51218	28233
大许镇	Daxu Town	82752	42903	12917	6415	4225	88562
茅村镇	Maocun Town	69411	35368	8324	3845	15124	34122
柳泉镇	Liuquan Town	64601	40571	10520	4714	20832	58422
徐庄镇	Xuzhuang Town	65045	38712	13259	6131	2451	87320
丰县	**Fengxian County**						
首羡镇	Shouxian Town	91369	54221	12232	8938	12860	43854
顺河镇	Shunhe Town	54320	28581	9404	5896	11841	48958
常店镇	Changdian Town	67344	33022	8187	4029	8166	47241
欢口镇	Huankou Town	104220	54185	10751	6561	19906	82117
师寨镇	Shizhai Town	62538	40138	8518	5268	9846	40262
华山镇	Huashan Town	75816	49075	10100	5177	16034	25192
梁寨镇	Liangzhai Town	59258	33011	8680	5391	26060	38045
范楼镇	Fanlou Town	83872	38507	11610	7331	14285	54805
宋楼镇	Songlou Town	88986	44405	12214	3883	33327	31360
大沙河镇	Dashahe Town	61327	28768	8631	1539	8285	6840
王沟镇	Wanggou Town	101369	51232	12621	8088	11936	67543
赵庄镇	Zhaozhuang Town	63055	40983	9100	5209	24527	52003
沛县	**Peixian County**						
龙固镇	Longgu Town	62891	30585	5302	2659	44586	26831
杨屯镇	Yangtun Town	61117	38339	5165	2041	39296	24518

名称 Name		总人口（人）Total Population (person)	从业人员（人）Employment (person)	土地面积（公顷）Land Area (hectare)	耕地面积（公顷）Cultivated Area (hectare)	财政收入（万元）Financial Revenue (10000 yuan)	粮食产量（吨）Output of Grain (ton)
胡寨镇	Huzhai Town	37429	22188	4594	2731	11164	42619
魏庙镇	Weimiao Town	53248	31312	6202	3950	9220	50512
五段镇	Wuduan Town	40831	24642	4977	2859	16342	34466
张庄镇	Zhangzhuang Town	85437	43324	11200	6811	18112	52164
张寨镇	Zhangzhai Town	80137	37065	10634	6945	12706	63348
敬安镇	Jingan Town	59200	30495	9600	5051	40769	30652
河口镇	Hekou Town	51278	32869	8257	5485	11764	27568
栖山镇	Qishan Town	51794	32039	8951	6225	11013	39600
鹿楼镇	Lulou Town	73714	46960	12540	5996	11703	90162
朱寨镇	Zhuzhai Town	60875	27481	7900	4700	12812	39101
安国镇	Anguo Town	83829	43950	10294	5689	27162	36924
睢宁县	**Suining County**						
王集镇	Wangji Town	71062	45593	13152	7374	6447	50391
双沟镇	Shuanggou Town	59506	30778	9530	4651	21541	53465
岚山镇	Lanshan Town	73821	45813	11850	8468	19082	74121
李集镇	Liji Town	53452	33721	6298	3679	32210	36881
桃园镇	Taoyuan Town	66564	40279	9489	5108	13856	60067
官山镇	Guanshan Town	84218	52863	12528	7655	23848	85579
高作镇	Gaozuo Town	36163	23866	4171	2519	21593	28131
沙集镇	Shaji Town	62083	37253	6518	3609	17614	39514
凌城镇	Lingcheng Town	73206	39960	9365	5364	13083	73024
邱集镇	Qiuji Town	94314	56379	14079	8886	11107	93554
古邳镇	Gupi Town	64552	41955	10666	5145	13555	57815
姚集镇	Yaoji Town	89266	52181	16780	6700	8014	83324
魏集镇	Weiji Town	75893	45666	13000	7252	12589	76327
梁集镇	Liangji Town	60344	32506	12134	4465	11514	42576
庆安镇	Qingan Town	59305	36470	11571	7625	9750	64520
新沂市	**Xinyi City**						
瓦窑镇	Wayao Town	37212	20230	6203	3532	15336	31303
港头镇	Gangtou Town	38896	21971	6810	3361	8560	49181

名称 Name		总人口（人）Total Population (person)	从业人员（人）Employment (person)	土地面积（公顷）Land Area (hectare)	耕地面积（公顷）Cultivated Area (hectare)	财政收入（万元）Financial Revenue (10000 yuan)	粮食产量（吨）Output of Grain (ton)
合沟镇	Hegou Town	59226	31209	6734	3044	22706	29987
草桥镇	Caoqiao Town	67018	41432	10122	3869	10111	62526
窑湾镇	Yaowan Town	55071	33447	11636	4470	10423	57682
棋盘镇	Qipan Town	71554	43269	15770	7390	17122	100726
马陵山镇	Malingshan Town	53278	35042	9528	4672	8730	66796
新店镇	Xindian Town	45072	28310	11199	4799	10659	61592
邵店镇	Shaodian Town	38105	19624	5849	2867	11695	31630
时集镇	Shiji Town	54683	26905	13887	7501	10621	89907
高流镇	Gaoliu Town	59472	38298	12189	6905	18201	87860
阿湖镇	Ahu Town	61294	38126	12527	5685	12016	65832
双塘镇	Shuangtang Town	37455	24345	9484	3583	12561	43622
邳州市	**Pizhou City**						
邳城镇	Picheng Town	81242	25410	9028	5035	9750	29121
官湖镇	Guanhu Town	112321	68521	8888	2053	55865	16420
四户镇	Sihu Town	47993	26681	8156	4789	13502	43993
宿羊山镇	Suyangshan Town	77085	41945	9013	4726	15752	34551
八义集镇	Bayiji Town	69799	42321	10562	6597	10618	56221
土山镇	Tushan Town	48641	29183	7015	3489	33949	13995
碾庄镇	Nianzhuang Town	95338	40396	12088	6985	37682	46857
港上镇	Gangshang Town	65211	32042	6470	3200	19673	7539
邹庄镇	Zouzhuang Town	57590	35240	7351	5690	16082	29905
占城镇	Zhancheng Town	39261	14555	8900	5132	5398	40703
新河镇	Xinhe Town	57531	33769	11800	4924	7619	47365
八路镇	Balu Town	43156	26114	6700	3660	6126	27648
铁富镇	Tiefu Town	123550	71210	12447	5920	41200	41460
岔河镇	Chahe Town	41535	24325	7088	3495	12847	65466
陈楼镇	Chenlou Town	50529	25820	4340	1651	22362	5801
邢楼镇	Xinglou Town	57760	35980	9684	5510	9578	78300
戴庄镇	Daizhuang Town	55485	33851	6845	4392	5460	41500
车辐山镇	Chefushan Town	60618	35216	9488	5618	11368	22364

名称 Name		总人口（人） Total Population (person)	从业人员（人） Employment (person)	土地面积（公顷） Land Area (hectare)	耕地面积（公顷） Cultivated Area (hectare)	财政收入（万元） Financial Revenue (10000 yuan)	粮食产量（吨） Output of Grain (ton)
燕子埠镇	Yanzibu Town	33108	18852	7700	4125	8249	38570
赵 墩 镇	Zhaodun Town	97665	60377	12081	5487	19251	58562
议 堂 镇	Yitang Town	34120	18619	5442	2691	21380	36800
常 州 市	**Changzhou City**						
市 辖 区	**Municipal District**						
郑 陆 镇	Zhenglu Town	108251	53673	8893	2465	125218	8297
邹 区 镇	Zouqu Town	101000	37395	6615	2383	77000	722
春 江 镇	Chunjiang Town	167080	78144	15210	3265	337220	16223
孟 河 镇	Menghe Town	111247	52153	8866	3673	65172	26547
新 桥 镇	Xinqiao Town	63208	35462	2714	687	84005	2981
薛 家 镇	Xuejia Town	89401	27752	3737	508	162405	1042
罗 溪 镇	Luoxi Town	54632	31009	5379	996	105802	5528
西夏墅镇	Xixiashu Town	52215	26888	5196	2066	65505	3940
奔 牛 镇	Benniu Town	64915	36012	5631	2662	38443	3930
湖 塘 镇	Hutang Town	399765	126988	8406	33	287585	23
牛 塘 镇	Niutang Town	110866	38441	3460	430	85580	57
洛 阳 镇	Luoyang Town	84063	38479	5577	1211	64900	4106
遥 观 镇	Yaoguan Town	104075	56870	4468	686	183592	3500
横 林 镇	Henglin Town	102311	51371	4668	727	92497	2647
横山桥镇	Hengshanqiao Town	84382	57006	5840	1336	107514	3279
雪 堰 镇	Xueyan Town	101952	48127	10483	3010	111878	9514
前 黄 镇	Qianhuang Town	80217	39793	10240	2700	57827	23283
礼 嘉 镇	Lijia Town	86595	28977	5823	2389	61730	12759
嘉 泽 镇	Jiaze Town	87537	47324	10632	4475	29489	8
湟 里 镇	Huangli Town	75311	43829	8715	3582	110460	161
金 城 镇	Jincheng Town	60890	30514	9280	3576	77253	29993
儒 林 镇	Rulin Town	30212	19105	10500	1587	187239	3204
直 溪 镇	Zhixi Town	61668	34808	10652	4754	114222	51256
朱 林 镇	Zhulin Town	37345	24153	7699	3231	24740	29297
薛 埠 镇	Xuebu Town	52612	31903	13263	4147	57580	23075

名称 Name		总人口（人）Total Population (person)	从业人员（人）Employment (person)	土地面积（公顷）Land Area (hectare)	耕地面积（公顷）Cultivated Area (hectare)	财政收入（万元）Financial Revenue (10000 yuan)	粮食产量（吨）Output of Grain (ton)
指 前 镇	Zhiqian Town	58484	28773	10514	3512	44008	37426
溧 阳 市	**Liyang City**						
溧 城 镇	Licheng Town	230209	106531	7551	1864	64186	17221
埭 头 镇	Daitou Town	25374	13962	4369	2158	14142	17077
上 黄 镇	Shanghuang Town	27032	14807	4760	537	23523	4254
戴 埠 镇	Daibu Town	46672	30193	14265	2958	22145	20288
天目湖镇	Tianmuhu Town	74906	33352	23897	5705	106592	20851
别 桥 镇	Bieqiao Town	68971	44798	11265	7020	23256	70919
上 兴 镇	Shangxing Town	68748	39536	24560	8472	57927	87357
竹 箦 镇	Zhuze Town	66977	36737	18360	6762	32562	52910
南 渡 镇	Nandu Town	75623	38894	12450	7100	34578	59666
社 渚 镇	Shezhu Town	74325	40823	20700	7866	38486	83308
苏 州 市	**Suzhou City**						
市 辖 区	**Municipal District**						
浒墅关镇	Hushuguan Town	64861	24651	3000	380	584147	3296
通 安 镇	Tongan Town	96714	43230	3698	1326	159265	1842
甪 直 镇	Dongzhu Town	137403	108356	12081	2014	412902	5800
木 渎 镇	Mudu Town	322472	257740	7459	80	433059	
胥 口 镇	Xukou Town	91458	58296	3586	225	202306	792
东 山 镇	Dongshan Town	56091	33160	9600	474	52684	35
光 福 镇	Guangfu Town	48219	36264	6156	1340	59436	547
金 庭 镇	Jinting Town	45266	26046	8342	779	51287	760
临 湖 镇	Linhu Town	91216	58990	5430	1453	104955	6596
望 亭 镇	Wangting Town	62197	40365	4406	1345	117198	4128
黄 埭 镇	Huangdai Town	123793	87488	5600	506	272356	3907
渭 塘 镇	Weitang Town	83514	53975	3936	786	161830	489
阳澄湖镇	Yangchenghu Town	62361	40430	6284	1209	120678	1099
太湖新城镇	Taihuxincheng Town	279353	159770	19872	4296	697750	14399
平 望 镇	Pingwang Town	124958	65468	13565	4650	199666	27079

名称 Name		总人口（人） Total Population (person)	从业人员（人） Employment (person)	土地面积（公顷） Land Area (hectare)	耕地面积（公顷） Cultivated Area (hectare)	财政收入（万元） Financial Revenue (10000 yuan)	粮食产量（吨） Output of Grain (ton)
盛泽镇	Shengze Town	198070	144998	14774	3023	706719	20579
七都镇	Qidou Town	83270	51670	8620	2886	107722	2655
震泽镇	Zhenze Town	89300	49580	9561	3524	149538	20566
桃源镇	Taoyuan Town	79684	48815	9060	3688	109200	4412
黎里镇	Lili Town	179379	113744	25800	5113	624489	33421
常熟市	**Changshu City**						
梅李镇	Meili Town	109178	69536	8084	3018	205131	21050
海虞镇	Haiyu Town	123779	78227	10997	3564	258136	36349
古里镇	Guli Town	107380	71007	9646	2203	298652	26670
沙家浜镇	Shajiabang Town	58391	47840	7024	1984	173945	981
支塘镇	Zhitang Town	83232	50497	12896	5352	85983	39624
董浜镇	Dongbang Town	65342	39452	6261	2763	48816	7199
辛庄镇	Xinzhuang Town	103156	66948	10426	3336	207041	18837
尚湖镇	Shanghu Town	106960	69256	11250	3529	118231	51894
张家港市	**Zhangjiagang City**						
杨舍镇	Yangshe Town	416753	223539	15309	3400	1160358	16719
塘桥镇	Tangqiao Town	150560	95154	9427	3892	151009	32501
金港镇	Jingang Town	324827	210902	13161	2930	1145663	19758
锦丰镇	Jinfeng Town	187016	107476	11432	4542	929706	31685
乐余镇	Leyu Town	92903	39467	7861	3906	51229	35526
凤凰镇	Fenghuang Town	122906	65106	7879	2728	150001	19926
南丰镇	Nanfeng Town	81533	52610	6246	2694	306134	21421
大新镇	Daxin Town	73923	35897	4048	1682	53959	10604
昆山市	**Kunshan City**						
玉山镇	Yushan Town	472223	328713	11800	890	1701459	10738
巴城镇	Bacheng Town	104405	89173	15700	1095	275810	7081
周市镇	Zhoushi Town	146255	105052	7943	875	659994	5866
陆家镇	Lujia Town	97734	72258	3546	328	272629	4286
花桥镇	Huaqiao Town	129767	87247	5009	446	869381	2500

名称 Name		总人口（人）Total Population (person)	从业人员（人）Employment (person)	土地面积（公顷）Land Area (hectare)	耕地面积（公顷）Cultivated Area (hectare)	财政收入（万元）Financial Revenue (10000 yuan)	粮食产量（吨）Output of Grain (ton)
淀山湖镇	Dianshanhu Town	65046	49171	6584	1243	192070	10812
张浦镇	Zhangpu Town	132414	123562	10904	2730	578376	16088
周庄镇	Zhouzhuang Town	33301	24049	3605	498	94837	3926
千灯镇	Qiandeng Town	152005	103201	7853	1408	363524	13444
锦溪镇	Jinxi Town	51966	40637	9069	1538	141024	11351
太仓市	**Taicang City**						
城厢镇	Chengxiang Town	164343	83490	5295	1930	131650	12255
沙溪镇	Shaxi Town	144706	84295	13240	6028	163184	29050
浏河镇	Liuhe Town	99256	63998	6459	3177	259083	13999
浮桥镇	Fuqiao Town	133803	84293	14444	4362	554892	29808
璜泾镇	Huangjing Town	79462	50612	8355	4184	54712	26007
双凤镇	Shuangfeng Town	59670	38975	6250	2274	112499	10313
南通市	**Nantong City**						
市辖区	**Municipal District**						
西亭镇	Xiting Town	49217	27593	6921	4063	16126	30025
二甲镇	Erjia Town	59310	48062	6602	3559	17089	10238
东社镇	Dongshe Town	81985	52155	11508	6830	15960	31722
三余镇	Sanyu Town	90641	74716	36801	10838	31585	69609
十总镇	Shizong Town	71112	42656	13317	7748	18613	61146
石港镇	Shigang Town	60584	39163	11015	5609	23307	67586
刘桥镇	Liuqiao Town	69616	41201	10728	5548	21289	65053
平潮镇	Pingchao Town	114332	68986	10960	5200	62493	47325
五接镇	Wujie Town	40021	21508	8065	2161	45420	17842
兴仁镇	Xingren Town	83233	51087	7756	3798	46340	31028
张芝山镇	Zhangzhishan Town	71904	26082	4982	2107	34861	7878
川姜镇	Chuanjiang Town	109762	50838	4986	2370	64989	7963
如东县	**Rudong County**						
栟茶镇	Bingcha Town	51025	25002	9570	5530	12112	39090
洋口镇	Yangkou Town	76276	40044	13710	7973	154571	76640
苴镇	Juzhen Town	47816	22979	11786	5994	68637	56756

名称 Name		总人口（人）Total Population (person)	从业人员（人）Employment (person)	土地面积（公顷）Land Area (hectare)	耕地面积（公顷）Cultivated Area (hectare)	财政收入（万元）Financial Revenue (10000 yuan)	粮食产量（吨）Output of Grain (ton)
长沙镇	Changsha Town	37376	23739	10184	5311	96128	32760
大豫镇	Dayu Town	77234	53747	19547	12445	43220	47569
掘港镇	Juegang Town	216820	69916	23926	8489	130249	87750
马塘镇	Matang Town	71940	32897	14083	7609	25061	102000
丰利镇	Fengli Town	78053	33140	14037	8506	22334	96306
曹埠镇	Caobu Town	44906	22362	9236	5615	12590	60717
岔河镇	Chahe Town	69340	36405	14163	8893	23416	101364
双甸镇	Shuangdian Town	65569	35089	11233	7230	24830	89205
新店镇	Xindian Town	36002	19789	8069	3314	18630	55230
河口镇	Hekou Town	58541	31574	11610	5350	50842	62837
袁庄镇	Yuanzhuang Town	54873	27002	9919	6010	5787	65345
启东市	**Qidong City**						
汇龙镇	Huilong Town	233981	88754	10419	5202	162194	20845
惠萍镇	Huiping Town	56291	35517	7500	5732	14462	21130
东海镇	Donghai Town	51502	34971	8540	5441	9130	30427
南阳镇	Nanyang Town	83837	53747	12680	7756	12104	42372
海复镇	Haifu Town	51088	29178	7380	4123	4761	16156
合作镇	Hezuo Town	58196	37089	8870	4580	6087	24988
王鲍镇	Wangbao Town	72695	43966	12600	6883	10644	33004
吕四港镇	Lvsigang Town	142258	80295	15280	7252	119895	37550
如皋市	**Rugao City**						
东陈镇	Dongchen Town	70581	34134	11232	6350	20637	53689
丁堰镇	Dingyan Town	45952	23455	7053	4047	23828	42781
白蒲镇	Baipu Town	107026	57354	14489	7969	37435	90448
下原镇	Xiayuan Town	57923	30446	7076	3969	13219	38311
九华镇	Jiuhua Town	61241	32673	6961	3873	31034	33370
石庄镇	Shizhuang Town	73641	40306	8506	4598	27573	28053
长江镇	Changjiang Town	120489	87556	12236	7648	200390	59371
吴窑镇	Wuyao Town	56798	28241	6436	3358	20712	28446
江安镇	Jiangan Town	103567	49104	11836	6560	23409	55086

名称 Name		总人口（人）Total Population (person)	从业人员（人）Employment (person)	土地面积（公顷）Land Area (hectare)	耕地面积（公顷）Cultivated Area (hectare)	财政收入（万元）Financial Revenue (10000 yuan)	粮食产量（吨）Output of Grain (ton)
搬经镇	Banjing Town	120240	59357	17485	9913	22834	85836
磨头镇	Motou Town	71203	37802	10315	5487	20651	36444
海门市	**Haimen City**						
常乐镇	Changle Town	68103	35989	9813	4766	45220	22953
悦来镇	Yuelai Town	98489	62708	14144	6913	46375	39100
四甲镇	Sijia Town	83671	43657	9683	5146	22148	17562
余东镇	Yudong Town	54545	33415	6830	3557	16281	16775
正余镇	Zhengyu Town	52949	28406	7636	3473	22115	17798
海永镇	Haiyong Town	4730	3806	800	456	5195	1367
海安市	**Haian City**						
海安镇	Haian Town	258253	181905	21434	7740	425300	80264
城东镇	Chengdong Town	136852	81956	17093	6418	302233	71698
曲塘镇	Qutang Town	83135	39328	11894	6374	39601	81645
李堡镇	Libao Town	76195	43346	9453	5020	30954	53276
角斜镇	Jiaoxie Town	61575	32945	14622	4955	33729	60971
大公镇	Dagong Town	60680	24826	10450	4776	31811	62419
雅周镇	Yazhou Town	55086	28749	8330	4696	15293	53544
白甸镇	Baidian Town	28744	15241	5305	2928	17366	23610
南莫镇	Nanmo Town	445101	23426	7420	3950	15070	44589
墩头镇	Duntou Town	58912	32329	11556	5960	21669	72976
连云港市	**Lianyungang City**						
市辖区	**Municipal District**						
前三岛乡	Qiansandao Country	40				143	
锦屏镇	Jinping Town	30194	14429	5214	1690	3080	24010
浦南镇	Punan Town	30210	19210	6946	4484	3188	64289
新坝镇	Xinba Town	72632	47141	8064	4917	5873	57456
板浦镇	Banpu Town	55903	33058	10850	5460	6340	60513
青口镇	Qingkou Town	196628	95020	8729	2222	56213	30858
柘汪镇	Zhewang Town	55323	28767	7230	2010	181000	24690
石桥镇	Shiqiao Town	62534	29961	7869	4221	8287	26881

名称	Name	总人口（人）Total Population (person)	从业人员（人）Employment (person)	土地面积（公顷）Land Area (hectare)	耕地面积（公顷）Cultivated Area (hectare)	财政收入（万元）Financial Revenue (10000 yuan)	粮食产量（吨）Output of Grain (ton)
金 山 镇	Jinshan Town	44172	21086	6690	3457	4265	26579
黑 林 镇	Heilin Town	40743	15867	8262	2756	5410	25470
厉 庄 镇	Lizhuang Town	34575	21619	6257	3905	4222	15728
海 头 镇	Haitou Town	79915	31209	7900	2616	19489	28616
塔 山 镇	Tashan Town	58997	29325	10484	5226	8336	43025
赣 马 镇	Ganma Town	84068	38118	7618	4886	11534	28540
班 庄 镇	Banzhuang Town	100325	40855	17561	10012	3540	41282
城 头 镇	Chengtou Town	85726	41447	11485	6332	5902	61241
城 西 镇	Chengxi Town	39762	18692	4530	2536	4725	32991
宋 庄 镇	Songzhuang Town	33842	15330	3420	1197	2020	14540
沙 河 镇	Shahe Town	113596	52524	13252	7055	9052	86752
墩 尚 镇	Dunshang Town	68197	42666	12854	4136	6026	59639
东 海 县	**Donghai County**						
白塔埠镇	Baitabu Town	61026	30513	10329	6051	4730	71765
黄 川 镇	Huangchuan Town	66586	33375	9438	4715	6020	59630
石梁河镇	Shilianghe Town	64267	36348	10395	3496	7306	35920
青 湖 镇	Qinghu Town	59370	37256	9432	6131	7354	57125
温 泉 镇	Wenquan Town	45126	23334	10271	4312	4817	33078
双 店 镇	Shuangdian Town	42385	27538	11700	7000	2619	43754
桃 林 镇	Taolin Town	69162	38974	16978	9551	7412	51272
洪 庄 镇	Hongzhuang Town	32691	18215	6719	4450	3635	33129
安 峰 镇	Anfeng Town	70352	35574	13417	6823	9334	70347
房 山 镇	Fangshan Town	76121	47970	14972	9213	12743	102698
平 明 镇	Pingming Town	69519	35792	15787	9898	6135	90297
驼 峰 乡	Tuofeng Country	61109	32521	10462	7160	5074	84925
李 埝 乡	Linian Country	33773	21351	7009	2747	1760	13417
山左口乡	Shanzuokou Country	46562	19525	8906	5215	4045	33879
石 湖 乡	Shihu Country	28996	18715	7226	3865	5668	28160
曲 阳 乡	Quyang Country	38855	16159	7495	3967	3451	36160
张 湾 乡	Zhangwan Country	31557	20047	9500	4971	1898	66257

名称 Name		总人口（人）Total Population (person)	从业人员（人）Employment (person)	土地面积（公顷）Land Area (hectare)	耕地面积（公顷）Cultivated Area (hectare)	财政收入（万元）Financial Revenue (10000 yuan)	粮食产量（吨）Output of Grain (ton)
灌 云 县	**Guanyun County**						
伊 山 镇	Yishan Town	161367	72590	8233	3761	15861	58822
杨 集 镇	Yangji Town	115725	60875	15449	9529	21830	90685
燕尾港镇	Yanweigang Town	7141	4525	2580	78	77109	1410
同 兴 镇	Tongxing Town	79852	38142	10606	8848	5427	81022
四 队 镇	Sidui Town	54134	26680	8827	5989	4494	61599
圩 丰 镇	Weifeng Town	42109	27011	6901	5114	3601	69908
龙 苴 镇	Longju Town	84335	45188	12801	8752	10637	97760
下 车 镇	Xiache Town	100058	59391	10368	8154	14242	93160
图 河 乡	Tuhe Country	41482	24123	10821	5536	4479	69296
东王集乡	Dongwangji Country	70512	34085	9197	5653	7426	70515
小 伊 乡	Xiaoyi Country	65184	24683	8425	5454	4862	65029
南 岗 乡	Nangang Country	110698	40569	13372	9678	13507	96156
灌 南 县	**Guannan County**						
新 安 镇	Xinan Town	174206	91341	14327	7144	28983	77889
堆沟港镇	Duigougang Town	80942	43324	14082	6467	31140	94065
田 楼 镇	Tianlou Town	75154	46650	11144	5910	17541	75117
北陈集镇	Beichenji Town	38091	21622	5526	3443	2960	35922
张 店 镇	Zhangdian Town	33845	20289	5918	3800	3476	35867
三 口 镇	Sankou Town	53206	31924	8702	5540	8239	67526
孟兴庄镇	Mengxingzhuang Town	53856	27532	7809	4897	5388	45058
汤 沟 镇	Tanggou Town	28822	12617	3260	2031	2782	22643
百 禄 镇	Bailu Town	56593	36285	10516	6394	12327	62899
新 集 镇	Xinji Town	67364	33956	12738	8202	9420	84328
李 集 乡	Liji Country	65620	36280	8819	4975	8560	50560
淮 安 市	**Huaian City**						
市 辖 区	**Municipal District**						
平 桥 镇	Pingqiao Town	59115	34345	7925	4937	7412	65682
朱 桥 镇	Zhuqiao Town	45202	22278	5158	2751	7674	38070
施 河 镇	Shihe Town	62198	34278	10083	8235	54372	65605

名称 Name		总人口（人）Total Population (person)	从业人员（人）Employment (person)	土地面积（公顷）Land Area (hectare)	耕地面积（公顷）Cultivated Area (hectare)	财政收入（万元）Financial Revenue (10000 yuan)	粮食产量（吨）Output of Grain (ton)
车 桥 镇	Cheqiao Town	71507	33715	11700	6997	10003	97300
流 均 镇	Liujun Town	46523	25319	8860	2857	13066	33869
博 里 镇	Boli Town	93016	46109	14638	9030	13744	90210
复 兴 镇	Fuxing Town	35914	21367	6454	3769	4782	55331
苏 嘴 镇	Suzui Town	77589	41689	9533	7235	5562	48520
钦 工 镇	Qingong Town	72454	35468	9887	6116	8727	64080
顺 河 镇	Shunhe Town	39012	24776	7756	4133	5239	60507
漕 运 镇	Caoyun Town	77136	44286	13874	7878	11027	92560
石 塘 镇	Shitang Town	61451	32157	6876	3889	9902	47601
南陈集镇	Nanchenji Town	59064	38684	9327	4529	5920	79669
丁 集 镇	Dingji Country	60647	30601	9340	5970	13315	27666
徐 溜 镇	Xuliu Country	78062	47465	13343	9425	8398	80328
渔 沟 镇	Yugou Country	76250	37508	15548	7150	14728	85706
三 树 镇	Sanshu Country	36754	20652	7984	4368	8543	38206
高家堰镇	Gaojieyan Town	62463	41140	15225	4480	13850	58865
马 头 镇	Matou Town	79507	52063	16431	8800	21356	102377
刘老庄镇	Liulaozhuang Country	42953	26619	8491	5598	8104	41985
淮 高 镇	Huaigao Town	98837	62292	18007	8506	21725	103941
和 平 镇	Heping Town	32560	21112	7268	3125	19521	46332
武 墩 镇	Wudun Town	21482	12209	4078	1680	12489	21995
盐 河 镇	Yanhe Town	22532	13943	3283	1642	11758	18293
黄 码 乡	Huangma Country	19668	12711	1821	1416	1204	13669
蒋 坝 镇	Jiangba Town	8792	5735	346	275	11790	5310
岔 河 镇	Chahe Town	62601	43750	19968	7581	17611	112437
西顺河镇	Xishunhe Town	8620	5399	1900	302	18700	2380
老子山镇	Laozishan Town	13258	8534	30000	131	4726	4068
三 河 镇	Sanhe Town	46489	30172	6825	6550	31890	85761
东双沟镇	Dongshuanggou Town	58697	34111	9862	6987	13984	99545
范 集 镇	Fanji Town	11840	6569	4054	1700	4290	14002
钵 池 乡	Bochi Country	6654	3645	380	69	91410	180

名称 Name		总人口（人）Total Population (person)	从业人员（人）Employment (person)	土地面积（公顷）Land Area (hectare)	耕地面积（公顷）Cultivated Area (hectare)	财政收入（万元）Financial Revenue (10000 yuan)	粮食产量（吨）Output of Grain (ton)
徐杨乡	Xuyang Country	43430	27837	1892	460	5188	780
南马厂乡	Nanmachang Country	31252	14401	3168	1428	18485	17100
涟水县	**Lianshui County**						
涟城镇	Liancheng Town	171147	122070	5600	1515	9053	12964
高沟镇	Gaogou Town	82987	58730	10907	6406	5877	57788
唐集镇	Tangji Town	24661	15142	6506	4181	2017	54128
保滩镇	Baotan Town	25132	11856	4250	2095	15326	15998
大东镇	Dadong Town	26765	15881	5668	3008	5685	33122
五港镇	Wugang Town	45036	29236	11218	7095	7450	62399
梁岔镇	Liangcha Town	37602	16958	6943	3647	3368	42024
石湖镇	Shihu Town	44305	28255	8484	3675	5231	45543
朱码镇	Zhuma Town	69335	44570	11846	7330	11677	70256
岔庙镇	Chamiao Town	34951	22062	8330	4175	6217	42814
东胡集镇	Donghuji Town	57904	35168	11234	6627	11023	56071
南集镇	Nanji Town	21896	13920	5692	3276	13225	30291
义兴镇	Yixing Town	19250	10332	4441	1770	7568	20625
成集镇	Chengji Town	44721	22823	7727	5019	7746	35961
红窑镇	Hongyao Town	53932	34404	11314	5061	4023	70592
陈师镇	Chenshi Town	53737	33949	10100	4457	4125	47321
前进镇	Qianjin Town	20348	9048	5103	2475	5014	27568
徐集乡	Xuji Country	35339	22711	7234	3923	5965	41014
黄营乡	Huangying Country	39100	25250	9940	5847	5675	35605
盱眙县	**Xuyi County**						
马坝镇	Maba Town	102369	62314	29837	16466	18683	191580
官滩镇	Guantan Town	26697	13946	13345	6634	19200	59874
桂五镇	Guiwu Town	33741	16482	14820	9490	11358	44372
河桥镇	Heqiao Town	43857	28507	28034	8598	24877	87538
鲍集镇	Baoji Town	71260	43018	20031	9704	26492	99489
黄花塘镇	Huanghuatang Town	67022	36797	29896	10821	6524	180727
淮河镇	Huaihe Town	78125	31793	22215	7008	30798	81521
天泉湖镇	Tianquanhu Town	38451	24578	24248	6307	1193	59412

名称 Name		总人口（人） Total Population (person)	从业人员（人） Employment (person)	土地面积（公顷） Land Area (hectare)	耕地面积（公顷） Cultivated Area (hectare)	财政收入（万元） Financial Revenue (10000 yuan)	粮食产量（吨） Output of Grain (ton)
管仲镇	Guanzhong Country	66013	27987	16850	7286	13892	70341
穆店镇	Mudian Town	35450	29458	17123	7200	6261	74800
金湖县	**Jinhu County**						
金南镇	Jinnan Town	30274	18483	10201	3044	11530	60798
塔集镇	Taji Town	36757	21833	16577	5844	21908	44441
前锋镇	Qianfeng Town	22449	14591	7915	3947	7063	89570
吕良镇	Lvliang Town	26142	16937	9997	6060	3876	63366
银涂镇	Yintu Town	39178	22474	13307	5140	18506	84533
盐城市	**Yancheng City**						
市辖区	**Municipal District**						
南洋镇	Nanyang Town	77181	50139	12942	7391	20354	42829
新兴镇	Xinxing Town	57427	27529	9257	5138	17524	51237
便仓镇	Biancang Town	32073	12945	7197	3650	9728	43240
盐东镇	Yandong Town	52136	24282	12218	7286	9677	46238
黄尖镇	Huangjian Town	36029	18234	7056	4416	6893	42414
大纵湖镇	Dazonghu Town	43738	27980	9303	4909	10643	27552
楼王镇	Louwang Town	44120	30217	12723	5347	4850	49398
学富镇	Xuefu Town	38156	21319	7124	4535	7569	47072
尚庄镇	Shangzhuang Town	40152	25397	12475	4246	3895	67546
秦南镇	Qinnan Town	75781	35620	11492	7492	13870	99987
龙冈镇	Longgang Town	78208	38385	9339	4832	29554	60885
郭猛镇	Guomeng Town	30831	15863	6242	2267	13200	19136
大冈镇	Dagang Town	48025	21376	10142	5567	12846	49732
草堰镇	Caoyan Town	38758	17269	9589	6121	11025	55164
白驹镇	Baiju Town	38178	20167	11300	6975	15713	71226
刘庄镇	Liuzhuang Town	41682	20053	9638	5552	15586	52395
西团镇	Xituan Town	26835	16832	8800	4860	24375	39900
小海镇	Xiaohai Town	37050	20493	12380	7538	8270	53031
大桥镇	Daqiao Town	29223	15003	10254	6694	11264	66994
草庙镇	Caomiao Town	26085	16955	12280	7238	12107	74987

名称 Name		总人口(人) Total Population (person)	从业人员(人) Employment (person)	土地面积(公顷) Land Area (hectare)	耕地面积(公顷) Cultivated Area (hectare)	财政收入(万元) Financial Revenue (10000 yuan)	粮食产量(吨) Output of Grain (ton)
万盈镇	Wanying Town	45063	23197	14256	9237	14667	76300
南阳镇	Nanyang Town	34681	17876	9352	5164	18688	24427
新丰镇	Xinfeng Town	111844	45782	27621	16171	24636	82741
三龙镇	Sanlong Town	52280	27401	15300	9878	8126	75504
步凤镇	Bufeng Town	52860	28008	12790	6414	8422	78093
响水县	**Xiangshui County**						
响水镇	Xiangshui Town	108068	63188	5121	1745	10777	18970
陈家港镇	Chenjiagang Town	61203	32403	8518	3087	22215	31285
小尖镇	Xiaojian Town	96353	45179	18841	10473	15000	95423
黄圩镇	Huangwei Town	23221	14985	6418	4239	3862	37210
大有镇	Dayou Town	49252	28613	11235	7065	16550	81623
双港镇	Shuanggang Town	57834	28712	10499	6428	8761	53261
南河镇	Nanhe Town	49973	24391	11674	7860	8567	79217
运河镇	Yunhe Town	65550	37972	13130	8221	5428	73149
滨海县	**Binhai County**						
五汛镇	Wuxun Town	74500	33166	14963	9512	7178	94563
蔡桥镇	Caiqiao Town	47447	16639	9199	6825	7340	62031
正红镇	Zhenghong Town	90898	37001	14542	7541	8915	98166
通榆镇	Tongyu Town	38105	21320	5600	2739	7095	37855
界牌镇	Jiepai Town	52510	33283	12194	7255	15106	76170
八巨镇	Baju Town	37988	23215	6902	3699	12393	42596
八滩镇	Batan Town	73188	35581	11185	5870	7563	67146
滨淮镇	Binhuai Town	87568	56825	20132	12157	15105	96125
天场镇	Tianchang Town	36279	19385	8194	3968	10170	39938
陈涛镇	Chentao Town	54876	35279	11091	4792	14285	54893
滨海港镇	Binhaigang Town	42063	25687	14000	5190	6061	54523
阜宁县	**Funing County**						
沟墩镇	Goudun Town	59121	36897	11210	6670	7335	80244
陈良镇	Chenliang Town	32525	15452	6752	3920	5098	57890
三灶镇	Sanzao Town	50120	23606	9120	6161	3951	64548

名称 Name		总人口（人） Total Population (person)	从业人员（人） Employment (person)	土地面积（公顷） Land Area (hectare)	耕地面积（公顷） Cultivated Area (hectare)	财政收入（万元） Financial Revenue (10000 yuan)	粮食产量（吨） Output of Grain (ton)
郭墅镇（澳洋工业园）	Guoshu Town	47647	19142	7071	4469	29546	47456
新沟镇	Xingou Town	45349	22547	7740	4670	10118	57742
陈集镇	Chenji Town	47651	19874	8727	5209	4777	56424
羊寨镇	Yangzhai Town	39069	22579	9420	5318	6825	52568
芦蒲镇	Lupu Town	37029	19801	8673	3978	4163	37880
板湖镇	Banhu Town	34624	22554	6928	4731	5936	51988
东沟镇	Donggou Town	84457	47833	16968	10861	11940	117932
益林镇	Yilin Town	116104	48954	10918	5711	37546	59504
古河镇	Guhe Town	58879	25167	8979	5975	6955	57255
罗桥镇	Luoqiao Town	49088	27950	8871	6138	4740	64260
射阳县	**Sheyang County**						
合德镇	Hede Town	206912	100793	20367	7432	56199	69242
临海镇	Linhai Town	68266	37286	22928	8735	15258	96193
千秋镇	Qianqiu Town	52825	28134	15746	10000	3308	92580
四明镇	Siming Town	62630	36667	17457	10685	13297	107017
海河镇	Haihe Town	87251	56482	24243	14368	10019	161020
海通镇	Haitong Town	30383	19976	7888	3883	8778	32210
兴桥镇	Xingqiao Town	45150	25528	12914	7780	5315	74340
新坍镇	Xintan Town	44981	28521	9875	4950	6240	58130
长荡镇	Changdang Town	36704	23056	9591	4750	6198	51310
盘湾镇	Panwan Town	35360	22980	9600	4901	6556	42550
特庸镇	Teyong Town	45977	22368	10248	5288	5626	20670
洋马镇	Yangma Town	30545	16654	9600	4600	6108	40620
黄沙港镇	Huangshagang Town	20106	13060	2185	1474	17506	9267
建湖县	**Jianhu County**						
建阳镇	Jianyang Town	39147	19815	9623	4882	24200	60153
九龙口镇	Jiulongkou Town	22881	12567	7480	3805	7258	39529
恒济镇	Hengji Town	29596	18147	8008	3692	9832	40913
颜单镇	Yandan Town	21331	13816	8974	1863	13670	23816
沿河镇	Yanhe Town	26336	16767	8181	4662	6700	44427

名称	Name	总人口（人）Total Population (person)	从业人员（人）Employment (person)	土地面积（公顷）Land Area (hectare)	耕地面积（公顷）Cultivated Area (hectare)	财政收入（万元）Financial Revenue (10000 yuan)	粮食产量（吨）Output of Grain (ton)
芦沟镇	Lugou Town	36548	15511	8586	3788	11529	55107
庆丰镇	Qingfeng Town	57219	33052	9400	5883	17208	63813
上冈镇	Shanggang Town	139098	67813	23127	11620	22538	150029
冈西镇	Gangxi Town	22845	14846	6811	4254	5537	50271
宝塔镇	Baota Town	22470	15984	5078	4016	9112	35502
高作镇	Gaozuo Town	26790	14581	7010	4729	12566	49307
东台市	**Dongtai City**						
溱东镇	Qindong Town	37227	20176	7574	4384	29012	40197
时堰镇	Shiyan Town	51677	32717	10226	5998	25831	57140
五烈镇	Wulie Town	73495	45965	13428	8407	20544	71970
梁垛镇	Liangduo Town	78695	46363	13217	7859	46736	68905
安丰镇	Anfeng Town	50840	27642	7128	4021	23508	43307
南沈灶镇	Nanshenzao Town	51623	27103	10323	6549	8833	46477
富安镇	Fuan Town	86244	52969	16999	10035	25549	85177
唐洋镇	Tangyang Town	43300	27760	10744	6405	8150	31422
新街镇	Xinjie Town	38561	24433	10289	5816	7358	10826
许河镇	Xuhe Town	44758	28213	10691	6849	7383	44250
三仓镇	Sancang Town	60655	28209	15726	10025	9940	41618
头灶镇	Touzao Town	74429	34824	20675	13967	15300	119943
弶港镇	Jianggang Town	42693	26452	26392	14126	65170	61461
东台镇	Dongtai Town	218987	131862	29671	15674	124157	98726
扬州市	**Yangzhou City**						
市辖区	**Municipal District**						
李典镇	Lidian Town	43668	25720	7045	2301	123745	29008
沙头镇	Shatou Town	37099	21422	5600	2250	30120	12146
头桥镇	Touqiao Town	49075	28219	6421	2724	20339	30781
湾头镇	Wantou Town	24992	13982	850		4050	
汤汪乡	Tangwang Country	25301	7735	1030	30	11412	
杭集镇	Hangji Town	39405	29935	4026	896	56842	9442
泰安镇	Taian Town	23844	13336	4100	1314	8714	10223

名称 Name		总人口（人）Total Population (person)	从业人员（人）Employment (person)	土地面积（公顷）Land Area (hectare)	耕地面积（公顷）Cultivated Area (hectare)	财政收入（万元）Financial Revenue (10000 yuan)	粮食产量（吨）Output of Grain (ton)
公道镇	Gongdao Town	39821	21211	10646	2703	17350	32646
方巷镇	Fangxiang Town	43589	25285	8936	2720	10866	40253
槐泗镇	Huaisi Town	38853	22937	6000	2256	76905	18811
瓜洲镇	Guazhou Town	16638	8536	1602	317	3958	1561
杨寿镇	Yangshou Town	25173	12205	4048	1536	23200	13670
杨庙镇	Yangmiao Town	23192	14654	3102	1321	21913	6847
西湖镇	Xihu Town	41267	22352	2706	591	78300	1172
双桥乡	Shuangqiao Country	81926	42634	639		26503	
平山乡	Pingshan Country	24659	7795	1120	277	18999	600
城北乡	Chengbei Country	28525	16781	1800	150	6742	620
仙女镇	Xiannv Town	141120	91638	14158	3513	306376	41846
小纪镇	Xiaoji Town	91135	42164	17823	7547	47515	101218
武坚镇	Wujian Town	39211	24841	8558	3505	32388	47779
樊川镇	Fanchuan Town	62580	31023	11611	4906	25509	80417
真武镇	Zhenwu Town	51768	28478	7602	3304	12246	47417
宜陵镇	Yiling Town	50908	26219	5986	2290	25907	32121
丁沟镇	Dinggou Town	62150	40330	10232	4702	21847	71191
郭村镇	Guocun Town	77632	41940	10450	6001	8263	61130
邵伯镇	Shaobo Town	74230	60720	12700	4462	29175	52668
丁伙镇	Dinghuo Town	43885	28205	8020	3689	16916	34972
大桥镇	Daqiao Town	150763	94254	15566	4844	64521	64740
吴桥镇	Wuqiao Town	50194	24526	5596	2753	4662	32562
浦头镇	Putou Town	44401	22235	4315	2471	10200	21808
施桥镇	Shiqiao Town	36746	23200	3099	612	19338	1840
八里镇	Bali Town	24950	18145	2326	354	5910	3763
朴席镇	Puxi Town	31453	18495	4301	2330	5054	22855
宝应县	**Baoying County**						
安宜镇	Anyi Town	243885	111096	14135	3977	102739	52988
氾水镇	Fanshui Town	93936	50440	17200	7363	33874	102954
夏集镇	Xiaji Town	47905	28745	12500	5860	12161	77501

名称 Name		总人口（人）Total Population (person)	从业人员（人）Employment (person)	土地面积（公顷）Land Area (hectare)	耕地面积（公顷）Cultivated Area (hectare)	财政收入（万元）Financial Revenue (10000 yuan)	粮食产量（吨）Output of Grain (ton)
柳堡镇	Liubao Town	46252	28600	11740	4875	12200	76003
射阳湖镇	Sheyanghu Town	66979	42084	19650	7931	13373	121190
广洋湖镇	Guangyanghu Town	20756	14691	9155	2971	8619	40210
鲁垛镇	Luduo Town	25372	15688	6158	3166	6020	46524
小官庄镇	Xiaoguanzhuang Town	27464	14025	4600	2762	6286	42053
望直港镇	Wangzhigang Town	63415	43386	8904	4540	28599	55915
曹甸镇	Caodian Town	64460	35973	10000	4648	12069	68735
西安丰镇	Xianfeng Town	31365	14450	5864	1850	6600	32958
山阳镇	Shanyang Town	51945	29909	12277	4295	12026	73520
黄塍镇	Huangcheng Town	22530	16105	4200	1840	8250	29600
泾河镇	Jinghe Town	48515	26527	8412	4244	10490	66458
仪征市	**Yizheng City**						
真州镇	Zhenzhou Town	239215	80730	6094	1491	97941	6109
新集镇	Xinji Town	40827	26455	6389	3170	30523	24813
新城镇	Xincheng Town	33479	19230	5616	2698	27983	13720
马集镇	Maji Town	28639	15867	6573	3870	18302	22704
刘集镇	Liuji Town	46803	27342	9065	5267	17516	31930
陈集镇	Chenji Town	35044	18913	8155	4948	17837	42510
大仪镇	Dayi Town	50573	27423	10866	6311	17148	57604
月塘镇	Yuetang Town	55582	29558	14800	7395	32985	48242
青山镇	Qingshan Town	25684	21122	4603	997	14985	4325
高邮市	**Gaoyou City**						
龙虬镇	Longqiu Town	34694	16723	7600	2045	8760	34168
汤庄镇	Tangzhuang Town	58125	36520	14582	7004	20359	97017
卸甲镇	Xiejia Town	77458	41065	17016	9930	16696	131165
三垛镇	Sanduo Town	74897	46413	18688	6923	14059	96984
甘垛镇	Ganduo Town	54103	30651	14972	6965	5137	88559
界首镇	Jieshou Town	32354	15036	8580	2421	5155	38101
周山镇	Zhoushan Town	26586	13177	6202	2651	3198	43510
临泽镇	Linze Town	95948	52863	19940	7901	26964	131250

名称 Name		总人口（人）Total Population (person)	从业人员（人）Employment (person)	土地面积（公顷）Land Area (hectare)	耕地面积（公顷）Cultivated Area (hectare)	财政收入（万元）Financial Revenue (10000 yuan)	粮食产量（吨）Output of Grain (ton)
送桥镇	Songqiao Town	70586	44687	15300	6413	43128	97162
菱塘回族乡	Lingtanghuizu Country	24271	15076	5392	1965	25900	26101
镇江市	**Zhenjiang City**						
市辖区	**Municipal District**						
高桥镇	Gaoqiao Town	19571	11340	4280	1039	13807	11431
辛丰镇	Xinfeng Town	50211	25876	7942	2708	10911	28015
谷阳镇	Guyang Town	27702	18405	5068	1295	8627	16220
上党镇	Shangdang Town	49012	31831	11372	3369	20428	34136
宝堰镇	Baoyan Town	23546	14596	4092	1786	6623	16470
世业镇	Shiye Town	13589	8573	5275	1244	3693	14491
姚桥镇	Yaoqiao Town	28204	26790	5691	3066	11363	36000
大路镇	Dalu Town	13044	10433	3606	1785	9240	8584
丁岗镇	Dinggang Town	76610	13932	3536	1930	24422	23009
丹阳市	**Danyang City**						
司徒镇	Situ Town	47255	30668	9165	4558	48848	33182
延陵镇	Yanling Town	72321	46514	11552	6019	26423	69141
珥陵镇	Erling Town	48629	28792	8367	4835	10223	57521
导墅镇	Daoshu Town	47978	28310	8060	4658	14231	50732
皇塘镇	Huangtang Town	57423	39778	8044	3950	30900	9362
吕城镇	Lücheng Town	55998	32602	6801	3994	13992	44043
陵口镇	Lingkou Town	43010	27650	6440	2868	11862	42005
访仙镇	Fangxian Town	51832	29971	7380	4408	23067	47913
界牌镇	Jiepai Town	48929	32593	2363	513	24985	4660
丹北镇	Danbei Town	111063	71011	11491	2997	181556	35117
扬中市	**Yangzhong City**						
新坝镇	Xinba Town	52252	32336	4920	1667	173526	17831
油坊镇	Youfang Town	43895	26647	4593	1652	43677	20380
八桥镇	Baqiao Town	34754	21395	3458	1479	32513	14320
西来桥镇	Xilaiqiao Town	18556	12039	1950	702	12948	5950
句容市	**Jurong City**						

名称 Name		总人口（人）Total Population (person)	从业人员（人）Employment (person)	土地面积（公顷）Land Area (hectare)	耕地面积（公顷）Cultivated Area (hectare)	财政收入（万元）Financial Revenue (10000 yuan)	粮食产量（吨）Output of Grain (ton)
下 蜀 镇	Xiashu Town	70821	32511	9644	2792	103912	14237
白 兔 镇	Baitu Town	37712	17618	11550	4557	20968	49288
边 城 镇	Biancheng Town	33895	19523	10900	3225	15000	23954
茅 山 镇	Maoshan Town	28814	18729	8100	3087	9115	24684
后 白 镇	Houbai Town	61824	44779	14328	7572	20100	47268
郭 庄 镇	Guozhuang Town	66014	33992	14172	7707	34051	62095
天 王 镇	Tianwang Town	55064	35741	13154	8173	27200	43017
宝 华 镇	Baohua Town	55901	25017	10306	1446	165752	11708
泰 州 市	**Taizhou City**						
市 辖 区	**Municipal District**						
九 龙 镇	Jiulong Town	24607	15714	2680	532	71600	6384
罡 杨 镇	Gangyang Town	24559	15830	3400	1714	15881	21008
苏 陈 镇	Suchen Town	47165	26483	4580	2557	16154	22568
永安洲镇	Yonganzhou Town	34700	17597	5291	855	52314	16667
白 马 镇	Baima Town	19500	10424	2322	1173	14236	10036
胡 庄 镇	Huzhuang Town	36394	23389	5382	3079	11839	27378
大 泗 镇	Dasi Town	28286	18568	3678	1938	10834	17168
溱 潼 镇	Qintong Town	34060	20560	3861	1268	15906	8683
蒋 垛 镇	Jiangduo Town	45146	21395	6505	4175	7103	43120
顾 高 镇	Gugao Town	27127	16669	3820	2432	7742	25325
大 伦 镇	Dalun Town	37348	17830	5521	3480	14718	35157
张 甸 镇	Zhangdian Town	73201	36444	9360	5379	19783	69140
梁 徐 镇	Liangxu Town	50212	27911	6663	3927	30779	38288
桥 头 镇	Qiaotou Town	24728	14984	3799	2001	9604	22371
淤 溪 镇	Yuxi Town	39600	25335	7168	3618	12052	28669
白 米 镇	Baimi Town	44151	27774	5487	2985	24598	38004
娄 庄 镇	Louzhuang Town	42603	23620	6792	3526	14597	46990
沈 高 镇	Shengao Town	39602	21334	5673	2223	22378	32670
兴 泰 镇	Xingtai Town	23677	14829	3691	2059	6422	28245
俞 垛 镇	Yuduo Town	41738	26247	7965	4371	6876	47169

名称 Name		总人口（人）Total Population (person)	从业人员（人）Employment (person)	土地面积（公顷）Land Area (hectare)	耕地面积（公顷）Cultivated Area (hectare)	财政收入（万元）Financial Revenue (10000 yuan)	粮食产量（吨）Output of Grain (ton)
华 港 镇	Huagang Town	41096	22746	6977	3697	15380	33298
野 徐 镇	Yexu Town	24267	14511	2267	652	8805	8018
兴 化 市	**Xinghua City**						
戴 窑 镇	Daiyao Town	63455	31616	9600	5150	16847	69592
合 陈 镇	Hechen Town	45986	29311	9928	5358	5403	51102
永 丰 镇	Yongfeng Town	50181	21452	7802	5190	3861	10618
新 垛 镇	Xinduo Town	24038	11380	4908	2520	8044	28086
安 丰 镇	Anfeng Town	112001	71808	20966	8535	14351	65883
海 南 镇	Hainan Town	23083	15204	7163	3832	2113	25207
钓 鱼 镇	Diaoyu Town	40443	19097	7487	3947	3122	55175
大 邹 镇	Dazou Town	23288	10657	4669	2428	2321	24533
沙 沟 镇	Shagou Town	50928	21382	12303	3609	19533	44667
中 堡 镇	Zhongbao Town	28146	15806	8320	2987	2450	48309
竹 泓 镇	Zhuhong Town	37794	17030	6486	2696	4550	41595
沈 沦 镇	Shenlun Town	21022	13664	4959	3011	4772	35358
大 垛 镇	Daduo Town	37448	19432	7363	3913	13262	50960
荻 垛 镇	Diduo Town	41098	21629	7240	3601	9970	61572
陶 庄 镇	Taozhuang Town	44751	19396	8841	3935	7570	59356
昌 荣 镇	Changrong Town	29863	16234	6183	3370	5213	43189
茅 山 镇	Maoshan Town	25988	12354	4304	2800	5832	34014
周 庄 镇	Zhouzhuang Town	42520	28762	9100	5065	13187	71645
陈 堡 镇	Chenbao Town	42654	22369	8057	4729	12404	56590
戴 南 镇	Dainan Town	127796	69892	10770	4887	116881	59442
张 郭 镇	Zhangguo Town	61089	30423	8440	3499	83426	49669
大 营 镇	Daying Town	18828	12088	5081	3297	7663	40501
兴 东 镇	Xingdong Town	48970	28984	10608	6131	8630	63779
千 垛 镇	Qiandou Town	77044	34915	17829	6130	22599	92180
林 湖 乡	Linhu Country	21890	11446	4648	2708	8109	22083
靖 江 市	**Jingjiang City**						
新 桥 镇	Xinqiao Town	60482	31449	6135	3212	41930	30598

名称 Name		总人口（人）Total Population (person)	从业人员（人）Employment (person)	土地面积（公顷）Land Area (hectare)	耕地面积（公顷）Cultivated Area (hectare)	财政收入（万元）Financial Revenue (10000 yuan)	粮食产量（吨）Output of Grain (ton)
东兴镇	Dongxing Town	35748	22355	4683	1850	24894	19748
斜桥镇	Xieqiao Town	96125	46295	10788	2800	23387	28138
西来镇	Xilai Town	48216	24768	4666	2552	23343	27850
季市镇	Jishi Town	46889	24039	4163	2176	11831	25625
孤山镇	Gushan Town	39789	27091	4799	2589	18922	24021
生祠镇	Shengci Town	47696	29234	7019	4283	20822	55168
马桥镇	Maqiao Town	36257	22116	5031	2744	13272	37484
泰兴市	**Taixing City**						
黄桥镇	Huangqiao Town	196248	105201	17595	8579	74347	108069
分界镇	Fenjie Town	58850	32252	7113	3807	10126	51363
古溪镇	Guxi Town	58135	32303	7606	3844	15615	47343
元竹镇	Yuanzhu Town	39110	22559	4749	2348	9232	27710
珊瑚镇	Shanhu Town	50767	29702	4926	2751	9583	34225
广陵镇	Guangling Town	55250	30333	5866	2940	6976	33026
曲霞镇	Quxia Town	32557	18583	3531	1990	7669	21862
张桥镇	Zhangqiao Town	57210	30720	6146	3167	13850	35026
河失镇	Heshi Town	54623	29572	6441	3210	12740	34282
新街镇	Xinjie Town	59787	35269	7206	3618	17864	43962
姚王镇	Yaowang Town	53837	30466	5792	2212	57870	28576
宣堡镇	Xuanbao Town	31952	17617	3227	1736	11659	17961
滨江镇	Binjiang Town	88419	47786	9837	3795	325487	50033
虹桥镇	Hongqiao Town	79160	41542	8825	4374	116180	61776
根思乡	Gensi Country	50708	25494	5890	3273	13781	38024
宿迁市	**Suqian City**						
市辖区	**Municipal District**						
耿车镇	Gengche Town	35931	20239	3501	1302	2208	14081
埠子镇	Buzi Town	46092	23120	4401	2266	2375	24799
龙河镇	Longhe Town	52975	33000	6641	3115	1079	21807
洋北镇	Yangbei Town	34729	15805	4400	2086	15536	25154
中扬镇	Zhongyang Town	52829	34106	14515	6926	623	70165

名称 Name		总人口（人）Total Population (person)	从业人员（人）Employment (person)	土地面积（公顷）Land Area (hectare)	耕地面积（公顷）Cultivated Area (hectare)	财政收入（万元）Financial Revenue (10000 yuan)	粮食产量（吨）Output of Grain (ton)
陈 集 镇	Chenji Town	53616	21610	6867	3895	770	34352
蔡 集 镇	Caiji Town	44622	27464	4433	2494	571	23950
王官集镇	Wangguanji Town	43583	27438	6270	3216	509	42670
洋 河 镇	Yanghe Town	112501	57215	8998	4178	71226	33801
仓 集 镇	Cangji Town	45856	26083	4800	3385	4750	34285
郑 楼 镇	Zhenglou Town	43012	22342	6086	3024	4002	34511
罗 圩 乡	Luowei Country	36568	21009	4071	2215	1760	23371
屠 园 乡	Tuyuan Country	36427	20875	6298	4557	1045	55307
仰 化 镇	Yanghua Town	27258	16324	5233	2501	2105	28816
大 兴 镇	Daxing Town	50665	32047	5826	3179	2467	19289
丁 嘴 镇	Dingzui Town	31796	18779	4764	2390	1126	25400
来 龙 镇	Lailong Town	42721	25941	7271	4237	2465	77373
陆 集 镇	Luji Town	26067	15436	3909	2248	2584	20735
关 庙 镇	Guanmiao Town	36584	22462	7954	4310	3019	44688
侍 岭 镇	Shiling Town	31121	16246	5815	2985	1350	43927
新 庄 镇	Xinzhuang Town	21320	12002	5371	2760	3250	47405
晓 店 镇	Xiaodian Town	50668	27455	14546	2521	4716	31657
皂 河 镇	Zaohe Town	45328	25224	25889	2438	740	19669
黄 墩 镇	Huangdun Town	24570	12320	5125	1415	3215	49795
曹 集 乡	Caoji Country	28486	16299	4687	2660	4125	29870
保 安 乡	Baoan Country	21616	13783	4561	3026	1767	39065
井 头 乡	Jingtou Country	22100	8288	3695	1464	1184	15800
南 蔡 乡	Nancai Country	38651	23684	3974	2173	5159	19544
沭 阳 县	**Shuyang County**						
陇 集 镇	Longji Town	19880	12845	4688	3020	5506	30750
胡 集 镇	Huji Town	47031	29020	6868	3584	5217	32062
钱 集 镇	Qianji Town	27031	17332	4945	2975	2098	32050
塘 沟 镇	Tanggou Town	36377	22967	5795	3985	21177	35577
马 厂 镇	Machang Town	64265	34346	8436	5461	6836	59580
沂 涛 镇	Yitao Town	58308	38066	9458	6032	2538	57125
庙 头 镇	Miaotou Town	43105	24454	5800	3545	14986	26856
韩 山 镇	Hanshan Town	32199	19240	6529	4060	13218	47182

名称 Name		总人口（人）Total Population (person)	从业人员（人）Employment (person)	土地面积（公顷）Land Area (hectare)	耕地面积（公顷）Cultivated Area (hectare)	财政收入（万元）Financial Revenue (10000 yuan)	粮食产量（吨）Output of Grain (ton)
华冲镇	Huachong Town	44162	27701	5455	3418	18532	37152
桑墟镇	Sangxu Town	50269	26593	5400	2502	23999	27052
悦来镇	Yuelai Town	45687	22202	8847	5748	4424	57897
刘集镇	Liuji Town	34412	18880	7200	4960	5418	52325
李恒镇	Liheng Town	37969	22176	6490	4200	14392	43600
扎下镇	Zhaxia Town	48809	29325	5530	2406	10528	8538
颜集镇	Yanji Town	57032	32781	9968	6539	17030	6740
潼阳镇	Tongyang Town	46853	23190	9968	6539	11654	38463
龙庙镇	Longmiao Town	41088	23614	4960	2510	7388	28640
高墟镇	Gaoxu Town	32599	19873	6115	4355	10416	51138
耿圩镇	Gengwei Town	37056	22199	7044	3920	1777	45125
汤涧镇	Tangjian Town	35595	20739	5510	2955	15489	30113
新河镇	Xinhe Town	36633	22750	4952	2886	7021	3363
贤官镇	Xianguan Town	45702	24866	5029	3390	7437	32037
吴集镇	Wuji Town	37381	20408	7305	4075	2008	35805
湖东镇	Hudong Town	33651	21863	6343	4441	3668	50230
青伊湖镇	Qingyihu Town	33062	13524	5000	2894	13128	33802
北丁集乡	Beidingji Country	22187	12934	3877	2291	1342	24512
周集乡	Zhouji Country	26626	15189	4531	2650	1713	34301
东小店乡	Dongxiaodian Country	27564	17837	5105	3597	4408	36498
张圩乡	Zhangwei Country	20914	10809	3902	2366	1898	23158
茆圩乡	Maowei Country	37615	20585	7124	5180	13877	40770
西圩乡	Xiwei Country	23450	13342	4671	3960	8500	30052
万匹乡	Wanpi Country	30392	18563	3500	2508	8752	25672
官墩乡	Guandun Country	26310	17101	5800	3080	2021	35668
泗阳县	**Siyang County**						
众兴镇	Zhongxing Town	304112	162310	26200	12060	83125	98100
爱园镇	Aiyuan Town	47149	29357	6448	3918	8522	38180
王集镇	Wangji Town	62603	33450	8531	4844	2416	42753
裴圩镇	Peiwei Town	57015	25441	7686	4100	2451	58013
新袁镇	Xinyuan Town	36767	20482	5359	3056	1582	22861
李口镇	Likou Town	42812	26893	6565	3311	4155	31209

名称 Name		总人口（人）Total Population (person)	从业人员（人）Employment (person)	土地面积（公顷）Land Area (hectare)	耕地面积（公顷）Cultivated Area (hectare)	财政收入（万元）Financial Revenue (10000 yuan)	粮食产量（吨）Output of Grain (ton)
临 河 镇	Linhe Town	37871	22804	5875	2840	9211	26123
穿 城 镇	Chuancheng Town	30874	19500	5436	3421	5984	36998
张家圩镇	Zhangjiawei Town	31550	18725	5764	3529	5329	32174
高 渡 镇	Gaodu Town	30165	17596	5746	3410	1937	35084
卢 集 镇	Luji Town	31284	18362	8040	4920	1823	52621
庄 圩 乡	Zhuangwei Country	31685	16736	4876	2830	3450	28819
里 仁 乡	Liren Country	29395	17137	4152	2696	5496	26063
三 庄 乡	Sanzhuang Country	30584	20234	6589	4050	2146	43361
南刘集乡	Nanliuji Country	31262	19856	5850	3160	6875	31104
八 集 乡	Baji Country	21480	13838	4500	2488	7688	19000
泗 洪 县	**Sihong County**						
双 沟 镇	Shuanggou Town	31199	26199	7429	4006	15480	28253
上 塘 镇	Shangtang Town	36408	23665	13299	9667	5313	56933
魏 营 镇	Weiying Town	23307	16885	10315	7782	2786	42673
临 淮 镇	Linhuai Town	12253	7842	2309	137	3244	1058
半 城 镇	Bancheng Town	10713	7298	8300	741	3166	8244
孙 园 镇	Sunyuan Town	32439	20923	9516	6446	5007	69415
梅 花 镇	Meihua Town	30010	15647	9350	6773	3731	46112
归 仁 镇	Guiren Town	42427	26913	11459	7233	4282	67068
金 锁 镇	Jinsuo Town	31148	21545	8069	4740	3792	41205
朱 湖 镇	Zhuhu Town	23821	14029	7370	4982	3760	44900
界 集 镇	Jieji Town	29234	22500	9060	6056	4591	86520
太 平 镇	Taiping Town	21157	13273	7251	4820	3427	41982
龙 集 镇	Longji Town	25434	18120	8741	4505	3675	46034
四 河 乡	Sihe Country	19801	17103	6169	3492	3376	16688
峰 山 乡	Fengshan Country	16880	10965	5684	3546	3982	38569
天岗湖乡	Tianganghu Country	21118	13793	8914	5551	5062	34899
车 门 乡	Chemen Country	21525	12436	8436	6881	4302	49293
瑶 沟 乡	Yaogou Country	17903	9684	6935	4310	5050	34875
石 集 乡	Shiji Country	12921	8354	8980	4873	4671	50124
城 头 乡	Chengtou Country	12967	8169	7817	4468	4449	61373
陈 圩 乡	Chenwei Country	23045	14723	8820	5560	3252	72411
曹 庙 乡	Caomiao Country	21227	12874	9185	5754	2986	53874

附录

全国分省主要指标

Appendix. Major Indicators by Region

附录 1－1　人口及地区生产总值（2018 年）
Population and Gross Domestic Product（2018）

地　区 Region	年末常住人口（万人）Permanent Population at Year-end（10000 persons）	年末城镇人口比重（%）Proportion of Urban Population at Year-end（%）	地区生产总值（亿元）Gross Domestic Products（100 million yuan）	第一产业 Primary Industry	第二产业 Secondary Industry	第三产业 Tertiary Industry	人均地区生产总值（元）Per Capita GDP（yuan）
全　国 National Total	**139538**	**59.6**	**900309**	**64734**	**366001**	**469575**	**64644**
北　京 Beijing	2154.20	86.5	30319.98	118.69	5647.65	24553.64	140211
天　津 Tianjin	1559.60	83.2	18809.64	172.71	7609.81	11027.12	120711
河　北 Hebei	7556.30	56.4	36010.27	3338.00	16040.06	16632.21	47772
山　西 Shanxi	3718.00	58.4	16818.11	740.64	7089.19	8988.28	45328
内蒙古 Inner Mongolia	2533.98	62.7	17289.22	1753.82	6807.30	8728.10	68302
辽　宁 Liaoning	4359.30	68.1	25315.35	2033.30	10025.10	13256.95	58008
吉　林 Jilin	2704.06	57.5	15074.62	1160.75	6410.85	7503.02	55611
黑龙江 Heilongjiang	3773.10	60.1	16361.62	3000.96	4030.94	9329.72	43274
上　海 Shanghai	2423.78	88.1	32679.87	104.37	9732.54	22842.96	134982
江　苏 Jiangsu	**8050.70**	**69.6**	**92595.40**	**4141.72**	**41248.52**	**47205.16**	**115168**
浙　江 Zhejiang	5737.00	68.9	56197.15	1967.01	23505.88	30724.26	98643
安　徽 Anhui	6323.60	54.7	30006.82	2638.01	13842.09	13526.72	47712
福　建 Fujian	3941.00	65.8	35804.04	2379.82	17232.36	16191.86	91197
江　西 Jiangxi	4647.57	56.0	21984.78	1877.33	10250.21	9857.24	47434
山　东 Shandong	10047.24	61.2	76469.67	4950.52	33641.72	37877.43	76267
河　南 Henan	9605.00	51.7	48055.86	4289.38	22034.83	21731.65	50152
湖　北 Hubei	5917.00	60.3	39366.55	3547.51	17088.95	18730.09	66616
湖　南 Hunan	6898.77	56.0	36425.78	3083.59	14453.54	18888.65	52949
广　东 Guangdong	11346.48	70.7	97277.77	3831.44	40695.15	52751.18	86412
广　西 Guangxi	4926.00	50.2	20352.51	3019.37	8072.94	9260.20	41489
海　南 Hainan	934.32	59.1	4832.05	1000.11	1095.79	2736.15	51955
重　庆 Chongqing	3101.79	65.5	20363.19	1378.27	8328.79	10656.13	65933
四　川 Sichuan	8341.00	52.3	40678.13	4426.66	15322.72	20928.70	48883
贵　州 Guizhou	3600.00	47.5	14806.45	2159.54	5755.54	6891.37	41244
云　南 Yunnan	4829.50	47.8	17881.12	2498.86	6957.44	8424.82	37136
西　藏 Tibet	343.82	31.1	1477.63	130.25	628.37	719.01	43397
陕　西 Shanxi	3864.40	58.1	24438.32	1830.19	12157.48	10450.65	63477
甘　肃 Gansu	2637.26	47.7	8246.07	921.30	2794.67	4530.10	31336
青　海 Qinghai	603.23	54.5	2865.23	268.10	1247.06	1350.07	47689
宁　夏 Ningxia	688.11	58.9	3705.18	279.85	1650.26	1775.07	54094
新　疆 Xinjiang	2486.76	50.9	12199.08	1692.09	4922.97	5584.02	49475

注：地区生产总值为初步核算数。

a）Data of gross domestic products are preliminary verification data.

附录1－2 地区生产总值构成及增速（2018年）
Structure and Growth Rate of Gross Domestic Product (2018)

地 区	Region	地区生产总值构成（%） Structure of GDP(%)	第一产业 Primary Industry	第二产业 Secondary Industry	第三产业 Tertiary Industry	地区生产总值比上年增长（%） Growth Rate of GDP Over Preceding Year (%)
全 国	**National Total**	**100.0**	**7.2**	**40.7**	**52.2**	**6.6**
北 京	Beijing	100.0	0.4	18.6	81.0	6.6
天 津	Tianjin	100.0	0.9	40.5	58.6	3.6
河 北	Hebei	100.0	9.3	44.5	46.2	6.6
山 西	Shanxi	100.0	4.4	42.2	53.4	6.7
内蒙古	Inner Mongolia	100.0	10.1	39.4	50.5	5.3
辽 宁	Liaoning	100.0	8.0	39.6	52.4	5.7
吉 林	Jilin	100.0	7.7	42.5	49.8	4.5
黑龙江	Heilongjiang	100.0	18.3	24.6	57.0	4.7
上 海	Shanghai	100.0	0.3	29.8	69.9	6.6
江 苏	**Jiangsu**	**100.0**	**4.5**	**44.5**	**51.0**	**6.7**
浙 江	Zhejiang	100.0	3.5	41.8	54.7	7.1
安 徽	Anhui	100.0	8.8	46.1	45.1	8.0
福 建	Fujian	100.0	6.6	48.1	45.2	8.3
江 西	Jiangxi	100.0	8.5	46.6	44.8	8.7
山 东	Shandong	100.0	6.5	44.0	49.5	6.4
河 南	Henan	100.0	8.9	45.9	45.2	7.6
湖 北	Hubei	100.0	9.0	43.4	47.6	7.8
湖 南	Hunan	100.0	8.5	39.7	51.9	7.8
广 东	Guangdong	100.0	3.9	41.8	54.2	6.8
广 西	Guangxi	100.0	14.8	39.7	45.5	6.8
海 南	Hainan	100.0	20.7	22.7	56.6	5.8
重 庆	Chongqing	100.0	6.8	40.9	52.3	6.0
四 川	Sichuan	100.0	10.9	37.7	51.4	8.0
贵 州	Guizhou	100.0	14.6	38.9	46.5	9.1
云 南	Yunnan	100.0	14.0	38.9	47.1	8.9
西 藏	Tibet	100.0	8.8	42.5	48.7	9.1
陕 西	Shanxi	100.0	7.5	49.7	42.8	8.3
甘 肃	Gansu	100.0	11.2	33.9	54.9	6.3
青 海	Qinghai	100.0	9.4	43.5	47.1	7.2
宁 夏	Ningxia	100.0	7.6	44.5	47.9	7.0
新 疆	Xinjiang	100.0	13.9	40.4	45.8	6.1

附录1-3 房地产开发投资主要指标(2018年)
Major Indicaotrs of Real Estate Investment(2018)

地区 Region		房地产开发投资(含农户)(亿元) Investment in Real Estate Development (Including Farm Households) (100 million yuan)	#住宅 Residence	商品房销售额(亿元) Sales Value of Commercial Housing (100 million yuan)	#住宅 Residence	商品房销售面积(万平方米) Floor Space of Commercial Housing Sold (10000 sq. m)	商品房待售面积(万平方米) Floor Space of Commercial for sales (10000 sq. m)
全　国	**National Total**	**120264**	**85192**	**149973**	**126393**	**171654**	**52414**
北　京	Beijing	3873.35	2026.06	2377.00	1971.15	696.19	2153.27
天　津	Tianjin	2424.49	1863.50	2006.62	1816.53	1249.87	640.42
河　北	Hebei	4476.40	3471.11	4034.96	3567.27	5251.93	918.09
山　西	Shanxi	1376.59	1033.76	1610.61	1473.17	2360.90	984.85
内蒙古	Inner Mongolia	882.85	641.99	1113.94	909.04	2007.67	1241.73
辽　宁	Liaoning	2599.27	1944.46	2967.31	2615.75	3934.57	3248.77
吉　林	Jilin	1175.88	841.02	1452.43	1233.50	2074.46	1253.69
黑龙江	Heilongjiang	944.40	647.77	1320.31	1112.28	1913.25	1752.87
上　海	Shanghai	4033.18	2225.92	4751.50	3864.03	1767.01	2196.76
江　苏	**Jiangsu**	**10982.34**	**8366.18**	**14527.27**	**12693.86**	**13484.21**	**4993.65**
浙　江	Zhejiang	9944.93	7156.45	14089.85	12096.31	9755.49	2597.69
安　徽	Anhui	5974.11	4563.41	7076.95	6174.85	10038.43	1682.59
福　建	Fujian	4940.34	3456.86	6579.49	5074.52	6213.40	1879.13
江　西	Jiangxi	2174.93	1590.64	4219.89	3524.32	6200.71	950.54
山　东	Shandong	7552.97	5717.52	10065.70	8682.81	13454.73	2639.97
河　南	Henan	7015.47	5387.62	8055.30	6903.79	13990.50	2800.92
湖　北	Hubei	4693.12	3464.59	7531.38	6591.36	8865.38	1769.39
湖　南	Hunan	3945.95	2764.48	5353.99	4377.39	9239.15	1720.46
广　东	Guangdong	14412.19	9757.86	18742.12	15595.29	14336.31	4971.25
广　西	Guangxi	3004.13	2217.50	3826.50	3330.75	6212.90	1380.19
海　南	Hainan	1715.04	1310.51	2083.29	1831.95	1432.25	642.29
重　庆	Chongqing	4248.76	3012.65	5272.70	4442.87	6536.25	1750.74
四　川	Sichuan	5697.87	3764.71	8532.35	6621.21	12210.73	2397.83
贵　州	Guizhou	2349.23	1557.85	2920.95	2278.10	5181.96	752.69
云　南	Yunnan	3247.23	2115.17	3406.84	2690.84	4531.88	1157.84
西　藏	Tibet	92.60	49.99	52.82	42.94	73.35	23.23
陕　西	Shanxi	3534.67	2411.55	3407.45	2808.78	4118.56	726.95
甘　肃	Gansu	1116.39	672.35	922.34	774.63	1595.65	803.95
青　海	Qinghai	351.82	215.89	289.89	224.05	447.93	137.33
宁　夏	Ningxia	449.57	300.41	517.73	420.63	1026.50	939.15
新　疆	Xinjiang	1033.44	642.48	863.26	648.64	1452.23	1305.28

附录1－4 居民人均收入与支出(2018年)

Per Capita Disposable Income and Comsumption Expenditure of Residents(2018)

单位:元 (yuan)

地区 Region		全体居民 All Residents		城镇常住居民 Urban Residents		农村常住居民 Rural Resident	
		人均可支配收入 Per Capita Disposable Income	人均消费支出 Per Capita Consumption Expenditure	人均可支配收入 Per Capita Disposable Income	人均消费支出 Per Capita Consumption Expenditure	人均可支配收入 Per Capita Disposable Income	人均消费支出 Per Capita Consumption Expenditure
全国	**National Total**	**28228**	**19853**	**39251**	**26112**	**14617**	**12124**
北京	Beijing	62361	39843	67990	42926	26490	20195
天津	Tianjin	39506	29903	42976	32655	23065	16863
河北	Hebei	23446	16722	32977	22127	14031	11383
山西	Shanxi	21990	14810	31035	19790	11750	9172
内蒙古	Inner Mongolia	28376	19665	38305	24437	13803	12661
辽宁	Liaoning	29701	21398	37342	26448	14656	11455
吉林	Jilin	22798	17200	30172	22394	13748	10826
黑龙江	Heilongjiang	22726	16994	29191	21035	13804	11417
上海	Shanghai	64183	43351	68034	46015	30375	19965
江苏	**Jiangsu**	**38096**	**25007**	**47200**	**29462**	**20845**	**16567**
浙江	Zhejiang	45840	29471	55574	34598	27302	19707
安徽	Anhui	23984	17045	34393	21523	13996	12748
福建	Fujian	32644	22996	42121	28145	17821	14943
江西	Jiangxi	24080	15792	33819	20760	14460	10885
山东	Shandong	29205	18780	39549	24798	16297	11270
河南	Henan	21964	15169	31874	20989	13831	10392
湖北	Hubei	25815	19538	34455	23996	14978	13946
湖南	Hunan	25241	18808	36698	25064	14093	12721
广东	Guangdong	35810	26054	44341	30924	17168	15411
广西	Guangxi	21485	14935	32436	20159	12435	10617
海南	Hainan	24579	17528	33349	22971	13989	10956
重庆	Chongqing	26386	19248	34889	24154	13781	11977
四川	Sichuan	22461	17664	33216	23484	13331	12723
贵州	Guizhou	18430	13798	31592	20788	9716	9170
云南	Yunnan	20084	14250	33488	21626	10768	9123
西藏	Tibet	17286	11520	33797	23029	11450	7452
陕西	Shanxi	22528	16160	33319	21966	11213	10071
甘肃	Gansu	17488	14624	29957	22606	8804	9065
青海	Qinghai	20757	16557	31515	22998	10393	10352
宁夏	Ningxia	22400	16715	31895	21977	11708	10790
新疆	Xinjiang	21500	16189	32764	24191	11975	9421

附录1-5 居民消费价格指数（2018年）
Consumer Price Index(2018)

上年=100 (preceding year=100)

地区 Region	居民消费价格指数 Consumer Price Index	食品烟酒 Food or somke wine	衣着 Clothing	居住 Residence	生活用品及服务 Daily Necessities and services	交通和通信 Transportation and Communication	教育文化和娱乐 Education and Culture Artides	医疗保健 Health Care	其他用品和服务 Other Supplies and Services
全国 National Total	**102.1**	**101.9**	**101.2**	**102.4**	**101.6**	**101.7**	**102.2**	**104.3**	**101.2**
北京 Beijing	102.5	103.1	99.7	103.2	101.3	100.6	103.6	103.0	102.2
天津 Tianjin	102.0	103.1	101.1	101.3	101.1	101.3	102.4	102.6	101.1
河北 Hebei	102.4	102.0	101.7	102.5	101.7	100.4	102.4	107.4	102.5
山西 Shanxi	101.8	101.7	100.5	102.4	100.6	101.2	101.9	103.6	101.3
内蒙古 Inner Mongolia	101.8	102.0	101.7	102.3	101.1	101.4	100.8	102.7	100.6
辽宁 Liaoning	102.5	102.2	100.4	101.5	100.4	101.5	102.1	111.1	100.9
吉林 Jilin	102.1	101.4	102.5	102.1	102.3	100.8	102.3	105.3	100.7
黑龙江 Heilongjiang	102.0	100.9	100.9	101.1	100.8	101.2	102.9	108.6	99.8
上海 Shanghai	101.6	102.3	98.3	100.2	101.4	104.0	103.1	102.4	102.4
江苏 Jiangsu	**102.3**	**102.3**	**102.2**	**102.4**	**103.4**	**102.5**	**102.4**	**101.2**	**102.2**
浙江 Zhejiang	102.3	102.6	101.1	103.4	101.4	101.0	102.2	102.6	100.2
安徽 Anhui	102.0	102.1	102.0	102.1	101.7	101.1	102.2	102.8	100.6
福建 Fujian	101.5	101.7	99.6	101.9	100.9	101.2	102.1	102.1	100.5
江西 Jiangxi	102.1	101.0	100.2	102.6	101.0	101.6	102.6	108.3	100.8
山东 Shandong	102.5	102.3	103.2	103.1	101.6	101.8	102.2	103.0	100.8
河南 Henan	102.3	101.5	101.1	102.2	101.6	102.2	103.0	106.1	101.4
湖北 Hubei	101.9	101.8	100.8	102.5	101.3	102.2	101.5	103.5	100.6
湖南 Hunan	102.0	100.8	101.9	103.6	101.3	102.8	101.5	102.5	100.6
广东 Guangdong	102.2	102.1	101.7	102.1	101.4	101.9	102.3	104.5	101.0
广西 Guangxi	102.3	101.0	101.5	104.3	101.9	101.6	102.5	104.5	101.3
海南 Hainan	102.5	101.2	104.1	103.4	102.0	103.3	102.7	103.6	101.8
重庆 Chongqing	102.0	101.4	101.5	102.8	101.7	100.1	103.0	105.7	100.9
四川 Sichuan	101.7	101.3	101.1	102.6	101.5	101.2	101.5	102.8	102.4
贵州 Guizhou	101.8	100.7	100.9	102.9	100.9	102.1	103.4	102.0	100.6
云南 Yunnan	101.6	100.5	101.4	102.1	101.1	101.7	102.3	104.1	100.8
西藏 Tibet	101.7	102.3	102.3	101.1	101.7	101.5	100.4	102.1	101.1
陕西 Shanxi	102.1	102.0	100.9	102.7	102.3	101.0	101.7	104.0	101.3
甘肃 Gansu	102.0	100.9	101.1	103.5	100.8	101.2	100.5	108.0	100.8
青海 Qinghai	102.5	102.7	101.4	102.5	101.1	101.6	104.8	103.4	100.5
宁夏 Ningxia	102.3	102.5	102.2	102.6	102.3	102.7	101.8	101.9	101.2
新疆 Xinjiang	102.0	103.1	98.9	97.9	102.3	101.2	101.3	112.5	100.1

附录1－6 农林牧渔业总产值和增速(2018年)
Gross Output Value and Growth Rate of Agriculture, Forestry, Animal Husbandry and Fishery (2018)

地区	Region	农林牧渔业总产值(亿元)	Gross Output Value of Agriculture, Forestry, Animal Husbandry and Fishery (100 million yuan)				农林牧渔业总产值比上年增长(%) Grouth Rate of Gross Output Value of Agriculture,Forestry, Animal Husbandry and Fishery Over Preceding Year(%)
			#农业 Farming	#林业 Forestry	#畜牧业 Animal Husbandry	#渔业 Fishery	
全国	**National Total**	**113580**	**61453**	**5433**	**28697**	**12132**	**3.5**
北京	Beijing	296.77	114.75	95.13	71.97	6.15	-6.0
天津	Tianjin	390.50	197.21	12.73	95.76	71.13	0.9
河北	Hebei	5707.00	3085.86	186.64	1813.82	207.49	3.0
山西	Shanxi	1460.64	894.95	99.90	361.53	6.88	2.2
内蒙古	Inner Mongolia	2985.32	1512.50	100.31	1294.31	29.25	3.0
辽宁	Liaoning	4061.93	1749.41	149.45	1346.17	628.48	2.6
吉林	Jilin	2184.34	992.96	73.28	1001.64	39.02	2.2
黑龙江	Heilongjiang	5624.29	3634.99	186.39	1542.37	105.69	3.5
上海	Shanghai	289.58	150.09	15.80	48.32	56.21	-2.3
江苏	**Jiangsu**	**7192.46**	**3735.02**	**147.25**	**1091.31**	**1707.87**	**0.9**
浙江	Zhejiang	3157.25	1517.96	177.01	331.80	1043.27	1.7
安徽	Anhui	4672.71	2253.66	332.94	1315.84	505.65	2.6
福建	Fujian	4229.52	1653.45	389.00	718.42	1318.20	3.5
江西	Jiangxi	3148.57	1549.22	319.56	672.18	473.92	3.5
山东	Shandong	9397.39	4678.26	181.63	2432.67	1425.91	3.0
河南	Henan	7757.94	4973.68	129.01	2067.71	122.71	3.9
湖北	Hubei	6207.83	3033.76	235.23	1386.53	1105.95	3.4
湖南	Hunan	5361.62	2664.30	387.15	1464.59	417.21	3.6
广东	Guangdong	6318.12	3089.57	390.62	1184.72	1383.81	4.2
广西	Guangxi	4909.24	2717.48	379.86	1072.32	504.29	5.6
海南	Hainan	1535.73	729.51	110.44	245.32	387.44	4.1
重庆	Chongqing	2052.41	1292.68	101.14	520.05	100.39	2.5
四川	Sichuan	7195.65	4153.71	358.74	2246.08	247.94	3.9
贵州	Guizhou	3619.52	2288.71	253.30	846.27	54.77	7.0
云南	Yunnan	4108.88	2234.74	396.88	1237.12	98.25	6.3
西藏	Tibet	195.47	88.08	3.20	98.36	0.35	5.5
陕西	Shanxi	3239.99	2244.96	104.62	682.83	29.83	3.3
甘肃	Gansu	1659.36	1166.10	33.07	318.88	1.97	3.7
青海	Qinghai	405.93	169.24	10.41	215.98	3.64	4.6
宁夏	Ningxia	575.77	344.63	9.22	176.11	19.75	4.0
新疆	Xinjiang	3637.79	2541.16	62.70	796.42	28.09	5.1

附录 1-7 主要农产品产量（2018 年）

Output of Major Agricultural Products (2018)

单位:万吨 (10000 tons)

地区	Region	粮食 Grain	油料 Grain	棉花 Cotton	肉类 Meat	奶类 Milk	水果 Grain
全国	**National Total**	**65789**	**3433**	**610**	**8625**	**3177**	**25688**
北京	Beijing	34.14	0.42	0.00	17.47	31.06	61.46
天津	Tianjin	209.69	0.63	1.83	33.89	48.04	62.47
河北	Hebei	3700.86	121.38	23.93	466.70	391.13	1347.93
山西	Shanxi	1380.40	15.47	0.36	93.09	81.69	750.55
内蒙古	Inner Mongolia	3553.28	201.51	0.01	267.32	571.84	264.18
辽宁	Liaoning	2192.45	78.13	0.00	377.12	132.60	788.87
吉林	Jilin	3632.74	87.53		253.60	39.01	148.14
黑龙江	Heilongjiang	7506.80	11.22		247.55	458.50	170.82
上海	Shanghai	103.74	0.71	0.01	13.45	33.44	54.31
江苏	**Jiangsu**	**3660.28**	**86.04**	**2.06**	**328.48**	**50.03**	**934.13**
浙江	Zhejiang	599.14	29.43	0.81	104.56	15.77	743.62
安徽	Anhui	4007.25	158.04	8.85	421.74	30.80	643.83
福建	Fujian	498.58	21.24	0.01	256.06	14.31	683.11
江西	Jiangxi	2190.70	120.80	7.21	325.68	9.63	684.37
山东	Shandong	5319.51	310.90	21.70	854.70	232.52	2788.79
河南	Henan	6648.91	631.03	3.79	669.41	208.90	2492.76
湖北	Hubei	2839.47	302.48	14.93	430.95	12.81	997.99
湖南	Hunan	3022.90	234.45	8.57	541.72	6.20	1016.82
广东	Guangdong	1193.49	106.25		449.90	13.90	1669.16
广西	Guangxi	1372.80	66.66	0.13	426.84	8.87	2116.56
海南	Hainan	147.12	8.44		79.86	0.19	430.41
重庆	Chongqing	1079.34	63.70		182.25	4.89	431.27
四川	Sichuan	3493.70	362.54	0.40	664.74	64.27	1080.67
贵州	Guizhou	1059.70	112.62	0.06	213.73	4.58	369.53
云南	Yunnan	1860.54	60.98	0.00	427.16	65.65	813.35
西藏	Tibet	104.40	5.85		28.40	40.79	0.32
陕西	Shanxi	1226.00	60.96	0.99	114.45	159.73	1835.08
甘肃	Gansu	1151.43	70.41	3.53	101.21	41.10	609.28
青海	Qinghai	103.06	28.47		36.53	33.50	3.51
宁夏	Ningxia	392.58	7.29		34.14	169.37	197.21
新疆	Xinjiang	1504.23	67.81	511.09	161.95	201.67	1497.85

附录1-8 规模以上工业企业主要经济指标(2018年)
Main Economic Indicators of above Designated Size Industrial Enterprises (2018)

单位:亿元 (100 million yuan)

地区		Region	主营业务收入 Revenue from Principal Business	主营业务成本 Cost of Principal Business	利润总额 Total Profits	应收账款 Accounts Receivable	产成品 Finished Goods	资产总计 Total Assets
全	**国**	**National Total**	**1022241**	**857474**	**66351**	**143418**	**43119**	**1134382**
北	京	Beijing	21435.7	17812.7	1530.0	4473.1	990.8	48009.5
天	津	Tianjin	17549.7	14743.6	1200.7	2694.0	803.4	20939.6
河	北	Hebei	37835.5	32614.0	2211.7	4308.2	1592.3	44371.8
山	西	Shanxi	19252.1	15243.4	1355.9	2691.3	783.1	37707.0
内蒙古		Inner Mongolia	14023.1	10857.1	1409.4	1968.9	621.1	30626.9
辽	宁	Liaoning	26489.9	22092.7	1460.3	3924.5	1476.8	35637.8
吉	林	Jilin	13637.5	11083.0	817.0	1533.4	649.3	17968.0
黑龙江		Heilongjiang	9078.0	7210.5	487.0	1425.7	416.1	14981.6
上	海	Shanghai	38445.7	30916.6	3338.4	7365.6	1650.1	42661.8
江	**苏**	**Jiangsu**	**128085.6**	**108782.4**	**8491.9**	**22059.9**	**5534.3**	**119590.9**
浙	江	Zhejiang	68653.8	57544.3	4452.1	12840.7	3665.2	77666.7
安	徽	Anhui	39354.9	33685.7	2448.2	5802.1	1501.0	37599.7
福	建	Fujian	51298.0	44205.3	3537.1	4898.6	1742.8	36232.5
江	西	Jiangxi	32077.4	27781.8	2157.8	2798.0	990.4	24085.5
山	东	Shandong	92703.6	79589.5	4872.2	9914.3	4458.4	102275.6
河	南	Henan	46627.6	39809.6	3053.4	5468.7	1668.4	50431.7
湖	北	Hubei	42358.1	35453.6	2755.4	4734.4	1591.1	39895.1
湖	南	Hunan	34850.5	29000.0	1726.9	3589.3	1012.2	27195.3
广	东	Guangdong	135616.1	113816.8	8309.7	22927.0	5858.8	124284.2
广	西	Guangxi	18707.9	16052.6	1100.1	1764.2	822.0	17158.8
海	南	Hainan	2202.3	1710.0	145.3	220.1	72.4	3090.5
重	庆	Chongqing	19674.7	16751.8	1218.7	2990.7	699.4	19172.5
四	川	Sichuan	40646.7	33829.1	2717.9	5107.4	1429.9	44075.9
贵	州	Guizhou	9390.8	7107.4	879.2	1039.5	338.2	15068.0
云	南	Yunnan	13227.4	10283.7	925.2	1230.3	559.2	20562.1
西	藏	Tibet	257.6	199.4	17.4	42.1	8.1	1570.0
陕	西	Shanxi	23060.4	18136.6	2436.3	2402.8	947.0	32432.5
甘	肃	Gansu	8888.9	7658.9	270.4	814.3	424.6	12148.6
青	海	Qinghai	2177.9	1763.0	62.7	426.9	123.3	6337.5
宁	夏	Ningxia	4305.6	3592.1	174.2	674.9	217.0	9657.0
新	疆	Xinjiang	10328.2	8146.9	788.8	1287.1	472.4	20947.6

附录1－9 主要工业产品产量(2018年)
Output of Major Industrial Products (2018)

地区 Region		发电量(亿千瓦时) Electricity (100 million kW·h)	生铁(万吨) Pig Irom (10000 tons)	粗钢(万吨) Rough Steel (10000 tons)	钢材(万吨) Steel Products (10000 tons)	水泥(万吨) Cement (10000 tons)	农用化肥(万吨) Chemical Fertilizers (10000 tons)	汽车(万辆) Truck (10000 units)	布(亿米) Cloth (100 million meter)
全　国	**National Total**	**71118**	**77105**	**92801**	**110552**	**220771**	**5424**	**2782**	**657**
北　京	Beijing	450.45			179.88	396.98		165.26	
天　津	Tianjin0	711.47	1649.43	2022.96	4733.84	619.42	15.02	86.26	0.66
河　北	Hebei0	3133.18	21396.00	23723.37	26916.86	9554.30	199.65	121.06	22.31
山　西	Shanxi	3180.52	4761.33	5386.24	4903.31	4415.57	361.26	10.77	0.24
内蒙古	Inner Mongolia	5002.96	1744.28	2307.58	2259.46	3052.33	377.51	0.54	
辽　宁	Liaoning	1982.69	6331.84	6873.92	6899.12	4155.91	33.07	94.87	1.09
吉　林	Jilin	838.24	1162.23	1204.58	1300.85	1480.00	17.43	276.85	0.33
黑龙江	Heilongjiang	1029.21	695.68	774.31	561.39	1955.16	38.33	16.29	0.06
上　海	Shanghai	839.70	1476.75	1630.09	1983.32	414.52	1.02	297.76	0.92
江　苏	**Jiangsu**	**4933.54**	**6796.05**	**10426.16**	**12146.72**	**14692.03**	**165.93**	**125.38**	**69.40**
浙　江	Zhejiang	3438.44	873.75	1266.51	3048.69	12323.46	19.94	119.22	167.35
安　徽	Anhui	2734.49	2422.01	3103.87	3194.95	13248.19	217.14	82.43	11.16
福　建	Fujian	2494.16	982.31	2085.70	2915.94	8831.93	68.22	23.95	110.78
江　西	Jiangxi	1281.29	2204.17	2499.18	2571.34	8884.30	5.32	54.98	7.94
山　东	Shandong	5825.61	6456.83	7177.20	9427.78	12619.03	387.07	87.94	75.25
河　南	Henan	3050.14	2511.48	2892.03	3660.99	11019.99	441.57	58.91	18.86
湖　北	Hubei	2835.82	2514.59	3071.80	3649.87	10695.31	644.08	241.87	57.86
湖　南	Hunan	1532.73	1963.17	2307.59	2374.69	10997.43	52.69	52.90	3.20
广　东	Guangdong	4694.76	2016.01	2880.54	4337.64	16082.16	14.08	321.58	27.40
广　西	Guangxi	1752.02	1447.07	2262.08	2890.93	11827.06	36.08	215.05	1.85
海　南	Hainan	323.37				2104.15	61.47	2.11	
重　庆	Chongqing	799.53	580.43	638.16	1187.66	6583.06	146.91	172.64	2.22
四　川	Sichuan	3687.00	1978.55	2400.70	2896.74	13752.78	370.54	74.71	16.04
贵　州	Guizhou	2015.98	342.01	418.41	554.28	11121.78	487.13	0.45	0.40
云　南	Yunnan	3241.00	1572.36	1925.04	1940.74	12119.76	305.16	15.88	
西　藏	Tibet	66.60				913.03			
陕　西	Shanxi	1855.59	1157.61	1178.69	1445.15	6286.61	129.38	62.13	9.81
甘　肃	Gansu	1531.43	613.99	802.41	833.45	3883.25	29.54	1.12	
青　海	Qinghai	811.03	124.45	138.08	146.63	1354.86	478.55		
宁　夏	Ningxia	1609.97	210.06	252.46	266.78	1767.91	39.11		0.83
新　疆	Xinjiang	3283.25	1120.99	1155.30	1322.65	3592.63	279.11	2.48	2.87

附录1－10 建筑业主要指标(2018年)
Main Indicators on Construction (2018)

地区 Region		企业个数(个) Number of Construction Enterprises (unit)	从事建筑业活动的从业人员平均人数(万人) the Average Number of Employees Engaged in Principal Business (10000 persons)	建筑业总产值(亿元) Gross Output Value of Construction (100 million yuan)	房屋建筑施工面积(万平方米) Floor Space of Building under Construction (10000 sq. m)	房屋建筑竣工面积(万平方米) Floor Space of Building Completed (10000 sq. m)	按建筑业总产值计算的劳动生产率(元/人) Calculated by the Gross Output Value of Construction Labor Productivity (yuan/person)
全　国	**National Total**	**95400**	**6299**	**235086**	**1408920**	**413509**	**373187**
北　京	Beijing	2621	198.01	10939.76	71969.32	9771.33	552473
天　津	Tianjin	1798	95.89	3791.10	13379.88	2119.64	395345
河　北	Hebei	2523	133.77	5740.25	35665.27	9054.38	429099
山　西	Shanxi	2666	109.44	4071.46	16651.81	3692.55	372041
内蒙古	Inner Mongolia	1006	32.83	1040.12	5369.19	1699.79	316812
辽　宁	Liaoning	5134	98.77	3528.41	13659.84	4309.99	357232
吉　林	Jilin	2322	55.18	2183.63	8504.25	3132.40	395705
黑龙江	Heilongjiang	1671	45.25	1194.28	3765.40	1438.52	263940
上　海	Shanghai	2445	121.11	7072.21	47577.35	7960.06	583972
江　苏	**Jiangsu**	**9699**	**918.60**	**30846.66**	**249176.84**	**74806.26**	**335803**
浙　江	Zhejiang	6769	796.99	28756.20	214499.40	62123.31	360809
安　徽	Anhui	3813	187.01	7888.45	46758.38	15894.47	421813
福　建	Fujian	4865	432.81	11548.82	72626.79	17294.17	266835
江　西	Jiangxi	2632	197.73	6993.40	33274.73	15638.52	353687
山　东	Shandong	6907	351.49	12898.29	81483.58	22255.74	366960
河　南	Henan	6159	304.32	11360.52	63789.69	20623.86	373304
湖　北	Hubei	4196	254.26	15133.87	88238.10	32691.92	595205
湖　南	Hunan	2580	275.15	9581.44	59247.37	19929.34	348223
广　东	Guangdong	5746	292.26	13714.37	73731.26	18536.54	469256
广　西	Guangxi	1385	141.76	4671.72	26494.77	8723.52	329562
海　南	Hainan	194	8.55	339.22	2202.26	594.86	396869
重　庆	Chongqing	2770	238.81	7819.42	35140.02	13780.06	327437
四　川	Sichuan	5230	408.72	12983.75	58007.38	20876.70	317667
贵　州	Guizhou	1202	91.81	3329.98	16660.90	4904.32	362686
云　南	Yunnan	2843	174.81	5458.52	19224.40	7514.67	312250
西　藏	Tibet	280	5.81	172.82	518.47	144.45	297502
陕　西	Shanxi	2661	173.13	7120.15	29645.15	7071.93	411272
甘　肃	Gansu	1434	56.01	1796.43	9992.42	2648.47	320721
青　海	Qinghai	382	11.51	435.14	990.58	451.61	378017
宁　夏	Ningxia	691	21.14	565.04	2334.49	801.53	267274
新　疆	Xinjiang	1183	66.46	2110.05	8341.12	3023.88	317489

附录1－11 客运量和旅客周转量（2018年）

Passenger Traffic and Turnover Volume of Passenger Traffic (2018)

地区	Region	客运量（万人）Passenger Traffic (10000 persons)	铁路 Railway	公路 Highway	水运 Waterway	旅客周转量（亿人公里）Turnover Volume of Passenger Traffic (100 million person-km)	铁路 Railway	公路 Highway	水运 Waterway
全国	**National Total**	**1793820**	**337495**	**1367170**	**27981**	**34218**	**14147**	**9280**	**80**
北京	Beijing	58935	14357	44577		254.43	154.57	99.87	
天津	Tianjin	17450	5075	12259	116	276.51	199.90	76.40	0.21
河北	Hebei	47346	12211	35133	2	1289.20	1061.40	227.61	0.19
山西	Shanxi	23837	7958	15719	161	393.95	234.23	159.64	0.08
内蒙古	Inner Mongolia	13268	5446	7823		337.14	214.71	122.43	
辽宁	Liaoning	71343	14422	56355	566	938.79	641.29	291.46	6.05
吉林	Jilin	31956	8446	23372	139	427.28	273.33	153.77	0.18
黑龙江	Heilongjiang	31568	10522	20739	307	433.75	279.26	154.13	0.36
上海	Shanghai	15845	12267	3151	427	218.70	112.09	105.82	0.79
江苏	**Jiangsu**	**121884**	**21204**	**97025**	**2383**	**1692.14**	**803.14**	**716.64**	**3.47**
浙江	Zhejiang	98380	21870	72013	4497	1103.66	694.56	402.80	6.30
安徽	Anhui	63347	12337	50770	240	1163.66	786.38	376.89	0.39
福建	Fujian	48105	12096	34081	1929	599.99	385.20	212.04	2.75
江西	Jiangxi	60686	11131	49302	253	993.73	732.42	260.97	0.34
山东	Shandong	67443	15356	50044	2044	1289.61	783.28	493.57	12.76
河南	Henan	110421	16383	93707	331	1775.09	1063.29	711.19	0.61
湖北	Hubei	98350	16713	80990	648	1258.91	800.74	453.44	4.74
湖南	Hunan	106680	13943	91007	1729	1463.10	979.54	479.93	3.63
广东	Guangdong	142144	34121	105249	2775	2085.59	953.75	1120.71	11.13
广西	Guangxi	47931	11100	36134	697	816.65	462.26	351.10	3.29
海南	Hainan	14383	2958	9637	1788	130.54	52.06	74.38	4.10
重庆	Chongqing	60587	7707	52150	731	493.10	227.09	260.43	5.59
四川	Sichuan	98569	15116	81462	1991	878.30	410.25	466.14	1.91
贵州	Guizhou	93025	6761	84053	2211	798.67	322.82	469.08	6.77
云南	Yunnan	41484	5500	34642	1342	431.57	158.92	269.63	3.02
西藏	Tibet	1399	352	1047		46.83	18.86	27.97	
陕西	Shanxi	71583	10953	60269	361	797.97	510.36	286.98	0.62
甘肃	Gansu	42185	5473	36634	78	634.71	401.28	233.31	0.13
青海	Qinghai	6443	1256	5092	95	141.01	90.14	50.77	0.10
宁夏	Ningxia	6137	653	5342	142	88.31	40.78	47.46	0.07
新疆	Xinjiang	21204	3810	17394		405.76	282.61	123.15	

附录1－12　货运量和货物周转量（2018年）

Freight Traffic and Turnover Volume of Freight Traffic（2018）

地区 Region		货运量（万吨）Freight Traffic（10000 tons）	铁路 Railway	公路 Highway	水运 Waterway	货物周转量（亿吨公里）Turnover Volume of Freight Traffic（100 million ton-km）	铁路 Railway	公路 Highway	水运 Waterway
全国	**National Total**	**5152674**	**402573**	**3956871**	**702684**	**204686**	**28821**	**71249**	**99053**
北京	Beijing	20873	596	20278		1034.22	866.81	167.41	
天津	Tianjin	52221	9249	34711	8261	2240.53	509.82	404.10	1326.60
河北	Hebei	249265	19580	226334	3352	13872.60	4831.57	8550.15	490.88
山西	Shanxi	211497	85260	126214	23	4489.44	2581.56	1907.75	0.13
内蒙古	Inner Mongolia	232525	72506	160018		5595.98	2610.35	2985.63	
辽宁	Liaoning	223346	19691	189737	13918	10654.45	1184.57	3152.29	6317.59
吉林	Jilin	52156	5615	46520	22	1704.71	515.29	1189.23	0.20
黑龙江	Heilongjiang	55190	11357	42943	889	1601.31	784.57	810.66	6.08
上海	Shanghai	106983	482	39595	66906	28299.85	9.77	299.29	27990.80
江苏	**Jiangsu**	**247388**	**5971**	**139251**	**87735**	**9684.01**	**296.66**	**2544.35**	**6121.94**
浙江	Zhejiang	269083	4330	166533	98219	11538.14	221.53	1964.10	9352.50
安徽	Anhui	406761	8066	283817	114877	11803.68	721.19	5451.62	5630.88
福建	Fujian	136947	3518	96576	36854	7646.24	147.35	1289.52	6209.37
江西	Jiangxi	174285	5155	157646	11484	4528.63	530.58	3759.94	238.11
山东	Shandong	354019	23247	312807	17964	10052.20	1357.00	6859.68	1835.52
河南	Henan	259884	10461	235183	14240	8982.12	2066.44	5893.92	1021.75
湖北	Hubei	204307	4730	163145	36432	6675.50	869.97	2955.53	2850.00
湖南	Hunan	229957	4468	204389	21101	4386.56	812.75	3114.85	458.96
广东	Guangdong	416389	9293	304743	102353	28338.33	270.60	3890.32	24177.41
广西	Guangxi	190652	7140	153389	30123	4983.78	710.09	2683.05	1590.64
海南	Hainan	22040	1068	12052	8921	875.83	17.00	84.55	774.27
重庆	Chongqing	128491	1967	107064	19460	3597.91	206.63	1152.75	2238.53
四川	Sichuan	187385	7199	173324	6862	2946.09	861.02	1814.95	270.13
贵州	Guizhou	102537	5513	95354	1670	1797.91	606.33	1146.51	45.07
云南	Yunnan	140670	4661	135321	688	1971.91	465.36	1489.23	17.33
西藏	Tibet	2433	70	2363		150.06	33.22	116.84	
陕西	Shanxi	173245	42245	130823	177	4024.89	1723.00	2301.37	0.52
甘肃	Gansu	70386	6087	64271	28	2609.93	1490.91	1118.97	0.05
青海	Qinghai	18905	3220	15685		551.36	275.62	275.74	
宁夏	Ningxia	38916	7159	31757		627.68	229.49	398.19	
新疆	Xinjiang	97498	12469	85029		2483.87	1007.17	1476.70	

附录1－13　国内外贸易（2018年）
Domestic and Foreign Trade（2018）

地区 Region		社会消费品零售总额（亿元） Total Ratail Sales of Consumer Goods（100 million yuan）	进出口总额（亿美元） Total Value of Imports and Exports Through Customs（USD 100 million）	出口 Exports	进口 Imports
全　国	**National Total**	**380987**	**46230**	**24874**	**21356**
北　京	Beijing	11747.7	4124.01	741.70	3382.30
天　津	Tianjin	5533.0	1225.37	488.15	737.22
河　北	Hebei	16537.1	538.78	339.88	198.90
山　西	Shanxi	7338.5	207.75	122.70	85.05
内蒙古	Inner Mongolia	7311.1	156.87	57.52	99.35
辽　宁	Liaoning	14142.8	1144.29	487.97	656.31
吉　林	Jilin	7520.4	206.74	49.44	157.30
黑龙江	Heilongjiang	9317.4	264.11	44.50	219.62
上　海	Shanghai	12668.7	5156.41	2071.70	3084.72
江　苏	**Jiangsu**	**33230.4**	**6640.43**	**4040.44**	**2599.99**
浙　江	Zhejiang	25007.9	4324.77	3211.55	1113.22
安　徽	Anhui	12100.1	629.74	362.09	267.65
福　建	Fujian	14317.4	1875.35	1155.63	719.72
江　西	Jiangxi	7566.4	482.36	339.60	142.76
山　东	Shandong	33605.0	2923.91	1601.40	1322.51
河　南	Henan	20594.7	828.30	537.79	290.51
湖　北	Hubei	18333.6	528.02	340.89	187.13
湖　南	Hunan	15638.3	465.30	305.74	159.55
广　东	Guangdong	39501.1	10847.08	6466.76	4380.32
广　西	Guangxi	8291.6	623.38	327.99	295.39
海　南	Hainan	1717.1	127.45	44.87	82.58
重　庆	Chongqing	7977.0	790.40	513.77	276.63
四　川	Sichuan	18254.5	899.37	503.99	395.38
贵　州	Guizhou	3971.2	76.01	51.21	24.79
云　南	Yunnan	6826.0	298.95	128.12	170.83
西　藏	Tibet	597.6	7.23	4.28	2.95
陕　西	Shanxi	8938.3	533.15	315.95	217.19
甘　肃	Gansu	3428.3	60.00	22.11	37.90
青　海	Qinghai	835.6	6.96	4.70	2.26
宁　夏	Ningxia	935.8	37.81	27.39	10.42
新　疆	Xinjiang	3187.0	200.10	164.19	35.91

南京浦口经济开发区

NAN JING PU KOU JING JI KAI FA QU

浦口经济开发区规划范围总面积约86.0平方公里。位于江苏省南京市浦口区中部、南京市重点打造的江北新区核心区域，地处长三角及南京都市圈辐射中西部地区的门户位置，南临长江，北倚老山，滨江式布局，通过多条过江通道与南京主城紧紧相连。园区创办于1992年6月，1993年12月被省政府批准为省级经济开发区。

新城发展目标为：依托江北新区“三区一平台”功能定位，集中布局现代产业体系，打造国家科技创新和区域智能制造中心的重要产业平台，加强与区域腹地的产业协作，建设智能制造新城。吸纳人口集聚，分时序根据新城目标人群规划建设公共服务和居住用地，建设产城融合新城。建立区域水资源、土地资源、产业布局方面的协调机制，切实保护好河湖水系、基本农田保护区及周边主要山体，建设以人为本目标塑造田园水乡新城。

浦口经济开发区积极围绕江北新区“2+1”产业定位，重点打造智能制造、高端交通装备两大地标产业和新材料一大特色产业。园区已聚集台积电晶圆制造、清华紫光、天水华天、上汽集团桥林基地、博郡新能源汽车、知豆电动汽车等一批行业知名企业，拥有江苏省、南京市集成电路产业基地；南京市集成电路行业协会、台积电晶圆制造服务联盟；封装、测试、精密模具三大公共服务平台以及轨道交通产业江苏省特色产业集群等众多特色发展平台。

南京市

2018年，南京认真贯彻习近平新时代中国特色社会主义思想和党的十九大精神，深入践行新发展理念，紧紧围绕“强富美高”总要求，聚力建设“创新名城、美丽古都”，经济运行总体平稳、稳中有进，高质量发展实现良好开局。

综合实力稳步增强。全年实现地区生产总值12820亿元、比上年增长8%，完成一般公共预算收入1470亿元、同口径增长11.1%。三次产业增加值比例调整为2.1:36.9:61.0，规模以上工业增加值增长7.8%、创两年来新高，高新技术产业产值增长19.2%、总量首次突破1万亿元，在全省高质量发展综合考核中名列第一等次。**创新名城加快建设**。“121”战略启动实施，“两落地一融合”等工程全面推进，“4+4+1”主导产业发展壮大。累计组建新型研发机构208个、孵化企业951家，全年新增就业参保大学生34万人、增长60%，高新技术企业净增1282家、增长近70%，新增科创型企业近2.4万家、增长17%。**城市功能不断完善**。落实812亿元城建投资计划，城市精细化管理十项行动深入实施。长江大桥公路桥维修改造工程竣工通车，宁溧城际开通运营，地铁总里程达到394.3公里、位居全国第四位，7条轨道交通线路、6条过江通道同步建设。江北新区发展全面提速，南京都市圈和宁镇扬同城化重点项目有序推进。**人民生活持续改善**。居民人均可支配收入增长9.1%，公共财政支出75%用于民生保障，社区养老、加装电梯等工作走在全国全省前列，建成区基本消除黑臭水体，连续10年被评为中国最具幸福感城市。

2019年，南京将以习近平新时代中国特色社会主义思想为指导，牢牢把握高质量发展根本要求，统筹做好稳增长、促改革、调结构、惠民生、防风险各项工作，坚决打好“三大攻坚战”，在高水平全面建成小康、高质量建设“强富美高”新南京上迈出新的步伐，以优异成绩庆祝新中国成立70周年。

南京市江宁区

南京江宁，地处长江下游南岸，面积1563平方公里，辖10个街道，常住人口128.8万人。作为中国最早的建制县之一，江宁距今已有2200多年历史，境内汤山温泉、阳山碑材、南唐二陵、牛首山等众多名胜古迹闻名中外，谢安“东山再起”等人文典故广为流传。江宁位于长江与沿海两大经济带交汇点，是长三角重要区域交通枢纽之一。禄口国际机场坐落境内，拥有21.5公里长江岸线，沪宁、宁杭、宁马、绕越等高速公路，京沪高铁、宁安城际、宁杭城际等铁路穿境而过；地铁一号线、三号线、五号线（在建）、机场线与主城无缝对接。改革开放40年来，江宁已初步建成一个高端要素集聚、创业活力充沛、现代风貌彰显的新城区。

2018年，江宁区深入贯彻落实习近平新时代中国特色社会主义思想和党的十九大精神，牢牢把握稳中求进工作总基调，自觉践行新发展理念，解放思想、对标找差、创新实干，全力实施“三大行动”、打好“六场硬仗”，交出了“强富美高”新江宁建设的新答卷。全区地区生产总值2163.6亿元，按可比价计算，比上年增长8.3%；三次产业结构进一步优化，增加值比例调整为3.0:52.1:44.9；一般公共预算收入255.1亿元，增长12.6%；规模以上工业增加值917.5亿元，增长8.5%，规模以上工业总产值增长9.5%；城镇和农村居民人均可支配收入分别为57474元和25946元，增长8.6%和9.2%。

2019年，江宁区坚持以习近平新时代中国特色社会主义思想为指导，全面贯彻落实党的十九大和十九届二中、三中全会精神，紧扣中央“五个坚持”“六稳”和“三大攻坚战”要求，聚焦江宁“三区一中心”定位，突出对标找差主抓手，打好“八提八强”主攻仗，一往无前谋率先、“三不五干”争一流，推动“强富美高”新江宁建设再上新台阶，奋力走在省市高质量发展最前列，为高水平全面建成小康社会打好决定性基础。

江宁市民中心

小龙湾桥

佛教文化圣地—牛首山

东山佘村

来江宁织造幸福

江阴市

简称澄，地处江尾海头、长江咽喉，历代为江防要塞，是大江南北的重要交通枢纽和江河湖海联运换装的天然良港。江阴原属吴地延陵，西晋置暨阳县，南朝梁为江阴郡，南宋时为两浙路十六府之一，明清两代属常州府，现为无锡市行政代管。江阴枕山负水，襟带三吴，有“延陵古邑”“春申旧封”“芙蓉城”“忠义之邦”之称。

江阴市域总面积987平方公里，户籍人口126万，常住人口165万，现辖10个镇、7个街道办事处、1个国家级高新区、2个省级开发区。2018年，江阴实现地区生产总值3806亿元、一般公共预算收入254亿元、工商业开票销售

总收入16464亿元、规上工业产值6059亿元；完成到位注册外资9.5亿美元，完成进出口总额244亿美元，其中出口额143亿美元。城镇居民和农村居民人均可支配收入分别达到63957元、

33136元，农村居民人均收入连续19年全省同类城市第一。实现全国县域经济发展“十六连冠”、中国全面小康十大示范县市“十一连冠”，位列中国工业百强县（市）之首，被誉为“中国制造业第一县”“中国资本第一县”。

徐州市铜山区

铜山区地处江苏省西北部，环绕徐州市主城区，2010年撤县建区，面积1871平方公里，人口132万，辖17个镇、11个街道、1个国家高新区、1个省级经开区和吕梁山风景区。近年来，铜山区以贯彻落实习总书记视察徐州重要指示为主线，以推动高质量发展为主旋律，以全面融入淮海经济区中心城市建设为主抓手，持续抓项目、转作风、促发展，实现了高质量发展的良好开局。2018年，完成地区生产总值1090.7亿元，一般公共预算收入65.1亿元，主要经济指标苏北第一、全省前十，位居全国综合实力百强区29位、最具投资潜力百强区28位，荣获徐州市重点经济目标考核第一名、社会建设“十二大体系”考核第一名，被省委、省政府表彰为“推进高质量发展先进县（市、区）”，区委书记王维峰同志被评为“全省推进高质量发展优秀县（市、区）委书记”。

聚焦实体经济，打造实力铜山。坚持“工业立区、产业强区”不动摇，制定实施《重点企业培育三年行动计划》，加快推动产业迈上中高端，形成了电子信息、汽车及核心零部件、高端装备制造和安全科技“三主一特”先进制造业，大数据、大健康、大文旅，现代商贸、现代物流、现代金融和服务外包、总部经济、楼宇经济“333”现代服务业，生物医药、新能源、新材料等战略性新兴产业和“四新经济”竞相发展的良好态势。加快新旧动能接续转换，钢铁、水泥、焦化、热电“四大行业”布局优化和转型升级稳步推进，精准完成3500余家“散乱污”企业整治任务，为高质量发展打开了新空间。2018年，全区签约注册中铁磁浮列车、粤创液晶显示器、方特欢乐世界等重大项目140余个，新增规上工

徐州科技创新谷

徐工重卡

维维集团

业企业50余家，完成重大项目建设投资200余亿元。

万达广场夜景

美丽乡村 · 汉王镇南望村

强化改革创新，打造活力铜山。坚持把发展的基点放在创新上，徐州高新区综合实力位居全国第48位，可持续发展能力位居第7位。狠抓徐州科技创新谷、徐州产业技术研究院、国家安科园三大科技创新平台建设，科技创新谷集聚研发企业和机构近300家，安全科技产业成为全国产业集群区域品牌建设试点，全区高新技术企业突破100家。突出人才第一资源和金融支撑作用，成立区招才局，率先出台实施“人才新政”，最高给予5000万元补助，8支总额105亿元的产业投资基金实现对新能源汽车、传感器、安全科技等主导产业全覆盖。狠抓营商环境建设，坚持对企业“有求必应、无事不扰”，实现全区“3550”和高新区“2330”审批机制常态化、普遍化，施工许可证发放最短压缩到12天，成为全省“不见面审批”改革试点单位，高新区实现一窗受理、一分钱不收、一天办好“三个一”服务机制。

深化城乡融合，打造宜居铜山。抢抓徐州中心城市建设机遇，加快建设有魅力的城区和有颜值的乡村。深入推进“四路两河一湖一线”综合开发、混合开发，大力实施轨道交通、万达广场、市立医院等城建重点工程，“徐州南部主城区、第一商业副中心”地位持续巩固。加快城区周边镇融入主城区，云谷小镇入选省第二批特色小镇，我区被授予“中国建筑之乡”称号，入选首批全国农村产业融合发展示范园。强力推进乡村振兴，创新实施农村人居环境整治百村示范、千村整治、万户集中居住“百千万”工程，绘就了一幅彰显铜山特色的现代版“富春山居图”，荣获“中国乡村振兴发展示范区”称号，中央电视台、《人民日报》头版、《农民日报》头版进行了报道，倪园村、紫山村入选省特色田园乡村。

突出以人为本，打造幸福铜山。深入践行以人民为中心的发展理念，2018年城乡居民收入分别增长8.4%和8.8%，农村居民人均可支配收入在全市率先突破 2 万元，又完成 2.2 万低收入人口和8个经济薄弱村脱贫，“铜山妈妈”牵手困境儿童做法获央视点赞。扎实办好民生实事，在全市率先完成城乡供水一体化工程，130万群众喝上了“同水源、同管网、同水质、同服务”的自来水，实现镇管道天然气、村卫生室改造达标、自然村水冲公厕全覆盖，每年安排 2000 万元“大病救助”专项资金，义务教育阶段“超大班额”现象基本消除。积极回应群众对良好生态环境的期盼，持续打好蓝天、碧水、净土三大攻坚战，加快实施以“三山三河”为重点的生态建设工程。加强和创新社会治理，顺利通过省“全要素网格”试点验收，连续3 次被命名为“省法治建设示范区”，荣膺苏北唯一全国综治最高奖“长安杯”。

吕梁山风景区

张家港

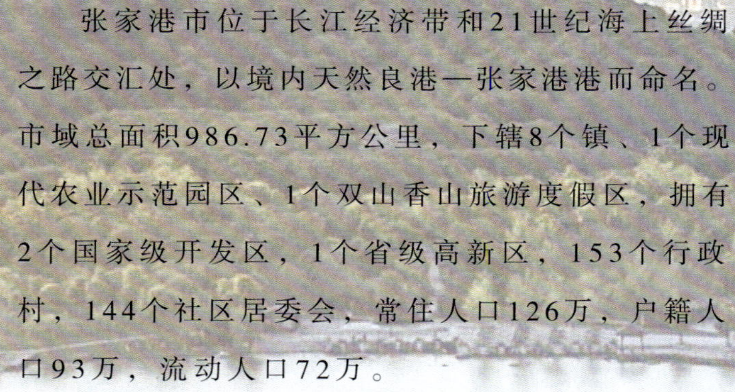

张家港市位于长江经济带和21世纪海上丝绸之路交汇处，以境内天然良港—张家港港而命名。市域总面积986.73平方公里，下辖8个镇、1个现代农业示范园区、1个双山香山旅游度假区，拥有2个国家级开发区，1个省级高新区，153个行政村，144个社区居委会，常住人口126万，户籍人口93万，流动人口72万。

近年来，全市上下深入贯彻落实中央、省委和苏州市委决策部署，特别是党的十九大召开以来，我市全面贯彻十九大精神，以习近平新时代中国特色社会主义思想为指导，与时俱进大力弘扬张家港精神，解放思想、拼搏争先，综合实力始终位居全国同类城市前三甲，成为唯一获评全国文明城市“五连冠”的县级市，先后获得全国首个联合国人居奖、首批“国家生态市”等200多项国家级荣誉称号。

2018年，全市上下以“敢于担当、争先率先”为主基调，紧扣“强富美高”“两聚一高”，对标高质量发展目标，统筹推进改革发展稳定各项

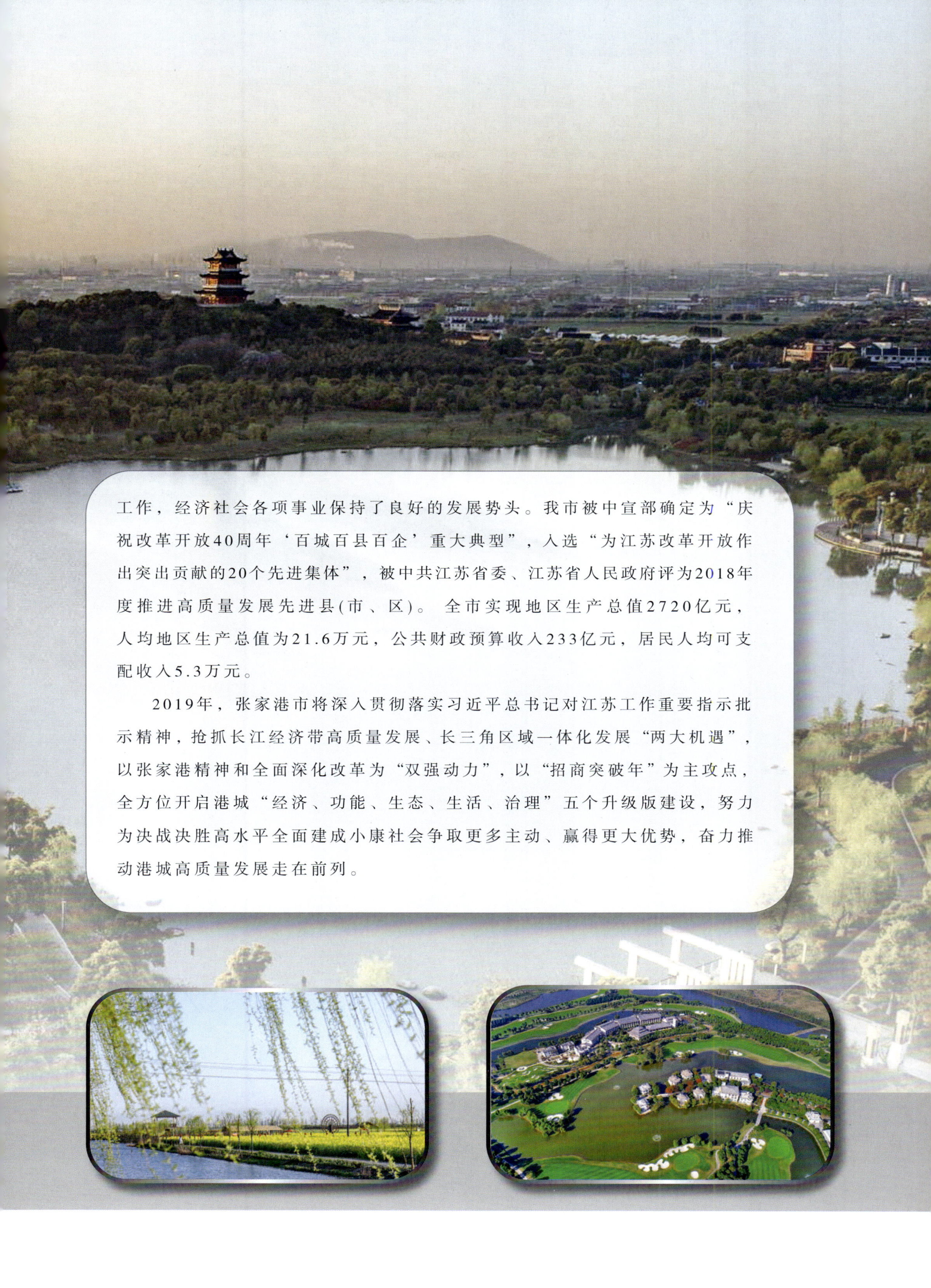

工作，经济社会各项事业保持了良好的发展势头。我市被中宣部确定为“庆祝改革开放40周年‘百城百县百企’重大典型”，入选“为江苏改革开放作出突出贡献的20个先进集体”，被中共江苏省委、江苏省人民政府评为2018年度推进高质量发展先进县(市、区)。全市实现地区生产总值2720亿元，人均地区生产总值为21.6万元，公共财政预算收入233亿元，居民人均可支配收入5.3万元。

2019年，张家港市将深入贯彻落实习近平总书记对江苏工作重要指示批示精神，抢抓长江经济带高质量发展、长三角区域一体化发展“两大机遇”，以张家港精神和全面深化改革为“双强动力”，以“招商突破年”为主攻点，全方位开启港城“经济、功能、生态、生活、治理”五个升级版建设，努力为决战决胜高水平全面建成小康社会争取更多主动、赢得更大优势，奋力推动港城高质量发展走在前列。

昆山市

大渔湾风情街夜景

近年来，昆山紧紧围绕“做好高质量发展榜样、建设现代化大城市、打造国家一流产业科创中心”的目标定位，深入开展强化基层党建、“美丽昆山”建设、实施乡村振兴战略等18项三年提升工程，经济社会发展取得显著成效。

2018年，完成地区生产总值3832.1亿元，比上年增长7.2%，一般公共预算收入达387.9亿元，增长10%，税收占比91.8%；固定资产投资701.2亿元，增长4.9%；社会消费品零售总额1021.8亿元，增长8.5%；进出口总额891.4亿美元，增长7.7%，其中出口580.5亿美元，增长6.5%；居民人均可支配收入55081元，增长8.2%；市场主体突破32万户。位列全国中小城市综合实力、绿色发展、投资潜力、科技创新、新型城镇化质量百强县市“五个第一”，连续14年位居全国百强县首位，蝉联福布斯中国“最佳县级城市30强”第一。

抓科创、聚人才，推动经济发展高质量。深入实施人才科创“631”计划和人才“头雁工程”，全面推动产业链和创新链“双向融合”。统筹60%的资源要素，做好“育森林”文章；安排30%的资源要素，做好“筑高原”文章；集中10%的资源要素，做好“攀高峰”文章。着力打造一流科创载体。高水平、高效率推进“一廊一园一港”建设。

破瓶颈、拓空间，推动改革开放高质量。主动融入长三角一体化发展。积极对接《长江三角洲区域一体化发展规划纲要》，争取更多项目和载体纳入整体规划。做深做透昆台融合文章。全力做好昆山试验区条例立法相关工作，加快“区政合一”管理体制改革创新，推进前六次部省际

企业科技园

联席会议改革措施落地见效。扎实开展社会主义现代化建设试点。扎实推进党政机构改革，不断深化“放管服”改革。

强功能、提品质，推动城乡建设高质量。深化推进“美丽昆山”建设。坚持“精明增长”“减量发展”理念，推动城市总体规划落地落实。提升城市管理水平。推进警务、城管、政务等18个专项建设，着力打造5G城市。持续加大力度推进“厕所革命”和农贸市场标准化改造。大力实施乡村振兴战略。统筹推进永久基本农田集中连片布局，大力发展休闲观光农业和乡村旅游业，规模化、专业化发展民宿经济。

创特色、塑品牌，推动文化建设高质量。高标准创建文明城市。高水平打造文化标识。擦亮昆曲和顾炎武两张文化“金名片”。高质量保障文化体育供给。完善市镇两级体育中心场馆建设，确保区镇公共田径场全覆盖。政府加大购买优质文化产品力度，制度化引进高质量艺术剧目展演，高水平运作昆山足球俱乐部。

补短板、上水平，推动生态环境高质量。扎实推进中央环保督察“回头看”等“4+1”环境问题整改。完善狠抓落实的责任链条，健全动真碰硬的督察机制。全面提升生态环境质量水平。深入开展“263”专项行动，坚决打好治水、治气、治土标志性战役。健全以生态保护红线、环境质量底线、

川崎公司机器手臂演示点焊作业

2018海峡两岸（昆山）马拉松赛

资源利用上线和环境准入负面清单“三线一单”为重点的生态环境保护制度体系。

强保障、增福祉，推动人民生活高质量。扎实推进民生项目建设。新改扩建学校41所，新增学位3.6万个，高质量建设昆山杜克大学二期等项目，建成投用昆山开放大学。加大各城市管理办事处的卫生健康、民政事业投入力度，提升中心城区公共服务质量水平。全市域、全行业、全领域进行安全生产大排查大整治。

昆山小核酸产业基地

巴城镇东阳澄湖村

海纳百川 安居乐业

中共海安市委书记 顾国标

海安市人民政府市长 于立忠

海安是苏中水陆交通要冲，气候宜人，雨水充沛，河道成网，物产丰富。全市总面积1183平方公里，总人口92.74万，下辖10个区镇，拥有国家级开发区、省级高新区、省级商贸物流园、省级滨海新区各一个。

综合实力稳步提升。2018年，实现地区生产总值993亿元，一般公共预算收入61.71亿元，完成固定资产投资447.4亿元，工业应税销售1718.15亿元，服务业应税销售1420.36 亿元。农业现代化实现程度稳居全省第一方阵。

转型升级成效明显。新兴产业产值占规模工业产值的比重比上年提升1.2个百分点。三次产业结构由上年的6.8：47.5：45.7调整为6.2：47.1：46.7。城镇化率比上年提升1.18个百分点。

创新活力竞相进发。高新产业产值占规模工业比重达55%。推进国家知识产权强市工程示范市建设，培育国家知识产权示范企业，万人发明专利拥有量达35件。获中国专利优秀奖8个，获品牌江苏建设“金风奖”。

江淮文化园

能装备

海安新貌

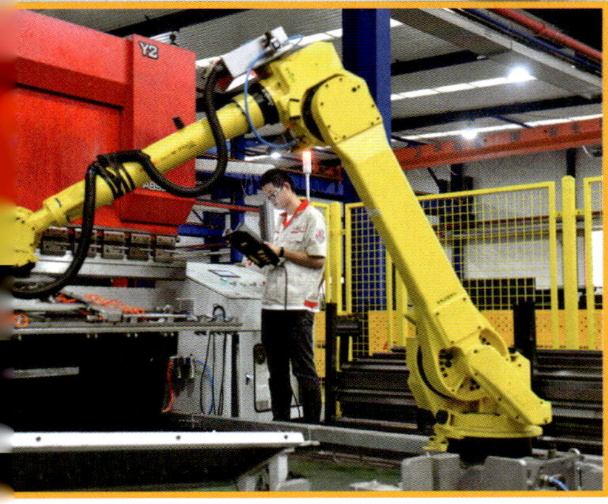

产业集群

有色金属交割库

机器人小镇

建国70周年千人快闪

民生福祉不断提升。民生财政投入91.5亿元，15项民生实事全部完成。城乡居民人均可支配收入分别达44112元、21473元。各类社会保险覆盖率南通市领先，教育卫生事业取得长足进步，获评中国幸福小康50强县市，社会公众安全感连续多年位居全省前列。

撤县设市，让海安站在了一个新的起点上，海安将紧紧围绕“枢纽海安，物流天下”“产业高地，幸福之城”战略定位，全力打造江苏东部综合交通枢纽、长三角北翼产业高地、全省创新驱动发展示范地区、宜居宜业幸福之城，为在北沿江地区脱颖而出、跨越发展打牢基础，谱写出高质量发展的崭新篇章！

YANCHENGSHI
DAFENGQU

盐城市大丰区

大丰位于江苏沿海中部，是长三角城市群重要成员——盐城市的临海新城区，总人口72万，总面积3059平方公里，海岸线112公里，海域面积5000平方公里，下辖11个镇、2个街道、两个省级开发区，拥有沪苏大丰产业联动集聚区、苏盐沿海合作开发园区、常州高新区大丰工业园三个合作共建园区，境内有上海农场和3家省属农场，是麋鹿故乡、黄海港城、上海“飞地”、革命老区、长寿之乡，历史悠久，人文荟萃，开放包容，建成国家首批可持续发展先进示范区、国家首批生态示范区、国家卫生城市、国家园林城市和中国优秀旅游城市。

2018年，全区实现GDP699.93亿元，一般公共预算收入55.13亿元，城镇居民人均可支配收入36462元、农村居民人均可支配收入23055元，全口径工业开票销售收入、新增规上工业企业、外贸进出口总额、金融机构贷款余额和增量等指标盐城第一。

三大新兴产业

SANDA XINXING CHANYE

新能源及装备制造

新能源汽车及零部件

新一代电子信息及智能终端

常熟虞山尚湖旅游度假区

常熟虞山尚湖旅游度假区毗邻上海、苏州、无锡等主要城市，区域面积为48.32平方公里，先后荣获国家级风景名胜区、国家AAAAA级旅游区、国家首批城市湿地公园、联合国世界旅游组织常熟旅游可持续发展观测点、国家级生态旅游示范区、国际魅力湖泊、江苏省级旅游度假区等荣誉。度假区主题资源独具特色，主要是以首批国家森林公园、吴文化第一山——虞山，以及首批国家城市湿地公园、姜太公首钓处——尚湖为核心的山水文化集聚区。“山、湖、湿地同城”，秀丽的自然风光、丰富的人文景观、独具匠心的古韵建筑和璀璨多彩的民俗文化，形成“七溪流水皆通海，十里青山半入城”的自然景观和独特的城市空间格局。

虞山尚湖旅游度假区与虞山街道、虞山林场实行“区政合一”的一体化管理，办公地址为常熟市虞山街道寺路街8号，邮编为215500，联系电话为0512-52851604。虞山街道下辖33个社区居委会，6个村委会，3个管理区，常住人口20.7万人。虞山尚湖旅游度假区（虞山街道）不断践行“绿水青山就是金山银山”的发展理念，2018年，根据常熟市委市政府决策部署，提出“双区同创”工作理念，全面加强风貌保护、文化传承、生态优化、全域旅游、公共服务、社会治理等各项工作，突出虞山尚湖核心生态圈保护，突出文商旅业态培育和提升，推进文明城市创建常态长效，全力创建以人文生态度假为特色的国家级旅游度假区，打造山水城融为一体的全域旅游核心区。